1 MONTH OF
FREE
READING

at
www.ForgottenBooks.com

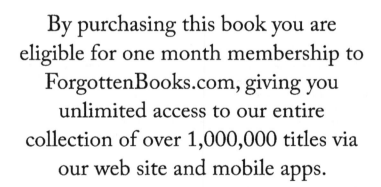

By purchasing this book you are eligible for one month membership to ForgottenBooks.com, giving you unlimited access to our entire collection of over 1,000,000 titles via our web site and mobile apps.

To claim your free month visit: www.forgottenbooks.com/free613680

ISBN 978-0-265-44541-9
PIBN 10613680

LES
REPRÉSENTANTS
DU PEUPLE

EN MISSION PRÈS LES ARMÉES
1791-1797

D'APRÈS LE DÉPOT DE LA GUERRE
LES SÉANCES DE LA CONVENTION, LES ARCHIVES NATIONALES

PAR

BONNAL DE GANGES

ANCIEN CONSERVATEUR DES ARCHIVES DU DÉPOT DE LA GUERRE

———————

TOME DEUXIÈME
LES PARTIS ET LES REPRÉSENTANTS AUX ARMÉES

« Nous combattrons, Marceau, et nous serons guillotinés ensemble. »
KLÉBER à Savenay, 1793.

« Si c'était un général comme Turenne que tu eusses destitué, on te pardonnerait aisément ; mais... Rossignol, c'est un crime ! »
Dép. BARÈRE à Goupilleau, 1793.

« L'esprit de l'Armée est excellent. Toute la République est là. »
Dép. MERLIN DE THIONV. à la Couv., 1794.

PARIS

ARTHUR SAVAÈTE, Editeur, 76, rue des Saints-Pères

1898

LES REPRÉSENTANTS

DU PEUPLE

EN MISSION PRÈS LES ARMÉES

1791-1797

ↄ

REPRÉSENTANTS
DU PEUPLE

EN MISSION PRÈS LES ARMÉES
1791-1797

D'APRÈS LE DÉPOT DE LA GUERRE
LES SÉANCES DE LA CONVENTION, LES ARCHIVES NATIONALES

PAR

BONNAL DE GANGES

ANCIEN CONSERVATEUR DES ARCHIVES DU DÉPOT DE LA GUERRE

———

TOME DEUXIÈME

LES PARTIS ET LES REPRÉSENTANTS AUX ARMÉES

« Nous combattrons, Marceau, et nous serons guillotinés ensemble. »
KLÉBER à Savenay, 1793.

« Si c'était un général comme Turenne que tu eusses destitué, on te pardonnerait aisément ; mais... Rossignol, c'est un crime ! »
Dép. BARÈRE à Goupilleau, 1793.

« L'esprit de l'Armée est excellent. Toute la République est là. »
Dép. MERLIN DE THIONV. à la Conv., 1794.

PARIS

ARTHUR SAVAÈTE, Editeur, 76, rue des Saint-Pères

1898

DÉDICACE

Aux Officiers et aux Soldats de l'Armée Royale qui s'écrièrent de Valmy à Zurich : **VIVE LA NATION** !

Aux Armées de Rhin et Moselle, des Pyrénées, de Hollande, de Sambre-et-Meuse, d'Italie.

A Merlin de Thionville, le plus grand des Conventionnels en mission.

A Carnot, l'Organisateur de la Victoire.

Aux Généraux : Duc de Biron, Prince [de Broglie, Marquis d'Aoust et de Flers, Comtes Custine, Dillon, Vicomte de Beauharnais, Baron Luckner, Baraguey-d'Hilliers, Beysser, Brunet, Chancel, Doyré, Gestas, Gratien, d'Harville, Houchard, La Marlière, Marassé, Miackzinski, O Moran, Perlet, Ramel, Ward.

Aux Vice-Amiraux de Grimoard, de Kersaint.

Aux héros innommés qui, dès la **PATRIE EN DANGER**, coururent dans les camps pour faire de la France la **GRANDE NATION**, les officiers avec 8 francs de solde et les soldats avec 2 sols par mois.

PATRIA, NON IMMEMOR !

LIVRE CINQUIÈME

LES PARTIS ET LA TERREUR

CHAPITRE XXV

ORGANISATION LÉGISLATIVE DES REPRÉSENTANTS

Les Représentants furent-ils créés par la Convention d'après une *théorie* ? — Premiers débats en janvier 1793. — Débats successifs. — David propose le costume des Représentants aux armées. — Création des missions le 4 avril. — *Décret organique* du 1er mai. — *Instruction* pour les Commissaires. — Affaire du département du Calvados.

C'est le propre des *institutions* de se manifester dans l'ordre constitutionnel par des *lois*, lorsqu'elles sont d'ordre public, à plus forte raison lorsqu'elles ont un caractère inattendu et nouveau.

La question des Représentants du peuple près les Armées, si peu connue, a suivi la même marche que les autres institutions. Nos historiens ne s'en sont guère doutés, et Jomini est le *seul* qui se soit préoccupé des mandataires de la Conventisn, quant à leur organisation législative. Il n'a cité que le décret du 30 avril 1793, mais ce décret est *organique*. L'esprit de l'institution y est tout entier. Jomini ne s'y est pas trompé. On doit féliciter le célèbre écrivain d'avoir appelé l'attention des états-majors et de ses collègues sur ce point (1). Nul historien politique n'a suivi son conseil !

· Notre tâche doit être plus complète encore. Nous n'avons pas le droit de nous en plaindre ; puisque le choix de notre sujet n'appartient qu'à nous, peu importe que la tâche soit ardue. Notre devoir est de la remplir bien, il n'y a que cela à retenir.

Nous ne dissimulerons pas, cependant, qu'elle a présenté des difficultés rares en ce qui concerne la recherche des lois d'organisation. La lecture des séances de la Convention a été notre guide, et notre guide unique. Les rapports présentés à l'Assemblée nationale, antérieurs,

---

1. Le lecteur comprendra de lui-même la nécessité où nous étions de donner le plus de décrets possible sur la législation des Représentants, à raison de leur rôle prépondérant aux armées ; rien ne peut suppléer les *textes* en pareille matière, surtout du moment où nos prédécesseurs n'en ont rien dit, de Thiers à Michelet.

par conséquent, nous échappent ici ; ils feront l'objet d'une publication spéciale.

Le *Dix-Août*, une série de Commissaires avait été nommée pour apprendre aux armées la chute de la royauté, et leur imposer le serment à un nouvel ordre de choses. En septembre, la Convention en avait créé pour veiller à la sûreté des frontières. Le premier décret que nous trouvons est du 22 décembre 1792, et concerne celles des Pyrénées (1).

La question de la limitation des pouvoirs des commissaires fut posée pour la première fois dans la séance de la Convention du 21 décembre 92. La mise en accusation de Dietrich, maire de Strasbourg, en fournit l'occasion inattendue ; ses adversaires demandaient qu'on le jugeât dans le département du Doubs, et non à Strasbourg, comme le désiraient, disaient-ils, ses partisans.

Au vœu exprimé par Laurent, le terrible Amar répliqua par une doctrine terroriste. Il réclamait l'envoi de trois commissaires à Strasbourg, chargés « de prendre des mesures pour arrêter l'aristocratie » et autorisés par pouvoir spécial « de faire arrêter tous les officiers civils qui leur paraîtront coupables ». Il y joignait nominativement les prêtres, jugeant qu'il importait au salut de la République de la délivrer « de cette vermine », et annonçait l'arrestation et l'exportation pour « les nobles perturbateurs ». Ce sont ces principes qu'appliquait Saint-Just en 93, d'accord avec Pichegru.

Pétion prit la parole contre les deux orateurs déjà nommés. Il demanda que les commissaires n'eussent « que le droit de suspendre provisoirement » les administrateurs suspects, avec obligation d'en référer à la Convention. Celle-ci pouvait, seule, prononcer la destitution.

1. La Convention nationale, après avoir entendu le rapport de son comité des finances et de la guerre, décrète :

« Art. 1er. Les ordres donnés par les commissaires de la Convention nationale aux frontières des Pyrénées, antérieurement à la publication de la loi du 15 novembre dernier, seront exécutés, et les dépenses résultant de ces ordres ou réquisitions seront acquittées.

» II. Les agents du pouvoir exécutif qui, en vertu des ordres et réquisitions desdits commissaires, auront passé des marchés ou ordonné des dépenses, enverront de suite au ministère de la guerre les marchés qu'ils auront passés et le montant des fonds dont ils pourront avoir besoin.

» III. Le ministre de la guerre fera passer dans les départements les fonds nécessaires pour acquitter les dépenses exécutées en vertu des ordres et réquisitions des commissaires de la Convention aux frontières des Pyrénées. »

Tallien insista pour l'arrestation des prêtres perturbateurs, à quoi Turreau répondit que la République ne reconnaissait pas de prêtres.

Kersaint posa les principes de la matière en demandant que le *Comité de législation* fût chargé de tracer une *Instruction générale* sur la conduite à tenir par tous les commissaires. On eût mis ainsi un frein aux vols de la Belgique et aux concussions dans les fournitures des armées ; mais Danton et ses amis ne l'entendaient pas ainsi ; Robespierre pas davantage. Ce décret, cependant, importait à tous ; il était à ce moment une garantie de la tranquillité publique, et c'est ce qu'on ne voulait pas dans le camp des triumvirs. La fortune était le premier gage de l'avenir pour des hommes avides de pouvoir politique, car ils prévoyaient à part eux leur chute possible, ou cet exil qu'ils prodiguaient aux autres dans chacune de leurs lois. Donc, pas de limites à leurs agents qui devaient être leurs complices, afin de n'en pas avoir eux-mêmes, et de tout se permettre directement ou par leurs délégués, devenus leurs confidents.

J'ai été moi-même revêtu de pouvoirs illimités, et j'en ai frémi, s'écriait Kersaint. C'est par eux que se maintint et s'exerça la Terreur. Ce qu'on voulait en 92 ne fut accordé qu'après le 9 thermidor.

La première discussion relative à une création générale de représentants près les armées et à l'augmentation des pouvoirs qui leur étaient déférés depuis la création de la République, date du 26 janvier 1793. Elle eut pour cause les plaintes portées à la Convention par une *lettre* qu'avait reçue le ministre de la guerre ; il y était dit que l'Armée de la Moselle avait manqué de pain. Interpellé par son chef, l'ordonnateur avait répondu que les troupes n'en avaient jamais manqué dans la marche, et qu'au contraire elles avaient eu constamment derrière elles jusqu'à cent cinquante mille rations d'excédent. A quoi un membre répliquait : Il faut savoir qui a raison, des accusateurs ou des accusés, mais punir ceux qui nous trompent, et il demandait le renvoi de la lettre aux Commissaires de cette armée.

La Convention, ajouta un autre membre, doit accorder plus de confiance à ce que lui écrivent ces derniers qu'à la parole d'un agent ministériel. Il argua du débat inopiné qui venait de s'ouvrir *pour engager la Convention à envoyer des commissaires à toutes les armées.* Cette demande est essentielle à retenir, elle fixe les origines de la question en son entier.

Il y eut des opposants. L'un d'eux trouva la mesure mauvaise. Nous ne sommes pas tous d'égales opinions, dit-il, et les choix pourraient répandre *des impressions funestes* aux armées.

L'auteur de la proposition attesta l'excellence des actes issus des premiers commissaires, pour affirmer son opinion. *Ce sont les Commissaires qui ont sauvé les armées et la République*, s'écria-t-il. Leurs arrêtés, leur conduite, tout est public ; enfin, *c'est l'Assemblée qui nomme*. Il s'éleva contre le droit que s'arrogerait son bureau de faire les nominations. Un collègue l'appuya en réclamant les choix « par appel nominal ». Mais Cambon mit un terme à la discussion, qui se passionnait, en obtenant la question préalable : l'institution ne devait être fondée que trois mois plus tard, et devenir alors générale.

Il se produisit cependant des créations isolées, du 28 janvier au 30 avril ; il est bon de les faire revivre.

Sur le rapport de Fabre d'Eglantine, la Convention rendit le 2 février 1793, un décret relatif aux trois armées du Rhin, de la Moselle et du Nord.

Neuf commissaires devaient se porter sur la frontière du Nord et de l'Est, pour y vérifier l'état des places fortes et les faire mettre en défense, autorisés à prendre tous les moyens de sûreté générale qu'exigera le salut de la chose publique, ils feront les réquisitions nécessaires avec le droit de destituer tous agents civils et militaires qui manqueraient de civisme, de zèle ou de capacité.

Ces neuf commissaires étaient divisés en trois sections de trois membres chacune.; l'une de ces sections depuis Besançon jusqu'à Landau ; une autre, celle depuis Sarrelouis jusqu'à Givet ; une autre, celle qui s'étend depuis Charles-sur-Sambre jusqu'à Dunkerque. Leur but était : a fortification, l'approvisionnement, la défense intérieure et extérieure des places. Les délibérations *prises en commun*, signées des trois commissaires, on les enverrait à la Convention dès leur exécution.

Les Commissaires partaient avec des ingénieurs et autres gens de l'art.

Nos efforts avaient été paralysés en Belgique, au début du mois de mars 93. Aussi Danton avait-il adjuré la Convention d'appliquer sur l'heure la loi du recrutement. Des résultats tardifs pouvaient tout perdre; il exhortait la cité parisienne à donner l'exemple et le Comité de défense à déposer le lendemain son rapport sur les départements. La demande fut votée séance tenante. L'assemblée décréta que des commissaires pris dans son sein se rendraient ce jour dans les quarante-huit sections, pour les instruire de l'état actuel de cette armée ; pour rappeler à tous les citoyens en état de porter les armes le serment prêté de maintenir jusqu'à la mort la liberté, l'égalité, et pour les requérir, au nom de la patrie, de voler au secours de leurs frères dans la Belgique.

Devançant ces décisions, les Commissaires avaient pris le 5 mars une série d'arrêtés par lesquels ils avaient requis la garde nationale des départements frontières, au nord. Les habitants du Hainaut en état de marcher à l'ennemi avaient obéi avec zèle.

Le 9 mars, Carnot-Feulins proposa au nom du Comité de défense générale et l'Assemblée décréta que 82 de ses membres se rendraient dans les départements pour pousser la Nation aux frontières, la Patrie étant en danger. Cette mesure avait pour but d'accélérer le recrutement. Dans la séance du soir de ce même jour, Collot-d'Herbois déclara que si le Bureau devait présenter à l'Assemblée la liste des Commissaires, ils ne pourraient être pris parmi ceux qui avaient voté pour l'appel au peuple.

Le 3 avril, Fabre d'Eglantine proposa d'arrêter les effets de la *trahison de Dumouriez* en édictant des mesures qu'il ne fallait plus communiquer. Il annonça le départ de nouveaux Commissaires opéré depuis trente heures et demanda au nom du Comité de Défense générale un décret sur les mandataires de la Convention qui fut adopté. Quatorze de ses membres eurent à présider à la défense du Nord et de l'Est, assistés d'ingénieurs et d'officiers spéciaux, avec pouvoir des réquisitions dites de sûreté générale (1).

1. « Art. Ier. Parmi les commissaires de la Convention nationale envoyés dans les départements du Nord et de l'Est, il sera pris quatorze membres pour faire mettre sur le champ en état de défense les places fortes de cette frontière.

« II. Les commissaires se partageront en sept divisions, de deux membres chacune ; chaque division se chargera de faire mettre en état de défense les places qui lui seront assignées dans les instructions qui seront jointes au présent décret.

» III. Chaque division se fera assister de deux ingénieurs et de deux officiers ou sous-officiers de chaque espèce d'arme, d'un officier de santé, d'un employé dans les vivres, réunissant le plus d'expérience et de zèle dans la partie qui sera confiée à chacun d'eux.

» IV. Il sera procédé par les commissaires à un inventaire de tous les objets de munition et d'approvisionnement qui se trouveront dans les places ; ils y ajouteront un état détaillé de la situation dans laquelle ils auront mis les pièces, et en rendront compte à la Convention.

» V. Les commissaires pourront faire toutes réquisitions aux corps administratifs, suspendre ou destituer tous officiers civils ou militaires, et prendre toutes les mesures de sûreté générale et toutes celles nécessaires à la célérité, à l'utilité de leurs opérations et à l'exécution du présent décret. »

Barère vint compléter au nom du même Comité la série des mesures
de salut public. Elle comprenait la nomination d'un ministre de la
guerre, l'envoi de nouveaux commissaires pour éclairer les soldats, la
fondation d'une armée de seconde ligne à Péronne, les marques distinc-
tives à donner aux conventionnels en mission, l'organisation d'une armée à Paris, pour maintenir la paix dans cette ville, au chiffre de 40.000
hommes, et le choix du successeur de Dumouriez.

Ce fut dans cette séance, mémorable à tant de titres, que fut fixée la
marque distinctive des députés aux armées. Le rapporteur proposa de
leur donner une écharpe en ceinture avec une frange jaune. David la
repoussa comme n'étant pas assez frappante. Il voulut que le costume
tînt du civil et du militaire ; son inspiration était heureuse et il l'expri-
ma bien. Il proposa *une écharpe, une épée et un plumet aux trois couleurs
au chapeau.*

Sur la motion de Thuriot, leur désignation fut celle de *leur* qualité :
Représentants du Peuple.

La première création des Commissaires, première application de
leur charge et de leurs devoirs, date du 4 avril 1793.

Il fut institué près les armées du Nord et des Ardennes, *six commissaires* pris dans le sein de la Convention. Ils eurent à établir les
communications les plus promptes entre les diverses parties de ces
armées, à y publier la proclamation de l'Assemblée et à y maintenir
les principes de la République. Ils se nommaient :

Carnot, Gasparin, Bries, Duhem, Roux-Fazillac, Duquesnoy, Dubois-
Dubay et Delbrel. Deux se rendirent à Valenciennes, trois à Lille.
Deux d'entre eux s'arrêtèrent à Douai pour y prendre les mesures
qu'exigeait la défense de cette place.

Deux autres Commissaires partirent pour Péronne afin d'y former
une armée, tant de recrues que des soldats séparés des armées par la
perfidie de Dumouriez. Leur furent adjoints par le Conseil Exécutif,
deux commissaires des guerres et deux officiers de l'Etat-Major.

Les Commissaires furent investis des mêmes pouvoirs que ceux
qui les avaient précédés et autorisés à se diviser, délibérer, agir, au
nombre de deux.

En attendant qu'un costume fût décrété, les Commissaires portèrent un sabre nu, demi-espadon pendu à un baudrier de cuir noir,
placé en baudrier par-dessus l'habit, une écharpe en ceinture, sur la
tête un chapeau rond, surmonté de trois plumes aux trois couleurs.

On les chargea de la distribution des bulletins écrits et adressés

dont la Convention aura décrété l'envoi aux armées. Ils porteront désormais le nom de représentant de la nation, député par la Convention nationale à...

Le général Dampierre commandera en chef les armées du Nord et des Ardennes.

Une armée de quarante mille hommes, divisée sur les points qui couvrent toutes les rivières navigables avec Paris, fut créée (1).

Le décret du 7 avril régla la *correspondance* avec la Convention et l'exercice des pouvoirs immédiats. Bréard le présenta au nom du même comité. Il y était dit que la correspondance des Représentants devrait être *journalière* avec le Comité de Salut public et indépendante de celle qui serait adressée à l'Assemblée suprême. Ils eurent à dresser immédiatement « l'état effectif des armées et forces navales » et de tout ce qui s'y rapportait. Des agents civils et militaires purent être requis à cet effet par eux et ils eurent jusqu'au droit de nommer des commissaires pour rédiger les états. Ceux qui reçurent mission d'accélérer le recrutement eurent à veiller au service des subsistances, et à leur défaut « les directoires de département. » Un second décret, du 9 avril, détermina le nombre des représentants près les armées et le fixa à trois ; ils étaient renouvelables mensuellement par tiers. Les agents du Conseil Exécutif étaient fixés sous leurs ordres et ils devaient surveiller les fournitures militaires, incorporer les volontaires et les recrues dans les cadres existants. Leurs pouvoirs étaient *illimités* quant à « l'exercice des fonctions » définies par les décrets ; de là, autorisation de faire des dépenses extraordinaires payables par le trésor, à la charge d'en rendre compte à la Convention et en cas secret au comité. Arrestation immédiate était enjointe contre les complices ou les approbateurs de Dumouriez.

Quatre décrets avaient été promulgués en quelques jours, dans la précipitation des événements. Tout était à créer dans cet ordre d'idées, et on a pu voir combien peu il y avait de vues d'ensemble, combien de lacunes et l'absence de théories générales. La trahison de Dumouriez aveuglait par ses conséquences probables les rapporteurs du comité. La gloire et les conséquences de Jemmapes paraissaient remises en question ; on eût dit que Cobourg et Pitt avaient reconquis d'un coup la Belgique et que leurs troupes, pénétrant à la suite de Miranda, portaient le fer et le feu dans la Flandre française pour y

---

1. Le comité de défense générale et le comité militaire durent désigner le lendemain les cantonnements de ces 40.000 défenseurs.

appliquer les doctrines du célèbre manifeste de l'année précédente. Des esprits sérieux le comprirent et un membre important du comité présenta, le 1er mai suivant, un projet général sur la répartition des armées, celle des Représentants du peuple à déléguer auprès de chacune d'elles et la détermination de leurs pouvoirs. On y régla le renvoi qui avait été fait de la liste des mandataires en commission et dont la mission n'était pas indispensable. La Convention adopta le *Projet organique* suivant ; il devait durer jusqu'à la chute du Triumvirat, malgré les atténuations momentanées de fin octobre 93 par Barère (1).

Onze armées furent créées, leurs états-majors généraux réorganisés par le Conseil Exécutif ; chaque armée eut un nombre de Représentants variable d'après son importance, ils eurent à se concerter entre eux pour l'exécution des opérations militaires, leur costume fut celui que fixait le décret spécial du 3 avril, les nominations à tous les emplois vacants dans leur autorité leur furent dévolues. La surveillance de tous leur appartint, depuis la conduite des généraux jusqu'à celle de soldats, les agents du Conseil Exécutif leur furent subordonnés ; de là le droit de suspendre les agents militaires de tout ordre et de tous grades ; de là, la surveillance des places fortes et des côtes ; l'approvisionnement partout devint une de leurs fonctions. Ils purent passer des revues sur terre et sur mer, réviser les états de situation et prendre les mesures qu'ils jugeraient utiles pour accélérer l'armement, l'équipement et l'incorporation des volontaires.

Le droit de réquisition des gardes nationales leur fut dévolu ainsi que l'arrestation des généraux, des militaires et de tous agents passibles d'être traduits devant les tribunaux révolutionnaires. Leurs pouvoirs *(à cette date)* furent déclarés *illimités*. Les dépenses incombèrent diversement aux payeurs des armées, des départements, à la trésorerie sur états d'ordonnance. Les proclamations de la Convention relevèrent des Représentants, qui durent correspondre chaque semaine avec elle. Le Comité de Salut public, de son côté, était obligé de présenter un rapport sommaire de leurs opérations (2).

---

1. Dans les considérants, Cambon annonçait pour le Nord 90.000 hommes effectifs déjà en ligne ; pour les Ardennes, 37.000 ; pour le Rhin, 45.000 ; pour l'Ouest, la création de trois armées, l'une à La Rochelle, l'autre à Brest, la dernière à Cherbourg.

2. Texte aux pièces justificatives ; il constitue l'acte le plus essentiel de la législation sur notre question. Appendice I.

La question de la *responsabilité* fournit l'occasion d'un débat dans lequel Girondins et Jacobins se livrèrent un combat à outrance, prélude du 31 mai. « Les pouvoirs que vous avez délégués à vos commissaires sont assez étendus pour que vous deviez les circonscrire dans des limites qu'ils ne puissent franchir, » dirent les premiers. A quoi les Jacobins répondirent par leur théorie favorite du salut public : « Comment est-il possible que l'on prétende que l'obéissance au moins provisoire ne soit pas due aux Représentants du peuple chargés des missions les plus délicates pour le salut du peuple ? Le soldat emploie-t-il à examiner les ordres de ses chefs le temps prescrit pour leur exécution ? » Ils conclurent à la responsabilité, mais à peu près pour la forme, car ils ne l'appliquèrent jamais dans la toute-puissance de leur pouvoir. La chute de leur dictature put seule l'établir dans des proportions relatives.

Cambon déclara dans la séance du 7 que, ne voulant pas interrompre la discussion de la Constitution, le Comité de Salut public sollicitait la séance entière du 10 pour entendre le compte général de ses opérations, car ses pouvoirs expiraient le 7.

Après avoir constaté que le ministère de la marine était actif mais arriéré ; que le ministère de la guerre formait un dédale ; que le ministère des affaires étrangères manquait d'activité ; que le ministère des contributions publiques avait peu de relations avec le comité, Cambon donna lecture d'un nouveau projet d'instruction pour les commissaires conventionnels. Préparée par les dispositifs qui précèdent, l'assemblée accepta la rédaction intacte du rapporteur. Voici l'instruction :

« L'étendue des pouvoirs et des fonctions des Représentants du peuple a fait penser qu'ils seraient dans la nécessité de s'environner d'agents et de personnes de confiance ; la Convention nationale les y a autorisés par l'article 17 de la loi du 30 avril.

Le comité croit qu'il serait nécessaire que chaque députation formât un comité central de correspondance composé de citoyens instruits et zélés choisis parmi les membres des administrations de départements, de districts, de conseils généraux des communes, des sociétés populaires et des bons citoyens. Ce comité ne pourra prendre aucune délibération ; les Représentants du peuple entretiendront avec ce comité une correspondance active.

L'objet de cette correspondance sera de leur faire connaître toutes les ressources locales, les productions du sol, les fabriques, les manufactures, les forges, les usines, le prix des denrées, des bestiaux, des productions brutes et œuvrées et de la main-d'œuvre.

Le comité sera composé de membres qui se transporteront dans les villes, dans les campagnes, qui réuniront les connaissances locales et celles de l'expérience. Si parmi les agents employés par le Conseil Exécutif il s'en trouve qui puissent remplir leurs vœux, les Représentants du peuple les préféreront aux autres citoyens

pour éviter la trop grande multiplicité d'agents ; et lorsqu'ils auront lieu de juger
que les agents du Conseil Exécutif remplissent mal ou ne sont pas en état de bien
remplir les fonctions qui leur sont confiées, ils les suspendront provisoirement et
avertiront de les rappeler.

C'est par les membres attachés à ce comité que les Représentants du peuple par-
viendront à répandre les lumières, l'amour de la patrie et l'émulation du civisme.

C'est par eux qu'ils exciteront le zèle des citoyens à former de nouveaux établissements et à diriger le commerce et l'industrie vers les objets d'utilité générale.

Les Représentants du peuple prépareront de grandes économies en faisant acheter sur les lieux les étoffes nécessaires à l'habillement des troupes, la toile, les
effets de campement ; le service acquerra plus de célérité. A peine les besoins
seront-ils connus que l'on sera en état d'y pourvoir. L'administration s'affranchira
des entraves du monopole et de l'accaparement. »

Barbaroux ayant proposé des modifications, l'assemblée lui refusa la
parole par décret.

Buzot demanda la question préalable, déclarant qu'il ne voulait donner à personne le droit de voler et de piller le pays.

Barbaroux présenta un article additionnel où il demanda que les
membres des corps administratifs municipaux ou des sociétés populaires qui pourront former le Comité central, fussent choisis par leurs
corps respectifs. Les membres de ces comités, ajoutait-il, doivent avoir
la confiance publique. Encore quelques jours, et les Girondins étaient
perdus.

L'assemblée répondit par de violents murmures. Un des vaincus
d'alors, Gensonné, s'écria : « Je dis qu'on veut ôter au peuple ses droits
pour en investir quelques individus, » appréciation que les événements
ont justifiée. Aussitôt, Marat répliqua : Tais-toi, *conspirateur*, complice
de Dumouriez ! Il négligeait de dire à quel taux étaient payées ses propres insolences. Après avoir entendu Lacroix, Lasource, Couthon,
l'assemblée passa à l'ordre du jour sur la proposition (1).

Un décret contre les *municipalités*, du 16 mai 93, eut pour but d'arrêter les effets du fédéralisme naissant. Le Comité de Salut public
proposa la peine de dix années de fer contre les membres des corps
administratifs qui n'obéiraient pas aux ordres des représentants. Ils
devaient obéir, ne fût-ce que provisoirement ; mais les conventionnels
étaient personnellement responsables des mesures prises et imposées
par eux (2).

1. On trouvera au chapitre relatif à la « légalisation des pouvoirs des Représentants par les autorités locales » l'instruction spéciale que recevaient les mandataires
du Comité de Salut public.

2. « Art. Iᵉʳ. Les corps administratifs et municipaux, leurs commissaires, les
agents civils envoyés par le Conseil Exécutif provisoire, ne pourront, sous quelque

La question des grains donnait lieu, le 25 août suivant, à un arrêté dont on observera la prudence. Le mode de paiement de ces réquisitions était fixé avec équité ; le premier article seul concerne notre étude: Sur réquisition des représentants ou de leurs délégués, les propriétaires, fermiers, possesseurs ou détenteurs de grains dans les départements furent tenus, à l'instant de la réquisition, de déposer dans le lieu à eux indiqué quatre quintaux de grain par charrue appartenant aux propriétaires et fermiers, et par les détenteurs non propriétaires ni fermiers, la quantité qui sera requise. Le prix en devait être acquitté au chef-lieu du département et au moment de la livraison.

Les troubles grandissants de l'Ouest inspirèrent, le 23 juin, la notification de répartition suivante dans le nombre des représentants ils furent réduits à dix à l'armée des Côtes de La Rochelle (1).

Le 25 juillet, la Convention, adoptant l'exposé de Barère, réorganisa les missions militaires au Nord et sur le Rhin par décret spécial (2).

Les administrateurs du département du Calvados avaient prêté main forte aux insurgés des côtes en arrêtant les représentants spécialement

prétexte que ce soit, et sous peine de dix ans de fers, suspendre ou modifier l'exécution des ordres donnés par le Conseil Exécutif provisoire, apporter aucun changement aux dispositions militaires qu'il aura arrêtées, empêcher ni retarder les mouvements des troupes, changer leur destination et celle des armes et munitions, tant de bouche que de guerre, qui leur sont adressées.

» II. Les corps administratifs et municipaux seront tenus d'exécuter et faire exécuter provisoirement toutes les délibérations prises par les Représentants du peuple, envoyés par la Convention nationale dans les départements, et auprès des armées de la République,

» III. Les Représentants du peuple envoyés près les armées ou dans les départements, sont *personnellement responsables* de tous arrêtés qu'ils auraient pris contre les dispositions et les pouvoirs portés dans le décret du 30 avril, dans les instructions décrétées le 8 mai.

» IV. Le présent décret sera envoyé dans le jour par des courriers extraordinaires. »

1. Le décret sur la levée en masse, qui créa des commissaires-adjoints par son article 15, appartient à ce chapitre et y est relaté. Il en est de même du rappel des agents et des commissaires du Conseil Exécutif.

2, « Art. 1er. Il sera mis à la disposition du ministre de la guerre, par la trésorerie nationale, la somme de 2 millions pour l'exécution des mesures extraordinaires qui ont été délibérées, le 23 de ce mois, par le Comité de Salut public, relativement à la défense des frontières du Nord.

» II. Les citoyens Delcher et Roux-Fazillac sont adjoints aux Représentants du peuple près l'armée du Nord.

» III. Ils sont chargés spécialement de concerter, avec le général de cette armée, les réquisitions nécessaires pour lever sans délai, et mettre en marche une force

députés au soin des frontières. Les côtes de la Manche étaient
dénuées de tout, d'après l'aveu qui fut fait par la Convention, en séance.
Ses interprètes rappelèrent, en protestant contre la rébellion de ce
pays, que de tout temps les Anglais avaient dirigé leurs attaques vers
cette partie du territoire maritime. N'était-ce point les livrer à l'étranger
que d'empêcher leur mise en état de défense ?

On demanda contre ceux qui favorisaient les vues des Anglais un
décret d'accusation.

Un grand attentat avait été commis contre la représentation nationale
et méritait de fixer l'attention à raison des circonstances, disait Barère.
Dans un moment où plus de quatre-vingts commissaires parcouraient
les départements, il fallait éviter que l'exemple des administrateurs du
Calvados ne fût suivi. Aussi entendait-il inspirer aux autorités subordonnées le respect de la Convention par une répression exemplaire et
dont le Comité de Salut public se promettait le châtiment.

Le crime était d'autant plus flagrant que leur arrestation avait pour
but de faciliter une descente aux Anglais. C'était l'avis de Cambon.

Un ami de Danton alla plus loin. Il accusa huit de ses collègues de
s'être enfuis de la Convention, de s'être retirés à Evreux où ils formaient
une espèce d'Assemblée nationale, trompant le peuple. Lacroix
demanda leur arrestation, et pour frapper de terreur la ville qui leur
offrait asile, il sollicitait le transfert du chef-lieu départemental à
Bernay, ville patriote. Ses collègues refusèrent cette sanction.

Mais le général Wimpfen qui avait assisté, impassible, à cette arrestation, fut décrété d'accusation. Ceux des administrateurs qui avaient
résisté reçurent des éloges comme ayant bien mérité de la patrie, et le
décret suivant statua sur les violateurs de la loi :

« La Convention nationale décrète qu'il y a lieu à accusation contre
» les administrateurs et autres fonctionnaires publics du département
» du Calvados, qui ont signé l'ordre d'arrestation des représentants du
» peuple envoyés près l'armée des côtes de Cherbourg. Il sera formé
» sans délai une commission composée des membres qui sont restés

armée prise dans les départements du Nord, du Pas-de-Calais, de la Seine-Inférieure,
de l'Oise, de l'Aisne et des Ardennes.

» IV. Les citoyens Lacoste et Guyardin sont adjoints aux Représentants du
peuple près les armées de la Moselle et du Rhin.

» V. Ils sont chargés de se transporter dans les départements de la Haute-Marne
et de la Meuse, de la Moselle, de la Meurthe, du Bas-Rhin, du Haut-Rhin et des
Vosges, pour y faire le remplacement des garnisons dans les deux divisions de la
Moselle et du Rhin. »

» fidèles à leurs devoirs et n'ont pas signé l'arrêté du 9 juin, et en
» outre d'un membre choisi dans chaque administration de district
» dudit département du Calvados. »

Un rapport de Barère du 3 novembre fournit d'utiles décrets sur la
réorganisation des représentants aux armées du Rhin et de la Moselle.
Les intelligences entretenues par l'ennemi, les trahisons commencées
(par les amis de Robespierre) en étaient les causes. Le Comité de Salut
public avait observé que là où il y avait un *congrès de Représentants*
les affaires étaient réglées avec plus de *lenteur*. Aussi son interprète
proposait-il de réduire leur nombre, qui était de neuf ; on dut en rappeler sept et en envoyer deux nouveaux. Cette proposition fut
adoptée (1).

Les représentants qui demandaient leur rappel de leur propre mouvement et d'après des motifs valables obtenaient droit, ainsi qu'on le
vit dans cette même séance pour l'un d'eux de l'armée des Pyrénées
Orientales.

Quant aux autres représentants, dit Barère, ils sont divisés en deux
classes : *ceux qui sont auprès des armées et ceux qui opèrent la levée de
la première réquisition*. Le Comité s'occupait des premiers et décrétait
le retour des seconds, se basant pour les rappeler sur ce que les bataillons avaient presque tous reçu leur destination. La Convention avait le
devoir de *se recomposer* et de se reconstituer dans ses *parties intégrantes*.
N'oublions pas, pour saisir la valeur de ce langage, que le Comité préparait à la fois le déblocus de Landau, la reprise des lignes de Weissembourg et le rejet des impériaux au-delà du Rhin dans l'Est, le
déblocus de Maubeuge et l'expulsion des coalisés au Nord, la délivrance
de la Flandre maritime sur nos côtes. Barère trouvait que le séjour des
commissaires, en se prolongeant dans un département, y atténuait par
engourdissement l'effet de leur toute-puissance. Les administrations
locales, s'écriait-il, deviennent *inventives* par la faute de nos collègues,
il faut *les rappeler tous !* La Convention décrétait par acclamation la
mesure proposée et supprimait jusqu'à la notification personnelle.

Clausel observa que le rappel des Représentants devait être suivi de

1. « La Convention nationale, après avoir entendu le rapport de son Comité du
» Salut public, décrète que les citoyens Lemann, Baudot, Hermann et Lacoste (du
» Cantal) seront les Représentants du Peuple près les armées du Rhin et de la
» Moselle ; ils sont investis des mêmes pouvoirs que les autres Représentants du
» peuple envoyés près les armées ; les citoyens Ruamps, Soubrani, Milhaud, Guyar-
» din, Mallarmé, Borie et Cusset se rendront dans le sein de la Convention natio-
» nale. »

celui des Commissaires civils envoyés par le Comité, c'est-à-dire des Agents du Conseil.

C'est dans cette réclamation que l'on voit pour la première fois mention des agents *nommés par les Représentants du peuple*, et qui, soit à l'intérieur, soit aux armées, exercèrent une partie de leurs attributions. Ils furent désignés plus spécialement sous le titre de *Commissaires, de Département*. Leurs pouvoirs furent définis et limités quant à leur durée, et relativement à leur objet. Un texte de commission nous a été conservé, et, ce qui est plus étonnant, cette pièce est un imprimé.

Les Représentants Rovère et Poultier y prenaient le titre de Représentants *Délégués dans les départements méridionaux de la République*, puis ils spécifiaient les départements qui formaient l'objet spécial de leur mission, édictaient le but à poursuivre dans les considérants de leur arrêté, indiquaient la cause première de la mesure et en réglaient les conditions.

La motion de Clausel fut adoptée.

Il y eut un amendement pour étendre ses effets à tous les *délégués des Représentants du peuple*. Ce texte prouve que leur nombre fut considérable, puisqu'il fit l'objet d'une prescription spéciale, et spéciale par voie d'amendement. Il supplée aux documents disparus, non comme intérêt, mais comme constatation indiscutable ; c'est un texte de loi.

Agents du Comité et délégués des Représentants furent donc rappelés. L'insertion au *Bulletin* dut servir de *notification* aux uns et aux autres, est-il porté dans l'exposé.

Il n'y eut d'exception que pour quatre d'entre eux, l'un pour les villes maritimes, l'autre pour le département de la Gironde, et les deux autres pour les départements de l'intérieur.

Le décret du 23 novembre, rendu sur la proposition de Cochon, et qui terminait les opérations de la réquisition du 23 août, renferme deux articles qu'il importe de connaître : celui par lequel le ministre de la guerre recevait le droit de créer des agents pour le recrutement, et celui qui les plaçait cependant sous l'autorité des Représentants (1).

1. VI. Pour procurer la prompte exécution de l'article précédent et accélérer l'incorporation, le ministre de la guerre nommera de suite, dans toutes les armées de la République, le nombre d'agents militaires qu'il jugera convenable. Il nommera en outre un agent supérieur par chaque armée, qui dirigera et surveillera toutes les opérations, et se concertera avec les Représentants du peuple.

« XIX. Les Représentants du peuple envoyés près les armées veilleront à l'exécution de la présente loi ; ils accéléreront l'incorporation par tous les moyens qui sont en leur pouvoir; ils exerceront la surveillance la plus active sur les agents militaires

On a vu par nos études antérieures le rôle de ces agents, et leur correspondance comparée avec celle des conventionnels a donné une idée exacte de leurs opérations comme des difficultés rencontrées dans l'application de la loi de l'Amalgame. Quant aux décrets qui nommèrent des Représentants près les armées, ils n'offrent plus d'intérêt général, ni dans la politique, ni pour les armées. L'Interrègne de 1795 nous apprendra le motif de leur retour à la Convention, lors du vote de la Constitution de l'An III ; il précédera leur dissolution d'une année. Enfin, l'organisation législative que nous présentons le premier comble une lacune fâcheuse dans la recherche des *institutions* de la Révolution française, signalée dès l'introduction du présent ouvrage ; la lecture des textes épars dans les *séances* de nos Assemblées et dans les *arrêtés* du Comité de Salut public montre à quels desseins obéissaient les créateurs : mettre fin aux trahisons militaires dans les armées, dans les places fortes et aux frontières, reprimer à l'intérieur les soulèvements politiques isolés ou appuyés par l'étranger. Sans ces tristes causes, la Terreur n'aurait pu prendre racine ! .

qui en sont chargés, se feront rendre compte journellement de leurs opérations, et prendront toutes les mesures que les circonstances pourront nécessiter : ils rendront compte chaque décade, tant au Comité de Salut public qu'au Comité de la guerre. du progrès de l'incorporation. .

CHAPITRE XXVI

LA RÉPUBLIQUE UNIVERSELLE ET LES PARTIS

L'esprit d'innovation au XVIIᵉ siècle. — Chute de la royauté. — Esprit de propagande républicaine commun aux Jacobins et aux Girondins. — Rapport de Cambon. — Vues de Dumouriez et de Custine. — Discours de Brissot. — Protestations belges. — Rapport de Barère. — Rapport de Robespierre. — Il dirige les relations extérieures. — Protestations de l'armée contre le décret qui interdit de laisser la vie sauve aux prisonniers.

Le dix-huitième siècle attaqua la vieille société à tous les degrés, depuis les trônes jusqu'aux plus humbles chaumières. Il créa *l'esprit d'innovation* par les philosophes et les économistes, les encyclopédistes et les écoles de théoriciens qu'il engendra. Il n'y eut plus en Europe un pays où il ne pénétrât, de Copenhague à Lisbonne, de Madrid à Pétersbourg, de Stockholm à Vienne. L'un des derniers chefs du Saint-Empire y adhéra pour aboutir à un ébranlement qui pénétra ce vieil édifice politique dans ses fondements. Avec une intempérance absolue née de son amour pour la logique, le peuple français fit, en quatre années, de l'idée de liberté la proie des passions les plus brutales le jour où une minorité audacieuse, celle des triumvirs et de leur parti, se fût emparée du pouvoir exécutif. *La liberté devint alors démagogie.*

La persécution à tous les degrés la remplaça. On l'exerça notamment contre les hautes classes qui avaient fait la France : le clergé et la noblesse, puis le Tiers-Etat financier ou pourvu des charges publiques. Le radicalisme jacobin faussa de même le principe d'égalité, il le fit consister dans la ruine des riches et des puissants, il déchaîna pour y parvenir toutes les passions et tous les crimes. Les doctrines d'un sophiste, Jean-Jacques, devinrent toutes-puissantes au Club des Jacobins par l'influence de Robespierre et de Saint-Just l'idéologue. *L'individualisme remplaça l'intérêt social*, la volonté de chacun prédomina celle de tous, l'amour ridicule des Grecs et des Romains vint se superposer au génie national pour détruire. Il y eut enfin un jour où l'on conçut la folle pensée d'appliquer ces théories funestes à l'Europe elle-même (1).

« En 1792, a écrit un génie rare, la nation n'était pas une. Deux peuples existaient sur le même sol. Une lutte terrible se prolongeait encore entre les classes dépossédées de leurs privilèges et les classes qui venaient de conquérir l'égalité et la liberté. Les classes dépossédées s'unissaient avec la Royauté captive et avec l'Étranger jaloux pour nier à la France sa révolution et pour lui réimposer la monarchie, l'aristocratie et la théocratie par l'invasion... En 1792, ce n'était pas le peuple tout entier qui était entré en possession de son gouvernement, c'était la classe moyenne seulement qui voulait exercer la liberté et en jouir. Le triomphe de la classe moyenne alors était égoïste comme le triomphe de toute oligarchie. Elle voulait retenir pour elle seule les droits conquis par tous... En 1792, le peuple n'était que l'instrument de la Révolution, il n'en était pas l'objet... En 1792, les idées de la France et de l'Europe n'étaient pas préparées à comprendre et à accepter la grande harmonie des nations entre elles au bénéfice du genre humain... Enfin, en 1792, la liberté était une nouveauté, l'égalité était un scandale, *la République était un problème*. Le titre des peuples à peine découvert par Fénelon, Montesquieu, Rousseau... paraissait une monstruosité aux hommes d'État de l'ancienne école (2).

La Convention avait proclamé la République avec une colère indéniable. Dès 1791, elle avait dit, en consacrant la souveraineté nationale, si facilement acceptée par Louis XVI : *la Nation, la Loi, le Roi*. En 89, la loi c'était le roi. En 91, la *loi* fut dans la nation, et son expression la plus haute fut l'Assemblée Législative, composée de ses mandataires. En septembre 92, *le roi disparut* : seule la *nation* resta, ennoblissant son gouvernement nouveau par la victoire, à Valmy et à Jemmapes au nord, à Spire et à Mayence sur le Rhin.

La République proclamée au sein de l'Europe frémissante, l'Europe personnifiant l'équilibre dans le maintien des trônes et de ses dynasties séculaires, qu'allait-il advenir du peuple hardi rompant en visière avec son vieux droit ? avec le droit général ?

Les familles royales considéraient la monarchie absolue comme un apanage de tous points inaliénable, et le pouvoir souverain comme une nécessité de leur naissance. Elles y ajoutaient la légitimité de leur sang,

1. Le 25 août 92, le Conseil Exécutif provisoire annonça la future assemblée souveraine à élire par une proclamation. On y lisait une phrase à retenir : « L'ennemi du dedans a été frappé à mort et cette énergique réponse est la seule que vous ayez faite à l'ennemi du dehors. Citoyens, il paraît l'avoir entendue... Les armées touchent vos frontières et c'est au milieu d'elles que vous appelez cette Convention chargée de proclamer devant l'Europe la souveraineté des peuples et les usurpations des rois. »

2. *Manifeste aux puissances* de 1848, par Lamartine.

L'éclat de leurs services militaires, le prestige du temps et la consécration du droit public international comme du droit diplomatique. Les mariages avaient confondu les intérêts de plusieurs races, les parentés en étaient nées, jetant dans le conflit des intérêts politiques leurs difficultés et tour à tour leur accord. Que d'alliances d'États ne pouvaient s'expliquer sans celles des familles souveraines !

Les couronnes étaient, en 1792, solidaires.

Supprimer en France les titres et les droits de la royauté, c'était la supprimer, par l'exemple, à Pétersbourg et à Vienne, à Dresde et à Naples, à Londres et à Madrid. C'était, surtout, bouleverser, intervertir tous les rapports de la France avec les cabinets par les affaires étrangères; fondés sur une *politique de famille*, ceux-ci ne pouvaient comprendre une autre politique. La guerre seule devait faire accepter par nos victoires une politique nouvelle basée sur les *intérêts nationaux*. C'est ce qu'avaient senti Mirabeau et Danton, Dumouriez et Vergniaud, esprits aux vues justes, aux conceptions élevées. L'apeurement des couronnes, ils l'avaient compris et acceptaient la recherche d'une entente avec le concert européen, parce qu'ils étaient des hommes d'État.

Ce fut pour prévenir les effets des colères armées des cabinets et des souverains de l'Europe, que Mirabeau, auteur cruel de l'*histoire secrète de la Cour de Berlin*, s'était rapproché des trônes. La grande trahison de M. de Mirabeau, apostrophe des extrêmes de droite et de gauche à l'Assemblée Nationale, n'a qu'une valeur de parti. L'expérience a montré la clairvoyance de son génie, car l'opposition de ses adversaires prépara une ruine que la valeur militaire put seule empêcher, mais que nul n'avait le droit de prévoir (1).

Danton, l'orateur le plus grand de toute la Révolution, comme penseur et homme d'action parmi les Républicains, n'avait pas voulu d'abord la République. Son intimité avec Dumouriez l'établit, et il faut regretter la dispersion de ses papiers lors de son arrestation, ou plutôt *leur accaparement par Robespierre*. Celui-ci prétendit les absorber au Comité de Salut public. En réalité ce fut pour lui. Si scrupuleux à détruire qu'eût

1. Madame Roland a tracé dans ses *Mémoires* le portrait suivant de Mirabeau : «Le seul homme dans la Révolution dont le génie pût diriger des hommes, impulser une Assemblée ; grand par ses facultés, petit par ses vices, mais toujours supérieur au vulgaire et immanquablement son maître dès qu'il voulait prendre le soin de le commander. Il mourut bientôt après : je crus que c'était à propos pour sa gloire et la liberté ; mais les événements m'ont appris à le regretter davantage : il fallait le contre-poids d'un homme de cette force pour s'opposer à l'action d'une foule de roquets et nous préserver de la domination des bandits. »

été Danton, il avait dû garder des défenses contre l'avenir. Les événements l'avaient peu à peu entraîné vers la trahison avortée de Dumouriez ; sa violence même avait été un gage nécessaire à l'excès des partis.

Dumouriez ! on connaît ses tentatives, ses vues et ses audaces, de son quartier général à celui des ennemis, de ses camps à Paris. Vergniaud, en proclamant la déchéance de la royauté, n'avait pas voulu proclamer la République, née des mouvements des clubs et de la commune, conseillée dans l'ombre par Robespierre tout-puissant sur les masses. Depuis son avènement, le parti girondin n'avait-il pas marché de défis en concessions, de résistances en défaites ? La célèbre journée du 10 août lui avait arraché le trône dont il rêvait la conservation dans le décret même où Vergniaud marquait sa chute. Danton avait pu ordonner les massacres de septembre, son crime devant la postérité, et ce parti était resté impuissant au milieu de ses déclamations. Robespierre devait lui enlever la tête de Louis XVI avec le vote de la tribune, vote toujours motivé... une lâcheté accomplie en échange de sa propre tête qu'il ne devait pas sauver (1). Les jacobins l'avaient, à leur heure, chassé du pouvoir exécutif et mis sous les pieds de Marat triomphant.

Il fallait toujours aller en avant au nom d'un principe populaire faussé. La démocratie devint démagogie, en sorte qu'il n'y eut bientôt place, dès le 31 mai, que pour une *volonté unique*, tyrannique et *irresponsable par les comités*, instruments aveugles de cette volonté.

.., Née ainsi, la République devait devenir violente, déclamatoire, provocatrice du vieux droit européen.

, Le langage que ses auteurs avaient tenu pour eux-mêmes, ils devaient par l'égarement des passions l'appliquer aux autres peuples.,.

La Révolution n'avait-elle pas une mission ? Et cette mission n'était-ce pas de substituer la raison aux préjugés ? le droit à l'arbitraire ? l'équité au privilège ? l'égalité à l'usurpation ? l'affranchissement à la servitude ? la liberté au despotisme ? La royauté c'était l'humanité abdiquant ses titres et ses droits, sa volonté et ses intérêts entre les mains d'un seul. Pourquoi ? C'était déposséder, déshonorer des millions d'hommes égaux devant la nature, les livrer en propriété à un seul par disposition d'héritage.

Pouvait-on conserver le nom en supprimant la chose ? Que devenait

1. Louis XVI a été guillotiné parce qu'il symbolisait la monarchie.

Après le 21 janvier, Danton s'écriait : « Tournons toute notre énergie, toutes nos agitations vers la guerre. *Faisons la guerre à l'Europe.* i

alors la magnifique déclamation des droits de l'homme ? Que faisait-on
des vœux électoraux ? de la volonté du pays souverain ? Que signifiait
un roi impuissant sous la nation et la loi ? Fantôme et avilissement tout
ensemble. La République démocratique, inspirée des grands exemples
de la Grèce et de Rome, importée par nos armes en Amérique, voilà,
s'écriait-on dans le camp vainqueur, le seul gouvernement conforme à
la raison ! Les supériorités de la nature, c'est-à-dire l'intelligence et les
services rendus, étaient seules acceptables. La *royauté* n'était que le
gouvernement de la superstition, la *république* le gouvernement fait
pour l'homme libre, la réalité politique.

La République, enfin, était le dernier mot de la Révolution.

Les girondins l'appelèrent avec enthousiasme, puis, lui imputant les
excès de la démagogie, l'acceptèrent résignés. Les jacobins l'imposèrent pour changer par la politique l'ordre social tout entier, à l'*intérieur*.

A l'*extérieur*, ils lui assignèrent une mission de *propagande par les
armes*. Ils répondirent à la coalition allemande, en appelant les sujets
de ces couronnes au renversement des institutions séculaires du Saint-
Empire Romain, de la Russie et de la Prusse, de la Sardaigne et de
Naples, dès 1792. Folie et représailles tout à la fois du Manifeste de
Brunswick, cette autre folie des cabinets avides de décrier la France en
invoquant la justice, l'ordre et l'indépendance des trônes !

Ce bouillonnement réciproque, ces appels violents à la force d'un
côté, au désordre à tout prix et partout de l'autre, comment les avait-
on appréciés dans les délibérations premières de la Convention ?

Non pas que nous tentions de résumer ce grave débat; ce n'est ni
notre but, ni notre intention ; mais quelques opinions brèves, précises,
éclaireront l'exposé ultérieur qui nous incombe.

Après quelques discussions passionnées sur le fond, la Convention en
était venue à la rédaction du principe. Elle avait déclaré, le 25 septembre 92, que la forme du gouvernement français serait la République,
et avait dit : *La République française est une et indivisible*. Plusieurs
députés ayant demandé qu'il fût ajouté à ce principe le *Gouvernement
représentatif*, l'ajournement de cette proposition avait été prononcé
à l'unanimité jusqu'au moment où on s'occuperait des bases fondamentales d'une Constitution. C'était s'engager à modifier celle
de 91.

Couthon, on le remarquera, avait adjuré la Convention de prononcer
la peine de mort contre quiconque demanderait la *Dictature ;* moyen

habile de discréditer le parti girondin et de défendre Robespierre, attaqué avec clairvoyance dès le 22 septembre 92.

Marat, insolent et provocateur, avait ajouté l'inviolabilité à la demande de son collègue. Il en nia l'impossibilité dès l'ouverture des séances et nia que cette doctrine des « hommes d'Etat » pût être celle de l'Assemblée. Puis, il conclut à la mort de celui qui se prétendrait *inviolable*. Cette théorie plaçait son auteur au-dessus du peuple. Si on s'élevait au-dessus de lui, le *peuple*, s'écriait-il, *déchirera vos décrets*.

Cambon avait protesté et réclamé la liberté des opinions.

Chabot, honnête alors, avait réservé le droit imprescriptible de la pensée. Du moment où la constitution devait être révisée, nul n'avait le droit de prescrire au peuple une *forme de gouvernement*, ou de préjuger sa volonté.

La Convention, divisée, inquiète, ne s'était pas prononcée, et l'ordre du jour avait mis fin au débat.

Après Valmy et Jemmapes, elle se prononça ; et, rendant à la coalition coup pour coup, œil pour œil, elle déclara, que si l'année 1789 avait été la *première de l'égalité*, l'année 1792 était la *première de la République*. Mais de ce gouvernement, elle entendit n'être pas la seule dépositaire. Elle affirma par décret aux Porsenna de l'Europe conjurée contre sa liberté, qu'elle envahirait leurs territoires pour la leur imposer. La République française proclama, par *décret*, la liberté et la souveraineté de *tous les peuples* (1), chez lesquels elle aurait porté ou porterait ses armes ! ébranlement sans fin promis à toutes les ambitions !

L'esprit de parti a pu trouver cette théorie admirable, grandiose ; l'histoire a d'autres devoirs et doit rechercher si elle était prudente, utile, ou même juste.

Comment la Convention fut-elle conduite à édicter ces principes ?

Par les lettres qu'écrivirent au Conseil Exécutif les généraux commandant les armées françaises sur territoire étranger : Savoie, Pays-Bas, province du Rhin, Allemagne, sur la conduite à tenir.

La démocratie pouvait faire trembler les sociétés et les trônes, mais pas partout. L'Angleterre n'avait, par sa constitution, aucune crainte à concevoir. Eh bien ! ce fut elle qui organisa définitivement la Coalition

---

1. Après avoir décrété l'abolition de la noblesse, elle ordonna la destruction des tombeaux des rois dans toutes les églises. (31 juillet 93) et ceux de Saint-Denis furent détruits le mois suivant. En février on avait brûlé sur la place Vendôme 347 volumes et 35 boites qui composaient le *cabinet des ordres*. On promettait à l'étranger le même traitement.

contre notre patrie, ce fut elle qui favorisa les tentatives d'une aristocratie aveugle, pour l'invasion par l'étranger (1) ; ce fut elle qui jeta ses
milliards dans les cours, ce fut elle qui fit de l'Autriche-Hongrie le bras
armé de ses inexplicables colères, si on n'avait pu l'accuser de vouloir
l'empire maritime universel qu'elle devait gagner à ce jeu. Fox, heureusement, a célébré avec Sheridan le *mouvement sublime* qui avait précipité tout un peuple dans les camps, avec un enthousiasme qui fera
l'admiration de la postérité. Fox, encore, a flétri l'amour de la guerre
qu'avaient les marchands de la cité, pour augmenter leurs dividendes
chez les banquiers, prompts aux gains illicites. Ces résultats honteux,
il les a flétris avec une éloquence qui l'a immortalisé, mais surtout
qui nous touche par sa sincérité. On retrouvera ici les marques de son
aversion pour la *guerre éternelle* que voulait et qu'imposa son rival
William Pitt.

Les comités des finances, militaire et diplomatique, voulant fixer des
principes sur la manière de continuer la guerre, désignèrent Cambon
pour rédiger le rapport qui renfermait leurs délibérations résumées.
De concert avec les membres du Conseil Exécutif, et se basant sur les
Instructions qu'ils avaient pu réunir, les comités rédigèrent un projet
de Décret.

Ils se demandèrent quel était l'objet de la guerre entreprise : l'anéantissement de tous les privilèges : *Guerre aux châteaux, paix aux chaumières*, avait-on dit. En entrant en pays ennemi, on avait chassé les
tyrans et leurs satellites. On avait annoncé aux peuples leur affranchissement : *Vous êtes libres!* Il restait maintenant à se diriger, et les
généraux, Montesquiou le premier, avaient sollicité des règles définies
pour la conduite à tenir.

« Ce n'est pas aux *Rois* seuls que nous avons à faire la guerre,
s'écriait Cambon, nous avons à combattre leurs complices, les *castes
privilégiées*, oppresseurs séculaires. Vos comités ont conclu que tout ce
qui existe en vertu de la tyrannie est usurpation ; le petit nombre écrase
le plus grand. Or, au 4 août, la Révolution fut complétée par la destruc-

---

1. De Londres, on écrivait le 20 octobre 92 que les aristocrates, sevrés des dou-
ceurs de leurs journaux, se dédommageaient enfin avec Pelletier. Une corruption
nouvelle éclatait en leur faveur, les dames attaquaient le cœur des membres des
deux chambres. Jusqu'au docteur « le révérend père en Dieu, le successeur des
apôtres, Prettymann, évêque de Lincoln... Ce prêtre a été d'abord précepteur de
Pitt, ensuite son secrétaire quand il est devenu ministre, et enfin lord spirituel de
la Grande-Bretagne. » Voilà des origines bien inattendues pour la coalition et pour
le système britannique.

tion de la noblesse, de la féodalité et de tout ce qui tenait à la servitude. Voilà ce que doit faire tout peuple qui veut être libre pour mériter notre protection.

» Il faut donc que nous nous déclarions *pouvoir révolutionnaire* dans les pays où nous entrons. Nous n'irons point chercher de comité particulier ; nous ne devons point nous couvrir du manteau des hommes ; nous n'avons pas besoin de ces petites ruses. Nous devons, au contraire, environner nos actions de tout l'éclat de la raison et de la toute-puissance nationale. Il serait inutile de déguiser notre marche et nos principes ; déjà les tyrans les connaissent ; et vous venez d'entendre ce qu'écrit à cet égard le stathouder ; lorsque nous entrons dans un pays ennemi, c'est à nous à sonner le tocsin. Si nous ne le sonnions pas, si nous ne proclamions pas solennellement la déchéance des tyrans et des privilégiés, le peuple, accoutumé d'être enchaîné, ne pourrait briser ses fers ; il n'oserait se lever ; nous ne lui donnerions que des paroles et aucune assistance effective. »

Ce que nous estimons contraire aux *droits du peuple*, ajoutait-il, doit disparaître. Nous devons donc proclamer nos principes en détruisant tout ce qui s'oppose à leur direction et à leur application. Donc, en entrant en pays ennemi, nos généraux auront à déclarer dans leur proclamation de début qu'ils viennent supprimer immédiatement *les dîmes et les droits féodaux*. Ce serait cependant n'avoir rien fait si on se bornait à ces destructions. *L'aristocratie gouverne partout ; il faut donc détruire toutes les autorités existantes* (et ceci fut régulièrement pratiqué, de 92 à 1800). Devant le *pouvoir révolutionnaire*, l'ancien régime doit disparaître ; sans cela, on n'aurait que des ennemis à la tête des affaires. Il faut en outre, et absolument, *que les sans-culottes participent à l'administration*.

Pour gage des frais de la guerre, on prendra les biens de nos ennemis... C'était transporter hors des frontières la question des émigrés qui n'y existait pas et l'y appliquer, ce qui eut lieu ; d'où deux fautes ; la seconde était presque un crime !

Nul ne *votera* s'il ne prête *serment* à la liberté et à l'égalité, s'il ne renonce à tous ses privilèges personnels. Rien de plus juste avec les principes émis, mais que dire de l'absence de « revenus » chez les peuples ainsi affranchis ? Le trésor public français devait leur être ouvert, et il était vide ! Il est vrai qu'on leur promettait *notre monnaie révolutionnaire*, dont nul ne voudrait, ce qu'il importait de prévoir, et ce qui se produisit. Quant aux *contributions extraordinaires*, Cambon les annonçait, les généraux ne les établiraient point; il oublia de spécifier qui les imposerait et les percevrait, puisqu'il entendait que nous ne fussions pas *agents du fisc.*

A tout prix, il était urgent d'après lui de bien dire qu'on ne traiterait jamais avec les anciens tyrans (1).

Que signifiait cette parole ? Danton et Dumouriez traitaient en sous-main avec la Prusse pour la détacher déjà de la Coalition, et il y a à les en féliciter. Plus tard, Robespierre tentait de s'entendre avec l'Autriche. Pouvait-on arriver à la paix sans négociations ? Le pouvait-on sans discuter avec les détenteurs réels de la puissance publique au dehors ? Non : c'était avec les gouvernements provisoires des pays conquis, au dire du rapporteur. Ceci était une folie, rien de moins.

On agitait la question de la guerre avec les puissances allemandes alors. Vainqueur, Dumouriez était accouru à Paris et parlait déjà haut. Fidèle aux idées diplomatiques de Favier, il préconisait toujours l'entente avec sa chère Prusse, fort des acclamations de Paris tout entier. Seul, Marat l'appelait à la fois un Cromwell et un Monck ! car il avait appris que Dumouriez réclamait le commandement général de toutes les armées françaises avec des pouvoirs illimités. Une fois l'Autriche isolée, il comptait la battre. Au même moment, Custine n'entendait pas rester immobile sur le Rhin, comme l'exigeait son collègue, ni abandonner Francfort. Influent dans le Conseil Exécutif, il l'avait persuadé par ses amis qu'il renverserait le Saint-Empire, et à lui seul, autre présomption. Il parlait d'attacher la Prusse à la France, en lui donnant une large part du butin, et en traitant convenablement le roi de France prisonnier. Ce dernier projet devait entraîner la trahison de Dumouriez et envoyer Custine à l'échafaud. On le voit, les causes des événements graves ou décisifs sont d'ordinaire multiples. La République répugnait à ces deux soldats, surveillés par les Jacobins, et bientôt abandonnés par les leurs. Ce qu'ils pensèrent de la République universelle, on le conçoit.

Enivrés par la victoire, les *Girondins* accédèrent à la *République universelle.*

---

1. Le 14 janvier 94, le Comité de Salut public inséra un appel chaleureux aux Wurtembergeois. Il s'engageait à les traiter en amis. Le sang français coula pour. votre constitution. Souvenez-vous de cette maison d'Autriche dont l'ambition attira sur votre patrie les désastres de la Guerre de Trente Ans ! La neutralité ne vous convient pas. Vos sans-culottes n'entendent pas que votre prince n'ait pour souveraineté qu'un hôtel à Vienne !

Le 20 novembre, Brissot appuya cette doctrine dangereuse. Il se promit de célébrer *les principes d'après lesquels la France doit acorder sa protection à tous les peuples qui la réclament* (1). Son génie eût dû le préserver de cette erreur. Carra et Lasource se distinguèrent à ses côtés, et Lasource demanda qu'une grande question, passée jusqu'alors sous silence, y fût jointe : « La conduite à tenir envers les peuples qui voudront se réunir à vous. » Le décret sur la conduite des généraux en pays étranger fut promulgué en ces termes :

« La Convention nationale déclare, au nom de la nation française, qu'elle accordera fraternité et secours à tous les peuples qui voudront recouvrer leur liberté, et charge le pouvoir exécutif de donner aux généraux les ordres nécessaires pour porter secours à ces peuples et défendre les citoyens qui auraient été vexés, ou qui pourraient l'être pour la cause de la liberté. »

La Convention, se déclarant à nouveau *fidèle au principe de la souveraineté des peuples*, qui ne lui permettait pas de reconnaître aucune institution qui y portât atteinte, décréta, le 25 décembre 1792, que le premier acte des généraux dans les pays occupés par les armées françaises serait d'abolir les impôts, les droits féodaux, la noblesse et tous les privilèges. La proclamation, au nom de la République, de la souveraineté du peuple, devrait suivre. Par voie de conséquence, les autorités existantes seraient supprimées, et le peuple, convoqué en assemblée primaire ou communale, organiserait une administration provisoire. L'acte public devait être affiché par les généraux dans la langue du pays, et envoyé à chaque commune. Les biens du fisc et de l'Etat étaient placés sous leur sauvegarde, avec envoi de bordereau les concernant au Conseil Exécutif. Dès l'organisation de l'administration provisoire, des commissaires nommés par la Convention devaient aller *fraterniser avec elle*. Enfin, des commissaires nationaux désignés par le Conseil se rendraient immédiatement sur les lieux pour seconder les pouvoirs locaux, subvenir aux approvisionnements des armées d'occupation, et en acquitter la fourniture. Cette organisation prendrait fin le jour où les habitants de ces pays auraient créé un *gouvernement libre et populaire*.

1. Guadet avait été chargé par la Convention de rédiger une adresse aux États-Unis d'Amérique en décembre 92. Il la lut le 22 et s'oublia jusqu'à accuser la monarchie d'avoir secouru les États-Unis, pour y obtenir le fruit d'une vile spéculation. Cette calomnie, inspirée à Guadet par sa ferveur pour la République Universelle, pèse sur sa mémoire.

Au même moment, le duc d'Alcudia adressait, comme ministre des affaires étrangères, une *Note* aux différents ministres accrédités àuprès de son maître et contraires au décret rendu sur cette matière en octobre (1). Il signifiait l'interdiction « de toutes choses contraires aux maximes de notre constitution et de notre gouvernement. » Il leur recommandait, quoique cette prohibition ne regardât pas les ambassadeurs et les ministres étrangers, de ne faire usage que pour leur personne des imprimés ou manuscrits les renfermant. Il les priait de donner aux consuls de leur nation résidant en Espagne, des instructions conformes.

Au Parlement britannique, l'opposition protestait par l'organe de Fox.

Le discours de la couronne, inspiré par des vues justes, éleva la voix contre les doctrines d'universalité révolutionnaire en ces termes :

« Il m'est impossible de voir sans une inquiétude sérieuse la forte augmentation des indices qui manifestent son intention d'exciter des désordres dans les pays étrangers sans égard aux droits des pays neutres, et en suivant des vues de conquête et d'agrandissement, comme aussi en adoptant envers mes alliés les États-Généraux (qui ont observé la même neutralité que moi) des mesures qui ne sont conformes ni aux lois des nations, ni aux stipulations positives des traités. Dans ces circonstances j'ai cru qu'il était de mon devoir indispensable d'avoir recours aux moyens que me donne la loi, pour prévenir et empêcher des désordres intérieurs. J'ai aussi trouvé juste de prendre des mesures pour augmenter mes forces navales et militaires, persuadé que ces moyens, fermes et modérés, sont nécessaires dans l'état actuel des choses, et les mieux calculés pour maintenir à la fois la tranquillité et les avantages de la paix. »

L'Autriche tripla son contingent annuel et lança l'appel de l'arrière-ban en Hongrie.

La Russie fournit des subsides, menaça par la marche de ses troupes et réveilla les colères endormies de Stockholm.

Le Hainaut et le Brabant formulèrent des plaintes contre le décret de la Convention par les journaux, par des adresses lues dans ses séances. Le pays fut divisé et la jeunesse se distingua par son opposition : les idées d'ancien régime ne devaient pas succomber sans lutte. L'attestation des idées libérales, démocratiques, eût été acceptée dès le début, si

1. La *Note* fut publiée par le *Moniteur* du 17 décembre.

Paris n'avait pas entendu imposer le choix de la République aux nouveaux affranchis.

En voici une preuve trop négligée par les historiens.

Quels sentiments annonçaient les *prisonniers allemands* à leurs compatriotes ?

De nombreuses adresses les constatent.

Faits prisonniers, écrivaient-ils, nous avons été conduits en France. Nous comptions trouver des brigands prêts à achever notre misère ou bien altérés de notre sang. Quel a été notre étonnement ! Nous avons trouvé partout un accueil obligeant, partout l'humanité. A Strasbourg, on est allé au-devant de nos besoins. *Ici, tous sont égaux et libres.* C'est une poignée de factieux qui a conjuré l'Europe entière par ses intrigues. La guerre dans laquelle la France combat pour son indépendance est la querelle des rois contre les peuples ! Revenez de votre erreur.

Que dire encore d'Anacharsis Clootz, le baron prussien que Robespierre accusera un jour de n'être qu'un espion soldé par Berlin ? Le titre même de son discours d'avril : *Bases constitutionnelles de la République du genre humain*, marque le fanatisme d'un idéologue. Sanguinaire aux Jacobins et à la Convention, Clootz n'avait de mansuétude que dans ses écrits ; sa vie protestait contre les doctrines expansives professées par lui dans un but anti-français (1).

L'application du décret voté le 15 décembre avait rencontré des obstacles nés de l'organisation aristocratique des anciens États du Brabant, ou de l'hostilité des sujets austro-belges. Aussi, le 31 janvier 1793, un nouveau décret était-il édicté sur la réunion des peuples en assemblées primaires pour statuer sur la forme du gouvernement. Il confirmait ceux des 15, 17 et 22, ordonnait aux généraux de protéger la « tenue » de ces assemblées et autorisait les commissaires de la Convention à « décider provisoirement toutes les questions » relatives aux élections. Ils devaient assurer la liberté des assemblées et des suffrages. Les peuples étaient invités de leur côté « à émettre leurs vœux sur la forme du gouvernement » qu'ils désiraient adopter. Au-delà d'un délai de quinzaine, ceux qui n'auraient pas prononcé étaient réputés ennemis et seraient traités comme des adversaires de la liberté et de l'égalité. Danton, Lacroix et Camus, désignés par l'Assemblée antérieurement,

---

1. C'est le moment de rappeler l'apostrophe du juré révolutionnaire Renaudin à Clootz : « Votre système de République universelle — lui dit-il — était une perfidie profondément méditée et donnait un prétexte à la coalition des têtes couronnées contre la France ! »

II. — Représentants.

et inspirateurs du décret, repartirent à différents intervalles pour présider aux opérations. Tous les corps administratifs et tribunaux consignèrent la teneur des prescriptions nouvelles sur leurs registres, puis les publièrent chacun dans leur ressort.

La trahison de Dumourieuz changea la face des choses.

Ce ne fut plus alors un député *irresponsable* comme Clootz qui parla incidemment de république universelle, ce fut le Comité de Salut Public lui-même, le 16 avril 1793.

En son nom, Barère présenta un rapport général sur l'état de la République à l'intérieur et à l'extérieur, et vengea l'arrestation des commissaires conventionnels par un appel à l'insurrection de tous les peuples.

A la Convention, il disait :

Vous avez, par un décret, rendu à l'unanimité, posé les bases de la paix de l'Europe. Vous avez déclaré, avec *la raison républicaine*, que vous ne souffririez jamais qu'aucun gouvernement influençât le vôtre, et se mêlât de la constitution ; que vous ne vous mêleriez point de la forme des autres gouvernements, en punissant de mort celui qui proposerait une négociation qui n'aurait pas pour préliminaire la reconnaissance de la Souveraineté du peuple et de la République française. Qui l'a bouleversée si ce n'est la coalition ? Qui a donné l'idée de propager les principes destructeurs du despotisme, si ce ne sont ses propres excès (1)?

Le *Manifeste* à tous les peuples et à tous les gouvernements était ardent, et l'acte audacieux de l'Autriche livré aux vitupérations des amis de la démocratie française.

Jamais, chez les peuples civilisés, le droit de la guerre n'a autorisé à retenir comme prisonniers et otages, ceux qu'une trahison a livrés ; ce n'est point sur le territoire étranger mais sur une terre française qu'ils ont été arrêtés. Le crime seul les a mis entre les mains de Cobourg. Se croire en droit de les retenir, c'est dire que les généraux ont le droit de vendre aux ennemis ses ministres, ses représentants.

C'est à l'indépendance des nations et non à la France qu'ils ont déclaré la guerre !

Les adresses aux armées professaient les mêmes doctrines (2).

1. Et cependant, dès le 8 octobre 92, la Convention avait rendu un décret spécial contre le duc de Saxe-Teschen, permettant de lui *courir sus* et offrant cent mille livres à celui qui livrerait *sa tête*.

2. Le 23 octobre, Robespierre faisait signer par ses collègues une adressse où on

Le Comité avait certes le droit d'en appeler au droit des gens et l'attentat de l'Autriche ne peut être défendu. Mais Barère était-il bien sûr que la Convention ne l'avait pas violé en décembre précédent, de la Meuse à la Dyle, des bouches de l'Escaut aux rives du Wahal? Le décret de janvier n'avait-il pas aggravé cet état diplomatique? Et n'eût-il pas mieux valu, dès le 20 avril 92 ou, tout au moins, après Jemmapes, revendiquer l'application du *système de dévolution* affirmé par la monarchie au dix-septième siècle? Une acquisition loyale, due à la fortune des armes, n'était-elle point plus glorieuse que des énoncés déclamatoires, vagues mais périlleux? Qui peut affirmer que le prince de Cobourg n'eût pas laissé libres les commissaires et le ministre de la guerre, si la proclamation de décembre n'avait pas eu un *caractère d'universalité?*

Les partis politiques crieront au scandale, peut-être ; mais l'histoire ne s'émeut ni de leurs apostrophes, ni de leurs clameurs, et elle leur applique avec raison le mot de Tacite : *dicunt scelus faciuntque !*

Le 7 novembre 93, le conseil général de la Commune vota l'apothéose du Piémontais Chalier, se rendit au club des jacobins et de là à la Convention. Un banquet devait terminer la fête, où assisteraient des *rois*, des *reines*, des *papes* et des *cardinaux ;* les organisateurs de ces agapes républicaines avaient proposé d'y joindre la *gent monacaille.* On comprend si cet exposé fut applaudi dans ses détails. Malheureusement pour les fanatiques, le conseil accepta la fête et rejeta l'article du banquet des rois en son entier ; leçon des plus inattendues. L'apothéose eut lieu le 20, ce scandale n'a pas à nous arrêter plus longtemps.

Merlin de Thionville, qui devait porter sur l'avenir de la Prusse, à la paix de Bâle, un jugement admirable, s'écriait, le 6 janvier 1794 :

« Recevons une leçon de nos ennemis. Les Prussiens, maîtres d'une partie de notre territoire dans les départements du Rhin et de la Moselle, n'ont rien laissé aux cultivateurs ; chevaux, voitures, bestiaux de toute espèce, munitions de bouche et de guerre, ils prirent tout, ils firent même rentrer dans l'intérieur de leurs terres vos réquisitions de citoyens ; aujourd'hui, servons-nous des mêmes moyens contre eux, et la liberté règne pour jamais en vainqueur sur les tyrans du monde. Voulons-nous sincèrement être libres : mettons nos ennemis hors d'état de nous ravir encore nos avantages. Eh bien ! c'est en leur ravissant les moyens de continuer la guerre que nous y parviendrons ; que nos armées s'avancent dans le pays des des-

lisait : « Il reste encore au-delà de la Sambre, du Rhin et de la Moselle, des esclaves féroces armés contre notre sainte cause. L'heure fatale des tyrans sonne, et c'est par vos mains qu'ils doivent périr. »

potes, prenons leurs villes, j'y consens, mais qu'à l'instant leurs fortifications, leurs casemates, leurs mines aillent effrayer les nues avec leurs ruines ; que le Rhin, coulant dans ces abimes nouveaux, y fasse des lacs qui disent à la tyrannie quelle est notre force et notre politique. A la tête de la France entière, de cette armée de la nation appuyée sur ses armes, la Convention nationale défendra de rétablir ces fortifications, qui, sans effrayer des hommes libres, peuvent donner des inquiétudes à un peuple qui a le droit de s'en dégager.

» Je veux être Français, républicain libre et toujours libre; avant de vouloir donner la liberté à d'autres, je veux jouir de la constitution, qui ne peut faire mon bonheur que quand je jouirai de la paix, que quand les lois révolutionnaires ne seront plus indispensables. Je ne suis point Anacharsis, j'aime exclusivement mon pays ; qu'il soit heureux avant que nous nous occupions de la politique des autres.

» Ne vous y trompez pas, mes collègues ; façonnés au joug, les habitants de la Germanie préfèrent sa chaine, son apathie, à la liberté, le calme de la servitude aux orages de la liberté. Il y a peu de patriotes en Allemagne, et leur sort jusqu'ici n'engage pas les autres à se déclarer : l'expérience force ma véracité à vous tenir ce langage. Soyons heureux chez nous, c'est le moyen de révolutionner les autres peuples en leur faisant envier notre sort.

» Je crois donc que notre système actuel doit être celui-ci : rentrons tout ce qui peut servir à nos ennemis dans l'intérieur de la République, chevaux, bestiaux, fer, or, argent, munitions de bouche et de guerre ; que tout cela vienne nous servir à prendre les citadelles de nos ennemis ; faisons sauter leurs fortifications autour de nous ; défendons-leur de les rétablir ; restons fermes sous nos armes et sur nos charrues ; jouissons de nos avantages, du bonheur et de la constitution ; et si l'on ose nous troubler, alors nous porterons le fer et la flamme jusque sur les trônes, parce que rien ne pourra nous arrêter. Attenter à la liberté d'un peuple est le plus grand des forfaits : le fer et le feu sont donc le moyen juste de punir les coupables; les peuples s'en plaindront, eh bien ! qu'ils abattent leurs rois ! Je demande que chacun de nous médite ces observations : et si l'on nous propose d'étendre le territoire de la République, que l'on soit en état d'en faire de nouvelles. »

La République Universelle avait été proclamée durant le procès de Louis XVI et acclamée dans son sang. La révolution anglaise avait frappé Charles Ier seul, le triumvirat annonçait par la Commune que toute la famille royale serait immolée ou bannie de France.

Affamé de popularité, Dumouriez, qui connaissait si bien la diplomatie, avait commis la faute, le 10 décembre 92, d'écrire à Clootz une lettre d'adhésion à son système : « Arrivons à la République universelle par un gouvernement bien organisé. Pourquoi faut-il que les canons soient les moyens de l'établir ? » La coalition lui fit expier plus tard cette apostrophe.

Robespierre se montra plus clairvoyant le 16 décembre 93 aux Jacobins, lorsqu'il dénonça Clootz en ces termes : « Tu passes ta vie avec nos ennemis, avec les agents et les espions des puissances étrangères; comme eux, tu es un traître. » Plus loin, il ajoutait que ses trahisons étaient un système. Ne s'est-il pas montré tour à tour royaliste consti-

lutionnel, brissotin, de la faction Dumouriez ? |Lorsqu'il s'est écrié : Ni
Marat, ni Roland, il a souffleté la Montagne et augmenté le fédéralisme. Comment ajouter foi à ses opinions extravagantes ? Son obstination à parler de *république universelle*, à inspirer la rage des
conquêtes, pouvait produire le même effet que les déclamations
ou les cris séditieux de Brissot et de Lanjuinais. On voit combien
Robespierre était persistant dans son opinion opposée à la guerre.

Le dictateur parlementaire redoutait un dictateur militaire.

Comment Clootz, ajoutait son adversaire, pouvait-il s'intéresser à
l'unité de la république ? aux intérêts de la France ? Avec cette question, son ennemi allait l'accabler. Dédaignant le titre de citoyen français, il ne voulait que celui de *citoyen du monde*. S'il eût été bon Français, eût-il voulu que son pays fît la guerre à toute la terre ? Oui, les
puissances étrangères ont ici des espions, des ministres, et les
doctrines de Clootz les protègent : prononcez !

On pourrait croire, après cette philippique, à une hostilité réelle. Il
n'en fut rien.

Robespierre se distingua dans cette propagande de la République
universelle et en aggrava les doctrines par son intervention, mais il le
fit à son jour et dans le moment qu'il lui plut de choisir.

Les ennemis de la France, s'écriait-il, tournent les armes de la
liberté contre la liberté même et leurs émissaires travaillent à renverser la République par le républicanisme. Avec des prémisses aussi
retentissantes, le dictateur soulevait facilement les colères des masses
et favorisait ses desseins, objectif de toute sa politique. De preuves, il
n'en fournissait aucune ; le débat en valait cependant la peine ; des
généralités déclamatoires, des violences sur les cendres à peine refroi-
dies des girondins, furent données comme l'expression des volontés
du Comité de Salut Public. Son interprète dénonçait ainsi *les lâches
impostures des tyrans* et dévoilait *leur hideuse hypocrisie* dans le combat
de la tyrannie contre la liberté.

A sa demande, la Convention accepta sa *Réponse au manifeste des
rois*, car le mépris ne pouvait suffire à leur châtiment. Le souvenir de
leurs crimes serait leur punition et hâterait leur ruine. On y lisait :

« De quoi nous accusent-ils ? *de leurs propres forfaits.*

» Les rois accusent le peuple français d'immoralité. Peuples, prêtez une oreille
attentive aux leçons de ces respectables précepteurs du genre humain. La morale
des rois, juste ciel ! et la vertu des courtisans ! Peuples, célébrez la bonne foi de
Tibère et la candeur de Louis XVI ; admirez le bon sens de Claude et la sagesse de

Georges ; vantez la tempérance et la justice de Guillaume et de Léopold ; exaltez la chasteté de Messaline, la fidélité conjugale de Catherine et la modestie d'Antoinette; louez l'invincible horreur de tous les despotes passés, présents et futurs pour les usurpations et pour la tyrannie, leurs tendres égards pour l'innocence opprimée, leur respect religieux pour les droits de l'humanité.

» Ils nous accusent d'irréligion ; ils publient que nous avons déclaré la guerre à la Divinité même. Qu'elle est édifiante la piété des tyrans ! et combien doivent être agréables au ciel les vertus qui brillent dans les cours, et les bienfaits qu'ils répandent sur la terre ! De quel Dieu nous parlent-ils ? en connaissent-ils d'autres que l'orgueil, que la débauche et tous les vices ? Ils se disent les images de la Divinité ! est-ce pour forcer l'univers à déserter ses autels ? Ils prétendent que leur autorité est son ouvrage. Non, *Dieu créa les tigres ; mais les rois sont le chef-d'œuvre de la corruption humaine...* (1)

» Nos malheurs et les vôtres sont les crimes des ennemis communs de l'humanité. Est-ce pour vous une raison de nous haïr ? Non ! c'est une raison de les punir.

» Les lâches osent vous dénoncer les fondateurs de la République française (2). »

» Français, hommes de tous les pays, c'est vous qu'on outrage en insultant à la liberté dans la personne de vos représentants ou de vos défenseurs ; on a reproché à plusieurs membres de la Convention des faiblesses, à d'autres des crimes. Eh ! qu'a de commun avec tout cela le peuple français ?...

» Notre sang aussi a coulé pour la patrie. La Convention nationale peut montrer aux amis et aux ennemis de la France d'honorables cicatrices et de glorieuses mutilations (3). »

Robespierre rappelait du Nord au Midi, des Alpes aux Pyrénées, du Rhône à l'Escaut, de la Loire au Rhin, de la Moselle à la Sambre (4),

1. En septembre 97, Larevellière, invoquant *le souverain arbitre de l'univers* en style idyllique, célébrait sa chère République en flétrissant *la monarchie la plus ancienne* dont les enfants n'étaient plus des *esclaves*. Ainsi, Du Guesclin, le Bâtard d'Orléans, Bayard, Turenne, Tourville, Colbert, Bossuet, Chevert, Villars, tous des esclaves...

2. On écrivait au *Républicain Français* le 13 avril qu'un agitateur parisien Rotondo s'était rendu dans cette ville (Gênes) pour y préparer par la propagande, l'entrée des siens. Mais, ayant été reconnu comme espion à titre étranger par l'imprudence audacieuse de son langage, il fut arrêté et incarcéré. On le trouva nanti de 20.000 livres en espèces et d'assignats pour une forte somme. Ses complices avaient alarmé tout le monde par leurs agressions : Rotondo tenta vainement d'acheter le geôlier et le guichetier par la promesse de faire leur fortune.

3. L'affaire de Rastadt a une origine qu'on n'a jamais constatée. Jean de Bry s'était montré féroce dans la question des représailles à exercer contre les officiers étrangers. Au 10 août 92, il avait osé proposer l'assassinat de tous les souverains par l'organisation d'une légion spéciale, *les Volontaires tyrannicides*. Ceci suffit à expliquer les colères de l'Autriche.

4. *L'aigle impérial de Tournay.* — La suite de la victoire de Jemmapes fut de susciter contre la domination de l'Autriche jusqu'aux municipalités de la Belgique. Ses chefs écrivirent le 21 novembre une lettre où on lisait : « Il existait sur le beffroi un aigle aux ailes étendues, emblème insolent de la domination autrichienne. » Pour protester contre ses mandataires nommés de défunts tyrans, ils envoyèrent

les actions d'éclat des troupes républicaines se ralliant *à la voix du Représentant du Peuple* sous les drapeaux de la liberté et de la victoire. Il trouvait que nos succès militaires l'autorisaient à proclamer que la Convention avait *affronté la mort*, phraséologie digne de sa politique (1).

La chute des Dantonistes et des Hébertistes avait fixé sa prédominance partout, à la Commune, au Club, à la guerre. Il avait alors obligé la Convention à détruire le *Conseil des ministres* qu'elle avait remplacé par 12 *Commissions*. S'adjugeant la Police et les Tribunaux, c'est-à-dire l'intérieur et la justice subordonnés désormais à son action personnelle ; surveillant les opérations militaires par St-Just, Levasseur et Cavaignac ; aidé de ses agents, il avait accaparé les affaires étrangères pour l'un des siens. La France n'avait alors d'accord qu'avec le Danemark, la Suisse et les États-Unis. Il leur imposa pour *Commissaire des relations extérieures* un prêtre obscur du département du Jura, nommé Buchot, qu'il ne connaissait pas et que lui avait recommandé Fouquier-Tinville. Il est fàcheux que Gouvernor Morris, chargé d'affaires des États-Unis, qui a publié des Mémoires sur la Révolution française, ne nous ait pas instruits des mérites de nos singuliers ministres !

Buchot dirigea depuis le 1er avril 94 jusqu'au 3 novembre, où il fut remplacé par Mangoury, mentionné dans le décret comme « ci-devant consul de la République près les États-Unis d'Amérique ». Il avait donc survécu à la chute de son maître. Le décret ajoute en effet : **A** la place de commissaire des relations extérieures ci-devant *occupée* par le citoyen Buchot (2).

On connaît par les papiers du Comité de Salut Public la composition jacobine des Commissions quant au personnel. Robespierre l'aurait choisi et organisé presque à lui seul ; il procédait pour ces désignations par *notes* sur les individus. La qualification de *patriote* y était obligatoire, les appréciations sur le talent importaient peu ; des apti-

l'aigle à Paris. Ils le firent escorter par un détachement de hussards. Le conseil aulique répliqua à cet acte en cantonnant de force en Bavière deux régiments d'infanterie et onze de cavalerie pour renforcer ses troupes vers le Rhin.

1. Robespierre avait demandé à Bonnecarrère les théories de ses discours diplomatiques. Né à Muret, de famille noble, sous-lieutenant d'infanterie, en mission aux Indes en 1783, sous Calonne et Montmorin, en Europe, lié avec Dumouriez, fondateur du club des jacobins, exclu en 91, chef des affaires extérieures en 92, ministre aux États-Unis, retenu par le 10 août, révoqué à la demande de Brissot, arrêté en 93, Robespierre étant devenu son ennemi, et sauvé par thermidor, tel était cet aventurier de la plume.

2. V. le *Moniteur* du 6 novembre, séance de la Convention du 3.

tudes il n'était pas question. L'énergie, et on voit ce qu'il entendait par ce mot, était sa qualité favorite ; il y ajoutait l'honnêteté sans
en spécifier les conditions. A ces hommes, il confiait les missions les
plus importantes ; aucun n'a prouvé de talents politiques, la valeur de
séides suffisait.

Trois mois avant thermidor, le dictateur n'avait que du souci sur la
guerre ; les historiens allemands et anglais l'ont constaté. Il redoutait
la prédominance d'un général victorieux sans voir que la Terreur fini-
rait par la dictature d'une épée appelée à garantir la sécurité des
citoyens dans leur liberté individuelle. Ses principes avaient allumé la
guerre et l'avaient rendue générale, d'où l'anarchie partait et devenait un principe de gouvernement. Il inspirait à St-Just la pensée d'imposer à la France l'entretien d'une armée de 800 mille hommes, *même
en temps de paix.*

Quel accueil pouvait faire l'Europe à sa théorie et à ses outrages ?

La féodalité brisée en France enchaînait encore les peuples. N'était-
ce pas assez de leur avoir donné l'exemple ? N'était-ce pas assez d'avoir
excité leurs colères par les nôtres et d'avoir indiqué ainsi la route à
suivre ? La liberté politique à conquérir, les institutions civiles à régé-
nérer, une égalité évangélique à gagner et à imposer aux mœurs,
n'était-ce pas uniquement le but qu'il fallait leur montrer ? Et ce siècle
n'a pu suffire à leur assurer tous ces bienfaits, on devait le comprendre.
Pourquoi y ajouter encore une *révolution gouvernementale ?* N'est-ce
point par ces fautes, par ces actes, par ces incapacités que l'Europe a
excusé l'inqualifiable guerre qu'elle nous a faite de 1792 à 1797 ? Le
droit, dans cette grande cause, était pour la France ; malheureusement,
la coalition put la transformer en attestant nos clubs, notre presse et la
tribune.

Le manifeste de la Convention ne pouvait qu'accentuer les haines
par une consécration unanime en apparence, alors qu'elle n'était que
le vœu stérile des triumvirs.

Le correspondant du *Moniteur* lui énumérait de Londres, le 27
novembre 93, que le cabinet Tory ne se bornait pas à mettre les forces
de l'Angleterre sur un pied respectable ; il couvrait l'Europe royaliste
et les ennemis de la République de ses subsides au dehors. Dans le
parlement, il achetait à son parti les membres de l'opposition. Les
dignités, les titres, les traitements n'avaient pas suffi au génie corrupteur de Pitt. Il y avait ajouté des places de commissaire général, de
commissaire extraordinaire, d'agent militaire près telle ou telle cour et

telie ou telle armée. C'était le début de la guerre à coups de milliards qui allait assaillir notre patrie jusqu'en 1815, et ameuter l'Europe en alléguant l'ambition de la France.

Lorsque des orateurs passionnés s'écriaient : La République est impérissable, le peuple est immortel! cet enthousiasme d'opinion n'engageait que leurs personnes et peut-être leurs électeurs. Mais déclarer à l'*univers entier*, qu'on prenait à témoin sans raison, qu'on le bouleverserait jusque dans ses fondements, c'était promettre un attentat et menacer la sécurité de l'équilibre qu'on prétendait défendre. On donna par ces divagations une force nouvelle à nos ennemis.

Si le génie de Carnot comme celui de nos généraux n'avait pas constamment remporté des victoires du Nord au Midi, notre patrie eût été écrasée et certainement démembrée. L'Italie et l'Espagne au Sud, l'Angleterre sur nos côtes, la Prusse à l'Est, l'Autriche sur le Rhin et au pied des Vosges, eussent morcelé l'œuvre incomparable de la monarchie, exposée par des théoriciens vagues et des diplomates nuls. Des orateurs imbéciles brûlèrent de concert, le 21 janvier 1794, le portrait du roi de Prusse avec celui de Louis XVI, et superposèrent à la devise officielle de la République celle de *Égalité-Liberté*. Ces fautes, il faut toujours les rappeler et les flétrir.

Couthon alla plus loin encore. *Notre tyran a été puni*, dit-il, *il reste encore à punir les autres ; c'est aux jacobins à le faire*. Il émit aussitôt le vœu que quatre commissaires fussent chargés de rédiger l'*acte d'accusation de tous les rois*, que cet acte fût envoyé au tribunal de l'opinion publique de tous les pays. Il entendait qu'aucun roi ne pût trouver un roi pour l'éclairer, ni une terre pour le porter. Or, Couthon était d'une éducation parfaite, son instruction l'avait appelé à la barre du Parlement d'Auvergne et il s'y était fait apprécier ; son père était un homme de loi et le triumvir savait la valeur du comité diplomatique, comme la nécessité des transactions internationales. Mais, pour flatter la populace, il risquait d'ameuter contre son pays cette opinion publique de l'Europe à laquelle il en appelait ; il le savait très bien, et n'en recourait pas moins à des procédés qui infligent à sa mémoire l'opprobre de l'histoire.

Et c'est là l'homme que certains publicistes entendent réhabiliter pour la douceur de ses mœurs, pour son patriotisme ! Ont-ils bien lu ses discours aux Jacobins ? Ont-ils approfondi son œuvre de sang à la tribune de la Convention ?

Les rôles étant partagés d'avance sur les affaires étrangères, Momoro proposa de nommer commissaires de ce rapport, Robespierre, Billaud-Varennes, Couthon, Collot-d'Herbois et Lavicomterie. L'assemblée accepta. Le dictateur eut l'honneur d'écrire ce travail qui est une répétition des doctrines qu'on vient de lire et auxquelles il prêtait à l'étranger un appui redoutable. Nous n'insisterons pas.

La presse des autres pays, le *Courrier de l'Europe* notamment, répondirent avec violence au triumvir et achevèrent de mettre la France et sa Révolution au ban des nations. Le cabinet britannique y trouva ce qu'il cherchait depuis Cromwell, l'empire des mers, et l'Europe ne comprit pas ! Le décret qui interdisait aux troupes de faire quartier aux Anglais et aux Hanovriens fut inspiré par Robespierre. Lorsqu'il le commentait, il ne trouvait que ces paroles : *Ce sera un beau sujet d'entretien pour la postérité ! Ils périrent les tyrans.... Vous ne ferez pas la paix, mais vous la donnerez au monde et vous l'ôterez au crime.* Tibère et Néron ont-ils surpassé ces forfaits ? Disons-le à l'éloge de l'armée, il ne se trouva pas un seul général pour appliquer les doctrines du triumvirat. Carnot en ceci les appuya toujours et l'on vit des représentants en mission seconder l'indignation des officiers ; tous cependant bravaient la mort, car il y avait *loi votée* par la Convention et ordres absolus émanant du Comité de Salut Public. Honneur à eux tous, connus et inconnus (1).

Le 14 juin 94, Elie Lacoste présenta un rapport au nom des Comités de Salut public et de Sûreté générale réunis, où il était dit que le 21 janvier avait annoncé aux rois tyrans *que leur dernière heure allait sonner.* On les appelait des monstres auxquels *tous les crimes sont familiers.* C'est avec ces pitoyables arguments qu'on bâtit la Conspiration des prisons dans le but d'écraser les ennemis auxquels Robespierre avait voué une haine particulière. Il y est question des candidatures au trône de France du duc de Brunswick, du duc d'York, et de la conspiration des étrangers contre nos libertés publiques. Avec le célèbre chevalier de Batz qu'on ne put jamais saisir tombèrent ceux qu'on arrêta : un prince de Rohan-Rochefort, un duc Laval-Montmorency, Michonis, le banquier Jauge, des femmes de la cour, des domestiques,

---

1. Parmi les victimes de ce temps, il faut citer le théologien Richard, d'origine noble, hostile aux doctrines nouvelles. Agé de 89 ans, il ne put quitter Mons à l'entrée de nos troupes, campagne de Belgique de 1794. Une commission militaire le condamna à mort comme auteur de l'écrit suivant : « Parallèle des Juifs qui ont crucifié Jésus-Christ avec les Français qui ont tué leur roi. » On le fusilla le 16 août, donc dix-huit jours après le supplice de Robespierre.

accusés à la fois de contre-révolution, d'espionnage et de rétablissement de la royauté.

Deux exemples mémorables appartiennent à l'histoire, sur le décret des triumvirs ; les voici :

Au lendemain du 9 thermidor, les armées remportèrent d'éclatants succès. Les troupes détachées du Nord et de Sambre-et-Meuse sous le commandement de Scherer, attaquèrent successivement les quatre places fortes que les Autrichiens occupaient en France. Après la prise de Landrecies, on eut celle du Quesnoy, après Valenciennes encore celle de Condé.

Mais le fatal décret du trimvirat existait toujours. Or, lorsqu'on le signifia au commandant autrichien de Condé, le digne soldat répondit *qu'une nation n'avait pas le droit de décréter le déshonneur d'une autre*. Contraint de capituler, il offrit sa vie pour sauver celle des siens, en attestant qu'il leur avait caché le *décret* dont le parlementaire français l'avait menacé. Disons-le à la louange des hommes qui gouvernaient alors, ils feignirent d'ajouter foi à ce mensonge magnanime. Pour le rendre une vérité apparente, ils publièrent que Scherer avait mené les travaux de telle sorte que la sommation avait été si imposante qu'elle avait légitimé une capitulation immédiate. Ce fut par cet acte généreux qu'on célébra à la Convention l'anniversaire de la proclamation de la République de l'an III.

Lorsque ce décret fut parvenu à Moreau, il commandait en chef l'armée du Nord. Il le publia avec cette annotation : *J'ai trop bonne opinion de l'honneur français pour croire qu'une telle prescription soit exécutée.* En signant le registre d'ordres, le Représentant Richard s'écria : *C'est bien dangereux pour nous*, puis il apposa noblement son nom au-dessous de la signature de Moreau ! Le décret du 4 juillet 1794 sur le même objet n'avait eu qu'un but : terroriser les Autrichiens détenteurs de places fortes dans le Nord ; mais Carnot n'appliqua pas plus ce décret de Barère que les autres.

Vers le 10 juillet, Robespierre s'écriait aux Jacobins : *Un peuple ne retire aucun éclat de la chute des rois étrangers. A quoi bon tant de lieux communs contre Pitt ?* Il cherchait alors le moyen de tenter une paix avec l'Autriche et c'est ce qui a fait dire de lui qu'il voulait sauver le Dauphin, moyen que le cabinet de Vienne eût peut-être accepté (1).

---

1. Plus clairvoyant que lui, son jeune frère avait porté sur leur sécurité personnelle à tous deux une interjection surprenante : « Tout ce que je désire maintenant est une *tombe* auprès de celle de mon frère. »

La vérité sur le *système propagandiste* se fit jour en 1799 et on va l'établir inéluctablement par des actes.

Au début de l'année 1799, la France avait créé, donc à soutenir, trois Républiques : les Républiques Batave, Cisalpine et Ligurienne. Par la guerre elle en créa trois autres, et à la fin de cette même année, on en compta six. Les nouvelles s'appelaient : Républiques Helvétique, Romaine, Parthénopéenne.

Lorsque la Suisse fut envahie par nos armées et réorganisée après le départ du général en chef Brune, un commissaire du Directoire à la fois tel et ministre plénipotentiaire, vint l'organiser. La proclamation dans laquelle il annonçait son entrée en fonctions attesta ses habitudes et ses préjugés révolutionnaires. Il disait des principes politiques du gouvernement : « Il regarde tous les hommes libres comme les enfants d'une même patrie. » Toujours les doctrines d'un Saint-Just, d'un Rewbell, des démagogues que le suffrage électoral avait condamnés avec éclat autant et plus que le 9 thermidor lui-même.

On se tromperait historiquement si on voyait dans ces protestations contre les doctrines de l'ancien régime le développement de l'esprit de conquête ; elles prouvent une seule chose : *l'esprit de système*. Il avait survécu en effet à la chute du régime terroriste et les thermidoriens eux-mêmes l'avaient soutenu (1).

---

1. Après le Congrès de Rastadt, le triste Directoire avait résolu de s'opposer à l'élection d'un nouveau Pape. Toujours la folie de l'irréligion et de l'anti-religion ! Pie VI était malade gravement et son âge annonçait sa fin prochaine. Son transfert ultérieur et son emprisonnement en France devaient être impuissants. Pie VII, de l'ordre des Bénédictins, le noble évêque d'Imola, devait être élu par un conclave convoqué dans le deuil de l'Église à Venise, au couvent de San Salvatore.

CHAPITRE XXVII

OEUVRE MILITAIRE DU PARTI GIRONDIN

Rôle de Vergniaud dans les discussions militaires. — Payne, d'après les Archives nationales.— II. Interventions de Lanjuinais, Lasource et Lacuée.— III. Discours de Barbaroux. — IV. Le colonel Doulcet de Pontécoulant. — V. Guadet sur diverses questions et le maréchal Luckner. — VI. Biographie et vues sur Brissot de Ouarville.

I

Le Parti de la Cour usait de son influence pour retarder la mise en état de défense des frontières,et l'on a le triste devoir de dire après un siècle que les attaques dont ses partisans ou ses chefs furent l'objet étaient justes. Le 28 octobre 1791 la responsabilité du ministre de la guerre Du Portail fut fortement engagée. Le député Davaux demanda, afin de ne pas arrêter les opérations du ministère, une mesure qui fût *digne de la majesté nationale.* Il proposa l'envoi de Commissaires *pris dans votre sein* pour constater l'état des places fortes et celui de l'armement des gardes nationales. La séance n'avait été jusqu'à ce moment qu'une longue suite de réclamations. Vergniaud monta alors à la tribune pour résumer la discussion.

Il entendait que la diversité des opinions : mander le ministre, lui signifier qu'il avait perdu la confiance de l'Assemblée et l'envoyer au Comité militaire, ne lui ménageât pas un triomphe. Les trois opinions ci-dessus ne lui paraissaient pas suffisantes, le ministre devant rejeter les détails, c'est-à-dire l'exécution des ordres, sur ses agents. Aussi engageait-il les intéressés à formuler leurs griefs au Comité qui en ferait un rapport que l'on opposerait, en précisant, à celui du ministre. Ce dernier connaissant par la période de temps écoulé les résultats, on aurait de quoi examiner sa conduite avec certitude.

On oubliait de tous côtés que le trésor public était épuisé, que Necker avait été renvoyé, que Calonne avait trompé le pays et son roi, que le

souverain et la reine avaient consommé la ruine par des pensions
déraisonnables et par des dépenses de luxe où la noblesse avait achevé
de se perdre. Que pouvait-il y avoir dans les arsenaux, dans les places
et aux frontières ?

L'adresse de Vergniaud au peuple français rappelait en termes énergiques les *lois martiales* qui avaient paru nécessaires à la Législative
pour sauver la patrie contre les factions. Il s'y élevait contre les agioteurs et les émigrés, signalait les fauteurs de calomnies, demandait le
respect de la Constitution et signalait les traîtres qui pactisent avec
l'étranger ou qui se joignent à lui. On tente de mettre l'Europe en mouvement, ajoutait-il, pour nous rendre la féodalité, et l'astuce du despotisme nous prépare la guerre. On tente de soulever la nation contre
nous, on ne soulèvera que des princes. La tyrannie ne nous empêchera
pas de trouver dans le cœur du peuple des intelligences secrètes. Res-
pectons les gouvernements étrangers, mais faisons respecter le nôtre.
La guerre est le plus grand crime des hommes et le plus grand fléau
de l'humanité, mais si l'on nous y force, suivons nos destinées. La Justice éternelle met toujours un terme aux victoires du despotisme, elle
en désigne même aux victoires de la Liberté.

A l'heure du sacrifice suprême, il accepta la guerre en des termes
élevés et dignes de son intelligence. Nulle phraséologie, mais des appréciations diplomatiques précises, et il n'y aurait qu'à le louer s'il n'avait
partagé contre l'Autriche l'entraînement des esprits.

« Notre révolution, dit-il, a jeté les plus vives alarmes autour de
tous les trônes : elle a donné l'exemple de la destruction du despotisme
qui les soutient. Les despotes haïssent notre constitution, parce qu'elle
rend les hommes libres, et qu'ils veulent régner sur des esclaves. Aussi
cette haine s'est-elle manifestée par les secours, par la protection
accordée aux émigrants, par des négociations mystérieuses, par les
traités qui en ont été le résultat, par les conférences de Pilnitz, le
conclusum de la diète, par l'audace et la bassesse qui ont porté des cours
à envoyer des plénipotentiaires pour traiter avec des rebellles flétris
par la justice et coupables d'avoir attenté, au mépris des lois, des
hommes et de la nature, à toute puissance légitime, à la volonté de la
nation et à l'autorité du roi. (On applaudit.) Cette haine s'est manifestée, de la part de l'empereur, avec des caractères non équivoques. Il ne
faut pas croire qu'elle cesse d'exister, mais il faut qu'elle cesse d'agir.
Elle agira tant qu'elle aura quelque espoir, et jusqu'à ce qu'il soit
reconnu que la constitution est inattaquable, on voudra l'attaquer. Mais

le génie de Vauban veille encore sur nos frontières, défendues par des troupes de ligne patriotes et courageuses, par des gardes nationales dévouées, et plus encore par l'enthousiasme de la liberté. (On applaudit.) Depuis sa naissance elle est l'objet d'une guerre cachée ; honteuse pour ceux qui la commandent, désastreuse pour la nation qui la souffrirait plus longtemps. Quelle est donc cette guerre, et comment vous la fait-on ?....

» Je viens au projet de décret de votre comité. Il propose de demander à l'empereur certaines explications dans un délai déterminé, et de lui déclarer que s'il n'en donne pas de satisfaisantes, on regardera son refus comme une rupture du traité de 1756. M. Brissot au contraire a proposé de ne pas soumettre la tenue de ce traité aux réponses de l'empereur, mais de lui déclarer qu'il est dès à présent rompu, et que nous ne voulons plus avoir avec lui que cette union fraternelle par laquelle nous voulons désormais correspondre avec tous les peuples. J'avoue que je ne puis balancer entre la mesure circonspecte du comité et la mesure plus franche et plus vigoureuse de M. Brissot. Si l'on parcourt la chaîne des événements depuis le traité de 1756, on voit que la France a sacrifié ses possessions d'Amérique, ses soldats, son or, ses anciennes alliances, sa gloire même, à la maison d'Autriche ; que ce traité a réduit la France à nullité absolue ; on voit que non seulement elle a été obligée de souffrir le démembrement de la Pologne et de la Bavière, mais qu'elle a sacrifié à ce traité l'empire Ottoman, le plus ancien et le plus fidèle de ses alliés.

» Les ennemis de la nation voudraient faire regarder comme des hochets les couleurs nationales qui rallient les Français, et rallieront peut-être un jour tous les peuples. Apprenez-leur que vous ne regardez pas comme des hochets les couleurs qui sont devenues celles de la rébellion et de la trahison envers la patrie.

» Les émigrants? Entendez-vous dire au contraire qu'ils s'enfoncent dans le sein de l'Allemagne ? vous posez les armes. Vous font-ils une nouvelle offense ? votre indignation éclate. Vous amuse-t-on par de belles promesses? vous désarmez encore. Ainsi ce sont les émigrants et les cabinets qui leur prêtent un appui qui sont vos chefs, qui disposent de vos armées et de vos trésors; ils sont les arbitres de votre tranquillité et de vos destinées. (On applaudit.)

» C'est à vous de voir si ce rôle humiliant est digne d'un grand peuple. »

Le 4 mai 1792, l'Assemblée étudia la question des prisonniers de guerre. Vergniaud invoqua les égards dus aux hommes qui ont rempli le plus honorable des devoirs en combattant pour leur patrie. On ne peut laisser à un individu, sans blesser les principes constitutionnels, faire la loi. Les prisonniers de guerre doivent être considérés comme placés particulièrement sous la [sauvegarde de la nation. Des scènes les concernant avaient entraîné la démission du maréchal de Rochambeau.

Le 6 juin, il appuyait la formation d'un camp sous Paris, par la garde nationale à raison de cinq gardes par canton dont un à cheval ; cette force eût donné 23.200 fantassins et 4.700 cavaliers. Il entendait lui imposer le serment civique et la lier à la Fédération du 14 juillet. Le parti constitutionnel lui objecta que faire de la levée d'une armée une « fête nationale » était une idée singulière. Ce parti se trompait ; mais il était dans le vrai lorsqu'il protestait contre le choix de ces soldats dans les assemblées primaires. Il y voyait une institution ayant le caractère d'une représentation nationale et bientôt aux mains des factieux pour renverser la constitution. Quelques mois plus tard, Vergniaud allait demander des troupes d'un autre genre pour sauvegarder l'indépendance de la Convention.

La retraite de Servan auquel le roi venait de demander son portefeuille l'appela à la tribune, le 13. Ce ministre, dit-il, avait proposé un projet qui tendait à en imposer aux ennemis intérieurs et à nous garantir des ennemis extérieurs. On l'a calomnié et le camp sous Paris a été représenté dans des libelles comme un ramassis de brigands. Le roi a été surpris par des manœuvres, on a égaré les citoyens de la capitale et ils ont montré de la répugnance à fraterniser avec les envoyés des départements.

Le 18, la lettre de La Fayette sur son armée, dont il déclarait les dispositions hostiles à la *faction jacobite* qui s'organisait dans la capitale comme dans un empire, l'amenait à édicter des principes exacts. Les généraux ne pouvaient s'adresser directement à la représentation nationale, leurs avis devaient lui parvenir hiérarchiquement par le ministre de la guerre. S'il en était autrement, c'en serait fait de la liberté. Les conseils d'un général d'armée sont-ils des lois ? Certes les intentions du général La Fayette sont pures, mais la pureté des principes veut être défendue.

L'envoi de cette lettre aux 83 départements d'abord proposé fut rejeté. Ce dernier appel à la concorde ayant échoué, le futur dictateur en reçut une force nouvelle ; la République allait être proclamée, mais à son bénéfice.

Le 24 juillet, Vergniaud lut un rapport sur les dangers de la patrie et sur les moyens de l'en garantir, au nom de la commission extraordinaire. La première mesure était d'autoriser tous les généraux d'armée chargés de la défense des frontières à s'entendre par voie de *réquisition* avec les autorités locales de tout ordre, à l'imitation de ce qu'avaient fait les généraux de l'armée du Rhin. Les troupes d'élite à pied et à cheval étaient disponibles sur un ordre de leur maire pour un quart ou une moitié ; le lieu du rassemblement relevait de leur décision. La formation des volontaires par compagnie et par bataillon devait comprendre les hommes d'une même commune nommant leurs officiers. Le choix du lieutenant-colonel appartiendrait malgré opposition aux troupes. La nation, enfin, adoptait les enfants et les veuves des citoyens qui périraient dans le cours de la guerre et les prendrait sous sa protection spéciale.

Le 9 août, le ministre compétent refusait d'entasser les *fédérés* à Soissons dans des cantonnements insuffisants. Cette communication officielle suffisait à Vergniaud ; certains membres de son parti ne l'acceptèrent pas aussi facilement, Guadet moins que tout autre.

Les cabinets de la coalition répètent que l'Assemblée nationale est sous le couteau d'une faction, et que quatre cent trente membres voteraient pour le parti royaliste. Cette faction n'existe pas. Un camp, formé à Soissons, pouvait avertir nos ennemis que, s'ils l'emportaient, ils trouveraient, en pénétrant dans l'intérieur, de nouveaux défenseurs de la liberté. On ne s'oppose pas ouvertement à cette formation, mais on veut dégoûter les citoyens qui sont destinés à le composer, en leur recommandant de s'y rendre, alors qu'il n'y a rien.

Le début de la campagne de 92 ne fut pas heureux ; la prise de Longwy, connue le 26 août par une communication du ministre, jeta le deuil dans l'assemblée. L'ennemi occupait, en outre, le camp de Fontoy, et paraissait disposé à se porter sur Thionville. Vergniaud obtint l'adoption de mesures extrêmes pour appeler aussitôt trente mille hommes ; on sentait la Lorraine menacée. Les généraux furent tenus, en vertu d'une loi spéciale, de réunir tous les gardes nationaux de leur arrondissement pour arrêter l'ennemi. Le 27, il rédigea au nom de ses collègues une adresse aux habitants des frontières du Nord, et dont l'envoi fut décrété. A l'honneur de combattre les premiers, l'Assemblée ajoutait, pour les intéressés, des garanties pour leur fortune et leur

II. — Représentants.

famille. Elle promettait l'adoption des enfants aux victimes de leur courage.

Le Camp sous Paris fut remis en discussion sous le coup de ces événements, le 2 septembre.

Aujourd'hui, disait Vergniaud, les vrais dangers de la patrie sont connus. Le plan de nos ennemis est de se porter sur la capitale, en laissant derrière eux les places fortes et nos armées. Cette marche sera leur plus grande folie, et pour nous un projet salutaire, si Paris exécute ce qu'il a conçu. Nos armées les suivront pour les harceler et couper leurs communications avec les frontières. Si à un point déterminé nous leur présentons tout à coup un front redoutable, ils seront cernés par les troupes qui les auront suivis. Ils comptent sur les terreurs paniques, ils sèment l'or, ils envoient leurs émissaires et sèment l'alarme pour entraver la défense. Elevons-nous contre cet opprobre de la nature. Vous avez manifesté de l'ardeur pour les fêtes, vous n'en aurez pas moins pour les combats. Vous avez célébré la liberté, il faut la défendre. Nous n'avons plus à renverser des rois de bronze, mais des rois environnés d'armées puissantes. Il n'est plus temps de discourir. Que prétend la Commune de Paris, et qu'entend-elle faire ? L'Assemblée est un grand comité militaire, que les défenseurs s'arment pour ensevelir nos ennemis.

Le 14, Vergniaud réclamait une limite légale aux pouvoirs des commissaires du gouvernement, prêts à tout oser et à tout entraver par l'abus d'une autorité nouvelle et sans bornes. Il rappelait, le 16, l'urgence de presser les travaux du camp, malgré les détails rassurants donnés par son collègue, le colonel Coustard. Sans une défense respectable, l'ennemi s'avancera. Il serait coupable en n'agissant pas avec vigueur. Si nous laissons les postes d'où l'on peut bombarder la ville, notre inaction aura paru l'appeler.

Nous n'avons pas à narrer ici les colères des Girondins contre Robespierre, contre la Commune de Paris et Marat ; nous en renvoyons l'examen à l'étude spéciale au dictateur.

Le 3 octobre, le choix d'un ministre de la guerre par la Convention était pour lui une cause de protestation. A celui de ses collègues qui invoquait la politique et cet argument des partis violents : Il a toujours mal voté, Vergniaud répliquait par le respect des votes. La candidature au ministère ne pouvait comporter une révision jacobine ; l'événement qui le livra à Pache eût dû lui annoncer les jours caniculaires de la Révolution.

Le 6, il demanda la réintégration de Montesquiou au nom de l'équité et des services rendus.

Dans un temps où nous étions environnés de trahisons, la Convention a pu, sur un simple soupçon, retirer le commandement d'une armée d'où pouvait dépendre le salut. Elle n'a pas dû attendre la preuve de tous les faits, parce qu'elle ne pouvait balancer entre un citoyen et le salut. Mais lorsque ce citoyen s'est justifié, la Convention doit rendre témoignage à la vérité. Montesquiou a fait triompher la cause de la liberté. La conquête de la Savoie n'a pas coûté une goutte de sang. Ce général l'a fondée sur l'humanité. Montesquiou donne sa démission parce qu'il ne croit plus pouvoir être utile : eh bien ! rendez-lui ce qu'il faut pour cela ; refusez sa démission.

Barère s'interposa et obtint l'ajournement par une question de principes. Il faut attendre le rapport des commissaires envoyés sur les lieux ; on voit jusqu'où pouvait aller cette singulière doctrine dans un cas aussi évident. Mais il importe de retenir cet appel de Barère ; il annonce l'avenir ; le Comité de Salut public exprimera les conséquences de ces prémisses. La justice n'était pas le but gouvernemental que poursuivaient les partis. En voici une preuve cruelle de la part du chef des Girondins.

Le jour où Vergniaud demanda la mise en accusation du ministre des relations extérieures de Lessart, il voulut le pouvoir pour son parti d'abord ; mais il promit la Terreur à la France involontairement, lorsqu'il s'écria : *Il ne faut pas de preuves pour rendre un décret d'accusation, des présomptions suffisent.* En voilà une maxime primordiale. Se tournant ensuite vers les Tuileries, qu'il nommait un palais fameux par son despotisme, il annonçait la chute de la royauté par cette apostrophe sanglante : *Il n'y sera pas une seule tête convaincue d'être criminelle qui puisse échapper à son glaive.* En effet, elles tombèrent toutes ! Mais pour la mémoire de Vergniaud, il faut regretter des appels qui le rapprochaient à la fois de Saint-Just et de Robespierre.

Thomas Payne a sévèrement jugé les prétentions de la capitale dans une lettre confidentielle écrite en 1793 à Danton. Voici ce jugement resté inédit (1) jusqu'à l'heure présente :

« ..... Chaque jour, écrivait-il, accroît le danger d'une rupture *entre* » *Paris et les départements.* Les départements n'ont pas envoyé leurs

---

1. Arch. nat. AF, ii, 49, dossier 170, n°s 1 à 24.

» députés à Paris pour qu'ils y fussent outragés ; les insulter, c'est
» insulter les départements dont ils sont les élus et les envoyés. Il n'y
» a selon moi qu'un moyen d'empêcher la rupture d'éclater, c'est
» d'établir à une certaine distance de Paris le siège de la Convention
» et des assemblées qui lui succéderont. »

Payne reprochait à la populace d'insulter la représentation nationale
au moins par les tribunes, et c'est à cette influence qu'il attribuait le
maintien de l'ennemi *le long des frontières*. Sans s'attendrir sur les
mobiles de la coalition plus qu'il ne convenait, le député américain
insistait sur le rôle des municipalités là où se réunissaient les mandataires du pays, et il prédisait aux variations des desseins de nos ennemis
un seul but : le partage de la Pologne.

Il trouvait que les mœurs publiques n'existaient pas là où la calomnie
faisait de la *dénonciation* un principe. Il demandait à Danton de faire
prendre des mesures « contre la manie de dénoncer. » Il n'admettait
pas que la méchanceté ou l'ambition privées se permissent tout, à tort
et à travers ; la calomnie lui paraissait détruire la confiance et l'autorité ; elle constituait une espèce de trahison qui mérite châtiment
comme toute autre trahison. Vice privé, elle engendrait par des actes
répétés la désaffection du régime sous lequel elle se renouvelait.
N'était-ce pas elle enfin qui avait engendré la révolte de Dumouriez ?
Jusqu'à meilleures informations, s'écriait-il, il sera douteux pour moi si
Dumouriez a trahi par politique ou par ressentiment. Cette appréciation
n'est-elle pas instructive et inattendue ? Il s'élevait contre la dénonciation des sections sur les Girondins et sur l'omnipotence de Paris en
criant : *Il n'y a pas d'hommes meilleurs ni de meilleurs patriotes* que les
Girondins.

Nommé le 26 mars 1793 membre de ce comité, le huitième sur la
liste, il s'était occupé surtout de politique pendant que Dumouriez
conquérait la Belgique. La haine de la Commune de Paris, de stériles
débats pour maintenir une suprématie qui n'existait plus, avaient
rempli l'intervalle qui sépare les dates d'octobre à fin mars. La trahison
du général, qui passait pour être l'épée des girondins, vint donner un
nouvel aliment à ces diatribes de la tribune où Danton les abandonna
à une vindicte criminelle. Son décret d'accusation et une incroyable
facilité, de la part de Vergniaud, à s'y soumettre, devaient consommer
par sa chute celle de ses amis.

II

Professeur de droit canonique à l'Université de Rennes, Lanjuinais avait l'inébranlable fermeté de son pays d'origine. Sa carrière admirable a fait de lui, dans l'histoire révolutionnaire, le modèle du courage civique allié à la fois aux vertus publiques et aux vertus privées. Si son parti eût suivi son exemple et l'eût suivi à temps, la Terreur eût été évitée. Non certes que l'on n'eût pas eu des malheurs ou des crimes à déplorer, mais ils eussent été minimes si on préjuge les conséquences d'une adhésion réciproque à la politique Dantonnienne discutée.

Si Doulcet de Pontécoulant était un soldat, Lanjuinais en eut l'âme et en pratiqua le courage, l'intrépidité, l'audace.

Il traita de préférence les questions de droit ecclésiastique et les questions coloniales, ou ce qui s'y rattachait. Esprit pratique, demanda la suppression des ordres de chevalerie à la condition de respecter la croix de Saint-Louis et celle du Mérite comme récompense individuelle (1). Ardent contre les jacobins, il vit dans le Camp sous Paris un élément de désordre et demanda la cessation des travaux avec autant d'ardeur qu'il en mit à fulminer contre la Commune dont il sollicitait la suspension. Ennemi des triumvirs, il ne put obtenir la suppression de la permanence des sections armées et lança dans la préférence qui était dévolue à Paris pour les subsistances, une dernière imprécation. Plus heureux que le 22, il réussit à s'évader et enquit des juges après la chute du tyran.

Courageux et fier, Lasource, député du Tarn, mérita la proscription et son importance vaut qu'on l'étudie. Méridional, il en eut l'éloquence naturelle et la franchise. Dur aux émigrés par patriotisme et par conviction religieuse, Lasource était ministre du culte réformé, il ne pardonnait pas à l'ancien régime l'oppression des consciences qui avait annihilé les droits civils. C'est à ce sentiment que l'on doit attribuer l'amnistie pour les troubles d'Avignon, réaction admissible chez un Protestant pour les anciens États de l'Église. Il prit la parole dans les questions militaires sur l'augmentation de solde pour les chefs de légion, dans la gendarmerie.

J'ai demandé le rapport du décret sur ce principe que l'Assemblée ne peut augmenter le traitement des officiers, sans augmenter celui des

1. Séance du 1er juillet 1791.

soldats. On m'objecte que l'augmentation du traitement des lieutenants-colonels n'est pas un grand surcroît de dépense ; celle de la solde des soldats deviendrait très onéreuse. Quand une chose est juste, il ne faut pas considérer si elle coûte. D'ailleurs, cette augmentation en faveur des officiers ferait revivre le système des privilégiés. En général, la loi ne doit accorder d'avantages qu'elle ne les donne à tous. Si l'Assemblée les accorde aux seuls lieutenants-colonels, elle établit un privilège.

Lacuée ne put le convaincre de la différence dans les responsabilités qui vont du chef à ses troupes. Lasource était intraitable sur les questions d'égalité. M. de Narbonne le trouva à ce titre parmi ses adversaires dans les marchés d'armes qui passionnèrent toute l'Assemblée. Il fut de ceux qui eussent exigé des ministres un état de liquidation de leurs affaires privées à l'entrée ou à la sortie des fonctions publiques. Là aussi on dépassait le but par inexpérience. La probité n'est pas le soupçon à l'état permanent ; il est vrai de dire que ces doctrines dangereuses il n'était pas seul à les professer. Il voyait mieux lorsqu'il demandait le 20 avril 92 que le comité diplomatique connût de la déclaration de guerre. La solennité était d'accord avec le fond même du débat.

Le 8 mai il s'opposait, au nom du droit constitutionnel, à l'envoi d'un message au roi en faveur de [Rochambeau et fixait les principes en ces termes :

Je pense que l'Assemblée ne peut faire ni l'une ni l'autre des démarches qui lui sont proposées, il ne vous appartient pas de vous ingérer dans ce qui regarde la nomination des agents du Pouvoir Exécutif. Au roi seul appartiennent le choix et la révocation des généraux. Si vous déclarez que M. le maréchal a conservé la confiance de la nation, vous vous chargez d'une responsabilité qui ne porterait sur aucune base fixe ; supposons, contre toute attente, que M. de Rochambeau éprouve quelque revers, alors le roi ne serait-il pas en droit de dire : Vous avez voulu que je conservasse ce général ? Je ne vois pas bien quelle serait la réponse que le corps législatif aurait à faire à un pareil reproche ; et je ne sais pas comment l'Assemblée se déchargerait, aux yeux de la nation. Je crois que vous devez laisser au roi, à faire ce qu'il jugera convenable. L'opinion de l'Assemblée sera assez connue par la discussion.

Le 7 juin, il prenait part à la discussion du décret qui augmentait l'armée de 20.000 hommes. Il aurait voulu la formation d'une liste d'inscription par chaque canton avec la désignation par les intéressés de ceux qui auraient rejoint l'armée. Carnot appuya sagement la répartition par les directoires de département afin d'enlever aux troupes leur propre discipline.

Il était mieux inspiré deux jours plus tard lorsqu'il combattait le monument commémoratif proposé pour honorer la mémoire du général Dillon Théobald et du colonel Berthois, massacrés dans une panique. La loi devait se montrer implacable, mais quelle utilité y avait-il à conserver par des monuments le souvenir d'actes qui déshonorent et qui sont le fait de quelques-uns ? N'y a-t-il pas dans la mort d'un héros un fait autrement noble que celui d'un assassinat ? Carnot se rallia à son opinion en déclarant que les troupes tombaient aussi devant l'ennemi pour la loi.

Le 10 juillet, Lasource obtint l'augmentation des manufactures d'armes, celles de Charleville et de Maubeuge étaient situées trop près des frontières et exposées aux vicissitudes de la guerre.

Dans la même séance, l'Assemblée adoptait la motion d'avoir bien mérité de la Patrie par décret spécial pour les villes qui fourniraient des bataillons supplémentaires. L'enthousiasme permettait de supposer qu'indépendamment de l'inscription volontaire pour le recrutement de 'armée et du contingent demandé le 4, il y aurait un excédant proportionné au chiffre de la population. Indépendamment de l'inscription au procès-verbal, la liste des communes honorées d'un décret devait être déposée dans ses archives comme un monument national transmis à la reconnaissance du pays. Cette loi fut votée dans ce sens.

Le défaut d'armes à feu obligea à favoriser la fabrication de piques sur le modèle de celles qui portaient le nom du maréchal de Saxe. Un membre de la droite n'admit pas que les citoyens non actifs pussent en user. Lasource protesta vivement contre ce système de démarcation. Le 3 août, il se joignit au rapporteur Kersaint pour appuyer la création d'une Légion des Allobroges en Savoie.

La politique mêlait parfois ses violences aux difficultés techniques. Des bruits calomnieux persuadaient au peuple tantôt que les volontaires étaient empoisonnés, tantôt que ceux qui se réfugiaient sous ce titre dans les hôpitaux étaient des factieux prêts à tous les crimes. Tout cela, s'écriait Lasource, c'est un mouvement que l'on prépare, et il le dénonçait au maire de Paris.

Le 4 août, il s'élevait avec la majorité de l'Assemblée contre le maintien des Suisses comme garde personnelle du souverain, acte interdit par un article de la Constitution. Les suites du 10 août ayant été des suspensions, il commenta les dispositions à prendre par un décret émané de son initiative :

L'incivisme de plusieurs officiers nécessitera encore quelques actes de cette nature. Il importe que ces officiers suspendus, non seulement ne puissent plus commander les troupes, mais ne puissent plus tendre des pièges à la bonne foi des soldats. Votre commission extraordinaire propose que tous les généraux en chef, officiers généraux et autres officiers, qui auraient été destitués ou suspendus par le pouvoir exécutif, par les commissaires, par l'Assemblée nationale elle-même, soient tenus de s'éloigner de vingt lieues au moins de l'armée où ils étaient employés, sous peine de détention pendant le temps de la guerre. Ils devront justifier du lieu de leur domicile, par une déclaration de la municipalité.

L'adoption eut lieu à *l'unanimité*.

Le 26 août, il revenait sur la question des armes de guerre. Le courage ne suffit pas, dit-il, il faut des armes. Le moyen de suppléer à la pénurie des volontaires présents aux frontières, c'est de leur fournir les armes distribuées aux départements de l'intérieur. Sa proposition fut appliquée par décret.

Les *Sardes* et les *Belges* ayant obtenu le droit de constituer une légion, Lasource vota celle des *Prussiens*, sous le titre de Légion des Vandales. Est-on bien sûr qu'il n'ait pas mis quelque ironie à choisir ce titre ?

Le 28, il monta à la tribune pour dire que la levée de nouveaux 300,000 hommes ne pouvait être fournie par Paris seul. La révolution est faite, elle est son œuvre ; mais il est bon que les autres départements y concourent. Et plus loin il ajoutait : Nommons des Commissaires pour que les départements se lèvent par l'action des *recruteurs de légions*.

Il faisait autoriser les commandants des places fortes à en renvoyer les suspects dans un but de sécurité. Envoyé en mission à Nice, il en racontait les troubles à son retour et demandait sa réunion à la France. Il l'obtenait comme partie intégrante de ses frontières naturelles par les Alpes comme l'était la Savoie vers le Piémont.

Le 11 mars 1793, il n'admettait pas que Beurnonville se retirât sans avoir apuré ses comptes dans son propre intérêt, et il voyait juste. Quelques jours encore et son accusation contre Danton, qu'il traitait de *complice de Dumouriez*, allait provoquer les plus irréparables malheurs à l'intérieur. Cette situation nous échappe et ne peut être traitée qu'en exposant la mission de Danton en Belgique. La séparation était accomplie entre ces forces redoutables. Lasource tomba au 31 mai avec ses amis et mourut avec eux.

III

Le premier acte de Barbaroux, député extraordinaire de Marseille, fut de signaler les tendances de Robespierre à la dictature d'après l'aveu de Panis, agent secret de ce dernier. Belliqueux par tempérament, le jeune orateur débuta par un coup de maître le 24 septembre et avec une ardeur qu'explique sa jeunesse. Il raconta bientôt la part qu'avait prise sa ville natale à la révolution du *Dix Août.*

Nous étions à Paris, dit-il. Vous savez quelle conspiration patriotique a renversé le trône de Louis XVI le tyran. Les Marseillais ayant fait cette révolution, il n'était pas étonnant qu'ils fussent recherchés par les différents partis. On nous fit venir chez Robespierre. Là, on soutint qu'il fallait se rallier aux citoyens qui avaient acquis de la popularité. Panis nous désigna nominativement Robespierre comme l'homme vertueux qui devait être Dictateur de la France ; mais nous lui répondîmes que les Marseillais ne baisseraient jamais le front ni devant un roi, ni devant un dictateur. Voilà ce que je défie Robespierre de démentir. On prétend que le projet de dictature n'existe pas, et je vois dans Paris une commune désorganisatrice qui envoie des Commissaires dans toutes les parties de la république... Eh bien... nos commettants nous ont chargé de combattre les dictateurs, de quelque côté qu'ils se trouvent. Voyez avec quelle rage les uns et les autres distillent la calomnie ; ils vous accusent d'avoir déclaré la guerre. Elle a été entreprise pour la cause la plus juste, la liberté ; il faut la continuer.

La conquête du comté de Nice avait eu lieu par le général Anselme avec le concours de la ville de Marseille. Six mille hommes de renfort, un million en numéraire, une flotte de transport, tel avait été le résultat de son patriotisme. Barbaroux le célébra à la tribune et obtint pour son pays une déclaration d'honneur.

Ardent à la politique, il combattit à la fois le dictateur, la Commune et Marat, retournant contre ses auteurs le reproche de trahison, protestant contre le titre de *faction brissotine* donné aux députés de la Gironde et réclamant les preuves des accusations portées sous peine

d'encourir le glaive de la loi ! Nul n'ignorait que depuis un mois les
têtes de Vergniaud et de Guadet, de Lasource et de Barbaroux fussent
mises à prix avec celle de Brissot.

Les dépenses de l'armée s'étaient élevées successivement aux chiffres
de cent quatre-vingt-dix-huit millions, de cent quarante-huit millions
et de cent vingt-deux millions pour les mois de septembre, octobre et
novembre 92. Ces évaluations étaient sûres du moment où elles provenaient de Cambon. Or, l'armée manquait de tout, grâce à la désorganisation et aux vols accomplis dans les bureaux de la guerre dès
l'arrivée de Pache. Dumouriez écrivit le 2 décembre au Président de la
Convention et lui annonça qu'à l'avenir il lui adresserait un double de
sa correspondance avec le ministre de la guerre. Il ne voyait que ce
moyen pour défendre sa capacité militaire et son honorabilité financière.

Le même jour, il infligeait à Pache des reproches devenus publics
par la discussion qui s'ensuivit ; la situation de la Belgique y était
traitée incidemment. Quel était le langage du général qui personnifiait
dans les camps les vues du parti girondin ? Il se résume en deux
points : Ce que vous appelez comité d'achat, je le nomme une société
d'accapareurs ; je suis l'approvisionneur et l'emprunteur d'une armée
sans vivres et sans argent. On vole la Convention.

Barbaroux n'eut pas à insister beaucoup pour démasquer les ennemis cachés. Il put avancer que les officiers des volontaires et ceux des
troupes de ligne avaient été obligés de se cotiser pour réaliser à
Bruxelles la solde des troupes. Et cependant, rien n'avait surpassé à
Mons la valeur de ces va-nu-pieds. N'en doutez pas, osait-il dire, il a
existé, il existe peut-être encore, un *plan de désorganisation* de nos
armées. Le temps a prouvé que Marat et Hébert n'avaient pas eu avec
leurs journaux et leurs calomnies, l'un à la Convention, l'autre aux
Jacobins, un autre but. L'éclat du 5 décembre se renouvela le 7, dans
la lettre supposée que s'était fait adresser Marat par un complice, et
qu'il dénonça avec Fermont à la tribune. Elle confirme l'affirmation de
Barère sur la complicité de Marat avec l'étranger (1).

Le 30, le protecteur des Marseillais reprenait pour son compte les
accusations contre Pache :

Servan, dans des temps plus orageux, avait trouvé le moyen de
former des armées et d'assurer le succès de nos armes. Ce n'est pas que

_____

1. Voir aux pièces justificatives du ch. XVII l'opinion de Barère et l'apostrophe
de Barbaroux.

je veuille en conclure que le fardeau de la guerre ne soit pas au-dessus des forces d'un seul homme. Mais s'ensuit-il que Pache ne soit pas responsable de ce qui a été fait ? On doit le rechercher sur trois points : l'organisation de ses bureaux ; son administration ; la sûreté de l'Etat. Un ministre doit s'entourer de talents et de patriotisme. Servan avait appelé des agents très patriotes ; Pache en a appelé aussi, mais la mesure n'est point la même. On a dit qu'il y avait dans ses bureaux un prêtre réfractaire ; je sais qu'il s'y trouve des prêtres et d'autres hommes qui ne connaissent rien à la guerre ; il n'est donc pas étonnant que la sûreté de l'Etat soit compromise. Ce serait une expérience curieuse d'interroger ses agents sur leurs connaissances militaires. Mais il faut le poursuivre aussi dans son administration.

Les armes et l'argent avaient manqué au général Anselme au moment où, chef de l'Armée d'Italie, il avait voulu accomplir les ordres militaires.

La réorganisation du ministère de la guerre rappela Barbaroux à la tribune. Il y combattit le plan de Fabre d'Eglantine, son ami, qui oubliait que la nature a varié les produits par la variété des climats.

Il est donc vrai que le système de Fabre d'Eglantine est un roman en économie politique. Pourtant il ne faut pas rejeter l'idée-mère, qui tend à rapporter dans les départements des travaux qui se font à Paris moins économiquement. C'est le système de Buzot, et l'auteur peut, en le liant aux grandes conceptions de Siéyès, présenter à la France une organisation du département de la guerre parfaite. Donc, il faut examiner les projets de décrets présentés par Siéyès.

Le 5 mars 93, il adhérait aux plaintes de ses amis sur l'éloignement des fédérés départementaux de Paris. Il attestait les menaces incessantes de la Commune contre l'indépendance de la Convention, arguait du règne des lois et se voyait enlever la parole parce qu'il entendait défendre la liberté de la représentation, comme il avait défendu celle des frontières. Hostile enfin à l'illimitation des pouvoirs accordés aux députés envoyés près les armées, et à la continuation du Comité de Salut Public, aux commissaires délégués par l'influence jacobine dans son pays natal, à l'emprunt forcé, aux agents du pouvoir exécutif dont on sait les excès, il obtenait d'être décrété d'arrestation comme traître à la patrie. Evadé avec Guadet et Pétion, il fut pris à Saint-Emilion et périt avec eux.

Doulcet de Pontécoulant appartenait à une famille noble de Normandie. Né en 1764, il entra à dix-neuf ans dans les gardes du corps où son
père occupait un grade supérieur. A l'encontre de ses camarades il
acclama la Révolution, devint président du club de Vire, et fut député
à la Convention par le Calvados. Lorsque s'engagea la lutte entre la
Montagne et la Gironde, il se déclara pour la dernière.

Envoyé en mission dans le Nord le 30 septembre 92 avec cinq de
ses collègues, il dut s'entendre avec eux pour imposer provisoirement
les mesures nécessaires à la sûreté de ce département. Le duc de Saxe
venait de sommer la municipalité de Lille de rendre, malgré Valmy,
cette ville et sa citadelle à l'Empereur ; les autorités avaient répondu
en renouvelant leur serment de fidélité à la nation. Les mandataires de
la Convention, étant partis sur l'heure, purent écrire le 5 octobre de
Béthune. Ils constatèrent les ravages des Autrichiens dans le pays qui
environne Lille, et sollicitèrent l'extension de leurs pouvoirs au Pas-
de-Calais. Une partie de ce département était au pouvoir de l'ennemi et
c'était par lui qu'ils constataient des communications entre les quartiers généraux de l'armée et la ville assiégée. Les départemets voisins
fournissaient les secours en vivres, en fourrages et en hommes. Les
espions et les agitateurs y étaient en nombre. Ce rapport, où les
aperçus militaires abondent, appartient à Doulcet, qui le signa à
ce titre le premier ; il reçut, avec ses collègues, l'extension de sa
mission.

Le 10 décembre, il prit la défense de Pache. Ce fait, isolé chez les
Girondins, chez les modérés et les républicains décidés, veut qu'on s'y
arrête ; l'impartialité le commande. Quel était son langage ?

On ne peut réparer dans six semaines les trahisons de trois années ;
il est certain que les magasins étaient vides à l'époque où Pache a pris
le ministère. Rewbell a relevé ce fait ; il reste à en relever un autre.
Le ministre n'a jamais soutenu que les armées fussent fournies en
habillements, mais qu'il avait envoyé suffisamment d'argent : c'est à
la trésorerie nationale qu'il faut s'en prendre. On paie au hasard, sans
savoir si les bataillons sont de quatre, cinq ou six compagnies. Tous
les abus dénoncés au ministre, il les a réparés. Il a balayé ses bureaux
de l'ancienne aristocratie ; et, s'il ne les a pas entièrement renou-

velés, c'est par le défaut de sujets. Lorsque je serai convaincu que le ministre est incapable, je ne serai pas le dernier à lui demander un successeur.

L'assemblée accéda à ses vœux, mais cette défense de Pache est restée unique.

Comme tous les membres de son parti, Doulcet parla contre les audaces de la Commune et des Jacobins, il s'éleva contre ceux qui, au nom des sections armées de la capitale, prétendaient organiser deux Conventions nationales sous le titre de Société des Défenseurs de la Répubibluue et s'opposa au renouvellement du *tribunal révolutionnaire*.

Le 5 mars 93, il fit rendre un décret au nom du Comité de défense générale, des finances et de la guerre qui donnait au ministre de ce département une somme de deux millions pour la défense des côtes. On rappelait sur son initiative les canonniers vétérans et on leur donnait ainsi qu'aux artilleurs connaissant le métier une haute paie « pour diriger les batteries et instruire les élèves. » Avec les nécessités des opérations militaires, Carnot devait en tirer pour les armées en ligne des ressources qui leur procurèrent une augmentation de forces en 1794 et 1796.

Organe du Comité de la guerre, Doulcet proposait une augmentation de la cavalerie légère le 7. Le nord-ouest et l'ouest furent appelés à fournir, parmi les dragons et les volontaires, les hommes nécessaires pour deux régiments. Ils reçurent comme rang 21 et 22. Le Conseil exécutif se réserva le choix de l'état-major et des officiers ; en vertu de l'article 5, le rapporteur exigea qu'ils eussent fait « un service personnel et continu dans la garde nationale depuis le 1er janvier 94 ; » enfin, un certificat de civisme.

Décrété d'arrestation après sa défense de Buzot, il put s'évader et gagner l'étranger à la faveur d'un déguisement que lui avait procuré une femme qui l'aimait. Ses *Mémoires* ont donné le récit de sa fuite et les causes d'impuissance qui l'empêchèrent de se rendre au vœu de Charlotte Corday qui l'avait choisi comme défenseur.

V

Député à la Législative et à la Convention, Guadet a joui d'une célébrité qui n'a de supérieure que celle de Vergniaud et de Lanjuinais. Sa mort dramatique a été racontée par son fils et la mémoire de ses amis célébrée par lui (1). Que fit-il pour l'armée lui, avocat de profession ?

Il eut à exprimer son opinion sur l'affaire des soldats de Chateauvieux et vota pour qu'une amnistie leur fût accordée ; ce début n'est pas à louer. La poursuite du crime d'embauchage l'appela à la tribune le 13 avril 92 pour y combattre l'opinion de ceux qui ergotaient sur le texte de la Constitution. Ces derniers, ne trouvant pas un texte précis qui le classât parmi les attentats contre la sûreté de l'Etat, se seraient contentés d'un jury pour sa répression. Guadet interprétait au contraire l'esprit du texte et voulait renvoyer cette catégorie de coupables devant la Cour d'Orléans. Merlin parla en ce sens, le crime d'embauchage étant au premier chef une atteinte portée à la sûreté de l'Etat. Ce crime est double, ajoutait Guadet. Il prive l'armée nationale d'une partie de son contingent et augmente celle de l'ennemi. Si l'armée est instituée pour la sûreté de l'Etat, toute action qui l'affaiblit et augmente celle de l'adversaire est un attentat contre l'Etat. Les militaires n'ont pas droit à des privilèges, qu'ils subissent la peine constitutionnelle.

L'Assemblée fut de son avis et passa à l'ordre du jour.

Le 21 avril, il amena ses collègues à ne pas appuyer les délais iniques proposés par le rapporteur du comité de la guerre contre le général de Narbonne sortant des fonctions publiques. Ce dernier put rejoindre l'armée dès ce jour en réservant sa responsabilité légale, mais sans en aggraver l'esprit.

Il était moins bien inspiré le 9 mai lorsqu'il voulait que la proportion des juges dans les tribunaux militaires fût l'égalité dans le nombre entre officiers et soldats. En comptant « la raison pour quelque chose », il demandait que le nombre des officiers ne fût pas supérieur à celui des soldats. Carnot lui observa que pour être conséquent avec son principe, il faudrait qu'un jury établi pour juger un soldat ne fût composé que de soldats. Il ruina du coup son amendement, qui étonne chez un légiste de cette valeur.

La désertion ayant pris des proportions sans limites, Gouvion-St-Cyr l'a constaté en ses *Mémoires*, il fut proposé le 7 mai une loi nouvelle. La pénalité devait y être graduée selon l'emploi et l'autorité du commandement ; le rapporteur ne l'ayant pas fait, le colonel Daverhoult et le général Mathieu Dumas l'exigèrent en invoquant les proportions du mal qui pouvait résulter du délit. Guadet crut y voir un privilège

1. La sœur de Guadet vivait encore en 1867, à Saint-Émilion.

d'un nouveau genre que l'on accordait au corps des officiers. Il raisonna spécieusement. « Après avoir imposé la peine de mort au sous-lieutenant, que ferez-vous au général ? » Et il recommanda de s'en tenir au principe constitutionnel qui n'admet pas de distinction entre les personnes. Il l'emporta après une épreuve déclarée douteuse et il faut le regretter. S'il eût avancé que certains cas entraînent par leurs conséquences des faits et des responsabilités d'un ordre différent, sa distinction eût donné prise à la critique et mérité discussion ; en réalité, il mit en cause les personnes là où il ne fallait voir que le principe de la responsabilité. Les événements lui ont donné tort.

Le 15 mai, il prit part à la discussion sur l'ordre à mettre dans les remboursements. Pour ne pas multiplier les assignats et épuiser nos ressources, il fallait cesser les remboursements opérés en papier monnaie et trouver un nouveau procédé financier. Guadet n'admettait pas que les 183 millions disponibles, *seuls gages de notre crédit actif*, fussent absorbés par des remboursements précipités. Puis il ajoutait :

Souffrirez-vous que les seuls fonds avec lesquels la guerre peut être soutenue, vous échappent ? Vous pouvez oublier vos dangers, mais vous ne pouvez oublier ceux de la patrie : l'intérêt des créanciers, à qui la perspective d'une contre-révolution n'offre que celle d'une banqueroute. Au reste, ce n'est pas une suspension de paiement que vous allez décréter; une nation ne suspend ses paiements que quand elle ne paie pas: or, on ne vous propose que de détruire une mesure pleine d'aristocratie; car nommez un seul membre des Cours souveraines, un seul secrétaire d'État, un seul receveur général des finances, un fermier général qui n'ait pas été liquidé s'il a voulu l'être. Il est temps de payer ceux qui ne sont créanciers que de petites sommes, et qui, habitant des départements, n'ont pas pu parvenir à se faire liquider ; il faut songer à cette petite classe de fournisseurs des départements, qui demandent leurs remboursements.

C'est donc la cause des créanciers de Coblentz que l'on a soutenue. Je vois dans le projet du comité non pas une suspension, mais un nouvel ordre adopté pour les remboursements. Nous paierons tous les créanciers, mais successivement ; il est de l'intérêt de tous que la quotité des remboursements soit proportionnée au besoin de la circulation.

Les deux milliards de biens-fonds non aliénés offraient les seules ressources réelles dont le trésor public pût disposer. Le décret suivit le discours de Guadet ; il eut l'honneur d'imposer par ses explications la clôture de la discussion et le respect des petits porteurs, en laissant au ministère de la guerre la prédominance qu'il devait avoir dans cette question.

Le 20 juillet, il eut à présenter au nom de la Commission extraordinaire le rapport sur les conférences qu'avait eues cette commission avec le maréchal Luckner. Ses membres s'occupaient alors du recrutement et de la formation des volontaires en bataillon ; ils pensèrent à l'entretenir de l'état des affaires militaires aussitôt qu'ils apprirent sa présence dans la capitale.

Guadet rédigea un compte-rendu dont il importe de connaître les fragments utiles, car il explique les colères ou les craintes que l'on avait depuis la fuite du roi sur la mise en état de défense des frontières.

Le premier objet sur lequel votre commission extraordinaire a demandé un éclaircissement, c'est l'état des armées. Plusieurs tableaux ont été mis sous vos yeux, et presque toujours les résultats en ont été différents. M. le maréchal Luckner nous a exposé la cause de vos éternelles incertitudes. Après avoir soutenu que les trois armées ne présentaient pas plus de 60 mille hommes effectifs, il a ajouté que les commissaires des guerres ne méritaient pas assez de confiance pour qu'on pût s'arrêter à leurs états. Aussi parut-il désirer que l'Assemblée adoptât la mesure qui lui avait été proposée, d'envoyer des commissaires à l'armée. Vous avez rejeté, depuis, cette mesure, et il ne nous appartient pas de rechercher vos motifs.

Comment augmenter les armées? Ces moyens sont ceux que vous avez adoptés ; je dois observer qu'au nombre de ces moyens, le maréchal plaçait au premier rang celui de faire fournir, par chaque municipalité, deux ou trois hommes armés et équipés, moyen auquel vous avez suppléé par les volontaires. Rien n'est plus tranquillisant que les détails dans lesquels le maréchal est entré, à cet égard, avec nous. Soldats et sous-officiers de la ligne, volontaires nationaux, tous se montrent également dignes de servir la cause de la liberté. Pas un seul d'entre eux n'a déserté ses drapeaux. Si les officiers supérieurs, si ces hommes qui ne parlent que de noblesse et de loyauté, partageaient les sentiments des soldats, il n'y aurait de danger que pour les ennemis; mais chaque jour amène de nouvelles trahisons.

Quant aux approvisionnements, ils sont complets.

Nous n'avons pas à exposer ici le différend qui éclata entre le parti girondin et La Fayette sur une prétendue marche contre Paris avant le dix août, au lendemain du 20 juin. Les querelles des partis ne sont que les stériles revendications recherchées par les publicistes, ennemis des études consciencieuses et propres aux phrases sonores ou à la déclamation. Nous préférons signaler le décret du 2 août dont Guadet fut l'auteur et relatif aux déserteurs étrangers.

L'Assemblée nationale, disait-il, considérant que l'homme asservi ne fait qu'user d'un droit légitime en se réfugiant sur une terre libre ; qu'elle ne doit négliger aucun moyen de terminer une guerre entreprise pour défendre sa constitution et son indépendance ; que la cause de la liberté appartient à tous les hommes et que la nation française doit sa reconnaissance aux soldats étrangers qui viennent se ranger sous ses drapeaux, les recevra librement et leur accorde *ipso facto* une *pension viagère* d'un taux variable.

Comme signe d'adoption, on leur remettrait une cocarde aux trois couleurs ; les sous-officiers et les soldats percevraient, en vertu d'un brevet, une pension annuelle de cent livres payable par trimestre et d'avance. Une gratification de 50 livres était accordée à ceux qui prêteraient serment à la liberté et prononceraient le serment civique devant l'officier civil. Nul n'était tenu de contracter un engagement militaire, ce qui est inexplicable. Ceux qui voudraient prendre du service obtinrent d'entrer dans l'arme qu'il leur conviendrait de choisir, fait que Dubois-Crancé interdit ultérieurement, et reçurent la « gratification » fixée par les lois antérieures aux nationaux. Leurs veuves eurent droit à la réversibilité de la pension ; enfin, les actions d'éclat durant la guerre leur promettaient les mêmes honneurs et les mêmes récompenses que ceux dont jouissaient les soldats français.

Les largesses et les bénéfices de cette loi, surprenante aujourd'hui, s'expliquent par l'époque où elle fut promulguée, par l'idée générale de propagande qui s'était emparée des esprits, par le but de la Révolution qui se fit l'interprète réel et le défenseur de *la cause du peuple*, par le désir de désorganiser (ce qui était légitime) les états-majors des armées de la coalition. Des généraux étrangers servaient déjà dans le nôtre ; Wiellinghoff et Steinger, Suisses d'origine, François Wimpfen et son frère Félix Wimpfen, des Deux-Ponts dans le Palatinat, le prince de Hesse, triste recrue il est vrai, Jarry le Prussien, O'Moran, Irlandais, Mac-Donald, colonel écossais, pour ne citer que les plus connus ; enfin, au-desus de tous Luckner, marquis de Lowendal.

Une seule exception devait se produire, aux termes des derniers articles, dans le cas où la France se trouverait engagée dans une guerre « contre une nation libre. » En l'état où était l'Europe, cette désignation visait directement les Cantons Helvétiques prêts à tous les dévouements pour la Maison de France.

Le 11 août, Guadet présenta un projet d'*instruction pour la Convention nationale* qui fut adopté à la séance de nuit. Il n'y eut plus désormais de citoyens actifs et non actifs ; tout Français âgé de vingt et un ans, domicilié depuis un an, vivant de son revenu ou du produit de son travail, mais « n'étant pas en état de domesticité », fut électeur et éligible. Le premier essai de *Suffrage Universel* qui ait eut lieu en France remonte donc à août 92 et l'idée en appartient aux Girondins seuls.

Adversaire de la royauté, hostile aux agitateurs et aux agents de Robespierre, sa tête fut mise à prix par une section armée, malgré ses témoignages d'ardeur révolutionnaire. Adversaire courageux du dictateur, de ses menées secrètes qu'il pénétrait, dénonciateur probe des trames méditées par les jacobins contre la Convention, il osa demander (1) le transfert de l'assemblée à Versailles. Ce moyen sûr d'arracher la majorité timide à l'asservissement d'une minorité factieuse, bientôt criminelle, eût suffi pour le perdre personnellement si les fureurs du Comité révolutionnaire de Paris ne l'eussent entraîné avec Vergniaud et ses collègues le 31 mai.

VI

Brissot a laissé une des réputations les plus autorisées comme publiciste, comme orateur et comme écrivain diplomatique. Fils d'un pâtissier d'Ouarville, près Chartres, dont il était le treizième enfant, il reçut une éducation soignée. Après avoir terminé ses études, il vint chez un procureur, où se trouvait déjà Robespierre. Il y écrivit une *Théorie des lois criminelles*, qui reçut l'approbation de Voltaire, se lia avec l'auteur des *Annales*, et passa en Angleterre, où il tenta de fonder un Lycée, qui devait servir de point de réunion à tous les savants de l'Europe. Son entreprise ayant échoué, il rentra en France et fut incarcéré à la Bastille pour un libelle contre la reine, dont Pelleport était l'auteur. Rendu à la liberté après quatre mois de détention, et par l'entremise du duc d'Orléans, il resta publiciste jusqu'en 1789. Sa notoriété lui valut d'être appelé au Comité diplomatique, récompense

1. Séance du 20 avril 1793.

de son talent dans le *Patriote français*, où il avait pris, pendant deux ans, l'initiative de toutes les innovations.

Nommé membre de la Législative à raison des attaques dont il avait été l'objet, et qui avaient été des outrages sans mesure, il arriva à l'Assemblée ulcéré. Les journalistes monarchiens eurent à se repentir de leurs violences ; Brissot la leur rendit avec un rare talent. Célèbre par sa Déclaration de guerre (1) et par son amitié avec Dumouriez, qu'il avait imposé aux affaires étrangères, fruit de son influence parlementaire, il fut pris à parti par Robespierre. Le rogue avocat se sentait prédominé par la hauteur de vues de Brissot ; aussi jura-t-il sa perte en le dénonçant au Club des Jacobins comme *traître* à la patrie.

Le pamphlétaire du parti montagnard et celui du parti girondin se combattirent dans une ambition et une haine communes : posséder le pouvoir et gouverner.

Egaré par son esprit, Camille Desmoulins s'était emporté jusqu'à proférer un jour cette apostrophe : *Qu'est-ce que la vertu, si Robespierre n'en est pas l'image ?* Ses discours ? il trouvait en eux l'ironie de Socrate, la finesse de Pascal, avec des traits comparables aux plus belles explosions de Démosthènes ! Marat l'ayant appelé son *fils*, Camille entendait se tenir *à distance de ce père*. Et comme la faction girondine gouvernait, le pamphlétaire, irrité, lançait contre Brissot cette imprécation : *Ils haïssent Paris parce que Paris est la tête de la Nation !* La terreur des traîtres, voilà ce qui réunit les Girondins. C'est ainsi qu'en étouffant la raison on allait déshonorer la Révolution par la Terreur.

L'imputation de fédéralisme comme l'imputation d'aristocratie devaient perdre, par Camille Desmoulins et Chabot, le Parti girondin, après avoir perdu le Parti constitutionnel. La personnalité de Brissot était trop grande pour ne pas être rappelée ici, mais son œuvre, toute de polémique et de diplomatie, ne nous permet pas de le suivre dans la carrière tourmentée qui fut la sienne. Evadé quelques jours seulement, il fut repris à Moulins et guillotiné à Paris.

De ce parti on peut avancer qu'il avait fait la Révolution en acceptant tous les concours, ce qui le condamne en partie, puis il la gouverna par des discours. L'éloquence ne pouvait suffire seule comme direction des affaires publiques ; aussi, leur historien spécial leur a-t-il reproché de

---

1. Jomini a tracé de lui un portrait surprenant. Il n'a pas craint de flétrir les *sophismes politiques* dont cet orateur marqua son discours sur la guerre. Il a même écrit : « On serait tenté de croire qu'il fut l'instrument du cabinet anglais. » Cette assertion, ou plutôt cette imputation, rien ne la justifie.

l'avoir gouvernée sans la comprendre. Pour la diriger et la modérer
dans d'incompréhensibles fureurs, pour briser la démagogie, il aurait
fallu un Danton sans ses crimes de septembre. Vergniaud [ne ₁sut ₁pas
être ce tribun. Il signala le péril, il manqua de vigueur : *verba et voces*.
Un tyran de la populace reprit l'œuvre de Danton en l'aggravant,
et créa la Terreur en y employant, à son insu, une série d'espions
que la Coalition avait déchaînée sur Paris, et qu'elle y entretenait
savamment.

CHAPITRE XXVIII

LE DUC D'YORK ET LE TRONE DE FRANCE

Vues singulières du Parti girondin sur la déchéance de Louis XVI. — Témoignages judiciaires au Procès des Girondins. — Carra et ses aveux. — Discours de Couthon. — Apostrophe de Robespierre. — M. de Calonne.

L'*Ancien Régime*, voilà bien ce que voulaient non seulement les auteurs effectifs du Manifeste Brunswick, mais les partisans de la monarchie absolue à ce moment. On en trouve une preuve inattendue dans les *Candidatures* anti-dynastiques soulevées par eux durant la Révolution.

Le procès de Rochefort, ignoré des historiens, spécifie contre le capitaine Marizi du 77ᵉ régiment (La Marck), et en garnison sur le *Généreux*, le fait d'une intronisation étrangère. L'un des chefs d'accusation relevé contre lui formule : Que par ses papiers on voit qu'il nourrissait depuis plus d'un an le projet de favoriser l'Angleterre en plaçant le *duc d'York* sur le trône, et qu'il est absolument resté au service de la République pour la trahir.

Barère dénonça le fait à la Convention en termes formels. Toulon et Marseille, Brest et Lorient ne sont pas entièrement dépouillés de ces agents obscurs du ministère britannique, de ces nombreux fauteurs du duc d'York, patriotes ardents en apparence.

Cette candidature avait été l'objet d'une dénonciation spéciale dans le *Procès des Girondins*.

L'auteur du réquisitoire avait cité un article du 25 août 92 dans lequel Carra avait préparé l'opinion. On lisait, en effet, dans les *Annales patriotiques*, où il annonça le mariage du duc avec une princesse de Prusse, le vœu suivant : « Pourquoi ne pas accéder aux vœux des Belges s'ils demandaient le duc d'York pour grand-duc de la Belgique avec tous les pouvoirs du roi des Français ? » Maisons de Prusse, d'Orange et de Hanovre, réunies par ce mariage, avaient pu concevoir ce programme,

à Berlin même, en haine de l'Autriche, et attendre à ce titre une réci-
procité diplomatique de la part de la France. Mais de pareilles confidences deviennent dangereuses pour ceux qui les font au public, dans
les périodes révolutionnaires. Carra les paya de la vie.

Entraîné par ses vues personnelles ou par des entretiens avec des
agents prussiens, il avait persiflé les Jacobins qui l'avaient réélu
comme favorisant avec sa fonction les projets des tyrans étrangers.

Un jour, ajoutait Amar, c'est à la tribune du club des jacobins que
Carra aurait proposé *ouvertement* le duc d'York pour roi des Français (1). Indignés, les patriotes avaient exigé du président la censure
de l'orateur. Amar constatait que cette déclaration avait eu lieu en
présence de deux mille témoins. Aussi, en comprenant trop tard
l'importance et la culpabilité, Carra avait-il écrit une brochure « dans
sa prison » pour expliquer ces deux faits. Ne pouvant nier, s'écria son
accusateur, il a donné pour excuses *les circonstances de temps où il les
commit*. C'était plus qu'un aveu, c'était une condamnation.

La candidature du duc de Brunswick (celle-là n'a jamais été con-
testée) aggravait la condition juridique de ceux auxquels on imputait
de semblables tentatives. Marizy avait requis dans les camps les vues
de Carra et pris les armes pour la soutenir ; il y trouva la mort.

Le duc d'York, parent du roi d'Angleterre, avait épousé, en 1791, la
princesse Frédérique, fille du roi de Prusse Frédéric-Guillaume II,
neveu du grand Frédéric. Il promit à la coalition un général énergique,
dévoué, et sa carrière prouve qu'il réalisa ce qu'on avait attendu de
lui ; il figure parmi les princes de famille souveraine qui ont acquis
une renommée sur les champs de bataille.

En France, des hommes politiques de la Législative, dévoués aux
idées constitutionnelles et monarchiques, avaient pensé au duc de
Brunswick, si tôt impopulaire, puis au duc d'York.

Le 3 septembre 92, le ministre de la guerre Servan se présenta à
l'Assemblée, accompagné du ministre de l'intérieur, et vint dévoiler la
possibilité de cette candidature d'après le bruit public. On dit dans les
départements frontières que l'on veut donner à la France le duc

1. « Le duc d'York, puissant chasseur, rieur infatigable, sans grâce, sans contenance, sans politesse et qui a, du moins à l'extérieur, beaucoup de la tournure
physique et morale du duc de Luynes... Je ne crois pas qu'il s'agisse du mariage
de la princesse Caroline de Brunswick, princesse tout à fait aimable, spirituelle, jolie,
vive, sémillante. »

Mirabeau, *Hist. secrète de la Cour de Berlin*. La princesse fut depuis la célèbre
reine divorcée d'Angleterre.

d'York pour roi, et que ce sont les Parisiens qui ont ce projet. A Paris on insinue que l'Assemblée nationale veut rétablir Louis XVI sur le trône.

Le 4 du même mois, Larivière protestait que jamais, du consentement des députés, aucun monarque, ni français, ni étranger, ne souillerait la terre de la liberté. Le 5, on revenait encore sur cette question

Chabot, l'un des commissaires chargés de parcourir au nom du Conseil Exécutif les sections de Paris, fit à la tribune la nouvelle déclaration que voici :

Nos ennemis cherchent à désorganiser toutes les autorités consti tuées. On répand que vous n'avez suspendu Louis XVI que pour placer le duc de Brunswick ou le duc d'York sur le trône. Sans doute il ne vous appartient pas de juger la question de savoir si nous auron encore des rois, c'est à la Convention à prononcer et au peuple à ratifier. On publie que vous êtes disposés à vous rendre au parti d'un prince étranger, et à entrer en capitulation avec lui. Non.

L'année suivante, le 2 du même mois, il fut question de cette candidature à nouveau, au club des Jacobins. Un orateur resté inconnu s'écria : Les intrigues des contre-révolutionnaires se dirigent vers le duc d'York. Aujourd'hui certaines gens assurent que c'est un prince estimable ; qu'il est loin de vouloir nous asservir ; qu'il est à la tête du parti populaire en Angleterre, qui tend à ne faire qu'une seule nation des deux ; qu'enfin, il sera chef de la république, chargé de l'exécution des lois, et en répondant sur sa tête. Ces mêmes hommes appellen brigands les citoyens qui ont sauvé la France. Ces émissaires ne peuvent être payés que par Pitt. Ce sont des femmes qui doivent commencer le mouvement.

Couthon fut plus persuasif le 2 août. Il déclara par ordre du Comité de Salut public que le gouvernement britannique payait la *plupart des journaux* de Paris et infestait tout des opinions de Pitt. Un de leurs chefs était Carra. Quel était son parti ? Le parti des Rois. Depuis le début de la Révolution, il n'a cessé de vanter le duc d'York et Brunswick son oncle. Il n'a jamais parlé d'abolir la royauté en France. Il voulait un changement dans la dynastie. Aux Jacobins même, il osa indiquer York ; on le chassa de la tribune.

Dès le 26 juillet 92, il avait annoncé la présence de Brunswick à Paris; aussi préparait-il l'opinion en sa faveur. Il l'avait annoncé, enfin, comme le véritable *Restaurateur de la Liberté !*

La preuve, la voici :

« S'il arrive à Paris, je gage que sa première démarche sera de venir aux Jacobins et de mettre le bonnet rouge. Messieurs de Brunswick et d'Hanovre ont plus d'esprit que Messieurs de Bourbon et d'Autriche. »

Ce langage paraît celui d'un fou au premier abord ; il n'en était rien. Carra payé gagnait son argent, voilà tout. Mais il avait oublié, parce que les Girondins étaient alors tout-puissants, que le véritable enjeu était sa tête, car leur prépondérance baissait tous les jours.

Quelle était la part de Dumouriez dans ces intrigues ? On ne le saura jamais. Tout porte à croire qu'il travaillait pour Égalité et que les autres candidatures étaient destinées à subir les premières clameurs d'opposition. Après quoi on aurait organisé la restauration monarchique avec le drapeau tricolore, la cocarde et la Marseillaise.

Un décret d'accusation fut aussitôt délibéré.

Robespierre intervint alors.

Carra a toujours suivi le projet de placer sur le trône français un prince d'Angleterre. Dès 91, il l'a écrit ; il a réclamé le duc d'York » pour grand-duc de la Belgique avec tous les pouvoirs du roi des Français. » Et plus loin : « Il voulait transformer une société républicaine en une faction dévouée à l'intérêt des rois. » Le système de la République Universelle édicté à la fin de 93, en voilà les prodromes. Carra était donc un traître spécial pour les triumvirs, car il ne voulait plus de la République.

Robespierre a invoqué tour à tour le complot et les agents secrets de l'étranger pour seconder sa politique personnelle.

Les Hébertistes furent abattus par ce moyen ; Chabot, Bazire et Delaunay en furent les victimes, les Girondins les avaient précédés. En imposer par un patriotisme supérieur, rentrait dans le cadre de ses perfides accusations contre ses adversaires. Brissot, dont il ne pardonnait ni la supériorité du talent, ni la valeur oratoire et qui était un esprit fait pour saisir et exposer les questions diplomatiques, ne put échapper à cette imputation (1). Traîné avec Vergniaud devant Fouquier-Tinville, il eut à se défendre d'avoir voulu placer la couronne de France sur la tête du duc d'York. Il le fit dans la séance du 7 octobre en des termes qui nous ont été conservés : Je passe à l'accusation portée contre la

---

1. Le 4 septembre 1792, Ruhl déclarait à la Chambre qu'un membre de la section du Luxembourg avait accusé Brissot de vouloir livrer la France à Brunswick. Pressé de questions, le dénonciateur avait avoué tenir « ce fait de Robespierre. » Ruhl avait répliqué en appelant Robespierre un calomniateur tant qu'il n'aurait pas donné ses preuves,

commission des Vingt-et-Un, d'être royaliste ; nous fûmes dénoncés comme des agents de Brunswick et du duc d'York. Cette dénonciation parvint à l'Assemblée, et des commissaires furent envoyés dans les sections pour tranquilliser. Ruhl, l'un d'entre eux, a nommé l'affaire une infâme calomnie.

Mais la vérité n'était plus la justice et la perte de l'écrivain était résolue. Il succomba avec ses amis.

La politique révolutionnaire trouva dans cette candidature un auxiliaire inattendu, l'effet fût immédiat. Le Dictateur en sortit plus *incorruptible* qu'auparavant ; n'habitait-il pas chez un menuisier comme un sans-culottes, refusant toute compromission soit avec les partis, soit avec l'étranger ? Ses amis savaient du reste le faire valoir dans ses imprécations retentissantes :

Le plus dangereux des ennemis de la France, Pitt, n'était pas étranger à toutes ces manœuvres, disait l'un d'eux (1). Dans les armées, dans nos places publiques, et même dans les tribunes de nos sociétés populaires le nom d'York a été prononcé. Des intérêts mercantiles ont accrédité cette idée ; on a eu la faiblesse de croire que, sous une dénomination anglaise, le commerce prendrait un grand essor ; après avoir donné à Pitt nos colonies à dévorer, on a consenti à lui livrer nos places maritimes.

Les Représentants de l'armée du Nord : Hentz, Peyssard et Duquesnoy, signalèrent les relations du général d'Hondschoote avec le duc d'York au Comité de Salut public, le 26 septembre 93. Cette dépêche, qu'aucun historien n'a connue ou du moins n'a voulu tenir en compte, n'a pas pu rester étrangère à sa chute. Les aveux d'un général anglais l'ont confirmée à trente-sept ans d'intervalle.

Le général Houchard et son état-major sont coupables, écrivaient-ils, de n'avoir pas profité des victoires que les soldats ont remportées, l'état-major ne s'est pas conformé au plan arrêté. Il est suspendu et en état d'arrestation. Nous avons trouvé *sa correspondance avec les princes étrangers ;* le duc d'York, voyant que le soldat avait rompu les mesures prises pour nous faire hacher devant Hondschoote, a dit : *Nous sommes trahis.*

Robespierre (toujours lui) développa les menées anglaises le 17 novembre, à la tribune.

Le dictateur lut à la Convention un rapport sur la situation politique

1. Rapport de Jean Bon-Saint-André sur Toulon,

de la République, destiné à couronner par une réputation de diplomatie celle que lui faisaient ses amis dans l'assemblée et les factieux au Club des Jacobins. S'occuper des affaires étrangères souriait à son orgueil, au nom surtout du Comité, qui consacrait par faiblesse une élévation injustifiable. Cette main-mise sur les relations extérieures aurait dû avertir du danger final, mais la peur et l'état morbide des esprits devaient être les plus forts, et ce sont ces facteurs qui expliquent la suprématie du triumvir.

Ce rapport où se retrouve le style ampoulé des disciples de Rousseau, les apostrophes sensibles et les comparaisons triviales, n'appartient à Robespierre que quant à la forme. Les idées, le système diplomatique et les appréciations spéciales, furent l'œuvre d'un chef de service au département des relations extérieures. Rien dans l'œuvre de Maximilien ne reproduit la justesse des jugements émis dans cette étude, sur la Coalition et sur les procédés notamment de l'Angleterre. La trame sent l'homme de métier, et ce qu'on peut critiquer est précisément ce qui vient de l'orateur cher aux Montagnards.

Toulon, Dunkerque et nos colonies, y est-il dit, voilà les trois grands objets de l'ambition anglaise ou de sa jalousie. Maître de la mer par ces acquisitions, le gouvernement aurait bientôt contraint l'Amérique à reconnaître sa domination. Il est à noter que Pitt a conduit deux intrigues analogues en Amérique et en France ; dans le midi de ces deux pays, son or tente de fédéraliser notre république, et à Philadelphie il cherche à rompre la confédération. Vraiment, Pitt forme des plans hardis, sans calculer les moyens qu'il a de les exécuter.

Ces pensées sont belles, justes, et le tableau tracé est exact.

Parle-t-il de Dumouriez en Be gique ? il dénonce sa duplicité ; des agioteurs ? il les cloue à la tribune ; des journalistes ? il les signale comme étant à la solde des cours étrangères, et c'est plus vrai qu'on ne l a cru.

Sur le concert scandaleux qui paraissait unir l'Autriche et la Prusse, il proclamait l'Autriche : *la dupe de la Prusse* que guide le cabinet de Pétersbourg, divulgation écrasante alors et sur laquelle il insistait.

Robespierre n'ignorait pas que Mirabeau faisait préparer les éléments de certains discours par des spécialistes ; il imita l'exemple, mais de manière à prouver sa faiblesse comparée à l'aigle de la Constituante.

Ce fut en traitant des violences du premier ministre anglais, qu'il osa faire la déclaration suivante contre Pitt :

Le projet de placer un prince anglais sur le trône des Bourbons était un attentat contre la liberté de son pays. Un roi d'Angleterre, dont la famille régnerait en France et en Hanovre, aurait les moyens de l'asservir. Comment, chez une nation qui a craint une armée entre les mains de son roi, chez qui on a agité la question si le peuple devait souffrir qu'il réunît la puissance et le titre du duc de Hanovre, peut-on tolérer un ministre qui ruine sa patrie pour donner des couronnes ? Il ne serait pas étonnant que celui qui voulut donner un roi à la France fût réduit à épuiser ses ressources pour conserver le sien et sauver sa tête.

Nous n'avons rien à ajouter à ce portrait qui, en dehors de la menace qui le termine, n'appartient pas au triumvir ; mais nous devons exposer sommairement la conduite du duc d'York à l'égard de la France.

Mis à la tête des forces anglaises que son gouvernement fit passer sur le continent, il débarqua à Flessingue vers le 1er mars 1793. Paris l'apprit le 8. Se joignant aux Autrichiens, il somma Valenciennes de se rendre ; repoussé, il se vengea en nous accablant au camp de Famars, se porta sur Dunkerque dont il fut surnommé le héros. Barère l'accusa, dans son rapport du 26 novembre, d'être venu *mendier sur le continent une couronne avec la famine et la calomnie !* Battu, il se rendit à Londres, puis retourna en Flandre couvert d'éloges malgré sa défaite, protesta contre le décret qui interdisait de faire prisonniers ni Hanovriens, ni Anglais, et fut rappelé de Hollande sur une pétition des habitants d'Amsterdam. Pitt le dédommagea en lui donnant le commandement en chef des forces de l'Angleterre. Par son ordre, il se rendit maître de tout le Zuyderzée, s'empara d'Alkmaar, pour abandonner après une dernière défaite la Hollande arrachée à ses armes.

On n'attendait donc pas, dans le parti royaliste, la mort ou la fuite par enlèvement du prince que l'on proclamait roi devant l'Europe. Par un acte inouï, on remontait jusqu'au duc d'York, souvenir bizarre de Guillaume le Conquérant et des Plantagenets, français d'origine. On imitait en plein XVIIIe siècle les factions du quatorzième et du seizième. On attestait *Edouard VI* d'Angleterre, *roi de France et d'Angleterre ;* puis, par Ysabeau de Bavière, *Henri VI roi de France* couronné dans la capitale de son nouveau royaume (1).

---

1. Les *Mémoires* de Puisaye attestent les divisions du Parti des Princes, la présomption et les messages intéressés que les agences de Paris envoyaient aux émigrés à prix d'or. Le duc de Berry s'en indignait.

Toute la Vendée se battait avec plus de sens pour : *la Religion et le Roi Louis XVII*. Elle était plus pratique.

Calonne, toujours en quête pour le comte d'Artois d'une couronne (1), se serait contenté du titre de lieutenant général du royaume. Mais c'était à Toulon qu'il voulait accomplir cette élection, vers la mi-novembre :

J'ai toujours pensé, écrivait-il, que le salut de notre patrie ne pouvait venir que du côté du midi. C'est de l'Angleterre, réunie à l'Espagne et à Naples, que je l'attends.

Tout le monde rend justice à la conduite de lord Hood. Bientôt toute la province sera au pouvoir des troupes alliées.

Peut-être serait-il avantageux *qu'il y eût un prince français à portée de se montrer*. Celui auquel vous savez combien je suis dévoué pourrait *mieux que personne* remplir cette vue.

Le parti constitutionnel militaire avait offert la couronne de France par voie de substitution au duc de Brunswick en 1791, le fils de Custine avait été l'ambassadeur de cette candidature. On sait ce qu'il en advint. Repris par d'autres et sous une forme nouvelle, cet appel resta aussi stérile que le premier. L'*armée de Condé* et l'*Emigration de Coblentz* avaient d'autres vues ; malgré les intrigues de Calonne ou l'indépendance des chefs vendéens, il fallut se contenter de répandre le sang des deux côtés en faveur du Comte de Provence devenu bientôt *Régent du royaume*, *Roi de Mittau*, plus tard de *Vérone*, enfin d'*Hartwell* ! (2).

---

1. Dépêche interceptée, lue à la Convention le 5 décembre.

2· Les prétendants tirèrent de l'affaire de Toulon le profit sûr d'avoir abaissé la France dans la Méditerranée et d'avoir formé des royalistes de toutes classes qui avaient fui la victoire de la Convention un régiment d'infanterie (Royal-Louis) à la solde de l'Angleterre, plus un bataillon de 400 canonniers (Aveux de Puisaye, t. V, p. 41).

CHAPITRE XXIX·

LES MINISTRES DE LA GUERRE ET L'ARMÉE

Situation militaire de la France en face de la Coalition. — Pache, maire de Paris, ministre désigné par les Triumvirs. — Protestation de Custine. — Dilapidations. — Beurnonville. — Réorganisation du ministère de la guerre le 26 janvier 1793 sur un rapport de Siéyès. — Discours de Sillery et Barère. — Ministère jacobin de Bouchotte. — Protestations des Représentants près les armées à la Convention. — Suppression du ministère de la guerre remplacé par une Commission.

Toute l'histoire de la Révolution le prouve, l'Ancien Régime disparut avec la chute de la Bastille. A partir de cette date l'Assemblée Nationale s'empara du pouvoir et joignit la puissance exécutive à la puissance législative. *Les ministres de la guerre ne pouvaient faire exception à cette impulsion.* Spectateurs de leur annulation, soumis à un double courant, à deux volontés : la Cour et l'Assemblée, ils partagèrent les pressentiments de l'honorable marquis de Montmorin, s'efforçant d'arrêter la désorganisation générale pour ce qui leur incombait.

Nous avons relaté l'œuvre du *Comité militaire* et celle des Ministres. On a pu voir que ces derniers dépendirent, en fait, du Comité qui par son initiative s'était arrogé les attributions du *Conseil supérieur de la guerre*, n'avait trouvé aucune opposition, et avait même ajouté à ses pouvoirs celui de faire exécuter ses décisions.

C'est aux comités et à l'assemblée qu'allaient appartenir les réformes militaires jusqu'à la période classique du Consulat.

Un édit du 14 octobre 1787 avait réparti le territoire en divisions militaires, commandées chacune par un lieutenant-général et administrées par un commissaire ordonnateur.

Le 2 décembre suivant, une décision royale résolut de lier toutes les parties de l'administration et de former un point de réunion où les chefs de bureaux, réunis à des officiers, prépareraient les objets à

soumettre au ministre. C'est ce que l'on a appelé le *Comité centra
militaire*.

Le 11 fut organisé un *Bureau d'état-major central* chargé de réunir
les rapports de l'état actif de l'armée. Il devait être le dépôt des décisions, des rapports importants, des cartes et des plans.

Deux hommes considérables, le général d'Arçon et l'adjudant-général
Berthier, alors colonel, dirigeaient ces deux créations.

Le général de Narbonne remania ces créations diverses et divisa
l'administration centrale de la guerre en *cinq bureaux :* administration
générale, inspection générale, grâces et emplois militaires, correspondance générale, artillerie et génie ; enfin, le Dépôt de la guerre
avec le célèbre ami de Rochambeau, le général Mathieu Dumas, pour
directeur.

Retenons les noms des trois ministres de la guerre condamnés
sans raison à périr sur l'échafaud : les généraux Brienne, La Tour
du Pin, d'Abancourt, prédécesseurs de Biron, de Custine, de Beauharnais !

L'Émigration, en désorganisant l'armée, favorisa la suspicion des
ultra-révolutionnaires et des jacobins ; l'histoire a pour devoir de se
prononcer contre les uns et contre les autres, parce qu'elle repousse
la justice des partis comme inique.

Servan traversa le ministère deux fois et dut son salut comme
Desaix et Jourdan, Kléber et Marceau, à sa présence aux armées, surtout à ses services. Sa correspondance ministérielle est remarquable
et à peu près inconnue. Il respecta l'organisation de Narbonne.

Avec Pache, girondin d'un jour, les séides de Billaud-Varennes
et de Chaumette, d'Hébert et de Marat, se partagèrent les places.
Il renvoya les anciens employés qui étaient au nombre de *cent
vingt* et en occupa *douze cents* d'après le général Bardin. Son incapacité, a ajouté Thiers, coûta plus cher à la France que l'invasion d'une
armée !

Les réclamations officielles qui s'élevèrent contre sa culpabilité vinrent des frontières et eurent Carnot pour inspirateur... Qui donc pourrait encore défendre Pache ? En mission près l'Armée des Pyrénées
avec Garrau et Lamarque, les commissaires voulurent favoriser le
recrutement et attribuèrent la solde de guerre aux troupes qui garnis-
saient les postes avancés. Les autres conservaient la solde de paix.
Pache intima l'ordre de faire le contraire, sans qu'on ait jamais su
pourquoi. Que le coup vint de lui ou de ses commis, les convention-

nels ne l'acceptèrent pas, se plaignirent directement à leurs collègues et on suspendit la formation de cette armée.

Carnot accusa Pache de trahison formelle.

Ses bureaux étaient lents, inexpérimentés, ignorants. Les lettres des généraux y restaient sans réponse et leur opposition aux malversations amenait leur disparition.

Pache avait succédé à Servan dès les premières agitations militaires qui se produisirent à l'ouverture de la Convention. Son entrée au ministère marque la chute de l'influence girondine dans la direction des affaires spéciales à ce département et dans le choix des officiers ou assimilés. Esprit cultivé, il avait été précepteur des enfants du duc de Castries et, voulant faire oublier à ses nouveaux amis son passé, s'étudia aux violences, appuya leurs calomnies, nomma les ultra-révolutionnaires qui voulaient des grades aux emplois les plus élevés, comme Ronsin et Rossignol, amis dévoués d'Hébert à la faction duque il appartint. Appelé un moment à la mairie de Paris pour succéder à Pétion, il y apporta le même esprit et succomba avec Hébert. Les thermidoriens devaient le mettre en jugement pour l'acquitter, prix d'un silence acheté par certains d'entre eux aussi coupables que lui, Tallien et Legendre, Lecointre et Bourdon de l'Oise... exception des partis, que n'admet pas l'histoire.

Pache a laissé des *Mémoires* justificatifs écrits dans sa propriété de Thym, où il se retira et mourut en 1823, près Charleville. L'Empire et la Restauration ne l'inquiétèrent point, et ces gouvernements lui appliquèrent le bénéfice de la prescription juridique. Ses actes ont trouvé depuis une appréciation plus exacte et il se dispute avec Bouchotte une célébrité déplorable.

Pache avait appartenu à la marine. D'abord sous-secrétaire du ministre de ce département, il avait été promu à l'intendance maritime de Toulon que dirigeait Malouet, enfin munitionnaire général des vivres. Il conserva l'organisation de son prédécesseur avec Sponville au personnel et Hassenfratz au matériel. Mais il se vengea de cet acte en imposant le *tutoiement* jacobin à ses bureaux et à l'armée, sans souci de la discipline et de la dignité.

La dépêche suivante va prouver en détail les griefs des généraux :

« Citoyen Ministre, je vous remercie de me rappeler mes devoirs. Quoique j'aye l'usage de les remplir, je suis toujours très aise qu'on m'en fasse ressouvenir. Vous avez vu, Citoyen Ministre, que j'ai prévenu vos intentions en ordonnant dès le 6 même l'information de l'affaire d'Hocheim.

. . . .

J'invite le pouvoir exécutif et vous-même à vous bâter de prononcer: il n'est pas permis d'être de l'insouciance et de la tranquilité dont vous estes, plus longtemps elle serait criminelle et je vous dénoncerais. Je crois qu'il faut du tonnere pour vous réveiller de votre léthargie. La lettre que vous m'écrivez aujourd'hui est d'une si grande indifférence que je vous avoue qu'elle m'a confondue.

. . . .

Depuis longtemps je vous ai fait passer, Citoyen Ministre, *l'état des besoins pressants de l'armée soit en vêtemens soit en équipemens.* Et que m'est-il arrivé? Du drap blanc pour habiller des chasseurs à pied qui ont des habits verts, des fournitures incomplètes et point de bottes.

Je vous ai envoyé dès longtemps des modèles d'habillements. Et vous ne prononcés pas s'ils sont approuvés, s'ils refusés. Je vous ai mandés le nombre de chevaux qu'il fallait pour completter la cavalerie exis-tante. Ai-je reçu une seule réponce?

. . . .

Citoyen, *lorsqu'un ministre connoit les besoins d'une armée* il envoit l'état nominatif des régiments qui sont destinés à l'augmenter. Et il a soin que celui qui a le plus de besogne n'aye pas le moins de troupes et que celles qu'on lui envoye soient dans le plus mauvais état.

Rien ne m'empêchera de faire la guerre de la Révolution. Si je ne puis la faire comme général je la ferai comme soldat guide dans une armée ; mais *je jure de dénoncer à l'opinion publique quiconque ne servira pas la République avec le zèle brûlant qui m'anime pour sa glóire*. Nous avons perdu un Tyran, je ne permeterai pas que nous en retrou-vions cent. Et seroit Tyrans ceux qui par quelques causes que ce soit s'opposeroit par le fait au succès d'une guerre qui doit assurer le bon-heur des peuples.

Je dois vous prévenir que je vais faire imprimer toute ma corres-pondance avec vous, et que je la rendrai publique et me réserverai les réflexions dans le cas où je ne recevrai pas le complément de mes besoins (1). »

1. Dépêche de Spire, du 29 janvier 1793, dossiers de l'Armée des Vosges, signée : « Le citoyen français, général d'armée, Custine. »

Des soumissionnaires prouvèrent à l'Assemblée qu'on avait rejeté leurs conditions pour en accepter de plus onéreuses. On lui reprocha de se rendre avec ses subordonnés dans les casernes et dans les clubs ; certains chefs s'oubliaient dans leurs dépêches, jusqu'à mêler le nom de sa femme et de sa fille au récit de leurs affaires militaires. Les girondins l'accusèrent d'avoir compromis la sûreté de l'État aux frontières. Un député extraordinaire du département de la Haute-Garonne témoigna à la barre de l'abandon dans lequel il avait laissé l'Armée des Pyrénées. Il l'a désorganisée, disait-il, dans la séance du 28 janvier, nous a blâmés d'avoir réparé ses fautes ; les malades n'ont ni médecins ni lits ; il a arrêté son artillerie et huit canons défendent la frontière depuis l'Océan jusqu'à la Méditerranée. — Le rapport de Carnot ne fit qu'aggraver ces révélations. La Plaine applaudit à ces dénonciations trop vraies et les montagnards eux-mêmes durent l'abandonner après avoir traité ses adversaires de calomniateurs. Ce fut le 25 janvier 93 que Pache se perdit en protestant contre les dilapidations auxquelles donnait lieu le service des fournitures.

Cet aveu, émané d'un membre du Conseil Exécutif se condamnant sans que rien l'y obligeât, imposa silence aux défenseurs de Pache. Son insuffisance notoire nécessita son remplacement.

Jomini qui a vécu ces temps a porté sur l'administration de ce ministre un jugement implacable.

L'anarchie, écrit-il, s'était glissée partout. *Les créatures de Pache avaient fait du bureau de la guerre un club.* L'intrigue, le pillage et la déclamation démagogique y trouvaient plus de place que l'intérêt des opérations.

Clavière, l'adversaire de Necker son compatriote, eut sa part de responsabilité dans les gaspillages dont *la fortune des chefs n'était qu'un faible indice.* Les agents subalternes s'étaient rendus les auteurs des principaux abus. Et il l'établit par les chiffres. Plus de 200 millions avaient été dépensés pour l'habillement seul, ce qui était le double du nécessaire en calculant l'armée sur le pied de 500.000 hommes qu'elle n'avait pas.

La campagne ne s'ouvrit qu'avec 270.000. Dè la Hollande au Limbourg cent mille ; de la Moselle à la Suisse cent mille ; Savoie et Nice quarante mille, à l'intérieur les autres trente mille.

L'affaiblissement du crédit public et la désorganisation de la défense, voilà l'œuvre de Pache, elle rend sa mémoire odieuse (1).

1. Nous protestons énergiquement contre les expressions de bienveillance em_

Le général en chef de l'armée de la Moselle lui succéda.

Beurnonville était un militaire distingué et dont la carrière avait été làborieuse. Né en 1752 à Champignoles dans l'Aube, destiné à titre de cadet à l'état ecclésiastique et devenu par goût pour les sciences exactes soldat, il avait servi dès 1766 dans les corps des gendarmes de la reine à titre de surnuméraire. En 1775 il était passé dans le régiment de l'Ile-de-France, s'y était élevé jusqu'au grade de major et avait fait la campagne de l'Inde sous le bailli de Suffren de 1779 à 1781, témoin de ces luttes grandioses où le génie de ce capitaine tentait le salut de nos possessions en écrasant les Anglais sur mer. Victime d'une injustice, destitué arbitrairement, Beurnonville était rentré en France, l'année du débarquement fut 1789. Il saisit aussitôt l'Assemblée constituante de son grief, fut nommé lieutenant-colonel des Suisses du comte d'Artois, chevalier de Saint-Louis, et à la déclaration de guerre Luckner l'attacha à sa personne comme aide de camp colonel. Avec la refonte des cadres, il devint peu après général de brigade et s'honora sous Dumouriez à Valmy. Lille lui dut sa libération finale ; moins heureux à Trèves, faute d'un plan gigantesque pour notre jeune armée, il gagna ses quartiers d'hiver par une trêve du généralissime consentie mutuellement entre les belligérants. Ce fut là qu'il apprit le choix de la Convention par 356 voix sur 600 membres consultés. Il était lieutenant-général depuis le camp de Maulde où Dumouriez l'avait surnommé un nouvel *Ajax*.

Tel était l'homme qui recevait de son pays la mission de réparer les fautes et les culpabilités du *citoyen* Pache.

Disons à son honneur qu'il avait distingué et protégé Macdonald en l'attachant à son état-major et en le recommandant à Dumouriez après l'affaire de Lille. Le talent ne devine-t-il pas le mérite ?

Comment la Convention avait-elle réorganisé le ministère de la guerre ? quelles théories avaient précédé sa reconstitution ? quelles doctrines avaient été émises dans ce débat? C'est ce qu'il importe de constater. On comprendra ainsi l'action du ministère pendant l'intervalle qui nous sépare de l'abolition du Conseil Exécutif qui ne put l'abattre, et les dispositions de Pille au 23 avril 94.

ployées par M. le lieutenant-colonel Yung dans son *Bonaparte et son Temps*, sur Pache et Bouchotte. Carnot et Jomini les ont condamnés. avec eux tous les chefs d'armée et d'éminents conventionnels.

II

La Convention reconnut au début de l'année 1793 que *le ministère de la guerre ne pouvait suffire à ses devoirs* et chargea son Comité de défense générale de lui présenter un plan de réorganisation. Siéyès, ancien vicaire-général sécularisé, auteur de la célèbre brochure : *Qu'est-ce que le Tiers-État*, en fut chargé. L'ami de Mirabeau lut son rapport le 26 janvier.

Ce n'est, dit-il, ni dans l'Almanach national, ni dans le chaos dé la législation ministérielle, qu'il faut chercher les bases de notre œuvre. L'on doit remonter à la nature des choses. Cette énonciation philosophique ne devait pas inspirer heureusement Siéyès.

Pour le service de la guerre, que faut-il ? Des éléments, une combinaison et une direction : tout est là, et y est dans le véritable ordre intellectuel. Le ministère de la guerre se compose donc naturellement de trois parties :

Fournitures ;

Administration civile ;

Direction militaire.

En temps de guerre, outre que ces trois parties reçoivent des circonstances un accroissement extraordinaire, il devient indispensable d'y en ajouter une quatrième, commandée par le besoin de réunir des forces éparses en un ou plusieurs corps d'armée, de les mouvoir en masse et quelquefois dans des contrées éloignées : donc, un commandant en chef. Cette haute fonction est indéfinie de sa nature. Il faut au général un exercice prompt et non réglé de tous les pouvoirs ; la première règle est d'éviter des fautes et de se ménager des succès : la loi suprême est le salut de la république et de l'armée.

Tout le rapport de Siéyès est dans cet exposé rédigé par lui avec la concision habituelle à tous ses écrits. Les raisons par lesquelles il justifia son triple enchaînement de propositions furent rejetées par la Convention. Ce plan appartenait à un esprit métaphysique, mais non à un praticien ; ses cinq sections furent adoptées, très remaniées. Son Economat national, repoussé quant à l'expression, survécut à l'échec de son rapport comme institution. Il combattit avec raison l'élection de deux ministres en invoquant l'*unité* pour celui des services publics qui

en avait le plus besoin. Il commit la faute de demander l'entrée au
Conseil non seulement du *ministre* avec voix délibérative, mais d'un
directeur et d'un *administrateur* responsables avec voix consultative.
Cette dernière création, toute de complication, suffit pour faire
repousser son projet.

Energiquement combattu par Saint-Just et Buzot, Debry et Fabre
d'Eglantine, Lamarque et Salles, il trouva dans Sillery et Barère les
adversaires prépondérants qui aboutirent à son rejet.

Le discours de Sillery est curieux par le récit qu'il donne sur l'intérieur du ministère (1). Le fragment qu'on va lire nous appartient à ce
titre :

Succe-sivement les ministres ont renvoyé les anciens commis. Ils ont
été remplacés par des patriotes, ignorant les détails qui leur étaient
confiés, et l'impéritie de ces derniers agents a achevé le bouleversement
total.

Il existe donc dans notre situation un vice radical.

Malgré la corruption et l'ignorance des ministres sous l'ancien régime,
il n'existe aucune époque où, au moment d'une déclaration de guerre,
nos armées aient manqué d'approvisionnements, parce que les agents
secondaires étaient instruits des détails qui leur étaient confiés. Maintenant le plus petit détail offre une difficulté à l'agent en sous-ordre,
qui a la crainte de se tromper ; son patriotisme le rend encore plus
circonspect. Il en résulte des retards inévitables dans toutes les
opérations.

Malgré le civisme et les lumières du ministre actuel, on ne peut se
dissimuler que les fonctions auxquelles il a été appelé lui sont absolument étrangères.

Un des plus grands fléaux, c'est l'ignorance des administrateurs.

Le 2 février, Barère, réformant le projet de Siéyès, se borna, dans
le sien, à présenter à la nation les garanties nécessaires et les précau-
tions indispensables pour que le ministère de la guerre fût à la hauteur
des circonstances. Il ne devait plus dilapider la fortune publique, mais
approvisionner les troupes et les équiper. On le modifierait donc de
peur de désorganiser quand il s'agit de défendre, paroles imprudentes
qui avaient pour but de couvrir Pache après l'avoir accablé sous les
réticences. On le débarrasserait du mécanisme pour lui conserver la
facilité dans la conception ; on établirait la responsabilité sur les

1. Séance du 31 janvier.

premiers agents du ministère ; en retour, on leur accordait la signature officielle des ordres donnés par le ministre et la signature des ordres d'exécution, moyen d'enlever ces agents à l'autorité arbitraire du chef. Les corps administratifs surveilleraient les marchés conclus par le ministre ou par ses agents, afin qu'il n'y eût plus de fautes commises, ou que les fournisseurs infidèles fussent punis par les tribunaux.

Telle était l'économie de ce décret dont l'adoption eut lieu après quelques débats. Il expose toute la Législation; ce dont il faut s'étonner, c'est qu'aucun historien ne s'y soit arrêté ; un seul en a compris l'importance, et encore n'est-il pas Français d'origne, l'illustre Jomini. Il n'est pas plus à exposer qu'à discuter, il faut le lire en son entier (1). L'exposition et la discussion, notre ouvrage fait l'une et l'autre.

III

Pache remercié, la Convention lui avait choisi pour successeur Beurnonville, arrêté par Dumouriez et livré par lui à l'ennemi. Les Jacobins, qui n'avaient cessé de déclamer contre le choix de ce général, saisirent l'occasion qui leur était offerte de s'emparer de l'armée, en obtenant un ministre de leur nuance politique. La Convention leur en livra la direction en nommant, le 4 avril, à l'unanimité des suffrages (2), Bouchotte. Originaire de Metz, ancien quartier-maître d'un régiment de hussards, fait lieutenant-colonel à la Révolution, il commandait alors à Cambrai, à titre temporaire. Fier de sortir de sa médiocrité, le nouveau collaborateur des ultra-révolutionnaires signifia son acceptation par une lettre vulgaire (3).

1. On trouvera le texte de ce décret aux pièces justificatives.

2. Le Conseil Exécutif a, sur la nomination et présentation du citoyen Bouchotte, accepté six nouveaux adjoints au ministère de la guerre, savoir :
Pour la première division, le citoyen Bouchotte, commissaire des guerres.
Pour la deuxième division, le citoyen Ronsin, commissaire-ordonnateur en chef de l'armée de la Belgique.
Pour la troisième division, le citoyen Aubert, commandant à Cambrai.
Pour la quatrième division, le citoyen Sijas, chef des bureaux de la guerre.
Pour la cinquième division, le citoyen François, juge aux tribunaux de Lille.
Pour la sixième division, le citoyen Xavier Audouin, commissaire des guerres, ancien secrétaire-général de la guerre.   (Du 23 avril.)

3. Lettre datée de Valenciennes, le 7, adressée à Lebrun.

Dès le 20 avril, il fut accusé d'incapacité. Le 25 mai, il eut les honneurs d'une discussion, où l'on entendit formuler des faits précis. Ils étaient accablants pour lui. Il avait vérifié une comptabilité d'adjoint au ministre sortant de place par cette simple note : « Ce compte paraît exact, sauf à donner des explications. » Or, l'intention de l'Assemblée était, au dire de Cambon, « que les prévarications du ministère précédent fussent dénoncées », ou qu'une telle suite fût prise en connaissance de cause.

Et comme les fautes innombrables de ce ministre ont trouvé des incrédules et des défenseurs inconscients, il est utile de donner le texte même de la séance où on les exposa. A de telles accusations, il n'y a pas de réponse. Bouchotte ne devait être maintenu que par la toute-puissance des Comités révolutionnaires et des Clubs jacobins. On constatera la valeur des protestataires :

J'observe, dit Pelet, que le ministre désorganisant toujours et venant de renvoyer encore tout récemment l'administration de l'habillement, sans lui faire rendre compte de 60 millions qu'elle a dépensés en soixante jours, il est impossible que la loi juste que réclame Cambon soit exécutée.

Il est vrai, répondit Lidon, que le ministre de la guerre, dans l'examen du compte des adjoints, n'a point fait ce qu'exige la loi. Je lui ai dit, moi, que c'était le comble de la perfidie, de l'ineptie ou de l'atrocité, que les notes qu'il avait fournies. Je demande que les comités de salut public et de la guerre nous donnent enfin une opinion sur ce ministre sous lequel il est impossible d'aller encore huit jours sans éprouver une désorganisation totale.

Je dénonce le ministre, ajoutait Pelet, pour avoir écrit à la Commune de Paris qu'il ne passerait aucun marché qu'il ne fût vérifié par elle.

J'ai présenté au Comité de salut public les faits que nous avions recueillis sur l'administration actuelle de la guerre, continuait Fermon, je lui ai demandé quelle opinion il en avait; il nous a assurés qu'il allait présenter un décret pour le remplacement d'un homme dont l'ineptie vous est démontrée chaque jour, et un autre pour faire marcher ce ministère.

Il est certain, s'écriait Bréard, que l'organisation actuelle du ministère perdra la République.

Le 30 mai, Bouchotte donna sa démission mais en continuant à diriger le département de la guerre ; aussi était-il accusé, le 8 juin, d'ordres ineptes ; le 13, il était remplacé par Beauharnais. La non acceptation de ce général, le 19, le maintint dans ses fonctions, par l'appui des triumvirs.

Alexandre, commissaire des guerres, fut inutilement proposé. N'était-il pas, au 10 août, courtier à la Bourse pour les Montagnards ?

Aux armées, mêmes plaintes de la part des généraux. Biron se distingua dans sa franchise. *Les agents de vos Agents prêchent partout l'insubordination, l'insurrection et le pillage des propriétés*, écrit-il au ministre le 23 juin. Ils protestent contre tout, contre moi et contre les représentants de la Convention. Ces derniers accusaient un envoyé des bureaux de la guerre de diviser entre eux les patriotes ! Bouchotte fut cependant maintenu.

Le 26 juillet, Robespierre donna pour raison *le salut public ;* son départ, dit-il, serait la désorganisation des armées. Puis, il demanda le retrait du décret prononcé la veille contre le ministre *dont la probité sévère est le plus grand obstacle à l'exécution des manœuvres criminelles tramées par de nouveaux Dumouriez.* Robespierre ne connaissait pas la dépêche du général Ferrand en date du 27 octobre par laquelle ce dernier reprochait à Bouchotte de n'avoir pas *consulté les états de situation,* de lui imputer une armée de 24 mille hommes au lieu de 14 et de lui infliger des projets « si faciles à combiner de loin. » Or, Ferrand s'intitulait *un enfant de giberne* et un *vrai sans-culotte.* Des pétitions émanées des Cordeliers vantaient sa probité et son civisme prêtant à Robespierre, en pleine 'séance, un appui concerté. Après quoi, ce dernier attestait que les adversaires de Bouchotte s'inspiraient de la haine des aristocrates et des généraux perfides, *patrimoine des patriotes.* N'attribuait-on pas au ministre *les fautes de ses agents ?*

Bien plus, on lui imputait celles de *ses ennemis !* Ce fut avec cette apologie déclamatoire que le *ministre patriote* put continuer son œuvre : empêcher les soldats de s'engouer des généraux.

Or, au même moment, le Comité de Salut Public recevait du représentant Duhem (1) en mission à l'armée du Nord, une dépêche du 19, où on lisait :

Vous êtes circonvenus, citoyens, et voici comment. Les bureaux de la guerre, qui renferment actuellement ce qu'il y a de plus corrompu dans la république, veulent perdre la France ; ils n'accueillent et ne voient que des fripons. Ces fripons

1. Ce Représentant fut arrêté en germinal an III comme montagnard ayant pactisé avec les faubourgs insurgés contre la Convention. Son témoignage n'en est donc que plus grave.

savent très bien que la commission du Nord commence à voir clair dans leurs brigandages.

Le fameux Ronsin, actuellement général, Huguenin, Bridel et autres coquins, ne nous pardonneront jamais d'avoir saisi pour 2,000,000 d'effets qu'ils ont volés à la République. Ils craignent de rendre compte des sommes qui leur ont été données par le ministre de la guerre, et de celles qu'ils ont extorquées dans la Belgique.

La compagnie Masson et Despagnac est dans le même cas. L'administration de l'habillement craint la surveillance.

Lavalette et *les agents payés par lui*, sont convaincus de l'impossibilité de bouleverser la frontière aussi longtemps que les citoyens auront un point central dans des commissaires de la Convention fermes et au fait du local. Voilà pourquoi on vous circonvient, voilà pourquoi *on nous dénonce sans cesse*.

Je vous prie donc, chers collègues, de motiver mon rappel, qui est *décidé dans les bureaux de la guerre*, sur ma demande et sur les lois. Je reviendrai toujours trop tard pour mon cœur, et j'espère vous prouver dans tous les cas que, malgré le peu de bien que nous avons fait, nous sommes toujours dignes de la confiance nationale, et que nous le serions davantage, si un seul agent de la République avait voulu un peu nous seconder.

Demandez à Gasparin ma correspondance sur les généraux ; vous verrez si je les surveille. Enfin, chers collègues, répondez-moi aussitôt, car je suis bien pressé d'être débarrassé du fardeau que vous m'avez imposé.

Le même genre d'accusation se renouvelait le 11 août. En séance, Ruhl prouvait que Strasbourg était dénué d'approvisionnements par l'arrivée à la barre d'une députation de cette ville. Le dénuement était absolu et les explications des protestataires aggravaient les aveux faits par eux. Jacob montrait les remparts de Toul où 22 canons étaient sans affûts et les fossés à peu près comblés. Lecointe attestait la désorganisation des dépôts de chevaux et de la cavalerie. Le même jour un régiment (le 18ᵉ) adjurait la Convention de le mettre en état de marcher à l'ennemi puisque les bureaux s'y refusaient.

Le 12, Gossuin était inexorable :

Le ministre de la guerre n'est qu'un mannequin. Il ne prend conseil que des clubs, des Jacobins, il les trompe. Pendant ce temps, l'ennemi s'avance, et le ministre ne fait rien pour l'arrêter.

Je demande que les membres du Comité de Salut Public, le ministre de la guerre et tous les ministres se rendent dans l'Assemblée ; il faut prendre des mesures pour que l'ennemi ne passe pas Péronne.

Cette proposition fut appuyée. Lacroix objecta que le patriotisme était une bonne chose mais qu'il fallait surtout des *talents militaires*. Bouchotte ayant offert sa démission, il ne comprenait pas pourquoi on ne l'avait pas acceptée. Tous les jours on lui renvoyait des affaires et jamais on ne voyait rien sortir de ses mains. C'était au Comité de Salut

Public qu'il appartenait d'établir la situation des armées par un rapport général... *Qu'il dise son opinion sur Bouchotte*, s'écria-t-il. Et Gossuin d'ajouter : *Si le ministre nous trompe, le glaive de la loi est là !* Barère le sauva en le donnant pour *un homme très laborieux, d'un républicanisme assuré et d'une exacte probité.*

Maintenu par l'influence de Robespierre qui venait d'entrer au Comité de Sûreté Générale, il refusa l'avancement qui leur était dû et sur ses conseils à des généraux considérables. En revanche, il prodigua à Pichegru ses éloges pour les batailles qu'il n'avait pas gagnées et pour les combats auxquels il n'avait pas assisté.

Que pensait le Comité de Salut Public de la capacité de Bouchotte ?

Un acte officiel va nous l'apprendre ; on possède en effet une dépêche envoyée par lui à Jourdan, en date du 25 novembre, dans laquelle le ministre est sévèrement jugé dans son œuvre. Le mot de *dilapidation* est prononcé, et par qui ? par Carnot, par Robert Lindet et par Billaud-Varennes.

Les défenseurs de Bouchotte devront lire ce témoignage.

Nous sommes affligés des besoins qu'éprouve une armée qui a si bien mérité de la patrie ; la vraie cause, c'est la dilapidation. Tu sens bien que les subsistances, une multitude d'autres objets ne peuvent se tirer de Paris. C'est principalement pour subvenir aux nécessités par les ressources locales, prévenir les dilapidations, chasser les fripons et les traîtres, que la Convention envoie près d'elles des représentants ; vous devez attendre d'eux une activité et une sollicitude paternelles.

Au ministre favori des révolutionnaires, qui vantait l'heureux concours de la sans-culotterie et du pouvoir contre les préjugés, qu'écrivait Duquesnoy, le 17 décembre ? Tu peux être un honnête homme, mais tes bureaux sont encombrés d'intrigants et d'incapables.

Sa dépêche annonçait qu'au relevé de sa maladie il dénoncerait ceux des Adjoints du ministre et ceux des Bureaux qui se permettaient de violer les lois, ceux qui empoisonnaient les armées de contre-révolutionnaires. Cette dernière allégation trouvera plus loin des preuves accablantes et qu'on a ignorées dans tous les camps.

Enfin, le 28 janvier 94, Bourdon de l'Oise demandait, malgré son jacobinisme, l'examen des actes de Bouchotte qu'il taxait *d'imbécillité*. La suppression des ministères, votée le 1er avril de la même année, le fit sortir de ses fonctions. Le 7 mars 95 il fut décrété d'accusation, son procès était même commencé après avoir été traduit au tribunal criminel d'Eure-et-Loir. Entravé par des intérêts compromis, il traîna

en longueur ; le prévenu fut admis à jouir de la célèbre amnistie de
Brumaire An IV, dernière faiblesse du nouveau gouvernement pour le
parti avancé. L'histoire n'admet pas ces prescriptions.

IV

Les triumvirs ne pouvaient pas plus accepter le partage du pouvoir
avec les Ministères, qu'ils ne l'avaient accepté avec les Hébertistes
et les Dantonistes eux-mêmes. La chute des uns et des autres
coïncide.

Le 19 mars, Collot-d'Herbois protestait aux Jacobins : « La faction
terrassée n'est pas la seule à combattre. » Le supplice des Hébertistes
réjouit, le 24, les patriotes. Mais le 31, Saint-Just faisait arrêter
Danton, Westermann et leurs amis, par ordre de Robespierre. Ce
dernier s'écriait le même jour à la Convention : « En quoi Danton est-il
supérieur à ses collègues ? » Toujours la même politique chez le dictateur, le paradoxe et la perfidie !

La suppression des Ministères vint augmenter et favoriser l'essor du
triumvirat. Le Comité de Salut public la vota, la Convention l'accepta,
et Carnot en indiqua l'esprit, trop ébloui par des conséquences militaires.

Les nécessités du moment n'admettaient plus la solennité et la lenteur
des formes bureaucratiques, ni leur routine, ni leurs préjugés forma-
listes. Bouchotte s'était mis à la guerre en hostilité ouverte avec le
terrible Comité, par sympathie pour les Hébertistes. Ces derniers et la
Commune de Paris avaient osé concevoir l'espérance de sa chute, et
l'avaient ourdie dans leurs conciliabules. Chaumette et Simon, Vincent
et Ronsin, payèrent de leur vie ces folles tendresses de domination.
Aussi atroce qu'eux tous, Robespierre sut les prévenir et inspirer
des applaudissements pour leur chute.

Tous les ministères étaient devenus des foyers d'intrigues et ne
servaient qu'à entraver le pouvoir. Plus d'unité, la devise sur l'indivisibilité n'était par eux qu'un mot ; celui de la guerre les dépassait
tous, et son importance étant suprême, le péril n'en était que plus
grand.

Le Conseil Exécutif fut donc supprimé et les ministres remplacés par *Douze Commissions* comprenant chacune deux Commissaires et un adjoint. Celle de l'organisation n'en comprit qu'un.

Les *Ordres de la Commission* nous sont connus, parce qu'ils ont été soigneusement conservés par les hommes considérables qui eurent le fardeau du mouvement des armées. Son texte est le modèle qu'il faut lire : *Aux cinq Détails*, tel est son titre. Il montre les bureaux à l'œuvre, et nous fait assister au mécanisme pratique de leur marche (1).

La réalité des affaires est là et ce document amène par voie de comparaison à saisir la complication du rouage général, les difficultés de l'approvisionnement des armées, les malversations enracinées parmi les fournisseurs, et la surveillance des agents comme celle des bureaux par le commissaire responsable. La correspondance officielle des généraux et des représentants nous a donné des preuves sur les causes ou sur les effets de ces fautes; nous étudierons dans nos recherches ultérieures l'étendue et la limite des pouvoirs accordés aux chefs des armées, soit comme divisionnaires, soit à titre de commandants en chef.

1. Reg. du C. de S. P. A. p. 125.
29

CHAPITRE XXX

LA MARSEILLAISE

I. Origine de ce *chant de guerre* sur le Rhin. — Mireur de Montpellier le fait entendre le premier à Marseille.— *Première leçon* de l'Hymne national.— II. Rouget de Lisle l'avait composé à Strasbourg le 25 avril 92 chez Diétrich, maire de la ville. — Départ des Marseillais le 2 juillet. — Un prêtre compose la *Strophe des Enfants.* — Les Marseillais dans la capitale. — Gœthe et la *Marseillaise à Mayence,* en 93.

Comme la *Révolution française* et ses principes, comme le *Drapeau tricolore* et ses nobles couleurs, la *Marseillaise* a fait le tour du monde.

Créé sur les bords du Rhin, inspiré par la guerre aux frontières les plus françaises et que l'on a surnommées naturelles, ce *chant de guerre,* poussé à Strasbourg, devint populaire par des gens du Midi. Des hommes froids et calmes avaient trouvé la note qui allait faire vibrer toute une nation, la soulever du Nord au Sud, de l'Est à l'Ouest, la jeter en armes à toutes les parties menacées de son unité, l'arracher pour des années aux toits des aïeux, à ses foyers et la précipiter sur l'Europe comme un ouragan de fer ! Eh bien ! il ne leur fut pas loisible de donner le branle au pays. Ce furent des hommes du Midi, impressionnables et vifs, véhéments et emportés, prêts à tous les sacrifices et aussi à toutes les violences, à tous les enthousiasmes et à toutes les folies, parfois à bien des égarements, à des crimes même, qui imposèrent leur nom, leur envergure fulgurante à ce cri de la colère du patriotisme français.

L'or des Jacobins et ses libelles ayant appelé les *patriotes* dans la capitale pour y appuyer ceux qui s'y disaient opprimés et que l'histoire a nommés d'après leurs actes de parfaits assassins, un bataillon devenu célèbre par son entrée dans Paris répondit à cet appel qu'avait formulé Barbaroux. La Gironde voulait, en 92, aiguillonner les vainqueurs

de la Bastille ; le manifeste de Brunswick autorisa bientôt les indigna-
tions, les unes perfides, les autres vraiment nationales.

Comment les cinq cents gardes nationaux fédérés accourus à Paris en
réponse au concours qu'avait sollicité un de leurs députés, furent-ils
conduits à être les promoteurs du *chant national* de la Révolution ?

Les esprits étaient ardents dans la capitale de la Provence et tout
promettait en 92 la division politique dont l'année 93 fut le témoin. Un
camp de ving mille fédérés devait être organisé à Paris, composé de
bataillons appelés en très grande partie des départements. La ville pho-
céenne et celle de Montpellier avaient résolu, par leurs autorités municipales, de former chacune un bataillon et de l'envoyer sur le théâtre
des principaux événements coopérer à l'organisation du camp sous
Paris. Celles-ci s'étaient proposé de les faire partir de concert. Aussi
avait-on délégué de Montpellier au club de Marseille deux mandataires
chargés de s'entendre sur les voies et moyens à prendre. Les deux
bataillons auraient deux cents lieues à parcourir et on pensa qu'il
serait utile d'accomplir une si longue route ensemble.

L'un des Représentants de Montpellier, nommé Mireur, se rendit au
club qui s'appelait encore les Amis de la Constitution, pour exciter l'ire
de ceux qu'il aurait fallu calmer. Son discours débutait par une
menace : « Frères et amis, la guerre est déclarée, notre courage l'attendait et la justice nationale l'a ordonnée... La guerre, oui, la guerre
aux détracteurs de nos droits ; la guerre à ces vils factieux qui sous le
manteau du patriotisme nous ont trompés et nous trompent tous les
jours. » Le *Comité autrichien* inventé par Brissot obtenait les vitupérations de Mireur, trop prompt à briser *les fers des peuples*. Frères et
amis, ajoutait-il, la trompette de la liberté a sonné le réveil des nations;
concertons la destruction de tous les tyrans. Louis XVI était des plus
maltraités ; quant à son entourage, il se composait de scélérats. Mais
l'Assemblée nationale avait tout prévu ; le camp de 20.000 fédérés suffirait pour alimenter les armées au dehors, pour réprimer au-dedans les
factieux et les aristocrates. La diatribe était complète (1).

1. Ce sont ces violences qui devaient livrer cette cité à tous les crimes. Siméon
le déclara le 10 novembre 95 aux Cinq-Cents en ces termes :
« On a trop oublié les maux dont le département des Bouches-du-Rhône fut
affligé dès le commencement de la Révolution. En 1791, l'anarchie y commença ses
premiers essais par des arrestations et des meurtres arbitraires. En 1792, ses violences s'accrurent ; il sortait des clubs d'Aix et de Marseille des arrêts de mort :
chaque nuit des citoyens étaient enlevés de leur domicile et conduits à la lanterne.
On viola même, à Aix, plusieurs fois de suite, les prisons ; et tous les matins les

Mireur fut applaudi à outrance (1). On se donna rendez-vous pour fêter le bouillant orateur dans un café et on lui offrit un dîner. Ce fut dans ce dîner que retentit pour la première fois, à Marseille du moins, le *Chant de guerre pour l'Armée du Rhin* qu'avait composé en avril Rouget de Lisle, capitaine du génie en garnison à Strasbourg.

« Mireur était doué d'une voix forte et sonore et il chanta l'hymne patriotique avec une expression si énergique que tous les convives · en furent électrisés ; chaque couplet fut accueilli par des applaudissements frénétiques et les deux rédacteurs du *Journal des départements méridionaux* lui en demandèrent les paroles pour les publier dans leur feuille. Mireur avait sur lui quelques *copies manuscrites*, de sorte qu'on put les envoyer sur-le-champ à l'imprimerie et les strophes parurent dans le numéro du lendemain même. Le succès fut immense ; la chanson nouvelle ne tarda pas être connue de toute la ville, grâce au journal démocratique dont on s'arrachait les numéros et par les copies qu'on se faisait passer de la main à la main. »

Voici le texte tel qu'il parut à cette époque, avec les six couplets primitifs, sur l'air de Sargines.

> Allons, enfants de la Patrie (2),
> Le jour de gloire est arrivé ;
> Contre nous de la tyrannie
> L'étendard sanglant est levé... (*bis*)
> Entendez-vous dans les campagnes
> Mugir ces féroces soldats ?
> Ils viennent jusque dans vos bras
> Égorger vos fils, vos compagnes.
>
> Aux armes ! citoyens, formez vos bataillons,
> Marchez (*bis*), qu'un sang impur abreuve nos sillons.

citoyens effrayés se demandaient le nombre et le nom des pendus de la nuit. Il périt ainsi, ou à Aix, ou à Marseille, plus de cent citoyens.

» Les événements du 31 mai, en menaçant la liberté générale, vinrent ajouter à l'horreur de ces attentats particuliers. Le département s'insurgea en faveur de la Convention nationale opprimée... ; enfin, dans ce département, de trois cent mille âmes, huit mille familles ont fourni des victimes, ou à la lanterne, ou à l'échafaud, ou à la saisie ou séquestre, et à la dilapidation qui en a été la suite. »

1. Consulter *Le bataillon du 10 août*, par J. Pollio et Marcel, ouvrage très démocratique et rédigé avec des documents importants, oubliés ou inédits. Il résume tout ce qui a été publié d'intéressant sur cette double question : le bataillon, la Marseillaise de 92 à 1881. Nous lui avons emprunté le récit relatif à Mireur et le texte de la chanson. L'enthousiasme des auteurs de ce travail nous oblige à dire qu'ils n'ont pas trouvé un seul blâme pour les crimes dont Marseille fut témoin de 92 à 94.

. 2. Les auteurs de l'ouvrage précité donnent comme titre de l'hymne : *Chant de guerre, aux armées des frontières*.

Que veut cette horde d'esclaves,
De traîtres, de rois conjurés ?
Pour qui ces ignobles entraves,
Ces fers dès longtemps préparés ? (bis)
Français ! pour vous... Ah ! quel outrage !
Quels transports il doit exciter !...
C'est nous qu'on ose méditer
De rendre à l'antique esclavage !...

Aux armes ! citoyens, etc.

Quoi ! des cohortes étrangères
Feraient la loi dans nos foyers ?
Quoi ! des phalanges mercenaires
Terrasseraient nos fiers guerriers ? (bis)
Grand Dieu ! par ces mains enchaînées
Nos fronts sous le joug se ploieraient?
De vils despotes deviendraient
Les maîtres de nos destinées ?

Aux armes ! citoyens, etc.

Tremblez, tyrans, et vous, perfides,
L'opprobre de tous les partis,
Tremblez, vos projets parricides
Vont enfin recevoir leur prix.!... (bis)
Sous l'étendard de la Patrie,
Nous volerons tous aux combats ;
La liberté conduit nos bras,
C'est son amour qui nous rallie.

Aux armes ! citoyens, etc.

Français, en guerriers magnanimes,
Portez ou retenez vos coups ;
Epargnez ces tristes victimes,
A regret s'armant contre nous !... (bis)
Mais le despote sanguinaire,
Mais les complices de Bouillé,
Tous ces tigres qui, sans pitié,
Déchirent le sein de leur mère !

Aux armes ! citoyens, etc.

Amour sacré de la Patrie,
Conduis, soutiens nos bras vengeurs...
Liberté ! Liberté chérie,
Combats avec tes défenseurs ! (bis)
Sous nos drapeaux que la victoire
Accoure à tes mâles accents ;
Que tes ennemis expirants
Voient ton triomphe et notre gloire !...

Aux armés ! citoyens, formez vos bataillons,
Marchez (bis), qu'un sang impur abreuve nos sillons...

Ce texte primitif diffère du texte adopté qui est le seul officiel aujour-
d'hui, et c'est pour cela qu'il fallait le reproduire à titre de document
historique. Le lecteur comparera lui-même et verra la différence. La
musique, attribuée à Dalayrac, puis à Grétry et à Paer, Rouget de Lisle
en est seul l'auteur. Il n'y a plus de contestation possible sur ce point.

II

Comment fut-il conduit à inventer ce chant admirable, qui retentit
de son vivant dans toutes les capitales de l'Europe et que les troupes
françaises rendirent si terrible sur les champs de bataille, de Valmy à
Marengo ?

Né à Lons-le-Saulnier le 10 mai 1760, Claude-Joseph appartenait à
une famille de haute bourgeoisie qui vivait dans les charges publiques
par choix ou par élection. Entré en 1782 à l'école du génie de Mézières,
aspirant sous-lieutenant en 84, lieutenant en second en 89 au fort de
Joux, il composa et publia en 91 un *Hymne à la Liberté* pour célébrer
la constitution du 25 septembre, dont Pleyel, maitre de chapelle de la
cathédrale de Strasbourg, écrivit la musique. Capitaine de cinquième
classe cette même année, il habitait cette ville.

Proclamée à Paris le 20 avril 92, la guerre l'était le 24 par le baron
Dietrich comme maire de la capitale d'Alsace.

Acclamée par ses compatriotes, on vit des milliers de volontaires
s'inscrire aux bureaux d'enrôlement. Une fête donnée par Dietrich
réunit à sa table le général prince de Broglie, Desaix son aide de camp,
Cafarelli du Falga, Masclet et Rouget de Lisle, le duc d'Aiguillon, ce
même jour. La guerre prochaine fut le sujet naturel de la conversation.
Dietrich prononça alors ces paroles : *Il nous faut un chant de guerre
pour amener et guider nos jeunes soldats ;* il annonça l'ouverture d'un
concours public dont le corps municipal couronnerait le vainqueur.
Puis, il interpella directement son ami dont l'Hymne à la Liberté venait
d'être adopté par les populations allemandes des Electorats et du Palatinat (1). *Faites-nous donc*, lui dit-il, *quelque chose qui vaille la peine*

---

1. Rouget publia en 1796, chez Didot ainé (an V), ses *Essais en vers et en prose*. Il
y raconte l'accueil fait par les populations du pays rhénan. « De la rive du fleuve,
dit-il, j'ai entendu le rivage opposé retentir de ce chant consacré à la liberté française. » Traduite en allemand, cette poésie fut imprimée en Allemagne sous le titre

d'être chanté (1). Les protestations de modestie du jeune capitaine furent rejetées par ses propres camarades : *Fais-nous*, s'écrièrent-ils, *un chant de guerre que nous chantions joyeusement tous ensemble !* Sur cette invite, on se sépara ; il était minuit.

Le lendemain 25 avril, Rouget traçait l'hymne immortel à six heures du matin par une inspiration admirable, se rendait chez Dietrich, lui remettait son manuscrit qu'on exécutait aussitôt sur un clavecin. Les convives de la veille étaient convoqués par le maire à un déjeuner immédiat et lui-même entonnait à pleine voix l'œuvre de Rouget. Elle reçut le titre de *Chant de l'armée du Rhin* (2). Ce devait être avant peu celui de toutes les armées (3).

Orchestré par la baronne Dietrich, adopté à l'harmonie militaire par des artistes du théâtre de Strasbourg, le chant fut exécuté par les musiciens de la garde nationale le dimanche 29 avril. Le but était de saluer les Volontaires qui s'enrôlaient sur la place d'Armes. Le succès fut immense ; on a pu écrire d'après des témoignages contemporains qu'au lieu de six cents hommes qui devaient partir pour l'armée, il s'en trouva mille dans les rangs. A côté de ceux qui s'enrôlaient, il y avait des engagés déjà, envoyés dans la place forte par le ministre de la guerre pour y concourir à sa défense.

Adjudant-général (colonel), Masclet a laissé sur eux un témoignage qu'il faut relire :

« C'est, dit-il, un superbe bataillon de Rhône-et-Loire commandé par Cérisiat, qui eut les prémices du chant de guerre de l'armée du Rhin : il arriva à Strasbourg ayant en tête pour drapeau une aigle d'or aux ailes déployées. La parade venait de commencer, Cérisiat alla prendre

français : *Hymne à la Liberté*. Nos troupes l'entendirent constamment des Deux-Ponts, de Nassau à Trèves, de Mayence à Rotterdam. En octobre 92, Schneider l'avait traduite en vers allemands : *Kreglied der Marseiller*.

1. Voir la relation Masclet dans le journal le *Temps* de 1830.

2. La musique originale notée pas Rouget et corrigée de sa main appartient à la famille Gindre de Mancy dont un membre fut l'ami intime de l'auteur. Ne pourrait-on la déposer au Musée du Conservatoire ou à celui de la Bibliothèque nationale ?

3. Le 7 juillet 92 les *Affiches de Strasbourg* le publièrent d'après le titre que lui avait donné l'imprimeur de la municipalité, Dannbach (sans nom d'auteur) : « Chant de guerre pour l'armée du Rhin, dédié au maréchal Luckner. » L'éditeur Levrault ajouta, en le réimprimant, *par Rouget de Lisle*.

Masclet appelle ce titre « originaire, » nomme l'hymne « un chant patriotique » et affirme, avec une autorité que nul ne peut contester, qu'il le conserva « près de dix ans avant qu'il portât le nom de *Marseillaise*. » La vérité, la voilà exacte, entière et définitive.

II. — Représentants.

la droite de la ligne. La tenue de ce bataillon de 812 hommes, la bonne mine des officiers, la taille élevée et l'air martial des soldats, la précision de leurs manœuvres et de leur maniement d'armes, firent l'admiration de toute la garnison. »

Si on ignore comment Mireur connut le texte et la musique de l'œuvre de génie qu'avait trouvée Rouget et que Grétry a déclarée digne de Glück, il n'est pas téméraire de prétendre qu'il la connut par des *voyageurs de commerce.* Quoi qu'il en soit, c'est bien lui qui la fit entendre à Marseille pour la première fois. L'arrivée du Bataillon du 10 août l'apprit à la capitale, et par elle à la France entière.

Dès le 22 juin, le maire et les officiers municipaux de Marseille répondirent à Barbaroux qu'ils enverraient « un détachement d'environ trois cents *patriotes* vers la capitale pour remplir le vœu dès représentants de la nation, » en appelant aux départements contre le veto de l'autorité royale. Ils ajoutaient que leurs miliciens ne seraient pas seuls ; de Montpellier à Toulon, on s'apprêtait à les renforcer. C'était là « des moyens de prudence » pour défendre le pacte constitutionnel. Le club alla plus loin, il écrivit à Pétion que ses membres ne pouvaient plus rester spectateurs tranquilles de l'orage qui, dans le Nord, agitait la Révolution. Ils entendaient jeter un cri d'alarme, d'éveil « aux quatre-vingt-trois départements, » dans le but de former une *fédération nationale* destinée à secourir Paris et la frontière. En attendant, *Paris peut avoir du renfort* (1).

Joignant l'action à la parole, la municipalité fit placarder, le 24 juin, sur tous les murs un Avis officiel pour les citoyens qui voudraient s'enrôler. C'est ce qu'elle appelait « marcher au secours de la Patrie. » Elle déclarait, en agissant ainsi, se conformer simplement au décret rendu le 8 juin par l'Assemblée nationale. Les conditions requises étaient de justifier d'un *service personnel* dans la garde nationale depuis le 14 juillet 90 et d'être porteur d'un *certificat de civisme* signé encore par les officiers et les sous-officiers de la compagnie à laquelle appartenait le volontaire.

Dans d'autres villes, mêmes obligations. Les orateurs y ajoutèrent dans les clubs des apostrophes comme celle-ci : « Le salut de la Constitution en dépend. Exterminons nos ennemis du dehors, vendons les biens des émigrés pour payer les frais de la guerre ! » Ou bien : « Des

---

1. Après le 10 août, les fédérés recherchèrent les Suisses jusque dans les hôpitaux. Par un généreux mensonge, Dusault, qui était chirurgien en chef à l'Hôtel-Dieu, sauva ceux qui s'y étaient réfugiés en disant qu'il les avait fait jeter par les fenêtres.

armes, des armes ! Des piques, des piques ! » L'enrôlement se fit dans
un bouillonnement plus facile à comprendre qu'à décrire. Pris un peu
partout, les enrôlés partirent pour Paris. Trompées, les populations
accueillirent les fanatiques par des applaudissements, des banquets,
des arcs de triomphe et des fêtes. Tous ceux qui vivaient des émotions
de la rue les reçurent dans ce long voyage avec des transports d'enthousiasme. Ils parurent sur les routes une mer roulante ; les ·stances
qu'ils chantaient en marchant se mêlaient au bruit des canons qu'ils
traînaient derrière eux. Lamartine l'a constaté lui-même (1), c'était
l'*idée révolutionnaire* s'élançant *à l'assaut des .derniers débris de la
royauté !*

La mère de Rouget de Lisle, épouvantée de ce retentissement sinistre
que son fils n'avait pas prévu, lui écrivit :

« Qu'est-ce donc que ·cet hymne révolutionnaire que chante une
horde de brigands qui traverse la France et auquel on mêle notre
nom ? »

· Partis le 2 juillet, parvenus le 14 à Vienne, ils y entrèrent en chan-
tant l'hymne du Rhin. Ce fut pendant leur séjour que fut écrite la dernière strophe, par un prêtre : l'abbé Pessonneaux l'avait faite pour les
élèves de rhétorique du collège de cette ville (2) et lui dut en 93 sa
délivrance des prisons terroristes de Lyon, prononcée à ce titre publiquement.

La voici, sous son titre : *Strophes des enfants·:*

> Nous entrerons dans la carrière
> Quand nos·aînés n'y seront plus :
> Nous y trouverons leur poussière
> Et la trace de leurs vertus.
> Bien moins jaloux de leur survivre
> Que de partager leur cercueil,
> Nous aurons le sublime orgueil
> De les venger ou de les suivre.

Le 30 juillet, les fédérés marseillais arrivèrent à Paris par Charenton;
reçus par Santerre qu'entouraient deux cents gardes nationaux et cinquante fédérés, ils entrèrent à midi, par le faubourg Saint-Antoine. Ils
étaient coiffés de bonnets rouges ; des pistolets et des poignards pen-

---

1..En son *Histoire des·Girondins*, liv. XVI, p. 26 et 30.

2. Attesté par la *Revue du Dauphiné* et par l'aveu de Rouget, qui a ·toujours
déclaré n'avoir jamais écrit cette strophe.

daient à leurs ceintures, prélude de leur conduite au 10 août. Ils saluè-
rent la capitale d'un chant étrange qui enflamma la populace et qui,
destiné aux frontières, devait présider par elle à toutes les dévastations,
à tous les troubles à l'intérieur. Ce chant retentit des clubs au tribunal
révolutionnaire, des tribunes des tricoteuses aux prisons. Il accompagna les victimes les plus innocentes, le maréchal de Noailles, le prince
Victor de Broglie, madame Elisabeth et Charlotte Corday, Lavoisier et
Dietrich, Beauharnais et Loizilles se substituant à son père, Malesherbes de Lamoignon et Bailly, l'illustre d'Estaing et le frère de Moreau
vainqueur, Chénier et une masse d'ouvriers ou de campagnards qui
n'admettaient pas que la fraternité consistât à tuer sans droit, sans
raison, des vieillards, des femmes, des enfants étrangers à la politique (1).

Ce qui a paru déshonorer un instant le chant de Rouget, incarcéré
sous la Terreur avec Hoche, c'est cette juxtaposition d'une œuvre
infâme accomplie par ordre des Triumvirs.

Les fédérés marseillais, acclamés en un triomphe révolutionnaire
plein de funestes promesses par le faubourg dit le *faubourg de gloire*,
se précipitèrent le soir même sur des grenadiers de différents bataillons de la garde nationale. Ils assassinèrent et blessèrent soixante
d'entre eux. Le lendemain, Hébert publiait une brochure où il osait
prétendre qu'on avait voulu les égorger et commencer, par ce massacre, la contre-révolution. Cette apologie suffit pour établir ce que cherchaient les hommes qui avilissaient le chant de génie créé par Rouget
de Lisle (2).

Heureusement pour lui et pour la France que les armées allaient
s'en inspirer, pour écraser l'injuste coalition des puissances réunies
contre notre patrie.

1. Le Girondin *Girey-Dupré* fit ce couplet la veille de sa mort :

> Pour nous quel triomphe éclatant !
> Martyrs de la Liberté sainte,
> L'immortalité nous attend.
> Dignes d'un destin si brillant,
> A l'échafaud marchons sans crainte ;
> L'immortalité nous attend.
> Mourons pour la Patrie,
> C'est le sort le plus beau, le plus digne d'envie.

2. Le bataillon conduit par Barbaroux fut caserné à l'ancien dépôt des Gardes
françaises (à l'angle de la chaussée d'Antin, nommé boulevard du Dépôt, et aux Cordeliers le 8 août.

Goethe a constaté dans une page magnifique de ses *Mémoires* l'effet que produisait la Marseillaise sur nos ennemis.

« Escortée par la cavalerie prussienne, arrive d'abord la garnison française. Rien ne peut paraître plus étrange que cette dernière ; une colonne de Marseillais (1) légers, basanés, bigarrés, couverts de vêtements rapiécés, arrive en trottant ; comme si le roi Edwin avait entr'ouvert la montagne des Nains et lancé ses agiles bataillons ; après, suivaient les troupes régulières l'air sérieux et sombre, mais non découragé ni confus. Mais le spectacle le plus remarquable qui frappa tout le monde fut celui des chasseurs sortant à cheval. Ils s'avancèrent en silence jusqu'à l'endroit où nous étions et alors leur musique fit entendre la *Marseillaise* (1). Ce *Te Deum* révolutionnaire a en lui-même quelque chose de lugubre et de prophétique même lorsqu'il est joué avec vivacité : mais dans ce moment ils lui donnèrent un mouvement en rapport avec la lenteur de leur marche ; *c'était un spectacle imposant et terrible* de voir ces cavaliers, grands, maigres, d'un âge déjà mûr, s'avancer avec une mine conforme à la musique. Séparément, vous pouviez trouver chez chacun d'eux de la ressemblance avec Don Quichotte ; en masse, ils avaient une grande dignité.

» Mais alors une petite troupe se fit remarquer, celle des commissaires ou représentants.

» Merlin de Thionville, en uniforme de hussard, remarquable par une physionomie et une barbe étranges, avait à sa gauche un autre personnage dans le même costume ; la foule poussait de furieuses acclamations à la vue de ce dernier, bourgeois de la ville, jacobin en réputation et clubiste, et s'agitait pour le saisir. Merlin tire la bride de son cheval, parle de sa dignité de Représentant français, de la vengeance qui punirait toute injure qui lui serait faite ; il les engage tous à se modérer, car ce n'est pas la dernière fois qu'on le voit ici. »

Jusque dans la défaite, s'écrient les historiens étrangers qui ont lu ou cité cette page pittoresque, Merlin restait menaçant. Ce n'était plus une garnison sortant d'une place forte perdue et rendue après capitulation, mais *une procession qui sort avec pompe*, s'écrie Carlyle ! Les émigrés dans leurs Mémoires ont porté le même jugement.

---

1. Le 7 mars 96, on lut dans le *Moniteur* un article officieux où il était dit sur les poètes et les musiciens de nos triomphes : « Enfin, le citoyen Rouget de l'Isle, le véritable Tyrtée français, par l'influence de son chant marseillais dont il est le poète et le compositeur tout ensemble, qui a valu tant de victoires à la République. » Nos ennemis eux-mêmes l'ont chanté.

L'air de la Marseillaise obtint le 14 juillet 95 l'honneur d'être. inséré
« tout entier dans le procès-verbal » de la Convention pour la première
fois.. L'auteur de la proposition, Jean Debry, ajoutait qu'il nous fit
gagner tant de batailles. Puis, il prononça le nom de Rouget de l'Isle et
réclama son inscription au procès-verbal de la séance. Cet hymne ne
l'avait. pas empêché d'être incarcéré sous Robespierre, alors que ce
chant « dont il avait composé les paroles et la musique ». guidait nos
troupes à la victoire. Nos troupes, mais non les Marseillais (1).

Citées partout, les paroles de Jean Debry reçurent une approbation
unanime. Des journalistes, interprètes de l'opinion publique, déclarèrent
que l'air des Marseillais devrait plutôt s'appeler le *chant du combat* et
même le *pas de charge*. Cette appréciation est exacte (2)..

Les triomphes de la Révolution française accomplis aux accents de la
Marseillaise justifient son choix comme *Hymne National*.

---

1. Poursuivis par les publicistes modérés tels que Regnaud de Saint-Jean. d'Angely
(*Journal de Paris*) ou Marchand (*Grands Sabbats*), les Marseillais avaient porté la
main sur plusieurs d'entre eux. On fit un appel en vers où il était dit :

> Gens de Paris, prenez les armes,
> Marchez contre eux, ne craignez rien :
> De mettre fin à vos alarmes
> C'est, je crois, l'unique moyen.
> A chaque *héros* de Marseille
> Qui vient pour vous braver chez vous,
> Coupez seulement une· oreille,
> La paix renaîtra parmi vous.

2. Dans la même séance, on exécuta : *Veillons au salut de l'Empire*, le fameux
Ça ira et une poésie de Voltaire mise en musique par Gossec, où Dieu et la Liberté
sont exaltés.

Le comité militaire eut ordre, par décret, de faire jouer la *Marseillaise* à la garde
montante.

LIVRE SIXIÈME

MISSIONS POLITIQUES ET MILITAIRES
A L'ARMÉE DEVANT TOULON

CHAPITRE XXXI

LOUIS XVII, ROI DE FRANCE A TOULON

Insurrection des autorités constituées et de la marine. — L'amiral Saint-Julien resté fidèle à la Convention. — Dépêche des Représentants. — Jean Bon-Saint-André. — Trogoff proclame Louis XVII, roi. — Complot pour l'enlever du Temple dénoncé par Cambon. — Assignats à son nom, saisis en Vendée. — Acte d'accusation prononcé à Rochefort pour arrêter le mouvement sur l'Océan. — Affaire de Charenton sur le Dauphin.

La proclamation de Louis XVII ne resta pas un acte diplomatique relevant du comte de Provence seul (1), ni une affaire de sentiment comme seraient portés à le croire des lecteurs superficiels : elle fut un acte effectif, et ce fut sous les auspices de la victime du Temple que commença le *Siège de Toulon*. Sa préface, la prise des gorges d'Ollioules par les troupes nationales, fut annoncée le 10 septembre par Carteaux au Ministre de la guerre. Sa dépêche constate l'accueil qui lui fut fait en ces termes :

« J'arrivai au Bausset le 7 à huit heures du matin et partis sur-le-
» champ pour reconnaître la position de l'ennemi ; les Espagnols et
» les Anglais occupaient les hauteurs de la gauche, les rebelles occu-
» paient les hauteurs de la droite, je fus reconnu d'eux et *les cris*
» *Vive Louis XVII* furent *plus d'une fois répétés*, accompagnés
» d'injures grossières dont je fus amplement gratifié, qu'ils appuyèrent
» de plusieurs décharges d'excellentes carabines dont ces scélérats sont
» armés. »

La gravité de ces cris fut si alarmante pour le gouvernement que le

1. Voir aux pièces justificatives sa *Déclaration* à la France et aux puissances.
Cambacérès osait dire de l'assassinat de Louis XVI, le 24 janvier 93 : « Citoyens, en prononçant la mort du dernier roi des Français, vous avez fait un acte dont la mémoire ne passera point et qui sera gravé par le burin de l'immortalité dans les fastes des nations. » L'esprit de cette diatribe n'a pas dû lui servir de sujet de conversation fréquente avec le Premier Consul et avec Napoléon.

Ministre de la guerre répondait, en marge de la même dépêche, et de sa main, le 19 : que l'*armée d'Italie*, étant maintenant à ses ordres, le mettait à même de déployer son patriotisme et ses talents militaires. Nul ne soutiendra qu'un ministre ait pris une pareille décision sans en déférer au Comité de Salut public, soit à la Section de l'Intérieur, soit à la Section de la Guerre. Mettre une armée à la disposition d'un simple général divisionnaire, la distraire de ses opérations hors des frontières, la faire rentrer à l'intérieur afin de réprimer une émeute même dans un port de guerre, qui croira sérieusement qu'une suite de mesures aussi impératives soit le fait d'une décision ministérielle ? alors surtout que les ministres n'avaient aucune initiative. Bouchotte n'était pas homme à entreprendre une lutte quelconque avec la Section de la guerre. Carnot la conduisait avec fermeté et son rôle grandissant y traçait le plan de la future campagne, en Italie autant que sur le Rhin.

Brunet arrêté dans son quartier général pour alliance secrète avec Trogoff, l'appel aux armes s'ensuivit. L'effet de la trahison avait été de la stupeur, soit au Comité, soit à la Convention. Marseille rentrait à peine dans les destinées générales d'obéissance aux lois, que le plus bel arsenal appartenait aux Anglais : il fallait s'attendre à le voir livré aux flammes dans le conflit. Ce devait être une perte incalculable pour la République. La flotte était perdue ; à peine sauverait-on l'escadre de Julien ; la Méditerranée nous était fermée de fait, Pitt et Malmesbury pouvaient se réjouir. Leur secours au royalisme en miniature consacrait notre abaissement maritime et le relèvement de notre force navale était désormais impossible.

Les émigrés ne virent pas plus en 1793 que leurs aînés en 1770, que la chute de Choiseul avait été due en partie à cet essor de l'armée de mer par lequel ce ministre, trop exalté et trop annihilé tour à tour, avait voulu réparer les malheurs de la guerre de Sept Ans.

Barras protesta le 29 août, le lendemain de l'attentat, en faisant sonner le tocsin dans toutes les communes du Var, son pays natal, et en faisant marcher tous les citoyens depuis l'âge de 16 ans jusqu'à soixante. A la *Terreur de l'émigration*, il répondit par la *Terreur de la Convention* que sanctionnèrent des lois désormais sans merci. L'armée devant Toulon donna l'exemple du respect des propriétés et de la discipline. Les populations que l'on avait convaincues du cannibalisme de l'armée d'Italie, sympathisèrent avec ceux que les Représentants contraignaient au bon ordre. A la royauté éphémère du *Roi de Toulon*, Barras répondit par cette déclaration :

« Si Toulon n'ouvre pas ses portes, nous l'assiégeons de concert avec Carteaux, nous le bombardons et le rasons de fond en comble, à l'exception des arsenaux et des forts. C'est le moindre châtiment que mérite cette ville infâme et à jamais en exécration à tout le reste de la République. Partout nous faisons désarmer les gens suspects, même ceux qui ne se sont jamais prononcés depuis la Révolution. Le temps des indulgences est passé. *Il faut guillotiner ou s'attendre à l'être.* »

Ce dilemme, les adversaires de la Révolution ne le prononcent jamais. Or, tout le problème est là.

L'*Émigration* parla la première de peine de mort, de pilori et de bâton ; on en a vu les témoignages, dès 1789. En 1792, le *Manifeste de Brunswick* l'attesta le 25 juillet avec un éclat qu'un siècle de distance n'a pu effacer ; il avait causé quinze jours plus tard la chute du trône et préparé la mort impolitique de Louis XVI. La révolte de Toulon et la proclamation de Louis XVII conduisirent Marie-Antoinette à l'échafaud..., tristes représailles des partis, oublieux de la justice et de leurs vrais intérêts.

Le 28 août, les Commissaires de la Convention, en mission à Marseille, Escudier, Salicetti, Albitte et Gasparin, annoncèrent que les autorités de Toulon avaient envoyé au *Comité général des sections de Marseille* un paquet saisi par eux. Il renfermait une collection de documents sur les actes de leurs autorités qui avaient adhéré, écrivaient-elles, *avec toutes les sections de cette ville*, aux dispositions de l'amiral Howe. En conséquence, elles avaient adopté le gouvernement monarchique, *proclamé Louis XVII*. Mais des lettres particulières aux représentants leur apprenaient que les ouvriers et une partie des marins de l'escadre avaient résisté à ces manœuvres et pris parti pour la République. Tous les rapports, concluaient-ils, reconnaissaient l'incivisme de la marine devenue contre-révolutionnaire. Devant l'acte de Trogoff, ils nommaient Saint-Julien, contre-amiral fidèle, au commandement de l'escadre.

Un *agent de Comité de Salut public* en mission spéciale put écrire le 18 septembre que les forts de la ville avaient été livrés aux Anglais et aux Espagnols ; un tribunal militaire, ajoutait-il, précipite les patriotes dans les cachots. On en avait embarqué huit cents sans que leur destination pût être connue. Tout s'ordonnait dans la place au nom de Louis XVII, la constitution de 91 avait été établie, on portait la cocarde

tricolore pour déguiser la rébellion et le drapeau tricolore flottait sur
les forts !

L'amiral **Trogoff** signait ses actes ainsi : *L'an Ier du règne de
Louis XVII.*

Après la trahison de Dumouriez, quelle idée, le comte de Provence
avait envoyé à Santerre deux lettres personnelles portant la suscription
suivante : « A Monsieur le commandant général de la force armée de
Paris ». Cet oubli de sa dignité, le prince l'avait commis pour notifier
à celui qui paraissait représenter à ses yeux toute la République par la
capitale, sa *Régence*. Selon la teneur de cette communication inattendue,
on devait reconnaître *Louis XVII* depuis le 20 janvier comme étant le
vrai nouveau roi. Santerre en informa le 7 avril 93 le conseil général
de la Commune et renvoya les deux lettres à la Convention (1).

La trahison de Toulon imposait aux envoyés de la Convention une
dépêche curieuse sur leurs relations personnelles avec les officiers
anglais. Elle juge l'acte et les espérances qu'elle avait inspirées :

Le système des puissances coalisées auxquelles le port de Toulon a
été livré, se développe. Nos ennemis veulent tenter un dernier effort
avant que les neiges et l'équinoxe contrarient leurs projets. Vous savez
ce qui se passe. Ce n'est point assez de tenir en leur possession toute
l'escadre française, les Anglais veulent s'emparer des bâtiments qui
se trouvent à Villefranche et sur la côte, que nos collègues Fréron et
Barras ont sauvés.

Se voyant déjoué, Trogoff attendit une circonstance plus favorable. Il
vient de saisir celle où les Anglais et les Espagnols sont maîtres des
forts et de l'Arsenal. Vous connaîtrez par l'imprimé que nous faisons
afficher dans les départements, les détails de cette nouvelle tentative.
Nous ne doutons pas que la Convention n'approuve la hauteur de notre
réponse aux amiraux de *Pitt* et non de la *nation anglaise*.

Nous ajouterons que les deux officiers ennemis ont paru déconcertés
par l'énergie déployée sous leurs yeux. Ils sont même convenus, quand
on leur a parlé de Trogoff, *que les traîtres n'étaient jamais bien regardés
par aucun parti, et qu'aucune flotte n'aurait été capable de rentrer dans
Toulon si cette place n'avait pas été livrée.*

---

1. Au début de mai 93, les Vendéens vainqueurs délivrèrent des cartouches aux
républicains prisonniers portant : « Domainguet, colonel général de la cavalerie
de l'armée chrétienne, permet à Menou de se retirer, sous le serment par lui prêté
d'être fidèle à la Religion, à Louis XVII, à la monarchie française, et de ne jamais
porter les armes contre l'armée chrétienne. »

La démarche de la flotte ennemie était évidemment combinée avec le succès présumé des Piémontais. Vous ne devez pas ignorer que devant les deux parlementaires, nous avons donné l'ordre au commandant de Villefranche de tirer sur la chaloupe anglaise, si elle s'écartait de la ligne droite pour remettre les émissaires à bord de l'*Aréide*, et sur tous les vaisseaux qui tenteraient de s'approcher de la côte.

Le récit de l'entrevue entre les parlementaires de la flotte anglo-espagnole et les représentants près l'armée d'Italie, fut envoyé par ces derniers à la Convention. L'aveu sur la royauté de Louis XVII était patent.

Une division des flottes anglaises et espagnoles a paru, le 12, à la hauteur de Villefranche. Il fut tiré trois coups de canon du château de Nice. La frégate arborant le pavillon parlementaire, le feu cessa. Elle mit son canot à la mer pour transporter deux officiers anglais chargés de dépêches. Les représentants ordonnèrent au commandant de la place de Nice de se porter à Villefranche avec une escorte, et après avoir fait bander les yeux à ces deux officiers, de les amener afin que leurps paquets fussent ouverts par nous. Les lettres dont ils étaient porteurs étaient adressées au commandant de Villefranche ; un autre paquet contenait une proclamation dans laquelle on mendiait pour Louis XVII les hommages de l'armée d'Italie.

Les Anglais furent congédiés avec réponse adressée aux amiraux Hood et Langara, après deux lectures faites en leur présence, devant tous les officiers de terre et de mer, du général, des membres du département des Alpes-Maritimes et de la municipalité de Nice ; un nombre prodigieux de citoyens criaient : *Vive la République! à bas Louis XVII!* Avant leur départ, ils virent la proclamation ennemie livrée aux flammes ; plus de deux mille citoyens les accompagnèrent jusqu'à Villefranche, en faisant retentir les mêmes cris qu'à l'arrivée.

L'Espagne intervint dans ces querelles, et jura de venger par une guerre fructueuse son impuissance à sauver la vie de Louis XVI et la captivité de la famille royale. En fait, elle vint revendiquer, d'une République ennemie et souillée du sang de sa maison souveraine, deux provinces qui formaient nos barrières naturelles au pied des Pyrénées. Le Roussillon au sud-sud-ouest et, à l'occident de la chaîne maritime, de nouvelles frontières en Navarre, tel fut le but final de son entreprise.

Certes, ses fondés de pouvoirs n'avouèrent aucune de ces revendications ; ils se présentèrent au Midi, comme l'avaient fait les généraux de l'Autriche au Nord et ceux de la Prusse à l'Est. Ce que voulait le mandataire du roi d'Espagne, c'était la fin d'une crise sociale et politique d'ordre intérieur·qui désolait les trônes, et dont le cosmopolitisme français attestait ·l'universalité. Après la victoire, on eût fait valoir ses droits et ses compensations, prix des combats.

Le langage de Langara fut d'appeler insolentes les protestations des patriotes français, et il prouva la vérité de son affirmation·en concourant au siège d'une cité dont son maître n'avait à redouter aucune entreprise. L'amiral espagnol venait donc rétablir le bon·ordre, substituer un gouvernement bien ordonné à ·l'anarchie qui désolait la France, et *porter enfin Louis XVII sur le trône des Français*. Cette fois, l'aveu était net, précis. Les Toulonnais, ajoutait-il, ont porté jusqu'au scrupule les conditions qui tendent au *rétablissement de leur roi légitime*. Le pavillon national abrite ·cette ville et ·son escadre ; l'administration s'y ·exerce sur les principes de l'*Assemblée ·constituante*, et tous les pouvoirs sont subordonnés au *nouveau roi*. ·

Le chef d'escadre Lincel·déclarait, au nom de l'amiral Hood, la ville et la baie ·de Toulon·*en dépôt pour le roi Louis XVII* jusqu'à la paix. Il louait Trogoff, qui venait *de ·se déclarer ·pour son roi Louis XVII*, ·et lui délivrait un passeport·anglais afin qu'il pratiquàt son embauchage à Villefranche, sous couleur d'y appareiller.

La Convention ne pouvait ignorer ces menées, dont·le but, caché sous de fausses apparences, ne trompa point le Comité. ·On y comprit que les·Anglais n'avaient qu'une pensée, détruire ce port et sa marine, s'ils n'arrivaient pas à·se l'approprier. Le sentiment de la patrie, absent de Lyon et de Marseille, prenait le change ; les désastres et les malheurs de la reddition devaient éclairer trop tard les coupables. Jean Bon-Saint-André·établit en séance les vues des uns et des autres.

Les Représentants apprirent à Marseille que les sections de Toulon, *sur la proposition de l'amiral Hood*, avaient adopté le·gouvernement monarchique, ·proclamé Louis XVII, et arboré la·cocarde blanche avec le pavillon blanc.·Ils ignoraient que les vaisseaux anglais eussent été introduits dans le port, ·pour le rendre à un roi·de France. Ils·furent instruits qu'une partie de l'escadre et·quelques ouvriers s'opposaient·à l'exécution de ce projet infàme.

Trogoff, persistant dans ses trahisons,·osa les signifier en·les datant : *premier du règne de ·Louis XVII*. Toute l'affaire de Toulon est dans l'acte de l'amiral ; le voici en son entier : ·

·Je profite,·Monsieur, de l'occasion d'un parlementaire anglais, disait-il, pour·vous faire part que la ville de *Toulon* a adopté la Constitution de

1789, et *a reconnu pour son roi légitime Louis XVII*, fils de Louis XVI ; qu'il y a actuellement à Toulon deux armées navales d'Angleterre et d'Espagne, qui, avec une *quantité assez prodigieuse de troupes*, protègent Toulon et ses environs, ce qui rend inutile la sortie des bâtiments français ; je pense donc, Monsieur, que tous ceux qui sont dans les mêmes principes, et qui sont actuellement à Villefranche ou aux environs, doivent se rendre à Toulon. C'est d'après ces *principes* que vous voudrez bien donner des ordres aux bâtiments qui sont avec vous de se rendre ici. Un refus de leur part nous prouverait qu'ils ne sont pas dans les mêmes principes que nous.

Le parlementaire *anglais* doit être chargé de remettre aux différents bâtiments qui viendront ici des saufs-conduits.

La réponse des Représentants ne se fit pas attendre.

Au nom de la République, dirent-ils, *périsse à jamais la royauté !* Cette nation ne communiquera avec ses ennemis qu'à coups de canon (1).

Le 22 octobre, Barère monta à la tribune pour faire la déclaration suivante : Il y a aujourd'hui huit jours que Louis XVII a été proclamé, et il signalait l'érection de la *Convention de Marseille* comme conséquence.

Le Club des Jacobins attesta l'avènement de Louis XVII dans la séance du 9 novembre 93 à la Convention, pour s'en plaindre officiellement (2).

Les suites de cette proclamation, nous venons de les indiquer.

En ce qui touche aux officiers ou au personnel dont on put s'emparer, il en fut fait justice spéciale. Un tribunal fut créé à Rochefort « extraordinaire et révolutionnaire » par les représentants, les 29 novembre et 4 décembre. Il fut sans aucun recours au Tribunal de cassation, afin d'exécuter les sentences sans appel. L'accusateur public eut le droit

---

1. L'exaltation était telle qu'un ancien officier du régiment de Monsieur provoqua le tribunal qui venait de le condamner par ces fières paroles : « Je mourrai comme j'ai vécu ; » puis, se tournant vers le peuple : « *Souverain*, je suis content, puisque Louis XVII va bientôt régner sur les Français. » (Séance du 9 septembre 93). Depuis le 26 février, le cri de Vive Louis XVII était puni de mort.

2. « On est venu nous dire qu'un officier de marine de Toulon était chez le général (Carteaux). Nous nous y sommes rendus et nous avons *vu* que cet homme avait des passeports émanés de cette ville rebelle et *datés du premier du règne de Louis XVII*. Ce passeport portait permission d'aller respirer un air éloigné de la mer pour sa santé. Le général voulait le renvoyer à Toulon, après l'avoir entretenu secrètement pendant longtemps. Les Représentants s'y sont opposés et ordonné qu'il serait arrêté. »

redoutable, et qui n'est plus dans les mœurs, d'arrêter, de poursuivre,
de juger sur *dénonciation* émanant des autoritées constituées et des
citoyens. A une révolte inique, la Convention répondait par une juridiction inique elle aussi, car elle était *spéciale*.

Et c'est là ce que les partis ont tour à tour, en l'appliquant à des
heures diverses de notre histoire, nommé la justice ! Pour avoir
dépouillé la procédure criminelle de ses formes protectrices, le Parti
Jacobin a fait dire de lui qu'il n'avait voulu que des moyens sûrs
d'immoler ses ennemis sans débats, même lorsqu'il frappait ceux qui
livraient à l'étranger les moyens légaux de défendre la Patrie ! Quel
procès était plus juste en soi, cependant, que celui des soldats ou des
officiers de l'armée de mer qui, de Toulon à Brest, annihilaient la
puissance de la France, donnaient l'exemple de l'indiscipline et de la
révolte, provoquant à des représailles sanglantes sans le consentement
réel du malheureux dont ils prononçaient le nom !

Les Vendéens avaient organisé des *Comités contre-révolutionnaires*
placés sous son patronage. Ces autorités, toutes-puissantes dans
l'Ouest, y délivraient des *certificats* datés de l'An 1ᵉʳ du règne de Louis
XVII. Aux prisonniers ils les donnaient personnellement avec cette
mention : *sous le serment par lui prêté d'être fidèle à la religion, à
Louis XVII, à la monarchie française.*

En juillet, un complot avait été organisé pour enlever le dauphin du
Temple.

Cambon traita cette question de royauté par voie de conspiration, le
11 juillet 93. Les officiers civils d'une section de Paris avaient informé
d'un projet d'enlever le dauphin du Temple, de le proclamer comme
Louis XVII. Le moyen d'exécution ? Un comité de douze généraux,
ayant à sa tête le général Dillon, agissait au nom de cinq comités,
royalistes évidemment; combattre l'anarchie était l'impossible, mais
avec 60 personnes dont on était sûr par section on les soulèverait
successivement ; puis, le canon d'alarme étant encloué, on s'emparerait
de chaque corps de garde, on se réunirait sur la place de la Révolution.
Là, deux colonnes de troupes iraient enlever l'infortuné prince, l'autre
obliger la Convention à le proclamer roi avec Marie-Antoinette pour
Régente.

Ce complot des premiers jours du mois avait été à nouveau dévoilé à
Couthon la veille du 15 juillet, la nuit, date fixée pour sa réalisation.
Mandé d'autorité au Comité de Salut public, le général Dillon fut pressé
de questions et reconnut qu'on lui avait proposé d'abattre la Montagne

avec le concours des départements. Les principaux libérateurs auraient formé la garde du souverain.

Camille Desmoulins lança une interruption des plus vives à Cambon et appela le complot une absurdité et le récit une fable.

On en profita pour enlever le dauphin à sa mère et le livrer à Simon, afin qu'il le menât au tombeau au prix des plus infâmes tortures ! Dillon et son ami furent voués à la mort.

Le 5 septembre, Barère rédigea par ordre du Comité de Salut public une proclamation aux Français méridionaux, où il annonçait la livraison de Toulon aux Anglais par ses habitants. Ils se disaient républicains ! ajoutait-il. Ces scélérats nous accusaient d'être les ennemis de la République et de vouloir être les restaurateurs de la royauté ! Et ces paroles qu'ils osent nous adresser aujourd'hui, ils les datent de l'An 1er du règne de Louis XVII ! Le peuple, par la constitution adoptée, nous a imposé de contraindre à *être républicains tous ceux qui veulent vivre sur le sol de France.* Un excès appela l'autre.

Le 26 décembre, Prieur de la Marne et Turreau annonçaient de Savenay avoir trouvé le coffre-fort contenant les *assignats* au nom de Louis XVII et la planche avec laquelle ils se fabriquaient. Pouvait-on nier la rébellion avec entente (1)? Aussi, les Représentants envoyés à Marseille s'écriaient-ils dans une proclamation :

« N'est-ce pas par ce même système que la contre-révolution a déjà été opérée à Marseille? On parle de République une et indivisible, et le fédéralisme est enraciné dans les cœurs ! Il semble circuler avec le sang et la vie. On parle de soumission aux lois et on se permet de discuter si on les exécutera ! On parle d'obéissance à la Convention nationale, *seul centre de l'unité républicaine et de tous les pouvoirs qu'elle tient du souverain*, et on élève sans cesse une lutte criminelle des volontés particulières contre la *volonté générale !* On ne veut voir que Marseille dans toute la République. Eh ! que deviendrait aujourd'hui

---

1. Les membres du tribunal criminel de Lyon écrivaient à la Convention un fait à retenir :

Plusieurs d'entre eux, à peine condamnés, ont signé qu'ils mouraient pour leur roi ; d'autres, en montant à l'échafaud, ont crié à diverses reprises, et dans l'inten_ tion d'exciter le peuple : « Je meurs pour Louis XVII ; vive Louis XVII ! »

Le 8 janvier 94, les Représentants près l'armée de l'Ouest prenaient l'île de Noirmoutiers ; ils y trouvaient un gouverneur pour Louis XVII, un comité de cor_ respondance et une série d'officiers de tout ordre. De Varsovie, on annonça que le roi de Pologne avait imposé un serment de fidélité au captif du Temple et que nos émigrés l'avaient prêté avec enthousiasme.

cette même Marseille, si les autres départements ne la nourrissaient pas? Elle périrait dans les convulsions de la famine.

» Le *Comité de salut public* de la Convention nationale nous a ordonné de mettre cette commune en état de siège. Et cette mesure a pu vous étonner, vous que la seule distance de dix lieues sépare des ennemis et des esclaves qui ont choisi *pour maître Louis XVII!* Il n'y a que des citoyens profondément pervers ou égarés qui aient pu calomnier les motifs du Comité de salut public.

» Quelle est donc cette *autorité rivale* qui oserait se mesurer dans Màrseille avec l'*autorité nationale?* »

Qu'importait Louis XVII à ceux qui obtenaient des grades dans les armées de la Coalition, supérieurs toujours à ceux qu'ils occupaient dans l'armée française avant leur trahison! Le but utile, c'était pour eux les titres, les honneurs et l'argent, quelles qu'en fussent les sources. Inspirateurs du Manifeste de Brunswick, étaient traités de misérables ceux qui n'émigraient pas assez tôt, refusant de les recevoir parfois (1), après avoir infligé aux premiers Constituants cette même épithète. Organisateurs au-dedans des troubles qui marquèrent la fin de la monarchie, honteux au fond de leur rôle et n'osant lever l'étendard de la révolte ouvertement, les Toulongeon, les Trogoff, les Klinglin avaient attendu l'appel des premières réquisitions pour donner le signal de la rébellion. De Cherbourg à Toulon, du nord-ouest au sud-ouest, sur toutes les côtes françaises, du Perthuis breton au cap de Creux, la plupart des élèves de Suffren et de La Galissonnière, oublieux des traditions, avaient décidé la déchéance d'une assemblée politique qu'ils n'avaient pas le droit de juger, la Convention, parce qu'elle était nationale et édictait les lois. Par des gratifications dont l'origine était impure (2), ils avaient séduit les équipages; par des mensonges politiques, ils s'étaient faits les interprètes des colères du comte d'Artois et des ambitions du comte de Provence, trop pressés de jouer un rôle actif mais prépondérant; par de fausses nouvelles, ils avaient agité les départements du nord et de l'ouest; factieux, ils avaient proclamé l'avènement d'un prince prisonnier dont ils pro-

---

1. Fait personnel à l'illustre Desaix; son frère avançait qu'il allait déshonorer son nom!

2. Puisaye accusait les restes déplorables du Parti royaliste (1795) de n'être « qu'un leurre pour s'enrichir aux dépens de la trésorerie anglaise » et d'appeler armée « ce qui auparavant n'aurait pas formé un rassemblement de canton. » — (Voir *Mém.* t. VI, p. 117).

voquaient l'assassinat (1), et qui eût désavoué leurs actes et leurs appels ; imprudents, ils avaient donné corps aux déclamations et à l'œuvre Jacobine ; ils avaient travesti le caractère du pouvoir dont ils cherchaient le relèvement, en appelant contre leur patrie, ceux que leurs ancêtres avaient chassés par l'épée de Duguesclin et de Beaumanoir, par le génie de Louis XI et d'Henri IV, de Richelieu et de Turenne (2) !

La monarchie, ils en livraient les gloires à l'étranger... L'esprit de Jeanne d'Arc et de Bayard, ils ne pouvaient plus le comprendre parce qu'ils n'en étaient plus dignes.

La *Maison de Condé* ne se souvint que trop des premiers exemples de Monsieur le Prince (3).

Dans ce désastre des grands noms de la noblesse, un certain nombre cependant refusèrent de porter atteinte aux frontières de leur patrie. Disons-le à son éternel honneur, le duc de Richelieu résista aux conseils de ses amis. Honorant sa jeunesse, il fondait sur les bords de la Mer Noire la ville maritime d'Odessa, rejetant sur les Turcs ses haines et ses douleurs. Rochambeau restait ferme dans sa gloire, les Noailles savaient mourir aussi glorieusement qu'ils avaient vaincu, et l'on vit combattre pour la patrie des nobles comme Frégeville, Beaufranchet d'Ayat, Desaix, Beurnonville, La Tour d'Auvergne, Latouche-Tréville, Du Gommier, D'Agobert, Canclaux, Donmartin, Xaintrailles, Biron et Custine.

1. Prieur de la Marne et Turreau racontant la victoire de Savenay en décembre 93 (victoire de Kléber, de Marceau et de Beaupuy), écrivirent que les soldats se jetèrent dans les eaux torrentueuses jusqu'aux genoux, depuis Blain. C'est ce fait qu'a immortalisé Raffet.

« Parmi les bagages s'est trouvé le coffre-fort contenant les assignats au nom de Louis XVII et la planche avec laquelle ils se fabriquaient. Les soldats ont déchiré et jeté dans la boue les restes du royalisme expirant. »

Ces troupes avaient opéré contre les Vendéens « dans une campagne d'hiver, dans les marches continuelles et forcées qu'elles ont faites sans souliers et sans autre subsistance que du pain. »

2. Les représentants près l'Armée des Pyrénées-Orientales purent écrire le 23 septembre :

« Ce qu'il est bien douloureux pour nous de vous apprendre, c'est qu'une section du bataillon ci-devant Vermandois a poussé l'impudeur jusqu'à faire entendre, lors de sa lâche reddition, les cris de *vive le roi !* »

3. Archibald Alyson a jugé leur conduite en ces termes :

« En se joignant aux armées de l'étranger et en combattant contre sa patrie, la noblesse française détacha sa cause de celle de la France et s'exposa à l'éternel reproche de mettre son pays en danger pour défendre ses intérêts particuliers et exclusifs. » *Hist. de la Rév.*, t. II, ch. 5, p. 9.

Au moment où s'éteignait, peut-être dans des tortures morales supérieures à ses souffrances physiques, l'enfant que des rebelles procla-
maient *Roi de France*, l'accusateur public de Rochefort demandait, au
nom des lois, la punition des traîtres (1).

Invoquant les origines de cette guerre désastreuse et l'or des puissances étrangères; se basant sur les papiers de l'état-major, sur la
réduction des équipages, sur la livraison de l'escadre aux ennemis, sur
cette calomnie de Trogoff et de ses officiers que sortir de la rade pour
combattre les Anglais par ordre du pouvoir, c'était livrer l'escadre aux
Anglais, il spécifiait les attentats divers qui avaient eu pour résultat de
relever le trône renversé par la sanction de la volonté nationale, et de
le donner à Louis XVII. Attendu, ajoutait-il, que, le 24 août, ils avaient
continué d'obéir au traître Trogoff quoiqu'ils fussent informés que la
cocarde blanche eut été arborée et Louis XVII proclamé ; que les
équipages firent une pétition aux Sections pour opposer la force à la
force, ce qu'avaient refusé celles-ci ; mais que, le général Saint-Julien
ayant pris le commandement de l'escadre, les sections écrivirent à bord
de tous les vaisseaux que Saint-Julien les trahissait ; que ces mêmes
officiers ont fait une députation à terre et y *capitulèrent* au nom de
leurs équipages ; qu'ils déclarèrent que *Rochefort, Brest et soixante-
trois départements* avaient proclamé Louis XVII et que les *Autrichiens
étaient à Paris !* que les cris séditieux de l'An premier du règne de
Louis XVII ont retenti dans la flotte et qu'ils ont sollicité des certificats
de bonne conduite de la part des traîtres, demande leur condamnation
pour cet attentat.

Cette conspiration contre l'Unité, contre la Convention, contre les
Représentants aux armées surnommés *brigands ;* les calomnies contre
les lois existantes, contre la discipline militaire ; les affirmations insérées et prouvées au procès : *Vous êtes prisonniers des Anglais ;* les
correspondances saisies ou constatées avec les émigrés de Bâle, de
Dresde, de Stockholm; l'ensemble de ces faits joints aux tentatives
effectives de monarchie, voilà l'une des causes d'un *gouvernement* qu'on
proclama *révolutionnaire jusqu'à la paix* le 10 octobre. Si l'on y ajoute
les déportations infligées aux « patriotes » par ordre de Trogoff, les
proclamations faites par les sections et les Anglais, les provocations et
l'approbation par des libelles « en faveur des assassinats juridiques

1. Par suite d'une homonymie curieuse, on trouve parmi les noms des accusés
celui d'un *Mazarin !* Jean Mazarin, sergent du 4e régiment d'infanterie de la
marine.

commis sur les patriotes, » enfin la mort de Bayle et les traitements imposés à Beauvais, on comprendra les fureurs qui animèrent insurgés et conventionnels (1). Le 3 octobre Marie-Antoinette fut décrétée d'accusation par la Convention (2), vengeance sans nom des vainqueurs !

Durant la première décade de messidor an II, le tribunal révolutionnaire se donna le plaisir de juger un prétendu frère de Louis XVI, nommé Auguste d'Adouville. Agé de 35 ans, il avait occupé un emploi dans le service du Dauphin, père de Louis XVI, et plus tard à la cour. Pour son malheur, il ressemblait à s'y méprendre au roi dont les francs-maçons, les agents de l'étranger et les révolutionnaires démagogues avaient exigé l'assassinat politique. La haine basse se demanda s'il ne serait pas de son sang, peut-être un frère, un bâtard ? Il se trouva un démagogue pour traduire en réalité cette fantaisie dans la démence révolutionnaire ; ancien inspecteur de police de la Commune de Paris, le nommé Dorival le dénonça à titre de contre-révolutionnaire.

Il se basa sur le plaisir qu'éprouvait d'Adouville « à contrefaire la démarche du dernier Capet » et à rappeler, en se montrant de profil, qu'il lui ressemblait « trait pour trait. » Enfin, il achetait les vivres « sans marchander » et payait 6 livres ce qui valait 30 sols. Dorival parvint à se lier avec celui qu'il promettait à la mort.

Il lui prêta en matière de femme un vice de conformation qui lui prouva que d'Adouville « était du sang de l'infernale famille de Capet. » Le trop confiant ami lui aurait avoué que le Dauphin avait eu des relations avec sa mère chez le peintre de la cour Fridoux et que c'était de ces entrevues qu'il était né. Aussi, avait-il vu souvent Capet dans la période monarchique. Sans son étourderie, il eût été choisi pour l'accompagner dans la fuite de Varennes. Au dix août, on l'aurait appelé aux Tuileries et la reine lui aurait dit : « Que ne suis-je aussi bien un homme comme je suis une femme ! vous verriez ! » Arrêté, d'Adouville confondit son dénonciateur sur les points les plus graves, 1791 par

<hr />

1. Le Comité de Salut public fit insérer dans la presse dévouée des appels à l'opinion contre le jeune prince (V. aux Pièces justificatives).

2. La demande en fut faite par Billaud-Varennes en séance avec une violence qui prouve bien qu'elle était le résultat d'une décision du Comité sous forme d'appréciation politique. Elle fut votée sur l'heure, sans considération pour la naissance, l'éducation et le sexe !... Punition inattendue, Billaud fut un des transportés à la Guyane où il mourut.

exemple et le parti résolu à sauver Louis XVI en 93, dans lequel il refusa d'entrer.

Ancien noble lui-même, Dorival, retiré à Belleville, fut mandé à titre suspect, arrêté et décapité comme conspirateur de la prison du Luxembourg (1).

Le 22 janvier 95, la Convention décréta que le Dauphin ne serait remis à aucune puissance étrangère; Pourquoi cette cruauté ? Parce qu'elle eut peur de donner un drapeau à l'émigration; parce qu'elle eût marqué par cette remise généreuse, si elle l'eût accompli, un terme à l'avenir de la République. Elle n'eut aucune pitié, aucune humanité. Elle fléchit en faveur de Mlle Royale que réclamait le roi d'Espagne, devenue notre alliée depuis le 14 juillet, et le grand-duc de Toscane peu auparavant. En retour, les Autrichiens nous remirent Sémonville et Maret illégalement arrêtés, le 25 juillet 93, à Novale, sur le territoire neutre des Grisons, alors qu'ils allaient négocier, avec le cabinet Thugut, la liberté de Marie-Antoinette et de sa fille, d'accord avec Danton. Ils y joignirent les représentants Bancal, Quinette, Camus et Lamarque à eux livrés par Dumouriez.

Marie-Antoinette avait été exécutée, Mme Elisabeth avec elle après un procès trop peu connu où cette sainte accabla Fouquier-Tinville de son mépris par des réponses juridiques étonnantes chez cette princesse. Le cabinet de Vienne s'était déshonoré. Les échanges ci-dessus furent opérés en décembre. Les autres Bourbons, d'Orléans et Condé, purent quitter librement la France qu'avaient faite leurs aïeux.

Le 30 juin 95, on écrivait de Douvres qu'un envoyé de la Convention était chargé de traiter de l'échange des prisonniers. On s'inquiétait au même moment de la mort du Dauphin et la société de Londres manifestait sa douleur pour une fin si dramatique. Le journaliste exprimait une opinion bien curieuse et qui atteste comme étant peu sincère l'émotion des gouvernants.

« On est loin de croire, écrivait-il, que cet enfant ait été empoi-
» sonné, comme la malveillance voudrait le faire entendre. En effet,
» on savait déjà depuis longtemps par les papiers publics que le même
» vice scorbutique ou scrofuleux qui a fait périr son frère et d'autres
» personnes de la famille, menaçait d'abréger sa carrière. La Cour en
» prendra-t-elle ou n'en prendra-t-elle pas le deuil ? »

La Convention ne pouvant notifier officiellement cette mort, on

1. Archives nationales, W, dossier 918.

ne devait l'espérer que d'un ministre britannique près une cour étrangère. Encore, cette notification n'était pas conforme à l'*étiquette* adoptée.... !

La plupart des chefs d'accusation se terminaient devant les tribunaux militaires comme devant les autres juridictions par ces mots : « Attendu qu'il a obéi à des ordres de Louis XVII, » ou par ceux-ci : « En foulant aux pieds la cocarde tricolore et en criant: Vive Louis XVII ! » Pour ce faire, amiraux, officiers, équipages avaient enfreint leurs serments et *obéi directement ou indirectement aux ordres de ce fantôme de la tyrannie.* Hélas ! le prisonnier de Simon se taisait et appelait la mort pendant que des ambitieux, regrettant leurs privilèges d'ancien régime, relevaient nominativement son trône en soulevant une partie du pays contre l'autre (1) !

Cambon put dire à la Convention, en séance du 3 octobre 1794 : « Un autre fait qu'il ne faut pas perdre de vue, c'est que simultanément on nous dénonçait que dans des conciliabules (tenus à Charenton entre Danton et Robespierre) il était question de *proclamer le jeune Capet roi de France.* » Dans la même séance, Duhem s'écriait : *Je demande l'exportation du petit Capet.* Aussitôt, Cambon monta à la tribune ; le bruit empêcha d'entendre et de retenir ses paroles, le tumulte fut tel que le président dut se couvrir. Nos historiens ont ignoré ces faits ou les ont tus, ce qui est fâcheux.

Il importait à un examen consciencieux de rechercher si nos adversaires implacables, les Anglais, ont approuvé l'entreprise sur Toulon avec l'unanimité qu'on leur suppose. Combien les écrivains se sont montrés indifférents en ceci, et à tort ! Dès le mois de décembre, la presse manifesta ses inquiétudes, et il serait difficile de suppléer à la perspicacité de son langage, à l'élévation de ses vues. Quelles étaient les protestations des organes Wighs? On peut les résumer ainsi :

En supposant que la paix se fît avec la France, le reste de l'Europe n'en paraîtrait pas devoir être plus tranquille. Les Anglais et les Espagnols prétendent avoir les mêmes droits sur les vaisseaux pris à Toulon, et ces derniers semblent oublier qu'on s'est emparé de tout

---

1. Le 8 juillet 1795, un amiral anglais sommait le général Boneret, commandant de Belle-Isle, de se rendre au nom de Louis XVII. Les intrigues de Puisaye entretenaient à Londres et en Bretagne les espérances de cette royauté depuis juillet 94 notamment. Or, il poussa Frotté à soulever encore la Normandie. (T. VI, l. 7, ch. 43, p. 227-233.) Jomini est sévère en son histoire sur tous ces faits.

au nom de Louis XVII. Valenciennes est une autre pomme de discorde, et le roi de Prusse ne verra pas sans jalousie que le projet du
général Wurmser soit de faire des conquêtes pour agrandir les États
de son maître ; ainsi rien de plus incompatible que la coalition du
continent.

Les futurs désastres de la politique ultra-tory sont prévus dans
ce jugement énoncé avec mesure et d'autant plus vrai, condamnation
des émigrés et de l'étranger prononcée par eux-mêmes contre eux-
mêmes.

CHAPITRE XXXII

MISSION D'ANTIBOUL DANS LE VAR

Biographie d'Antiboul. — Sa mission dans le Var. — Ses malheurs. — Il partage le sort des Girondins.

Antiboul, né à Saint-Tropez, collègue et compatriote de Barras, d'abord homme de loi puis administrateur du département du Var, avait été envoyé à la Convention par son département d'origine. Imitant l'originale indépendance de Martin d'Auch qui avait refusé, seul des États-Généraux, de voter le serment du jeu de paume, Antiboul avait refusé au Procès du roi de participer à sa condamnation. Le comte Kersaint avait suivi le même procédé avec éclat le 20 janvier. Antiboul revint cependant sur ses opinions et vota la détention. L'organisation des premières missions faites par les Représentants avait eu lieu avec intelligence. Ainsi, on avait désigné pour la Corse des hommes au courant des mœurs de ce pays ; on n'avait pu oublier ceux que l'expérience des affaires maritimes désignait au choix de la Convention. Antiboul dut aller en Corse le 7 juin 93. Nous dirons en parlant de ce malheureux pays ce qui s'y fit en détail. Parti avec Bô pour Toulon, il tomba à Aix en pleine insurrection royaliste. Son retour, opéré pendant l'insurrection de Marseille, en fit une victime des fédéralistes, on l'arrêta. L'entrée de Carteaux et la reddition de la ville aux troupes du gouverdement lui rendirent la liberté.

Quelle avait été auparavant sa carrière ?

Le 21 février 93, Cambon dénonça comme rapporteur du Comité des finances un acte de l'administration départementale du Var. Le fédéralisme de cette partie de la Provence comprenait deux attentats contre la sûreté de l'État : un *arrêté* par lequel elle envoyait une force armée vers Paris, la saisie des fonds publics. Cette discussion éclaire encore la question des troubles à l'intérieur, les agissements du parti émigré dans le midi et l'appel à l'étranger. La lecture des documents peut être la seule réponse à faire aux falsificateurs' de l'histoire ou à ceux qui l'étudient... dans ses apparences. Voici des actes spéciaux :

Je vous ai parlé de l'administration du Var à l'occasion de son arrêté pour faire marcher une *force armée vers Paris*. Aujourd'hui, cette administration a osé attaquer les caisses publiques et s'emparer de ce qu'on n'a pas voulu lui accorder. Si vous souffrez une pareille usurpation de pouvoirs, la république sera dissoute. Je me suis étonné que le ministre de l'intérieur se soit contenté de dénoncer le présent acte à la Convention.

Nous avons arrêté les fonds destinés à la trésorerie nationale, écrivait le procureur-syndic, afin de pouvoir acheter des grains qui nous manquent.

Il faut, ajoutait Cambon, apprendre aux Français qu'inutilement ils croiront avoir une fortune publique, s'ils portent la main sur les caisses publiques. Si nous avions l'arrêté du département, nous vous proposerions un décret d'accusation contre tous les membres qui l'ont signé.

Le comité des finances propose de casser et annuler l'arrêté, de mander à la barre le procureur-général pour rendre compte de sa conduite.

Antiboul qui connaissait la loyauté de ses concitoyens et qui voulait les sauver des colères générales que l'État de la République suscitait — la Vendée commençait son soulèvement — prit leur défense. Il argua de la pauvreté en grains de cette partie des côtes et de l'enthousiasme de sa population maritime pour le service des flottes. De tous, le dernier moyen était le seul qui pût toucher la Convention et Antiboul l'emporta contre Cambon, par une double habileté dont voici le témoignage :

Je ne viens point combattre le projet du Comité des finances ; mais je m'oppose à ce qu'on mande à la barre le procureur-général-syndic. Ce département n'a pas de grain, et n'en produit pas de quoi nourrir pendant un mois ses habitants. Il a envoyé un député extraordinaire qui n'a rien obtenu. Le procureur-général-syndic est nécessaire au département. Les esprits y sont très échauffés, et il ne convient pas de l'enlever à ses fonctions au moment où il faut armer des vaisseaux. D'ailleurs, les citoyens ont bien mérité de la patrie ; ils s'embarquent tous.

Un membre insista sur les conséquences d'une situation dont Paris connaissait par lui-même les horreurs. Il demanda que l'Assemblée passât à l'ordre du jour sur le projet du Comité et que, sans approuver la conduite de l'administration du Var, le ministre de l'intérieur pourvût aux besoins des populations.

Lanjuinais appuya la motion d'Antiboul. Les administrateurs étaient en faute, il fallait les réprimer en cassant leurs arrêtés, mais non les appeler à des excuses qu'on comprend. La venue du procureur-syndic allait priver ce pays d'un administrateur utile, le mieux était d'accorder les secours demandés.

Malgré l'intervention de Marat, les mesures d'Antiboul et de Lanjuinais furent adoptées par décret. Robespierre jeune en fut pour ses exclamations, la modération l'emportait encore.

Rapporteur du Comité de la Marine, Antiboul proposa deux décrets : l'un, relatif aux navires neutres chargés de marchandises pour des ports ennemis ; l'autre, qui édictait un sursis pour l'exécution des jugements rendus en matière de prises, mais spécial aux navires dont les villes hanséatiques étaient propriétaires. Si la Convention combattait les coalisés, elle n'entendait pas, au lendemain du jour où l'Angleterre lançait ses escadres sur nos côtes, dans nos rades, et brûlait notre marine marchande ou la coulait bas, s'aliéner le commerce du nord. Le Danemark, la Hanse, l'Amérique nous restaient favorables ; c'était encore assez, avec du courage et de l'initiative, pour sauver la France de la famine. Ce sera une tache dans l'histoire pour William Pitt que d'avoir mis son patriotisme à vouloir affamer son adversaire, ou plutôt celui qu'il s'était donné. Ce sera son déshonneur d'avoir agi sur le crédit en se permettant de favoriser la fabrication de faux assignats. Jamais pareil fait ne s'était produit, jamais Mazarin et plus tard Louis XIV n'avaient eu la pensée de donner une fausse monnaie en rivalité à celle de Cromwell ou de Guillaume III pour attester les droits de Charles Ier ou de Jacques II !

Désigné pour se rendre dans l'île de Corse en qualité de commissaire avec son collègue Chiappe, Antiboul accepta la mission. Chiappe, Corse lui-même, la refusa parce qu'il considérait inutile cette adjonction ; les collègues qui y secondaient les généraux et les patriotes lui paraissaient suffisants ; si on maintenait la décision, il soutenait que ceux qui en sont natifs sont « soupçonnés d'esprit de parti quelle que soit leur conduite. » Or, il s'agissait d'une *guerre civile* dont il fallait prévenir les effets. La Corse, s'écriait-il, ne cessera d'être française que le jour où la mère-patrie perdra la sienne !

Antiboul fut rappelé sur la proposition du Comité de Salut Public, le 7 septembre. Le rapporteur était Jean Bon-Saint-André ; par ordre de ses collègues, Jean Bon voulut une mesure plus sévère. Il l'accusa devant la Convention d'avoir *dégradé le caractère de Représentant du peuple* à Marseille. Les sections de cette ville, alors rebelle, lui avaient fait subir un *interrogatoire honteux*. Ses *réponses* méritaient toute l'attention de ses collègues ; aussi le Comité demandait-il son *arrestation* et son envoi à Paris pour y être jugé.

Décrété d'accusation avec les Girondins ses amis politiques, Antiboul y était accusé d'avoir *incendié* « le Gard et les contrées voisines » pour favoriser leurs projets : *des espèces de Conventions nationales.* Les administrations départementales auraient été érigées par eux « en puissances indépendantes », tandis qu'infidèles à la représentation de 92, ils se seraient répandus dans les départements pour « rallier tous les satellites de la royauté et de l'aristocratie. » Ce langage cachait mal la jalousie de Robespierre, dont la dictature abattit par Amar la seule digue qui pût contenir les flots de sang qu'allait faire couler le triumvirat. L'accusateur public reprocha au jeune conventionnel son vote dans le procès du roi; celui-ci nia la correspondance entretenue dans le Gard... Les Girondins ne devaient pas succomber pour avoir conçu des projets fédéralistes inexécutables en fait, mais parce que le génie oratoire de Vergniaud et le talent de publiciste de Brissot eussent interdit au parti montagnard le pouvoir (1).

1. Le tiers du procès des Girondins fut un duel entre Robespierre et Brissot.

CHAPITRE XXXIII

MISSIONS DE BARRAS ET DE FRÉRON

Biographies de Barras et de Fréron. — Insurrection de Marseille et de Montpellier. — Royauté de Louis XVII. — Comité de Salut Public contre-révolutionnaire. — Toulon. — Dépêches inédites de Barras. — Difficultés militaires. — Bayle, lettres particulières. — Observations officielles de Barras. — Dépêche collective sur la reddition de Toulon. — Aveux du parti rebelle, en 1816. — Répression des Représentants.

Dans ce drame du Midi, si royaliste alors, qu'étaient les mandataires de l'assemblée souveraine envoyés par elle dans le port militaire qui constitue notre puissance sur la Méditerranée ?

Barras (Paul-Jean) naquit en 1755, à Fox-Amphoux dans le département du Var. Sa famille, une des plus anciennes du Midi, passait pour être la première en date de la Provence. On créa pour elle le dicton : *Noble comme les Barras!*

D'épée comme ses ancêtres, le jeune comte entra dans le régiment de Languedoc à titre de sous-lieutenant, et en sortit pour légèreté de mœurs en 1775. Envoyé par sa famille à l'Ile de France dont un des siens était gouverneur, il passa dans le régiment de Pondichéry. Embarqué pour la côte de Coromandel avec des troupes, le vaisseau qui le portait donna sur des récifs, aux Maldives. Méprisant le danger et la stupeur qui s'était emparée des matelots, il vit rapidement le moyen de se sauver, montrant dès le début de sa carrière la promptitude de coup d'œil et l'énergie qu'il déploiera dans la répression ultérieure des émeutes révolutionnaires. Il fit construire un radeau, n'abandonna pas ceux qu'il avait conseillés, et put aborder avec eux dans une île habitée par des sauvages. On rechercha ceux dont on n'avait aucune nouvelle, ni à Pondichéry, ni au Coromandel, et après un mois d'anxiété, de souffrances, les naufragés regagnèrent le port du départ. Cette aventure appela sur Barras l'attention de ses chefs. Il put jouer un certain rôle lors du siège de Pondichéry par les Anglais. Après la reddition de la ville, il se distingua sur l'escadre du bailli de Suffren au combat de la Progua, et pouvait espérer un avenir brillant dans les colonies, lorsque des mésintelligences se manifestèrent entre le gouverneur son parent et le ministère. Ayant pris parti pour son parent, il éprouva des difficultés et donna sa démission.

De retour en France comme capitaine, il vint à Paris, y dissipa en partie sa fortune avec son frère le chevalier, puis se maria. Il rentra en Provence pour rétablir ses affaires ; ce fut là que le trouvèrent les événements.

Esprit ouvert, Barras, qui avait voyagé et qui avait vu de près bien des abus, se rallia aux nouveaux principes ; mais après son union avec les patriotes de son pays aux élections des États-Généraux, il comprit que sa place n'était plus en province. Il vit juste en cela et se rendit à Paris pour juger les hommes et apprécier les faits sur le théâtre même. La renommée de Mirabeau, son compatriote, qu'il devait connaître et qu'il dut fréquenter à ce titre, le cercle dont il était le centre, les premières grandes luttes de l'Assemblée nationale, et les emportements rapides que favorisaient les résistances du parti de la cour vers les idées révolutionnaires, la prise de la Bastille à laquelle il assista, les journées des 5 et 6 octobre dont il fut tellement le témoin qu'il figura parmi les déposants à charge dans la procédure instruite par le Châtelet, ces actes préliminaires de la chute de la royauté frappèrent son intelligence. Les culpabilités de l'émigration et les appels à l'étrangers révoltèrent sa conscience ; soldat, il ne comprit pas ceux de sa caste qui entendaient livrer la patrie de Suffren et de La Galissonnière à la violation de la nationalité et de la race. Il s'affilia aux premiers *Amis de la Constitution*, devenus avec le temps de constitutionnels jacobins, et accepta sous la Constituante des fonctions publiques. Au commencement de l'année 1790, il fut nommé administrateur du département du Var, plus tard juré à la haute Cour d'Orléans, et en 92 député à la Convention. Il avait tenté inutilement de réconcilier à Avignon les deux partis qui y avaient fait la révolution.

Il siégea parmi les Montagnards, en haine de l'invasion et de ses guides. Son vote sur le sort de Louis XVI fut inexorable : la mort, sans appel et sans sursis. Le Manifeste de Brunswick obtenait ce résultat de ne paraître laisser aucune alternative aux modérés des premiers jours, entre leur propre mort ou celle du gage de paix qu'ils avaient en main s'ils se fussent contentés pour leur souverain de la détention.

. Fréron, fils du critique de ce nom, avait eu pour parrain le dernier roi de Pologne, et fut le protégé, jusqu'à la fin de la monarchie, de Madame Adélaïde, tante de Louis XVI. Dès le début de la Révolution, il embrassa sa cause avec violence, et lutta de célébrité dans son *Orateur du Peuple* avec l'*Ami du Peuple* de Marat. Elevé au collège Louis le Grand, il y avait connu Robespierre, s'était lié à nouveau avec lui sous l'Assemblée Constituante, et en partageant ses convictions n'avait pas tardé à les dépasser. Membre du *Club des Cordeliers*, il y avait lutté d'insenséisme avec Marat. La fuite de Varennes le porta aux dernières limites de la fureur démagogique. Il fut le créateur du *Patriotisme pur*, devint par ses services membre de la Commune au 10 août, et membre de la Convention en septembre. Dans le procès du roi il vota la mort et l'exécution dans les 24 heures, se vantant d'avoir demandé deux ans auparavant la mort du tyran. On eût dit qu'il exprimait sa reconnaissance par du sang !

Peu propre à la tribune, il se fit envoyer en mission et fut député vers Marseille qui, participant aux infamies de Toulon, venait de se révolter et de proclamer une autorité indépendante de la Convention. L'unité française était en péril. Réduite par la force des armes, la ville rebelle devra ouvrir ses portes et demander grâce. Les discordes civiles, autrement odieuses que l'état de guerre, parce qu'elles s'aggravent de haines intimes et de dénonciations captieuses, livrèrent ce pays à une répression mémorable. Fréron proposa de raser Marseille et de surnommer l'ensemble des habitations qu'il en laisserait subsister, *Ville sans nom*. Ses fusillades lui méritèrent, au Club des Jacobins, le titre de Sauveur du Midi ; il contribua plus tard à la mort de Danton.

Tel fut l'un des collègues de Barras (1).

Très lié avec Bonaparte, il était sur le point d'épouser sa sœur Pauline, devenue plus tard la princesse Borghèse, lorsque sa femme dévoila sa situation.

Les passions de ceux qu'égarait leur haine contre le nouvel ordre de choses se firent jour dans le pays de Mirabeau et de Barras avec une perfidie qu'on ne peut soupçonner. Les documents originaux l'attestent.

---

1. Fréron était connu par son journal. Le 20 Juin 91, il avait écrit contre la reine des paroles plus qu'outrageantes, devancé Hébert dans ses infamies et appris à la populace des rapprochements historiques atroces : « Elle est partie, y lisait-on, cette reine scélérate qui réunit la lubricité de Messaline à la soif du sang qui consumait Médicis. » Ce n'était donc qu'une furie. Isnard l'accusait d'avoir atteint l'immortalité du crime. Il mourut à Saint-Domingue, sous-préfet, dès 1802.

Ceux que nous reproduisons, quoique peu nombreux, suffiront pour montrer les difficultés et les périls de la mission qu'allait avoir à remplir Barras. Les lois édictées pour arrêter les suspects dans leur œuvre souterraine d'adeptes secrets de l'Emigration, et les mesures qui en avaient été le corollaire, n'avaient pu enchaîner les vœux des futurs rebelles de Marseille. Ils bravèrent la représentation nationale à sa barre même le 1er mai par la lettre suivante :

« Citoyen président, toutes les sections de Marseille, ne formant qu'un peuple de frères, s'occupent en ce moment de rédiger une adresse à la Convention nationale, et de lui envoyer des commissaires pour la présenter. Ils feront à la Convention le tableau fidèle de la situation de cette grande cité ; elle y verra quels sont ses principes, ses sentiments, ses vœux. Jusqu'alors la Convention trouvera équitable sans doute de se prémunir contre toutes les déclamations que la calomnie pourrait vomir contre nous ; nos vertus républicaines sauront la confondre, et nos détracteurs n'obtiendront que la honte qui leur est si bien due.

» Tous les Marseillais ont juré de soutenir la République une et indivisible, fondée sur la liberté, l'égalité et l'observation rigoureuse des lois. Ils en renouvellent le serment entre les mains des Représentants da la nation.

» *Les commissaires des sections de Marseille.* »

Ces derniers en appelèrent aux *municipalités de la République* par une *circulaire* officielle qui accompagnait leur principale déclaration.

Le bruit se répand, citoyens nos collègues, que des émissaires parcourent les départements voisins, pour accréditer la nouvelle que Marseille est dans un état de contre-révolution : que les vrais patriotes y sont vexés, et que le sang y a coulé. Ils insinuent qu'il faut marcher sur Marseille, tomber sur les sections assemblées et délivrer les patriotes opprimés. Comme les habitants de votre commune pourraient être induits en erreur par ces suggestions, nous avons cru de notre devoir d'en prévenir les effets. Le vœu constant et bien prononcé des Marseillais est de soutenir la liberté et l'égalité, de maintenir de toutes leurs forces l'unité et l'indivisibilité de la République.

Cette tentative de *fédéralisme* s'était affirmée à Montpellier par la création d'un *Comité de Salut public* en hostilité avec la Convention, et qui attendait pour compléter son œuvre de démembrement l'arrivée des flottes étrangères ; elle s'accentua à Marseille par des entreprises séditieuses (1).

Les plans de l'Emigration nous sont parvenus soit par l'aveu de leurs auteurs, soit par leurs imprudences. Pour abattre la Révolution, disaient-ils, il faut une *organisation générale* bien calculée. Désorganiser les armées par des proclamations, vanter les troupes de Condé, voilà pour les opérations militaires à l'extérieur. Ils proposaient, pour l'intérieur, l'interruption des communications, l'arrêt du commerce et le refus de payer les contributions. Secondés par William Pitt, les agents royalistes exécutèrent en partie ce programme, de l'ouest au sud et un peu dans le centre par le Puy et le Vivarais. Ils eurent des ambassadeurs à l'étranger et marchèrent de pair avec Wickham leur payeur général, Hawkesbury, Drake, Aukland et Fitz Gerald... Marseille prépara Toulon.

Grégoire put accuser à la Convention les fédéralistes du Midi d'avoir intercepté la correspondance entre Nice et Paris, à tel point que l'administration du département des Alpes-Maritimes, obligée de faire passer ses lettres par Perpignan pendant deux mois, n'avait reçu ni décrets ni bulletins. Vainqueurs, ils avaient tenté de jeter dans leur propre révolte les administrateurs des Alpes Maritimes. Mais ceux-ci, fidèles à leur nouvelle patrie, qui venait de ruiner dans leur contrée l'ancien régime, répondirent par une *adresse* aux sections réunies de Marseille : On a fait entendre que les assignats portant l'effigie de Louis Capet étaient préférables à ceux des nouvelles émissions sans effigie. Voilà,

1. Texte d'un manifeste de Montpellier :

« Citoyens, les complots de nos ennemis intérieurs sont déjoués ; les intrigants et les agitateurs sont connus. Le peuple marseillais s'est levé tout entier. Les sections sont en permanence, et la voix du souverain s'est fait entendre. Citoyens, vos magistrats ont juré de mourir à leur poste pour maintenir cette souveraineté et faire respecter les propriétaires ; mais tandis que les sections s'occupent avec énergie du bien public, la calomnie répand au dehors qu'elles sont en pleine contre-révolution. Citoyens, vous sentez toute l'horreur d'un tel mensonge ; vos magistrats les regardent, au contraire, comme des boulevards terribles contre lesquels viennent se briser tous les efforts des malveillants ; c'est sur les bases de ces colonnes inébranlables que reposera la république, une et indivisible. »

Le général de Donmartin a laissé sur les troubles du Midi, qu'il contribua à réprimer quoique noble, une série de lettres instructives. On en lira quelques-unes aux *Pièces justificatives.*

Le duc du Châtelet, chez lequel s'était organisé le mouvement préparatoire de la Picardie, vit saisir dans ses appartements un drapeau fleurdelysé or, portant en inscription ces mots : *Le roi Louis XVII.*

II. — Représentants.

voilà les vrais factieux, qui ne cherchent qu'à tromper le peuple pour fomenter le désordre.

Osez-vous bien nous parler au nom de la patrie, de la justice et la vérité ? osez-vous bien parler d'une assemblée intégrale de nos Représentants, vous qui avez poussé l'audace au point de faire créer un tribunal contre-révolutionnaire, pour faire trancher la tête à des citoyens de Marseille ! et qui allumez une guerre civile semblable à celle de la Vendée ?

Rentrée dans l'obéissance après une lutte à main armée, cette ville avait accepté sa défaite et amoindri les espérances des rebelles de Toulon.

Envoyé en septembre 93 dans le Midi, avec Fréron, pour y opérer la levée de trois cent mille hommes, votée par ses collègues, il se porta vers Toulon qui venait d'être livré aux Anglais. Des habitants égarés par les émissaires des émigrés cherchaient à tout prix l'anéantissement des forces navales dans leur patrie. Il y courut, de l'aveu de ses ennemis, les plus grands dangers. On ne lui pardonnait pas la répression des troubles et de la révolte de Marseille (1). Des agents royalistes attaquèrent sa voiture à Pignans et il dut s'embarquer pour Saint-Tropez après avoir sauvé sa vie en se défendant les armes à la main. Il arriva de nuit à Nice et arrêta au milieu de l'armée son commandant en chef Brunet, accusé d'être, avec le contre-amiral Trogoff, l'auteur secret de la reddition.

Pour apprécier la culpabilité de cette ville, disons quel avait été le langage de l'amiral anglais Howe. Depuis 4 ans, portait le message du 12 août, vous êtes livrés à l'anarchie et pliés sous le joug de quelques factieux. Après avoir détruit tout gouvernement, ils ont cherché à propager dans toute l'Europe leur système anti-social... Les puissances n'y ont vu de remède que dans le rétablissement de la monarchie. *Je viens vous offrir les forces qui me sont confiées pour écraser les factieux et rétablir la royauté.* Prononcez-vous. Dans un autre message il ajoutait qu'il ne sera touché ni aux propriétés, ni aux personnes ; nous ne voulons que rétablir la paix, *nous remettrons le port, la flotte à la*

---

1. Le mouvement de Marseille se liait à ceux de l'Archiduc et du Comtat Venaissin, de la Bretagne et de la Vendée.

Malgré leurs protestations de n'être pas des *contre-révolutionnaires*, les membres du Comité général avaient envoyé à l'armée d'Italie une adresse où ils la provoquaient à la trahison. Ils annonçaient que les Représentants arrivaient pour la *désorganiser*, en destituer les généraux « à commencer par le brave Brunet. » Voilà ce qu'ont oublié de raconter certains narrateurs.

France d'après l'inventaire qui en sera dressé. Howe oubliait les traitements infligés à Montcalm et à Dupleix. Ainsi interpellées, les sections de Toulon s'étaient assemblées et avaient adopté le programme de Hood. Le 28 août, l'amiral répondit à bord de la *Victory* par une déclaration où on lisait la reconnaissance du gouvernement monarchique de Louis XVII (1) de la part des révoltés et leur intention de le rétablir comme en 1791 !

Ce fut à la suite de ces proclamations que la flotte anglaise, escortée de deux escadres, l'une espagnole, l'autre napolitaine, entra dans la rade. Alors la flotte française se scinda. L'amiral commandant Trogoff, un Breton qui s'était honoré sous le comte de Grasse et Suffren, arbora le pavillon blanc et accueillit le débarquement des Anglais par acclamations. Mais un contre-amiral, Julien, sauva l'honneur de la marine française dans ces tristes moments. Sept vaisseaux restèrent fidèles à Julien ; se rangeant sous ses ordres, ils tentèrent de s'opposer à la prise de possession des Anglais ; mais les artilleurs des forts protestèrent en déclarant qu'ils tireraient sur l'escadre dissidente. Celle-ci en appela à la Convention et mit à la voile pour gagner un port sûr (2).

Brunet, officier de l'ancienne armée, avait commandé l'avant-garde du général Anselme dans le comté de Nice. Battu par les Piémontais les 12 et 17 juillet aux attaques des camps retranchés des Fourches et de Saorgio, il fut accusé d'avoir entretenu des intelligences avec les principaux auteurs de la trahison de Toulon. Arrêté par Barras à Paris, enfermé à l'Abbaye, le tribunal criminel le condamna à mort le 6 novembre de la même année (3). Albitte l'annonça à la Convention en prononçant une allocution où se retrouve l'énergie farouche de l'époque.

Pendant que se passaient ces événements, Jean Bon-Saint-André

1. « Attendu que les Sections de Toulon, par les Commissaires qu'elle m'ont envoyés, ont fait une *déclaration solennelle en faveur du gouvernement monarchique ;* qu'elles ont proclamé Louis XVII, fils de Louis XVI, leur légitime roi et ont juré de le reconnaître, ainsi que de ne pas souffrir plus longtemps le despotisme des tyrans qui gouvernent actuellement la France, mais qu'elles feront tous leurs efforts pour établir la monarchie telle qu'elle a été acceptée par le défunt souverain en 1791... »

2. Le contre-amiral Truguet écrivit, le 10, à son ministre que, mandé à Paris, Trogoff s'était fait retenir par la Société Populaire à Toulon (royaliste). Julien fut mis dans un cachot par ordre, parce qu'il protestait contre l'appel aux flottes coalisées.

3. Son fils devait s'honorer aux colonies comme général de brigade à côté du fils de Rochambeau, 1801.

exposait à la Convention, à la date du 9 septembre, les causes de la révolte. Il la faisait remonter aux Girondins qui ajoutèrent au projet de *fédéraliser la France* celui de *détruire Paris.* Le rapporteur dépassait par ce langage toute hardiesse et le mouvement royaliste était trop patent pour assurer, par une interprétation contraire à l'histoire, de la notoriété.

Le récit du conventionnel, rédigé au nom du Comité de Salut public, porte la marque des colères suscitées en eux par la perte de la flotte et du port qui maintenaient notre puissance sur la Méditerranée. L'adjoint de Monge, ajoutait-il, a peuplé notre flotte d'officiers suspects et de contre-révolutionnaires ; nos plaintes ayant été repoussées, on voit aujourd'hui où l'on en est.

La question des assignats, leur dépréciation par l'or des Anglais, furent le signal du soulèvement pour les ouvriers du port.

Les administrations patriotiques chassées aussitôt, la municipalité cassée, les républicains réfugiés livrés à leurs persécuteurs, les patriotes traînés à mort, les ordres des ministres et ceux du comité bafoués, contrariés ou annulés au point d'assister jusqu'aux Marseillais rebelles, telle a été la conduite des insurgés, dit-il. Chaque jour, on signalait la flotte anglaise. Trogoff osait écrire que ses équipages refusaient de mettre le pavillon tricolore à la place du pavillon blanc. Puissant déclarait n'avoir pas reçu la constitution et nous savons qu'il a fait intercepter les courriers à Aix. Enfin, on a parlé de l'avènement possible du duc d'York au trône et l'ouverture des sections (royalistes) fut célébrée par une fête à laquelle assistèrent tous les officiers de l'escadre. Nos collègues y furent l'objet des risées populaires par la violation des lois ecclésiastiques... Ces faits, des témoins en ont déposé à Ayde, nos collègues du Var l'ont appris par des lettres particulières. C'est alors que le Comité envoya Escudier et Gasparin dans le pays insurgé et en connaissant les mœurs. Adjoints à Barras et Fréron, nos représentants près l'armée des Alpes et d'Italie, ils ont au péril de leur vie appelé les gardes nationales des départements aux armes et marché contre Toulon. *Vous devez les poursuivre jusque dans les bras des Anglais,* s'écria-t-il en terminant. On mit les coupables hors la loi.

La Convention fit plus encore. Le rapport de Jean Bon, qui s'exhalait en apostrophes contre Pitt et l'Angleterre, fut joint aux pièces de l'amiral Hood, aux lettres interceptées par les représentants, et le tout envoyé aux départements comme aux armées. Cet acte annonçait le sort futur de la rébellion.

L'amiral Saint-Julien, le général Lapoype et les dragons qui avaient défendu les conventionnels à Pignans, furent mis à l'ordre du jour.

Une dépêche de Barras, écrite en entier de sa main, va nous apprendre dès le 6 septembre l'état des esprits dans cette partie de la Provence.

L'*armée d'Italie* est diminuée par la désertion, par trois mille hommes détachés à Toulon, par les maladies et par les combats. Quoique devant être augmentée de trente mille recrues, elle n'en a reçu que la moitié. Elle est travaillée par une foule de malveillants; l'état-major est détestable et la majorité des officiers ne vaut pas mieux ; si nous eussions tardé de suspendre Brunet, elle et le *Midi* étaient également perdus.

Je pars demain pour aller visiter les postes de l'armée révolutionnaire situés sur la gauche de Toulon. Je me rendrai de là à Nice. Marseille est dans une stupeur alarmante. Les patriotes ne se prononcent pas, et si cette ville était abandonnée à elle-même, elle serait livrée à de nouveaux malheurs et peut-être aux Anglais. Les départements des Bouches-du-Rhône et du Var sont généralement dans de mauvais principes.

Toulon est au pouvoir des Anglais ; Trogoff, un soi-disant Barras, directeur de l'artillerie, doivent être rangés parmi les traîtres. La division Carteaux attaque les défilés d'Ollioules, celle de gauche, commandée par Lapoype, occupe Souliers jusqu'à Hières, de manière que les communications avec l'intérieur sont absolument interrompues. Les Anglais et les Espagnols paraissent avoir débarqué dans Toulon trois mille hommes.

Il faut que Lyon soit soumis et qu'une partie des forces qui l'attaquent soit envoyée ici. Avec ce secours, l'armée révolutionnaire s'emparera de cette ville.

Dumerbion a remplacé Brunet, et s'est très bien conduit. Il a servi avec distinction dans les montagnes, et mérite que vous approuviez sa nomination. Un autre général de brigade, Labarre, colonel au 15e dragons, a toujours manifesté des principes montagnards ; il mérite même protection.

Ricard et Robespierre doivent être rendus à Nice. J'ai engagé Rovère et Poithier. Nous sommes très inquiets sur les subsistances. Le département du Var n'en a pas pour trois mois, et dans ces contrées point de liberté sans pain. Ordonnez qu'il soit envoyé des blés de l'intérieur pour l'armée et pour les habitants. J'ai ordonné des achats de blé à

Gênes. Ils seront payés en numéraire et rendus à Nice aux risques et périls des Génois avec qui nous avons traité. Brunet avait ordonné qu'il serait acheté pour cinquante mille écus de blé en numéraire dans le district de Fréjus. De là, un tel discrédit · sur les *assignats* que nous avons été forcés de marcher avec des troupes pour obtenir du blé, que nous payons en assignats au plus haut prix du marché.

Dans quinze jours, les ·Piémontais devront hiverner dans les villages. Si nos ennemis ne· combinent pas leurs flottes et leurs renforts, nous , n'avons plus rien à craindre.

On a beaucoup négligé de fortifier les bords du Var ; une citadelle · élevée entre Entrevaux et Antibes mettrait le département à l'abri de l'invasion.

L'administration du département des Alpes-Maritimes est dans les bons principes, mais la majorité des habitants n'aime ni la liberté ni les Français.

Il est possible de tourner les forts Faron et des Pomets, deux ou trois cents braves peuvent tenter ce coup de main ; j'en ai conféré avec les généraux. Si j'avais été ici, Toulon ne serait pas au pouvoir des rebelles. Fréron seul appuya ma proposition de marcher sur Marseille dès le principe de la rébellion. Kellermann et Brunet s'y opposèrent. Je rends justice à Baile et Beauvais. Je dois observer que Kellermann et Brunet divulguent partout que· je voulais faire la guerre à Marseille. J'ai fait arrêter beaucoup de conspirateurs ; *l'indulgence perdrait la République.* Il faut que la terre de la liberté n'offre plus que ses apôtres.

Le Comité de Salut Public reçut le 10 septembre, du quartier le Bausset, une dépêche qui fait connaître les difficultés de la situation et la culpabilité des Toulonnais.

Notre position devant Toulon est la même depuis le 7. Le général Lapoype et Escudier, notre collègue, sont venus conférer avec Carteaux et nous. Les généraux sont d'accord. A l'est on attaquera le fort Faron ; de notre côté, nous forcerons celui des Pomets qui nous rendra maitres des eaux ; nous disposerons, sur la côte, des · forges et des grils pour brûler l'escadre anglaise, ou la forcer à la retraite. L'artillerie arrive de Marseille.

Après notre victoire d'Ollioules, il était possible de tenter sur notre droite quelque débarquement ; aussi nous avons parcouru la côte, depuis Bandol jusqu'à la Ciotat, pour visiter les batteries qui la couvrent ; mais cette dernière manque de · subsistances. Sa position ayant détruit tout, nous l'avons autorisée à un emprunt de cent cinquante mille livres, qu'elle réintégrera par une cotisation sur les gens aisés.

Le langage de Saliceti et de Gasparin était confirmé pour les affaires , de Marseille par une dépêche d'Albitte. La malveillance, attestait ce dernier, a ici de grandes ressources ; la pénurie des vivres ne permet pas d'en compter pour au-delà de six jours ; la chute du commerce peut entrainer des conséquences fâcheuses pour la République. Il employait son cœur à rétablir l'esprit public, le règne des lois et l'abondance, mais il demandait tous les moyens d'instruction. L'état des affaires, ajoutait-il, exige que vous rendiez *publique* notre situation.

Ces dépêches disent mieux que tous les commentaires la gravité de la situation. Formées de troupes empruntées à deux armées, les forces massées devant Toulon durent, pour avoir de l'unité, composer une armée spéciale. Concurremment avec les Représentants près l'armée d'Italie, écrivent-ils le 13 septembre, et au nombre de *sept*, nous avons décidé que Carteaux, qui la commande, agirait indépendamment des généraux en chef des armées des Alpes et d'Italie. Composée de portions de ces deux armées, il était à craindre qu'il y eût peu d'accord entre les généraux particuliers ; l'éloignement des chefs et l'attente des ordres pouvaient mettre des entraves.

Mais ces sages dispositions ne pouvaient suffire pour donner la victoire ; il fallait un général en chef capable. Carteaux ne l'était pas (1) ; Barras le comprit dès son arrivée au Bausset, aussi, lui enleva-t-il le commandement. On l'a accusé d'avoir voulu l'exercer à son profit, et de n'avoir écarté le premier fondé de pouvoirs que dans ce but ; les événements ont prouvé le contraire ; il a fallu qu'il en fût ainsi pour épargner l'audace de Barras, car le 25 septembre, Bouchotte, répondant à une lettre de congratulation envoyée par Carteaux, lui disait : *La Convention nationale s'est expliquée honorablement sur votre compte... Tous les sans-culottes ont confiance en vous.* Le 27 octobre, il s'intitulait encore général en chef de l'Armée du Midi, ce qui constituait une usurpation de titre. Mais Doppet, choisi pour le remplacer, écrivait le même jour au Comité qu'il se rendait à Toulon pour y occuper son poste.

L'effet de la proclamation de Louis XVII par les insurgés à Toulon et aux gorges d'Ollioules, n'avait pas été long à se produire. Les gorges avaient été reprises, le tocsin d'alarme avait résonné, par ordre des Représentants, dans chaque commune, une levée en masse organisée ; la répression s'annonça comme devant être sans merci dès le début, parce que la provocation était deux fois coupable.

1. Opinion de Masséna en ses *Mémoires* (T. I, ch. 1).

Rentré à Marseille le 3 septembre avec Fréron, Barras informa
Maximilien Robespierre qu'il partirait le 7 pour les postes de la
gauche, et pour se rendre de là à Nice, ce qu'il fit ; le 13, il y
parvint et se joignit à ses collègues. Nous n'avons pas à relater
les lenteurs, les difficultés et les péripéties du siège jour par jour ;
mais nous voulons constater la part de Barras dans l'œuvre. Le
moment est venu, en retraçant les grandes lignes, de rappeler les
crimes contre les conventionnels envoyés en mission pour opérer le
recrutement dans le Var (1).

Pierre Bayle, enfant du pays, fut arrêté à Toulon, malgré son caractère, et étranglé dans sa prison (2). Ceux qui appelaient l'étranger
pouvaient-ils obéir aux lois qui leur prescrivaient de les combattre ?
La mort de Bayle avait donc un caractère de cruauté qui n'avait rien
de personnel, et qui puisait dans sa généralité une aggravation inutile
à dissimuler. L'immolation des législateurs est cependant un crime de
lèse-nation. Les fureurs des Toulonnais ne s'en tinrent pas à lui seul, et
pour témoigner le caractère de rébellion totale qu'ils professaient dans
le Midi, ils portèrent la main sur Beauvais de Préaux. S'ils ne l'assassinèrent pas, ils furent atroces dans les mauvais traitements qu'ils lui
infligèrent ; il ne put leur survivre, et mourut de leurs suites trois mois
après sa libération par ses collègues.

On aurait tort de croire que la crainte d'avouer là réalité des choses
a inspiré les Représentants ou les officiers de l'armée. Robespierre jeune
envoyait dans les premiers jours d'octobre une collection de lettres
particulières, de confidences, de nouvelles et d'aperçus politiques,
formant un tableau des vœux de la faction rebelle, ses craintes et ses
espérances. Boisset, commissaire à Montélimar, demandait *des armes
en poste*, sinon il ne répondait plus de la Drôme. Un commandant de
volontaires priait que l'on donnât plus d'instruction à son bataillon,

---

1. *Siège de Toulon.* — Proclamation des Anglais, 28 août. Adhésion des rebelles
le 29. Formation de l'armée devant Toulon, le 4 septembre. Arrivée de Barras au
quartier général, à Nice, le 13. Nomination de Bonaparte au commandement de
l'artillerie, le 11 octobre. Le général Carteaux le reconnait chef de brigade, le 27.
Remplacement par Doppet, 9 novembre. Dugommier général en chef, 16 novembre.
Prise de la ville le 18 décembre, entrée des troupes le 19. Bonaparte général à titre
provisoire le 22 décembre.

2. On fit courir le bruit qu'il s'était pendu et Robespierre y crut un instant. Il se
démentit à la Convention. Dans le même rapport, Saliceti et lui rapportaient
d'après un parlementaire que Bayle vivait très heureux dans sa prison et désirait y
rester !...

sinon il refusait sa coopération. Carteaux accusait Lapoype d'avoir perdu inutilement 200 hommes dans une affaire, parce qu'il différait de vues avec cet honorable général, dont le mérite le gênait. Saliceti se déclarait contraint de prendre à la force armée de Marseille les deux mille fusils qui lui manquaient au camp. Le général anglais Ohara ayant remercié d'un service rendu par les volontaires, en leur envoyant soixante louis en or, ceux-ci les refusèrent, et Dugommier écrivit au général ennemi : *Ils les ont tous refusés avec la même générosité qui t'a décidé à les leur offrir.* Nobles paroles qui portèrent la Convention à adopter les enfants de Dugommier, mort à l'ennemi !

Sur dix-huit mille hommes, l'armée n'en avait que quatorze mille pourvus de fusils au 15 octobre. Le 16, les commissaires protestaient de leur amitié pour Lapoype, et le défendaient contre ses dénonciateurs. Le 23, un agent du Conseil déclarait que nous avions cinq canons de vingt-quatre seulement, pour répondre aux six cents pièces de même calibre des Anglais. Marseille ayant menacé de se soulever à nouveau, Lyon ayant été réduit, les forces promises n'arrivant pas, Saliceti et Gasparin s'écrient le 24 octobre : *Quelle est donc cette manière de servir la République que celle qui ne fait voir aux Représentants du peuple que la partie dans laquelle ils se trouvent ?* Le 28, Truguet envoya directement à Barère une dépêche énergique : Depuis deux mois, disait-il, cette ville rebelle s'est vendue aux Anglais... Espère-t-on incendier sans ces éléments ? Albitte demandait, le 30, seize mille hommes de renforts. A ces difficultés s'ajoutèrent celles de l'intérieur. Il s'était formé à Marseille une *Commission* de toutes les sociétés populaires du Midi, qui prenait le titre de *Congrès républicain.* Cette association avait nommé, elle aussi, des « Commissaires auprès de l'armée ». Saliceti et Gasparin supplièrent la Convention de dissoudre par un décret ces intrigants.

Le 17 novembre, Doppet avait demandé qu'on lui retirât son commandement, avec des paroles étonnantes de modestie : *Je sais mourir et non pas laisser à mes ennemis le prétexte de me montrer comme l'auteur d'un mouvement qui m'humilie.* Le 25, Marescot, à son tour, pria Carnot de confier la direction de son armée à son *ancien,* que le grade actuel plaçait sous ses ordres. Il exposait son expérience et avait sur lui l'avantage de connaître parfaitement la ville assiégée, il l'avait fuie dans sa rébellion ; aussi, Marescot entendait-il donner cet exemple de républicanisme et lui obéir. Cette dépêche n'a pas besoin de commentaires. Au début de décembre, on travaillait encore à réduire la ville avec 38 mille combattants et Barras écrivait au Comité le 1er, dans une dépêche qui lui est spéciale :

Depuis l'entrée des troupes dans le pays rebelle, nous vivons au jour le jour, c'est avec une peine excessive que nous faisons vivre notre armée en Italie et celle sous Toulon. Ces deux départements étaient déjà affamés par la présence des escadres combinées ; nous nous flattions de tirer des grains d'Italie et du Levant ; il faut y renoncer depuis que Naples et la Toscane sont entrés dans la ligue. Tunis vient d'être gagnée par l'or des Anglais ; tout annonce que le dey devient notre ennemi ; le convoi immense qui s'y trouvait est perdu pour la République.

Nos ennemis comptent trente-cinq mille hommes et en attendent trente mille ; les Portugais y paraissent. S'ils se déployaient, ils forceraient nos lignes, mais ils craignent l'armée de Nice, qui pourrait les mettre entre deux feux ; il y a un plan de la couper. Le mauvais temps dégrade les chemins, les greniers sont vides, tout est transporté à dos de mulet ; avec les pluies, ces braves gens sont exposés. Robespierre jeune est ici et tout nous confirme ces tristes détails.

Depuis la prise du général anglais Ohara (dépêche du 15), tous les déserteurs, tous nos espions, s'accordent dans leurs récits. Toulon est dans la consternation, l'armée combinée se monte à vingt mille hommes, il existe dans *les ateliers de la marine* un fort parti *pour la République* qui, au moment d'une attaque, peut faire une *diversion*. La division où je suis doit être attaquée, mais nous éviterons cette peine à nos ennemis. Nous préparons une attaque générale de tous les forts et de la ville. Elle aura lieu sous peu.

Trois jours plus tard, la ville se rendait.

La Convention ne reçut de ses représentants aucune autre dépêche dans cet intervalle ; mais elle put apprendre au pays un fait significatif. Les Anglais ayant amené le vaisseau français *Scipion* dans la rade de Livourne, les patriotes toulonnais, que leurs concitoyens avaient livrés aux Anglais, dans leur fidélité aux lois, refusèrent de se rallier à Louis XVII et à l'invasion. Pour punir leurs ennemis, ils avaient résolu de s'ensevelir dans les flots avec leurs oppresseurs. Ce dessein, ils l'avaient réalisé et, mettant le feu au vaisseau qui les portait dans la rade même de Livourne, ils avaient donné à une ville considérable le spectacle de leur terrible dévouement à la République. Un malelot cependant avait pu se sauver de ce naufrage ; dans cet incendie, il avait certifié que 300 hommes avaient péri. L'escadre anglaise avait assisté, impuissante, à ce duel qui fit l'objet des nouvelles à l'étranger et redoubla les haines nationales.

Les 20 et 21 décembre partirent pour le Comité les dépêches qui annonçaient la défaite absolue de l'insurrection :

L'armée, chers collègues, est entrée dans Toulon après cinq jours et cinq nuits de combats. Elle brûlait de donner l'assaut. Quatre mille échelles étaient prêtes, mais la lâcheté des ennemis qui avaient évacué la place, après avoir encloué les canons des remparts, a rendu l'escalade inutile. Quand ils surent la prise de la redoute anglaise, ils virent les hauteurs du Faron occupées par la division du général Lapoype ; l'épouvante les saisit.

Ils ont fait sauter le *Thémistocle*, qui servait de pavillon aux patriotes, brûlé neuf vaisseaux et en ont emmené trois. *Quinze* sont conservés, parmi lesquels le *Sans-Culotte*, de cent trente canons. Deux frégates brûlaient quand les galériens, *qui sont les plus honnêtes gens* qu'il y ait à Toulon, ont coupé les câbles et éteint le feu. La corderie et le magasin de bois ne sont point endommagés ; les flammes menaçaient de dévorer le magasin général ; 500 travailleurs ont coupé la communication. Il reste encore des frégates et des forces navales respectables.

La vengeance nationale se déploie ; *tous les officiers de la marine sont exterminés*. La République sera vengée d'une manière digne d'elle.

Nous avons fait proclamer que le butin des rebelles était la *propriété de l'armée triomphante*, mais qu'il fallait tout déposer dans un local désigné, pour être estimé et vendu au profit des défenseurs ; *nous avons promis en sus un Million à l'armée.* Cette proclamation a produit le plus heureux effet. Beauvais a été délivré de son cachot, il est méconnaissable. Les troupes l'ont acclamé. Le père de Pierre Bayle est aussi délivré (1).

Peut-on contrôler par les relations des vaincus leur conduite politique et militaire ?

On en a aujourd'hui le moyen.

Il a paru, en 1816, une brochure sur la « *Révolution royaliste*

1. V. aux *Pièces justificatives* le récit de la répression par les Représentants.

de Toulon en 1793 pour le rétablissement de la monarchie, » par, M. Gauthier de Brécy, le négociateur des sections royalistes avec lord Hood.

On y lit les aveux les plus complets :

« Toulon est *la seule ville de France* qui, au milieu de la plus san-
» glante anarchie, au mépris des plus grands dangers, a osé, en 1793,
» par des *actes publics* et immortels, *reconnaître* la monarchie constitu-
» tionnelle en la personne de Louis XVII. »

L'arrestation de cinquante notables de la ville par *les agents de Robespierre* aurait été la première cause de la rébellion ; mais une « proclamation qui menaçait de peine de mort tout citoyen qui oserait proposer
l'ouverture des sections, » l'aurait déterminée. Cet acte des représentants fut suivi « le soir même » de la réorganisation des dites sections.
L'une d'entre elles décida à l'unanimité « que la sûreté de la ville et le
succès de la révolution *qui venait de s'opérer*, exigeaient impérieusement
l'arrestation des commissaires. » On demanda peu après « d'envoyer
un parlementaire au commandant anglais pour lui exposer la situation
de la ville et lui demander son concours et son assistance. » Les
patriotes protestèrent, et eurent pour appui l'amiral Saint-Julien « qui
dès ce moment se déclara rebelle à la volonté générale, et protesta
qu'il ne souffrirait pas que les flottes ennemies rentrassent dans le
port. » Hostile à Trogoff qui négociait avec les Anglais, Saint-Julien
prit le commandement de la flotte ; son ancien chef s'entendit avec les
sections pour livrer la ville. Le Comité général adopta à la majorité des
voix, après de longs débats, la Constitution de 1791. On avait cependant discuté « le retour pur et simple à la monarchie ancienne, et
celui à la Constitution de 1789. » Les troupes de la marine suivirent
l'exemple et *Louis XVII fut unanimement reconnu et proclamé par les
sections.* Une députation envoyée aux équipages de la flotte échoua ; les
Toulonnais les déclarèrent « en état de rébellion contre le vœu
général. » Le 27 août, on arbora le pavillon blanc, on avait la cocarde
blanche depuis le 24.

Une *adresse de fidélité au Roi* fut envoyée au Comte de Provence avec
instance de venir se constituer Régent du royaume ; les républicains
furent envoyés par le tribunal criminel à la potence, et des paquets de
l'adresse à Monsieur furent expédiés dans le Midi.

La rébellion n'était pas localisée à Toulon, de l'aveu du négociateur.
Les suites sont faciles à comprendre. Les mandataires des papiers qui

sollicitaient la proclamation de Louis XVII furent jetés dans les
prisons; aucun d'eux, cependant, ne paya de sa vie ces appels à
l'insurrection, c'est l'intéressé qui l'a déclaré lui-mème vingt-trois ans
plus tard.

La répression des Représentants fut aussi terrible à Toulon que la
révolte avait été criminéile. Une, députation de *quatre çents sociétés
populaires du Midi*, reçue par la Convention, s'y était plainte, le 27 octobre 1793, que l'esprit de Brissot guidât encore les mandataires du
pays en mission. Le 9 mars 1794, Fréron et Barras furent accusés de
violences. Fréron répliqua avec amertume qu'ils croyaient n'avoir
démérité de la patrie, ni à l'Armée d'Italie, ni sous les murs de Toulon.
La calomnie les poursuivait vainement jusque dans la représentation
nationale. Leurs collègues l'ayant méprisée, ils les prièrent de ne rien
préjuger avant qu'ils eussent fait entendre la vérité à la tribune. Ils
promettaient d'entrer dans tous les détails des motifs qui avaient dicté
leurs mesures pour la tranquillité des départements méridionaux, et
assuraient qu'ils confondraient ceux qui osèrent lutter contre la
Convention pour l'avilir.

Des députés de Marseille, admis à la barre dans la mème séance,
manifestèrent l'indignation que leur causaient les calomnies dirigées
contre Barras et Fréron. Ils rendirent hommage à leur civisme, expo-
sèrent leurs opérations, et par une Adresse qui fut renvoyée au
Comité de Salut public, favorisèrent l'ordre du jour sur cette dénonciation (I).

Fréron, cependant, fut poursuivi par les royalistes. Sa protestation
contre la conduite des Comités révolutionnaires au 9 thermidor et le
décret qu'il provoqua pour l'arrestation de Fouquier-Tinville, plus tard
contre Barère pour se couvrir, prouvèrent un esprit exalté par les
ardeurs de la lutte, et devenu un homme sanguinaire. Attaqué par
Siméon avec chaleur, il passa comme député de Saint-Domingue dans
cette ile, à titre de Commissaire du Directoire. Barras obtint aussi gain
de cause (2). Les proscriptions de fructidor ne purent rien contre ceux

1. Trouvé a publié sur Fréron et son Mémoire relatif au Midi, un article spécial
dans le *Moniteur* du 18 septembre 1798. — Voir le rapport de Treilhard, du 7 octobre 1794, au *Moniteur*. Nos ennemis, y est-il dit, veulent avilir la représentation
nationale par leurs calomnies !...

2. Barras demanda aux Bourbons de le rétablir comme lieutenant-général. Le
ministre de la guerre Dupont exposa son prétendu titre à l'inscription au tableau
en ces termes :

« Il expose qu'il a eté poursuivi pendant quatorze ans par Napoléon Bonaparte ;

qui avaient réduit l'insurrection toulonnaise, soit à la Convention, soit dans l'armée.

Le péril fit oublier les crimes.

alternativement expulsé de tous ses domiciles, arrêté deux fois à Turin, proscrit à Rome, supprimé de la liste des généraux de division, compris dans une procédure suivie à Toulon, dans laquelle Sa Majesté Charles IV, sa maison et lui furent désignés comme chefs d'une conspiration anglaise. »

Barras réitéra, en août 1814, sa demande en invoquant ses longs services et sa conduite ! Il oubliait ses vices, ses déprédations, ses trahisons ; aussi sa seconde réclamation porte-t-elle en marge ces mots : « Ajourné, classer en attendant. » Il devait mourir à peu près méprisé de tous, en 1829.

CHAPITRE XXXIV

MISSION DE ROBESPIERRE JEUNE, DE GASPARIN, DE RICORD ET DE SALICETI A L'ARMÉE D'ITALIE

Robespierre. — Origines de son jacobinisme. — Dépêche inédite de sa main. — Rapport sur la prise de Toulon. — Voyages des armées à Paris. — Accusations de Dumont contre *les vols de Robespierre cadet*. — Autres dénonciations. — Le banquier suisse Haller et Bonaparte. — Courtois et les vols de Robespierre jeune.

Robespierre jeune était l'imitateur de son frère ; on en a conclu bien à tort qu'il n'eut aucune importance personnelle ni aucune influence. Son nom seul les lui eût données. Comme son frère aîné il fut élevé au collège Louis le Grand et après une éducation sans éclat rentra dans sa province. Le crédit de Maximilien le fit nommer procureur de la commune ; lorsque furent établies les nouvelles administrations, il s'y montra despote ; par la même voie, il fut député pour Paris. Dévoué à celui qui était l'auteur de sa situation, il le défendit contre les attaques si justes de Louvet et dont nous parlerons ailleurs ; il adopta ses doctrines et les propagea autant qu'il fut en lui ; le 3 janvier 93, il attaqua Roland par une de ces dénonciations qui devinrent un système de gouvernement et qui coûta la vie à l'ancien ministre. Celui-ci se serait transporté chez le valet de chambre du roi, Thierry, afin d'enlever les papiers qui établissaient ses rapports avec le prince. Brissot, ajouta-t-il, voit ses écrits propagés par lui des deniers de l'État. La crise anti-girondine commençait dans la presse par Marat, ici par un auxiliaire peu voilé (1).

Dans le procès de Louis XVI, Augustin vota la mort, et opina contre l'appel au peuple, contre tout sursis, ne comprenant pas que la détention du souverain était le gage le plus sûr pour désarmer la Coalition.

---

1. Nous n'accordons aux *Mémoires* de Charlotte Robespierre aucune valeur en ce qui concerne la partie politique, Ils constituent une apologie aussi maladroite en faveur de ses frères que le sont les Mémoires de Barère sur lui-même.

Isnard, le 5 mars, se vit retirer la parole sur ses instances, parce qu'il montrait partout le jacobinisme s'établissant sur l'anarchie. Le premier des commissaires, Choderlos de Laclos, et Bonnecarrère furent décrétés d'arrestation sur son rapport, le 6 avril. Enfin, la Commune de Paris ayant établi un comité de correspondances avec les départements (le fédéralisme jacobin), Robespierre répondit aux dénonciateurs du fait, les Girondins : *Que la Commune de Paris avait bien mérité de la Patrie !*

La séance du club des Jacobins à la date du 5 avril est utile en découvertes le concernant. Il monta à la tribune après Marat et Desfieux, qui venaient d'y demander qu'aucun représentant ne pût quitter son poste sans autorisation, sans s'exposer à être mis hors la loi. Augustin élargit le débat. Préludant par des propositions anti-légales aux querelles de l'assemblée, il demanda l'arrestation de Roland et attaqua les meneurs de la Convention, c'est-à-dire les Girondins. Il faut faire couler le sang des scélérats et mettre en état d'arrestation les députés infidèles. Enfin, les modérés et les officiers n'échappaient pas à ses fureurs.

C'est une grande question de savoir, s'écria-t-il, si un député hors de l'assemblée est encore député !

Les généraux qui commandent à Mayence me paraissent très suspects. Il conclut en réclamant la destitution des officiers nommés par Beurnonville, le rappel des commissaire, l'expulsion de tous les *Généraux étrangers.*

Luckner pour s'être montré ordinaire n'était ni un traître ni un coupable, ses collègues étrangers pas davantage. Mais parmi eux on classait Kléber et Macdonald, Stengel et Laharpe, chefs dont on redoutait la loyauté, de même pour Desprez-Crassier. Seul le prince de Hesse, dénonciateur par calcul et ambitieux sans talent, trouvait grâce devant ce proconsul qui allait inventer Doppet, louer Carteaux et soutenir Pichegru !

L'action d'Augustin Robespierre a été des plus restreintes à la Convention. Il importe cependant de la constater.

Le 20 mai, il s'éleva contre les faux bruits qui soutenaient que la représentation nationale n'était pas libre ; il dénonça les Girondins en termes virulents et défendit les fameuses sections armées de Paris, on sait dans quel but dictatorial :

La paix régnerait en France, s'il n'était parti de cette tribune des opinions qui ont été la cause des insurrections de la Vendée, et des libelles qui ont divisé la république. Que d'orateurs n'ont pas accusés les sociétés populaires! Guadet n'a pas craint de dire que les Jacobins n'étaient composés que de contre-révolutionnaires. N'est-ce pas là le langage de Dumouriez, de Cobourg? tous les traîtres n'ont-ils pas fait la guerre aux Jacobins? Ce sont ces hommes qui méprisent assez le peuple pour lui faire croire que nous voulons perpétuer l'anarchie et décréter la loi agraire. Il n'est pas un seul sans-culotte qui ne doive désirer le règne de l'ordre, parce qu'il ne vit que de son travail. Vergniaud a proposé de demander aux sections si elles croyaient pouvoir maintenir la liberté de la Convention. N'est-ce pas vouloir animer tous les départements contre cette ville, qui maintiendra sa liberté malgré tous les efforts de ses ennemis? On veut vous empêcher de lever l'impôt, afin que le trésor public épuisé, les défenseurs de la patrie ne puissent être payés. Vils calomniateurs !

Il fut aussi violent contre Lanjuinais, un des agitateurs qui prétendaient soulever les départements à leur profit, c'est-à-dire contre l'unité de la République et qui rêvaient le retour d'une royauté... Ce fut avec ces habiletés inculquées au club des Jacobins, par leurs meneurs dans les sections armées, par la Commune à la population des faubourgs, que réussit onze jours plus tard la mutilation des mandataires du pays. Ces événements ayant donné le pouvoir aux triumvirs, Robespierre jeune partit en mission à l'Armée des Alpes et d'Italie pour y appliquer les principes des vainqueurs, en se mêlant de tout.

L'influence du frère serait démontrée par la seule lettre (1) aux Représentants du Peuple à Lyon après la réduction de cette ville, si sa carrière et les proclamations qu'on va lire ne suffisaient pas à la prouver. Voici le jugement qu'il portait le 12 octobre, de l'Armée des Alpes, sur ses collègues personnifiant le jacobinisme des septembriseurs ; il entendait que Lyon en ressentit les effets.

« La Convention nationale, citoyens collègues, a appris avec plaisir votre entrée dans Lyon, mais sa joie n'a pu être complète quand elle a vu que vous cédiez aux premiers mouvements d'une sensibilité trop peu politique. Vous avez paru vous abandonner à un peuple qui flatte ses vainqueurs, et la manière dont vous parlez d'une si grande quantité de traîtres, de leur évasion que l'on croirait avoir été militairement protégée, de la punition d'un tout petit nombre, et du départ de presque tous, a dû alarmer les patriotes, indignés de voir tant de scélérats

---

1. Lettre inédite avec les ratures de Robespierre.

s'échapper par une trouée et se porter sur la Lozère, et principalement sur Toulon. Nous ne vous féliciterons donc point sur vos succès avant que vous ayez rempli tout ce que vous devez à la Patrie. Les républiques sont exigeantes. Il n'est de reconnaissance nationale que pour ceux qui la méritent tout entière. Nous vous envoyons le décret que la Convention a rendu ce matin sur le rapport du comité. Elle a proportionné la rigueur de ces mesures à vos premiers récits. Elle ne restera jamais au-dessous de ce qu'attendent d'elle la république et la liberté (1).

» Défiez-vous surtout de la politique perfide des muscadins et des fédéralistes hypocrites qui arborent l'étendard de la république lorsqu'elle est prête à les punir, et qui continuent de conspirer contre elle lorsque le danger est passé. Ce fut celle des Bordelais, des Marseillais, de tous les contre-révolutionnaires du midi. Voilà le plus dangereux écueil de notre liberté ; le premier devoir des Représentants du Peuple est de le découvrir et de l'éviter ; il faut démasquer les traîtres et les frapper sans pitié. Ces principes adoptés par la Convention nationale peuvent seuls sauver la patrie ; ils sont aussi les vôtres ; suivez-les ; n'écoutez que votre propre énergie et faites exécuter, avec une sévérité inexorable, les décrets salutaires que nous vous adressons. »

La signature d'Hérault de Séchelles n'a ici aucune valeur. Nous la mentionnons pour l'intégrité de la copie, mais la sévérité inexorable dont parle la lettre est, comme l'esprit de cette pièce, l'œuvre du second signataire, Robespierre jeune. On y retrouve les doctrines de celui qui avait défendu Bouchotte six mois auparavant, et avait fait de lui un persécuté du Comité de la guerre. Ce ministre avait modifié de son autorité privée la loi du recrutement ; aussi l'avait-on accusé de « désorganiser encore une fois l'armée, » ce qui devenait chez lui un système. Soutenu par les exaltés, il put se maintenir à la condition de leur obéir.

On a écrit (le maréchal Marmont est du nombre de ceux qui l'ont discuté), que Robespierre était d'un caractère doux, plein d'humanité et ennemi des actes de violence. Il se serait employé à son armée dans le sens de la bienveillance. Y avait-il dans cet homme deux natures ? Rien ne le prouve ; ses discours à Paris, aux Jacobins et à l'assemblée, y furent forcenés et la dépêche sur Lyon n'est pas faite

---

1. Robespierre n'a mis de lettres initiales ni aux noms propres ni au début de ses phrases.

pour amoindrir notre opinion. Bien plus, à cette pièce est jointe une dépêche intime adressée à Vincent, l'un des séides de Maximilien et qui aggrave celle d'Augustin.

Ce fut à leur arrivée commune à Aix que Ricord et lui apprirent la trahison des opposants du gouvernement à Toulon; ils hésitèrent à la croire vraie ; les événements s'étant confirmés, ils se rendirent à Nice,   quartier général, et suivirent le siège dans ses péripéties. Nous avons vu leur rôle dans le récit de la mission de Barras.

Robespierre jeune ne resta pas auprès de l'armée d'Italie après la reddition de la ville; il vint à Paris pour y jouir du résultat des succès remportés par nos armes. Il les annonça lui-même dans la séance du 1er janvier 94. Le club des Jacobins avait eu l'honneur du premier récit fait par l'adjudant-général Leclerc, bientôt le rival heureux de Fréron. Le patriotisme n'était pas le seul guide d'Augustin et si les armées combattaient pour la liberté, il y avait à la Convention trois politiciens qui entendaient absorber par leur dictature l'avenir de la République triomphante. Dans ce but, ils occupaient à l'intérieur, aux armées et dans l'administration, les ministères et les états-majors, les situations. Leurs fidèles concouraient à soutenir leur force par les missions qui leur étaient confiées aux frontières et dans les combinaisons militaires. Robespierre annonça la victoire (1) en ces termes :

Il ne m'appartient pas de donner une juste idée de la prise de Toulon, les soldats de la république ont exécuté ce que toutes les armées exercées de l'Europe n'ont pu imaginer.

Les Anglais avaient passé quatre mois à se fortifier sur une hauteur où ils avaient employé toutes les ressources du génie et de l'art. Nos républicains s'en sont emparés. Les représentants, distribués dans les différentes colonnes, ont été témoins de l'héroïsme des soldats. Nous rencontrions des blessés. Ils disaient : « Avancez, nous sommes les maitres ! »

Ces faits doivent vous donner une grande idée des armées. Tous les jours, celle d'Italie a eu des redoutes à prendre, et partout, depuis six mois, elle a été victorieuse. Les ennemis devaient se rapprocher du Var et nous couper le passage. Nous ne savons maintenant que trop les trahisons de Kellermann ; il avait travaillé pour faciliter l'entrée des puissances coalisées. Nous le fîmes arrêter.

1. Dépêche du 15 décembre, lue à la Convention.

L'armée d'Italie, dont l'aile gauche était commandée par Dugommier, a détourné les suites funestes de cette trahison !

Le 28 décembre, Saliceti avait informé son collègue Arena enfermé à Calvi de la nomination de son frère comme chef de brigade; Bonaparte, ajoutait-il, a été nommé général de brigade. Robespierre, en effet, avait adressé le texte du *décret provisoire* qu'il avait inspiré à ses collègues et qui fut reçu dans les bureaux de la guerre sous Bouchotte, comme un ordre. On confirma la demande faite en y joignant les états de service, lesquels portaient de la main du titulaire ces mots : *non noble*. Pour donner plus de force à la nomination, et selon la formule usitée soit par les Représentants en mission, soit par les membres des divers Comités du gouvernement révolutionnaire, elle fut rédigée au nom de tous ; au fond elle était l'œuvre personnelle d'Augustin (1).

Barras n'a donc pas promu Bonaparte au grade qui fut le point de départ de sa carrière.

Robespierre signala son retour aux armées par une proclamation au peuple génois et lui promit de respecter [sa neutralité. Aux membres du Comité il écrivit avec Saliceti que l'Italie instruirait bientôt l'Europe des vertus et de la valeur des armées républicaines.

Au commencement de juillet il rentra à Paris pour contribuer avec son frère à la proclamation du triumvirat. Le 11, il parla au club des Jacobins du système de silence et de torpeur auquel cette société se condamnait, affirmant par des déclamations pompeuses l'oppression des patriotes. Dans une scène habilement préparée, il se plaignit de ce que l'on employait les plus basses flatteries pour diviser les meilleurs dans la République : *On a été jusqu'à lui dire qu'il valait mieux que son frère*. C'est vainement qu'on s'efforce, s'écriait-il, de me séparer de lui; tant qu'il défendra la morale je le seconderai. *Je n'ambitionne d'autre gloire que d'avoir le même tombeau*. Les partisans de la dictature ne cachaient plus leurs desseins et avouaient avec cynisme qu'ils affronteraient la mort ; mais ces déclarations devaient dans leur pensée rester platoniques comme effet. Les Sections armées et le dévouement de la Commune étant leur appui déterminé, ils pensaient

---

1. « Les Représentants du Peuple présents au siège de Toulon, y est-il dit, satisfaits du zèle et de l'intelligence dont le citoyen *Buonaparte*, chef de bataillon au deuxième régiment d'artillerie, a donné des preuves en contribuant à la reddition de cette ville rebelle, l'en ont récompensé en le nommant général de brigade ; on propose au Ministre de vouloir bien confirmer cette nomination et autoriser son remplacement au deuxième régiment. »

bien s'en servir contre leurs ennemis cachés, contre leurs adversaires et contre la Convention par une de ces émeutes odieuses dont ils avaient le secret.

Cette séance de Jacobins est instructive sur les préliminaires du coup d'État par lequel Robespierre aîné prétendait à la dictature le 8 thermidor au Comité de Salut public et empruntait la plume de Saint-Just à titre de rapporteur. Couthon y prit la parole pour renouveler son serment de fidélité au maître : *Pour moi*, dit-il, *je veux partager les poignards dirigés contre Robespierre.* Un homme pur est à la fois traité de modéré par les uns s'il poursuit les fripons, et de sanguinaire s'il dénonce les traîtres. Ceux qui attaquent le Comité en l'accusant de vouloir *dominer* méconnaissent le peuple et le Comité, qui ne peut en concevoir la pensée. L'explication était perfide, le 9 thermidor lui répondit. Il prouva que les triumvirs en appelaient de la Convention à la Commune, on sait le reste.

La mort de Robespierre jeune, qui avait paru se dénoncer au moment où Elie Lacoste se levait pour demander sa mise hors la loi, ne satisfit pas toutes les colères. Une accusation étrangère à la politique fut portée contre lui le 28 juillet, le jour de son exécution (1). André Dumont en fut l'auteur ; voici les faits articulés par lui et que nul historien n'a démentis parmi les apologistes. Robert Lindet, qui avait la responsabilité des approvisionnements et des fournitures, n'a jamais protesté contre les imputations de Dumont ni contre les preuves fournies par un magistrat sur ce qu'ils appelaient *les vols de Robespierre cadet.*

L'infâme Robespierre cadet, le digne frère et le complice du moderne Cromwell, faisait à l'armée d'Italie l'agiotage le plus exécrable, aux dépens des soldats de la patrie.

Ecoutez et retenez votre indignation : le citoyen Lafont (de Toulouse), juge de paix à l'armée d'Italie, où se trouvait le frère du tyran, est venu à Paris pour dénoncer les dilapidations horribles de cet indigne représentant, qui entassait des trésors aux dépens de la république. Ce jeune homme s'adressa à un de mes collègues, qui, dupe encore de la scélératesse de l'usurpateur, le renvoya à ce monstre, qui, pour étouffer la vérité, le fit jeter dans un cachot où il languit depuis cinq mois. Mon frère, victime aussi du Catilina qui vient d'être anéanti, fut le voisin de Lafont pendant cinquante-six jours.

Ce républicain libre vous apprendrait des détails importants sur la conduite du

1. Voir aux *Pièces justificatives* les *trois accusations* d'agiotage et de concussion portées contre lui les 2 et 24 août par Cambon, et le 14 octobre par Escudier.

La prétendue conspiration de Chabot, Bazire et Delaunay, présentée comme un complot ourdi avec l'étranger, fut en réalité une poursuite pour *agiotage* dans la liquidation de la *Compagnie des Indes.*

frère du monstre, dont la sœur, près de l'armée, se faisait appeler *madame*, et dont la société n'était composée que d'aristocrates. Il vous ferait part de l'agiotage horrible et de la conversion en or de tous les vols de Robespierre cadet, qui avait pour agent l'infâme banquier Haller, qui convertissait en lingots les fonds destinés à l'entretien de nos armées ; c'étaient là les aliments affreux des plus abominables projets.

Ce n'est pas tout ; deux monstres servaient ici l'infâme tyran : Hermann, commissaire, et Lahne, son indigne adjoint. Ces deux scélérats étaient vendus à l'usurpateur Robespierre ; et Bernard, l'un des commissaires de l'envoi, était l'affidé du sanguinaire et exécrable Couthon : tous trois se sont opposés pendant plus de six heures à l'exécution des décrets rendus contre le tyran.

Ne laissons plus dans les administrations tous les contre-révolutionnaires qu'y a placés le tyran.

La *sœur* de Robespierre n'a pas cherché à venger la *mémoire* de son frère, seul moyen de répondre à une accusation aussi précise et aussi détaillée que l'est celle de Dumont. Les fautes de ce dernier dans ses diverses missions à l'intérieur ne peuvent diminuer son rôle en ceci. *C'est devant la Convention que les faits furent révélés et nulle voix ne se fit entendre alors, ni plus tard en faveur du coupable.* Il est inadmissible que Charlotte n'ait pas connu une pareille imputation et qu'elle ait passé sous silence, vingt ans plus tard, des vols déshonorants. Ses frères avaient invoqué *les dilapidations de Danton en Belgique* pour le perdre et l'un d'entre eux succombait, achevé dans sa mémoire par le même coup. Telle était la violence des partis qu'ils ne négligeaient rien pour perdre leurs adversaires ; ici, ce fut de la justice par représailles.

Mais quel était ce banquier véreux admettant au partage de ses fraudes ?.., quelle fut sa vie aux armées ? Un homme important, étranger aux querelles politiques, les a-t-il connues et constatées ?

Cet homme se nommait Haller, suisse d'origine comme Marat et fils du grand naturaliste (1).

On connaît, par Ruamps surtout, les protestations que soulevèrent en 95 les déprédations et le proconsulat de Barras et Fréron, dans une œuvre à laquelle échappèrent Gasparin, Albitte et Ricord. Comment répondirent les inculpés ? Par des phrases, par des protestations retentissantes et fausses. Barras avait été du reste habile en assimilant ce bruit à celui de sa dénonciation, commune à Fréron. La politique prenait le dessus; qui pouvait donc s'intéresser après le 9 thermidor à des discussions obscures ? Provoquées par des haines intéressées, il fallait les vouer au mépris.

---

1. Nous traiterons de l'agiotage au chapitre 86 de notre 4e volume (1792-à 97). Haller y a sa place marquée.

Malheureusement pour Robespierre, si Ricord qui lui survécut défendit habilement leur cause, il ne put empêcher Haller de commettre de nouveaux crimes. Sous Bonaparte en Italie il se fit taxer de *piraterie* par le Représentant de la France à Rome, le digne M. de Cacault. La carrière de Haller fut une série de vols successifs et, de Milan, Bonaparte demanda l'expulsion de cet homme immoral, de cet étranger qui traitait l'Italie de son autorité privée en *pays conquis*, paroles textuelles. Dans quelle mesure Robespierre contribua-t-il de Toulon à Gênes aux concussions de Haller et comment s'opéra entre les *associés* le partage du gain ? Ni Dumont, ni Cambon, ni aucun de ceux qui constatèrent au Comité de Salut public ces actes d'après les papiers officiels, ne l'ont établi. Sa mort rapide interdit de le connaître pas plus que le nom du *dépositaire* à titre de complice ou de tiers ; mais on ne devra pas oublier que Courtois, le rapporteur de la conspiration du 9 thermidor et qui eut entre les mains les papiers du dictateur, devint scandaleusement riche après son intervention absolue dans ce drame. Il a été soupçonné toujours et par les divers partis, jusque par Bonaparte devenu Empereur, qui lui fit donner l'ordre de disparaître dans l'oubli.

CHAPITRE XXXV

BONAPARTE ET LES REPRÉSENTANTS A L'ARMÉE DEVANT TOULON

Relations de Bonaparte avec Ricord et Saliceti en mission. — Gasparin et Albitte.—
Toulon et le club des Jacobins. — Rôle de Bonaparte à Toulon, d'après les
papiers inédits de l'*Armée devant Toulon*. — Sa nomination et son rôle. — Appréciation de Masséna d'après ses Mémoires. — Plan de Bonaparte sur la *campagne*
d'Italie inédit. Ce sera celui de 1796. — Le 9 thermidor en entraîne l'échec. —
Texte inédit. — Arrestation et Carnot.

Le général Napoléon Bonaparte naquit en Corse vers le 15 août
1769, l'année même de l'annexion de l'île à la France. Sa famille était'
d'origine italienne ; ses ancêtres, patriciens d'abord, puis ruinés par
les discordes civiles, avaient exercé la profession libérale d'hommes de
loi [à Sarzana en Toscane. L'un de ses membres s'était transporté à
Ajaccio à la fin du XVI⁰ siècle ; le temps et les services rendus avaient
acquis à ses descendants une influence réelle ; les malheurs de la
révolte de Paoli, les dissentiments entre le parti dit national et le parti
français, avaient achevé une ruine que la famille nombreuse de Charles
Bonaparte et de Lætitia Ramolino avait préparée.

Le 15 décembre 1778, le jeune Bonaparte s'embarqua pour Marseille
avec son père et son frère Joseph. Il fut placé par lui au collège élé-
mentaire d'Autun le 1ᵉʳ janvier 1779. Dans la même année, les
démarches de son père obtinrent, à Napoléon, l'entrée à l'école militaire
de Brienne le 20 avril. Cinq ans plus tard, le 17 octobre 1784, il la
quittait en vertu d'examens qui l'avaient proclamé apte au service de
l'artillerie. Son brevet de cadet-gentilhomme lui avait ouvert l'école
militaire de Paris ; il en sortit après une année de séjour le 1ᵉʳ septembre, fut classé avec le n⁰ 42 et passa comme second lieutenant au
régiment d'artillerie de La Fère, à Valence.

Un accès de nostalgie le ramena en Corse ; il s'y remit, s'utilisa pour
sa famille, rentra en garnison à Auxonne où il écrivit une histoire de
son pays et se livra à des études qui dénotaient une ambition vaste

déjà. La Révolution acheva de bouleverser son imagination et la régularité de sa vie militaire par des actes dont on n'a pas à s'occuper ici.

Nommé lieutenant en premier au 4ᵉ régiment en juin 1791, il se mêla de trop près aux événements, se fit destituer en janvier 92, fut réintégré capitaine de 5ᵉ classe le 30 août, de 4ᵉ classe le 11 septembre, assista aux expéditions de Corse et de Sardaigne faites en 1793. A son retour en France, le 11 juin, il trouva à Nice le général Dutcil, l'un de ses premiers chefs, qui l'attacha au service des batteries des côtes. Les révoltes de Marseille, de Lyon et de Toulon allaient le mettre en évidence, puis au premier plan.

Cette élévation devait être le fait des Représentants du Peuple.

Nous savons ce que fut le siège de Toulon ; étudions de près les hommes qui furent les *auteurs involontaires* de sa fortune.

Ricord, nommé à la Convention par le département du Var, était compatriote de Barras et modeste avocat au barreau de Digne. Il siégea à la Montagne, vota avec violence la mort de Louis XVI et fit répandre sous forme de brochure son opinion sans appel ni sursis. Ennemi déclaré des Girondins, intime avec les deux Robespierre, il partit avec Augustin comme représentant près l'armée d'Italie. Il emmena sa jeune femme, dont la réputation de beauté nous est parvenue par sa liaison supposée avec Augustin et Bonaparte, qui lui fit une pension sous l'Empire. Charlotte Robespierre, femme et jalouse, l'a un peu maltraitée dans ses *Mémoires*. Quoi qu'il en soit, les mandataires du Comité eurent de la peine à parvenir sans danger pour leur vie au terme de leur voyage. Poursuivis à Manosque et à Forcalquier par les Marseillais, ils conçurent contre eux de terribles projets de revanche ; on sait comment ils s'en acquittèrent.

Les relations de Bonaparte avec Madame Ricord, presque affirmées par Charlotte (I), se tirent des imprudences que commirent ces deux femmes au quartier général de Nice et dont on s'occupa à Paris. Elles prirent fin sur les observations de Maximilien. Des dissentiments ayant éclaté entre les deux amies devenues rivales, Charlotte désolée de l'éloignement qu'Augustin manifestait pour elle regagna la capitale ; elle vécut auprès de son frère aîné dans la famille Duplay, dont elle eut à subir les volontés et quelques affronts.

---

1. Voir ses *Mémoires* si détaillés sur les péripéties du voyage, sur la vie des représentants entre eux et sur la leur.

. Dans ce milieu on distinguait encore Saliceti, né à Bastia et dont la famille était originaire du Duché de Plaisance. Avocat au conseil supérieur de Corse avant la Révolution, député du tiers-état en 1789, ami de Paoli, rédacteur du cahier qui contenait les vœux de son pays, il sollicita au nom de ses concitoyens leur admission au titre de citoyens français le 30 novembre et obtint le décret. Sur sa demande, Paoli fut rappelé et nommé commandant général de la garde nationale corse. -

Erigé, sur ses réclamations, en département séparé, ce pays l'élut procureur-général-syndic et membre de la Convention. Attaché à son île, il se tint au courant des troubles qui l'agitèrent en 93, exposa à ses collègues son état politique, s'y rendit en mission (mai) et dénonça, en juin, Paoli comme chef du parti anglais. Poursuivi par son ancien ami, il s'embarqua pour la France et se rendit auprès du général Carteaux, chargé de reprendre Marseille aux insurgés. Nommé commissaire près l'armée du Midi, sur l'observation de Lacombe-Saint-Michel, que son nom serait préjudiciable aux événements de la Corse dans son ancienne résidence, il passa, en 1794, à l'armée d'Italie. Montagnard, il se lia doublement avec Augustin Robespierre, quoiqu'il n'eût pas gagné sa confiance au même degré que Ricord. Les *Mémoires* de Masséna en fourniront la preuve, relativement aux causes de l'arrestation de Bonaparte.

Comme collègue figurait à leurs côtés Gasparin, d'origine noble et ancien capitaine au régiment de Picardie. Libéral, l'officier avait adhéré à la Révolution avec enthousiasme, et contribué par son énergie à réunir le comtat Venaissin à la France. Nommé à l'Assemblée législative par le département des Bouches-du-Rhône, il vota d'abord avec les constitutionnels, et fit, au nom du Comité militaire, dont il était membre, des rapports appréciés. Les malheurs de l'émigration, l'intensité des troubles à l'intérieur, le manifeste de Brunswick et son honneur de soldat s'irritèrent du pacte fait avec l'étranger. Il concourut au renversement du trône, plaça la nation avant le sentimentalisme des émigrés, et fut nommé commissaire à l'Armée du Midi. Elu à la Convention, il fut délégué par elle, sur la motion de Danton, pour porter au général Montesquiou un arrêt de destitution, reconnu injuste avec le temps (1). Il fut adjoint à Lacombe-Saint-Michel et à Dubois-Crancé

1. Ce digne général fut rayé de la liste des émigrés et recouvra sa fortune par la levée du séquestre qui pesait sur ses biens, sur la demande de Pontécoulant en 94. Les montagnards se livrèrent à une vive discussion.

dans ce but. Il rentra à Paris pour s'y montrer adversaire des Girondins et dénonça même Guadet, Brissot, Gensonné et Vergniaud pour leurs intelligences avec Louis XVI ; il vota naturellement la mort de celui qu'il estimait parjure à ses serments. Plus tard, il joua un rôle contre Dumouriez à l'Armée du Nord, contribua à rallier les troupes à la Convention et fut nommé, en récompense, membre du Comité de Salut public. Trop actif pour se plaire dans les agitations stériles des partis, il quitta bientôt la capitale ; ce fut sur sa proposition que l'on décréta l'envoi de quatre représentants auprès de chaque armée. Envoyé à l'Armée des Alpes, puis à Marseille, il y organisa l'armée qui assiégeait Toulon avec ses collègues Saliceti, Barras et Fréron. Il sut y distinguer Bonaparte, qui se montra reconnaissant pour les siens sous l'Empire.

Le dernier des représentants était un jeune avocat de Dieppe, Albitte, que l'on avait distingué sous la Législative au Comité militaire. Son projet de décret sur le remplacement des officiers aux armées ne fut pas adopté par cette Assemblée, comme trop radical. Ennemi des factieux qui poussaient Louis XVI au mépris de la Constitution, il s'opposa aux mesures qu'il regardait dangereuses pour la marche de l'ordre nouveau. Les prêtres insermentés, les émigrés, Bertrand de Molleville, dont il avait soupçonné, avec tant de raison, les perfidies au ministère de la marine qu'il désorganisa, et ses négociations avec l'étranger, les généraux vaincus à Tournay, l'eurent pour adversaire implacable. Il faut signaler, à côté de ses idées acceptables, la demande qu'il formula imprudemment : *l'interdiction pour les généraux d'édicter des règlements* et la démolition des forteresses à l'intérieur.

Commissaire de l'Assemblée dans la Seine-Inférieure avec Lecointre-Puyraveaux, il y procéda à l'arrestation des suspects, et déporta les prêtres insermentés qui fomentaient les troubles préliminaires du Nord-Ouest. Nommé après le 10 août membre de la Convention, pour sa conduite antérieure, il provoqua la vente des biens appartenant aux émigrés, demanda l'assimilation des armés et des non-armés pris en pays étranger pour la peine de mort, s'éleva contre les Girondins au nom de l'unité nationale, provoqua l'arrestation de généraux prêts à faiblir, et se rendit auprès de Kellermann avec Dubois-Crancé comme Représentant aux Alpes. Le 25 août, il passa à l'armée de Carteaux, et y montra un courage auquel ses ennemis ont rendu justice. Lié avec les deux Robespierre, il favorisa Bonaparte, et vit dans la Révolution, même terroriste, le seul moyen de s'opposer au démembrement de la France.

Ce démembrement, il l'avait exposé dans une lettre *aux citoyens maire et officiers municipaux de Paris*. Marseille aurait appartenu aux Anglais ou au tyran de Sardaigne, à qui la Provence et le Dauphiné étaient réservés pour rétablir l'ancien *royaume d'Arles* en faveur de *Monsieur*. On aurait relevé les grands fiefs : Aquitaine, Bretagne, Normandie, Poitou, Auvergne, sous une régence à la Médicis. Ce sont ces plans criminels qui devaient porter les protestataires aux dernières violences ; en chercher ailleurs l'explication, c'est méconnaître l'esprit du temps. L'histoire doit la justice à tous, même aux violents, sans pour cela qu'elle approuve les moyens qu'ils employèrent (1).

Le Club des Jacobins s'occupait des affaires de Toulon. Le 9 novembre il y était question de Bonaparte dans une pièce restée inédite de son *Comité de correspondance*.

« Parmi les détails, y est-il dit, que les Commissaires transmettent à la *Société*, il en est de fort importants sur la conduite du général Carteaux. Ils disent que ce dernier se trouve gêner (sic) par eux. Ils annoncent qu'après l'avoir entretenu sur diverses questions minutieuses, il dit que *l'artillerie ne lui est point soumise,* que le *Chef Bonaparte fait tout en sens contraire*, qu'il y a quelque *dessous de carte* qu'il n'a pu encore découvrir, qu'attaquer le Chef c'est attaquer les Représentants eux-mêmes, et finit par dire qu'il ne craint qu'une chose, *c'est la guillotine.* »

Cette lettre fut envoyée officiellement au Comité de Salut public, avec une dénonciation en bonne forme contre Carteaux. Ses auteurs terminaient ainsi : Toutes ces nouvelles sont de grandes vérités, et nous vous prions de n'en entendre que de semblables. Ainsi, le général en chef dénonçait Bonaparte à Toulon, et, à son tour, subissait le même procédé à Paris. Si Bonaparte eût connu l'attaque de Carteaux, il l'aurait desservi pour le punir auprès des Représentants ; il a dû l'ignorer, car il employa plus tard ce général dans les places, malgré ses preuves d'incapacité en campagne. Nous comptons *au nombre des victoires*

1. En historien consciencieux, notons que notre flotte fut aux trois quarts sauvée par l'amiral espagnol Don Juan de Langara contre lord Hood, qui exécuta mal les ordres de William Pitt. L'amiral Jurien de la Gravière a exposé avec le talent qu'on lui sait l'incendie du port de Toulon et les affaires de la flotte dans son ouvrage sur Nelson, Jervis et Collingwood (*Revue des Deux-Mondes*, 1846, 1er novembre, p. 385, 589, 849, 945.)

Rappelons que le comte d'Estaing, nommé en juillet 1791 *amiral*, en souvenir de ses brillantes campagnes navales de l'Inde, refusa ; il faut le déplorer. Son refus fut inséré au *Moniteur*.

l'éloignement du général Carteaux, avaient écrit les Représentants au Comité. Masséna a jugé de même.

Le 7 septembre avait eu lieu la prise des gorges d'Ollioules. Le chef de l'artillerie, le commandant Donmartin, avait eu l'épaule gauche fracassée par une balle au moment où il pointait une pièce de 8 qui décimait l'ennemi. Il était tombé aux côtés des Représentants en s'écriant: *Vive la République!* (1) Nommé sur le champ de bataille chef de brigade, il fut emporté chez le général en chef où il fut l'objet de soins empressés. Sa blessure, plus grave qu'il ne l'avait cru d'abord, demanda quatre mois de soins ; elle le tint éloigné de l'action pendant une période qui lui fit retrouver général son ancien capitaine que l'on avait destiné d'abord à l'Armée de Nice ou d'Italie. Toute la famille du nouveau général fut comblée de bienfaits au même moment par les Représentants.

Le 25 octobre, Bonaparte, qui avait depuis le 11 le commandement effectif, quoique simple capitaine, vit sur un état officiel intitulé: « Etat-major provisoire de l'Armée du Midi, » son nom comme adjudant-général chef de brigade, ce fut une erreur passagère ; il figura au simple titre de chef de bataillon dans le procès-verbal du Conseil de guerre du 25 novembre. Mais la pièce du 27 octobre offre une particularité rare, car le nom de Bonaparte est suivi de la mention : « Commandant en chef l'artillerie, nommé à Ollioules par les Représentants du Peuple Gasparin et Saliceti. » Les partisans de Barras pourront le regretter, mais on ne peut nier les documents par cela seul qu'ils sont restés *inédits*. C'est à ces deux conventionnels qu'est dû l'avancement spécial de l'officier d'artillerie ; quant à sa nomination de général, elle fut l'œuvre personnelle de Robespierre ; c'est cette double situation que les écrivains ont confondue et qu'ils ont imposée avec le temps, de bonne foi, comme étant due à Barras. Il importe de rendre à chacun son rôle (2).

Le 11 octobre, Gasparin et Saliceti avaient écrit au Comité de Salut public une lettre où il était dit : « Vous verrez par la lettre que nous

1. Officier de l'armée royale, titré comte, Donmartin, devenu général, accompagna Bonaparte en Egypte, y commanda en chef l'artillerie et y mourut en soldat.

2. Napoléon reconnut plus tard ce qu'il devait à Gasparin lorsqu'il légua à ses fils une somme importante, remerciant le père décédé dans les siens. Barras venait de descendre au même moment dans la tombe, laissant l'exilé de Sainte-Hélène irrité encore des refus du Consulat. Quant à Saliceti il était mort depuis longtemps en Italie, ministre du roi Joseph.

adressait hier le citoyen Bonaparte, capitaine d'artillerie, qui était destiné pour l'Armée de Nice, mais que la blessure de Donmartin nous a obligé de retenir ici pour commander. » La blessure de Donmartin fut la cause première de l'élévation au poste de *chef de l'artillerie.* qu'occupait alors cet officier. La dépêche d'Albitte au Comité, écrite le 7 septembre, le prouve par sa teneur :

Cette journée n'a coûté qu'un homme, deux blessés ; de ce nombre est le chef d'artillerie Donmartin. Une balle l'a atteint au moment où il pointait une pièce. Nous étions à ses côtés. En tombant, il n'a poussé qu'un cri : *Vive la République!* Nous l'avons promu au grade de chef de brigade.

Le Conseil confirma la nomination.

Ce fut sans doute pour mieux affirmer son autorité nouvelle que Bonaparte, remplissant les fonctions de chef de brigade, prit un titre officiel ambitionné, cela se conçoit, et qu'il se sentait capable de remplir. Quoi qu'il en soit, les représentants Saliceti et Gasparin, toujours favorables, parlèrent en sa faveur le 30 septembre.

Les ingénieurs nous manquent, écrivaient-ils ; ils le déclaraient: *le seul capitaine d'artillerie qui soit en état de concevoir les opérations,* le trouvaient surchargé par *la conduite de toutes les opérations de l'artillerie,* demandaient des aides, et le proposaient comme chef de bataillon ; ce n'était pas à un officier subalterne de commander en chef une armée spéciale, même temporairement. Aussi, devenait-il par eux officier supérieur le 29 septembre. Par ses actes, son courage et son initiative, il entrait dans l'intimité des représentants. Tous les témoignages s'accordent sur ce point ; les hommes politiques et les militaires, dans leurs Mémoires, l'ont constaté. Savant dans son arme, il joignit au coup d'œil de l'ingénieur l'intrépidité du combattant, et mérita d'être cité à l'ordre du jour (1). Il ne doutait jamais du succès, les conventionnels étaient explicites sur ce sentiment (2).

1. Dugommier le signala à la Convention, le 5 décembre 93 en ces termes :

« Je ne saurais trop louer la bonne conduite de tous ceux de nos frères d'armes qui ont voulu se battre ; parmi ceux qui se sont le plus distingués, et qui m'ont le plus aidé à rallier et pousser en avant, ce sont les citoyens Buona Parte, commandant l'artillerie ; Arena et Cervoni, adjudants-généraux.

DUGOMMIER, général en chef. »

Bonaparte avait été blessé à la jambe d'un coup de baïonnette.

2. On aura une idée de la situation lorsqu'on aura lu le fragment de la dépêche écrite le 25 septembre par Saliceti, où il reprochait à Carteaux de ne pas écouter la voix du *Comité.* Et pourtant, il ne fut pas arrêté.

Bonaparte écrivit d'Ollioules, le 18 octobre, à son ami Gassendi, une lettre qui confirme les dires de Marmont sur l'intervention et l'influence du jeune général auprès des Conventionnels aux armées.

« J'ai appris avec déplaisir la scène qui vous est arrivée à Marseille. Je vous veux du mal de ne pas m'en avoir écrit à *temps* ; il eût été facile de remédier à tout. Je me suis porté à Marseille croyant vous y trouver. *J'ai parlé aux représentants* ; ils ne sont point du tout mécontents de vous, ils croient seulement avoir dû aider à la politique. C'est une affaire finie, n'en parlons plus.

» Vous trouverez ci-joint copie de la délibération des représentants du peuple à votre égard. J'ai rendu compte au ministre de l'affaire de Marseille, afin que le bruit ne lui en parvint pas par une autre voie et que cela ne fit aucun mauvais effet. La conduite que vous avez tenue à Marseille est très louable et fait l'éloge de vos principes. (1) »

Cette lettre, nul ne l'a connue que l'intéressé et son auteur. Elle appartient à la partie de la *Correspondance de Napoléon* non publiée par ordre de Napoléon III et qui est conservée aux Archives du dépôt de la guerre. Nous la donnons parce qu'elle honore Gassendi et Bonaparte, pour lequel il faut toujours être juste. On s'expliquerait difficilement le motif de son rejet, si sa lecture ne prouvait combien la Commission de publication a tenu à faire le silence sur cette partie de la vie de Bonaparte ; cela tenait à trois causes : la modestie des origines, les relations avec les représentants aux armées, l'intimité avec Robespierre jeune.

C'est à ces rapports secrets qu'il faut attribuer les plaintes de Saliceti sur les lenteurs du siège : Nous avons établi des batteries sur les bords de la mer ; elles inquiètent la flotte et nous l'aurions forcée de quitter la rade si le général en chef avait exécuté le plan qui est celui du Comité.

L'exposé de la mission de Barras près l'Armée devant Toulon a fait connaître les actes militaires de ce siège ; nous n'avons ni à insister ni à y revenir. La ville une fois réduite, commença l'invasion en Italie et la guerre spécialement faite au roi de Sardaigne.

1. Pièce communiquée à la Commission par Mᵐᵉ Marey, fille du général Gassendi. — (La délibération des représentants n'est pas jointe à la lettre), Gassendi était alors lieutenant-colonel ; il avait été le chef de Bonaparte, qui lui resta attaché et le combla de faveurs.

La prise du Col de Tende par Bonaparte (1) et Masséna, l'inutilité des efforts de l'armée àustro-sarde pour s'en emparer à nouveau, une insurrection populaire en Sardaigne, une conspiration à Turin même, tout promettait au Comité de Salut Public la défaite du Piémont pour la saison d'été. Dumerbion, proposé comme général en chef de l'*Armée d'Italie* le 27 mai 1794, fut nommé titulaire de la section de la guerre ; sa maladie ne l'autorisa pas, à son retour de l'expédition de Saorgio, à résigner son commandement. C'est ici qu'intervint l'influence des Représentants, qui ne cessait d'être favorable à Bonaparte depuis l'année précédente. Massena l'a constaté,

Pour alléger le fardeau, Robespierre jeune, Ricord et Saliceti faisaient faire une partie du travail par Bonaparte. Ils l'auraient proposé pour général en chef s'ils n'avaient craint les troupes dont il était peu connu. Ils avaient compris qu'un général médiocre obtient des résultats plus satisfaisants des troupes dont il a gagné la confiance en les menant au feu, qu'un général habile sans réputation (2).

Deux mois d'inaction succédèrent aux premiers combats, également nuisibles à l'ensemble des opérations et à la valeur des troupes. Les sièges de Demonte et de Ceva ne suffisaient pas à l'avenir de nos soldats aguerris et dont les souffrances en appelaient par la victoire au relèvement dans le bien-être matériel. Les généraux calculaient les effets de ces retards en les déplorant. On se divisait sur le choix des sièges entre Demonte et Ceva ; la majorité cependant désignait parmi les officiers la première de ces places. Le but final était d'entraîner la coopération de l'*Armée des Alpes*, dont on attendait « des diversions sur la chaîne principale des Alpes » pendant que la droite de l'*Armée d'Italie* tiendrait en échec une partie des Austro-Sardes. Les cols de l'Argentière, de Finestre et de Tende étaient les seuls chemins à suivre par leurs routes ordinaires qui les sillonnaient. L'armée des Alpes, prétendait-on, intercepterait au col de l'Argentière toute communication entre Demonte et Corsi avec une forte division. La première de ces places prise, on déboucherait dans le Piémont en méprisant celles de droite, Corsi, Mondovi, Ceva et Cherasco. Rencontrât-on l'ennemi on l'abattrait, et le triomphe aurait pour prix *les clefs de Turin*, car les Italiens et les Allemands toujours antipathiques devaient se diviser

---

1. Robespierre jeune l'avait fait nommer général de brigade (V. notre chapitre sur ce représentant).

2. *Mémoires* de Masséna, t. I, ch. 3, p. 90.

après la défaite. Ne l'étaient-ils pas déjà dans le succès ? L'audace permettrait de *neutraliser la forteresse* en les évitant. Dans tous les cas, leurs garnisons n'étaient pas supérieures à celle de Saorgio, enfin leur matériel pouvait ne rien présenter de complet.

Ces propos parvinrent à l'oreille du général en chef, parce qu'ils étaient tenus dans tous les camps ; il s'en émut ; moins que Bonaparte dont ils redisaient les espérances secrètes. Le jour s'est fait aujourd'hui et on peut avancer que *c'était lui qui les avait adroitement répandus.* Dumerbion les accepta en principe, ils étaient dans les vœux de tous, et les soumit aux représentants. Ils furent acceptés par eux parce qu'il reprenait une opération chère au Comité de Salut Public : *l'invasion du Piémont par les Armées des Alpes et d'Italie.* Le sous-chef d'état-major de cette dernière se rendit au quartier général de l'armée des Alpes pour s'y concentrer sur l'unité à donner au mouvement des deux armées. Le 26 juillet était la date fixée pour l'entrée en campagne.

Quel était au fond le but des Représentants Ricord, Saliceti et Robespierre jeune ?

Le général Masséna nous l'apprend pour l'avoir vu :

N'ayant pu vaincre, dit-il, la résistance systématique du général en chef et des conventionnels de l'armée des Alpes pour un concours franc, ils avaient eu la pensée de transporter cette armée sur les traces de celle d'Italie, afin de la renforcer des troupes qui descendraient la vallée de la Stura. Déjà ils avaient expédié plusieurs bataillons des Alpes à la gauche de celle d'Italie, et retenu à Nice les 8.000 hommes destinés pour l'expédition de Corse.

Persuadés que le secret est le plus sûr garant de toute opération militaire, ils n'avaient confié leur plan ni à leurs collègues, ni au général Dumerbion. Ils engagèrent Saliceti à se concerter avec ses collègues de l'armée des Alpes. Robespierre le jeune vint à Paris *soumettre à son frère ce projet,* qui méritait l'attention et qui eût été couronné de succès.

Le 9 thermidor ensevelit ce plan avec la chute des deux conventionnels et celle de Saint-Just ; leur confident était accouru de l'armée du Nord sur l'appel de Maximilien, pour en connaître.

Comment échoua la pensée intime de Bonaparte ? Quels sentiments animèrent les Représentants de l'armée d'Italie ? Se divisèrent-ils dans leur appréciation ou bien restèrent-ils unanimes ? Enfin, quelle fut leur conduite respective à la suite de cet événement, qui prouvait que les dangers provenant de l'étranger ne déguisaient plus l'horreur des moyens employés pour les conjurer ? Voilà ce qui importe pour les faits militaires comme pour l'avenir de Bonaparte.

Un témoin impartial va nous faire savoir ce qu'il importe de résoudre :

Ricord fut consterné de la révolution. Saliceti y vit l'occasion de faire succéder sa prépondérance à celle dont il s'était senti humilié. Tout se disposait pour l'invasion du Piémont. Le Comité de Salut public renouvelé, se méfiant des projets approuvés, jugea qu'une invasion tardive aurait peu de chance. Il manda le 28 juillet qu'il avait changé d'avis, recommandant de se borner à la défense des côtes et du pays conquis (1).

A la nouvelle du 9 thermidor, Saliceti crut que sa mission à Barcelonnette n'avait été qu'un prétexte contre lui. Ses soupçons se trouvaient renforcés par le rappel de Ricord, par les obstacles que ses collègues opposèrent aux mouvements de l'armée des Alpes, et par le danger couru. Albitte était tombé dans une embuscade des Barbets qui assassinèrent un chef de brigade par erreur de personne. Quel était l'auteur de ce guet-apens ? On ne l'a jamais su ; Saliceti impliqua Ricord dans une conspiration dont le but était de désorganiser les armées et qui aurait *été tramée de concert avec lui par Robespierre le jeune et Bonaparte.*

La personne de Ricord étant inviolable pour eux, ses collègues et lui se contentèrent de prendre un *arrêté* par lequel ils *suspendirent* Bonaparte de ses fonctions, et ordonnèrent au général en chef de le mettre en arrestation.

L'intimité des deux Robespierre ne prouvait-elle pas qu'ils s'étaient communiqué les espérances des triumvirs et l'espérance de dictature définitive en faveur de Robespierre aîné ? Ainsi raisonnent les partis en période révolutionnaire.

On a dit que Bonaparte avait vécu confidentiellement avec son jeune frère. En l'admettant, qu'est-ce que cela prouve ? Où sont les preuves ?

L'on resterait dans la vérité exacte en annonçant qu'il connaissait les desseins des chefs du *Parti Terroriste*, ont ajouté ses adversaires quand

---

(1) L'ordre des représentants, Nice le 5 août, disait : « Le Comité de Salut public par sa lettre du 10 thermidor veut que les efforts de l'armée soient tournés du côté de la défense des côtes et pays conquis. » Ricord l'avait *seul* signé.

même en politique (1). Des officiers, collègues de Bonaparte, déclarèrent qu'il avait pris l'engagement de commander leurs armées. Les dénégations que produisent sur ce point les *Mémoires de Masséna* déclarant ces officiers envieux et méchants, répondent à notre avis sur cette question à tout. Sa carrière ultérieure prouve qu'il chercha des appuis partout pour l'accomplissement de ses projets militaires. N'était-ce pas son droit ?

On ne saurait inférer davantage de l'absence de papiers compromettants, résultat de l'examen qui en fut fait après l'apposition des scellés, une culpabilité politique. Il avait appris par les précédents combien il était imprudent d'en conserver chez soi s'ils prêtaient dans une visite domiciliaire à une double interprétation. Les arrestations de généraux tels que Custine et Biron, de chefs politiques comme Danton et Vergniaud, celles d'hommes considérables et frappés néanmoins malgré les services rendus tels que Diétrich et Condorcet, et la fuite d'orateurs modérés mais dévoués au bien public comme Pontécoulant et Lanjuinais, lui avaient inspiré une prudence devenue nécessaire. La nouvelle révolution aussitôt connue qu'exécutée dut le porter à brûler les papiers qui ne concernaient pas les affaires de service proprement dites. Ce que nous disons de lui on peut l'appliquer à tous les hommes considérables de la Révolution. S'il était dangereux de parler durant la Terreur, il était plus dangereux encore d'écrire. C'est ce qu'eurent vite compris ces hommes ; aussi, le peu de papiers que l'enchaînement et la précipitation des affaires leur permettaient d'avoir, le faisaient-ils disparaître aux premiers symptômes de troubles. C'est pour cela qu'on n'a rien de Danton, de Couthon, de Saint-Just et de Robespierre, en dehors de leurs discours dans les assemblées, dans les clubs ou de leurs dépêches. Les Représentants n'ont pas été mieux partagés.

Sauf Thibaudeau et Dumouriez, Louvet et Durand de Maillane, qui ont rédigé dans l'exil leurs souvenirs, sauf Merlin de Thionville et Barère, Levasseur et Baudot dont on a utilisé les notes, que reste-t-il

---

1. L'historien de Robespierre a parlé de *lettres* de Bonaparte à Robespierre (T. III, p. 435), d'après Buchez et Roux qu'il cite (T. XXXIII, p. 168). Elles auraient été rendues à Napoléon par le fameux Courtois qui dépouilla après thermidor la correspondance et les papiers du dictateur. Eh bien ! Courtois reçut sous l'Empire le conseil par Savary de se faire oublier lui et sa fortune scandaleuse, ce qu'il fit sous la Restauration; qu'a-t-il écrit alors qu'il pouvait parler? rien ; qu'a-t-il laissé comme divulgations ? rien. Donc, tout prouve la véracité des affirmations du grand Masséna.

des plus grands auteurs de la Révolution Française en dehors de l'impression générale de leurs actes? Est-on certain d'en connaître les mobiles intimes, soit qu'ils fussent honnêtes, soit qu'ils le fussent peu? Des observateurs qui ont vécu auprès d'eux ont laissé des matériaux utiles, d'autres ont écrit leurs souvenirs comme acteurs ou témoins de second ordre. Mais la *pensée dirigeante* il faut la chercher partout. Ce n'est pas trop de cent années qui nous séparent de cette époque pour connaître les phases internes de ce drame dont Talleyrand a dit avec raison : *la Révolution a désossé la France.*

Le Mémoire que nous allons publier maintenant, le projet de Bonaparte sur l'Italie, n'a pas encore paru. Il appartient au « fonds secret des pièces inédites de la Correspondance de Napoléon » du Dépôt de la guerre. On remarquera à son occasion qu'il n'est pas signé par son auteur et qu'il porte, au contraire, la mention de Robespierre jeune, à la date du 1er thermidor an II : *Note remise par Robespierre jeune.* Expédiée le 25 messidor (13 juillet) du quartier général de Loano, elle ne peut être postérieure à ce jour, qui fut celui du départ de Bonaparte pour Gènes où l'avaient envoyé les Représentants avec la mission de visiter les forteresses de Savone, Gènes et autres, indépendamment des instructions secrètes que lui avait remises Ricord (1). Son absence dura 15 jours, puisqu'il rentra le 10 thermidor. La mention faite plus haut est de l'écriture de Robespierre qui la communiqua à son frère dès son arrivée à Paris. Un tel patronage lui assurait le succès d'exécution et promettait déjà le commandement en chef de l'armée de l'Italie à l'auteur du projet. Son adoption paraissait indubitable sans les secousses politiques de thermidor.

Par une anomalie sigulière, l'Italie devait porter au faîte des honneurs et de la renommée, deux années plus tard, le général aujourd'hui dénoncé, poursuivi et arrêté. L'étrangeté de ses plans devait séduire cette fois un corrompu, un thermidorien que Bonaparte avait connu au siège de Toulon, Barras, sur l'insistance d'un girondin, colonel de l'ancienne armée royale et de vieille noblesse : le comte Pontécoulant.

La dissolution de l'institution des Représentants près les armées, en frimaire an V, préparera avec de telles ambitions le 18 brumaire, revanche des malheurs de l'an II.

---

1. Il lui était recommandé d'étudier « la conduite civique et politique du ministre de la republique française Tilly » conjointement celle « de ses autres agents. » *Mémoires de Bourrienne,* qui donne la pièce en entier (T. I, ch. 5).

Quelles étaient, au 9 thermidor, les vues militaires de Bonaparte ?

Le Mémoire écrit par Junot, qui ne quittait plus son nouvel ami, qui écrivait sous sa dictée et qui recopiait ses études sur la guerre, officielle ou non, va nous l'apprendre. Ne l'oublions pas, ce plan de campagne est le premier qu'il ait conçu et tracé ; Robespierre jeune était chargé de le faire valoir par des amplifications qui auraient été le commentaire de ses conversations avec l'auteur.

NOTE SUR LA POSITION POLITIQUE ET MILITAIRE DE NOS ARMÉES DE PIÉMONT ET D'ESPAGNE

PREMIÈRE OBSERVATION

Si la République avait assez d'infanterie pour faire la guerre offensive avec ses quatorze armées, il lui manquait pour ce genre de guerre de la cavalerie.

Si elle avait de l'infanterie et de la cavalerie en suffisance, il lui manquerait :

1° de bons officiers pour conduire tant de troupes dans un système attaquant ;

2° des chevaux, des harnais, des voitures pour les charrois et les vivres ;

3° des équipages d'artillerie assortis, de la poudre et des voitures d'artillerie.

2ᵐᵉ OBSERVATION

Il est donc indispensable, lorsque l'on a quatorze armées, que chacune fasse un genre de guerre relatif :

Au projet général de la guerre,

A la force et aux circonstances soit topographiques, soit politiques de l'État qui lui est opposé.

Le genre de guerre que chaque armée doit faire ne peut être déterminé que par l'autorité supérieure.

C'est par ces considérations surtout que l'on se pénètre de la nécessité absolue dont est, dans une immense lutte comme la nôtre, un gouvernement révolutionnaire et une autorité centrale qui vise un système stable, donne à chaque ressort tout son jeu et qui, par des vues profondes, dirige le courage, et rende nos succès solides, décisifs et moins sanglants.

3ᵐᵉ OBSERVATION

Le genre de guerre que doit faire chaque armée doit donc être déterminé :

1° par les considérations déduites de l'esprit général de notre guerre ;

2° par les considérations politiques qui en sont le développement;

3° par les considérations militaires.

Considérations déduites de l'esprit général de notre guerre.

L'esprit général de notre guerre est de défendre nos frontières. L'*Autriche est notre ennemie le plus acharné ;* il faut donc le plus possible que le genre de guerre des différentes armées porte des coups directs ou indirects à cette puissance.

Si les armées qui sont sur les frontières d'Espagne embrassaient le système offensif, elles entreprendraient une guerre qui serait, à elles seules, une guerre séparée. L'Autriche et les puissances d'Allemagne n'en ressentiraient rien. Elle ne serait donc point dans l'esprit général de notre guerre.

Si les armées qui sont sur les frontières de Piémont embrassaient le système offensif, elles obligeraient la maison d'Autriche à garder ses États d'Italie, et dès lors, ce système serait dans l'esprit général de notre guerre.

Il en est des systèmes de guerre comme des sièges de places, réunir ses forces contre un seul point ; la brèche faite, l'équilibre est rompu, tout le reste devient inutile et la place est prise.

C'est l'Allemagne qu'il faut accabler ; cela fait, l'Espagne et l'Italie tombent d'elles-mêmes.

Il ne faut donc point disséminer ses attaques, mais les concentrer.

Le système offensif en Piémont influe sur la Pologne, et encourage le grand Turc.

Si nous obtenons de grands succès, nous pouvons, dans les campagnes prochaines, attaquer l'Allemagne par la Lombardie, le Tessin et le comté du Tyrol, dans le temps que nos armées du Rhin attaqueraient le cœur (1).

Considérations politiques.

Les considérations politiques qui doivent déterminer le genre de guerre de chaque armée, fournissent deux points de vue.

1° Opérer une diversion qui oblige l'ennemi à s'affaiblir sur une des frontières où il se tiendrait trop en force.

Si nos armées en Espagne embrassaient le système offensif, nous n'obtiendrions pas cet avantage ; cette guerre, absolument isolée, n'obligerait la coalition à aucune diversion.

Le système offensif embrassé par les armées en Piémont, opère nécessairement une diversion à la frontière du Rhin et du Nord.

2° Le second point de vue des considérations politiques, doit nous offrir la perspective, dans une ou deux campagnes, du bouleversement d'un trône et du changement d'un gouvernement.

Le système offensif de nos armées en Espagne ne peut pas raisonnablement nous offrir ce résultat.

L'Espagne est un grand État ; la mollesse et l'ineptie de la cour de Madrid, l'avilissement du peuple, la rendent peu redoutable dans ses attaques ; mais le caractère patient de cette nation, l'orgueil et la superstition qui y prédominent, les ressources que donne une grande masse, la rendront redoutable lorsqu'elle sera pressée chez elle (2).

L'Espagne est une presqu'île, elle aura de grandes ressources dans la supériorité de la Coalition sur mer.

1. Ce paragraphe contient en général toute la campagne de 1796.

2. Le lecteur rapprochera cette observation de la guerre de 1808.

Le Portugal, nul dans notre guerre actuelle, secourrait alors puissâmment l'Espagne (1).

Il ne peut donc point entrer dans une tête froide de prendre Madrid ; ce projet ne serait point du tout à l'ordre de notre position actuelle.

Le Piémont est un petit État, le peuple y est bien disposé, peu de ressources contre quelques événements heureux, point de masse, point d'esprit national caractérisé, il est raisonnable de prévoir qu'au plus tard à la campagne prochaine, ce roi serait errant comme ses cousins.

Considérations militaires.

La topographie de la frontière d'Espagne est telle, qu'à égalité de force, l'avantage de la défensive est tout à nous.

L'armée espagnole qui serait opposée à la nôtre, devrait nécessairement être plus forte pour n'essuyer aucun échec et nous tenir mutuellement en respect.

Lorsque deux armées sont sur la défensive, celle qui peut le plus promptement réunir différents postes pour enlever celui qui lui est opposé dans l'ordre défensif, a nécessairement besoin de moins de troupes, et à force égale, obtient toujours des avantages.

La frontière de Piémont forme un demi-cercle, les deux armées des Alpes et d'Italie occupent la circonférence, le roi de Sardaigne occupe le diamètre.

La circonférence que nous occupons est remplie de cols et de montagnes difficiles.

Le diamètre qu'occupe le roi de Sardaigne est une plaine aisée, fertile, où il peut faire circuler les mêmes troupes, en peu de jours, d'une extrémité à l'autre du diamètre.

Le système défensif est donc toujours à l'avantage du roi de Sardaigne ; il faut, à nous, le double des troupes qu'à nos ennemis pour nous trouver à égalité de force.

Ces observations sont de la plus grande importance. Il serait facile de le démontrer par une description détaillée des frontières d'Espagne et de Piémont, et par l'analyse des différentes guerres, l'on y démontrerait à l'évidence que toutes les fois que nous avons gardé la défensive sur les frontières de Piémont, il nous a fallu beaucoup de troupes, et nous avons toujours dans des affaires de détails eu l'infériorité.

4ᵐᵉ OBSERVATION

L'on doit donc adopter le système *défensif* pour la frontière d'Espagne et le système *offensif* pour la frontière de Piémont.

Les considérations tirées de l'esprit général de notre guerre,

Les considérations politiques,

Les considérations militaires, se réunissent également pour nous en prescrire la loi.

Si l'orgueil national et la vengeance nous appelaient dans les campagnes prochaines à Rome, la politique et l'intérêt devront toujours nous *diriger* sur Vienne.

1: La future campagne de Wellington, en voilà la prophétie, dès 1793.

5me OBSERVATION

L'on doit *réunir* les deux armées des Alpes et d'Italie, leur donner le même centre, le même esprit ; réunies, elles sont assez fortes en infanterie ; il faudrait y joindre deux mille hommes de cavalerie, y restituer les départements qui en ont été ôtés, s'accroître de nouveau, y joindre une partie des charrois de l'armée des Pyrénées, généralement tout ce qui devient inutile dans cette armée d'après le système défensif qu'elle adopterait ; les armées des Alpes et d'Italie ont assez d'artillerie ; il leur manque quelques assortiments de détail qui ont été demandés aux commissions précédemment. Il faut surtout des poudres, des harnais et des chevaux. Il faudrait envoyer les fonds pour en acheter en Italie, l'on en propose six mille.

Progressivement, dans les campagnes prochaines, on accroîtrait cette armée pour lui permettre d'accomplir tout ce dont elle est susceptible.

6me OBSERVATION

La campagne actuelle s'avance, mais si les armées de Piémont peuvent se procurer des quartiers d'hiver chez l'ennemi et obliger l'Empereur à une puissante diversion, elle aura pour cette campagne rempli sa tâche et sera en chemin d'achever les campagnes suivantes et porter un coup essentiel à la maison d'Autriche et à l'Allemagne.

Comment Bonaparte échappa-t-il à la mort alors qu'il était dénoncé par notre chargé d'affaires à Gènes (1) et par les Représentants en mission près les armées (2) ?

Un ordre d'arrestation du 6 août donné par les chefs du parti thermidorien, atteste qu'il avait tenu *la conduite la plus suspecte* à l'armée et spécialement durant son voyage à Gènes (3). Suspendu de son grade, arrêté immédiatement, envoyé au Comité de Salut Public sous escorte, ses papiers saisis, dix gendarmes l'entourant de Toulon à Paris, avec des ordres très formels, il quitta Nice le 10 août.

Rapprochement nécessaire ! Le 2 avril précédent, Hoche avait été

1. Tilly avait dit dans une dépêche au commissaire des relations extérieures : « Le général d'artillerie Buonaparte, favori et conseiller intime de Robespierre le jeune. »

2. Saliceti, Albitte et Laporte, ennemis de Robespierre et de ses amis, se donnaient comme opprimés par le frère du dictateur. « Enfin ! écrivaient-ils le 6 août, nous respirons ensemble ; mais en rapprochant tous les faits, la *trahison nous paraît évidente.* »

3. La dépêche qui parle de l'arrestation porte : « Une lettre anonyme dictée de Gènes nous a prévenus qu'il y avait un million en route pour corrompre un général. » Les services rendus n'étaient plus rien devant une dénonciation *anonyme!*

arrêté comme lui, à la même armée, dans la même ville, dans le même quartier général, pour des causes dissemblables ; les deux capitaines étaient également voués à la mort.

Après le 9 thermidor, Albitte, Laporte et Saliceti, remplacèrent leurs collègues terroristes. Ils déclarèrent soudain que le commandant de l'artillerie de l'armée avait perdu la confiance de la nation et que sa conduite s'aggravait de son voyage à Gênes. De là l'arrêté du 6 août 94 rendu à Barcelonnette : « Le général Bonaparte sera mis en état d'arrestation et traduit au Comité de Salut Public à Paris sous bonne et sûre escorte ». De Nice et de Corse étaient arrivées des dénonciations, basées sur les instructions qu'aurait données Ricord. L'inculpé n'avait voulu servir que l'Étranger... La queue du système des suspects, la voilà.

Ricord avait fui, se sentant compromis. Bonaparte n'en fit rien.

Connut-il comme lui, par un avertissement secret, son arrestation certaine, ou bien l'ignora-t-il ? Il n'en a jamais parlé (1), s'est mal souvenu à Sainte-Hélène de cet incident. Sa lettre à Saliceti, où il l'accuse de l'avoir voué à la mort, que l'on a publiée dans la correspondance impériale; le complot formé par Junot et Marmont de l'enlever de force au moment de son envoi à Paris, tout atteste que le salut final vint de Carnot.

Arrêté et transféré dans le fort d'Antibes, il s'y défendit avec acharnement du 12 au 19 août. Le 20 du même mois, ses papiers ayant été trouvés indemnes de toute relation avec le *conspirateur Robespierre*, ses interrogatoires faits par les représentants ayant prouvé son innocence sur Gênes, sa *conduite antérieure* n'ayant pas justifié les soupçons, enfin ses *connaissances militaires et locales* pouvant le rendre utile (quelle pitoyable argumentation !), on proposa au Comité sa mise en liberté. Mais elle ne devait être que provisoire, moyen louche de revenir sur la mesure sans se compromettre, selon ce que dicterait, à Paris, une politique de vengeance ou d'oublis prudents.

La campagne d'Italie se rouvrait. Les thermidoriens, fatigués de ces dénonciations sans fin aux armées contre lesquelles avait toujours protesté Carnot, envoyèrent de nouveaux représentants, Ritter et Turreau, avec de nouvelles Instructions. Une expédition, qui dura cinq jours,

---

1. Napoléon dans ses *œuvres* attribue son salut aux circonstances militaires qui le rendaient *nécessaire à l'armée* et à l'appui que lui fournirent les représentants contre les députés des Bouches-du-Rhône, qui l'avaient dénoncé de leur côté (Pièces des opérations, t. 29, p. 42, dans la *Correspondance de Napoléon*).

rendit à Bonaparte son grade et sa mise en activité. Après la défaite des
Sardes, il reçut le commandement de l'artillerie dans l'expédition
maritime que le Comité destinait à pacifier la Corse. Le plus important
était accompli, sauver sa tête, reparaître parmi les troupes et rétablir
sa situation morale compromise.

Carnot, qui venait de rendre à l'armée Hoche prisonnier, pouvait-il
délaisser Bonaparte dont il avait deviné le génie? Il envoya celui-ci à
Cette pour *l'y faire oublier* et par ce moyen (l'éloignement de Paris)
le *sauver*.

Rentré dans la capitale quelques mois plus tard, fin mai 1795, il
demanda au nouveau chef de la section de la guerre, le capitaine
Aubry, un commandement. Celui-ci qui s'était personnellement nommé
général de division et inspecteur de l'artillerie sans avoir participé à la
guerre depuis 1792, le nomma général d'infanterie avec l'ordre de
rejoindre l'armée en Vendee. Bonaparte refusa et attendit dans une
disponibilité fiévreuse le retour de la bonne fortune. Le coup de vendémiaire le remit en scène par Barras ; son entrée au *cabinet topographique* des bureaux de la guerre lui fournira l'occasion de parler de
l'Italie aux puissants du jour, notamment à son directeur Pontécoulant ;
son mariage avec Joséphine de Beauharnais achèvera de le mettre en
relief. Rentré à sa direction favorite : les plans de campagne, Carnot
lui promettra un commandement en chef et le lui donnera.

Le jour où Carnot dira : *Ce n'est pas Barras qui a proposé Bonaparte,
c'est moi*, l'histoire lui donnera raison et protestera enfin contre la
légende intéressée de Barras et de ses amis (1).

1. Nous avons discuté avec preuves cette grave question de patronage dans notre
ouvrage sur *Carnot* et prouvé que là encore M. le général Yung a commis erreurs
sur erreurs.

———

LIVRE SEPTIÈME

LA LOI DE L'AMALGAME
ET LES REPRÉSENTANTS

CHAPITRE XXXVI

INSTRUCTIONS DE CARNOT SUR LA CAMPAGNE DE 1794

I. Correspondance inédite de Carnot sur cette glorieuse campagne. — Elle explique seule les opérations militaires du Nord et du Rhin. — Discussion des plans militaires entre Carnot et Jourdan. — Malgré le représentant Duquesnoy, Jourdan refuse de reculer. — Carnot l'approuve et refuse sa démission. — II. Plan sur le Rhin. — Dépêches et Instructions inédites. — Les opposer aux inepties du général Aubry, successeur de Carnot en 1795 et son compétiteur.

Les Autrichiens et les Prussiens ayant été écrasés par Hoche devant l'Europe surprise, on ne doit pas s'étonner que le Comité de Salut public entendit prolonger la guerre. Les espérances secrètes de paix recherchées en avril et en mai 93 par le Parti Girondin disparu, ou du moins silencieux, s'étaient évanouies. Les graves dépêches de Merlin sur la Question des frontières naturelles et sur l'avenir des provinces connues sous le nom de Palatinat, ne furent plus qu'un souvenir importun. Dantonistes, Hébertistes, Triumvirs, tous considérèrent que les discordes des alliés rendraient les efforts des subsides anglais impuissants à nous vaincre. Ils regardèrent la paix comme impossible avec les cabinets européens, dont les conquêtes dans le nord de la France attestaient les pensées de *démembrement* et l'application des doctrines de Brunswick. La correspondance inédite qu'on va lire, expliqué seule le *plan* de 1794.

Le 22 octobre 93, Carnot ordonna, au nom du Comité, de porter les opérations militaires de l'armée du Nord sur la Basse-Sambre, vers Charleroi.

Un arrêté en date de ce jour et que signaient tous les membres, Robespierre lui-même, qui en avait été l'inspirateur, déclara que la guerre allait continuer sans trêve aucune, *pour frapper un coup décisif et chasser entièrement dans cette campagne l'ennemi du territoire de la*

République. Jourdan eut ordre de cerner l'ennemi, de l'envelopper, de l'enfermer dans la portion du territoire français par lui envahie, de lui couper les communications avec son propre pays, de brûler les approvisionnements dont il ne pourrait s'emparer et de le contraindre à une capitulation sans exemple, ou au massacre. Il fallait pour cela le tromper sur nos projets par des feintes, l'attaquer partout à la fois pour l'engager à diviser ses forces en conservant les nôtres en masse. C'est ce que l'arrêté appelait la délivrance, car renvoyer à la campagne prochaine l'expulsion c'est, s'écriait-il, terminer celle-ci à notre désavantage, c'est laisser à l'ennemi le moyen de commencer la suivante et prolonger les malheurs de la guerre.

Cet arrêté n'était-il pas inexécutable? Jomini l'a écrit et les faits l'ont prouvé. Robespierre, par son intervention, pouvait tout perdre; on fut assez heureux pour s'en tirer un peu amoindri dans le succès que promettait Wattignies. Comment s'y prit Carnot pour vaincre? C'est ce qu'il importe de savoir; sa correspondance va nous l'apprendre. Dès le 23 octobre 93, il commentait l'arrêté de la veille et marquait l'intervention de Robespierre. Ces dépêches furent rédigées par lui seul (1), elles sont même écrites en entier de sa main et n'ont jamais été publiées. Leur exécution sauva la France.

Les malintentionnés s'efforcent, Citoyen Général, de nous inquiéter de nouveau sur la situation de l'armée du Nord. On exagère la perte essuyée par le général Elie ; il est important que vous nous rassuriez en nous faisant connaitre le plus souvent possible par deux mots votre position.

L'ennemi n'a pas d'autre projet, vous devez en être persuadé, que de passer l'hiver en France, et il n'y a aucun sacrifice, au contraire, auquel le. Comité de Salut public ne soit résolu plutôt que de le souffrir. L'ennemi se fortifie dans la forêt de Mormal, à même de se porter entre Avesnes et Maubeuge, du moment que vous passerez la Sambre au-dessous de cette ville ; le tout, afin de vous retenir dans cette position et vous empêcher d'aller en avant par la crainte de voir vos communications coupées. L'attaquer dans cette forêt, c'est combler ses vœux et compromettre inconsciemment le salut de notre armée ; vous n'avez, ce me semble, citoyen Général, qu'un seul parti à prendre, c'est de commencer par vous assurer une nouvelle communication par Givet, Philippeville et Beaumont, et en vous emparant de tout le pays d'entre Sambre et Meuse, et surtout de Namur s'il est possible, vous menacez la Belgique et. le pays de Liège, contenant pendant cette opération l'ennemi dans la forêt de Mormal et l'attirant tant que vous pourrez vers Landrecies, sans vous embarrasser de quelques dégâts partiels qu'il pourrait commettre ; maitre une fois de ce pays d'entre Sambre et Meuse, vous menacez

1. Elles appartiennent aux Papiers de Jourdan et sont rentrées sous le second Empire au Dépôt de la Guerre, grâce à une découverte de M. Turpin, : alors chef de section.

la Belgique et le pays de Liège,·vous passez la Sambre sans ·craindre pour vos communications.

· N'attaquez jamais l'ennemi qu'avec une grande supériorité de forces et des corps de réserve ; ne nous piquons pas de vaincre les ennemis à nombre inférieur ; soyons partout six contre un ; jetez l'épouvante chez les ennemis, menacez la Belgique d'une destruction totale, publiez que vous avez 200.000 hommes, ·force de subsistances, et surtout assurez-vous une communication le long de la Sambre inférieure et conservez Chimay par un poste. Je croyais pouvoir faire faire à l'armée de la Moselle un mouvement de votre côté, mais les progrès de l'ennemi vers le Rhin nous forcent à une mesure toute contraire.

Le Comité de Salut public, citoyen Général, vient de recevoir votre réponse sur le *plan de Campagne* qu'il vous a proposé et il voit avec plaisir les dispositions que vous faites pour sa prompte exécution ; vos succès dans la Flandre maritime seconderont puissamment vos projets. J'ai vu avec satisfaction, écrit-il le 26, dans l'ouvrage du fameux général Lloyd, qu'il semble avoir prévu la position où vous êtes, que le plan de campagne qu'il propose est absolument conforme à celui·qui a été arrêté par le Comité de Salut public et qu'il le regarde comme infaillible. Il est à désirer que vous puissiez enlever le château de Namur parce que cela nous assurerait la possession du pays d'entre Sambre et Meuse, mais il ne faut pas que cette ville vous arrête un moment ; si elle fait résistance, il faut se contenter de la masquer comme le propose Lloyd et passer à Charles-sur-Sambre (Charleroi). Lloyd veut qu'on marche directement sur Bruxelles, · en contenant l'ennemi sur votre gauche par un corps de troupes qui prendrait des dispositions menaçantes et avantageuses. L'expédition doit être rapide ; il faut prendre avec vous tout ce qui est disponible dans l'armée des Ardennes ; la saison est trop avancée pour craindre les trouées ; entrez en pays ennemi ; que la terreur vous précède, n'épargnez que les chaumières ; n'oubliez pas de faire détruire les moulins · et de prendre des otages en grand nombre. Il faut cependant mettre de la différence entre les pays qui ont montré quelque affection pour nous de ceux qui sont nos ennemis mortels. Bruxelles, par exemple, ne mérite aucun ménagement ; Liège, au contraire, est un peuple républicain ; Mons est moins mauvaise que Tournay ; Namur ne nous haït point non plus que Charles-sur-Sambre, Gand et quelques autres villes de la Flandre maritime. Il faut que la vengeance tombe sur tel pays dont nous avons éprouvé la perfidie. Le reste doit être seulement mis hors d'état de nous nuire par mesure de sûreté. *Quand vous serez près de frapper les grands coups, instruisez-m'en, car je désire être témoin de vos triomphes et partager le plaisir de battre les despotes.* C'est bien fait de contenir l'ennemi dans la forêt de Mormal, je voudrais qu'on pût l'attirer encore plus loin de son quartier général, afin que vous pussiez le gagner de vitesse lorsque vous passerez la Sambre ; croyez qu'il n'ira pas s'engouffrer derrière Cambrai et Landrecies. L'attaque du bois du Tilleul par Ferrand me parait une sottise par laquelle il a cru réparer une sottise plus grande, celle de n'être pas sorti de Maubeuge quand vous attaquiez l'ennemi de front et qu'il pouvait le mettre entre deux feux (1).

Le Comité de Salut public (dépêche du 31 octobre) a vu avec satisfaction les mesures de sagesse que vous avez prises pour ne pas compromettre le salut de l'armée qui est à vos ordres et pour conserver vos communications ; le passage de la Sambre peut être, en effet, difficile si l'ennemi emploie de grandes forces à le

---

1. P. S. « Quoique la faute du général Cordelier ait paru fort grave au Comité, il a pensé qu'on pouvait, à cause de son patriotisme bien prononcé, ne pas donner suite à son affaire. »

garder ; mais comme le crû de cette rivière est fort étendu, il se trouvera obligé de disséminer ses moyens, et vous en pourrez profiter pour tomber en masse sur quelques-uns de ses postes, le forcer à se replier et vous ouvrir soit la route de Mons, soit celle de Bruxelles. De plus, pendant que vous tiendrez l'ennemi en échec, le général Souham pourra faire une trouée de son côté et il est bien difficile que l'ennemi puisse parer à cette combinaison d'attaques.

Il me semble aussi que vous pourriez faire marcher par Givet une colonne de l'armée des Ardennes sur le pays de Liège, laquelle s'emparerait des magasins de l'ennemi sur la Meuse. Les Liégeois, qui paraissent toujours disposés à se déclarer en notre faveur, pourraient alors se joindre à cette colonne pour marcher sur Bruxelles, et si elle avait du succès, vous pourriez la renforcer pour rendre les succès décisifs. C'est à vous, citoyen Général, à peser les mesures qui vous sont proposées ; la confiance du Comité vous donne une grande latitude ; la seule base qu'il ait prescrite d'une manière absolue, c'est de tout tenter pour expulser complètement les ennemis du territoire sans faire de sièges, soit en l'enveloppant, soit par une puissante diversion.

Les Représentants du Peuple composant le Comité de Salut public, considérant que le *plan d'opérations militaires* fixé par leur arrêté du premier jour de ce mois pour l'armée du Nord, est fondé sur la persuasion où ils étaient et devaient être que la portion de cette armée qui est sur les bords de la Sambre aux environs de Maubeuge, serait convenablement secondée par le général d'Avesnes commandant la portion de cette même armée qui occupe la *Flandre maritime ;*

Considérant que cet espoir a été trompé par le peu de soin qu'a pris le général d'Avesnes de se conformer aux intentions des représentants du peuple et aux ordres du général en chef Jourdan ;

Considérant enfin que ce défaut de concours de la portion de l'armée occupant la Flandre maritime pourrait rendre périlleuses les opérations ultérieures de la portion qui occupe les bords de la Sambre, si le général en chef n'avait pas la faculté de modifier le plan prescrit par l'arrêté du Comité de Salut public du premier de ce mois :

Arrêtent que *les opérations déterminées par ce plan demeurent provisoirement suspendues,* que le général Jourdan est autorisé à y apporter telles *modifications* qu'il jugera convenables, en informant sans délai le Comité de Salut public de ses dispositions ; qu'en attendant, il maintiendra avec tout le soin possible ses communications, couvrira ses flancs et ses derrières, inquiétera l'ennemi, tâchera de s'assurer la possession de tout le pays d'entre Sambre et Meuse (1).

Le Représentant Duquesnoy, témoin des difficultés qu'éprouvait le général en chef à suivre les prescriptions de Carnot, se rendit à Paris. Il y fit des observations importantes sur les difficultés qu'offraient les routes à parcourir et sur le service des subsistances. On avait déjà autorisé Jourdan à modifier le plan de campagne en se basant sur son civisme; si on ne peut faire mieux que le présent, ajoutait une dépêche du 6 novembre, il faut s'y résoudre. *Le salut de l'armée est la première loi du général.* Le Comité n'exigeait que de connaître les projets du chef qui devait les concevoir avant de les exécuter.

1. Jomini, en son *Histoire*, t. VII, Pièces justif., n° 4, et l'Instruction qui suit aux deux généraux en chef.

Avant de quitter l'armée du Nord, Duquesnoy avait donné l'ordre à Jourdan de rentrer à Arleux et à Cambray; celui-ci avait refusé d'y obtempérer parce qu'il n'entendait pas reculer. Carnot lui écrivit le même jour pour le féliciter d'avoir désobéi à cet ordre du Représentant et ajoutait que reculer n'est pas le caractère du soldat français. Cette dépêche, quoique écrite à la même date, est donc postérieure à la première. Puis, Jourdan ayant parlé de donner sa démission, son interlocuteur refusait d'y accéder ; il le priait de venir, au contraire, à Paris, pour s'entendre avec le Comité sur les moyens d'exécution. Il terminait sa dépêche par ces mots : Partez dès la lettre reçue.

On est loin dans ce langage des folies et des ineptes instructions que le rival prétentieux de Carnot, le capitaine d'artillerie Aubry, devenu général par l'influence des triumvirs, formulera en 1795 pour l'armée de Sambre-et-Meuse comme pour l'armée du Rhin : *envelopper et détruire sans combattre une armée de 150.000 Autrichiens*. Pour remercier Jourdan des services de 94, Aubry obligera le vainqueur de Fleurus à se mettre sous les ordres de Pichegru dans le cas où la jonction des deux armées aurait lieu pour y parvenir. Jomini a flétri ces instructions et leur auteur comme il convient, nous n'insisterons point. Restons pour le moment en tête à tête avec les hommes qui vont sauver la France et lui former une armée, un état-major qui rivaliseront avec les plus vieilles troupes de l'Europe, y compris celles des généraux de Frédéric II.

Que répliquait Jourdan ?

Il restait fidèle à son premier plan, celui de Carnot.

Cette dépêche fut probablement la cause de son rappel ultérieur ; coïncidence singulière, elle était écrite par lui le 6 novembre, c'est-à-dire le même jour où Carnot avouait les *hypothèses* de l'arrêté du 12 octobre, œuvre de Robespierre. Le ton en est vif et tant de prudence dut déplaire !

L'impossibilité de *chasser cette année l'ennemi du territoire* et la persuasion où je suis que, le tenter dans ce moment serait compromettre le salut de l'armée, m'engagent à proposer ce projet.

Si nous continuons la campagne cet hiver, nous n'aurons à offrir au printemps qu'une armée délabrée.

Au contraire, si nous la reposons pendant l'hiver, si nous la recrutons en l'instruisant, nous pouvons nous promettre au printemps les avantages les plus solides. Outre les trahisons, *nos troupes avaient beaucoup souffert, elles manquaient de tout*. Au contraire, l'ennemi rentré dans son pays s'était reposé. Je propose donc de laisser à *Maubeuge* une garnison de vingt mille hommes qui garderait les rives de la Sambre depuis Noyelles jusqu'à Beaumont. Un corps de dix mille hommes campé en arrière d'*Avesnes*. Ces deux corps concerteraient pour se porter sur le pays ennemi ou sur celui qu'il occupe. Cette manœuvre forcerait l'adversaire à laisser sur la frontière du Hainaut des forces considérables ; il faudrait placer dix mille hommes à *Guise* pour le resserrer du côté du *Quesnoy* et une forte garnison à *Cambray* qui agirait de concert avec le camp de Guise. En mettre à *Saint-Quentin* et *Péronne* ; du reste de l'armée faire un corps d'observation entre Arras et Douai. Il serait possible de retirer un corps de la *frontière maritime*.

L'*armée des Ardennes* pourrait outre le *camp de Carignan* former un corps d'observation, placé à Floresnes. Avec les garnisons de Maubeuge, Givet et Philippeville, il fourragerait le pays *entre Sambre-et-Meuse*.

On m'objectera peut-être que l'année passée nous avons chassé l'ennemi. Il existait une grande différence ; outre le temps, l'ennemi n'était pas maître des trois places fortes et de la forêt de Mormal et ses forces en cavalerie moins considérables. Mais quand même cette différence n'existerait pas, *il serait extrêmement dangereux de suivre la marche qu'on a tenue la semaine dernière*. Les mêmes raisons qui ont occasionné nos défaites, opéreront la leur.

II

Les victoires de Hoche avaient moins pesé dans l'esprit des ultra-jacobins et des triumvirs que ses débats avec Pichegru. La Conciergerie l'avait compté parmi ses prisonniers, Pichegru était passé à l'Armée du Nord, et Jourdan avait pris le commandement de l'Armée de la Moselle. La victoire de Fleurus et la prise d'Anvers avaient arraché la Belgique aux Autrichiens, le duc d'York s'était réfugié en Hollande... qu'advenait-il sur le Rhin ?

Le Traité de La Haye avait levé les scrupules de la Prusse qui parlait beaucoup et n'agissait qu'en se faisant couvrir d'or ; encore agissait-elle dans le but évident de s'arrondir dans le Palatinat, avant-garde pour elle de ses prétentions sur l'Alsace. Ses vues secrètes la portèrent à renverser le plan de Mack, et le maréchal de Mollendorff s'apprêta à prendre l'offensive dans le Palatinat. On sait ses succès à Kaiserslaulern ; or, le péril était sur la Sambre, et Fleurus l'avait nettement indiqué aux cabinets coalisés. Aussi, lord Malmesbury et l'ambassadeur hollandais insistèrent-ils auprès du cabinet pour l'exécution stricte des stipulations de La Haye : vaines plaintes ! La Prusse enviait la grande Pologne, son objectif était Varsovie, ses généraux n'entendaient pas obéir au duc d'York ou à Mack. Nous n'avons pas à rechercher si Mollendorf fût arrivé à temps sur la Meuse, le tout est que son maitre lui interdit de s'y rendre.

Le nouveau commandant de l'Armée du Rhin, Michaud, était un bon divisionnaire d'infanterie, rien de plus. Sans Kléber, Desaix et Gouvion-Saint-Cyr, qui sait ce qu'il fût advenu de l'Alsace ! Ses plaintes au Comité de Salut public, nous allons les connaitre par la réponse vigoureuse que lui fit Carnot, commentaire anticipé du plan de la campagne pour la partie qu'il lui destinait : *face à l'Allemagne*.

Le Comité, citoyen Général, ne voit pas sans surprise, les difficultés que tu élèves sur son arrêté, et les réflexions tardives que tu lui proposes (1). Le Comité a eu de puissans motifs pour remettre dans leurs limites respectives les armées du Rhin et de la Moselle. Lorsqu'il a ordonné d'établir une tète de pont du fort de Kehl, c'est que l'armée des Autrichiens était en déroute. Aujourd'hui, tu affirmes qu'ils rassemblent 40 mille hommes.

Quand on voulait passer le Rhin, on prétendait que l'ennemi ne pouvait se rallier ; aujourd'hui, on n'ose passer à la rive droite, sous le canon de Strasbourg.

Que seraient donc devenus les 25 mille hommes qu'on voulait envoyer vis-à-vis le fort Vauban, et de là à Manheim, si les ennemis peuvent rassembler 40 mille hommes? Tu te plains de ta faiblesse contre une armée battue, avec un fleuve énorme, des places inexpugnables, et 80 mille défenseurs !

Le fort Vauban évacué, comment rentrerait-il en Alsace ?

Tu répètes que ton armée est excédée de fatigues, et tu gémis de ce qu'on t'empèche d'agir en offensive. Tu te plains d'être chargé de l'expédition de Manheim, tandis que tu ne peux suffire à garder ton immense frontière. Mais ta frontière se termine à Germersheim et l'expédition de Manheim était remise à l'Armée de la Moselle.

Si les arrêtés du Comité de Salut public eussent été ponctuellement exécutés, il ne resterait plus rien à prendre dans le Palatinat, et tu

---

1. Dépêche du 29 janvier 1794 (10 pluviôse, an II).

n'aurais plus à craindre le retour des Prussiens. C'est parce que l'armée du Rhin est excédée de fatigues, que *nous n'avons point voulu qu'elle passât le Rhin pour des conquêtes imaginaires.*

C'est parce que l'on assurait la dispersion des Autrichiens, que nous avions ordonné une tentative sur Kehl ; les détails ont donné le moyen de pouvoir réunir promptement 40 mille hommes et l'opération est manquée. Donc, nos plans sont devenus inexécutables par la lenteur qu'on a mise à s'en occuper.

Les armées de la Moselle et du Rhin ont bien mérité de la Patrie ; mais elles l'eussent servie plus fructueusement si les rivalités et les intrigues de quelques généraux n'eussent diminué l'ardeur magnanime du soldat.

Il est temps que l'autorité confiée aux mandataires du peuple cesse d'être méconnue. Que les chefs de la force armée sachent qu'elle est essentiellement obéissante et que les généraux apprennent qu'une *responsabilité terrible* pèse sur la tête de ceux qu'une erreur involontaire n'excuserait pas (1).

On retrouve dans ce document la marque des hostilités sourdes qui avaient divisé Hoche et Pichegru depuis l'affaire du Geisberg jusqu'au déblocus de Landau. La rivalité entre les mandataires de la Convention fut attestée dans un sens presque partial en faveur de Saint-Just, quoiqu'il ne soit pas nommé, preuve de la force des triumvirs. Jamais peut-être Carnot ne fut aussi explicite que dans cette dépêche sur la toute-puissance des Représentants aux armées, jamais il n'insista avec plus de vigueur sur la soumission absolue que les généraux leur devaient. On sent que la reconnaissance pour le vainqueur n'est pas amoindrie, mais on a comme un soupçon que la suprématie juste qu'il cherche ne lui sera pas accordée, même dans l'intérêt des opérations militaires. La politique prime ici tout intérêt. Vainement Hoche tentera en Allemagne une conquête brillante, d'un effet qui eût été comparable à celui de Bonaparte en Italie dans l'année 1796 ; cette campagne, il ne l'accomplira pas. Robespierre l'a signifié au Comité, Hoche est un général dangereux, redouté et dont le dictateur pressent la domination future ; quoiqu'elle dût être républicaine, il ne l'acceptera pas, elle ruinerait son influence ; aussi prépare-t-il la Conciergerie,

---

1. Cette instruction est de Carnot seul, quoique libellée avec le titre général : « Les Représentants du Peuple composant le Comité de Salut public », et pour l'affirmer *son auteur la signa seul.*

prélude de l'échafaud, si Carnot n'intervient ; cette intervention, on la connait.

La guerre de 1792 à 1796 était pour Gouvion-Saint-Cyr celle à laquelle il s'honorait le plus d'avoir pris part. Il a déclaré qu'elle fut *une des plus justes que la France ait soutenues*. Le courage, l'audace et la persévérance de nos armées n'eurent alors qu'un but : l'*indépendance nationale*.

Au lendemain de Wattignies, Jourdan et Carnot n'avaient que ce but et pour l'obtenir proposèrent au Comité de Salut public un plan que celui-ci n'accepta pas : profiter de l'hiver pour réorganiser et instruire les troupes. Mais Robespierre, qui prédominait, n'entendait point que l'Artois, son pays d'origine, fût menacé d'aussi près, même après une telle victoire. Il préféra tout exposer que de transiger quatre mois encore et décida, en le faisant accepter par ses collègues, qu'on délivrerait le territoire à quelque prix que ce fût.

Carnot exposa la situation : les dénonciations ultra-révolutionnaires auxquelles il était en butte et qu'envenimaient les réticences de Saint-Just, amoindrirent son influence. De là des variations, à l'Armée du Nord. Le Comité dut le 6 novembre modifier ses ordres du 22 octobre, et aggrava par cette mutation son autorité à l'égard de Jourdan. Ce dernier était en outre dans une situation fâcheuse, car son système ne s'accordait pas avec celui des hommes qui personnifiaient le gouvernement. Le temps allait arriver bientôt où, dégoûté, il offrirait de son initiative sa démission.

Sur le Rhin, les choses allaient moins bien ; mais l'état de défensive devenu par Desaix et Gouvion-Saint-Cyr de l'offensive, sur la Moselle par Hoche et Marceau glorieux, préparait la belle campagne de 1794, qui est citée comme un modèle.

L'instruction de Carnot (1) nous expose ses projets aux généraux en chef.

Toutes les armées, dit-il, *devront agir offensivement*, sans avoir partout une même importance. Nous devons porter nos grands coups au Nord, parce que c'est là que l'ennemi, maitre d'une partie du territoire, menace Paris. L'armée du Nord doit donc fixer notre principale attention ; le *commandement* doit donc y être donné à *un seul*. Il en est de même de l'armée de la Moselle et de celle du Rhin, toutes doivent

---

1. Le texte complet est inséré aux *Pièces justificatives* ; le lecteur devra le lire en son entier.

accorder leurs opérations avec celle du Nord. Carnot définissait ensuite le rôle propre à chacune d'elles et remontait par le Rhin à Bâle et aux Alpes ; successivement, il étudiait l'Italie et la diversion qu'il fallait aggraver à la double chaîne des Pyrénées. Par l'intervention anglaise dans le nord-ouest et la Vendée, il s'occupait de leurs armées ; partout, il engageait à inaugurer le combat à la baïonnette.

Carnot a expliqué à nouveau ce plan à la Convention dans le Rapport qu'il rédigea à la fin de la campagne de 1794 sur ses résultats.

Le Comité, d'après lui, entendit s'écarter des routes usitées. Au lieu d'attaquer l'ennemi par la trouée qu'il avait faite, il résolut de se porter sur ses deux flancs, et après avoir coupé ses communications, le contraindre soit à quitter le territoire envahi, soit à y rester cerné et y périr: Le *talent* des généraux et le *courage incomparable* des troupes ont fait crouler l'échafaudage des conquêtes de l'étranger.

Lorsque Cobourg nous vit surgir tout à coup sur ses ailes et gagnant ses derrières, il n'eut que le temps de se retirer honteusement. Rappelé à la défense de ses propres foyers, il fut surpris lui-même par cinquante mille braves qui, partis des bords de la Moselle, traversèrent les Ardennes, le prirent en flanc. Conduite par Jourdan, dont le bonheur égala la sagesse, l'armée française rompit l'équilibre des armées coalisées et fixa la victoire sur les bords de la Sambre et de la Meuse pendant que l'armée du Nord l'emportait, de son côté, sur la Lys et l'Escaut.

Ces succès, s'écriait-il en terminant, ont tellement répondu à nos espérances que l'*arrêté* qui a déterminé nos opérations *a plutôt l'air d'une inspiration. que d'un projet soumis aux hasards des combats !*

Carnot, enfin, attribuait modestement au Comité ce qui était son œuvre ; l'histoire n'accepte pas tant d'abnégation.

CHAPITRE XXXVII

LOI DE DUBOIS-CRANCÉ SUR L'AMALGAME

Les généraux de Narbonne, Servan et Biron l'avaient demandée aux assemblées de janvier à septembre 1792. — I. Esprit de la nouvelle Loi. — Rapport de Dubois-Crancé. — Caractère du Représentant du Peuple. — Récit apologétique d'Audouin sur ce sujet. — Conseils de Dubois-Crancé sur la tactique ennemie. — II. Embrigadement des légions et corps francs dans l'infanterie légère, création nouvelle du 28 janvier.

L'ordre et la régularité avaient été ramenés dans l'armée par les décrets du 21 février et du 2 août 1793. Cochon-Lapparent demanda le 29 décembre une dérogation à ces lois pour les nouveaux bataillons requis et déposa un décret spécial (1). Dubois-Crancé, autorisé précédemment par le Comité de la guerre à réclamer l'embrigadement de toutes les troupes de la République, obtint la parole contre. De cette discussion devait sortir la création des célèbres *Demi-brigades*.

La première pensée de cette transformation avait été émise par le général *de Narbonne* le 11 janvier 1792, dans la séance de ce jour à la Législative. M. de Jaucourt avait désiré « appeler les volontaires nationaux à s'incorporer dans les troupes de ligne, » Aubert-Dubayet avait répliqué en proposant « non pas d'incorporer les hommes mais de réunir les bataillons. » Carnot s'y était opposé ; cet honneur ne lui revient donc pas. Le général *Servan* l'avait renouvelé en août de la même année. Le général *Biron* lui avait écrit de l'Armée du Rhin le 13 septembre pour l'en féliciter : Votre projet de recruter les troupes de ligne par les volontaires est excellent et le seul qui puisse les compléter. — *Pache* lui-même, conseillé par son gendre *Audouin*, historiographe du ministère de la guerre, avait proposé, le 30 novembre 92, d'enrégimenter les bataillons de volontaires. Le Conseil Exécutif avait

1. On lira plus loin l'exposé fait le 21 novembre précédent par Cochon-Lapparent sur « la formation des nouveaux bataillons avec le produit de la nouvelle levée » en exécution de la loi du 23 août. (Chap. des levées en masse, § 2).

refusé, mais le récit de cet acte nous a été conservé et est inconnu ; on le trouvera aux pièces justificatives. — Le 29 décembre Dubois-Crancé avait sollicité la même mesure.

I

Toute les théories, dit-il, peuvent se résumer dans ce problème : *Est-il plus avantageux de laisser chaque bataillon rouler sur lui-même que d'en former des demi-brigades, chacune de trois bataillons ?* Tous les systèmes militaires ont démontré la nécessité des gros corps. Les armées de la Russie et de l'Autriche ont chacune l'unité tactique de trois à quatre mille hommes, soit en infanterie, soit en cavalerie ; nul ne le nie. Nous sommes donc d'accord sur ce principe : *Il faut qu'à l'armée les troupes soient embrigadées.*

Qui procédera à cette opération ?

Grave question, après les exemples qu'ont donnés La Fayette et Dumouriez, sans oublier Luckner.

Sera-ce la Loi qui parlera une fois pour toutes, ou bien ce soin appartiendra-t-il aux généraux ?

On nous propose d'accorder à ces derniers la faculté de composer ces masses à leur gré, et de la leur attribuer à titre momentanée, ce qui complète le danger.

Et par des exemples heureux, Dubois-Crancé montrait le péril du décret de Cochon. Puisque l'embrigadement est nécessaire, concluait-il, la loi doit être préférée aux caprices des généraux.

Qui a combattu l'*Amalgame* ?

Tous les généraux qui ont trahi, Valence seul excepté ; au Comité, Aubry et Valazé ; à la Convention, Buzot et Vergniaud.

Qui l'a demandé pendant la campagne ? Les patriotes.

Actuellement, le Comité militaire prend le change. Quelques difficultés à détruire l'ont induit en erreur. Ce n'est point parce qu'il commandera trois mille hommes qu'un perfide réussira dans une trahison. La République a douze cent mille hommes sous les armes et peut y en mettre le double. L'expérience prouve qu'on corrompt en détail, mais jamais en masse. Prenez pour types les affaires de La Fayette et de Dumouriez. La masse des patriotes n'a-t-elle pas fait échouer leurs projets ?

On s'inquiète de la réduction des troupes qu'imposera la paix. De grands corps la rendraient périlleuse... C'est le contraire qui a lieu.

Supposons huit cents bataillons isolés, indépendants et formant huit cent mille hommes, .dont il faut réduire à un sixième le nombre et les états-majors au tiers. Même en les mettant au chiffre de 260 on réformerait 540 bataillons.

Tel est le matériel de l'opération (1).

Eh bien, *ce n'est jamais le soldat qui embarrasse le Législateur* ; son service accompli il ne cherche qu'à rentrer dans son pays. Mais les officiers et les sous-officiers perdent tout espoir d'avancement. Vouloir détruire cinq cent quarante bataillons est une opération digne de l'Ancien Régime. Si, au contraire, l'embrigadement constitue trois bataillons en un seul corps, la chose devient facile.

La réforme s'opérant par demi-brigade, il suffira de la composer de cinq cents hommes en laissant à tous les officiers et sous-officiers indistinctement la faculté de prendre leur retraite ou de rester attachés suivant leur grade à ce bataillon, pour vider le débat. L'importance de la retraite est considérable pour ceux qui seront réformés à la paix : il est probable que la grande majorité des officiers et sous-officiers désirera en profiter et s'il y a excédant, soit plus d'un sixième, l'excédant de chaque grade restera à la suite du même corps jusqu'à son remplacement.

L'embrigadement favorise-t-il le Fédéralisme parce qu'à la paix les demi-brigades prendront le nom des départements ?

Cet article n'a aucun rapport avec la mesure demandée.

Il n'a qu'un but : *déroyaliser les régiments de ligne.*

A la paix, la législature organisera l'armée pour la paix.

L'isolement des bataillons, ajoutait-il, perpétue les germes de l'aristocratie. La fusion et la mutation des cadres entre les sous-officiers et les officiers des Volontaires avec les troupes de la ligne, sont les seuls moyens d'abattre *en moins de six mois tout esprit de corps.* De là les protestations de l'aristocratie contre l'exécution de la Loi du 21 février.

Que fait le Comité ?

Il propose de laisser les choses en l'état, car dédoubler un régiment n'est pas en détruire l'esprit.

Les bataillons isolés rechignent à porter l'uniforme national, ils

---

1. Dubois-Crancé avait servi dans les mousquetaires du roi. Il appelait Louis XVI le tyran qui a voulu asservir notre patrie et resta révolutionnaire ; ami de Bernadotte à ce titre et ministre de la guerre en 1799, il fut chassé pour son opinion par le Premier Consul. Carnot le remplaça.

sont récalcitrants lorsque des officiers de Volontaires les commandent. Et Dubois-Crancé en appelait à l'expérience des Représentants en mission aux armées pour confirmer ses assertions.

Le rapporteur enfin avait perdu de vue les avantages qui résulteraient de l'amalgame pour l'instruction et la discipline, exposés déjà dans le rapport de la loi de février.

Quant aux *dépenses*, il triomphait largement. Les détails des besoins du soldat, qui pouvait mieux les connaître et y subvenir par une comptabilité modèle, sinon les *conseils d'administration* des corps de l'ancienne armée ?

On a dépensé 300 millions de trop cette année pendant que le soldat est tout nu !

Des *Instructions* préparées pour les Représentants et que connaîtra la Convention leur faciliteront la tâche. Ils auront jusqu'au 1er germinal prochain pour terminer leurs opérations et leur zèle servira certes leur intelligence.

Le projet de loi de Cochon ayant été écarté à la suite de ce magnifique discours, la Convention organisa les demi-brigades par l'amalgame.

Ainsi, le même théoricien militaire avait l'honneur d'exposer un système de défense de la France, l'organisation de l'armée et la transformation des forces du pays par le principe de l'amalgame, dans la même année. Les bases de notre grandeur militaire étaient donc posées pour l'avenir et elles l'étaient par le même homme, en un espace de temps des plus restreints. Cette force de conception, cette ardeur d'initiative, cette puissance de vues, cette sûreté de coup d'œil, cette élévation dans l'inspiration, cette originalité dans la controverse et dans la série de projets débattus, exposés et imposés par le seul éclat du talent, tout cela ne constitue-t-il pas ce qu'il faut entendre par le génie ?

Si Carnot proposa les *opérations militaires* admirables des campagnes de 1794 et de 1796, faut-il le louer seul comme on l'a fait jusqu'ici ? N'y a-t-il pas à ses côtés deux places à donner ? Notre admiration doit-elle s'épuiser sur un seul ? Et serait-il juste de continuer une exaltation unique ?. Ne serait-ce pas violenter l'équité et mentir à ce qui fut ?

L'*organisation* et l'*exécution* ont leur place à côté des *plans* de campagne.

Sans les lois et les théories de Dubois-Crancé, plus de solidité dans les troupes, plus d'unité, lé particularisme partout. Abattu dans l'ordre politique, le *Fédéralisme* aurait paru se survivre pour se réfugier aux armées !

Sans les généraux dont la disgrâce ou la suspicion ne put entraver le dévouement, dont l'amour de la gloire et le patriotisme soutinrent les forces, rien n'eût été possible. Qu'auraient pu les premières armées ? L'activité, l'audace et la temporisation de Dumouriez au début, le talent de Kellermann, de Valence et de Beurnonville au nord, le mérite et la prudence de Biron sur le Rhin, la fougue de Custine dans le Palatinat, les succès de Montesquiou en Savoie et à Nice, tout fût devenu insuffisant, si trois facteurs n'avaient concouru à l'œuvre commune : de bonnes lois, des chefs capables et des opérations savamment combinées.

Voilà ce qu'on n'a pas assez envisagé parmi nos historiens, et qu'on n'a pas même dit (1).

Le besoin de tout rapporter à une personnalité unique et nécessairement absorbante, a prédominé. L'admiration pour l'*Épopée napoléonienne* a empêché de voir juste dans la Révolution, parce qu'on a jugé la première de ces périodes par l'autre. On a cru que, du moment où Napoléon avait tout fait par lui-même, il avait dû en être de même dans l'*Épopée de la Révolution*. On a voulu un inspirateur, un guide unique pour l'action militaire, et on l'a trouvé d'enthousiasme dans Carnot.

C'est une erreur que cette invention d'une personnalité assez puissante pour tout comprendre et absorber en elle. Dubois-Crancé avec ses grandes lois, Hoche, Gouvion-Saint-Cyr et Ney, Jourdan et Desaix, Kléber et Marceau, Dampierre, Dagobert et Dugommier, dans un cadre modeste, Masséna et Moreau, sur un incomparable théâtre, eurent leur part dans ces splendeurs. Il est temps de rendre à chacun la place qui lui appartient, elle est assez grande pour lui suffire.

Quelle était l'organisation nouvelle ?

Toute l'infanterie fut organisée en demi-brigades de trois bataillons chacune.

Un mode d'administration nouvelle fut créé par demi-brigade. Le

---

1. Il faut en excepter un, M. Yung, devenu général. Malheureusement, cet auteur a écrit sous le titre de *Bonaparte et son Temps* un tel pamphlet et dans son *Dubois-Crancé* de telles diatribes contre Carnot ou d'autres illustrations, qu'il a anéanti lui-même la thèse juste qu'il défendait en ceci.

Comité de Salut public présenta à la Convention autant de membres qu'il en fallait pour chaque armée, afin d'y procéder à l'embrigadement des troupes. Le pouvoir de ces nouveaux commissaires fut déterminé : ils eurent à rendre compte de leurs opérations toutes les décades. Leur clôture comporta l'obligation de dresser un état général détaillé, signé par le chef de l'état-major et le commissaire de cette armée.

On observera cette obligation qui est absolument unique. *Le pouvoir militaire prédominait ici le représentant du pouvoir civil et législatif;* bien plus, l'œuvre du second n'existait qu'au prix de son attestation et de son intervention directe. Dubois-Crancé imposa un contrôle supérieur aux mandataires de la puissance souveraine, et il faut s'étonner que les politiciens ne le lui aient jamais reproché.

Enfin, une époque fut déterminée pour la mise en vigueur de la loi, savoir le 1er germinal prochain. En tout, la Convention adopta le projet de Dubois-Crancé.

Il fut appliqué par l'Instruction suivante qui était son œuvre (1).

Les Représentants du peuple à envoyer aux armées, spécialement et uniquement chargés de rétablir l'uniformité dans les différents corps d'infanterie qui les composent, de régler en définitive les comptes d'administration de chaque corps et d'établir les bases d'une nouvelle administration par demi-brigade, seront tenus de se conformer exactement à la présente instruction, sans pouvoir s'en écarter, à moins de cas particuliers qui n'auraient pas été prévus ; et, dans ces cas seulement, ils en référeront au comité de la guerre de la Convention nationale, qui se concertera avec le comité de salut public, pour donner une prompte décision, laquelle sera applicable à tous les corps d'infanterie ; cette décision sera envoyée sur-le-champ à tous les représentants du peuple aux armées, chargés des mêmes détails, pour que l'uniformité soit complète dans toutes les armées de la république.

Les Représentants du peuple, commissaires à l'embrigadement des troupes, ne pourront s'immiscer dans les détails confiés aux autres représentants du peuple aux armées, de même que les autres représentants ne pourront les contrarier dans leurs opérations, l'objet de leur mission étant exclusif, et borné aux objets déterminés par la présente instruction.

Les Représentants du peuple commissaires à l'embrigadement s'adjoindront, à leur arrivée dans chaque armée, un officier-général et un officier supérieur d'un corps à leur choix, et un commissaire des guerres pour les aider dans leur travail. Ces deux officiers signeront, avec le représentant du peuple, tous les rapports et feuilles de détail qui seront transmis aux bureaux ci-après indiqués.

Ils assisteront à toutes les revues avec les représentants du peuple, en tiendront note exacte, chacun séparément, pour les confronter ensuite et en former une feuille de revue complète.

1. Du 10 janvier 1794, pour faire suite au Décret sur l'Embrigadement du 29 décembre 1793. --- Quant aux erreurs d'appréciations sur les forces de la coalition, Jomini les a relevées dans son tome III, p. 48.

Ils vérifieront les états et registres des conseils d'administration de chaque corps, en un mot, ils feront, de concert, et sous les ordres du représentant du peuple, tout ce qu'il jugera nécessaire pour remplir le but de sa mission.

Le représentant du peuple commissaire à l'embrigadement pourra aussi employer tel nombre de commis qu'il jugera nécessaire dans ses bureaux, pour la prompte expédition de ses opérations. Tous les frais qui en résulteront seront acquittés par le payeur de l'armée, sur mandat du représentant du peuple, ordonnancé par le commissaire général de l'armée ou celui qui en fera les fonctions.

Le Représentant du peuple, arrivant à une armée pour l'embrigadement des corps d'infanterie de cette armée, se fera remettre, dans les vingt-quatre heures, par le chef de l'état-major, par le commissaire-général et par le payeur-général, chacun pour ce qui le concerne, les états de tous les corps d'infanterie qui composent la dite armée ainsi que leur force respective et leur emplacement.

Si l'embrigadement des corps en demi-brigade est commencé, le représentant du peuple vérifiera si cet embrigadement a été fait conformément à la loi du 12 août dernier, c'est-à-dire d'un bataillon de ci-devant ligne pour deux bataillons de volontaires ; il complétera de la même manière tout ce qui ne se trouvera pas embrigadé, en observant d'examiner le moral des différents corps, leurs habitudes, leur sympathie entre eux, le mérite des chefs de ces corps, de manière à ce que le plus instruit, celui qui a montré le plus de zèle et d'intelligence dans sa conduite antérieure, se trouve placé, par l'effet de l'embrigadement, chef de la demi-brigade. Enfin le représentant du peuple chargé de cette importante fonction, écartant toute idée de faveur ou de convenances individuelles, uniquement occupé de ce qui est le plus avantageux à la république, profitera de toutes les notions morales que son zèle lui procurera pour établir sur les principes d'harmonie si nécessaires aux armées, une opération de laquelle dépend le salut de la république.

Pour parvenir à remplir ce but, sans trop se hâter, comme sans retard, le représentant du peuple commencera par vérifier la situation de chaque bataillon, après en avoir passé la revue, s'être assuré de l'effectif de chaque compagnie, de la situation de son habillement et équipement ; il pourra même faire manœuvrer en sa présence chaque bataillon pour en connaître l'instruction et la capacité des chefs. Toutes ces opérations militaires apprendront au représentant du peuple à connaître les nuances qui lui seront nécessaires pour former un bon embrigadement.

Lorsque toutes les revues seront passées, et les comptes d'administration de chaque corps vérifiés provisoirement (car ces comptes ne sont arrêtés en définitive que le 1ᵉʳ germinal, époque à laquelle commencera la nouvelle administration par demi-brigade), le représentant du peuple procédera de suite à l'embrigadement des différents corps, conformément à la loi des 21 février et 12 août derniers, jusqu'à concurrence du nombre de demi-brigades qui pourront être composées d'un bataillon de ci-devant ligne et de deux bataillons de volontaires.

Cette opération faite, s'il reste un excédent de bataillons de ligne qui n'auraient pas trouvé place dans cet embrigadement, ou de bataillons de volontaires qui n'auraient pas, dans la même armée, de bataillons de ligne avec lesquels ils puissent se réunir, le représentant du peuple en fera passer sur-le-champ l'état détaillé, avec le lieu d'emplacement de chacun de ces corps, au comité militaire, qui désignera les corps avec lesquels ces bataillons devront être embrigadés.

Il n'y aura pour cela *aucun déplacement de troupes* ; et les bataillons qui seront formés en demi-brigades, soit qu'ils se trouvent séparés dans la même armée, soit qu'ils se trouvent dans des corps d'armée différents, resteront provisoirement à la disposition des généraux comme ils l'étaient précédemment ; mais le ministre de la guerre prendra des mesures pour, sans affaiblir les opérations militaires, rapprocher, dès qu'il le pourra, ces différents corps formant demi-brigade, et il aura soin à l'avenir de ne les séparer qu'autant que l'exigeraient des circonstances impérieuses et extraordinaires ; parce qu'il est de principe qu'un seul et même corps, tel que le formeront à l'avenir les demi-brigades, gagne tout à sa réunion, quant à la discipline, l'instruction, la tenue et l'ordre dans l'administration ; tandis que le morcellement de ces corps, détruisant tout le nerf de l'art de guerre, jette dans la comptabilité une confusion sujette à d'énormes dilapidations.

Il résulte de cet exposé et de ces principes généraux que le Représentant du peuple, pour compléter son opération et l'établir de manière à éclairer la Convention nationale sur la situation de l'armée tant présente que future, aura trois opérations très distinctes à faire ; ces opérations exigent des détails qui doivent être uniformes pour toutes les armées et à la portée de ceux qui en seront chargés.

Ces opérations sont des revues à passer, des comptes à régler, et des bases nouvelles d'administration à établir par demi-brigade, lorsqu'elles seront formées.

Le *Représentant du Peuple* remplit la fonction d'*inspecteur de la Nation* envers les troupes qu'il inspecte ; il les rassemble, les examine, déclare les impropres au service parmi les jeunes ou les vétérans, passe une revue particulière par compagnie, vérifie l'habillement et l'équipement, l'armement et le campement, puis constate le tout sur le livret créé à cet effet ; enfin, il fait manœuvrer les troupes et note leur discipline. Pour les comptes à régler, le représentant tiendra en appréciation l'inexpérience, les circonstances et la cherté des denrées ; il se montrera généreux et juste. Mais le soldat ayant manqué de tout depuis 18 mois, il coupera le fil des dilapidations honteuses ou forcées. Lorsque tous les comptes seront réglés provisoirement, le représentant procédera à l'embrigadement et à la formation des conseils d'administration de chaque demi-brigade. Pour celles-ci, il pourvoira à ce que chacune soit nantie des divers registres et états prescrits par les règlements. Après leur approbation par la Convention, le ministre de la guerre les enverra, dans le plus bref délai, aux troupes. La mission des représentants et des commissaires ne sera terminée que le jour où ils constateront partout l'uniformité.

Nous avons sur l'Amalgame des Volontaires un document aussi surprenant que curieux, émané des Bureaux de la guerre. L'initiative du ministre Pache, d'après le récit d'Audouin, historiographe à cette époque, se serait manifestée sur cette partie de nos institutions militaires.

Voici le motif qui fit désirer au ministre *la réunion de deux bataillons du même Département*. On n'avait pas encore songé à l'Amalgame. Les

Volontaires étaient considérés comme autrefois les Milices (1). Pour faire jouir les officiers de la même considération que ceux de la Ligne, je demandai que l'on nommât un de leurs lieutenants-colonels comme maréchal de camp. Le Conseil refusa : les Volontaires ne provenant que des bataillons isolés, ce grade intermédiaire ne pouvait leur être donné ; ils demeuraient sans espérance d'arriver aux Etats-majors. *Je proposai d'enrégimenter les bataillons.* Nouveau refus. Sur un Rapport à la Convention, celle-ci nous autorisa à nommer à tous les emplois sans égard aux lois antérieures sur l'avancement ; dès lors, presque tous les généraux du roi furent remplacés et pris dans les Volontaires. Le succès de cette opération me détermina à proposer la seconde : l'Amalgame avec la Ligne. Ainsi, on doublait nos armées, on abattait les vestiges de la Royauté (2).

Ce témoignage est gros, au premier abord, de conséquences. Il attire sur la mémoire du ministre précité un regard de bienveillance, et affaiblirait, s'il était exact absolument, les critiques méritées par Pache, pour l'ensemble de sa direction militaire. On ne doit pas oublier que celui qui a écrit ces lignes fut le gendre de Pache, et qu'il s'efforça, sa vie durant, d'innocenter l'homme incapable que la Convention a flétri !

II

Le 28 janvier, Dubois-Crancé proposa de mettre fin aux *Légions* et aux *corps francs* qui avaient reçu chacun une organisation particulière suivant les contrées, les intérêts et le caprice des généraux. Ces expressions énergiques appartiennent au texte même du rapport. Partout des états-majors, même dans des légions « qui n'ont pas trente hommes », et des chefs touchant une solde de commandant de bataillon. Les généraux y ont placé leurs créatures, ajoutait-il, parce qu'ils les ont en main et ont « partout cherché à en établir ». Ils ont laissé embaucher dans ces corps,

---

1. « La mesure qui fut adoptée de former l'infanterie en demi-brigade de 3 bataillons amena un perfectionnement dans notre organisation militaire, en rendant encore plus simple le système divisionnaire déjà adopté depuis le commencement de la guerre. » Gouvion-Saint-Cyr, *Mémoires*, t. II, ch. vi sur 1794, p. 155.

2. Dossier du 30 novembre. — Armée du Rhin.

au milieu de leurs camps, et ils ont toléré une désorganisation effrayante.

Le tableau était-il chargé à dessein pour convaincre les auditeurs? Dubois-Crancé ne recourait pas à ces moyens. La suite de son rapport narre des effets de ce désordre tels que la publicité de la séance est cependant une garantie nécessaire de leur authenticité.

On avait vu des soldats ne faire d'autre métier que celui de passer d'un corps à un autre. Ils vendaient chaque fois l'habillement et l'équipement fourni par le corps d'où ils sortaient, causaient ainsi une double dépense, aggravant le déficit du trésor et ajoutant aux embarras de l'administration de la guerre. Ces hommes coûtaient à l'État chacun trois mille livres par an et on calculait qu'ils absorbaient l'habillement de dix volontaires.

L'infanterie doit ressembler à la cavalerie, disait le rapporteur du Comité de la guerre. A la cavalerie de ligne et à la cavalerie légère doivent correspondre l'infanterie de ligne et l'infanterie légère, un mode uniforme doit régler ses mouvements et sa comptabilité. La nation ne doit payer à chaque homme que ce qui lui appartiendra, le régime de la liberté n'admet pas celui des dilapidations. *Le soldat aujourd'hui et la nation ne font qu'un.* Celui qui pense autrement n'est pas digne de la servir (1).

Puis, s'élevant aux conceptions les plus hautes dans l'art de la guerre, Dubois-Crancé spécifiait la corrélation entre les deux armes. *Il faut proportionner l'espèce d'arme que l'on emploie à celle que nous oppose l'ennemi.* Or les Prussiens et les Autrichiens entretiennent en avant de leurs camps des nuées de troupes légères, d'où ils tirent un double avantage : 1° *éclairer nos marches et nos positions* ; 2° cacher les leurs, et ils y réussissent.

En multipliant de notre côté les troupes légères, on répond à leur organisation.

Les corps francs devront « doubler les cadres des bataillons existants de cette arme », moyen d'augmenter un total de vingt-deux bataillons qui sera insuffisant *pour quatorze armées* même après la fusion des compagnies franches. Il appartiendra aux commissaires préposés pour l'embrigadement d'augmenter ce nombre sans envoyer du nord au sud

---

1. Le texte de ce rapport fut donné en son entier, le 30 janvier 94, aux séances imprimées de la Convention et envoyé, à part, en son nom, aux autorités civiles et militaires comme celui du 29 décembre 93.

le surplus des armées qui abondent en légions, pour en faire profiter celles qui en sont privées (1).

Le comité propose de maintenir les bataillons des chasseurs tels qu'ils sont ; d'organiser en bataillons de cette arme tous les corps francs dans les armées où ils se trouvent ; *d'adopter pour l'infanterie légère* le système *d'embrigadement* qui est imposé à l'infanterie de ligne.

Si on admet l'existence actuelle, soit en chasseurs, soit en compagnies franches, de trente bataillons d'infanterie légère par voie d'équivalence et qu'on les joigne aux vingt-deux de cette armée existante, on a cinquante-deux bataillons. Leur embrigadement avec des bataillons de Volontaires dans une même proportion que ceux de la Ligne donnera une masse de cinquante-six bataillons de chasseurs à pied, c'est-à-dire cinquante-deux demi-brigades de cette arme.

Cette création répondra à celle des institutions de nos ennemis *pour ce genre de petite guerre si influent sur le sort des campagnes.* On le voit, la leçon était complète.

L'instrument à créer le fut aussitôt.

Le décret par lequel l'infanterie légère absorbait les corps francs et les chasseurs sur la base d'une organisation identique à celle de l'infanterie de ligne (2) avec la substitution d'une compagnie de carabiniers à celle des grenadiers, fut votée sans discussion. L'infanterie légère n'eut pas de compagnies de canonniers attachées à ses demi-brigades. La loi sur l'avancement lui fut commune « chacun dans sa demi-brigade » avec celle des autres troupes ; enfin, ses officiers supérieurs concoururent de droit aux emplois de généraux de brigade avec toute la ligne.

Ainsi disparurent les *essais isolés* de demi-brigades, les régiments de ligne et les bataillons légers de l'ancienne monarchie, les bataillons de Volontaires de 1791, les légions franches, les légions étrangères et les bataillons de la Levée en masse appelés aussi Volontaires.

L'unité reparut par Dubois-Crancé et on sait les résultats de sa législation par la campagne de 1794.

La première difficulté fut de connaître l'emplacement et l'effectif des corps. On y obvia par les modèles d'*états* et les *situations* que l'admi-

---

1. Le Comité avait appris que cinq bataillons *belges*, comprenant 342 soldats, comptaient 319 officiers et sous-officiers, dont cinq colonels et cinq lieutenants-colonels ! Les excès de l'ancien régime, en voilà le retour.

2. Le 12 février (24 pluviôse), Cochon fit adopter une loi qui enjoignait aux représentants chargés de l'embrigadement de l'infanterie près chaque armée, d'y incorporer les citoyens de la première réquisition.

nistratiòn de la guérre envoya aux armées. Les colonels et les commandants des bataillons durent les remplir. Aux ignorants et aux opposants
par obstruction on répondit par des menaces, la prison et selon les
cas la mort. On rétablit les comptabilités partout.

L'opération la plus importante fut l'embrigadement de l'infanterie de
ligne effectuée avec les bataillons de la Levée en masse composée
d'hommes de dix-huit à vingt-cinq ans. Ils passèrent dans les bataillons
de ligne et les bataillons de Volontaires, tous aguerris, et formèrent des
corps de trois mille hommes par demi-brigade. Le bataillon s'éleva de
777 hommes à 1067 en exécution de la loi du 22 novembre.

Cette mesure fit disparaître les corps privés d'instruction militaire,
plaie de l'unité de bataille et obstacle aux succès que voulait Carnot
dans son *plan* général (1).

Comment les Représentants accomplirent-ils leur œuvre ? Leur correspondance à l'intérieur et aux armées va nous l'apprendre par des
dépèches confidentielles.

1. Le 29 décembre 93, Dubois-Crancé avait fait ordonner par la Convention une
inspection générale des cadres et l'établissement d'un *tableau d'avancement* par
classement à l'ancienneté ; le tout, par grade, par arme ou par service.

CHAPITRE XXXVIII

MISSIONS D'ANNAM ET DEVILLE, HENTZ, BO ET DUROY POUR
L'EMBRIGADEMENT DE L'INFANTERIE

I. Tentatives d'amalgame antérieures à la Loi de Dubois-Crancé. — Décisions de
la Convention. — II. Dépêches sur l'opération dans les Ardennes, la Marne et la
Meuse par un Commissaire et un Représentant. — III. Satisfaction de l'armée.
— Déclaration des généraux. — Emploi des régiments étrangers à notre service.
— Récits du maréchal Soult et du maréchal Marmont sur l'opération.

La Convention n'avait pas attendu le grand rapport de Dubois-
Crancé sur l'*Amalgame* pour le décréter.

Le 10 juin 1793, *elle avait autorisé les généraux à l'effectuer individuellement* à la demande de Thuriot. Les chefs de l'armée, avait soutenu ce dernier, connaissent l'esprit des troupes qu'ils commandent et
connaissent les corps où l'amalgame peut s'effectuer sur-le-champ.
Quelques-uns avaient tenté l'essai pendant les opérations de la campagne et n'avaient pas eu à s'en louer, faute de prescriptions
unitaires.

Le 12 août un second décret avait tenté d'y pourvoir en déterminant
un mode uniforme.

La levée en masse du 21 février avait empêché son exécution. Les
difficultés de former les bataillons provisoires avaient été hors de
toute prévision ; aussi y avait-on remédié par l'incorporation des réquisitionnaires dans les corps de troupes. De l'excès du mal devait sortir
la loi de janvier 94. Dubois-Crancé n'eut plus de peine à prouver par
des exemples que seul son projet était pratique, de là son rapport et le
décret qui l'avait suivi.

Les opérations relatives à l'embrigadement de l'infanterie et à celui
des autres armes durèrent plusieurs mois ; elles ne furent pas termi-
nées partout à la date marquée par la Convention, 1er germinal.An II,
ouverture officielle de la nouvelle campagne. On a des correspondances
datées de mai et de juin émanant soit des Agents du Conseil Exécutif,

soit des Représentants sur leur intervention. Le doute n'est pas permis.

Dubois-Crancé avait été élu Commissaire pour l'application de la Loi qu'il avait créée. Nous devons à cette nomination de l'ami de Kellermann un Mémoire inédit qui ajoutera à la réputation de son auteur.

Les colères de Napoléon se sont portées sur lui comme elles se portèrent sur Carnot, et s'il accepta un jour la coopération forcée du second, il dédaigna toujours le premier, auquel il devait ses incomparables armées. Carnot et Dubois-Crancé furent rejetés en 1794 comme généraux de division sur la liste de cette époque. Cette jalousie n'a pu détruire l'œuvre du mousquetaire et l'histoire lui accorde une juste réparation.

Les Représentants en mission près les armées reçurent l'ordre du Comité de Salut Public d'accélérer l'embrigadement.

L'intérêt personnel, la vanité, la possession d'un grade furent autant d'obstacles pour leur action législative et militaire. On invoqua l'élection et la possession, une possession de trois mois! Le Comité obvia à ces représentations factieuses par un nouveau décret.

Le 21 décembre 1793, la Convention déclara que tout militaire qui se permettrait des propos tendant à exciter du trouble et à empêcher l'exécution de la loi du 22 novembre, relative à l'incorporation de la première réquisition *dans les anciens cadres*, serait arrêté. S'il était dans les camps, il devait être traduit devant le tribunal criminel militaire de son arrondissement, et s'il était dans l'intérieur, devant le tribunal criminel du département. Proclamé conspirateur avant toute délibération judiciaire, la loi prononçait la peine de *mort* si quelque trouble avait suivi ses paroles.

On ne peut qu'approuver ce décret. La Patrie n'était-elle pas en danger, déchirée au dedans et envahie sur toutes ses frontières, sur ses côtes, dans ses ports?

Les perturbations cessèrent à l'envi.

L'infanterie de ligne comprit donc, après les épreuves dont les acteurs vont nous dire l'exécution, des *demi-brigades isolées*, des bataillons de *ligne* et des bataillons de *Volontaires*, qui furent complétés par les réquisitionnaires. Le 29 décembre on annonça que l'unité aurait lieu par l'*amalgame*.

Le premier soin des *Commissaires à l'Embrigadement* fut de vérifier les demi-brigades créées pour s'assurer qu'elles comptaient 1 bataillon de ligne et 2 de Volontaires, même en renvoyant les impropres au service. Ils révisèrent les avances faites à ce corps par les trésoriers et les payeurs, puis installèrent les nouveaux conseils d'administration des régiments.

Les bataillons non embrigadés furent l'objet de mesures analogues.

Le bataillon de ligne et les deux de volontaires destinés à former une demi-brigade, étaient rassemblés en armes. Les tambours ouvraient un ban, et le Commissaire annonçait à tous qu'ils composeraient à l'avenir un même corps. Il recevait leur serment à la République et le ban était fermé. Le nouveau chef était choisi parmi les commandants des trois bataillons ; on posait les armes, on rompait les rangs pour recevoir l'accolade de la fraternité, et, au roulement du tambour, chacun reprenait son poste pour défiler devant le Représentant au chant de la *Marseillaise*.

I

Les Représentants en mission spéciale écrivaient directement à la Convention ou au Comité de Salut Public et les Commissaires du Conseil Exécutif au Ministre de la guerre. Ces derniers avaient même des *suppléants*.

Voici ce qu'annonçait, le 12 avril, un Commissaire du Conseil sur l'Armée des Ardennes :

J'arrive de Mézières, Sedan et Bar-le-Duc. J'ai trouvé à *Mézières* le recrutement presqu'entièrement achevé, l'habillement et l'équipement finis, des fusils au moins pour les 3/4 du contingent ; la plupart sont rendus à Sedan.

Les administrateurs sont patriotes, mais peu intelligents.

Je m'y suis transporté ; la réception des recrues s'y faisait avec bien peu d'ordre.

A *Bar-sur-Ornin*, j'ai trouvé ce département juste en règle, ayant bien rempli l'esprit des lettres que je lui ai écrites pendant ma tournée, et ayant son contingent complet ; ce département ne doit, tout au plus, que 50 hommes. Le patriotisme de ses administrateurs est égal à celui des recrues. Je presse cette administration, afin qu'ils me fassent livrer les pièces nécessaires et de comptabilité ; suivant vos instructions, j'écris à tous les procureurs-syndics, afin qu'ils n'apportent aucun retard.

Le département de la *Marne* a fourni plus de 3,000 hommes pour son contingent.

Le département du *Loiret* m'annonce que le sien sera complet sous huit jours, et je prévois, par l'époque des départs, que 3,000 hommes seront rendus le 20 ; la comptabilité est en retard, ainsi que les autres états. *Il résulte de mes opérations qu'il y aura à Sedan, lieu de rassemblement, 13,900 hommes sur 14,568.*

Il reste à fournir à l'armée des Ardennes, à la réquisition des Généraux Berruyer et Labourdonnaye, 19,189 hommes.

Ces quatre départements de ma division sont dénués d'armes, et je vois par une lettre du Comité aux Commissaires, qu'il leur est enjoint de ne laisser partir aucunes recrues sans être armées. J'approuve la sagesse de cette mesure, mais je la crois difficile à remplir. A raison des troubles, il sera difficile de désarmer les citoyens.

Les Commissaires qui m'ont été présentés par les départements et que j'ai nommés, ou qui l'ont été pendant mon absence, n'ont pas tous l'intelligence nécessaire ; ils méconnaissent leurs instructions et le décret du 24 février. Les directoires eux-mêmes n'en ont pas bien saisi les dispositions ; très peu les exécutent littéralement. Je m'occupe d'une Circulaire pour les faire rentrer dans la loi et dans l'instruction.

J'ai éprouvé, comme Commissaire supérieur, qu'une besogne urgente, livrée à un seul homme pour la surveiller, parcourir une division, s'arrêter, travailler avec les Commissaires, former des établissements de correspondance, passer des revues, était un travail excessif, et pouvait me dispenser de recevoir une lettre signée Lassaussaye, adjoint du ministre de la guerre, à laquelle je ne réponds pas ; mais je la garde.

Le Commissaire du Conseil Éxécutif nous intéresse par deux points, son sujet et sa personne. Annam est un militaire, il a été blessé devant l'ennemi, et cette fois le choix est excellent. Le ton de sa dépêche est simple, sans emphase ; il n'a qu'un but, réussir en appliquant la loi et l'instruction. Il raconte qu'il a travaillé *sous les ordres des Représentants*, fait à retenir, *aveu qui est peut-être unique.* Il donne son opinion sur les troubles de l'Ouest, à cause de la Mayenne, juge l'aptitude des Commissaires du Département nommés, les uns par eux, les autres par lui, prononce en toute liberté et augmente ainsi la valeur de son témoignage qui était cependant confidentiel.

II

Pour connaitre les opérations de l'*Armée du Nord*, il faut lire le *rapport* présenté par Deville, commissaire pour le recrutement dans les départements des Ardennes et de l'Aisne (1). Il donne sur l'esprit public, sur l'état des frontières, sur les dispositions des troupes et l'organisation militaire, des renseignements exacts, sincères ; quant à Bouchotte, il y est à nouveau dénoncé. Ceci confirme encore les plaintes de Carnot.

Deville collaborait avec Saint-Just.

Le recrutement s'y est fait, s'écrie-t-il, avec ardeur. Toutes les recrues sont habillées. Pour l'armement et l'équipement, les communes ont fait tout ce qui était en elles. Elles n'ont pas pu les compléter.

Indépendamment de la levée du contingent attribué au département des Ardennes, les commissaires dans la *Belgique* avaient mis en état de réquisition le quart des citoyens non armés, des veufs sans enfants, et ils avaient ordonné aux citoyens de se rendre à *Mons*. Cette réquisition a produit quelques commotions dans les campagnes alors occupées à ensemencer leurs champs ; néanmoins, elles obéirent et le quart a été levé.

Un membre du département des Ardennes, qui avait été envoyé à Bruxelles, et le général Chazot, nous sollicitèrent de retenir pour sa défense, les citoyens qui devaient se rendre à Mons. L'état de dénuement dans lequel on nous a fait voir qu'il se trouvait, nous a déterminé à prendre cette mesure. Delaporte et Hentz (2), dont la mission était de visiter les places frontières, crurent utile de députer à Paris Saint-Just, pour y présenter des observations importantes.

Le général Chazot avait de son côté demandé à chacun des départements de la Meuse et de la Marne un contingent de 900 hommes. Je crus devoir les renvoyer dans leurs foyers. Mais, Delaporte et moi, nous prîmes le 26 mars un arrêté par lequel nous ordonnâmes aux directoires des Ardennes, de la Marne et de la Meuse, de faire rendre

1. Du 30 avril 1793.

2. Député de la Marne, hostile aux émigrés, à la royauté, même aux Anciens, a vécu dans les missions et dans les commissions d'affaires et s'y montra indépendant et dur. A causé la mort de Dietrich, ce qui ternit ses services.

à Sedan les recrues levées dans leur ressort, et comme le *Ministre de la guerre* n'avait envoyé à Sedan aucun *agent militaire* pour disposer des recrues et les organiser, nous chargeâmes le général Chazot de prendre toutes les mesures pour organiser ces hommes, dans son commandement.

J'envoyai cet arrêté par un courrier extraordinaire aux départements.

De son côté, le général Chazot dressa l'état des cadres de son commandement, pour être portés au complet. Il distingua la cavalerie de l'infanterie, les volontaires des troupes de ligne. Toutes les recrues furent assemblées dans la prairie de Sedan, et il leur fut annoncé que chacune pouvait choisir le cadre dans lequel elle voulait entrer.

J'assistai le général Chazot au rassemblement ; des *intrigants* voulurent insinuer qu'il fallait former de *nouveaux bataillons* ; nous parlâmes ; une partie s'ébranla ; ce premier mouvement en entraîna un autre, toutes les recrues prirent leur parti suivant leur goût, les cadres se trouvèrent presque au complet.

J'écrivis à la Commission pour l'instruire de ce que j'avais fait et me *plaindre de la coupable négligence du Ministre de la Guerre* à envoyer des agents militaires.

Ces dispositions faites, je me rendis dans l'Aisne ; les recrues étaient destinées pour l'*armée du Nord*. Je n'y avais qu'à presser le recrutement, mais il y avait été opéré et je me bornai à requérir les corps administratifs de les faire rendre à Valenciennes, lieu du rassemblement.

L'*esprit public* est à la hauteur des circonstances. Les corps administratifs et les municipalités sont dans les meilleures dispositions. On distingue celui des Ardennes et la municipalité de Sedan comme étant la Terreur des Royalistes.

Les ennemis publics y répandent des *libelles* incendiaires ou y prêchent le *Royalisme*. On a été averti qu'ils avaient, à Sedan, deux mots de ralliement ; c'est ce qui nous a déterminés à enjoindre aux suspects de rentrer dans l'intérieur à 20 lieues des frontières ; on établit à Sedan un Comité de Sûreté générale, à qui nous avons donné le droit d'arrêter provisoirement, à la charge d'en instruire le Conseil général du département ; celui-ci devra statuer sur le sort des personnes arrêtées.

J'ai vu circuler avec profusion un écrit intitulé: *Adresse aux Français*, dans laquelle on invite à exterminer les membres de la Convention, et à *Couronner le ci-devant Prince Royal*. Cet avis arrivait par la poste, et dans le paquet de Bouillon. On m'a informé qu'il y avait un grand nombre d'émigrés qui y trouvaient protection, et que tous les ennemis de la République y marchaient contre nous. J'ai suspendu les transports de Sedan à Bouillon de tous les grains.

Dans l'*Aisne*, une foule de détachements de différents corps se rendaient à l'époque de Dumouriez, les uns à Fontainebleau, les autres à Compiègne ; j'ai autorisé l'administration à les interroger, à les faire rétrograder ou les laisser aller à leur destination suivant qu'elle le jugerait à propos. Un grand nombre de *déserteurs*, après s'être engagés, avoir reçu le prix, équipés, montés et habillés, *vont rejoindre leurs drapeaux, emportant armes et bagages;* l'opinion publique soutient que tous les déserteurs sont des espions. J'ai autorisé les administrateurs à les arrêter, à la charge de rendre compte au ministre de la guerre (1).

A *Rheins*, instruit par les journaux du décret rendu contre deux prisonniers que deux cent vingt prisonniers exposaient la tranquillité publique à y être troublée, j'ai encore requis la municipalité à les incarcérer.

Dans le département des *Ardennes*, nous avons autorisé les administrateurs à délivrer à des cultivateurs ruinés par l'ennemi, aux prix courants des marchés, les grains provenant des émigrés pour ensemencer leurs terres.

J'ai visité les hôpitaux de Soissons, de Laon et de Sedan ; j'ai interrogé les malades ; la nourriture et les subsistances ne manquent pas; ils sont soignés avec douceur, mais le linge n'est pas propre ; les infirmiers n'y sont pas en assez grand nombre.

La gale est la maladie la plus commune à l'armée ; les soldats se plaignent de ce qu'on leur fait faire jusqu'à soixante lieues pour venir se faire traiter. Ils pensent qu'il devrait y avoir à la suite de l'armée, des *hôpitaux ambulants* (2).

Avec quel plaisir j'ai vu les soldats montrer leurs blessures, leurs habits criblés de balles, se vanter de n'avoir fait que leur devoir et soupirer après leur rétablissement pour reprendre leur poste. *Avec quel saint respect ils parlent de la Convention !* Hélas, ce sont eux seuls qui l'ont rendue une assemblée presque incomparable.

Tous les employés se plaignent de n'être pas payés, et les cultivateurs

---

1. Le rapport de Dubois-Crancé estimait le coût de ces hommes à 3 mille livres chaque. Le témoignage donné par Deville est à noter.

2. Ce vœu, Larrey l'accomplit sous Bonaparte seulement, en 1806.

sont arrachés à leurs champs pour les corvées ; il y a de grands abus et beaucoup de désordre dans l'administration.

Tel est le tableau de la conduite que j'ai tenue, des opérations que j'ai faites, et des renseignements que j'ai acquis. C'est à la Convention de continuer.

Supprimez toutes les légions, compagnies franches et tous autres corps, disait-il en terminant. Le lecteur aura observé l'indépendance de langage du rédacteur de la dépêche, le soin avec lequel il s'élève contre les désordres des troupes, les fautes de Bouchotte ; le patriotisme des blessés lui inspire des paroles simples mais justes. Livré à son inspiration personnelle, Deville fut là un honnête homme et ses jugements intéresseront ceux qui aiment les documents sûrs.

Le 22 novembre, Hentz (1) et Bô (2) écrivirent au Comité que l'amalgame avait eu lieu à Givet, Philippeville et Mézières aux acclamations : Vive la République ! Le soldat leur paraissait satisfait de servir sous des chefs expérimentés. Aussi étaient-ils inexorables pour les officiers muscadins prêts à la révolte pour conserver leur épaulette. Une rébellion s'étant produite, ils avaient déployé la force publique, les bataillons s'étaient soumis, et abandonnant leurs officiers d'un jour avaient rejoint le bataillon auquel ils étaient destinés. Les anciens cadres des bataillons de l'armée du Nord ne pouvaient que se remplir avec les citoyens de la première réquisition sous peine de perdre partie de cette belle jeunesse. Incorporée à d'anciens corps, elle aurait « des officiers instruits et en général amis de la Révolution. » Ces Représentants ne fardaient pas la vérité et leur rudesse rendit par leurs aveux des services dont on leur doit compte.

1. Originaire de Sirin en Lorraine, Hentz se signala dès 1790 contre les émigrants, puis dans les places frontières, fit arrêter l'infortuné Houchard, fut dénoncé par Merlin de Thionville pour avoir incendié la ville de Ruschel dans le Palatinat, et se montra aussi féroce en Vendée, où il ordonna la fusillade au son d'une musique militaire. Il dut se cacher dès le Consulat, hué par tous à Beauvais, peuple et fonctionnaires.

2. De l'Aveyron, médecin à Mur-de-Barrez, épurateur en titre des municipalités dans ses missions militaires, ami des révolutionnaires, très hostile aux campagards, on lui tira un coup de fusil à Aurillac pour le punir de ses vols ; dénoncé partout, à Sedan et dans la Marne, celui qui avait appelé Louis XVI un tigre lui avait infligé ses propres vices. Bô, arrêté le 9 août 95, dut son salut à l'ignominieuse amnistie du 4 brumaire, an IV. A Cahors, il avait répliqué à ceux qui se plaignaient de la rareté des subsistances :

« Rassurez-vous, la France aura assez de 12 millions d'habitants ; nous ferons périr le reste. »

La loi du même jour n'eut plus égard aux grades antérieurs et pour l'attester les qualifia de grades occupés *provisoirement*. Les délinquants furent déclarés par anticipation *suspects* et arrêtés jusqu'à la paix. Les réquisitionnaires étaient assimilés aux *émigrés*, ce qui entraînait pour leur famille — loi inique — les dispositions législatives qui régissaient ces derniers, c'est-à-dire la confiscation des biens et la mort. La solidarité de la famille était la cause de l'apostrophe de Mirabeau : *Si vous votez cette loi, je jure de n'y obéir jamais.*

L'armée accueillit avec *enthousiasme* la nouvelle loi.

Des généraux écrivirent à Bouchotte la joie que leur causait l'incorporation des nouvelles levées ; ils espéraient que le sauve-qui-peut, les désertions et la rentrée dans les foyers seraient désormais arrêtés. Ce fut l'œuvre de 94 et les déclarations vraies constatées jusqu'en avril doivent disparaître devant le résultat de la campagne, on l'a trop oublié. Or, c'est la conclusion de Gouvion-Saint-Cyr et ce témoignage a bien quelque poids, même pour les esprits prévenus.

On n'a pas discuté les documents en leur entier ; on a jugé d'après des fragments de pièces sans s'inquiéter de ce qui précède ou de ce qui suit. On s'est privé d'une lumière nécessaire, dirons-nous à ce sujet, car une interprétation exacte n'est pas possible sur une simple phrase, sur une dépêche unique ; le tout doit être contrôlé et comparé. La composition hâtive des bataillons explique leur désordre, parfois leur départ dans le sens d'un retour au village natal. Les arrêtés des Représentants n'étaient pas conformes aux lois qu'ils ignoraient ou qui se votaient au moment où ils venaient d'être édictés. On vit, dans le Nord, les Conventionnels de la Belgique mander des troupes prises dans les Ardennes ; de là une confusion dont nos adversaires n'ont tenu aucun compte et qui rend leurs doctrines subversives des vérités historiques sur ces divers points. La désertion dans les bataillons de la réquisition ne fut donc pas aussi effrayante qu'on l'a prétendu, et méritait dans tous les cas d'être expliquée, motivée. Enfin, il faut tenir compte des manœuvres provenant les unes des clubs, les autres des contre-révolutionnaires, tous d'accord pour propager la méfiance, les premiers par leurs journaux et leurs réunions, les seconds par des libelles royalistes aussi imprudents qu'audacieux. La variation dans les partis, leurs procès réciproques, la hache de Fouquier-Tinville, la mort de Danton comme le procès des Girondins, le supplice des généraux et leurs arrestations scandaleuses, voilà autant de ferments de discorde qui troublaient les armées.

Par l'Émigration elles avaient touché à la politique, par la Terréur elles y vécurent, du Palatinat aux Pays-Bas.

Du Prince de Condé, le vainqueur de Bergen, à Robespierre et aux séides des triumvirs, les moyens varièrent, le but fut identique : le pouvoir pour le pouvoir, *omnia serviliter prò dominatione*, les serviteurs de la première cause immolant leur patrie à la conservation de leurs privilèges et de leurs préjugés, les esclaves de la seconde l'immolant à leurs fureurs et à leur férocité pour régnèr.

La valeur des levées successives qui furent faites depuis la déclaration de la guerre a été peu discutée. Il existe cependant un *mémoire* du général Scherer sur cette question. Il est postérieur à la loi de novembre, ce qui n'empêcha pas son auteur de l'envoyer au ministre de la guerre, acte d'indépendance qui honore Schérer.

A mesure que la Convention a levé de nouveaux bataillons, écrivait-il, les corps nouveaux ont moins valu que les précédents. *La première levée a mieux valu que la seconde* et ainsi de suite pour les quatre de 1791, de juillet 1792, de février et d'août 1793. Quel témoignage en faveur des Volontaires de 1791, si décriés, on n'a jamais su pourquoi! Or, Scherer a formulé son opinion en l'appuyant sur celle des officiers. Le motif qu'il en donne est la présence à leur tête des officiers et sous-officiers retirés du service qui reprirent du service par amour de la patrie, de la gloire ou par haine de l'étranger. La discipline fut réelle en 1791, Dubois-Crancé l'imposa en 1793 et on l'appliqua en 1794, voilà la vérité.

Les bataillons de première réquisition, ajoutait-il, *c'est l'espoir de la nation*, c'es-à-dire la levée de février 1793. Il faut donc la ménager, en tirer le meilleur parti, car elle renferme des individus qui à différentes reprises en avaient *payé* d'autres pour marcher *à leur place* aux frontières. De là une *inertie* absolue, un défaut d'instruction complet. Il importe de modifier les corps, d'en tirer cette masse d'hommes sortie de terre à la voix de la Convention *d'un seul coup de tambour* et qui compte *un million de bras*. La cause du mal indiquée, que faire des bataillons de première réquisition? *les incorporer dans les anciens*. Ce qui importe, ce n'est pas d'avoir trop de bataillons, elle en compte aujourd'hui plus de *mille*, mais de les avoir bons et forts pour le nombre d'hommes.

On n'improvise pas les soldats, c'est exact, ils s'improvisent. Dubois-Crancé et Carnot l'ont prouvé.

La jeunesse, appelée dans tous les rapports superbe, avait dû se

réunir, d'après l'article 8 de la loi, au chef-lieu de son district, de 18 à
25 ans. Sa formation en bataillon renouvelait les inconvénients dont
généraux et représentants se plaignaient ; ignorants des manœuvres,
ne connaissant pas leurs chefs, créant des vides dans les corps chargés
de leur fournir des instructeurs, c'est à tout cela qu'on avait mis fin en
les incorporant. Plus de corps incomplets, plus de corps francs, fléau
de la discipline et de la hiérarchie, plus de plaintes désormais, même
parmi les Vainqueurs de la Bastille devenus Généraux comme Hulin
ou Élie, plus d'épaulettes mises dans les poches, afin *de ne pas être
reconnus comme officiers dans leur fuite* (1).

Des Représentants, considérables par leur nom et leur rôle, se sont
trouvés mêlés aux opérations de l'Embrigadement. Levasseur de la
Sarthe fut de ceux-là, mais pour juger son action, nous ne recourrons
pas à ses Mémoires, et une dépêche d'un Agent du Conseil sera plus
utile. La subordination de ces agents est formelle, d'après la dépêche
qu'on va lire ; l'action des conventionnels, prédominante : Tous les
généraux n'obéissaient pas avec entrain à la loi qui gênait leurs combinaisons. Les représentants avaient aussi des « considérations particulières » à faire prévaloir ; certains bataillons ne furent pas incorporés,
des dissentiments avec les autorités locales achevèrent de retarder la
réorganisation. Les arrêtés personnels ne furent pas étrangers à ce
retard, de la part des Commissaires. La dépêche qu'on vient de lire est
des plus instructives à raison des difficultés et des contestations qui y
sont exposées.

Son auteur avait été mêlé à l'embrigadement des Armées des
Ardennes, du Nord et de la Moselle.

III

Le rôle des régiments étrangers dans les premiers troubles qui signalèrent les débuts de la Révolution, a été considérable. Royal-Allemand
s'est rendu célèbre par son action au 12 juillet 89, Berchiny par son
dévouement à Dumouriez, en arrêtant les délégués de la Convention,
Saxe avait émigré en partie, Nassau s'était vu fermer les portes de
trois garnisons, Salm-Salm Allemand s'était insurgé à Metz. Les régi-

1. Dépêches du général de division Elie à Bouchotte, du 19 octobre 1793.

ments suisses, très disciplinés, étaient restés fidèles à la monarchie, en invoquant leurs séries de capitulations, source de conflits diplomatiques avec leur pays d'origine pour la République naissante. Leur licenciement s'en était suivi.

Plusieurs régiments étrangers étaient passés à notre service ; d'autres comme Nassau s'étaient fait naturaliser. La dépêche suivante va nous apprendre le désir des Représentants commis à l'Amalgame en ce qui les concerne :

« Je viens de terminer la revue des corps d'Infanterie de l'Armée des Ardennes ; je vais partir pour celle de la Moselle.

Voici une question sur laquelle je vous prie de me répondre par le premier courrier (1). Environ 80 hommes, sous-officiers et soldats, du 94º régiment d'infanterie, ci-devant Darmstadt, ont été renvoyés comme étrangers. Ils sont à Châlons.

Mais tout le monde atteste la fidélité et le courage de ces militaires ; ce sont d'anciens sous-officiers, des grenadiers intrépides, des soldats dont plusieurs servent depuis plus de vingt ans, et qui par leurs services ont acquis des droits à la confiance nationale. Je ne crois point que la Convention ait eu l'intention de comprendre dans son *décret sur les étrangers*, les soldats qui servent fidèlement dans les *armées*. Beaucoup des régiments étrangers continuent d'être employés au service de la République.

Je me rappelle même que, sur la proposition de Robespierre, la Convention passa à l'ordre du jour sur une motion faite par Merlin de Thionville, d'exclure des armées les officiers qui n'étaient pas nés français ; plusieurs officiers étrangers ont été réintégrés dans le 94º régiment depuis leur destitution. A plus forte raison ne doit-on pas se priver des soldats qui combattent pour la Liberté.

Je ne propose pas de les rétablir dans le même Corps, mais je voudrais les employer dans la légion des Ardennes. Les soldats du 94e étant aguerris pourraient y faire grand bien, et mettre ce bataillon en état d'entrer en campagne.

Quelques-uns des officiers et sous-officiers étrangers, tous Allemands de naissance (Bavarois, Palatins, Wurtembergeois), furent nommés dans des corps. Malheureusement, ils ne connaissaient pas la langue française ; de là des difficultés imprévues. Ce fut pour régler la matière que Goupilleau de Fontenay porta un arrêté spécial.

1. Dépêche du représentant Gillet, armée des Ardennes.

Cette dépêche complète notre travail sur l'embrigadement ; datée du 4 mars 1793, elle atteste les difficultés de détail des Commissaires et leur durée, leurs complications, la lenteur obligatoire de l'opération. La question des étrangers s'augmentait des violences des partis et des crises de la guerre. Merlin, toujours prompt à soupçonner les Allemands parce qu'il les connaissait bien, les Prussiens surtout, avait obtenu leur exclusion, et Robespierre lui avait disputé la popularité là encore. Gillet eut gain de cause. On se souvint que Hesse-Darmstadt, en garnison à Strasbourg en 89, avait arboré le premier la *cocarde tricolore* le 20 juillet, aux applaudissements des habitants, qu'il avait mis à la raison les pillards d'Outre-Rhin, accourus pour dévaster la Maison Commune, saccager les archives, voler la caisse de la ville. Les services de guerre, Gillet les rappelait avec autorité et sa voix devait être entendue (1).

Le maréchal Soult nous a laissé des appréciations détaillées en ses *Mémoires* sur l'organisation des armées à la fin de 1794 ; elles concernent l'Armée de Sambre-et-Meuse où il était alors colonel. Le dévouement des troupes et leur détresse, leur abnégation et leur qualité, il a retracé tout cela pour la postérité à l'honneur de ses compagnons d'armes. Sa carrière ultérieure nous impose de respecter et de citer un pareil témoignage.

Cette opération se fit d'après le maréchal avec *la plus grande rigidité*. Les généraux choisirent eux-mêmes les plus capables de leurs chefs de bataillon pour les nommer chefs de brigade. Les instructions des Représentants portaient que les *grades ne sont pas la propriété des individus* mais de la République, seule maîtresse d'en disposer en faveur de ceux qui lui rendaient des services. Plus forts qu'avant leur réunion, les corps furent triplés ; ils eurent ainsi plus de régularité dans leur ensemble et plus de confiance. Les *officiers* donnaient l'exemple de tous les dévouements, portant *le sac sur le dos* comme leurs soldats et sans aucune solde. Ce ne fut que plus tard, après la déchéance absolue des assignats, qu'ils touchèrent *huit francs par mois* en numéraire. Soult ajoute que les *généraux* n'étaient pas mieux partagés. Les officiers prenaient part aux distributions comme les soldats, même pour les effets d'habillement ou leurs bottes. *Cependant aucun ne songeait à se plaindre de cette détresse*, une seule émulation existait : le service. Et alors, que voyait-on ? Si l'un se

1. V. aux *Pièces justificatives*, du 4 mars 94.

distinguait, l'autre cherchait à le surpasser par ses talents ou son courage.·

. Dans les états-majors c'étaient des travaux incessants embrassant toutes les branches· du service ; les officiers qui en faisaient partie voulaient prendre part à tout. Les chefs étaient exigeants· et s'ils n'ont pas été des hommes de premier ordre, ils furent tous hommes de mérite. Beaucoup d'officiers généraux qui les supassèrent plus tard sortirent de leur *école*. Très juste, le maréchal vote les mêmes éloges à ses soldats. *Dans les rangs, c'était le même dévouement, la même abnégation.* Il avait vu refuser avant le combat les· distributions qu'on voulait faire et enivrés. par l'idée· de bataille s'écrier : *Après la victoire, on nous les donnera !* Quels temps et quels enthousiasmes ! :

Parle-t-il de la glorieuse campagne de Hollande que signala l'hiver de 94 et les vingt premiers· jours de 95, son admiration n'a plus de bornes et cependant il est toujours d'accord avec Jomini, un juge qui doit nous plaire.

Les conquérants de la Hollande qui devaient déterminer la paix par leurs incroyables succès traversèrent par dix-sept degrés de froid les fleuves et·les bras d'une mer glacée. Or, ils étaient à peu près nus et dans le pays qui était alors le plus riche de l'Europe. Ils avaient ainsi devant les yeux toutes les séductions. Eh bien ! *la discipline ne souffrit pas la plus légère atteinte.* Jamais les armées ne furent plus obéissantes ni animées de plus d'ardeur. D'accord avec son collègue Gouvion-St-Cyr, Soult atteste que ce fut l'époque des guerres où *il y a eu le plus de vertu parmi les troupes* (1).

. Le maréchal Marmont a écrit les mêmes attestations, lui si prompt aux critiques, aux remontrances et aux· amertumes. Ces louanges portaient sur l'Armée du Rhin où il servait alors sous Desaix. Sur lui-même, il a laissé ce souvenir qu'ayant des effets de magasin à réclamer, il lui fallut un·bon qu'il dut faire· viser au général en chef Pichegru. ,Veut-on savoir pourquoi ? Afin· d'obtenir deux chemises de soldat et une paire de bottes· (2) !

La vie de Desaix nous a appris toutes les abnégations et, tous les dévouements; c'était donc général dans toutes les armées. Les *Mémoires* du maréchal Jourdan, de Carnot et du duc de Rovigo confirment nos

1. Au Tome I, liv. 7, p. 198.

2. Au Tome I, liv. 1, p. 79.

appréciations et notre opinion. Le pillage, le vol et les fournitures
d'ordre inférieur étaient le fait des soumissionnaires ; souvent véreux
et d'accord avec les officiers d'administration, ceux-ci soulevaient toujours des plaintes. On sait par les vitupérations de Masséna et spécialement de Bonaparte en 96 et en 97 les crimes de ces agents. De Dumouriez au Consulat, ce fut un même concert ; les organisateurs des Comités
ont en ceci une responsabilité absolue quant à leurs amis. Carnot et
Cambon doivent être exceptés.

CHAPITRE XXXIX

MISSIONS DE GOUPILLEAU, DE BOLLET, DE DUROY POUR L'EMBRIGADEMENT DE LA CAVALERIE

I. Partage du territoire en 20 divisions militaires. — Rapport de Goupilleau sur la réorganisation générale. — II. Sa mission dans le Centre. — Mission de Bollet dans le Nord. — Protestation de Duroy en mission à l'Armée du Rhin.

L'exposé lumineux de Dubois-Crancé sur les corps multiples de l'infanterie s'appliquait aussi à l'état des troupes à cheval. Ces corps offraient autant de disparates que les troupes à pied. Nombre d'escadrons irréguliers avaient été réunis depuis le commencement de la guerre à des régiments par voie de décret. On avait ainsi d'anciens et de nouveaux régiments, des corps francs à cheval, des compagnies variables par l'équipement, l'habillement et l'effectif, des légions à cheval, enfin les contingents d'octobre 1793 connus sous le titre de Levée de quarante mille chevaux.

La loi du 23 août avait requis les chevaux de selle et les chevaux de trait par son article 4.

Celle du 5 octobre avait ordonné une levée extraordinaire de chevaux dans tous les cantons et arrondissements du territoire, à raison de six au minimum. Ces chevaux devaient être présentés avec l'équipage complet de l'arme à laquelle ils étaient destinés. Il appartint aux municipalités chargées d'opérer cette levée de procéder à la fourniture de l'armement et de l'équipement, lesquels furent déterminés. Une indemnité fixée par des experts fut accordée, et le territoire fut partagé en *vingt divisions* pour accélérer l'exécution du décret. Le 1er novembre suivant fut indiqué comme terme, et la livraison dut avoir lieu au chef-lieu de la division ; là ils étaient marqués des *lettres* R. F. pour attester qu'ils appartenaient à la République.

Le décret du 25 octobre utilisa les 40 mille chevaux obtenus par la disposition suivante. Les troupes à cheval furent portées au complet de 170 hommes par escadron ; on y parvint en empruntant à l'*infanterie* des militaires en activité de service et en faisant appel aux citoyens de la *réquisition*, tous de bonne volonté. Les premiers s'adresseront, porte le décret, au conseil d'administration de leur bataillon, les seconds à la Municipalité du lieu dans lequel ils se trouvent.

L'empressement de certains corps d'infanterie à quitter leur spécialité avait été tel, que le 26 avril 93 Dubois-Crancé et Briez avaient rendu un arrêté pour l'interdire. Ils y déclaraient qu'il ne pourrait se faire aucun recrutement dans l'infanterie pour la cavalerie librement ; que les Commissaires étaient les intermédiaires obligés de ces sortes d'opérations.

L'expérience ayant prouvé que cette série de décrets n'avait pas donné d'unité à la cavalerie, on la réglementa à nouveau et en entier.

Goupilleau de Fontenay (1) présenta dans la séance du 5 janvier 1794 (16 nivôse) le décret de la *réorganisation générale et d'embrigadement*.

Son travail comprenait trois subdivisions : la *grosse cavalerie*, la *cavalerie légère*, la manière de compléter la dernière.

La *grosse cavalerie* comprit vingt-neuf régiments à quatre escadrons divisés en huit compagnies. La force de ces compagnies fut de quatre-vingt-cinq hommes et la réunion de deux forma un escadron. L'état-major de chaque régiment comprit un chef de brigade, deux chefs d'escadrons, un quartier-maître trésorier, deux porte-étendards et une série de sous-officiers. Tous les cavaliers étaient montés, la force d'un régiment au complet évaluée à sept cent quatre hommes. Cette arme comprit vingt mille quatre cent seize hommes.

La *cavalerie légère* embrassa vingt régiments de dragons, vingt-trois de chasseurs et onze de hussards. Les dragons furent augmentés ; ils eurent six escadrons au lieu de quatre. Les chasseurs et les hussards, au même nombre, le tout divisé en douze compagnies. Chaque compa-

---

1. Homme de loi, ardent pour la révolution, modéré en Vendée son pays d'origine, hostile au triumvirat et plus tard sympathique à ses anciens adversaires, fut des Anciens et servit sous le Consulat, de même sous l'Empire.

gnie compta cent quatorze hommes et deux compagnies réunies com-
posèrent l'escadron. Les chefs d'escadrons furent portés à trois dans
l'état-major des régiments ainsi que les guidons. Chaque régiment de
cavalerie légère eut, au complet, une force de quatorze cent dix hommes. L'arme, au total, devait atteindre le chiffre de soixante-seize mille
cent quarante combattants.

Le *mode* fut le suivant pour l'embrigadement.

Les troupes à cheval des Légions non enrégimentées (1) et qui
n'avaient pas pris rang dans les corps de cavalerie numérotés par
décret, furent incorporées indistinctement, soit dans la cavalerie
grosse, soit dans la cavalerie légère. Il en fut de même pour les
compagnies franches ou détachées. L'incorporation se fit par escadron ou par compagnie selon les nécessités de porter au complet
pour les deux cavaleries, sauf des indications de détail qui n'ont pas
à être rappelées ici. L'incorporation s'obtint par individu dans tous les
autres cas.

Lorsque les escadrons ou les compagnies étaient trop inférieurs en
nombre pour former de nouveaux escadrons, le Comité de Salut Public
se réservait le droit de nommer les officiers et les sous-officiers sur une
présentation du Conseil Exécutif. Lorsque la cavalerie des Légions et
des compagnies franches ou détachées se trouva inférieure en
effectif, elle fut complétée par des hommes et des chevaux prove-
venant des levées faites pour la cavalerie.

Les officiers et les sous-officiers légalement nommés qui ne purent
trouver place dans l'incorporation furent mis à la suite, touchèrent
leur solde, firent leur service dans les nouveaux corps et eurent droit à
la moitié des places vacantes, l'autre moitié restant à l'avancement. Le
Comité leur imposa, par l'article 11, l'obligation de se faire connaître
avec leurs états de services.

Les *Sociétés populaires* ayant armé et équipé des cavaliers, la loi leur
consacra deux articles pour les répartir à son gré dans les quatre-vingt-
trois régiments de l'arme.

Le règlement sur les manœuvres des troupes à cheval fut maintenu
par l'article 17.

Enfin, les *Représentants* chargés de l'encadrement des chevaux de
nouvelle levée, le furent également de l'incorporation ordonnée par le

---

1. Certains de ces cavaliers paraissaient à la barre de la Convention pour voci-
férer des promesses politiques et nullement militaires.

décret unitaire. La, Convention les investit à cet effet de *pouvoirs illimités*.

Les principes posés, voyons comment furent exécutées ces lois, d'après la correspondance officielle, soit publique, soit confidentielle des *Commissaires de l'Embrigadement*.

II

Le 25 octobre, Goupilleau rendit à Clermont-Ferrand un arrêté sévère, et comme les départements du centre dans lesquels il avait été envoyé n'obéissaient pas, il le fit imprimer. Chacune des administrations de département (1) en reçut un exemplaire avec prescription de rendre compte de son exécution, à lui-même. On observera qu'il instrumentait dans la patrie de Carrier, de Couthon, de Soubrany.

La malveillance et l'égoïsme, disait-il, emploient toute sorte de moyens pour rendre sans effet la levée extraordinaire. On voit même des officiers municipaux ne pas déclarer ou conduire au chef-lieu les animaux propres aux différents genres de services exigés. Bien plus, plusieurs se sont permis de les vendre depuis la promulgation de la loi. Usant aussitôt de ses pouvoirs illimités, le Commissaire déclara considérer comme gens suspects les délinquants et ordonna leur arrestation. Leurs chevaux devaient être confisqués. Vendeurs, acheteurs, transmutateurs furent passibles des mêmes peines. Comme amende pécuniaire, Goupilleau les frappa d'une somme égale à la valeur des achats.

Il imposa aux Municipalités l'obligation de dresser des états et d'y joindre les noms avec les demeures des coupables. Le minimum par canton ou par arrondissement fut basé sur huit chevaux et sur dix s'il y avait un excédent dans la réquisition. Etaient exceptés, les postes, les messageries et les compagnies des gardes nationales à cheval organisées avant le 1er mai 93. Toutes les municipalités et les corps administratifs furent *personnellement* responsables des négligences et des retards.

1. La commission de Goupilleau portait comme circonscription : Le Puy-de-Dôme, l'Allier, la Haute-Loire, le Cantal, la Corrèze et la Creuse.

Des dispositions analogues furent prises dans les autres départements par ses collègues; tous les documents de cette nature peuvent être compris par celui de Goupilleau.

A l'*Armée du Nord*, Bollet (1) écrivit au général en chef pour lui demander d'abord les états de sa cavalerie ; puis, de ceux de ses régiments qu'il est nécessaire de compléter les premiers, et par le *chef de l'état-major* tous les renseignements pour le succès de la *mission* dont il est chargé.

L'importance de ce document n'échappera pas au lecteur ; il constate le premier acte des Commissaires à l'embrigadement, atteste leur mission officielle en un langage énergique, et donne une idée précise de leur autorité comme de son mode d'exercice. Rien ne paraissait devoir résister à leur omnipotence aux armées comme à l'intérieur. On vient de lire cependant les plaintes de Goupilleau et ses menaces légales dans les départements, toutes justes, sur la question ; on constatera avec Duroy pour les départements frontières, à l'Est, les mêmes dispositions. Aux armées, les difficultés furent toutes aussi grandes. Tantôt les Commissaires s'y plaignirent des préposés des guerres, tantôt ils accusèrent l'administration ministérielle, tantôt les états-majors. La loi du 5 janvier avait été nécessaire sous peine de manquer de cavalerie comme *organisation* et comme *recrutement*.

Des opérations de cette importance ne pouvaient se produire sans susciter des conflits et sans provoquer des explications. Le Comité de Salut Public était le confident obligé des généraux, de ses propres collègues et du ministre de la guerre. Il ne parait pas que Bouchotte ait été plus heureux en matière d'états et de situations qu'en approvisionnements. Voici une dépêche de Duroy (2) qui se passe de commentaire et relative à l'*Armée du Rhin*.

L'encadrement de la cavalerie y présenta des difficultés d'un ordre spécial et qui ne se reproduisirent pas ailleurs ; c'est pourquoi nous la donnons en son entier (3).

1. Bollet fut un ami de Hoche en Vendée quoique collègue de Robespierre à Arras. C'est à son domicile de représentant qu'on arrêta Cormatin. Il survécut en 96 à une tentative d'assassinat et soutint le Premier consul qu'il avait connu à titre d'Adjoint en Vendémiaire.

2. Homme de loi, originaire de l'Eure, jacobin forcené, défenseur des *officiers nobles* qui n'en étaient pas moins de vrais *sans-culottes*, se mit à la tête des révoltés de prairial (mai 95) et se poignarda. Il fut exécuté couvert de sang et plein de vie.

3. Armée du Rhin. — L'esprit de cette dépêche est absolument grave : *Plaintes*

Ma correspondance avec le Comité et le Ministre de la Guerre, avec le chef de l'état major et le commissaire ordonnateur en chef de cette armée, justifiera que j'ai fait tout ce que la loi me permettait et tout ce qui m'était possible pour obtenir les *états* qui devaient servir de base à mes opérations.

J'ai prié le *Comité de la Guerre* de m'adresser copies des états des chevaux et effets d'équipement et armement recueillis dans les divisions destinées à cette armée. *Mes instances réitérées à cet égard sont restées sans réponse.* J'ai fait la réquisition expresse au Ministre de la Guerre de m'indiquer les dépôts en hommes, chevaux et effets d'armement ainsi que de m'adresser les états des hommes qui s'étaient fait inscrire pour le service de la cavalerie ; enfin, je lui ai demandé quels étaient ses agents dont je pusse faciliter et surveiller les opérations pour le recrutement de la cavalerie ; il n'a pas jugé à propos de me répondre.

A mon arrivée ici j'ai demandé au *chef de l'état major général* et au *commissaire ordonnateur en chef* de l'armée de me donner ainsi que la loi le prescrit dans le délai de 2 jours les états de situation de tous les corps de cavalerie de l'armée. Le chef de l'état major n'a envoyé un état informe qui ne peut me servir et le commissaire ordonnateur m'a répondu qu'il ne peut dans ce moment satisfaire à ma demande vu les mouvements de l'armée.

Il y a ici 3 ou 4 jeunes officiers qui se disent *commissaires inspecteurs du dépôt de cavalerie*; aucuns n'ont ni la capacité ni le zèle nécessaires. Je n'ai pu encore obtenir de celui qui est chargé du dépôt de Strasbourg les états des chevaux appartenant à la république qui sont dans la place.

J'ai envoyé aux dépôts de Belfort, de Châlons-sur-Saône et de Clermont un agent actif et intelligent. Il n'a encore pu visiter que le dépôt de Belfort où il a trouvé tout dans le plus grand désordre. Notre collègue Foussedoirs envoyé dans la 5ᵐᵉ division n'y a recueilli que 814 chevaux dispersés dans différents villages et dont il n'a confié la surveillance à personne. Il a encore été moins heureux dans la réception des chevaux et armes; elle est presque nulle.

Il résulte de l'exposé fidèle que je vous fait que je n'ai pas encore pu savoir ce qui manque à la cavalerie de cette armée soit en hommes, chevaux et effets, ni à connaître les ressources que j'aurai pour lui fournir ce qui sera nécessaire pour la porter au complet.

J'attends avec impatience l'heureux moment où les ennemis seront chassés au-delà du Rhin et que les différents corps aient un moment de repos pour les passer en revue et vérifier moi-même leur besoin.

Mais le décret porte que ma *Mission* doit finir pour le 1ᵉʳ pluviôse et je vous préviens, citoyens collègues, qu'il me sera impossible de terminer à cette époque.

Ainsi, je me résume à ces deux points essentiels :

1° Que la Convention Nationale me subvienne d'un délai suffisant ;

2° Que vous veuilliez bien engager nos collègues du comité de la guerre à m'envoyer les états que je leur ai demandés, et *ordonner* au *Ministre de la Guerre* de répondre à mes différentes *réquisitions*.

Sans cela je ne peux remplir l'objet de ma Mission.

Un mois plus tard, le 22 janvier 94, Duroy envoyait aux cantons et

du commissaire au Comité de Salut public *contre le Ministre de la Guerre*. Duroy (de Strasbourg, le 29 décembre 1793).

aux municipalités qui n'avaient pas satisfait à la loi un arrêté de Sommation pour rester dans le délai prescrit. Ses opérations embrassaient treize départements, soit les cinquième, sixième et vingtième divisions militaires dont les chefs-lieux étaient Strasbourg, Besançon et Clermont-Ferrand (1).

Les juridictions de justice de paix étaient la base de la circonscription locale. Les directoires de département durent envoyer l'état des chevaux, des effets d'équipement et d'armement par canton ou par municipalité et se concerter avec les agents que les Représentants proposaient à la levée. Celui de Strasbourg fut chargé d'envoyer au district de Saarverden « nouvellement réuni à la République » toutes les lois relatives aux levées.

Des agents nommés par les Représentants procédèrent partout à la réception des chevaux, des effets d'équipement et d'armement. Les officiers municipaux les assistèrent chacun dans leur district au nombre de *deux*, le commissaire des guerres du lieu tint un *registre* spécial des opérations et les commissaires à l'embrigadement apprirent par décade sur rapport l'application des lois.

Celle du 27 vendémiaire et les subséquentes dont le but était de suppléer aux mesures relatives à la levée des trente mille hommes de cavalerie, furent seules exécutées. Les citoyens enrôlés en vertu de ces lois ne furent pas dispensés de continuer leur service. Les chevaux et effets fournis par les communes en vertu de la loi du 22 juillet ne les dispensèrent pas d'obtempérer aux prescriptions d'octobre et de janvier. Tel est le tableau de ces opérations et le récit des obstacles surmontés par le patriotisme des uns, par l'énergie des autres.

Le zèle des mandataires de la Convention ne s'en tint pas à l'exécution unique de leur embrigadement. Ils s'assurèrent par eux-mêmes de la qualité des troupes à cheval, de leur instruction et de leurs aptitudes militaires. L'état de guerre où on se trouvait facilitait leurs appréciations. Aussi les vit-on se rendre au feu le 29 mai 94, pour ne citer qu'un exemple, à l'armée du Rhin. Rougemont et Duroy assistèrent à l'ouverture de la campagne, le 23 mai. Le Comité avait laissé au général Michaud toutes ses troupes à cheval et lui imposait, en retour,

---

1. Les lieux de rassemblement des chevaux étaient Belfort pour la 5ᵐᵉ division, Châlons-sur-Saône pour la 6ᵉ, Clermont-Ferrand pour la 20ᵉ.

l'offensive. Comment se comportaient les jeunes recrues des levées ? La dépêche des Représentants va nous l'apprendre en une seule phrase : la retraite ne se fit pas en assez bon ordre et nous eûmes toutes les peines du monde à rallier la cavalerie. Ce fait se renouvela deux fois.

La défaite de l'armée de la Moselle força le général Michaud à se replier et à prendre la même ligne qu'elle.

CHAPITRE XL

EMBRIGADEMENT DU GÉNIE ET DE L'ARTILLERIE

I. Réorganisation du génie et de l'artillerie. — Dépêche de La Fayette d'avril 92, pour la formation d'une artillerie à cheval. — II. Réquisition des armes de guerre. — Instruction du Conseil Exécutif sur l'usage des piques. — Manufactures d'armes.

Les lois de 1790, de 1791 et de février 1793 avaient laissé le Génie composé comme par le passé d'officiers sans aucune espèce de troupes sous leurs ordres. Leur nombre avait été fixé à trois cent trente-quatre ; en février, on l'avait complété par l'adjonction d'ingénieurs géographes et d'ingénieurs de l'école des Ponts-et-Chaussées ; enfin, le nombre des élèves de l'Ecole de Mézières avait été augmenté.

Carnot avait donné sa mesure comme ingénieur et comme critique dans ses travaux d'exécution puis dans ses ouvrages, à Arras, plus tard dans son *Eloge de Vauban* et dans son *Essai sur les machines*. Par sa lettre sur les aérostats à l'Académie des Sciences, il avait secondé Montgolfier et Guyton de Morveaux. Sa polémique sur la stratégie l'avait montré rival heureux de Guibert et de Fourcroy, chef du génie avant la Révolution, du marquis de Montalembert et de ses disciples. Adversaire de l'école de Frédéric II, il répétait avec Montecuculli que les places fortes sont les ancres sacrées qui sauvent les États, mais n'attribuait pas à son corps une prépondérance imprudente.

Par quelques maximes heureuses, il lui indiquait son rôle.

« En vain essayera-t-on de courber le Français sous le joug de la discipline du Nord; on étouffera son génie particulier pour l'affubler d'un caractère factice qu'il ne pourra soutenir.

» Le caractère national du Français est d'attaquer toujours ; il gagne de l'audace en allant à l'ennemi ; il en perd s'il attend ; un rôle passif ne lui convient pas. »

Les forteresses lui paraissaient nécessaires comme point d'arrêt, comme refuge, comme base de retour offensif. Charles-Quint échouant devant Metz, Villars préparant Denain avec Lille, Douai et l'échiquier de Vauban, quels exemples ! Mais il entendait laisser à l'infanterie la prédominance dans les combats, leçons nées des guerres de Louis XIV et que le génie de Turenne en Alsace, de Condé à Rocroy imposait à son propre génie (1).

Le 23 octobre et le 4 novembre Carnot modifia, en l'augmentant par l'adjonction de troupes, le corps auquel il appartenait. Meunier et Fourcroy, Prieur et d'Arçon, Montalembert et lui-même l'illustraient depuis vingt années par leurs travaux techniques et leurs écrits.

Les compagnies de mineurs furent réunies au génie en octobre , le décret de novembre les affecta dans les places et aux armées « à tous les travaux des mines, des sapes et autres constructions » exécutées soit sous la direction soit sous le commandement des officiers de cette arme. Chaque compagnie fut portée au complet de 100 hommes et ses officiers prirent rang dans le génie selon leur grade ; leur ancienneté de service fut respectée. L'école des mineurs fut réunie à celle de Mézières, qui devint sa place de dépôt (2).

Le 15 décembre, étaient créées douze compagnies de pionniers et de sapeurs qui formèrent douze bataillons (3). L'effectif total de l'arme fut de cinq mille trois cent treize hommes après l'amalgame.

Le 12 décembre 94, Letourneur, colonel du corps et membre de l'assemblée, obtint l'adoption d'un décret qui augmenta le corps des officiers pour les places, les côtes, les colonies et les 14 armées. Il monta au chiffre de 400 ingénieurs.

1. Nul écrivain militaire n'a mieux démontré cette supériorité que Monseigneur le duc d'Aumale dans ses magnifiques études sur Condé à Rocroy, *Revue des Deux-Mondes*, 1883.

2. Rapporteur, le général Coulon, membre de la Convention, directeur du Dépôt de la guerre et officier du génie.

3. Rapporteur, Delmas, député de Toulouse et ancien officier de milice.

II

Réorganisée en août 1791, l'artillerie devait à Gribeauval une réputation européenne. Frédéric II la considérait comme la première par la supériorité de son corps d'officiers, composé cependant de bourgeois. Ce n'étaient pas les La Riboisière, les Gassendi, les Sénarmont qui allaient la faire déchoir durant la Révolution.

Les arsenaux, les manufactures d'armes si considérables et répandues un peu partout, les fonderies augmentées par la continuité de la guerre, restèrent dans les attributions de cette arme. Les sept régiments qu'elle comprit comprenaient un effectif de onze cents ouvriers chacun, bombardiers et sapeurs. Les 6 compagnies de mineurs entraient, depuis septembre 1790, dans sa composition, avec dix compagnies d'ouvriers.

L'artillerie à cheval était d'origine récente. Née de la guerre de Sept Ans, le général La Fayette n'avait cessé d'en réclamer la formation depuis 1785, époque de son voyage au Camp de Silésie. Frédéric II et le prince de Condé en avaient reconnu les effets, mais l'armée prussienne en usait seule alors, et Frédéric en tirait quelque gloire aux revues qu'il passait avec tant de retentissement, accompagné par un essaim d'officiers, accourus de toutes les parties de l'Europe pour lui faire cortège.

Le 21 avril 92, La Fayette écrivait au ministre de la guerre sur l'urgence de cette création pour l'Armée du Centre et pour toutes les autres :

« On me dit que la formation de l'artillerie à cheval souffre des difficultés. Permettez, Monsieur, à un homme qui a causé avec le feu Roi de Prusse, le prince Henry, le duc de Brunswick, le général Mollendorf, avec les maréchaux de Laudon et de Lascy, enfin, avec les principaux généraux de Prusse, d'Autriche et d'Allemagne, qui a bien examiné et bien réfléchi sur cette institution : permettez-lui de représenter que la prompte formation d'une artillerie à cheval est *un des plus grands services* que le Ministre de la Guerre puisse rendre à l'armée. »

Secondé par la renommée du maréchal de Rochambéau et par son ami le général de Narbonne, Mathieu Dumas se chargea d'organiser à

Metz la première batterie à cheval qu'ait eue l'artillerie française en 1791. Le rapport de cette organisation fait par le prince de Broglie le 3 juillet avait été remarqué ; le résultat passa toute espérance. Les premiers essais du général Dumas firent augmenter la création nouvelle en avril 92 ; neuf compagnies de soixante-seize hommes servant six bouches à feu furent adjointes. On connaît l'emploi qui en fut fait au Camp de Sainte-Menehould par Dumouriez, qui couvrit par elles le front de ses troupes. Kellermann de son côté avait établi la sienne sur le plateau de Valmy, près du Moulin, et organisa cette canonnade qui devait obtenir un succès *terrible* de l'aveu de Dumouriez (1). Ces batteries se conduisirent aussi brillamment à Jemmapes où, *pour faire plus d'effet*, ce corps s'était avancé *jusqu'à portée de fusil des retranchements* (2). Ce fut en présence de cet héroïsme, que la Convention autorisa son recrutement dans tous les corps « sous l'agrément du général commandant la division. » Le nombre des compagnies fut porté à vingt, les officiers continuèrent à sortir de l'Ecole de Châlons avec droit à la moitié des nominations, l'autre moitié étant abandonnée aux sous-officiers. La solde des canonniers fut égale à celle de l'infanterie, sans préjudice du « sou de paye » qu'ils touchèrent en sus et des augmentations proportionnelles.

A la fin de 93, l'artillerie offrait la même diversité que les autres corps. Elle comprenait les débris des anciens régiments, Metz, La Fère et autres, et les neuf compagnies *d'artillerie volante* créées par Mathieu Dumas. L'augmentation de février 93 étant restée sans effet, le Comité voulut lui donner un effectif en rapport avec les services qu'elle ne cessait de rendre en février 94. Mais l'expérience n'était pas grande. Les uns recherchèrent sa formation en un corps entièrement séparé de l'artillerie à pied, les autres qu'elle lui fût assimilée en temps de paix ; on l'eût appelée à cheval au moment de la déclaration de guerre. Ce projet absolu devait être rejeté comme imprudent, il le fut par l'adoption du rapport de Merlin de Thionville que nous publierons dans notre étude sur ce représentant.

L'*artillerie volante* forma un corps spécial par décret du 7 février. Chacune de ses neuf batteries existantes fut destinée à organiser un régiment nouveau ; ce dernier comprendrait, dit le rapporteur, un état-major et six compagnies avec un effectif de cinq cent quatorze

1. *Mémoires*, t. III, liv. 5, ch. ix.
2. *Ibid.*, t. III, liv. 6, ch. v.

hommes. Au complet, la nouvelle arme devait produire un corps de 4.626 hommes.

L'*artillerie à pied* conserva son ancienne organisation de sept régiments et présenta un total de 8.442 combattants. Les dix compagnies d'ouvriers furent maintenues.

Les *Canonniers Volontaires*, soit de Paris, soit des départements, obtinrent la même solde que l'artillerie de ligne, le 8 mars, sur un rapport de Barère. Ils furent mis sur le même pied que les compagnies des régiments ; leur organisation, devenue définitive par le décret du 25 avril, rendit leur assimilation complète. Adjoints aux 196 demi-brigades, ils donnaient un effectif de 18.228 hommes.

III

La première délivrance d'armes qui fut faite durant la Révolution date de décembre 1790. L'occupation successive des rives de la Meuse par les Belges et les Autrichiens qui se disputaient les Pays-Bas, jeta la panique sur les frontières du Nord. L'événement justifia les appréhensions des municipalités qui avaient voulu et obtenu des fusils avec des munitions. Les Patriotes belges vaincus leur demandèrent asile, mais durent regagner leur pays après leur désarmement. Les gardes nationales du Midi et les milices bourgeoises du Var comme de l'Hérault furent armées, pour répondre aux mouvements de troupes du Piémont. Quatre cent mille armes auraient été enlevées des arsenaux dans ces opérations, auxquelles il faut joindre les armes fournies à l'intérieur pour la répression des troubles. Rien ne justifie un pareil chiffre, d'autant que les partisans de cette opinion avouent l'empressement des *Municipalités* à se procurer des fusils, qu'elles payaient sur les fonds communaux.

En juin 1791, l'exportation des armes, des munitions et des chevaux avait été interdite par une loi, et le retour du roi avait été le signal de *dons patriotiques* considérables. Les Volontaires de cette époque (août), surnommés les *premiers Soldats de la Liberté*, s'étaient armés en partie à leurs frais personnels ou avaient reçu des directoires départementaux, qui recouraient même à des emprunts locaux, leur équipement. Les armes, ils devaient les trouver à la frontière ; ce qui n'arriva pas toujours. Les élans primitifs avaient vidé les arsenaux, aussi avait-on passé des marchés dès la déclaration de guerre pour un achat de cinq cent mille fusils ; on n'en eut que quelques milliers.

Des ateliers de fabrication installés ne pouvaient livrer en juillet 92 les fusils nécessaires ; on craignait à tout instant de voir les manufactures de Charleville et de Maubeuge prises par l'ennemi. Ce fut alors que l'ancien colonel de dragons *Scott* avança que la pique serait aussi utile sur le champ de bataille que le fusil. L'Assemblée Législative discuta cette fausse théorie. Le 10 août la fit passer dans la pratique (1), par l'instruction suivante émanée du Conseil Exécutif :

La pique est l'arme la plus redoutable qu'on connaisse quand elle est confiée à une troupe courageuse.

La première preuve de ce fait se trouve dans l'histoire.

Lorsque dans les beaux temps de la Grèce, les Macédoniens acquirent la réputation des plus grands guerriers, ils ne durent pas cette gloire à leurs frondeurs, mais à leurs lanciers. Ces hommes ne se servaient de leurs armes de jet que pour engager le combat. Pour décider la victoire, ils joignaient l'ennemi avec leurs lances.

Ne nous laissons abuser ni par les mots ni par les coutumes ! Qu'est-ce qu'un fusil ? Une *fronde perfectionnée*. Qu'est-ce qu'une pique ? Une *lance perfectionnée*. Engageons le combat avec nos armes de jet ; décidons-le avec nos armes de main.

Lors de l'invention du fusil, les despotes reconnurent qu'ils pouvaient forcer un mercenaire à charger son arme tant de fois par minute, mais non l'engager à marcher en avant avec le courage d'un citoyen.

Ceux qui ont étudié la guerre savaient que le fusil aurait été abandonné sans l'invention de la bayonnette, qui changea cette arme de jet en arme de main. Mais, qui peut se dissimuler que le fusil ne soit inférieur à la pique puisque celle-ci a le double avantage d'être plus légère et d'atteindre de plus loin ? Honorée comme l'arme de la Révolution, il est temps qu'elle devienne l'arme de la victoire. C'est dans cette vue que nous nous sommes occupés d'organiser des corps de piquiers.

Nous objectera-t-on que les anciens n'avaient pas des armes de jet aussi terribles que les nôtres ? par exemple que le canon. Nous répondrons : que nos corps de piquiers aient avec eux une artillerie plus forte que celle de toutes les autres troupes ; nous nous proposons de faire

1. Corresp. générale des armées, Dépôt de la guerre.

éclairer et couvrir leur marche par un nombre de chasseurs destinés, avec l'artillerie, à engager le combat (1).

Nous n'avons pas le dessein de faire l'historique complet de cette question, ce serait sortir de notre sujet ; mais nous rappellerons que des arrêtés arbitraires furent pris dans les départements sous l'influence des passions politiques. Les *Commissaires des Assemblées primaires* furent chargés de l'inventaire des armes dans leurs départements respectifs en août 93. Pour en fournir aux hommes de la *Levée en masse*, la loi ordonna pour « le service de l'intérieur » l'emploi des fusils de chasse et de l'arme blanche. Le décret du 5 octobre imposa aux municipalités, relativement à la cavalerie, la fourniture d'un sabre et de deux pistolets par cheval.

Les manufactures de Saint-Etienne et de Moulins, comme celles du Nord, reçurent alors interdiction de travailler pour tout autre que le gouvernement (2).

Le Comité de Salut public opéra des prodiges dans la capitale. *Le Paris de la République*, s'écriait Barère, *va devenir l'arsenal de la France*. Aussitôt, les fers du centre requis dans l'Allier, la Nièvre, le Cher, le Doubs et la Haute-Saône avaient afflué ; deux cent cinquante forges avaient été construites autour du Luxembourg ; dix foreries à canons de fusils avaient été établies sur la Seine. Seize maisons nationales recevant cent cinquante ouvriers et plus six cents marchés passés avec des fabricants en employant deux mille autres, avaient mis Paris dans la possibilité de livrer plusieurs centaines d'armes à feu par jour.

Prieur, de la Côte-d'Or, et Robert Lindet, l'un pour le matériel, l'autre pour les approvisionnements, avaient créé des établissements de tout genre qui vérifiaient les promesses pompeuses de Barère. Carnot pouvait organiser la victoire avec les généraux de son choix, Dubois-Crancé y concourait avec des lois admirables.

Le 15 décembre 93, Carnot mit en réquisition toutes les armes de

---

1. « La grande portée du fusil est de soixante toises ou cent quatre-vingts pas de deux pieds ; une troupe marchant au pas de manœuvre, qui convient à ce genre de charge, doit faire au moins cent vingt pas par minute ; le soldat exercé ne tire par minute que trois coups ; par conséquent un bataillon de piquiers ne risque que quatre coups de fusil dans le temps de sa marche. »

2. Les Représentants en mission à Lyon déclarèrent *suspects* et devoir être *mis en état d'arrestation* les ouvriers de Saint-Etienne qui fabriqueraient des « armes de fantaisie, » le 14 décembre 93.

guerre et fit rendre un rapport en ce sens, au nom du Comité de Salut public.

A partir de sa publication, tout commerce d'armes de guerre entre particuliers fut interdit, sous peine de deux années de fers. Nul ne put en acquérir de nouvelles à aucun titre, ni se dessaisir de celles qu'il détenait, soit comme propriétaire, soit comme dépositaire ; ordre était donné par une prescription spéciale de les remettre aux autorités constituées, chargées de les recevoir. Un délai de déclaration était assigné à la municipalité ou à la section (1), sous peine de confiscation et de 300 livres d'amende au bénéfice du dénonciateur.

Seules, les armes des militaires composant les troupes soldées et en activité de service, furent exemptées de ces dispositions.

Un décret ou un ordre formel des Représentants fut nécessaire pour obtenir leur remise obligatoirement.

Les Municipalités durent dresser, chacune pour leur commune respective, le tableau de ces déclarations, dans les premiers dix jours qui suivirent l'énoncé du décret. Le relevé opéré pour les directoires de district fut envoyé par eux au ministre de la guerre, et celui-ci, en retour, en fournit le relevé général par district à la Convention, le tout en un tableau.

Le militaire, en congé ou se retirant de son corps, qui emporte ses armes à feu, doit les remettre, à partir de la nouvelle loi, entre les mains des autorités sous trois jours. La contravention entraînait la peine de deux ans de fers (2).

Les autorités constituées ne purent s'en approprier d'aucune sorte.

La réquisition générale ne fut ni une spoliation ni un don forcé ; l'article 9 stipulait que les directoires des districts *les feront payer sur-le-champ d'après l'estimation qui en sera faite à dire d'experts.* Enfin, le ministre de la guerre indiqua des centres de dépôt, et la France apprit que l'insertion au Bulletin des Lois servait de publication au présent décret ; son exécution fut ainsi immédiate.

Il fut créé en France vingt manufactures nationales, du nord au sud, de Lille à Bayonne ; au centre, Thiers et Châtellerault ; aux Alpes, Grenoble ; Toulouse pour les Pyrénées ; à l'est, Charleville et Longwy. Comme arsenaux, Toulouse, Strasbourg et Bourges.

1. Du 16 au 30 décembre (du 26 frimaire au 9 nivôse) inclusivement.

2· Les agents publics qui, chargés de l'exécution de cette loi, en auraient négligé l'application, étaient punis de deux années de fers.

Pour les poudres et la fabrication des canons, des fusils, on prit
800 jeunes gens sur tous les points. Appelés à Paris, on leur apprit, en
un mois, les parties scientifiques de leur nouvelle profession. Neuf
savants dirigèrent leurs travaux. Notre patrie doit un immortel respect
à leurs noms (1).

Avec l'invention Chappe, le télégraphe put annoncer une heure après
la reprise du Quesnoy sur les Autrichiens, l'entrée de nos troupes dans
cette place, du haut de Montmartre. La science s'unissait aux armées
contre l'ennemi.

1. Guyton-Morveaux, Fourcroy, Berthollet, Dufourny, Carny, Pluvinet pour les
poudres; Hassenfratz, Monge, Perrier pour les canons.

LIVRE HUITIÈME

ISSIONS DES ÉVÊQUES DE LA RÉPUBLIQUE

CHAPITRE XLI

MISSIONS DE L'ÉVÊQUE GIRONDIN FAUCHET

Prédicateur de Louis XVI, Fauchet fut élu évêque du Calvados en mai 1791. — Ses accusations contre le ministre de Lessart deux fois renouvelées et contre La Fayette. — Protestations contre les prêtres insermentés, il veut la tolérance. — Mission de l'Yonne. — Il prononce la réunion du comté de Nice. — Dénoncé pour avoir interdit le mariage des prêtres, et comme adversaire de Marat, il succombe avec son parti. —'Réhabilitation de 1795.

La *Constitution Civile* du clergé fut une œuvre janséniste. D'inspiration elle appartient à la Philosophie, à l'Encyclopédie, au Jansénisme.

Les promoteurs de la Révolution dans la Bourgeoisie et le Parti Girondin avec eux avaient voulu une *Eglise nationale*, ils ne devaient pas la réaliser ; mais par cet attentat à la liberté de la conscience ils jetèrent sur le pays des ferments de discorde d'où sortirent, avec les fureurs des partis, la proscription, la prison, l'exil et la mort, après avoir débuté à Paris même par d'horribles massacres.

Des prêtres honorés pour leurs vertus sacerdotales furent appelés en foule à la Constituante et à la Convention sur tous les points de la France. Dans le nombre, il en fut choisi certains pour accomplir des missions à l'intérieur, aux armées, aux frontières. Parmi ceux qui payèrent de leur vie leur dévouement à la chose publique, il faut signaler Fauchet, Lamourette et Gobel, tous trois évêques élus à Caen, à Lyon et à Paris. Leur civisme et leur jansénisme furent impuissants devant les passions de la plèbe.

Quels noms faut-il retenir dans cet ensemble ? Ils sont déterminés par le rôle qu'ils ont rempli : Fauchet dans le *parti Girondin*, Grégoire dans le *parti Républicain*, Massieu dans le *parti Montagnard*, Thibault dans le *parti de la Plaine*.

Tous les quatre accomplirent des missions aux frontières et aux armées. Le premier réunit le comté de Nice à la France, le second le duché de Savoie, le quatrième la Hollande. Combien peu s'en souviennent !

Fauchet naquit dans le Nivernais. Précepteur chez le marquis de Choiseul, grand-vicaire de la métropole de Bourges, prédicateur du roi, il adopta les principes de la Révolution avec enthousiasme. Il le manifesta par des discours sur la Religion nationale, sur son accord avec la liberté, prononça un éloge civique de Franklin, entra au club et participa au journal la *Bouche de Fer* avec le futur maréchal Brune. Ce zèle d'ultra lui valut d'être élu dans le Calvados, où nul ne le connaissait comme évêque de Caen, et sacré à ce titre le 1er mai 1791. La Législative, s'inspirant du puritanisme anglican, trouva bon de l'imiter sur la question du costume ecclésiastique et rendit, le 6 avril 92, un décret qui le supprimait. Fauchet déposa le jour même sa calotte et sa croix sur le bureau de l'Assemblée. Ironie des circonstances, c'était un vendredi-saint ; s'il eût officié dans sa cathédrale, l'évêque aurait eu le temps de méditer sa conduite. Sur le roi, il refusa d'être régicide. Il le déclara coupable comme citoyen et comme législateur, mais, ne se reconnaissant pas la qualité de juge, il résolut ceci : *Je ne prononce rien.*

Deux personnalités officielles furent l'objet de ses attaques : de Lessart, ministre de l'intérieur et des affaires étrangères, et La Fayette. Il débuta contre le premier par des négligences sur les contributions publiques et en profita pour vitupérer Necker, le 3 décembre 91, en ces termes : « C'est un homme qui avait pris l'esprit d'agiotage avec M. Necker. » Voilà Necker mieux jugé qu'on ne pense. Le 17 février suivant, il reprit son accusation avec vigueur et précisa la question d'avoir voulu affamer Paris, et lorsqu'il y eut des grains de les avoir laissé pourrir. Si le ministre est innocent, ajoutait-il, son innocence éclatera. Il favorise jusqu'au scandale les prêtres réfractaires, est de complicité avec les fauteurs de troubles dans le Calvados, encourt une responsabilité imminente dans les massacres d'Avignon et dans les autres. Il lança, enfin, cette apostrophe : « Je veux faire disparaître un grand ennemi. » On la retournera dans une année contre lui.

Le 1er avril, rapporteur des Comités militaires et de surveillance, il couvrit le ministre qu'avait renvoyé la Cour, M. de Narbonne, d'éloges ; il avait complètement raison. Le 19 juillet, il demandait qu'on envoyât en Alsace les troupes de ligne qui étaient présentes et inutiles à Paris. Puis, il se joignit nominativement à ceux qui signalaient les intrigues de La Fayette, ce général d'armée quittant son poste devant l'ennemi, violant la Constitution dont il était un des fondateurs, oubliant qu'il est défendu à tout corps d'armée de délibérer, accourant sans congé dans la capitale, venant présenter les vœux de ses troupes qui n'ont qu'à combattre. N'est-il pas au Champ de Mars *l'assassin de vos frères?* Ces paroles, Fauchet ne les prononça pas, elles émanent du député Delaunay.

La Législative ayant mis en discussion une loi répressive contre les prêtres perturbateurs (1) ultérieurement nommés réfractaires, l'évêque du Calvados intervint.

A ceux de ses collègues qui s'écriaient : Des prêtres amis de la Constitution ont droit à des ressources légitimes et assurées, car ils ont pour eux la justice et le bon sens, la bienveillance de l'autorité, il répondit :

La révolte des prêtres non assermentés doit finir pour obtenir la paix publique. Il faut une loi définitive mais *point de persécution;* gardez-vous d'emprisonner, de déplacer ou de proscrire les réfractaires. Opposons à la calomnie ou à la haine nos vertus et notre charité. Ne les payons pas pour déchirer la patrie ; c'est à cette seule mesure que je me réduis : Qui ne sert pas la nation ne doit pas être payé par la nation.

Le 2 septembre, il protesta contre les massacres des Carmes, à quoi Tallien osa répliquer à titre de commissaire de la Commune : Il n'y avait là que des scélérats reconnus. Tallien équivoquait ; il nommait l'Abbaye, le Châtelet et la Force et se taisait sur les Carmes. Fauchet accepta peu après une mission à l'intérieur, à Sens, Joigny et Auxerre ; il eut Rovère pour collègue et se plaignit d'une soustraction de lettre adressée au ministre de la guerre, soustraite par ses bureaux. On n'a pas de renseignements sur son objet autres que celui de la tranquillité publique et la question des subsistances. Les services à rendre aux factions n'avaient pas encore pris le dessus dans l'Assemblée souveraine. Il fallait la trahison de Dumouriez pour activer la force de la hache révolutionnaire.

Les armées avaient déjà étonné l'Europe à Valmy, à Nice, en

1. Séance du 26 octobre 1791.

Savoie. Lebrun célébrant leurs exploits s'écriait dans son ode sur l'année 92 :

> Purgeons le sol des patriotes
> Par des rois encore infecté.
> La terre de la liberté
> Rejette·les os des despotes !
> De ces monstres divinisés
> Que tous les cercueils soient brisés !
> Que leur mémoire soit flétrie !
> Et qu'avec leurs mânes errants
> Sortent du sein de la patrie
> Les cadavres de ses tyrans.

Le 31 janvier 93, Fauchet présentait un rapport au nom du comité de division sur Nice. Ce comté était désormais réuni à la République ; il formait provisoirement un quatre-vingt-cinquième département sous la dénomination Alpes-Maritimes, et comprenait tout le territoire qui composait l'ancien comté ; les commissaires de l'assemblée dans le Mont-Blanc auraient à l'organiser ; le nouveau département procéderait alors aux élections et élirait trois députés. Arraché à la Provence durant la rivalité de Cent ans entre la France et l'Angleterre, ce pays devait nous retourner.

Le 22 février, l'évêque était dénoncé à l'assemblée par Lecointre, montagnard alors, comme censurant dans toute l'étendue de sa juridiction ecclésiastique le mariage des prêtres. Une instruction pastorale l'avait déclaré et avait été, par son ordre, distribuée avec profusion ; son auteur y défendait à tous les curés de se marier et frappait d'interdit ceux qui leur donneraient la bénédiction nuptiale. Un certain Lehardy proposa le renvoi au comité de législation d'un rapport spécial sur toutes les instructions analogues dans les départements. On en connait les suites ; le mariage des prêtres fut étendu au mépris des droits de la théologie et des traditions de notre patrie, la Convention ayant versé dans les discussions théologiques à la joie du parti des pasteurs protestants. Dénoncé le 15 avril par les sections dans une adresse de la Commune, il ne put se justifier contre les préventions du 20 qui préludaient à la crise de mort qui allait accabler son parti le mois suivant. Guadet et Fonfrède n'étaient pas à ce moment d'utiles boucliers. Le 2 juin vit leur chute, l'évêque succomba avec eux.

A Barbaroux s'écriant : « Comment, de moi-même, déposer des pouvoirs dont j'ai été investi par le peuple?. Non » ; à Lanjuinais ajoutant : « Les sacrifices. doivent être libres ·et vous ne l'êtes pas, » Fauchet. abandonna avec une résignation toute chrétienne la lutte ; il n'eut que cette pensée à émettre à la tribune : *Ma vie est à la République.*

La mort de Marat porta des révolutionnaires à le prétendre complice de l'acte de délivrance accompli par Charlotte Corday, interprète inattendu des colères des honnêtes gens. Décrété d'accusation le jour où Billaud-Varennes déclarait que Marie-Antoinette devait être guillotinée, parce qu'elle personnifiait *la honte de l'humanité*, Fauchet se comprit perdu. L'acte d'accusation d'Amar, on ne peut désigner autrement ce factum, marche de pair avec celui de Fouquier-Tinville. L'heure était venue où, par la domination des triumvirs, on devait juger par masses, par classe, par famille, par fonction, de Paris aux extrémités de la France. Leurs crimes ? on les inventa. Nom et parenté suffirent. On voudra leurs richesses, les Jacobins les obtiendront.

Fauchet était donc condamné avec la certitude d'une vie parlementaire probe et utile. Comment mourut-il ?

Un prêtre insermenté, l'abbé Emery, put arriver jusqu'à la Conciergerie et y approcher l'évêque. Il conversa avec lui. Dans cette prison pleine du souvenir de saint Louis, là précisément où étaient entassés les Girondins, le thème aux rapprochements dramatiques ne manquait pas. Le prêtre insermenté reçut ses aveux et pacifia par son absolution celui qui s'était égaré de bonne foi. Sillery en fit autant auprès de lui. La clémence divine descendait dans les cachots du Palais comme aux temps de la primitive Église dans les ergastules des Césars. Elle y préparait la tête des victimes à la hache révolutionnaire, comme elle avait préraré dans le cirque les martyrs à la dent des bêtes féroces.

Pour une seule fois la Marseillaise, que profanaient quotidiennement les lécheuses de la guillotine en la hurlant autour des charrettes des condamnés, fut noblement chantée de la Conciergerie à la place de la Révolution. Ce fut le jour où les Girondins, ces artistes égarés dans une série de tragédies, entonnèrent l'hymne de guerre à titre d'hymne funèbre. Ils mirent une fougue singulière à prononcer les deux vers que voici :

> Contre nous de la tyrannie
> L'étendard sanglant est levé !

appel de leur génie à leurs contemporains, protestation à la postérité. Cet appel fut entendu en 1795. Le 2 juin, Thibaudeau proposa
de célébrer par une fête funèbre le jour du supplice des députés reconnus fidèles. On jugea définitivement ce forfait du tyran,
des clubs et de la Commune contre Fauchet, Vergniaud et leurs
amis, en ces termes : *L'échafaud fut pour eux le chemin de l'immortalité.*

CHAPITRE XLII

MISSION DE L'ÉVÊQUE RÉPUBLICAIN GRÉGOIRE·

L'évêque Grégoire. — Il est délégué par la Convention pour effectuer la réunion de la Savoie suivant le vœu des populations. — Il reçoit les vœux de la Convention d'Angleterre à la barre.

La figure la plus noble de l'*épiscopat constitutionnel* fut celle de Grégoire. Né près de Lunéville en 1750, élevé à Nancy par les Jésuites qu'il n'aima guère, curé d'Embermesnil, député aux Etats-Généraux, évêque élu par le peuple selon la Constitution civile du clergé de 1790 dans le Loir-et-Cher (1), membre de l'Assemblée dictatoriale qui fut la souveraine de la France, tel fut Grégoire (2). Sa vie est trop connue pour qu'on ait à la raconter ici, il ne nous intéresse que pour la question de l'*annexion de la Savoie* à laquelle il présida, escorté de trois collègues : Hérault de Séchelles, Jagot et Simond, et pour une *mission à l'Armée des Alpes*.

Populaire dès le serment du Jeu de paume, il devint un adversaire redoutable de la royauté, en provoqua la chute, combattit les trônes et tous les « brigands couronnés » qui pressuraient les peuples, aida à l'affranchissement des nègres, voulut que les Juifs devinssent des citoyens français et, réclamant une *Déclaration des devoirs* corrélative à

1. Formule officielle du *serment civique* prêté par le clergé le 27 décembre 1790 en séance publique à la Constituante. « Je jure de veiller avec soin aux fidèles dont la direction m'est confiée. Je jure d'être fidèle à la nation, à la loi et au roi. Je jure de maintenir de tout mon pouvoir la constitution française et notamment les décrets relatifs à la constitution civile du clergé. »

2. Par un rapport du 6 août 1793, il avait annoncé la création d'un Institut de France qui remplacerait les anciennes académies de Louis XIV. Daunou, ancien Oratorien devenu conventionnel, accomplit les vœux de son collègue par le rapport du 17 octobre 95 divisé en 3 classes : 1. Sciences physiques et mathématiques ; 2. Sciences morales et politiques ; 3. Littérature et beaux-arts. La Convention nomma le premier tiers des membres, ceux-ci nommèrent les 2 autres tiers.

celle des *Droits de l'homme*, présenta une vie de lutte, d'énergie et de contradictions apparentes, puis réelles. Il fut un caractère et parfois un fougueux.

Le 21 novembre 92, une députation élue par l'Assemblée nationale des Allobroges apporta à la Convention le vœu de tous les Savoisiens pour la réunion de leur province à la France. Le 21 octobre précédent, ses 655 communes avaient exprimé leur volonté dans une assemblée générale de leurs députés respectifs tenue à Chambéry. Son premier décret fut l'abolition de la royauté, la déchéance de Victor-Amédée, puis le vœu unanime d'être réunis à la République française, non par alliance, mais par une union indissoluble d'incorporation (1).

Grégoire répondit à la députation et eut soin de les appeler Représentants d'un peuple souverain. En abolissant la royauté, dit-il, vous avez attesté que la raison révèle d'éternelles vérités ; seule, elle déroule la charte des droits de l'homme. Enfin, on verra cicatriser les plaies des nations par son règne supérieur à celui des rois et des négriers. De Nice à Mayence flotte le drapeau tricolore. En l'adoptant, la Savoie fait son entrée dans l'univers. La France libre est devenue l'appui des *souverains détrônés*. Elle fera cause commune avec tous les peuples décidés à n'obéir qu'à eux-mêmes et non à des tyrans. Elle est l'espoir des peuples opprimés. *Un siècle nouveau va s'ouvrir*. La Fraternité et la Paix orneront son temple. Par la Liberté, l'Europe ne contiendra plus ni forteresses, ni frontières, ni peuples étrangers.

L'évêque oubliait la coalition et l'Angleterre où Fox et lord Grey passaient pour des radicaux parce qu'ils étaient sages !

Le 27, il présenta le rapport sur la question de l'incorporation de la Savoie. Philosophe chrétien et publiciste politique, il définit la souveraineté d'un peuple en droit international public, reconnut au pays de Saint-Marin une souveraineté égale à celle de la Russie. L'intérêt politique de notre patrie lui permettait-il de s'agrandir et d'accéder à aucune demande de réunion ? Leur position géographique a garanti des invasions étrangères les petits États en général ; mais lorsqu'un État est exposé aux agressions de ses voisins, il peut lui être utile

---

1. Dès l'invasion par le général Montesquiou, la municipalité de Chambéry avait décrété une organisation pour le nouveau gouvernement. Une *fête civique* y avait célébré notre arrivée comme apportant la liberté ; on avait élu des députés pour émettre un vœu national, et le premier acte de l'assemblée s'intitulant Convention savoisienne, avait été de destituer le *roi de Turin*. Le vote de la réunion à la France en avait été la conséquence.

d'accroître ses domaines pour défendre les autres parties de ses possessions. Un préjugé accrédité veut que toute république jouisse seulement d'un territoire très resserré. *On ne veut pas voir qu'il n'existe aucune parité entre les autres républiques et la nôtre.* Les despotes craignent qu'elle n'envahisse leurs domaines et que nous n'aspirions à faire de l'Europe entière une seule république dont la France serait la métropole.

Cette domination fut, dit-on, le projet de Louis XIV. Dès lors, il ne peut être le nôtre.

Marc-Aurèle a déclaré qu'il ne fallait se montrer l'esclave des hommes ni leur tyran. Cette sentence est la devise des Français.

L'étendue d'un Etat doit se mesurer sur le besoin de maintenir l'existence du corps diplomatique.

Que servirait à la France de s'augmenter de la Catalogne ou bien de la Lombardie, ou encore de franchir le lac de Genève ?

La France est un tout avec six cent mille hommes sous les armes qui se suffira, puisque partout la nature lui a donné des barrières qui la dispensent de s'agrandir, en sorte que *nos intérêts sont d'accord avec nos principes.* Or, des Français ne savent pas capituler avec les principes. Nous l'avons juré : *point de conquêtes et point de rois.*

La Savoie est une enclave. Conformité de mœurs et d'idiome, d'eux à nous, haine pour les Piémontais, amour pour nous, tout la rappelle dans le peuple qui est son ancienne famille.

Passant à la question militaire, la France, s'écriait-il, n'aura plus à garder que trois défilés : le Mont-Cenis, Bonneval, le Petit Saint-Bernard. Quant au Grand Saint-Bernard, il constitue les Thermopyles de nos Spartiates. Comme population, ils sont quatre cent mille (1). Financièrement, les biens des émigrés, du clergé et du fisc devenus nationaux montent à 20 millions, dont la rente suffira pour couvrir les pensions des moines supprimés. Le sol contient des mines de tout genre ; ses produits agricoles augmenteront notre richesse par le Rhône, par l'Isère et par la navigation libre du canal de Genève.

Le Piémont ayant empêché l'industrie de naître dans ce malheureux pays, il nous appartient de la fonder.

1. Il est de notre devoir de rappeler ici ce que fit la famille du grand évêque d'Orléans, Monseigneur Dupanloup. Quatre de ses membres prirent les armes. Joseph, retraité comme quartier-maître ; Nicolas, retraité comme lieutenant ; Antoine, retraité comme capitaine ; l'aîné, capitaine, fut tué à l'ennemi (*Les Volontaires de la Savoie*, par M. Folliet, député).

Sur les 3.500.000 livres d'impôts qu'il payait à Turin, deux millions n'en revenaient jamais. Que la hache de la Liberté y abatte par nous le joug féodal sous ses dernières formes.

Le 27, un décret adoptant les vues du rapport présenté par les comités de constitution et de diplomatie, la Savoie forma un 84ᵉ département sous le nom de *département du Mont-Blanc* (1).

Les députés Villars et Doppet nommèrent cette sanction de vœux de leurs compatriotes le plus beau jour de leur vie.

Le lendemain une députation d'Anglais fut admise à la barre, accueillie par d'unanimes applaudissements.

Leur langage fut des plus révolutionnaires. A les croire, ils portaient dans leurs cœurs tous les principes de la Constitution qui ne nous avait appelés aux armes que pour imposer le triomphe de la liberté et de la raison. Eclairés par nous, les peuples rougiraient de courber plus longtemps la tête sous un joug avilissant. Aussi, désiraient-ils une union étroite entre leur nation et la nôtre.

Grégoire leur répondit : Les vœux que vous venez de former pour la liberté des peuples se réaliseront. Nos deux peuples doivent être unis. La fête célébrée par vous en l'honneur de la Révolution française est le prélude de la *fête des nations !* Vous êtes ici au milieu de vos frères. *Le peuple calcule ce qu'il est et ce qu'il peut être.* La Déclaration des droits placée à côté des trônes est un feu dévorant qui va les consumer.

Une société constitutionnelle s'était formée à Londres même avant 1789 pour rechercher les abus du gouvernement britannique et les moyens d'y remédier. Une députation de ses membres fut envoyée à Paris. Son orateur y produisit contre la féodalité de sa nation cette apostrophe qui annonça déjà le Chartisme : Il ne serait pas extraordinaire que dans un court espace de temps il arrivât aussi des félicitations d'Angleterre.

Dans une Adresse, la société se donnait comme mandataire d'un

---

1. Milhaud disait au *Club des Jacobins*, à propos de la réunion de la Savoie :

« Ah ! s'il était vrai que le réveil des peuples fût arrivé, s'il était vrai que le renversement de tous les trônes dût être la suite prochaine du succès de nos armées et du volcan révolutionnaire, que chaque région devenue libre forme alors un gouvernement conforme à l'étendue plus ou moins grande que la nature lui aura fixée et que de toutes ces *Conventions nationales*, un certain nombre de députés extraordinaires forment au centre du globe une *Convention universelle* qui veille sans cesse au maintien des droits de l'homme, à la liberté générale du commerce. »

peuple souverain. Notre régénération politique, y était-il dit, avait ajouté quelque chose au triomphe de la liberté. La chute du trône y était nommée la glorieuse victoire du 10 août. Aussi la France, malgré les misères humaines, avait pour amie la majorité des nations. Leur hostilité n'était qu'une violence passagère exercée sur elle par leurs gouvernements. La situation des Anglais est moins déplorable. Ils apportent par leurs mandataires leurs vœux pour qu'il ne manque rien aux progrès et à la réussite d'une cause sacrée.

Notre gouvernement a le pouvoir de nous contredire, mais un long système d'impostures a fatigué notre nation et de folles guerres l'ont épuisée. Vous, continuez vos travaux pour le bonheur des hommes. Par eux a été créé en leur faveur un nouveau caractère (1). Agréez enfin un don patriotique pour les soldats de la liberté (2).

Dans le style du temps, Grégoire proclama que leur nation avait illustré les deux mondes et donné de grands exemples à l'univers. *Les défenseurs de notre liberté le seront un jour de la vôtre.* Des Français iront, un jour, féliciter la Convention nationale de la Grande-Bretagne. Paix aux discordes. Votre apparition au milieu de nous prépare des matériaux à l'histoire. Annoncez à vos compatriotes que dans vos amis les Français vous avez trouvé des hommes.

Si le président oubliait les guerres de la Ligue d'Augsbourg et de la succession d'Espagne, des Pays-Bas et du Canada, la perte des Indes et ses irréparables suites, le comte Kersaint, bientôt vice-amiral, ne l'oubliait pas. Il voulait qu'on coopérât à l'abolition du commerce des nègres ; mais c'était tout.

La Convention, fort éprise de la phraséologie, décréta l'impression des adresses et des réponses du président, l'envoi aux 84 départements, la traduction dans toutes les langues, la remise du procès-verbal aux députés, enfin l'acceptation et le renvoi de leur don patriotique au ministère de la guerre.

Le 29 novembre, notre ministre des affaires étrangères notifiait à l'Assemblée une lettre de la Société établie à Rochester pour la propagation des droits de l'homme. On y adjurait le Conseil Exécutif de ne recevoir ni reconnaître l'envoyé anglais Lindsay, il était dépourvu de tout caractère diplomatique et n'apportait pas la reconnaissance par son ministère de la République. Au contraire, il venait « avec un

---

1. Signataires: Sempill, président ; Dams, secrétaire ; Joël Basloo, Frost, députés de la société.

2. Ce don consistait en mille paires de souliers.

message menaçant, insultant, dans la vue d'obtenir des conditions qui déshonoreraient la majesté du peuple français. » On redoutait à Rochester et à Londres que notre nation n'abandonnât la cause des peuples qui attendaient d'elle le bienfait de la liberté. On concluait que son gouvernement devait ignorer l'insolent Lindsay et ses propositions ; qu'il devait refuser toute communication avec le cabinet britannique ; qu'il devait imposer à celui-ci de reconnaître la souveraineté du peuple et obtenir l'expulsion du brouillon Calone, agent odieux d'un parti infâme.

Cet acte impressionna l'Assemblée, mais elle laissa à Lebrun, après avis de son comité diplomatique, le soin de l'affaire au ministère des affaires étrangères.

Dans la même séance, Grégoire fut élu commissaire au département du Mont-Blanc avec Simon, Hérault et Jagot. Leur mission, toute d'organisation politique et administrative, ne présente qu'un intérêt local dont les spécialistes s'assureront dans les historiques de la réunion de ce pays au nôtre.

Les prêtres en mission furent rappelés par décret sur une première proposition de Granet de Marseille (1) qu'appuya avec une vigueur spéciale Bourdon de l'Oise. Ce dernier demanda qu'aucun d'entre eux et qu'aucun noble ne pût prendre rang parmi les membres du Comité de Salut public. Merlin de Thionville s'éleva contre ces proscriptions déguisées, ce fut en vain. On rappela de leurs missions les prêtres et les nobles, mais on refusa de l'appliquer aux ministres d'un culte quelconque et on s'appuya pour ceux-ci sur les services que Jean Bon-Saint-André avait rendus à notre marine de l'Océan.

---

1. Cette époque offre d'étranges situations :

« Le curé de Marchiennes, en séance électorale durant le siège de Lille, donna un exemple d'intrépidité qui fut cité et applaudi au Palais national. Un boulet ayant traversé un mur passa entre lui et le secrétaire. *Nous sommes en permanence,* s'écria-t-il, *je fais la motion que le boulet y soit aussi.*

CHAPITRE XLIII

MISSION DE L'ÉVÈQUE MONTAGNARD MASSIEU

Massieu adopte comme curé de Sergy la constitution civile. — Evêque de Beauvais. — Mission à l'armée des Ardennes. — Démêlés avec Roux, prêtre en mission. — Intervention du club des jacobins. — Défense de Massieu. — Accusations de Dumont, représentant à l'intérieur et de la ville de Sedan. — Le curé Bassal, représentant terroriste. — Amnistie du 4 brumaire, an IV. — Massieu au Dépôt de la Guerre sous Napoléon.

Massieu (Jean-Baptiste) naquit à Vernon en 1742 d'une famille de petits bourgeois ; il était curé de Sergy, chef-lieu de canton de Pontoise extra-muros, au moment de la Révolution. La considération publique dont il jouissait, de l'aveu de ses adversaires, le fit nommer député du bailliage de Senlis aux État-Généraux par le clergé.

Des premiers, il proclama la réunion des trois ordres et les procès-verbaux de l'Assemblée constituante reconnaissent comme les journaux du temps qu'il se réunit dès le début aux Communes. Il fut récompensé de son concours six mois plus tard et appelé par les ardents en décembre 1789 au poste de secrétaire. Devenu membre du Comité ecclésiastique de cette même assemblée, il prit une part active aux mesures prises par lui relativement au clergé de concert avec Treilhard (1). Le 31 mai 1790 il vota pour la constitution civile, essai dangereux d'une Eglise nationale qui copiait sans s'y astreindre le plan de Henri VIII, et lui prêta serment le 28 décembre. Il l'appelait un devoir sacré pour l'Eglise gallicane dans l'intérêt de la patrie et de la Constitution que l'Assemblée nationale avait donnée à la France. Il se montra observateur rigide des déclarations et des

---

1. Le 31 mai 90, le curé Gouttes ayant prononcé ces paroles : « Je fais profession d'aimer, d'honorer la religion et de verser s'il le faut tout mon sang pour elle, » Massieu se leva pour répliquer : « Tous les ecclésiastiques de cette Assemblée font la même profession de foi. »

serments exigés par les lois ecclésiastiques auxquelles il avait prêté l'appui de sa loyauté, de sa probité.

Tempérament novateur, il défendit son œuvre contre l'abbé Maury qu'il accusait d'avoir calomnié le Comité ecclésiastique au civil comme au spirituel. Les théologiens du Comité valaient pour lui ceux de l'Académie française. Il s'opposa plus tard au paiement de 500 livres qu'on demandait pour les prêtres insermentés (1).

Vers la fin de cette assemblée il fut élu évêque constitutionnel de l'Oise, et prêta dans l'église épiscopale de Beauvais, en présence de la municipalité, le serment requis par la loi du 24 août ; un procès-verbal en fut dressé par la municipalité de Beauvais, que légalisa l'administration centrale du département. Il avait eu pour prédécesseur François de la Rochefoucauld.

Nommé, en septembre 92, député de l'Oise à la Convention, il prêta le 12 le serment dit « de la liberté et de l'égalité », que légalisa l'administration de son département, et se rendit à Paris pour organiser le gouvernement de la France après la chute de la royauté. Cette chute, non seulement ne l'avait pas surpris, mais il l'avait appelée de ses vœux. Les violences réciproques des partis, toujours prêts à nier à droite la nécessité d'un système politique et social nouveau, toujours disposés à gauche à l'imposer par la force, la fuite de Varennes, les fautes et les insolences de l'Émigration, l'appel à l'étranger, l'avaient amené à cet état de surexcitation où la raison n'a plus d'empire. Il avait connu par son confrère Vaugeois, grand vicaire de l'évêque de Blois, et l'un des cinq membres du directoire secret de l'insurrection du 10 août, le plan de ceux qui cherchaient la République comme destinées futures de la France. La déchéance du Roi, il l'avait votée avec fureur ; le procès de Louis XVI devait le trouver inexorable, et pour un homme revêtu de son caractère on peut le blâmer sans appel. Voici les termes de son vote, digne de la phraséologie sentimentale des terroristes :

« Je croirais, s'écria-t-il, manquer à la justice, à la sûreté présente » et future de ma patrie si, par mon suffrage, je contribuais à prolon- » ger l'existence du plus cruel ennemi de la justice, des lois, de l'huma- » nité ; en conséquence, je vote pour la mort. »

1. Le 29 septembre 91, il fit décréter l'érection dans l'ancien couvent des Célestins d'une école pour les sourds-muets et pour les aveugles-nés. On doit reprocher à la municipalité de Paris la démolition ultérieure de ce couvent qui était un vrai musée d'art (V. les *Antiquités nationales* de Millin, au T. I.)

Envoyé en mission à l'Armée des Ardennes, il écrivit une lettre le 13 septembre 93, sous l'influence des idées jacobines ; Massieu n'était plus lui-même.

L'épouvante que notre sortie de Givet a répandue parmi les Autrichiens était telle, que la garnison de Dinant avait déjà replié, y était-il dit, son artillerie sur la route de Namur.

Nous attendons deux mille quatre cents hommes de nouvelle levée du département de la Meuse : notre garnison pourra se porter en plus grande force à l'ennemi ; et le brave général de division, le vainqueur de la Bastille, Elie, se propose de prouver aux satellites des tyrans qu'un sans-culotte général vaut bien un général ci-devant. La garnison, et surtout les Français qui font partie du bataillon des Belges, me presse de demander que les officiers et soldats déserteurs d'Autriche, qui ont été incorporés dans ce corps, après avoir reçu de nombreux engagements, soient envoyés à l'Armée du Midi.

Un mois et demi plus tard, le prêtre constitutionnel était absolument ultra-révolutionnaire ; dans une autre dépêche, on lit :

Il était temps de nous rendre à Givet. La Société populaire se disposait à un scrutin épuratoire qui eût culbuté les sans-culottes sans mon intervention. La société sera donc pure ; soixante suspects partent pour Reims. Il règne, dans tout le département, un esprit fayettiste ou custinien qu'il est instant d'atterrer. La masse du peuple est excellente ; mais l'erreur est le partage de l'ignorance. Nous avons pris tous les renseignements possibles sur la déroute devant Bossu. Vous avez reçu différents procès-verbaux à ce sujet ; le résultat de nos recherches ne nous permet pas de douter de l'incapacité des chefs et de l'indiscipline des soldats. Vous en jugerez par la relation que nous joignons ici. Il faut convenir que les troupes de réquisition sont peu propres à des sorties dans un pays où les localités sont couvertes de bois. Ce ne sera qu'au printemps que vous pourrez les employer.

Massieu reportait par méfiance les troupes belges qui servaient d'enthousiasme parmi les nôtres, à vingt lieues des frontières. Il était plus juste quand il se plaignait des plans qu'on lui envoyait, en l'obligeant à une observation mathématique. Il promettait, en terminant, d'épurer les Ardennes des nobles, des prêtres et des contre-révolutionnaires, mêlant la politique à l'intérieur avec la défense nationale. C'était bien le système cher aux triumvirs, partout des suspects. Il en montre l'application dans sa dépêche du 6 décembre.

Resté seul depuis le retour de mes collègues à la Convention, je

reçois la lettre que vous adressez au premier. Je la prends pour moi,
puisqu'en restant je me trouve chargé de maintenir les mesures révolutionnaires dans les Ardennes, la Meuse et la Marne ; mon serment de
vivre libre ou de mourir ne sera pas vain. Je suis d'ailleurs secondé
par le Comité révolutionnaire de Sedan. Engagez Hentz et Bô. à me
passer les arrêtés qu'ils ont pris, afin que je veille efficacement à leur
exécution. L'esprit public est excellent.

Les officiers du 94ᵉ régiment d'infanterie (ancien Darmstadt) ayant
dénoncé le général en chef Ferrand qui les avait accusés de lâcheté,
Massieu les fit comparaître tous devant lui. Ferrand ayant confondu les
officiers, et sa conduite sur le Rhin prouvant sa loyauté à celle des
Ardennes, le mandat d'arrêt, lancé par l'accusateur public, fut retiré.
Massieu, cependant, avait un autre but en agissant ainsi : Je sais,
ajoutait-il, que la présence de Ferrand est de la plus haute importance
à Cassel. Il entendait ne pas désorganiser l'armée ; il faut l'en féliciter ;
il mandait son intention de licencier le corps entier du 94ᵉ, pour
l'incorporer dans d'autres, si son mauvais esprit commandait cette
mesure.

L'évêque constitutionnel de Beauvais n'appartenait plus alors au
clergé de la constitution civile ; le 12 novembre, la Convention avait
été informée par lui que rendant « à la saine raison un hommage
public », il renonçait à ses fonctions, à son traitement et qu'il faisait
choix « d'une compagne riche en vertus. » Il y eut dans cette période
un envoi considérable de lettres d'ordre dans le haut clergé; à peu près
tous se marièrent *à l'ombre de l'invincible Montagne*, selon la teneur de
leurs propres déclarations. Massieu se distingua par son zèle en faveur
des Jacobins, il épura dans le nord-est tant qu'il put et en informa le
club parisien par lettres et par mandataires spéciaux. Le 12 avril 94,
notamment, il envoya dénoncer, par l'un d'eux, les modérés et les fédéralistes, comme attaquant les amis les plus purs de la liberté et de
l'égalité. On avait trouvé des patriotes ensanglantés hors des murs de
Sedan, par les ennemis de la Révolution. Les protestations ultérieures
apprendront la vérité.

Le 25 avril, Collot-d'Herbois prononçait un discours aux Jacobins,
dans lequel il avançait que la conduite des citoyens appelés patriotes
par Massieu n'était pas conforme aux principes, puisqu'il avait déclaré
la guerre à son collègue Roux. Prêtre d'origine comme lui, ce dernier
avait été envoyé à la Convention par la Haute-Marne ; au procès de
Louis XVI, il avait regretté que la guillotine ne pût frapper *la tête de*

tous les tyrans. Levasseur fut envoyé pour mettre d'accord ces pros-
cripteurs acharnés. Mais de Sedan, on protesta encore à l'égard de
Roux, le maire en tête, et il ne dissimulait pas qu'il jouait sa tête au
comité de Sûreté générale. Collot résuma la question en un long discours dont nous citons un extrait qui intéresse à raison du rang des
compétiteurs. On n'a pas toujours vu ce genre de querelles se livrer en
public ; aussi, pourra-t-on juger par la discussion des Jacobins de
l'intérêt de celles qu'on ignore :

Remarquez que d'un côté viennent à la barre des députations en
faveur de Roux, et que de l'autre sont lues à chaque séance des lettres
de Massieu, que ne connaît pas le Comité de Salut Public.

Ainsi, l'on voudrait établir une sorte de division.

Ce qu'il y a de plus funeste, c'est que l'on assure qu'il y a des deux
côtés des citoyens amis de la révolution ; ils devraient réserver ensemble leur colère contre les ennemis de la liberté, ils la tournent réciproquement contre eux-mêmes. Aujourd'hui persécutés, ils voudraient
demain être persécuteurs. Ce sont des querelles particulières. Le
Comité de Salut Public a donné pour instruction à Levasseur de secourir, de délivrer d'abord les patriotes opprimés, de réunir les patriotes, afin que tous ensemble ils agissent contre nos ennemis. C'est
à lui que nous devons nous en rapporter pour les éclaircissements
ultérieurs (1).

La chute de Robespierre (2) changea les opinions extravagantes de
Massieu, et le 13 août 94 il s'écriait avec Lequinio que le but de l'institution du club des jacobins était d'instruire le peuple, avec Bentabole
que la *faction* du tyran avait failli le perdre. Robespierre tombé, on
devait s'occuper d'expulser de son sein tous les membres fauteurs et
complices de cette faction. A ce prix seul, les départements ne conser-
veraient plus de doutes injurieux sur leur propre compte. Ce fut Massieu nominativement qui pria les jacobins de Paris de rédiger l'*Adresse
aux départements* dont elle avait arrêté l'envoi. Le 3 septembre, il se

---

1. Marié devant Sa Majesté le soleil républicain, Roux fut l'ennemi personnel
de Massieu. Ces deux renégats ne purent jamais s'entendre. Roux dénonça son
adversaire, thermidor mit fin à leurs discordes. Moins heureux que Massieu, le
dénonciateur dut s'exiler en 1815 en Belgique. Il s'y réconcilia avec l'Église par
une rétractation publique et mourut en 1817.

2. Granet, député de Marseille et régicide, avait provoqué et obtenu en 93 le
rappel de tous les *prêtres en mission*, à titre de conventionnels. Massieu rentra
à Paris au début de 94. Tous deux furent accusés de jacobinisme et sauvés par
l'amnistie de brumaire.

Joignait à Levasseur pour protéger les jacobins de Sedan accusés de modérantisme, variant à tout vent de doctrine mais préoccupé surtout d'effacer le souvenir de son terrorisme dans les Ardennes. Le 9, il s'exprimait ainsi, sous la présidence de Delmas :

J'ai été dans le département des Ardennes ; jusqu'alors il avait été tranquille ; sous le prétexte d'y établir le gouvernement révolutionnaire, on a cherché à y faire la contre-révolution. J'ai déposé à votre comité de correspondance un mémoire ; la Société pourra se le faire représenter. Levasseur fut envoyé dans ce même département pour y rendre justice à ceux qui la réclamaient. Il fut convaincu qu'à cette époque on avait retiré des prisons les ennemis de la révolution. Quand on apprit la nouvelle de la conspiration d'Hébert et de Ronsin, on accusa les patriotes d'être leurs complices ; en ce moment on les dénonce comme les partisans [de Robespierre. Les hommes les plus purs sont sous l'oppression, et si le comité de sûreté générale ne s'empresse d'y mettre bon ordre, dans quinze jours la contre-révolution y sera complète.

Nous avons ici des patriotes qui se sont réfugiés parmi nous pour éviter les fers, les cachots et les persécutions, ils sont chargés d'accusations atroces dont ils se sont déjà lavés auprès des comités de salut public et de sûreté générale ; on les force de répondre une seconde fois sur les mêmes faits. Je demande qu'on écoute leurs réclamations, mon mémoire et Levasseur ; alors on sera convaincu que la haine des ennemis de la révolution poursuit les patriotes que je défends.

La Convention n'avait pas encore pris ombrage des clubs, elle attendait les *émeutes* de 95 pour conclure à leur fermeture ; aussi Massieu parla et agit dans leur intérêt. Il attestait qu'ils n'avaient pas d'autre intention que de se tenir toujours étroitement unis à l'Assemblée souveraine ; encore un peu et il allait être poursuivi. Dumont, d'Amiens, s'en chargea le 25 mai 95 : on venait de subir l'insurrection de prairial sur laquelle un publiciste vient d'écrire un ouvrage discutable par son esprit et ses doctrines apologétiques (1).

Dumont accusa Massieu *d'avoir prêché le brigandage dans des écrits incendiaires* perdus aujourd'hui. Malgré les dénégations de l'intéressé, il lui reprocha de s'être rendu à Beauvais pour exciter à la révolte les brigands dont il s'était entouré, faisant partout des victimes. Celui-ci

1. Voir *Les Derniers Montagnards*, par Jules Claretie, aujourd'hui membre de l'Académie française.

crut dissiper la défaveur dont l'accablait ce langage en attestant qu'il n'avait assisté que deux fois à la Société populaire pour y dénoncer un terroriste ami de Dumont. Il affirmait n'avoir parlé que de sagesse et d'union, de dévouement à la Convention. Robespierre, ajoutait-il, m'en voulait personnellement ; je le regardais comme un homme intraitable. Pour convaincre l'assemblée, il eut l'habileté de demander lui-même le renvoi au Comité de législation ; ses efforts échouèrent. Vainement promit-il d'apporter des pièces destinées à confondre la calomnie dont il se disait l'objet, il fut décrété avec Léonard Bourdon et Bassal, fauteur de pillages à Versailles.

Massieu avait déjà éprouvé le besoin de montrer son patriotisme modérantiste : aussi avait-il dénoncé Cambon, l'inspirateur premier du 9 thermidor, Thuriot qui avait présidé la terrible séance, et Prieur. On doit citer cependant à sa décharge le succès qu'il remporta le jour où, parlant d'union républicaine, il avait fait rapporter le décret révolutionnaire qui avait institué une *Fête* en l'honneur du coup d'Etat du 31 mai contre les Girondins. Il avait demandé encore le désarmement des factieux, l'expulsion des mégères de la Convention, les dernières sévérités contre les terroristes. Le 1er prairial, principalement, il avait déclaré aux émeutiers, en présence de l'assassinat de Féraud, qu'il mourrait dans la Convention sur son siège, plutôt que de souffrir le déshonneur de la représentation nationale.

Parmi les simples prêtres, signalons Bassal, curé de Versailles, nommé par son département à la Législative et à la Convention. Révolutionnaire, toujours dénonciateur, il ne cessait de crier comme le dictateur son modèle : on accable les patriotes, on les massacre, l'aristocratie nous ronge. Il se distingua spécialement contre le département de l'Aisne, ses colères le concernant touchent à l'épilepsie ; plus tard, il parla sans rire d'un projet de détruire Paris, moyen de dénoncer encore. Dumont intervint alors pour l'accabler. Il disparut et se rendit à Rome où ses intrigues le firent nommer secrétaire général du consulat français. Il y charma Berthier, vint à Milan, et entra dans le gouvernement provisoire de la République parthénopéenne. Lié avec nos principaux généraux, il partagea leurs disgrâces et couvrit ses concussions de leur probité et de leur réhabilitation.

Le 10 juin 95, la commune de Sedan accusa l'évêque en mission d'avoir tenu dans cette place une conduite aussi immorale que cruelle, en ces termes textuels :

Le représentant Roux, envoyé dans le Département pour y statuer

sur les détentions, ne trouva dans Massieu que l'ennemi le plus implacable de toute justice, le partisan le plus outré des buveurs de sang et
des anarchistes, au point qu'en public il se faisait honneur d'être leur
chef. Il se maria, en effet, dans le même temps, avec la fille d'un
nommé Delcolle qui a volé la république sous les yeux de ce Massieu, et
les églises ont été dépouillées de leurs richesses sans que l'on sache ce
qu'elles sont devenues; les buveurs de sang se sont permis de disposer
des chevaux de la république pour entretenir entre eux, dans la Société
populaire, une correspondance et une fédération criminelles ; les défenseurs de la patrie ont été assassinés à l'ambulance de Sedan (1).

Arrêtons-nous, toute discussion est inutile (2).

Le 26 octobre, fut rendue la célèbre loi du 4 brumaire an IV, profitable à tant de coupables. La Convention abolit à partir de ce jour, et
par rétroactivité tout acte d'accusation juridique *portant sur des faits
purement relatifs à la Révolution.* Massieu en profita.

Par ses relations, il put entrer au Ministère de la Guerre, section du
Cabinet topographique. Il y devint conservateur des archives du Dépôt,
et bibliothécaire en 97, nommé par le général Ernouf. Il exerça ses
diverses fonctions d'octobre 95 à août 1815. Il y connut très probablement Bonaparte, aussi appartint-il sous l'Empire au cabinet militaire de Napoléon. La Restauration le trouva bibliothécaire du Dépôt de
la Guerre, et lui permit d'achever en paix une vie si troublée (3). Il a
écrit quelques mémoires sur la Révolution et les Armées, utiles à consulter, un catalogue important, et forma une collection sur les
anciennes archives qui recommandent cette partie de sa carrière.

1. D'accord avec La Fayette, a raconté Henri Martin, la municipalité et le directoire du département des Ardennes avaient cru possible le rappel de Louis XVI sur
le trône par la coalition de tous les Directoires départementaux.

2. Redoutables accusations de Réal contre lui, sur sa mission des Ardennes, aux
Pièces justificatives.

3. Il réunit en 800 volumés un grand nombre de pièces inédites antérieures à
1789 qui seraient introuvables aujourd'hui ou perdues sans ces soins. Il prit sa
retraite en 1815.

CHAPITRE XLIV

MISSION DE L'ÉVÊQUE DE LA PLAINE THIBAULT

Carrier, Couthon, Robespierre attaquent l'évêque du parti de la Plaine. — Thibault défend les généraux Tuncq et Desprez-Crassier. — Il combat Carrier et Bô. — Les évêques Torné de Bourges et Saurine de Dax. — Les Français en Hollande et mission de Thibault. — Il négocie la paix avec ce pays.

Entré à la Constituante comme député de Nemours, le curé de Souppes, Thibault, a prouvé, de 1792 à 1799, qu'il était un homme distingué. Le 27 décembre 90, il prononça le serment civique après Grégoire et accepta, le 18 mars de l'année suivante, sa nomination à l'évêché du Cantal dont le siège était à Saint-Flour. Les métropoles de Paris et Auch connurent au même moment leurs titulaires. Au procès du roi, Thibault vota pour l'appel au peuple, pour la réclusion jusqu'à la paix ; après la condamnation, pour le sursis de toute exécution.

Trois incidents marquent la carrière politique de l'évêque; une dénonciation, une altercation, une demande de mort; la première avec Carrier, la seconde avec Couthon, la troisième avec Robespierre.

Carrier dénonça Thibault le jour même de l'exécution de Louis XVI, comme étant un contre-révolutionnaire. Le président du tribunal criminel d'Aurillac avait lu au club jacobin de cette ville une lettre de l'évêque du département du Cantal, dans laquelle celui-ci appelait les conventionnels-montagnards des scélérats et des coquins, dont le but final était de mettre d'Orléans sur le trône ; le seul moyen d'y obvier consistait à envoyer des fédérés à Paris. Tallien confirma l'acte de Carrier. Mais Thibault ne se laissa pas intimider; il exigea que sa lettre fût signée conforme par les administrateurs du Cantal et envoyée au Président de la Convention pour la juger et lui-même après.

Le 5 août 93, il protesta contre l'inquisition des commissaires du Conseil Exécutif qui se permettaient tout, même de fouiller qui leur plaisait. Couthon l'apostropha comme étant un des agents du fédéralisme et le rangea parmi les *traîtres* que l'Assemblée avait expulsés. L'inculpé répondit à ces paroles meurtrières, qu'il était impossible à 750 membres d'avoir la même opinion sur tous les décrets, et à de nouvelles invectives, par ces mots : *J'étais bon républicain avant vous.* Robespierre attiré par l'odeur du sang intervint au débat. Non seulement il parla de royalisme, mais déclara que le préopinant avait cherché dans les départements des forces contre Paris et la Montagne. La vie de l'incriminé étant une suite de trames criminelles, il obtint par ce langage un rapport à délibérer par le grand Comité. Espérances trompeuses, on ne poursuivit pas.

Le prélat censuré avait précédemment voué à l'indignation de la Convention les comités révolutionnaires, quels que fussent leurs principes. Il avait appelé son attention sur le tribunal populaire de Marseille, constitué à l'état d'autorité illégale. Là encore, on avait vu un comité de surveillance nommé par les sections s'arroger le droit de condamner à mort. De telles proscriptions surpassaient en tyrannie Néron et Caligula. Quelques séances plus tard, Brival obtint un décret spécial qui confirmait les appréciations de Thibault contre les jacobins marseillais. Ces derniers avaient obtenu des mises hors la loi ; ils s'élevaient au chiffre de 128 comme juges sans mandat. Leur nombre effraya, on leur pardonna, oubliant par complicité de parti le sang répandu et l'imitation des massacres de Paris.

Le 29 septembre 94, le général Tuncq fut défendu par lui comme ayant la probité peinte sur le visage. Rossignol avait obtenu qu'il fût chassé de partout et destitué à son profit. Or, on n'avait articulé aucun fait contre lui. Vainqueur des rebelles vendéens à Luçon, suspendu par le ministre de la guerre qu'accaparait la Commune, réintégré par les commissaires malgré Bouchotte qui l'invectiva par une lettre publique comme étant un incapable, battu à Chantonay, voué à la mort par Rossignol, au club par Hébert qui sollicitait le même jour celle de Menou, le général était flétri. Biron était aussi mis en cause : le délégué des triumvirs gagnait magnifiquement l'or que lui départissaient Bouchotte, la Commune et Robespierre.

Dans ce débat intervint un membre pour attester que les généraux commandant en Vendée (octobre) étaient ceux qui y avaient commis le plus de scélératesses ; on les avait vus, violant, fusillant à leur gré, jusqu'à des enfants de trois ans et de vingt mois. Oui, *lorsqu'un général marchait au but, on le destituait sur le champ de bataille.* Voilà la culpabilité vraie de Tuncq! La protestation de Thibault nous appartient.

Au procès de Carrier, il lutta en faveur de l'emploi des preuves testimoniales, car leur refus autoriserait un représentant à assassiner qui il lui plairait en plein jour. Dans la même séance, il obtint par son intervention que l'acte d'accusation contre ce misérable fût inséré au bulletin de l'assemblée. Il faut, dit-il, que le peuple sache qu'elle a le courage d'accuser ses membres lorsqu'ils lui paraissent coupables ; mais il a le droit d'en connaître les motifs. La science et la politique étaient ici d'accord.

Lorsque les sections armées de la capitale insultèrent l'assemblée le 12 germinal an III à la barre, Barras eut un mot admirable : *Il n'y a ici que la Convention du 9 thermidor.* A quoi Thibault ajouta : « On a demandé la tête de Tallien et de Fréron. » Cette protestation nous laisse froids. Leur défenseur ignorait des responsabilités aujourd'hui connues.

Le 28 avril, l'évêque appuya le général Desprez-Crassier, qui vint déclarer à la barre que les triumvirs l'avaient chassé sans raison de l'armée et avaient confisqué sa fortune. Il eut sur son rôle cette appréciation heureuse : « C'est en réparant les maux causés par l'affreux régime de Robespierre que vous pouvez montrer votre amour pour la justice. » De cette affaire, il passait à la question de la restitution des biens des condamnés et prononçait en leur faveur. Le Premier Consul seul aura assez d'influence pour imposer cet acte de justice en 1800.

Le 24 mai, il soutenait que Lebon, connu sous le prénom d'infâme, devait être livré à une commission militaire et jugé par elle. On sait que l'ami des triumvirs fut puni, à Arras même. Il avait déshonoré d'abord l'Eglise dont il était prêtre, il tenta de déshonorer la Révolution. Le 9 août, Thibault se joignait aux accusateurs de Bô. Dans la Marne, ce montagnard avait publiquement proclamé qu'on ne devait reconnaître ni parents, ni amis, dans les temps révolutionnaires. Dans le Lot, il n'avait reculé devant aucune horreur en attaquant ce qui persistait du culte catholique ; à une jeune fille qui avait le courage de s'exposer pour sauver son oncle, il avait répondu : « Je prendrai sa tête, je te laisserai le tronc. » Les tribunaux criminels, il les avait transformés en tribunaux révolutionnaires. Des hommes atroces et perdus de débauches avaient égorgé moralement le Cantal. Ils avaient menacé, à titre de commission spéciale, les citoyens qu'il leur plaisait de compromettre en *fabricant des timbres étrangers* sur des lettres expédiées de Worms et de Coblentz, s'ils ne leur apportaient telles sommes qu'ils leur fixaient. Une des victimes témoigna à la barre de la vérité des faits allégués. L'évêque de Saint-Flour l'appuya. Cent soixante personnes du Cantal n'avaient échappé à la mort qu'avec thermidor. Donc, on demandait l'arrestation de ce terroriste, qui avait lutté avec Pinet et Gaston pour décimer jusqu'aux départements frontières devant l'ennemi !

Deux évêques du parti de la Plaine doivent être mentionnés ici : Torné, évêque de Bourges, et Saurine, évêque de Dax.

Député du Cher à la Législative, Torné voulut la liberté des cultes et déclara qu'on n'avait pas le droit « de considérer comme un crime politique les erreurs des prêtres non assermentés » ; qu'on se garde surtout d'en faire l'objet d'une *loi pénale*. On dit qu'il en naîtra des abus, erreur puérile. On permet bien aux rabbins d'insulter à Jésus. Avec la liberté entière des temples seront ouverts, les patriotes iront où ils l'entendront, l'accusateur public veillera sur les séditieux. Sur la question du serment, il soutint au milieu des murmures que le refus de le prêter ne constituait pas un délit, ce qui était exact. Soyons modérés ; votre force est dans l'opinion publique, à la condition de la maîtriser par *la sagesse de vos lois*. Il s'opposa à la vente des édifices non employés au culte salarié et plus tard fit supprimer les corporations religieuses avec leur costume, en imitation de ce qu'avait décrété la Constituante contre les ordres monastiques. Les pénitents devaient, au contraire, être conservés pour cause de charité envers les morts. S'élevant contre la cour de Rome, il obtint la suppression des préfets apostoliques dans les colonies. A la Convention, il promit la fidélité politique et l'obéissance à ses lois du département du Cher. L'année 93 le vit abandonner ses fonctions sacerdotales pour célébrer la philosophie de la *Sainte Montagne* par un acte public, lu à la Convention le 21 novembre. Son passé avait laissé mieux augurer de lui.

Député par le Béarn à la Constituante, le curé Saurine adhéra aux actes du 4 août, prêta le serment civique et fut élu évêque de Dax. Réélu par le département des Landes à la Convention, il vota que le jugement à rendre sur Louis XVI devrait être soumis à la ratification du peuple réuni dans ses assemblées primaires ; sur le jugement, il osa protester. « Mes commettants ne m'ont point envoyé pour un jugement criminel. » Il s'agissait d'abord de déchéance ; aussi, résolut-il la question par la détention jusqu'à la paix pour le roi et sa famille. Quant au sursis de l'exécution, il y fut favorable. Décrété d'arrestation le 13 octobre 93 avec les Girondins comme signataire des protestations de juin (les 6 et 19), il fut détenu. En novembre 94, il accepta de signer l'acte des 71 députés détenus avec lui, au nombre desquels se trouvait Defermon ; l'assemblée les rappela le 8 décembre 94 à leur charge de législateurs. Nommé aux Cinq-Cents par ses électeurs fidèles, il devait être choisi en 1801 par le Premier Consul membre de l'épiscopat, renouvelé lors du Concordat. Ses vertus et ses malheurs l'avaient distingué parmi ses collègues les constitutionnels ; de Dax il fut transféré comme les Douze que l'on conserva avec lui. Saurine eut le célèbre évêché de Strasbourg pour siège. Après les fautes et les scandales du prince-évêque de Rohan, cette ville si éprouvée par la guerre revit les mérites d'une vie apostolique.

L'année 94 se termina par la défaite générale de la Coalition, partout.

Clairfayt perdit le pays entre Meuse-et-Rhin, du 2 au 5 octobre. Les armées de la Moselle et de Sambre-et-Meuse se réunirent à Coblentz le 23, et l'armée prussienne repassait le Rhin à la même date. L'armée du Nord, jalouse d'imiter les vaillants camarades, s'élança en Hollande, et par ses exploits sut s'immortaliser de Nimègue au Texel, 9 novembre et 20 janvier 95.

Le stathouder avait vainement tenté d'obtenir la paix. Le Comité de Salut public avait refusé toute négociation. Sa haine de l'Angleterre ne l'avait pas aveuglé cette fois, car les Etats provinciaux avaient décidé de rompre avec cette puissance et de s'unir à la France. Nos troupes avancèrent en ayant à leur tête un général hollandais de nation, Daendels, devenu célèbre dans nos rangs.

A la levée en masse du stathouder provoquée contre nous, son pays·avait répondu en se levant contre lui ; la capitale l'avait mis en jugement le 19 janvier. Le nom de Nassau n'avait plus de prestige ni de fidélité. Le lendemain, notre avant-garde entrait à Amsterdam, sans bas et en tresses de paille pour chaussures, aux accents de la *Marseillaise*, les officiers portant le sac sur le dos, tous excitant l'étonnement du Comité national révolutionnaire de la grande cité. Nous fûmes accueillis *comme des frères*, parce que notre discipline avait été admirable. Le lendemain, la flotte, refusant de se défendre au Texel, s'était laissé prendre à un abordage d'un nouveau genre par un bataillon de fantassins et des détachements de cavalerie.

Les Représentants envoyés par le Comité avaient proclamé que la République respecterait l'indépendance et la souveraineté de la Hollande. Elle fut traitée en *pays allié*, et non comme la Belgique. Cette dernière était devenue *pays conquis*, parce que sa communauté d'origine imposait son annexion autant que nos intérêts pour continuer la lutte contre l'Angleterre, et pour punir l'Autriche d'être le bras armé de ses iniquités.

Le 28 janvier, un délégué des citoyens bataves, admis à la barre de la Convention, célébrait nos victoires ; nos armées marchaient dans sa patrie aux acclamations d'un peuple reconnaissant. La Hollande n'est devenue libre que *par vos mains*.

Le 1er mars, les États-Généraux envoyèrent des commissaires à nos Représentants pour leur témoigner le désir de conclure une alliance entre les deux Républiques. Thibault répondit avec à-propos. La Convention, dit-il, n'ignorera pas que votre proposition est formée par les États régénérés ; elle apprendra avec intérêt qu'elle n'a pas à traiter avec le stathouder, qui cherchait la paix parce qu'il était toujours battu ; le faste de ses titres voilait la nullité de sa puissance. Investi de la souveraineté du peuple batave, il pliait à la fois sous la domination d'une cour étrangère et sous celle d'un ministre. Votre déclaration des droits de l'homme, votre proclamation de la souveraineté du peuple, votre abolition du stathoudérat la combleront de joie. Ces principes, elle les a manifestés la première ; mais elle n'en exigera jamais l'application dans les autres États. Elle a pris l'engagement solennel de ne point s'immiscer dans le gouvernement des nations étrangères.

La Convention connaît votre histoire, votre lutte d'un siècle pour la liberté, les talents et les triomphes de vos hommes de mer. Si vos commissaires envoyés à Paris sont exaucés dans leurs vœux, comptez sur l'inaltérable fidélité du peuple français à ses engagements. Il attachera la prospérité de ses amis à sa glorieuse destinée.

Le 16 mai, ce noble pays signait un traité d'alliance avec le nôtre ; il fournissait à notre marine douze vaisseaux et dix-huit frégates, la moitié de son armée de terre, cent millions de florins à titre de frais de guerre, la Flandre hollandaise, deux places sur la basse Meuse, Maestricht et Venloo. En Zélande, Flessingue nous était ouvert. La navigation de la Meuse, du Rhin et des deux bras de l'Escaut était commune aux deux Républiques. En retour, nous nous engagions à indemniser notre allié par des équivalents territoriaux, Clèves et Gueldre, qui avaient appartenu autrefois à la province de ce dernier nom ; nous les avions enlevés à la Prusse, il était juste de les restituer à leur propriétaire.

Etait-il possible de croire que la *faction d'Orange* acceptât, sans tenter de la troubler, cette situation ? On s'en aperçut cinq mois après la signature du traité d'alliance.

Thibault, commissaire près l'Armée du Nord, avec Lacoste, Cochon, Ramel et Gillet, se fit le rédacteur d'une protestation contre ce fléau qu'on nomme la calomnie, dont Pitt a tant usé et qu'il soufflait au stathouder. Les partisans de l'ancien régime faisaient courir le bruit d'intelligences perfides avec quelques membres de la Régence. En outre, ils avaient répandu la nouvelle que notre gouvernement s'occupait de paix avec plusieurs puissances sans l'intervention de la Hollande. De là une protestation énergique et précise. Son rédacteur y invoquait les autorités bataves, la solennité du traité juré par les deux peuples, la loyauté des Représentants alors à Amsterdam, l'intérêt des deux Républiques. Le traité continua à recevoir son plein effet, et une entente commune dura de sa conclusion à l'époque des traités de 1815.

LIVRE NEUVIÈME

MISSIONS DE SAINT·JUST, LEVASSEUR, CHOUDIEU

CHAPITRE XLV

MISSION DE SAINT-JUST A L'ARMÉE DU NORD

Situation de cette armée au début de 1794. — Dépêche de Saint-Just. — Apprécia
tion du maréchal Soult sur ses listes de proscription contre les officiers. — Haine
contre Jourdan. — Saint-Just refuse d'aller au feu, témoignage de Levasseur. —
Récit de Barère contre Saint-Just. — Sa lâcheté.

La légende sur le conventionnel réduite à néant dans l'Est, voyons
ses hauts faits dans le Nord. Les textes remplaceront encore les exaltations laudatives dénuées de preuves dont nous a accablés jusqu'ici
l'école révolutionnaire. Il faut à l'histoire autre chose que des mots et
des périodes littéraires.

Quel était en avril 94, au début de la campagne, l'état militaire de
la France ?

Près de douze cent mille hommes étaient sous les drapeaux et
l'effectif combattant des onze armées en présence de l'ennemi, s'élevait
à sept cent mille. Si le premier plan du Comité de Salut Public fut
modifié par suite de l'échec essuyé le 26 avril à Troisvilles, son but
principal subsista : l'offensive sur les flancs des alliés. La fin de la
campagne renversa les projets de ces derniers sur le démembrement
projeté par eux contre l'intégrité de la République française.

Ce fut après des revers et des succès dans le Nord et en Flandre que
l'Armée de la Moselle, privée de son général en chef, passa sous les
ordres de Jourdan pour concourir à l'exécution des vues sur la Belgique. Le 21 mai, le nouveau commandant commença la série des
opérations destinées à menacer par Namur la seule communication
qu'eussent les Impériaux avec le Rhin. Il sut l'accomplir et *décida*
ainsi, a écrit Jomini, *des événements ultérieurs*. La prise de Charleroi,
Fleurus, la réunion des deux armées à Bruxelles, la Belgique conquise
par les redditions d'Anvers et de Liège, les Autrichiens rejetés au-delà
de la Meuse, le Comité prescrivit aux généraux de s'arrêter.

Saint-Just avait quitté le Rhin après son différend avec Hoche et suivi
son ami Pichegru devenu, malgré des réclamations intéressées, général en chef de l'Armée du Nord. Sa première dépêche est relative à la
jonction de deux armées.

« D'après les mouvements concertés d'après vos ordres avec le général en chef
Pichegru, et la réunion de l'armée des Ardennes avec la droite de l'armée du Nord,
y est-il dit, l'objet du général Desjardins étant de déborder l'aile gauche de l'ennemi,
de le presser sur son flanc, d'intercepter ses convois, et de gêner en tous sens ses
communications, l'avis unanime de tous les généraux a été de passer la Sambre
sur plusieurs points, de s'emparer des bois de Bonne-Espérance, de former une
pointe sur la ville de Binche et de l'occuper.

» Cette expédition a réussi au-delà de nos souhaits : deux divisions partirent
le 1er prairial de l'abbaye de Cobes, que nous avions conservée malgré les efforts de
l'ennemi, et se dirigèrent, l'une sur les bois de Bonne-Espérance, et l'autre sur le
mont de Sainte-Geneviève ; deux autres divisions passèrent la Sambre sur plusieurs
ponts que l'on avait jetés sur cette rivière.

» Le mouvement général ayant commencé à onze heures du matin, les quatre
colonnes se trouvèrent, vers les cinq heures, à la même hauteur. Les troupes
légères qui précédèrent les colonnes ayant successivement débusqué les postes
avancés de l'ennemi, les trois divisions commandées par les généraux Depaux,
Fromentin et Mayer marchèrent aux bois qu'occupaient les ennemis, et, après une
résistance assez vigoureuse, les emportèrent au bout d'une demi-heure.

» Une forte pluie qui survint, et la nuit, empêchèrent qu'on ne poursuivit l'ennemi
plus loin ; l'armée bivouaqua tout entière sur le champ de bataille.

» La position que l'on venait de prendre inquiétant singulièrement l'ennemi le
força à prolonger sa gauche jusque du côté de Rouvoix : et le lendemain, 2 prairial,
l'ennemi résolut d'attaquer la position que notre armée avait prise. Pour cet effet,
il dirigea plusieurs corps de cavalerie tant sur notre droite que sur notre gauche,
pour chercher à nous débusquer, par la vivacité de ses attaques, des points
essentiels dont nous nous étions emparés la veille ; l'attaque de l'ennemi fut soutenue par de très fortes batteries qu'il avait placées très avantageusement.

» Le feu commença à huit heures du matin ; l'ennemi poussa alors dans la
plaine une cavalerie nombreuse, qui fit plusieurs charges sur la nôtre, commandée
par le général de brigade d'Hautpoul.

» L'ennemi songea alors à tourner le village d'Erqueline, pour prendre en flanc
notre gauche. Le général de division Depaux ordonna à trois bataillons de chasser
l'ennemi de ce village, et de se mettre en position. Ces trois bataillons exécutèrent
ses ordres, et l'ennemi se retira.

» Le but de l'ennemi était sans doute de nous attirer hors de notre position dans
la plaine, pour nous accabler ensuite par une nouvelle cavalerie, soutenue de toute
son infanterie. La bonté des positions nous empêcha de donner dans ce piège ; le
général d'Hautpoul, avec sa cavalerie, repoussa partout celle de l'ennemi. Notre
cavalerie légère fit trois charges vigoureuses, dans lesquelles un régiment de
chevau-légers fut presque entièrement sabré ; deux pièces, qui avaient été envelop-
pées, furent dégagées à l'instant.

» Les généraux Kléber et Fromentin, présentant partout des têtes formidables
d'infanterie qui brûlaient de l'ardeur de charger, et les faisant soutenir par des
batteries habilement placées, rendirent nuls les efforts de l'ennemi, qui, après un
combat de six heures, fut obligé de se retirer dans sa position.

» La demi-brigade, composée du 49e bataillon du Calvados et du 2e de Mayenne-et-Loire, sous les ordres du général Ponset, montra la plus grande intrépidité dans une sortie que lui fit faire le général Kléber, pour prendre en flanc une batterie ennemie qui nous incommodait beaucoup sur le centre, et qu'elle parvint à déloger malgré la mitraille qui la criblait de toutes parts.

» Les généraux de division Mayer et Marceau attaquèrent de leur côté, et repoussèrent l'ennemi de toutes parts. »

Le 27, Levasseur et Saint-Just réunis devaient annoncer le maintien de nos succès sur la Sambre.

Les succès de l'Armée du Nord en Flandre remportés au début de la campagne de 94, et les opérations sur la Sambre, quoique décousues et accompagnées de revers, préparèrent les victoires de la fin de cette année. La conquête de la Hollande par l'Armée du Nord en fut la suite nécessaire. Ici encore, Pichegru devait bénéficier de la victoire de Jourdan, comme il avait bénéficié à la fin de 93 de celle de Hoche à Landau.

Quoi qu'il en soit, Jourdan, relevé de sa disgrâce imméritée, avait été mis à la tête de l'Armée de la Moselle à la fin de janvier 94. Les généraux et les troupes le reçurent avec acclamations ; elles l'aimaient pour ses services et sa passion du devoir. Carnot lui avait exposé son plan de campagne, un des plus beaux qui aient été conçus, et l'en avait facilement pénétré. Jourdan, sûr de son appui et de son concours, se sentait plus fort contre les épreuves qui pouvaient survenir ; leur confiance réciproque devait profiter à l'exécution.

Si Saint-Just n'aimait pas le feu du champ de bataille, il ne lui déplaisait pas de parader dans les travaux des tranchées placées loin de la portée des artilleurs ennemis. Le siège de Charleroi lui donna l'occasion de satisfaire ses ardeurs sanguinaires en partie. Sans la victoire, Jourdan et Soult eussent été guillotinés. Voici le récit de ce dernier :

Le colonel Marescot dirigeait les opérations du génie, sous les yeux des généraux. Saint-Just et Lebon se tenaient au pied de la tranchée pour presser les travaux. Un jour, ils visitaient l'emplacement d'une batterie que l'on venait de tracer. Saint-Just demanda au capitaine l'heure de son exécution finale. Cela dépend du nombre d'ouvriers, répondit l'intéressé. Si demain à 6 heures elle n'est pas en état de faire feu, ta tête tombera, répliqua le conventionnel. Or, il était impossible que l'ouvrage fût terminé. Lorsque l'heure fatale sonna, Saint-Just tint son horrible promesse; le capitaine fut arrêté et envoyé à la mort, car *l'échafaud marchait à la suite des féroces représentants.* Sans la victoire, la plupart des chefs auraient subi le même sort.

Nous apprîmes plus tard que Saint-Just avait porté sur une liste de proscription plusieurs généraux ; il m'y avait compris quoique je ne fusse que colonel. Jourdan devait être sacrifié le premier. Il avait, comme Hoche, encouru la haine du représentant par la résistance qu'il opposait à ses volontés. La *présomptueuse ignorance* de Saint-Just prétendait *diriger les opérations militaires* (1).

Cette présomption, signalée sur le Rhin en décembre 93, l'homme qui était le bras de Robespierre à l'Armée de la Moselle, la prouva encore en exposant son général en chef à être battu à Fleurus. Pour satisfaire un caprice de Pichegru qui demandait des renforts inutiles, Saint-Just donna l'ordre à Jourdan de lui envoyer 30 mille hommes par Douai. Il ne demanda pas s'il exposait le sort de la prochaine bataille, et s'il ne livrait pas à la merci de l'ennemi l'armée de qui allaient dépendre au nord les revanches des échecs de 93, la possession de la Belgique et la conquête projetée de la Hollande. Il ne réfléchit pas une heure qu'une concentration de forces pouvait abattre par une défaite écrasante la constance des Impériaux. Il recourut aux plus vives instances et descendit jusqu'à *la prière*. Saint-Just devenant suppliant, quelle invraisemblance si nous n'avions pour preuve un témoin ! Mais cette prière ne dura pas longtemps, car, sur le refus essuyé, le triumvir employa *la menace*. Il se retrouva lui-même. La fortune était cependant pour nous ; Jourdan sut résister et brava une mort honteuse pour ne pas compromettre un succès dont il ne répondit qu'avec l'intégrité de ses forces.

Parla-t-il à Saint-Just des ordres intimes du Comité ? Dévoila-t-il les aveux et les espérances les plus secrets de Carnot au départ ? Redit-il les confidences faites à Paris en présence de quelques témoins redoutables ? Tout porte à le croire et c'est à ce que nous ignorons comme à la certitude d'une action imminente, rendue plus certaine par la reddition de Charleroi (2), qu'il faut attribuer l'acceptation de Saint-Just, le respect de la vie de Jourdan. Mais ce salut, le 9 thermidor seul l'assura au vainqueur de Fleurus.

Après le succès, la Convention, toujours prête à fêter les héros dont le parti jacobin faisait si peu de cas, ordonna de célébrer la victoire

---

1. *Mémoires* Soult, t. I, ch. 6, p. 156.

2. Un rapport de Saint-Just l'annonça le 25 juin.

dans toute la France. Elle déclara que l'armée avait bien mérité de la patrie et lui fit prendre le nom désormais glorieux de *Sambre-et-Meuse*. Jourdan rappela la gloire du maréchal de Luxembourg et Saint-Just attendit une revanche que le ciel lui refusa (1).

Levasseur a laissé sur son absence de courage devant l'ennemi, dans le Nord, un témoignage accablant. Les deux armées étaient en présence et Levasseur demandait à son collègue s'il avait donné des ordres pour qu'on marchât en avant. Saint-Just répondit qu'il y avait des traîtres et que le plus pressé était de les punir. Abandonnant les généraux à leur conférence, l'auteur du récit se porta sur une hauteur et vit l'ennemi pointer le canon. Fidèle à sa conduite d'Hondschoote, il tint à se porter en avant pour donner l'exemple et honorer sa responsabilité. Saint-Just s'y refusa, et Levasseur éperonna son cheval ; il ne revint au quartier général qu'après avoir parcouru les lignes, accompagné d'officiers (2).

Le confident de Robespierre détestait Jourdan. Les contemporains sont d'accord sur ce fait et le refus de rédiger le bulletin de cette victoire à laquelle il avait assisté, disait-il, en est une preuve concluante. Avec Jomini et Masséna, nous avons un témoignage d'une parfaite sincérité émanant de Barère qui n'a, ici, aucun intérêt à tromper.

Saint-Just, d'après lui, arriva au Comité plus tôt que les officiers porteurs des drapeaux autrichiens pris et envoyés en même temps que les dépêches du général en chef. Désireux de suppléer à leur laconisme, Barère consulta les officiers qui avaient été chargés de cette mission, moyen sûr de donner à son travail une originalité et une vie qui devaient manquer sans ces échanges de communication :

Je prenais note des principaux détails et j'écrivais mon rapport dans la *salle de délibération* du Comité. L'assemblée attendait. Je priai Saint-Just de prendre les rapports et d'aller raconter ce qu'il avait vu. Mais il s'y refusa : « Tout est dans la lettre du général Jourdan, répondit-il, voilà tout ce qu'il faut dire. » Il était concentré. J'interrogeai les officiers et j'appris des actions valeureuses dont la correspondance ne narrait rien. Je fis un rapport qui satisfit pleinement.

Le récit de Levasseur sur l'éloignement du champ de bataille trouve

---

1. C'est durant cette campagne qu'il voulut faire fusiller Marescot parce que cet officier avait refusé de s'emparer de Charleroi par escalade.

2. *Mémoires*, t. II, ch. 14, p. 240.

dans Barère, qui ignorait les incidents survenus, une affirmation sur laquelle nous insistons. On sait que ce représentant resta toujours fidèle à son parti et qu'il était encore montagnard après 1830. Son témoignage n'en est que plus grave.

L'intimité de St-Just avec le dictateur lui servit à inspirer l'arrestation criminelle de Hoche au bénéfice du traître Pichegru. En outre, s'il avait partagé avec lui la direction du Comité de sûreté générale, il s'était imposé au Comité de la guerre, comme représentant aux armées. Il est vrai qu'il n'y avait pas réussi et ses apologistes auront de la peine à défendre sa mémoire contre la violence et l'incapacité de ses actes à l'Armée du Rhin. Son orgueil se relèvera difficilement de ce que Levasseur a dit de sa lâcheté : « sans courage physique et faible de corps jusqu'au point de craindre le sifflement des balles. » Il avait le courage de la mort dans la vie civile, paraît-il ; singulier moyen de donner l'exemple sur le champ de bataille parmi des troupes habituées au sang-froid de ses collègues et aux témérités de Merlin, de Levasseur, de Lacoste. Un autre montagnard, célèbre comme lui mais d'une manière plus atroce, Carrier, a donné les mêmes preuves d'incapacité militaire et de peur dans le danger. Unis dans une même œuvre, dans un même but et dans l'emploi de moyens identiques ou analogues, que ces deux criminels le soient dans la même exécration. L'histoire leur doit un seul anathème !

CHAPITRE XLVI

MISSIONS DE LEVASSEUR DE LA SARTHE A L'ARMÉE DU NORD

De la véracité et de l'originalité des *Mémoires* de ce conventionnel. — I. Ses relations avec Carnot. — Récit de son arrivée à l'armée du Nord. — Son rôle prépondérant. — II. Deuxième mission. — Relations avec Kléber. — Guyton-Morveaux et les ballons d'observation. — Récits de Levasseur sur la lâcheté de Saint-Just. — .Jacobinisme de Levasseur, même après thermidor. — Protestation honorable contre la loi du 22 prairial.

Les Représentants aux armées peuvent être personnifiés en quatre noms : Saint-Just et Carrier, Merlin de Thionville et Levasseur de la Sarthe. La .Terreur aux frontières et à l'intérieur, voilà les deux premiers ; avec Merlin, on a jugé d'après les faits l'œuvre du vrai parti républicain ferme et honnête; avec Levasseur, on jugera celle des montagnards honnêtes mais inflexibles dans leurs chimères. Le temps qui autorise l'indulgence l'autorise pour ceux qui, comme lui, voulaient uniquement la grandeur de la patrie, et *Jomini* nous a devancé sur ce point.

. Les discours politiques de Saint-Just ont été recueillis et publiés ; il n'en est pas de même de ses dépêches militaires et on doit le regretter ; ce que nous en avons donné suffit cependant pour se prononcer sur lui. De Carrier on ne connait que le Procès et de rares dépêches, éparses en bien des ouvrages ; c'est fâcheux. L'ouvrage sur la correspondance de Merlin a été le seul que l'on puisse recommander comme technique et comme à peu près complet. Relativement à Levasseur, nous avons ses *Mémoires*, moins une apologie qu'un Exposé.

Quel est le mérite de cette publication ?

Ce n'est pas un ouvrage original, d'après ses adversaires ; ce serait un ouvrage apocryphe. Ils en tirent la preuve du procès retentissant auquel il donna lieu sous la Restauration et dont le résultat aurait été la condamnation de leur véritable auteur.

On voudra bien observer que cette condamnation est sans valeur ;

elle ne porte pas sur le degré de véracité des faits qui y sont consignés, soit qu'ils appartiennent à Levasseur directement, soit qu'ils émanent d'un interprète ignoré d'abord, puis connu. La condamnation eut lieu parce que le gouvernement de la Restauration se trouva en présence d'une défense de la Révolution ; parce que les émigrés considérables du parti militaire et du parti politique vivaient encore et se trouvèrent insultés par l'exposé des doctrines que célébraient les Mémoires ; parce qu'on n'aimait pas aux Tuileries ce qui parlait des efforts de l'Armée du Nord pour anéantir les Impériaux ; enfin parce qu'ils rappelaient des fautes inqualifiables et dont les témoins comme les acteurs pouvaient témoigner encore. — Le vrai motif de la condamnation, le voilà (1).

Écrits primitivement par le vieux conventionnel alors en exil, c'était en 1829, remis sous forme de cahier de notes à son propre fils, l'éditeur n'avait voulu s'en charger qu'à la condition d'en tirer une affaire commerciale, et ils parurent en quatre minces volumes. Une introduction fut écrite par un publiciste spécialement choisi qui revit et révisa la rédaction de l'œuvre. Jean Raynaud, qui s'est constitué l'adversaire de ces Mémoires, n'a pu s'empêcher de dire d'eux : *Cette histoire générale, remarquable à plus d'un titre.* Tout le procès vérifie cette appréciation d'un publiciste républicain hostile et ce n'était pas la peine de pousser de si hauts cris pour aboutir à cette conséquence. La trame, les faits, l'ordonnancement de l'ouvrage, les opinions restant entières, qu'importe une révision de style ou une amplification de circonstance ! Si nous étions pour l'histoire générale de la France aussi sévères et aussi susceptibles, il nous manquerait bien des éléments d'information et il faudrait le regretter. Turenne et Villars y perdraient sans remonter au-delà. Faut-il donc que les Mémoires égalent, tous, ceux de Saint-Simon ?

Se défendant lui-même, l'amplificateur relatif donnait pour premier caractère à son travail « celui d'une défense personnelle, » moyen d'insister sur le début de l'ouvrage et son origine. Nos ennemis ont défiguré la Révolution et les trois années passées dans la vie publique par Levasseur spécialement. Rien ne les arrêta, pas plus les calomnies que leur audace contre les débris d'un parti vaincu, de là les Mémoires.

1. Le texte du jugement est formel ; il parle des « attaques contre la royauté et contre la légitimité » ou bien « contre la dignité royale et les droits que le roi tient de sa naissance », le tout aggravé par l'apologie des faits les plus importants de la Révolution.

Le proscrit n'avait-il pas le droit d'élever la voix ? N'avait-il pas tout autant celui de confier son apologie, sous une forme étudiée, à une plume rompue aux difficultés du langage écrit ? Turenne et Villars ont-ils agi autrement ? Et si on a regretté avec raison qu'ils n'eussent pas été leurs propres rédacteurs, qui donc a pensé que leurs Mémoires dussent être rejetés ? Personne. Il en est de même de ceux de Levasseur.

Voilà, dirons-nous, pour les deux premiers volumes de l'ouvrage. Mais, au début du troisième, une préface explicative écrite par le fils du proscrit, réduit à néant toute hostilité contre l'œuvre. Ce dernier y raconte comment son père avait préparé ses mémoires à titre de souvenirs, plutôt un corps d'ouvrage. « J'y mis de l'ordre, ajoute-t-il ; de plus, j'écrivis sous la dictée de mon père tout ce que sa mémoire a pu lui rappeler. » Et plus loin : « Mon père m'avait fait passer de nouvelles notes explicatives, » sur les événements dont le Moniteur avait peu parlé.

Pourrait-on dénier plus longtemps aux Mémoires du célèbre conventionnel l'authenticité que confirment les citations précédentes ? Nul n'en récuse le caractère ; il faut donc en conclure leur sincérité et leur valeur.

PREMIÈRE MISSION

Né au Mans, en 1747, René Levasseur exerçait avant la Révolution la profession de chirurgien dans sa ville natale, suppléant par son travail à une absence totale de fortune. La fortune ! il eût pu l'acquérir d'un membre de sa famille, riche planteur de Saint-Domingue, si ses idées sur la libération des esclaves ne l'eussent brouillé avec son parent. Cette première preuve d'indépendance, il la maintiendra sa vie durant, vivra pauvre et austère, préférant la simplicité biblique aux faveurs du monde. Homme de caractère, il devait le rester toujours et son récit, sans le montrer implacable, l'honore par sa sincérité.

Le mouvement de 1789 lui parut la régénération désirée et le triomphe de ses principes ; son ardeur à les propager dès le début de la transformation gouvernementale, lui valut le titre de *patriote*, présage de sa future élection. La formation des municipalités lui donna la première marque de confiance de ses concitoyens ; il fut appelé par eux aux fonctions d'officier municipal et successivement réélu à la presque unanimité. Ces charges n'étaient pas alors, à raison des événements, un titre honorifique, mais de vraies charges quoique gratuites, avec des responsabilités, parfois aussi des dangers à courir dans les émeutes populaires résultant de l'ignorance, des passions ou de la mauvaise foi des partis. La cherté du blé causa un jour une révolte et il fut question de mettre Levasseur à la lanterne. Un mouvement insurrectionnel sur les cloches fit mettre sa tête à prix ; plus tard, il sauva la vie de quelques prêtres insermentés par son sang-froid dans le danger et organisa des travaux pour aider les ouvriers sans travail. Recommandé par ses services réels et quoique chargé de famille, l'assemblée électorale de son département réunie à Saint-Calais l'envoya à la Convention.

Dès son arrivée, il siégea sur les bancs de la *Montagne*, qu'il estimait être l'émanation du peuple. Dans les deux précédentes Assemblées, le côté gauche avait été la place des amis de la liberté ; aussi aurait-il cru manquer à lui et à ses commettants s'il en avait choisi un autre à l'assemblée.

Nous n'avons pas à suivre ses Mémoires dans les exposés politiques dont ils abondent, les faits seuls nous intéressent et parmi eux les faits principaux.

Adversaire implacable des *Girondins* en 1829 comme il l'avait été en 1793, il déclarait avec le temps que les principaux chefs de ce parti « étaient de véritables et sincères républicains, » mais égarés par la haine contre ses amis de la gauche. Leur culte pour Dumouriez et leur fédéralisme devenu royaliste par Wimpfen lui arrachaient des cris de colère et de regrets ; de là ses violences contre eux.

La première *levée en masse* eut pour conséquence de favoriser les menées secrètes de Robespierre. Par Danton et par lui, on vit des sections de Paris paraître à la barre de la Convention et l'inviter à rassurer les esprits sur l'intérieur en faisant justice des conspirateurs et des royalistes traîtres. L'établissement d'un Tribunal extraordinaire fut alors proposé par plusieurs membres et Levasseur en fit adopter le principe. Il n'en eut pas l'initiative, mais son rapport lui a valu une paternité qu'il a toujours répudiée. Si cela est exact, et ses protestations le sont, il n'en est pas moins vrai qu'un tribunal criminel organisé « sans appel et sans recours au tribunal de cassation » était une œuvre imprudente, bientôt inique et inspirée par un parti. Les crimes n'étant définis que vaguement, la justice allait donc consacrer l'arbitraire...

N'était-ce pas la *Terreur* imposée par les *lois?* Or ce fut cet acte légal dont notre représentant fut le rapporteur, et il faudra d'éclatants services rendus par lui aux armées pour laver un peu sa mémoire.

Comment a-t-il exposé la création des Commissaires?

« La Convention avait egalement senti la nécessité d'avoir les yeux sur les Provinces et sur les Armées par ses propres membres. Dès le mois d'*octobre 92*, des députés conventionnels étaient envoyés en mission sur tous les points où le gouvernement avait besoin d'une grande activité ; tant on sentait, sans s'en rendre compte, qu'il n'y avait de pouvoir légal que dans notre sein et que toute force véritablement active devait être émanée de nous.

» Ce système fut régularisé à l'époque du *10 mars* (1793) lorsque Danton proposa l'envoi de Commissaires dans tous les départements pour hâter la levée des troupes et des contributions patriotiques, et lorsque la création du comité de salut public vint donner à la machine politique le grand rouage qui lui manquait. Cependant ces Commissaires n'avaient encore que des pouvoirs spéciaux et force était de recourir en même temps à la Convention et au Pouvoir Exécutif pour chaque circonstance imprévue.

» Il n'en fut plus de même après le *31 mai.*

» Alors tous les Commissaires de la Convention furent rappelés et d'autres représentants furent envoyés à leur place, mais cette fois avec des pouvoirs illimités. Toute autorité disparaissait devant eux, toute force leur obéissait ; leurs ordres étaient à la fois des lois de transition et des décrets exécutoires. Responsables devant la Convention seule, ils étaient du reste maîtres absolus de prendre toute mesure qui leur paraissait nécessaire. Comme le Pouvoir conventionnel dont ils émanaient, ces délégués avaient à leur disposition une *autorité despotique*, mais ils n'échappaient pas à la surveillance de leurs collègues. La moindre dénonciation motivait un rappel et souvent le tribunal révolutionnaire était le salaire de l'abus du *pouvoir sans bornes* qui leur avait été délégué (1). »

On observera son jugement sur les pouvoirs illimités des Commissaires, car il les condamne absolument.

Nous n'avons qu'un récit authentique du choix des Représentants dans les crises militaires et politiques. Il nous vient de l'un d'entre eux et nous est d'autant plus utile que l'honorabilité de son auteur et la simplicité de sa narration garantissent doublement son authenticité.

L'arrestation du général Custine après la prise de Mayence avait exalté les têtes à l'armée du Nord et il ne fut rien moins question dans les états-majors que de marcher contre Paris pour le délivrer. Le Comité de Salut public résolut en apprenant cette effervescence d'imposer solennellement à la force armée le respect des décisions du

1. Levasseur, *Mémoires*, t. II, ch. 1, p. 5.

pouvoir civil. Il décida d'envoyer un Représentant au camp de César, théâtre des résistances, et de choisir Levasseur de la Sarthe avec des pouvoirs illimités. Celui-ci se rendit au Comité pour recevoir ses instructions et n'y trouva que Carnot.

L'Armée du Nord est en révolte ouverte; il faut étouffer cette rébellion et c'est toi que nous avons choisi. Nous te connaissons et nous savons t'apprécier.

Mais, objectait l'intéressé, les moyens physiques me manquent : avec un tel extérieur je ne pourrai imposer le respect à tes grenadiers. Et Carnot répondit : Ami ! les circonstances font les hommes.

Levasseur accepta, sans instructions autres que le Décret qui le nommait (1).

On était au lendemain de la trahison de Dumouriez ; l'on doit toujours se reporter à un ensemble complet et général des menées criminelles que signale l'histoire de la Révolution française pour comprendre qu'il fallait d'abord sauver la patrie, c'est-à-dire son intégrité territoriale. Or, la défection ou la trahison d'un seul des chefs militaires pouvait perdre la France à cette époque pour des siècles, en anéantissant les effets de nos victoires.

Ce fut sous cette impression que l'ancien chirurgien du Mans passa toute sa vie : elle suffit pour expliquer sa conduite durant la guerre et les discordes civiles. Les grandeurs de l'Empire ne l'avaient pas changé lorsqu'il écrivit ses souvenirs ; les douleurs de la défaite et l'exil les firent revivre aussi terribles qu'en 93 et on en trouve continuellement la preuve dans sa rédaction.

Avant de couvrir nos frontières, s'écrie-t-il aussitôt qu'il apprend des menées royalistes, ne fallait-il pas *museler l'anarchie ?* Et il l'entendait en calmant « la soif de vengeance des Parisiens. » Ce sont ces paroles prononcées dans le feu des événements mais rééditées trente-cinq ans plus tard qui ont porté coup à la réputation de leur auteur. Combien il était plus vrai lorsqu'il s'était élevé contre la proposition de Marat, lorsqu'il avait courageusement couru aux armées pour y soustraire avant tout la France au joug étranger et y repousser à la tête des troupes, seul ou aux côtés des grenadiers, les troupes de la coalition ! Mais n'anticipons pas sur les faits.

Ce ne fut pas, certes, sans courir des dangers, que Levasseur remplit ses devoirs.

1. *Mémoires*, t. II, ch. 2, p. 23.

Il a laissé dans des mémoires rédigés sur ses papiers le récit de son arrivée et de sa réception, des protestations auxquelles il fut en butte et des ordres qu'il imposa. Nous n'avons qu'à le constater. La présence des volontaires de son département parmi les troupes, circonstance heureuse, facilita sa tâche d'oubli et de pardon dans cette armée. La revue se termina sans incident ; les tentatives de révolte furent réprimées par le sang-froid et l'énergie dont le mandataire fit preuve au péril de sa vie, si on ajoute foi à des souvenirs dramatisés selon nous pour grandir le montagnard (1).

Convoqués par lui à un banquet, Kilmaine et ses principaux officiers s'y rendirent. La réflexion et les scènes diverses de la revue avaient porté leur fruit. La réunion fut empreinte d'une confiance réciproque : les préventions avaient disparu, et la déférence d'hommes rudes mais sincères fut marquée dans leurs aveux. Kilmaine eut la franchise d'avouer à Levasseur qu'il n'était pas aussi maître de ses troupes qu'on paraissait le croire. Nous avons tremblé pour votre vie, lui dit-il, elle était en danger. A quoi son interlocuteur lui répondit: Ma vie ne m'appartient pas ; elle est à mon pays... c'eût été me déshonorer que de ne point exécuter les ordres du Comité de Salut public. Mais il s'empressait d'ajouter que le général lui-même en aurait fait autant, et il entrainait sa fidélité ébranlée peut-être. La défaite de l'ennemi devait effacer les fautes des soldats.

Tel fut le premier acte militaire de Levasseur aux armées. Rien ne pouvait suppléer ce récit, écrit vingt ans plus tard, dans les douleurs de l'exil, par un fidèle du parti montagnard, et auquel les années n'enlevèrent rien de la chaleur de ses convictions, ni les fautes de son parti, ni la double chute de thermidor et de prairial, ni la gloire de l'Empire, ni le retour des Bourbons. Le maintien de la discipline devait contribuer à la gloire de la France, et sans rechercher ici les causes de la condamnation de Custine, il faut applaudir à la conduite de Levasseur. Il fit approuver à ses troupes la théorie la plus juste, en déclarant que l'armée ne pouvait imposer des lois à l'assemblée qui composait à la fois le Corps Législatif et le Pouvoir Exécutif. Toute armée délibérante est factieuse, et les coupables ne sont pas les soldats qu'on égare, mais bien les chefs, car ils connaissent la valeur de leurs paroles, et la perfidie de leurs doctrines.

Des agents du gouvernement songèrent à tirer parti de ces faits.

1. Aux pièces justificatives le récit en appendice.

Leurs passions s'accommodèrent mal de la réconciliation. Dans des rapports confidentiels, ils tentèrent de raviver l'irritabilité de Levasseur et par une transmission de pouvoirs supérieurs de satisfaire leurs vengeances particulières. Les chefs du complot qui consistait à garder comme otage le Représentant, auraient payé de leur vie des paroles imprudentes et que n'avait manifestées aucune tentative. La prétendue victime pensa que les rigueurs demandées par des hommes enclins à voir partout des complots et des conspirations, serait préjudiciable à la République. On eût pu ainsi favoriser la désertion dans l'armée avec des apparences de justice. Levasseur refusa de prêter son autorité à ces manœuvres, brûla les rapports les concernant et reprit ailleurs le cours de sa mission.

Ici encore, on retrouve les traces de l'hostilité qui partagea les Agents du Conseil Exécutif et plus tard ceux du Comité de Salut Public avec les Commissaires ou les Représentants. Les premiers, participant en des circonstances tout à fait exceptionnelles au pouvoir exécutif, se considéraient comme des chefs de mouvement alors qu'ils étaient de simples délégués. On voit par la narration antérieure leur audace et parfois leur duplicité. Ils ne reculaient devant personne, pas même devant des amis de Robespierre ; ils le payèrent, en certains, cas de leur vie.

Si tous les pouvoirs étaient excessifs, c'est que les événements l'étaient aussi durant la période que nous examinons. Il suffit de voir l'initiative de Levasseur à l'affaire de Lincelles et à celle de Turcoing pour s'en convaincre. Ce fut à Lincelles qu'il nomma Macdonald, alors chef de brigade, général malgré sa nationalité et son origine nobiliaire. Si on a quelque peine à croire les Mémoires sur l'appui prêté par le conventionnel aux nobles, parce que les lois avaient aboli la noblesse et parce qu'on ne pouvait incriminer un individu à cause de sa naissance, on n'a qu'à lire la correspondance des Représentants soit aux archives, soit dans le *Moniteur*. On en trouvera toujours la confirmation.

Ce qui est autrement grave, c'est l'affaire Houchard.

En apprenant la mort de Custine, son collègue avait osé demander si c'était un *parti pris* que de guillotiner. On veut donc, se serait-il écrié, guillotiner tous les généraux ? A quoi Levasseur aurait répliqué : Et toi aussi, si tu nous trahis. Le récit est de ce dernier.

A Dunkerque, ces deux hommes poussèrent leurs animosités jusqu'à la haine. La correspondance des agents du Conseil nous a montré

Houchard coupable de l'aveu de tous et traître selon eux. Comment son adversaire l'avait-il combattu à la Convention, cause dernière de son arrestation ? Le 25 novembre, il avait attesté publiquement son accusation à la tribune ; l'extrait suivant en fournira l'esprit :

Il est certain, dit-il, que si les arrêtés du Comité du Salut public eussent été exécutés, nos ennemis ne souilleraient plus le territoire, et peut-être la paix serait faite. Le Comité a toujours eu pour système de faire agir les armées en masse. Qu'ont fait nos généraux ? Ils ont sans cesse disséminé nos forces. Je les ai vus violer impudemment les ordres du Comité. J'ai vu Houchard risquer le salut de la patrie par sa coupable obstination dans ce système de morcellement des troupes. Les revers essuyés en Vendée viennent de ce que les mesures relatives au rassemblement des forces en masse n'ont jamais été exécutées ; nous avions autant d'armées que de départements.

Le grief était d'avoir permis au duc d'York de s'enfuir. Si Houchard se fût conduit comme Hoche, nul doute que le général anglais, pris en tête, en flanc et en queue, n'eût essuyé un désastre ou une capitulation d'armée, prix de son audacieuse tentative. Sur la dénonciation formelle, mais ultérieure des représentants, Levasseur apprit dans un voyage fait par lui à Paris que Houchard était destitué (1). Envoyé par le Comité du Salut Public devant le tribunal révolutionnaire, ce général, absolument incapable, fut convaincu, condamné et exécuté. Ce récit, les constatations ou les preuves qui l'accompagnent, forme plusieurs chapitres des mémoires que devra lire celui dont ce procès excitera l'intérêt. Jourdan est, d'après lui, le vainqueur d'Hondschoote (2).

La faction des étrangers fut étudiée sur le vif par le représentant après sa première mission à l'Armée du Nord. L'or des Anglais et les intrigues de l'émigration cherchant à ôter toute considération au gouvernement, n'ont pas eu d'historien plus redoutable que lui. Il a parlé lui aussi des Candidatures anti-dynastiques. Pitt voulait un partage odieux de la France, et, dans les lots à distribuer, il en avait destiné un au duc d'York, le vaincu de Hoche, peut-être même à quelque membre de la famille royale d'Angleterre.

Les Girondins sont à nouveaux accablés par les offres à Brunswick

1. Au tome II, chap. IX, p. 110, Levasseur.

2. *Ibid*, chap. XII, p. 224, où il accuse Houchard d'avoir reçu la proposition de trois millions pour laisser prendre Dunkerque. Ce témoignage fut recueilli par lui *trente ans après la bataille*, au Mans, de la bouche d'un témoin auriculaire du duc d'York. A cela nous répondrons avec les juristes : *testis unus, testis nullus*.

et au duc. Aussi put-on dire durant leur procès que Pitt avait menacé de ses esclaves et de ses guinées tous les ports de la République.., que les colonies avaient été perdues par ses ordres. Voilà où en était arrivé l'esprit de parti : Vergniaud et Brissot, Gensonné et Guadet accusés d'avoir dirigé les opérations coloniales en vue de ruiner le commerce de leur patrie et d'avilir sa grandeur matérielle comme son honneur.

_ L'histoire n'a pu admettre ces odieuses accusations, et l'éditeur des Mémoires aurait pu nous priver de citations prolixes qui diminuent inutilement son héros.

Que faut-il penser, d'un autre côté, des excès du parti royaliste ? Notre étude sur l'armée devant Toulon nous permet de ne pas insister.

A ces accusations précises on peut ajouter les révélations qui furent faites dans le procès des Hébertistes sur la crise de la Terreur. Un Deslieux y fut établi agent salarié de l'étranger dans les clubs, en 1791 et 1792, et les aveux du ministre Bertrand de Molleville attestent à nouveau sa corruption. Proly, fils d'un grand seigneur, joua à Paris le rôle d'ultra-sans-culottes. Gusman, l'Espagnol, se mêla aux critiques démagogiques. Un nommé Dubuisson était inscrit en toutes lettres sur la liste des espions. Ronsin, général de rencontre, était le chef militaire d'une agrégation d'hommes pervers qui se disait un parti parlementaire et n'était qu'aux gages de banquiers étrangers. Le prince de Hesse _dénonçait_ les généraux qui déplaisaient à sa morgue tudesque et Anacharsis Clootz appelait l'humanité en témoignage pour céler ses trahisons. Enfin, trois agents des massacres de septembre, Héron, Taboureau et Maillard, rêvaient d'autres crimes pour y renouveler la source de leur fortune !

Quelle fut la conduite de Levasseur pendant sa seconde mission à l'Armée du Nord ?

II

DEUXIÈME MISSION

Appelé au commandement de cette armée en mars 94, Pichegru avait reçu l'ordre de prendre _l'offensive_, conjointement avec Jourdan, et de s'élancer sur la Hollande.

Au même moment, Levasseur avait été désigné pour activer l'énergie, et surtout l'initiative de Pichegru, qui continuait sur une autre frontière ses temporisations précédentes. D'après ses Mémoires, il aurait exigé le rappel des deux représentants envoyés auprès de Pichegru, parce qu'il n'aimait pas à partager la responsabilité de ses actes avec des collègues. Ce trait le peint exactement. Autoritaire, énergique et farouche dans ses convictions, Levasseur était très personnel.

Avant de rejoindre l'armée du Nord, il se rendit à Philippeville (nommée alors Vedette républicaine), quartier général de l'Armée des Ardennes. Son chef, le général Charbonnier, faisait de grands préparatifs d'entrée en campagne, dont la lenteur inquiétait Carnot. Son mandataire réunit un conseil de guerre et demanda la cause du retard aux généraux. Les motifs allégués par eux lui ayant déplu, il assigna trois jours, comme derniers délais, avant d'en venir aux mains ; du haut des remparts de Philippeville, on voyait les grands-gardes ennemies. « Si dans trois jours tout n'est pas prêt, je me mettrai à la tête de tous les braves et je marcherai avec eux en avant. » On sortit et on attaqua l'ennemi à la date fixée. Le plan consistait à rejoindre l'Armée du Nord en passant sur les Autrichiens. Les gorges du Bossut furent prises à l'arme blanche. Les détails de ce combat, dont la conséquence fut de laisser le chemin libre entre Charbonnier et Pichegru par l'échec des Autrichiens, sont racontés dans les Mémoires avec un caractère que n'avait pas le récit officiel. L'initiative de ce conventionnel paraîtrait imprudente et singulière, si des témoignages contemporains n'en garantissaient l'exactitude.

Ce fut à Thuin qu'eut lieu la première entrevue de Pichegru et de Levasseur ; un de ses collègues l'ayant présenté au général, le conventionnel protesta à raison de son caractère. Pichegru eut l'habileté de s'en tirer par des compliments. Le soir même, un conseil de guerre réunit Saint-Just et Lebas à Scherer et Levasseur ; on y décida la désastreuse pointe sur Nivelle, quoique le général en chef réel fût absent. Scherer décida l'affaire après une altercation où notre Représentant lui aurait fait entendre de dures vérités sur l'impromptu de l'expédition :

Je croyais, aurait-il dit, que la guerre était un art ; il n'en faut pas beaucoup cependant pour faire je ne sais quoi, aller je ne sais où, et revenir je ne sais comment.

Il craignait qu'averti par ses espions, l'ennemi ne les précipitât dans la Sambre. Ceci se produisit en partie après le combat de Fontaine-l'Évêque où il fallut la repasser, revenir en arrière par Marchiennes-

au-Pont. Ce fut dans cette circonstance que Saint-Just refusa de marcher à l'ennemi, donnant à son collègue une preuve de lâcheté que
celui-ci a consignée à titre de témoin et avec indignation. Nous avons
rapporté cet incident dans l'examen de l'œuvre de Saint-Just, il n'y a
qu'à le signaler dans l'ordre des événements.

Nous pouvons lui opposer la conduite de notre auteur.

Le général Charbonnier, général en chef de l'armée des Ardennes,
écrivit sur la conduite de Levasseur à Thuin un témoignage d'honneur
qu'il faut citer, car il fut lu dans la séance du 24 mai aux applaudissements de l'Assemblée :

« Le Représentant du peuple Levasseur est toujours avec moi ; nous
» ne travaillons jamais sans nous être concertés et nos opérations
» ainsi calculées ont tout le succès que nous avons droit d'attendre.
» Le courage et le zèle qu'il montre dans toutes les circons-
» tances est un aiguillon pour l'armée à la tête de laquelle il se montre
» toujours. »

Les rapports de Kléber avec Levasseur méritent d'être étudiés, parce
qu'ils mirent aux prises deux hommes d'un caractère altier et dur
parfois. Ce dernier les a relatés à propos de l'affaire de Fontaine-
l'Évêque, témoignage d'un jugement sûr de la valeur des généraux, de
Macdonald à Kléber (1).

Cependant, raconte-t-il, Carnot se plaignait de ce que nous n'étions
pas à Charleroi. En dépit de mes efforts, nous repassâmes la Sambre
à Marchiennes. Dans une halte, je rencontrai le brave Kléber. Depuis
Thuin, il me parlait très froidement, mécontent de mes reproches :
je craignis d'avoir offensé un si vaillant soldat ; je fus à lui.

« Kléber, lui dis-je, nous allons voir l'ennemi de près ; peut-être un
» de nous restera sur le champ de bataille, peut-être même tous les
» deux : nous ne sommes pas faits l'un et l'autre pour mourir ennemis,
» embrassons-nous.

» — Moi, votre ennemi ? s'écria-t-il. Je vous estime trop pour
cela. »

Il m'ouvrit aussitôt ses bras ; je m'y précipitai. Kléber me retint et
me fit asseoir sur son cheval : nous nous embrassâmes. Tous les
militaires applaudirent en criant bravo ! Ils aimaient Kléber. Depuis
cette époque, nous avons toujours été amis. Arrêté après thermidor,

1. *Mémoires*, t. II, ch. 14, p. 246.

j'écrivis à mon fils, aide de camp du général Jourdan, que j'allais mourir sur l'échafaud. Je lui rappelai que la meilleure manière de venger ma mort était de continuer à défendre la République. Mon fils reçut cette lettre à table avec plusieurs généraux. Il se leva aussitôt. Après le diner, *Kléber* lui demanda la Lettre qu'il venait de recevoir ; après l'avoir lue, il lui dit en le serrant dans ses bras : « *Si votre père succombe sous les traits de ses ennemis, je vous servirai de père.* »

L'importance des faits nous autorise à excuser la citation elle-même et la faiblesse de sa rédaction.

Les péripéties du siège de Charleroi, commencé sur ordre itératif de Carnot, différé par Levasseur jusqu'à l'arrivée en ligne de l'Armée de la Moselle, inauguré par lui sur les aveux d'un déserteur ennemi, le bombardement dans lequel il tira le premier coup de canon contre les fortifications des coalisés, précèdent le choix de Jourdan comme généralissime. Trop de chefs nuisaient à la direction des opérations, et les adversaires des conventionnels en mission n'ont pas constaté, en ceci, leurs justes observations dans toutes les armées. Levasseur et Guyton-Morveaux décidèrent l'unité du commandement : pourquoi leur en enlever le mérite ? En outre, ils eurent la force d'âme nécessaire pour tenir tête à Saint-Just, opposé à leur confidence à titre de principe républicain.

Le Comité, selon le triumvir, ne voulait point mettre une grande armée sous la direction d'un seul parce que c'était donner à un militaire un pouvoir très dangereux pour la liberté. Il faut entendre par Comité le Dictateur que les opérations militaires et le salut de la France aux frontières préoccupaient moins que son propre pouvoir à l'intérieur. Saint-Just ne paraît avoir eu d'autre mission aux armées que de répandre sa doctrine dans les états-majors et les quartiers-généraux. Carnot approuva le choix de la modestie.

La modestie de Guyton-Morveaux est ici vengée. Sa simplicité empêchait, d'après le témoignage de son collègue, que les généraux lui rendissent l'hommage auquel son caractère et ses services lui donnaient droit. Ce dernier, employant une plaisanterie préméditée, le mit en évidence par une arrestation simulée. Nous avons, dit-il aux témoins, l'un des premiers savants de France parmi nous. Je veux empêcher qu'il ne soit frappé d'un boulet de canon, et c'est pour cela que je le fais emmener. Guyton était venu à l'armée pour essayer l'effet d'un aérostat, fruit de recherches persistantes depuis qu'il avait abdi-

qué ses fonctions d'avocat-général près le Parlement de Bourgogne.
Dès 1782, il avait appliqué son *plan de nomenclature méthodique pour
la chimie* aux travaux de Stahl d'abord et plus tard à ceux de Lavoisier,
de Fourcroy et de Berthollet. Il avait eu d'abord l'idée de les appliquer
à l'extraction des eaux des mines, puis avait songé à les utiliser pour
la guerre. Ce fut sur son *Rapport* que le gouvernement créa un corps
d'aérostiers militaires dont on s'est inquiété depuis. Deux années après
cet essai, la confiance de la Convention l'appelait à la tête de l'École
Polytechnique qu'il avait contribué à fonder.

Jourdan, écrit Levasseur, remporta à Fleurus la victoire célèbre qui
a couvert d'une gloire immortelle et l'armée et son général.

On a vu la conduite atroce de Saint-Just contre le vainqueur, on a le
droit de rappeler celle du représentant dont nous parlons. Elle l'honore
et le grandit devant l'histoire. Au persécuteur nous opposerons le persécuté, et quel protectorat que celui des généraux illustres dont nous
avons signalé les actions d'éclat! Il importe d'y ajouter le nom de
Marceau, général de division à cette époque à l'Armée des Ardennes.

La présence de Saint-Just dans ces contrées réveilla des souvenirs
antérieurs de deux années et relatifs à la chute de la royauté. Le Comité
de Sûreté générale envoya l'ordre, le 4 floréal, d'arrêter les membres
du conseil général de la commune de Sedan pour les traduire sans
délai au Tribunal révolutionnaire. L'arrestation des Commissaires de
l'Assemblée nationale et la fuite par eux protégée du général La Fayette
qui commandait l'Armée du Centre étaient les deux caractères de la
rébellion perpétrée le 14 août 92. La décision du Comité enjoignait
aux représentants de « s'entourer des lumières des patriotes » et de
saisir tous papiers, toutes pièces de conviction en apposant les scellés
chez les prévenus. Il faut lire les Mémoires pour avoir une idée du
désespoir des intéressés qui s'écriaient : *Il y a une amnistie en notre
faveur.* Le général Wirrion fut envoyé par Levasseur pour défendre
les prévenus près du comité ; ces mesures rigoureuses, iniques, le
commissaire s'en défend. Il n'exécute pas l'arrêté dans sa teneur
entière et cite ses témoins. Le département des Ardennes, en butte aux
discordes des modérés et des exaltés, avait vu des arrestations réciproques dans les deux partis ; les députés envoyés en mission avaient
tour à tour penché pour les uns ou pour les autres, de là tout le mal.

Un retour sur cette affaire avait eu peut-être pour but, de la part des
triumvirs et notamment de Saint-Just, de perdre Levasseur. La com-
motion pouvait entraîner une révolte où il aurait joué sa tête ; dans

tous les cas, son nom était voué à l'exécration des modérés et ce but fut atteint. Mais ce que n'avaient pas prévu ses adversaires s'est produit. L'exécuteur des volontés du Comité a déclaré, ce qui est vrai, que les représentants en mission aux armées n'avaient jamais le droit de rendre la liberté à un citoyen arrêté *que d'après une décision des Comités de Salut public et de Sûreté générale*. Fatigué après ces travaux, Levasseur prit quelques jours de repos et reçut une hospitalité honorable ; les personnes délivrées vinrent le remercier, mais apprirent avec stupéfaction après le 9 thermidor, l'arrestation du fermier et leur propre incarcération. Les thermidoriens avaient accordé créance à Louis, Elie Lacoste et Amar, sectaires de la Montagne, ardents à se protéger en vendant à nouveau la justice. Ce qu'on n'a pas vu, c'est notre constatation contre l'inspiration initiale des triumvirs en cette résurrection des colères jacobines et nous la signalons à nouveau.

Le Comité de Salut Public jugea utile, après Fleurus, d'envoyer Levasseur en mission en Vendée. Les malheurs de cette guerre ont été l'objet de trop de recherches ou d'études spéciales dans notre ouvrage pour que nous trouvions profit à analyser les mémoires sur cette question. Mais nous devons en retenir un fait : *la proposition d'amnistie* après la défaite des Vendéens au Mans (1794).

Il le fit en ces termes :

« J'espère que cette malheureuse guerre dans laquelle on a répandu tant de sang de part et d'autre est finie ; mais *n'oubliez pas*, citoyens, *que les vaincus sont des Français* égarés par les prêtres et les nobles. Rendez à l'agriculture et aux arts des bras qui leur manquent ; je demande une *amnistie* en faveur du reste de l'armée Vendéenne. »

Les triumvirs et leur parti n'admirent pas plus cette *amnistie* qu'ils n'avaient admis la *pacification* de Merlin, de Thionville.

La suite des mémoires est une apologie de la Révolution et de la part qu'y prit Levasseur dans les rangs des montagnards. Nous n'avons pas à le suivre sur ce terrain. Sa peinture de l'état des partis, ses portraits de Robespierre et de Danton, de Desmoulins et de Saint-Just, son enthousiasme pour ceux qu'il appelait après un aussi grand éloignement des événements *les purs républicains*, son affirmation que les chefs du parti terroriste entendaient arrêter la Révolution et la régulariser, son insistance à leur attribuer des vues d'indulgence et d'ordre légal, tout cela ne montre-t-il pas, chez le vieux conventionnel, un doctrinaire survivant aux événements ? Son maintien dans ses

anciennes opinions, erronées ou non, ne prouve-t-il pas sa sincérité
personnelle, honorable comme dignité intime et vraie quant à ses
récits ?

Les obstacles à la fondation de la République furent à ses yeux la
cause du régime de la Terreur, décidé à tout plutôt que de subir, disaient
ses inspirateurs, la chute de ce gouvernement. Les résistances qu'elle
avait éprouvées avaient imposé les mesures énergiques. Convaincu que
la trahison était partout, nous n'osions pas arrêter la sombre énergie
du Comité de Salut Public, s'écrie Levasseur. Puis, il convient que ce
gouffre où sont venus s'engloutir tour à tour tous les partis a préparé
par l'effroi le régime du *despotisme militaire*. Peut-on invoquer contre
la Terreur un jugement plus sévère, plus exact et surtout plus impartial ?

Désormais, la carrière de Levasseur était terminée. Désigné pour se
rendre à l'armée des Pyrénées-Orientales, il devait refuser sa nouvelle
mission. Mais qu'était-il advenu du Représentant après thermidor ?
Il rentra à Paris et y fut loué pour sa conduite aux armées par Rewbell,
Barras et Merlin de Douai.

Fidèle au dictateur jusqu'au tombeau, tel devait être l'homme étonnant dont nous analysons les œuvres (1). Fidèle, il le resta dans la
réaction thermidorienne qui révisa les actes des personnages considérables de la période révolutionnaire. L'accablement des montagnards
et ses luttes contre la révision des actes commis par les proconsuls de
l'intérieur durant le triumvirat, dénotent un homme de parti, presque
un sectaire.

La société des jacobins et l'accusation de Lecointre, la réponse des
membres des comités, les actes diplomatiques de 93, les discussions
sur les émigrés, la publication des papiers trouvés chez Robespierre,
son appréciation sur les clubs quant à leurs avantages et à leurs
dangers, le procès des membres des anciens comités, les émeutes de
germinal et de prairial, son arrestation, sa captivité, vendémiaire, enfin
son retour dans le pays natal, on retrouve tout cela dans les *Mémoires*.

Nous renvoyons aux pièces justificatives la dénonciation que porta
contre lui la Commune de Sedan.

1. Levasseur est très énergique contre la Loi du 22 Prairial. Il accuse les Comités de s'être emparés de tous les pouvoirs et par cette loi criminelle de s'être
arrogé le *droit d'accuser* directement, ce qui était en même temps le *droit de condamner* par la nouvelle composition du jury du tribunal.

A la Convention, nul ne la défendit, excepté les membres du gouvernement.

L'activité incomparable de la Convention, prise depuis le début de ses travaux jusqu'à l'établissement du Directoire, a trouvé dans Levasseur un admirateur sans bornes. Son activité fut telle que sa législation suffirait pour illustrer les travaux de cinquante années. Or, ils ne furent pour cette assemblée que le résultat de quelques mois, parce qu'elle avait une hardiesse, une conception et une rapidité d'exécution qu'on ne reverra plus et qu'on ne surpassera pas. Ces vues sont exactes et dignes malgré les fautes de l'homme honnête, considérable, qui personnifie le mieux avec Merlin, de Thionville, le rôle que jouèrent près les armées les Représentants en mission.

CHAPITRE XLVII

MISSIONS DU MONTAGNARD CHOUDIEU

Choudieu d'Angers, officier de l'armée royale. — Il proteste au nom du comité militaire contre l'envoi de représentants en mission près l'armée. — Sur l'avancement des officiers de fortune et Philippe-Égalité. — Verdun. — Choudieu émet le rapport sur la *levée en masse* de 1793. — Mission à l'armée des côtes de la Rochelle et Rossignol. — Affaire Philippeaux et violences inouïes de son adversaire. — Mission à l'armée du Nord. — Choudieu promulgue l'arrêté réglementant l'occupation de la Belgique. — Dumont et Richoux lui imputent la mort de Philippeaux.

Parmi les montagnards ardents qui avaient pris du service avant 1789, il faut signaler Choudieu. Élevé par les Pères de l'Oratoire, il avait adopté la profession militaire. Il avait figuré comme « gendarme en la maison du Roi » à titre de fils de fonctionnaire administratif. L'ancien régime s'écroulait de lui-même depuis Turgot et Malesherbes, ces vrais libéraux au pouvoir. Leur influence avait succédé à leur chute. Combien de bourgeois obtinrent, comme s'ils eussent été nobles, des grades dans toutes les armes ! Choudieu entra dans l'artillerie, il devait y rencontrer Aubry, Lacombes-Saint-Michel, Sénarmont ; dans le génie, Carnot, Le Tourneur, Prieur. De Metz, où il tint garnison au temps où il était capitaine, il retourna à Angers, sa ville natale. Son biographe a raconté sur preuves qu'il acheta une charge au présidial ; en apprenant la chute de la Bastille, il s'empara avec un corps de volontaires locaux du château du roi saint Louis, qui fut heureusement conservé. Accusateur public de son département, il fut envoyé à la Législative (1).

Au nom du Comité militaire, il y parla contre le ministre de la guerre, Duportail, qui ne prenait aucun soin des corps de volontaires, 29 octobre 91, quant à leur équipement et à leur itinéraire. On enten-

---

1. *Dictionnaire historique de Maine-et-Loire*, par M. Célestin Port, archiviste de ce département.

dait que le ministre obéît aux décrets de l'Assemblée, ce dont le parti de la cour se souciait fort peu. Le 31 janvier 92, il s'élevait au nom du même Comité contre la lettre du maréchal de Rochambeau priant l'Assemblée de permettre à trois de ses membres de joindre l'armée en son nom et de l'aider de ses conseils. Ainsi, celui qui devait exercer, dans le courant de 93, la délégation du pouvoir souverain avec une âpreté mémorable, se trouvait désigné par ses collègues pour protester contre cette création ! Il argumenta ainsi :

« La Constitution a prononcé d'une manière formelle que l'exercice des fonctions administratives et judiciaires était incompatible avec celle de représentant de la nation pendant toute la durée de la législature. Par une conséquence qui dérive essentiellement des principes, nous espérons que l'Assemblée nationale pensera avec nous que les fonctions militaires sont plus incompatibles encore avec celles de législateur... Un député n'appartient pas à l'Assemblée nationale ; il appartient au peuple qui l'a délégué.... Or l'exercice des fonctions législatives se trouverait véritablement suspendu dans le législateur qui prendrait le commandement des armées sans avoir, préalablement, donné sa démission. »

Choudieu déclarait que, dans un pays libre, tout élu du peuple remplissait une charge publique créée pour lui et dont aucune autorité ne pouvait suspendre l'exercice. Le comité, concluait-il, [estime que tout militaire exerçant un commandement cesserait d'être législateur. Mais alors une question importante resterait à examiner, savoir si la démission devrait être acceptée. Eh bien ! nos devoirs comme organes de nos commettants consistent à rester au poste d'honneur. Aussi refusera-t-on d'accéder au vœu d'un général qui a depuis longtemps des droits à la confiance nationale. A l'*unanimité*, la demande de Rochambeau fut repoussée (1).

Le 12 avril, la situation des officiers de fortune donna lieu à l'intervention du mandataire d'Angers contre le général Mathieu Dumas et Lacuée l'aîné. Il avançait contre eux que ces officiers étaient exclus dans la pratique de l'emploi de capitaines, quoiqu'ils pussent en obtenir les brevets, et soutenait la loi récemment votée à cet effet. Par un des articles, ces officiers purent compter pour leur avancement

1. Texte du décret du rejet : « L'Assemblée nationale, après avoir entendu le rapport de son comité militaire, décrète qu'il n'y a pas lieu de délibérer tant sur la lettre du maréchal de Rochambeau en date du 26 de ce mois que sur la demande en congé faite par l'un de ses membres pour aller servir dans l'armée du Nord ».

aux postes de lieutenants-colonels à dater du jour où ils recevaient le brevet de capitaine. La guerre a prouvé la justice de cette décision.

Le 16 décembre, les mandataires du pays votèrent l'expulsion de tous les Bourbons, dans trois jours pour ceux qui résidaient dans le département de Paris et dans huit pour le territoire de la République.

Choudieu monta à la tribune pour discuter le cas d'*Orléans-Egalité*, son collègue. Les tribunes payées par les triumvirs lui lancèrent des apostrophes scandaleuses et l'appelèrent même scélérat. Son langage avait été cependant celui de la politique lorsqu'il avait dit : « Nous voulons une sûreté pour les Représentants du peuple ; et si vous en avez une fois exclu un, il n'y a plus rien qui nous réponde que vous n'en n'exclurez pas d'autres. » Robespierre avait ses vues, et les girondins entendaient porter l'ostracisme contre le Duc dans un but que Levasseur a exposé.

Pour Louis XVI, dont l'ancien officier avait demandé la déchéance au nom de ses électeurs, le 23 juillet 92, il vota la mort sans sursis pour complicité avec l'étranger.

Il n'admit pas le rapport révolutionnaire de Cavaignac sur la reddition de Verdun et qui mettait en accusation les corps administratifs de cette ville. Leur inéligibilité future devait suffire. Il obtint gain de cause. Pour les femmes de cette malheureuse ville, Cavaignac les désigna à la guillotine par ses insinuations ainsi qu'une foule de prêtres, sans se douter d'un résultat qu'il ne cherchait pas.

La *levée en masse* que le Conseil exécutif, le comité de la guerre et celui de sûreté générale croyaient nécessaire à raison de la situation de la Belgique, de la Moselle et du Rhin, eut Choudieu pour [rapporteur.

Furent appelées, les gardes nationales de 18 à 40 ans, au nombre de 300,000 hommes. Dans les vingt-quatre heures de la réception du décret, les directoires de district devaient opérer la répartition des hommes à fournir ; le tout, sans préjudice des volontaires.

Un *comité d'insurrection* signalé en séance publique le 5 mars par Lanjuinais, est reconnu aujourd'hui un fait exact ; l'organisation définitive du régime terroriste, la voilà. Les événements l'ont attestée avec sa série de crimes. On tenta d'y incorporer les volontaires présents dans la capitale et présents en grand nombre, appelés secrètement à l'insu du ministre de la guerre dont ils ne relevaient pas, instruments inconscients sous le prétexte qu'ils étaient seulement à la solde de leur département. Buzot entendait qu'on les conservât contre la municipalité actuelle qui personnifiait l'anarchie. A quoi Thuriot répliquait en accusant les Anglais, les émissaires des émigrés et les aristocrates étrangers. Ce dernier avait raison en partie, Robespierre arrivait deux mois plus tard à la dictature.

Le cas de Rossignol est important comme note sur la Vendée et les apostrophes réciproques que se sont adressées les partis. Révoqué par Goupilleau de Montaigu et Bourdon, appuyé par les autres commissaires, ce général improvisé fut l'objet d'un long débat. Il obligea à discuter le décret qui interdisait aux Conventionnels d'être envoyés en mission dans leurs départements, lorsqu'ils y avaient leurs propriétés et leur famille. On rappela Bourdon de l'Oise et les deux Goupilleau. Rossignol se vit réintégré et s'intitula sans crainte victime du patriotisme persécuté. Quant à Biron et aux autres officiers, dont ce vainqueur de la Bastille envoya les têtes à l'échafaud par ordre des triumvirs, ils obtinrent dans sa diatribe les injures que son cœur lui dictait.

Le 6 février 94, Choudieu présenta son *Rapport sur la Vendée*, ou mieux son réquisitoire montagnard contre le girondin Philippeaux. Nous ne le suivrons pas dans son exposé des causes d'un déchirement qui durait depuis plus de trois années ; nous signalerons les passages où il dénonçait les principaux Girondins, où il plaignait le brave sans-culotte Rossignol que persécutèrent ceux qui ont soif de noblesse. Ils rejetèrent sur lui et sur Ronsin tous nos malheurs, eux qui avaient réorganisé les troupes, s'écrie-t-il avec emphase. Ce préambule établi, on en venait à Philippeaux.

Le rapporteur attaquait à la fois Canclaux et Dubayet, Tuncq et Biron, protestait contre le titre de cour de Saumur donné à sa résidence à lui sur le théâtre de la guerre, formulait contre Biron l'accusation formelle de trahison et discutait après cet acte odieux, pour aboutir à proclamer dans les émissaires du dictateur en Vendée de nouveaux Turenne ! A la même heure, Jourdan était mis à la retraite en ces termes : *Il est pauvre*, les politiciens l'emportaient. Philippeaux est un fou ou un imposteur, ajoutait en terminant Choudieu. La Convention le décrétera d'accusation parce qu'il est contre-révolutionnaire, on sait ce qui advint !

Cette mission à l'armée des côtes de La Rochelle, née des décrets d'avril et juillet 93, prit fin après la victoire des triumvirs qu'on vient de lire. Choudieu en reçut une nouvelle près l'Armée du Nord le 5 février 94. Son rôle consistait à accompagner Pichegru, devenu général en chef, dans la conquête de la Flandre maritime ; on voulait ruiner la puissance du cabinet de Londres sur cette partie de l'échiquier, ce qui annonçait, après la prise attendue d'Ostende, une expédition contre la Hollande, satellite inintelligent de l'Angleterre par la seule volonté de son Stathouder.

Les dépêches de mai constataient les défaites successives de Clerfayt et des Autrichiens. Aussi, le montagnard s'écriait-il le 18 : « La lettre de change tirée par les armées d'Italie et des Pyrénées sur celle du Nord, commence à s'acquitter. La victoire est ici à l'ordre du jour. » A Paris, ses amis politiques étonnaient l'opinion par leurs crimes. Malesherbes périssait avec sa fille ; le marquis de Chateaubriand, les duchesses de Grammont et de Rochechouart mouraient d'une même sentence. Les couronnes en profitaient pour soulever l'opinion. L'Empereur inondait l'Europe centrale de ses proclamations et le conventionnel dont nous parlons le constatait ainsi : « Il appelle contre nous le secours des peuples. » Il espérait que ceux-ci n'écouteraient pas ces vues intéressées et que l'unité d'action de la République, jointe à sa rapidité, abattrait nos ennemis. A mi-juin, ce fut fait.

Le 24, notre représentant annonçait à la Belgique les conditions de son existence.

Tous ses habitants étaient sous la protection spéciale de la France à la charge de ne pas favoriser les armes des puissances coalisées, sous peine d'être jugés par les tribunaux révolutionnaires. Les déportés nationaux avaient 24 heures pour purger le sol. La sûreté des personnes et des propriétés relevait des commandants militaires, auxquels appartenait la police des places. Les habitants étaient désarmés ; ils auraient à recevoir les assignats dans les transactions commerciales et le maximum arrêté pour Lille quant aux marchandises. Les impôts existants étaient maintenus au profit des républicains. Enfin, au nom de la discipline, les chefs de corps et les généraux étaient tenus de faire traduire au tribunal militaire ceux qui favoriseraient les complots de l'étranger.

Le 17 février 95, André Dumont demandait à la tribune la publication des lettres « qui avaient fait périr Philippeaux (1). » Le rapport de Courtois sur les papiers de Robespierre à inventorier amena un scandale historique sur ce point. Pour se défendre, l'inculpé recourut à un pamphlet intitulé : « Au peuple souverain, Choudieu, l'un de ses repré-

---

1. Un membre, Richoux, lança au coupable cette apostrophe : « L'ombre de Philippeaux est à côté de toi..... prends garde ! »

sentants. » Dumont était donc dénoncé par son adversaire auquel il demandait compte de la vie du girondin ; mal en prit au dénonciateur. Dumont obtint de la Convention que toutes les lettres des représentants à Robespierre avec les pièces qui les accompagnaient fussent imprimées. L'Assemblée entière adopta cette proposition à l'unanimité. Elle ne reçut pas de suite, c'est vrai, mais la discussion où elle était née incrimine par ses détails le parti montagnard et.cela nous suffit.

Fauteur de troubles dans la journée de germinal, Choudieu osa s'écrier en montrant le fauteuil du président : *Le royalisme est là*. Il fut décrété à la journée de prairial et profita de l'amnistie de l'an IV, parce qu'à côté de lui on avait sévi contre des hommes tels que Cambon et Thuriot. Sa vie politique fut désormais finie (1).

1. Chef de division au ministère de la guerre sous Bernadotte, suspect en fructidor, réfugié en Hollande, proscrit pour régicide en 1816, rentra de Hollande après 1830 et fut pensionné. Avec ses notes sur la Révolution et la Vendée, de 1789 à la trahison de Dumouriez, on a publié ses mémoires.

LIVRE DIXIÈME

———

POLITIQUE MILITAIRE DU DICTATEUR

CHAPITRE XLVIII

ROBESPIERRE DICTATEUR

Origines du régime terroriste d'après Bertrand de Molleville.— I. Portrait de Robespierre. — Son individualité. — II. Sa carrière politique. — Dès le 22 septembre, les Girondins le dénoncent comme *dictateur*. — Ses doctrines sanguinaires. — Théories confirmatives de ses discours. — De la fortune du dictateur. — Composition de la Convention. — Les exécutions capitales à Paris. — Chute de Robespierre.

Le *système de la Terreur* fut conçu dès 1789 par Duport, député de la noblesse de Paris à la Constituante ; on en a la révélation par Mirabeau au roi et à son ministre des affaires étrangères. Ce dernier, le comte de Montmorin, la confia à son collègue Bertrand de Molleville duquel on tient le récit. Ces desseins auraient été l'œuvre d'une loge de francsmaçons nommée *Amis réunis ;* quant aux comités où ils étaient élaborés, ils se tenaient successivement chez le duc de Larochefoucauld ou chez le duc d'Aumont ; le rapporteur était Adrien Duport.

Il y lut un Mémoire dans lequel il dépeignit le caractère et discuta les intérêts de tous les souverains de l'Europe de manière à en conclure qu'aucun d'eux n'accepterait la Révolution. Il était donc nécessaire de régler sa marche et son but par un *plan* sagement combiné : il proposa celui qui, depuis longtemps, était l'objet de ses méditations. Les principales bases étaient celles qui furent adoptées dans la Constitution de 1791. Puis, il ajouta : Ce n'est que par les *moyens de terreur* qu'on parvient à se mettre à la tête d'une révolution et à la gouverner. Il faut donc se résigner au sacrifice de quelques personnes marquantes (1)…. Le duc de Larochefoucauld finit, comme les autres membres du Comité, par adopter le *plan* et les moyens d'*exécution* de Duport. Des *instruc-*

---

1. « Le massacre de Messieurs de Launay, de Flesselles, Foulon et Berthier et leurs têtes promenées au bout d'une pique furent les premiers effets de cette conspiration philanthropique. » *Hist. de la Révol. franç.* de Bertrand de Molleville.

lions conformes furent données aux agents du *Comité des insurrections* qui était déjà organisé ; l'exécution suivit de près (1).

A ceux qui douteraient de la véracité de ce récit soit pour lui-même, soit parce qu'il est rapporté par Molleville, nous opposerons les constatations de Louis Blanc peu suspect en son *Histoire de la Révolution française* sur ces conjonctures. Il attribue, en effet, à Duport les premiers massacres de Paris et les paniques répandues dans les provinces (2). Revenons aux contemporains.

Nouvelles preuves et nouveaux témoignages ressortent du célèbre *Journal des Voyages en France* rédigé par Arthur Young, où on lit à la date du 18 janvier 1790 ce qui suit. A dîner chez le duc de Liancourt, un député de Nantes, Blin, se vanta d'avoir donné un président au club des Jacobins, lui et ses amis. Young y fut conduit par lui le soir même.

« On débat dans ce club, ajoute-t-il, toute question qui doit être portée à l'Assemblée nationale, on y lit les projets de loi, qui sont rejetés ou approuvés après correction ; quand ils ont obtenu l'assentiment général, tout le parti s'engage à les soutenir. On y arrête les plans de conduite, on y élit les personnes qui devront faire partie des comités, on y nomme des présidents pour l'Assemblée. »

Cette organisation qui s'étendit à toute la France en 1793, nul ne la conteste plus aujourd'hui.

Mirabeau fit part à Chamfort des idées d'organisation nouvelle que son parti avait en vue dans l'année 1789. Marmontel en reçut la confidence, la consigna dans ses *Mémoires* avec vigueur ; il appelle la nation : Un grand troupeau qui ne songe qu'à paître. De son vieux régime, de ses mœurs, de ses préjugés *il faut faire place nette*. Hostile à la bourgeoisie, ce parti se proposa de lui opposer la *classe* qui n'a *rien à perdre* au changement et qui croit avoir *tout à gagner*.

Pour l'ameuter, selon lui, on a les plus puissants mobiles : la disette, la faim, l'argent, les bruits d'alarme et d'épouvante dont on frappera les esprits. La Bourgeoisie ! tous ces orateurs de la tribune ne sont rien auprès des Démosthène *à un écu par tête* qui, dans les cabarets, les places publiques, les jardins et sur les quais, annoncent des incendies, des villages inondés de sang, des complots d'affamer Paris. *Ainsi le veut le mouvement social...* L'avantage du peuple révolutionné est de n'avoir aucune morale.

---

1. *Histoire de la Révolution française*, t. IV, p. 181.
2. *Histoire de la Révolution française*, t. II, p. 318.

Les auteurs de ces propositions, que Robespierre et ses proconsuls poussèrent jusqu'à leurs extrêmes limites, entendaient faire vouloir à leur pays et lui faire dire ce qu'il n'avait ni voulu, ni exprimé jamais. Les fautes de la monarchie et le conflit des intérêts privés fournirent le moyen d'appliquer leurs théories.

Comment un homme d'une intelligence *étroite*, d'une portée d'esprit *courte*, d'une éloquence *déclamatoire*, d'une rhétorique *froide*, d'une opiniâtreté *dure*, d'une violence *confuse*, d'un coup d'œil parlementaire *indéniable*, d'une vie privée encore *ignorée*, d'un patriotisme *verbeux*, d'une valeur juridique *nulle*, et d'un mysticisme *vague*, comment un tel homme a-t-il pu absorber une année durant une nation, faire trembler une assemblée et fouler aux pieds de sa petite personne tout un peuple de vingt-cinq millions d'individus ? Et cela au moment où des hommes de génie dans la politique et dans la guerre illustraient la France, faisaient trembler l'Europe et soulevaient l'admiration des deux mondes ?

Qu'était donc cet homme *qui ne conçut rien* comme institutions politiques et judiciaires, financières, administratives ou militaires ? Que pensèrent de lui ses contemporains, admirateurs ou adversaires ? Car il eut des enthousiastes et des irréconciliables, jusqu'au jour où un soldat décidé lui fracassa la tête, vengeance tardive de la conscience publique indignée de ses crimes, et plus encore de ses lâchetés fourbes.

Quelle supériorité eut-il sur son temps, sur ses émules ou ses rivaux, sur ses ennemis ou sur ses amis ? Quel fanatisme ou quelle haine l'inspira ? Prédicateur des passions de la populace aux Jacobins, perfide flatteur, théoricien perspicace, féroce proscripteur (1), tel il se montra de la tribune des clubs à celle de la Convention, car il n'eut d'autre arme apparente que la parole (2) et son déisme officiel (3).

1. Robespierre avait donné sur ce point toute sa mesure en 1791, lorsqu'il adjura l'Assemblée d'effacer de la Constitution le *droit de grâce*. En finances, il poussa la vengeance nationale à faire de l'*émigration*, question si complexe, une question d'écus. Au retour, on était repoussé par les spoliateurs des biens, même les simples campagnards.

2. L'ouvrage de M. Ch. d'Héricault sur *la Révolution de thermidor*, couronné par l'Académie française, est définitif sur cette partie de la Révolution.

3. Le 29 floréal an II, il avait obtenu un *arrêté* qui imposait la lecture obligatoire

Mirabeau, qui s'y connaissait, l'accusait de répéter mal ce que disaient
avant lui ses contradicteurs, et le pressait en vain de donner ses
conclusions. Daunou a écrit sur lui qu'il combattait tout, ne proposait
rien, se montrant impuissant dans son. esprit et nul dans ses conceptions
législatives. Il n'a jamais proposé une seule loi (1). Marat, son interprète, son vulgarisateur, car ces deux intelligences se complétaient, lui
reprochait de n'être pas un homme d'Etat, alors qu'il accusait le parti
girondin de composer la faction des hommes d'Etat. Malouet voyait
dans ses discours *le galimatias accoutumé de Robespierre* (2). Meillan,
qui l'a peint avec exactitude, constate qu'il gémissait sans cesse des
malheurs de la patrie, qu'il criait à la calomnie et qu'il ne cessait de
calomnier (3). Ce dernier trait est admirable de vérité. Ce sont ces
plaintes éternelles qui devaient porter son caractère faux et son tempé-.
rament bilieux à être féroce avec inflexibilité, surtout avec prémédita-
tion. Merlin de Thionville l'accusait de manquer d'instruction ; l'administration, le gouvernement, les négociations, la guerre, lui sont restés
inconnus.

Aussi peut-on avancer sur lui que l'orgueil et l'envie, la haine et la
cruauté, composent l'ensemble de son caractère.

Méditatif et maître de lui, persévérant, habile, il sut combiner ses
aspirations et frapper avec discernement... L'armée fut pour son ambition un objet de crainte continue et non dissimulée. Il maudissait la
guerre parce qu'elle promettait à ses rêves un maître peut-être, un rival
en prétentions gouvernementales sûrement. Il ne comprenait pas que
son pouvoir occulte non seulement ne se serait jamais exercé avec une
paix honorable, mais ne serait jamais né (4). Le pouvoir illimité de la

de son *rapport sur l'Être suprême* pendant un mois dans toutes les communes de
la République. Où ? dans les édifices publics. A Paris ? à Notre-Dame ; partout,
chaque dix jours.

1. Une seule : les fêtes décadaires, 7 mai 94. Il avait débuté en publiant le *défenseur de la Constitution*. Plus tard, ce journal avait été continué sous ce titre :
Lettres de Maximilien Robespierre à ses commettants et paraissait par livraisons de
48 pages in-8°. Il était imprimé rue Saint-Honoré, 355 (en face de l'église de
l'Assomption), au domicile de Duplay. Cette imprimerie est restée inconnue.

2. Le 28 janvier 93, Buzot l'attaquait en ces termes : « Quand Robespierre est
ici, il ose sermonner l'assemblée ; il parle pendant deux heures sans être interrompu.»

3. Le 19 mars 91, il avait dit à l'assemblée : « On ne peut exercer de rigueur
contre personne pour des discours ; on ne peut infliger aucune peine pour des
écrits. Rien n'est si vague que les mots de discours, écrits excitant à la révolte. »

4. Le 13 janvier 92, il l'accepta en ces termes :
« Moi aussi, je demande la guerre ; que dis-je! je la demande, plus terrible et

Convention n'était possible pour une Assemblée souveraine qu'à la
faveur d'une fermentation militaire, d'une guerre générale et d'une
guerre d'invasion. Les Girondins l'avaient compris. C'est parce qu'ils
la sentaient qu'ils avaient poussé à la lutte avec l'Autriche et la Prusse,
heureuses celles-ci d'un conflit qu'elles désiraient pour y gagner
des provinces par la force des armes en invoquant le droit des
monarchies.

Avec une noblesse intelligente en province et qui eût accepté ce que
lui offraient les grands noms, avec des princes probes et prudents ;
avec un ensemble comme celui de la Constituante et une Constitution
autre que l'œuvre de 91 ; avec une diplomatie honnête, une armée
fidèle et point d'émigration ; avec une acceptation franche de l'égalité,
les tyrans du triumvirat et la série des catastrophes intérieures qu'entraîna leur domination ne se fussent jamais produits.

Mais des inqualifiables fautes commises par la couronne, par le parti
des princes, par les familiers de la cour, par le corps des officiers sur
mer comme sur terre, que pouvait-il sortir ? L'inconnu. On eut alors
chez le peuple le plus intelligent les passions sauvages du régime
terroriste érigées en *système*, le jour où un orateur devenu populaire
entraîna les masses et par elles la majorité dans l'Assemblée des législateurs.

Robespierre les inspira par ses séides d'un bout de la France à
l'autre. Par la fraternité des clubs de province *correspondant régulièrement avec les jacobins de Paris*, il conseilla les sociétés populaires dont
un député prévoyant demanda la suppression au début de 93. A Paris,
il les disciplina par les *sections armées*, menace constante pour l'indépendance de la Convention.

Aux armées il eut ses émissaires, les uns avoués, les autres secrets,
avec mission de signaler ceux qui disaient trop haut, comme Kléber et
Desaix, Marceau et Kellermann, Jourdan et Davout, Luckner, que
l'honneur était dans les camps. Jourdan ne fut que menacé, Hoche put
échapper miraculeusement avec Aubert-Dubayet et d'Hédouville. Mais
Biron, mais Custine, mais Beauharnais, mais de Broglie et Kersaint
expièrent sur l'échafaud l'indépendance de leur caractère, de leur langage. Combien d'autres, obscurs mais dignes, parmi les chefs militaires, périrent ignorés sans laisser des vengeurs, disgraciés même dans

plus irréconciliable que vous ; je ne la demande ni comme un acte de sagesse, ni
comme un acte de raison, ni comme un acte politique, mais comme la ressource
du désespoir. »

la victoire! Et c'est la multiplicité de leur nombre qui appela les châti-
ments (1).

Saint-Just, promoteur d'hécatombes partout où il portait ses théories.
tranchantes, ridicules et féroces, absurdes mais audacieuses, nées d'un
mandat frelaté, Saint-Just fut l'auxiliaire le plus actif de sa puissance.
Ce pouvoir, on n'en a une idée exacte que si on relit la scène du 9 thermidor, moins un coup d'éclat que le fruit d'une décision préméditée de
la part des membres courageux du Comité de Salut public et de Sûreté
générale. Couthon eut le privilège d'être le jurisconsulte autorisé de
cette trilogie où domina le goût du sang. Elle se termina pour les
triumvirs par cette simple apostrophe : *A bas le tyran !* Sa précision
les perdit.

II

Né à Arras en 1759, d'une famille de bourgeoisie qui avait la particule,
rapportée peut-être d'Irlande sa première patrie, Maximilien de
Robespierre avait été le protégé de l'évêque d'Arras, Monseigneur de
Conzié, qui se signala dès 1789 en devenant l'agent politique du comte
d'Artois, en Italie. Boursier de l'abbaye de Saint-Vaast au collège
Louis-le-Grand, il y avait obtenu de vrais succès, avait loué les
Gracques et l'antique République romaine. Du palais, il avait assisté à
l'apothéose de Voltaire et aurait plus tard entretenu Jean-Jacques à
Ermenonville, l'auteur détesté du *Contrat social* venu de la terre
étrangère ! De ces dispositions qui n'exercèrent aucune influence sur
sa vie politique, ou de ces réalités, il faut retenir une chose sûre : une
ambition sans limite dès sa première jeunesse, une recherche absolue
de la popularité, du bruit, de l'influence, à Paris comme à Arras et
réciproquement (2).

1. L'opinion, même au théâtre, ne ménageait pas les triumvirs et spécialement
Robespierre. On lui appliquait dans la *Mort de César* les vers suivants de Voltaire :

> La secte dont il est n'admet rien qui la touche ;
> Cette secte intraitable et qui fait vanité
> D'endurcir les esprits contre l'humanité,
> Qui dompte et foule aux pieds la nature irritée,
> Parle seule à Brutus et seule est écoutée.

2. La publication des *Mémoires authentiques de Maximilien Robespierre,* qui eut
lieu en 1830, est une publication apocryphe, mais les pièces justificatives en sont
curieuses à titre de document.

Au collège, il avait connu dans l'intimité Camille Desmoulins et Fréron ; à Arras, Carnot. Des éloges académiques couronnés en province, des procès heureux lui avaient fait obtenir l'honneur de rédiger les cahiers du Tiers-État, à la suite de son « Mémoire à la nation Artésienne sur la nécessité de réformer les États d'Artois. » Elu député aux Etats-Généraux, il s'était rendu à Paris décidé à tout détruire et on l'a accusé récemment d'avoir excité les femmes, le 5 octobre 89, à l'affaire de Versailles (1). Grêle, chétif, affublé de lunettes vertes, marqué de la petite vérole au visage, exsangue, bilieux, d'un accent qui avait provoqué son humiliation par les rires de l'assemblée, il eût passé inaperçu à la première Constituante sans la *fuite du roi*. Son discours sur cet événement posa les prémices de son avenir (2).

Sans rechercher si la fuite de Louis XVI, avait-il dit, est le crime de quelques individus, s'il s'est enfui volontairement et de lui-même ou si un citoyen audacieux l'a enlevé, si l'on enlève les rois comme des femmes, je parlerai du roi de France comme du roi de la Chine, je discuterai uniquement l'*inviolabilité dans sa doctrine* (3).

Robespierre est là tout entier, comme but, comme procédés oratoires, comme moyens d'exécution. Le principe du 21 janvier 93 était lancé, on sait s'il réussit.

Mais cette verve avocassière, cette verbosité de province ne produisirent aucun effet sur l'Assemblée nationale composée de l'élite de la France. Merlin de Thionville a constaté qu'il lui était très difficile d'obtenir accès à la tribune et de s'y faire écouter. De là son adulation aux tribunes. Robespierre avait trop de finesse pour ne pas comprendre son insuccès certain dans un pareil milieu ; aussi changea-t-il de théâtre lorsque les clubs s'ouvrirent. Il n'en prononça pas moins cent soixante-six allocutions ou discours à la tribune de la Constituante, tous sans effet et sur des matières dissemblables. Il avait parlé de préférence sur le clergé, sur l'impôt et le droit constitutionnel, un

1. Etude sur le *Marquis de Favras*, par M. de Valon, *Revue des Deux-Mondes* du 15 juin 1851.

2. Rejetant sur le roi une responsabilité unique afin de pouvoir le frapper durement : « Je demande, dit-il, que l'Assemblée ne se souille point en provoquant la perte des complices prétendus. » Puis, se contredisant, il proposait que tous les coupables qui n'étaient pas le roi fussent dénoncés.

3. Il y aurait à écrire une étude curieuse sur ses idées, ses arguments et ses déclamations, ses sophismes, relatifs au clergé, mais ne concernant que lui. L'œuvre dans son ensemble a trouvé en M. de Pressensé un historien éloquent.

peu sur Avignon et les affaires diplomatiques, une fois sur les sociétés populaires et violemment sur tout ce qui touchait à la royauté ou à ses clients. Il n'avait pas oublié l'armée dans ses investigations ; on s'en assurera plus loin.

Cromwell avait reçu les Stuarts sous son toit par ses aïeux, Robespierre les avait suivis par les siens en exil ! Singulière constatation de l'histoire, ce fut de deux familles ultra royalistes et ultra religieuses que sortirent avec les tempêtes populaires, en Angleterre et en France, les deux hommes qui furent *la hache de la Royauté* (1).

Adversaire de Condorcet et de Brissot, Robespierre formula un jour cette accusation : Vous répandez un journal intitulé *Le Républicain*. Le seul mot de République sème la division parmi les patriotes ; et on affirma aussitôt *qu'il existe en France un parti qui conspire contre la monarchie et la constitution.* Ce seul nom nous a travestis en factieux et la République recule peut-être d'un demi-siècle. Eh bien, dès le dix août, on entendit au moment où le roi était annoncé à l'assemblée comme venant à sa séance : « A bas le *Veto !* A bas l'Autrichienne ! » La cause de tous les malheurs de la Révolution, la voilà.

Le 21 juin, Marat demanda la Dictature pour son ami :

« Un seul moyen vous reste pour vous retirer du précipice où vos indignes chefs vous ont entraînés, c'est de nommer à l'instant un *tribun militaire*, un *dictateur suprême*, pour faire main basse sur les principaux traîtres connus. Vous êtes perdus sans ressource si vous prêtez l'oreille à vos chefs actuels qui ne cessent de vous cajoler et de vous endormir jusqu'à l'arrivée des ennemis devant nos murs. *Que dans la journée le tribun soit nommé ;* faites tomber votre choix sur le citoyen qui vous a montré jusqu'à ce jour le plus de lumière, de zèle et de fidélité. Jurez-lui un dévouement inviolable et obéissez-lui *religieusement* dans tout ce qu'il vous ordonnera pour vous défaire de vos mortels ennemis. »

Marat parlait trop tôt et trop bien. Son manifeste ne souleva ni plus ni moins de dégoût que ses turpitudes incessantes, et les événements reprirent leur cours (2).

---

1. Il avait proposé, les contemporains le déclarent, de guillotiner le roi « par acclamation. » Il le prétendait jugé par la journée du 10 août. — V. la *Correspond. secr. sur Louis XVI*, t. II, p. 635.
Sur l'inviolabilité de la Convention et sur la Dictature, v. aux pièces justific.

2. Marat était dévoué au dictateur, parce que ce dernier avait proposé les grandes journées du 14 juillet 92, du 31 mai 93.

Nous savons son opposition à la déclaration de la guerre ; à peine était-elle déclarée, que la lutte entre Brissot et Robespierre au club des Jacobins inaugura celle de la Convention ; elle devait durer une année. Aux jacobins demandant un *Tribun*, on opposa que leurs adversaires voulaient un *Protecteur*. Et Brissot répliquait : Cromwell avait du caractère, La Fayette n'en a pas. Il suppliait de ne pas prostituer la dénonciation qui est « *l'arme du peuple.* » C'est par ces artifices oratoires que les meilleurs esprits gâtent les meilleures causes. Mais il était plus exact lorsqu'il signalait dans les tribuns les vrais ennemis du peuple, ceux qui flattent pour enchaîner. Ils n'assiégeaient pas toujours la tribune, Aristide et Phocion ; ils étaient à leur poste, aux camps ou aux tribunaux, et ne flattèrent jamais les démagogues (1).

Robespierre bondissant sous cette attaque directe monta à la tribune pour y gémir sur les malheurs de Jean-Jacques, sur sa vertu calomniée, sur le club des jacobins sauvés par son courage. Où étiez-vous pendant que je le défendais contre la Constituante ? s'écriait-il. Moi, le corrupteur du Peuple, son tribun ? Je ne suis rien de tout cela. « Je suis peuple... et c'est pour cela que le peuple m'aime.» L'exil ! De quel front osez-vous me le proposer? Et où me retirer ? Quel peuple ou quel tyran me recevra ? Quand la Patrie est massacrée, on ne la fuit pas, on la sauve ou bien on meurt pour elle ! Le ciel plaça ma vie au milieu des factions et des crimes ! Il m'appelle peut-être à tracer de mon sang la route du bonheur et de la liberté des hommes... Du sang que versaient les armées, il ne parla jamais. Celui-là ne rapportait rien à son ambition criminelle.

Cette apostrophe, Robespierre devait la rééditer jusqu'au 9 thermidor, en la variant dans la forme ; ses discours sur la politique générale furent calqués sur cette défense irritée. On y trouve en grand la terreur et les doctrines du gouvernement qui s'intitulera révolutionnaire. On y lit en effet ces mots :

Faites mouvoir horizontalement le glaive des lois pour pouvoir frapper toutes les têtes des grands conspirateurs (2).

1. Les *Mémoires* apocryphes donnent un pamphlet où son amour de la tribune était ridiculisé avec un esprit digne de Rivarol.

2. Par son ordre, on vit Fouquier-Tinville mettre sur une même feuille de condamnation un curé et un épicier, un notaire et un officier de gendarmerie, une cuisinière et un armateur, une modiste et un professeur de rhétorique, un huissier et un lieutenant des Gardes-Françaises, un jardinier et un commissaire des guerres, toute une collection de fonctionnaires, liste du 30 avril 94. Le même mois,

Ces conspirateurs, il ne les définissait pas plus dans leurs doctrines qu'il ne les désignait dans leurs personnes, moyen infaillible de ne commettre aucune erreur apparente, moyen tyrannique au fond (1). C'est par là qu'il passa de la jalousie à l'envie, de l'envie à la haine, enfin à la persécution, soit contre ses rivaux à lui, soit contre tous ceux qui acquirent de la renommée. L'eût-on acquise noblement, à l'insu de la personnalité propre il ne l'admettait pas; seule la sienne devait suffire. Il oubliait les leçons de l'histoire, elles eussent entravé sa tyrannie.

Merlin de Thionville lui a reproché l'art des insinuations perfides, les attaques par·derrière, et de n'avoir de netteté dans l'esprit que pour l'envie et la haine.

On a écrit de lui que s'il n'avait été soutenu par l'obstination de l'idée et par l'intrépidité d'une volonté qui se sentait la force de tout dominer — parce qu'elle le dominait lui-même — il aurait fui la lutte. Ce portrait d'un écrivain célèbre est une apologie malheureuse ou une fantaisie (2).

Nuls ne le connurent mieux que ses contemporains. Aussi l'un d'entre eux a-t-il mis sur ses lèvres une prédication ironique et spirituelle, où sa phraséologie est dévoilée (3).

Dès le 15 août 92, Robespierre avait voulu créer son Tribunal criminel extraordinaire. Il avait donc la volonté du Gouvernement Révolutionnaire une année avant son fonctionnement. Il s'était abrité derrière la Commune pour formuler sa criminelle proposition concertée avec Marat. L'assemblée l'accueillit avec indignation. On veut une Inquisition, s'écria-t-on. Et cependant, on vota un tribunal extraordinaire en dernier ressort, avec les formes légales. Ces formes étaient de trois

Danton avait été guillotiné comme conspirateur ! Et c'est ce prince de tous les crimes qu'un publiciste a tenté de réhabiliter, oubliant son œuvre et les imprécations de la Convention contre le tyran ! du sang et des confiscations.

1. Vadier son interprète s'écriera un jour : « Nous avons besoin d'argent, ce sont des confiscations indispensables. » (*Mém.* de Sénart, p. 138.) Peu importe qu'on vole, ajoutait Hébert. Et lui-même donnera ce commentaire : Les dangers extérieurs viennent des bourgeois... traiter en ennemis les hommes vicieux et les riches. Saint-Just complétait en faisant mettre la Vertu *à l'ordre du jour de la République.* Aussi, le ministre des États-Unis, Governor Morris, appellera les triumvirs et leur parti *la lie de l'humanité.*

2. Appréciation de Lamartine, dans son *Histoire des Girondins*, t. III, liv. 30.

3. « Sermon prononcé au club des jacobins le premier dimanche de carême de » la présente année, par Dom Prosper-Iscariote-Honesta Robespierre de Bonne-Foi, » ci-devant avocat en la ci-devant province d'Artois », ou l'art d'inventer des » conspirations pour avoir l'honneur de les déjouer aux dépens des honnêtes gens.»

sortes : un jury d'accusation pour l'instruction des procès ; un jury de
jugement pour le fait ; des juges comme aujourd'hui pour l'application
de la peine. Une année plus tard, plus de garanties, mais ce que les
Triumvirs appelèrent avec emphase *la justice du peuple*.

Pas d'indulgence, s'écriera Collot-d'Herbois en 94. On parle beaucoup des détenus : s'ils sont patriotes, on les mettra en liberté, mais
on ne peut se montrer à la fois révolutionnaire et accommodant. Ça,
c'est la manière aristocrate. Les détenus auront à prouver qu'ils
sont patriotes depuis le 1er mai 1789. Lorsqu'on connaîtra bien les
patriotes et leurs ennemis, les propriétés des premiers seront sacrées
et inviolables ; celles des seconds seront *confisquées au profit de la République*. Les coupables vivront en prison jusqu'à la paix ; à cette époque,
ils seront *bannis à perpétuité*. La réponse de la Convention au modérantisme, la voilà. Non, la Montagne ne baissera pas d'une ligne dans
la vertu et l'inflexibilité des principes. On a proposé des *pardons*, les
patriotes ne sont pas assez faibles pour signer cette honteuse amnistie. Les traîtres, il faut les chasser et les punir.

C'est ainsi que Collot commentait St-Just et ses ignominieux décrets.

Appelé par l'exultation des événements à une célébrité réelle, le 10
août fit de Robespierre un juge. Il refusa les présents de la Commune
par une lettre publique, le 27. La voici en son entier.

« Certaines personnes ont voulu jeter des nuages sur le refus que
j'ai fait de la place de président du tribunal destiné à juger les conspirateurs. Je dois compte au public de mes motifs.

1° J'ai combattu, depuis l'origine de la Révolution, la plus grande
partie de ces criminels de lèse-nation. J'ai dénoncé la plupart d'entre
eux ; j'ai prédit tous leurs attentats, lorsqu'on croyait encore à leur
civisme ; je ne pouvais être le juge de ceux dont j'ai été l'adversaire ;
et j'ai dû me souvenir que s'ils étaient les ennemis de la patrie, ils
s'étaient aussi déclarés les miens. Cette maxime, bonne dans toutes les
circonstances, est surtout applicable à celle-ci ; la justice du peuple doit
porter un caractère digne de lui ; il faut qu'elle soit imposante autant
que prompte et terrible.

2° L'exercice de ces nouvelles fonctions était incompatible avec celle
de représentant de la commune qui m'avait été confiée : il fallait opter ;
je suis resté au poste où j'étais, convaincu que c'était là où je devais
actuellement servir la patrie (I). »

1. Elle parut complète dans le *Moniteur* du 23, elle était adressée : Au rédacteur.

Ce choix attestait son influence occulte, il n'en voulait pas davantage, le rôle de Fouquier-Tinville ne pouvait le tenter, le conseiller lui suffisait. Les électeurs de la Convention le firent rentrer dans la vie parlementaire.

Les Girondins l'attaquèrent personnellement dès l'ouverture des séances. Lasource le premier (1) protesta contre ces hommes qui, le jour même où se commettaient les massacres, décernèrent des mandats contre les députés. *Je crains le despotisme de Paris* et par les intrigants l'humiliation de la Convention réduite (2). La puissance nationale foudroiera ces hommes avides de domination et de sang. Rebecqu lui succédant à la tribune ajouta : *Robespierre, voilà l'homme que je vous dénonce* (3). La défense du prévenu fut tortueuse, déclamatoire. Les Girondins l'accablèrent en lui demandant s'il préférait la dictature ou le triumvirat, car les deux mots furent également prononcés. Il balbutia une explication diffuse et le soir montra son cœur aux jacobins déchirés.

La *Dictature* ? il la voulut et la rechercha toujours ; lui-même l'a avoué dans sa protestation du 24 septembre 92 à son insu, car il faut poursuivre cet examen sous toutes ses faces, dans l'intérêt de la Révolution et de l'histoire :

« En montant à cette tribune pour répondre à l'accusation portée contre moi, ce n'est point ma propre cause que je vais défendre, mais *la cause publique*. Quand je me justifierai, vous ne croirez point que je m'occupe de moi-même, mais de la patrie..... :

» C'est quelque chose peut-être que d'avoir donné pendant trois ans une preuve irrécusable de mon patriotisme, d'avoir renoncé aux suggestions de la vanité, de l'ambition. C'est moi dont le nom fut lié avec les noms de tous ceux qui défendirent avec courage les droits du peuple ; c'est moi qui bravai non seulement la rage du parti aristocratique qui s'agitait dans ce côté, mais encore la perfidie des hypocrites qui dominaient dans celui-là ; c'est moi qui, en bravant les clameurs liberticides des uns, arrachai encore le masque dont se couvrait les Lameth et tous les intrigants qui leur ressemblaient. Mais c'est là aussi que commencèrent mes crimes ; car un homme qui lutta si longtemps contre tous les partis avec un courage âcre et inflexible, sans se ménager aucun parti, celui-là devait être en

1. Ministre protestant, de Languedoc, avança de Bouillé que son existence était une objection contre la justice éternelle. Au tribunal révolutionnaire, il lança cette protestation prophétique : « Je meurs dans le moment où le peuple a perdu sa raison ; vous mourrez le jour où il la recouvrera. »

2. Buzot ajoutait cette apostrophe significative : « Il faut qu'une force armée envoyée par les quatre-vingt-trois départements environne la Convention. »

3. Originaire de Marseille s'était signalé mal dans les troubles d'Avignon ; régicide, désespéré de l'avenir des girondins, démissionna et se noya en apprenant leur exécution.

butte à la haine et aux persécutions de tous les ambitieux, de tous les intrigants : lorsqu'on veut commencer un système d'oppression, on doit commencer par écarter cet homme-là (1). »

Le *Mémoire de Roland* qui engagea à fond l'hostilité du parti girondin contre la Montagne naissante, amena Robespierre à la tribune le 29 octobre. Il voulut répondre dans la séance où s'était produite l'attaque. On accusait comme factieux des hommes qui ont bien mérité de la patrie ; et quoique je n'aie pas cet honneur, on me fait cependant celui de m'y comprendre. Il me semble que la première règle de la justice est que la défense soit écoutée avec indulgence.

Louvet lui répliqua avec un admirable talent ; ce discours fut la première cause de sa proscription. Il apporta les preuves des projets d'anarchie et de subversion de la représentation nationale formés par Robespierre. Ce dernier eut encore à se défendre le 5 novembre, poursuivi sans relâche par ceux qui voulaient une Convention libre.

Robespierre se répandit en exclamations sur les malheurs des temps et affirma que son innocence ressortait de deux faits : le premier, il avait demandé la convocation d'une Convention qui arrêtât les maux de la Patrie ; enfin, la puissance résidait dans les mains de ses adversaires. Les refus de situation politique provenaient de son entrée à la Convention et c'est là ce qui blesse, ajoutait-il, l'amour-propre de mes ennemis. Puis, se comparant à Caton, assailli de pierres à la tribune du Forum, il termina sa philippique par une menace d'un mépris suprême : Je ne poursuivrai pas mes ennemis. Or c'est lorsqu'il les abandonnait ouvertement qu'il les perdait sûrement ; on sait ce qui advint de ce défaut de poursuite quelques mois plus tard.

Jusqu'en mai 93, ces scènes et ces scandales furent continus. Avec le 2 juin et la collaboration de ses amis, Couthon, Saint-Just, Barère, il eut sa dictature. Son triumvirat put désormais accomplir ce que nous avons exposé selon les hommes et les circonstances (2).

Suétone et Tacite ont seuls dépeint une époque aussi sanguinaire,

---

1. Ce discours est un des plus considérables qu'il ait prononcés. Le *Moniteur* le reproduisit en son entier, à cette date. Sa portée générale pouvait seule nous intéresser.

2. Robespierre a été accusé avec preuves par l'auteur d'un ouvrage sur Danton, M. Robinet, d'avoir falsifié les actes officiels du *Bulletin du Tribunal révolutionnaire* dans le *Procès des Dantonistes* en ne respectant pas les réponses des prévenus.

Le 25 mars 1793, Louvet cita à la Convention la Conspiration Watteville devenue la Conspiration Wanville par le grattage de ses agents !

aussi terrible que le fut la Terreur, et leurs jugements sont aussi justes
pour les triumvirs qu'ils le furent pour les Césars. Jamais ils ne se
trouvèrent en présence d'un parti aussi formidable. C'est par la complicité des uns, l'avilissement ou la faiblesse des autres, par le vice de
l'organisation du pouvoir exécutif, c'est-à-dire la prépondérance du
Comité et celui de la section dite de la Sûreté générale, que Robespierre
échafauda sa direction parlementaire. Mirabeau disparu, Dumouriez
passé à l'ennemi, *la Révolution se divisa et chercha un chef.* L'ascen-
dant des Jacobins qui correspondaient de tous les points du territoire
avec ceux de Paris, l'habileté de Maximilien à y obtenir auprès d'esprits
grossiers et incultes des succès oratoires, l'influence de ceux-ci par
leur nombre sur la Convention, les émeutes organisées par lui, de
concert avec la Commune, la seule force armée existant à Paris en
sa main par Santerre, puis par Henriot, la correspondance avec les
Représentants émanant de lui comme direction, ses collaborateurs le
secondant, tels furent les éléments de sa *dictature.*

La perte des Girondins la lui donna *illimitée*, l'assassinat de Danton
la lui assura.

Danton était devenu, ce qu'on a le tort d'oublier, *un chef d'opposition.*
Entouré de Philippeaux et de Camille Desmoulins, il accablait les futurs
triumvirs de ses censures et d'amères railleries. En face de la tribune,
depuis qu'il était sorti du Comité où il avait refusé de siéger à nouveau,
il était devenu méprisant et menaçant. Par sa renommée, il le tenait
en balance. Dépopularisé pour avoir recherché l'argent et les plaisirs,
il n'en était pas moins redoutable par son génie politique égal à celui
de Mirabeau et par son audace. Il était le seul rival, car Saint-Just,
Collot, Barère, Billaud et Couthon, n'étaient que des personnalités
secondaires. Danton mort, Robespierre restait *seul*, sans rival. Il fut
immolé. Les événements des quatre mois qui suivirent sa perte jusqu'au 9 thermidor l'attestent (1).

Nul historien n'a porté sur cette période un jugement supérieur à
celui de Thiers; il doit être médité.

Si on considère la France à cette époque, on verra que jamais plus
de contraintes ne furent exercées à la fois. On n'osait plus émettre
aucune opinion; on craignait de voir ses amis ou ses parents, de peur
d'être compromis, et de perdre la liberté, la vie (2). Cent mille arresta-

1. Voir le procès des Dantonistes dans Thiers, t. IV, chap. 11, p. 275.
2. Qui régnera sur moi ? s'écriait Fauchet le 26 janvier 93 dans le *Journal des*

tions et quelques centaines de condamnations rendaient la prison et l'échafaud toujours présents (1). On supportait des impôts considérables. Si on était, d'après une classification arbitraire, rangé dans la classe des riches, on perdait une portion de son revenu. Sur une réquisition d'un agent quelconque, il fallait donner sa récolte ou son mobilier (2). On n'osait plus afficher aucun luxe. On ne pouvait plus se servir de la monnaie ; il fallait accepter un papier déprécié ; si on était marchand, vendre à un prix fictif ; acheteur, se contenter de la plus mauvaise marchandise, quelquefois il fallait s'en passer tout à fait, la bonne et la mauvaise se cachaient également. On n'avait plus qu'une seule espèce de pain noir. Les noms des poids et mesures, des mois et des jours étaient changés ; on n'avait plus que trois dimanches ; enfin, les femmes, les vieillards, se voyaient privés du Culte, auquel ils avaient assisté toute leur vie.

Jamais le pouvoir ne bouleversa plus violemment les habitudes d'un peuple (3).

Saint-Just avait fait voter la vertu *à l'ordre du jour de la République*. Après cette palinodie, il avait voulu une république de Spartiates modelée sur ses vues détraquées. Robespierre l'avait laissé divaguer et augmenté la puissance de son terrorisme par ses agents dans les départements et aux armées. En fin de compte, il avait voulu dans le *système agraire* le partage direct de toutes les terres et une distribution annuelle ; donc, le nivellement des fortunes.

Robespierre lui-même avait-il de la fortune ?

amis. Est-ce la vipère d'Arras, le rejeton de Damien, cet homme que son venin dessèche, dont la langue est un poignard et dont le souffle est du poison ? Est-ce lui qui sortira du trou qui le recélait durant les vrais combats de la liberté pour étendre sur ma tête républicaine le despotisme de la crainte et la dictature de l'anarchie ? »

1. L'échafaud vit des *furies* accompagner les condamnés politiques au milieu des outrages ; elles étaient payées 2 fr. par jour comme les *tricoteuses* à l'Assemblée. Combien tentèrent plus tard de se décrasser dans la soie, les diamants et les parfums produits du vol, d'un mariage avec un fournisseur aux armées, avec un délateur, avec des biens d'émigrés et de guillotinés, dans toutes les classes, pourvu qu'ils fussent fortunés. Les maris voudront des titres, jusqu'au fils de Carrier qui deviendra *marquis !* Le dieu de l'Agio compléta la société jacobine, la presse de l'époque en raconte les cynismes.

2. Sur les œuvres d'art, le dictateur resta muet. Le chef-d'œuvre de Tuby, la Porte Saint-Bernard, retraçant les victoires maritimes de Louis XIV par un *arc de triomphe* en marbre, il n'y comprit rien. Et il se donnait pour ennemi des Anglais !

3. En son histoire, t. V, ch. 15, p. 206.

Non. Mais il est indubitable que Cambon était dans son droit en
l'accusant le 8 thermidor d'en avoir acquis une secrètement par les
opérations de son frère lors de la Mission de Toulon. Les apurations
des comptes en 94 sont aussi précises, fin décembre. Billaud-Varennes
déclarait dans la même séance qu'il avait demandé l'arrestation d'un
secrétaire du Comité qui avait *volé* la nation ; seul, Robespierre le
protégea. Il y avait donc un intérêt grave. Et cet homme nous accuse.
A quoi Tallien ajoutait que la justice nationale devait le frapper avec les
nouveaux Verrès dont il s'était entouré, tous perdus de vices !

Autre divulgation l'année suivante.

Le 29 août, le journal le *Républicain français* annonçait que le Comité
du Salut public avait trouvé dans un cabinet secret de Dalbarade,
ministre de la marine de fait, « une liasse de plusieurs pièces provenant
du cabinet de Robespierre et de ses complices. » Or, sa comptabilité
était peu en règle. Dalbarade était cependant suspect dans ses liaisons
comme dans ses principes. Mais ce qui alarmait la Convention, c'est
que ce fonctionnaire n'avait pas justifié l'emploi de 30 millions. Une
commission vérificative de ses comptes déclara qu'il s'était bien
expliqué. Il n'en fut pas moins déchu de tout emploi public en 1799,
par acte formel. Les passions contre les triumvirs étaient bien éteintes
ependant à cette époque.

Le dictateur gouverna facilement la Convention parce que sur 753
membres qu'elle comprenait, 53 avaient été exécutés, 20 proscrits, 73
emprisonnés. 100 accomplissaient des missions à l'Intérieur ou bien
aux Armées, 180 végétaient dans les commissions ; les autres siégeaient en se laissant conduire et vivre !

Que pensait le public des exécutions capitales à Paris même, par
conséquent là où il était le plus téméraire de parler ? Un rapport d'ob-
ervateur nous l'apprend. La scène se passe place de la Révolution,
dans un groupe d'hommes et de femmes ; les condamnés n'étaient que
deux. Voici les propos formels entendus par l'espion : *Mon Dieu !
quand serons-nous las de verser du sang !* Ou bien : *Si l'on guillotinait
pour penser, combien de gens à faire périr !* Puis un auditeur prudent
de s'écrier : Ne parlons pas si haut, on pourrait nous écouter... et nous
pincer. La conversation dans les lieux publics, les cafés aussi, roulait
sur les guillotinés. Les sectaires s'indignaient contre les paysans sup-
liciés et les traitaient de scélérats jusqu'après leur mort. Ils ne parlaient
jamais des causes futiles] ou mensongères de leur condamnation, ce
ui eût importé.

De la déposition de Ruamps il faut retenir cet enseignement que la *Terreur* n'avait pas duré depuis plus de six mois qu'un *parti* se formait pour la détruire.

Entré au Comité du Salut public, le 29 juillet 1793, Robespierre y régna une année moins deux jours, jusqu'au 27 juillet 1794. Du 10 octobre 1793 au 1er mai 1794, il gouverna sans conteste ; mais de tous les actes qui furent la source de sa chute, de toutes les paroles qu'il prononça, aucune de plus déterminante que l'arrestation de Danton le 1er avril 1794, aucune de plus décisive que cette lugubre apostrophe : *Pourquoi constituerait-on un privilège en faveur de qui que ce soit !.. En quoi Danton est-il supérieur à ses collègues ?* La perfidie et la haine ne pouvaient s'exprimer en termes plus évidents (1). Crapauds et Montagnards comprirent enfin qu'ils s'étaient donné un maître, la plaine et la montagne se promirent d'attendre l'heure du châtiment. Que si elle tardait trop, ils s'entendraient pour liquider le sort du triumvirat par l'intervention décidée de leurs chefs, à la tribune même, au grand jour. La lutte suprême on en connaît aujourd'hui les origines, les fluctuations, les péripéties, la fin (2). Boissy d'Anglas l'accepta au nom de la droite.

Cambon décida l'attaque, le 8 (3). Merlin de Thionville en conseilla la date, Tallien ralliant les volontés incertaines s'écria dès le début :

1 Malheureusement, à force de persécuter, on avait constitué une sorte de *système légal*. On entendit le Directoire déclarer dans un de ses messages qu'il avait une *liste d'émigrés* pour 220.000 individus.

Le temps était passé où on pouvait se sauver par les ports dans des chaloupes comme la comtesse de Noailles ou la comtesse de Sesmaisons, ou bien par les bois de Franche-Comté, des Ardennes, des Pyrénées. Une Montmorency, à cette date, se fit porteuse de seaux d'eau pour que sa mère pût avoir du pain...

2. Après avoir abattu les Girondins, les Hébertistes et les Dantonistes, Robespierre se préparait à écraser la Commune lorsqu'il fut renversé lui-même. Or, ce fut la Commune qui se leva pour le défendre au 9 thermidor, fait indéniable et qui doit être observé.

3. Robespierre a de ses yeux lu l'annonce de son exécution capitale sur les notes de la police spéciale attribuée à son cher Comité de Salut public. On y lit en date du 1er messidor, an II.

« Grosler a dit hautement que les Assemblées sectionnaires sont au-dessus de la Convention.

» Grosler a été prédicateur de l'athéisme.

» Il a dit à Testard et Guérin que Robespierre, malgré son f... décret sur l'Etre suprême, serait *guillotiné*. »

Le mot guillotiné avait été tracé par le dénonciateur et le commis aux écritures l'avait reproduit sur le registre. Puis, craignant peut-être pour lui-même, il l'avait effacé. Robespierre fit arrêter tous ceux qui étaient désignés dans la dénonciation.

« *Il faut* en finir, » le temps n'est plus aux équivoques. Billaud de
Varennes, sur une confidence de Barère, qui lui précisait la tête de la
bataille, « n'attaque que Robespierre, » remplit le rôle qui lui était
assigné. Collot d'Herbois fut implacable dans sa présidence, et refusa
la parole à celui qui était hors la loi depuis la veille dans le concert de
ses adversaires. Tallien prenant sa place l'accabla de justes accusations
et fit voter la permanence des séances qui rendait à la Convention la
prédominance sur les Comités. Un inconnu de la Plaine, Louchet,
demanda sa mise *hors la loi*. Billaud fit décréter l'arrestation des chefs
militaires de la Commune, tous partisans de Robespierre. Seul,
Barère resta indécis. Par une interruption habile, Tallien ramena la
discussion à son vrai point, Thuriot la termina en couvrant la voix du
dictateur : « Tu n'as pas la parole, tu n'as pas la parole ». Après
quelques frémissements, la droite se levait tout d'un mouvement;
l'arrestation était décidée. A la popularité folle succéda le châtiment ;
les tribunes répondirent à un appel désespéré du vaincu par le
silence ; le Triumvirat avait vécu. Le tyran monta sur l'échafaud
vengeur de Louis XVI (1)...

Parmi les protestations dont la mort de Robespierre fut la source.
il faut en noter deux des plus instructives : *Capet et Robespierre* par
Merlin de Thionville ; *Testament de Sa Majesté Robespierre* trouvé à la
maison commune. Emprisonné quoique auteur de l'immortelle Marseillaise, Rouget de Lisle publia un *hymne dithyrambique sur la conjuration de Robespierre et la Révolution du 9 thermidor.* Le mot de
Révolution était bien trouvé. Ce n'était pas, en effet, un acte violent, un
acte inattendu, un acte personnel à la Convention seule, un acte utile à
Paris, un acte nécessaire au pays tout entier que la chute des triumvirs ; ce fut et ce devait être une véritable Révolution avec les conséquences les plus surprenantes que peut produire un changement
complet dans un Gouvernement. La France l'attendait avec angoisse,

---

1. Le Concert de la rue Feydeau, vaudeville anti-jacobin, donna un couplet en
96 qui fut immédiatement populaire ; le voici :

> Lorsque l'on voudra dans la France
> Peindre des monstres destructeurs,
> Il ne faut plus de l'éloquence
> Emprunter les vives couleurs.
> On peut analyser le crime ;
> Car tyran, voleur, assassin,
> Par un seul mot cela s'exprime,
> Et ce mot-là, c'est... Jacobin.

n'osant presque plus y croire, et les armées l'appelaient de leurs vœux. Si la Convention l'annonça au pays, Carnot l'annonça en termes dignes de Tacite. Ces modernes Catilinas avaient tenté d'arrêter la Victoire... Et c'était malheureusement exact. Une ode imprimée à l'époque s'intitulait : *La France sauvée !* L'épigraphe des crimes du triumvirat, la voilà (1).

Dès le 10 thermidor, les troupes révolutionnaires des faubourgs Saint-Antoine et Saint-Marceau ne gouvernèrent plus Paris, unies à l'armée révolutionnaire dont elles formaient le corps d'élite. D'elles, du club des Jacobins on peut dire avec Tallien ce qu'on pouvait objecter aux triumvirs, à Carrier, à Fouquier-Tinville : *Il est inutile de l'accuser, toute la France l'accuse* (2) !

1. Le bourreau dut montrer au peuple la tête du tyran, puis celle qu'il demandait, la tête de Carrier, place de Grève le 16 décembre 94 et celle de Fouquier-Tinville en 95 sur la place de la Révolution. Pour Carrier, souvenir atroce, une clarinette jouant le *Ça ira* rappela les fureurs de Nantes et la guillotine suivant les armées en Vendée.

2. Robespierre eut les mêmes honneurs que Louis XVI, Enterré de par la suppression du cimetière de la Madeleine à celui des Errancis, son corps et ceux de ses principaux complices furent recouverts de chaux vive. L'acte officiel qui le constate ajoute : *Sur les restes des tyrans pour empêcher de les diviniser un jour.* Ils étaient vingt-deux.

(Registre 13 du corps municipal, p. 7561.)

CHAPITRE XLIX

ROBESPIERRE ET L'ARMÉE

I. Discours sur l'armée à l'Assemblée nationale. — Il est accusé de pousser les garnisons à la révolte par une correspondance secrète. — Ses appréciations sur les premiers revers de 1792. — II. Il entre au Comité de Salut public le 29 juillet 93. — Le boucher Legendre et Granet, de Marseille. — Jourdan et Duquesnoy. — Soult en ses Mémoires, Alsace. — Le dictateur et les défaites de 93. — Apologie de Fabre de l'Hérault. — Initiative de Robespierre au Comité d'après les Archives nationales. — Aveux de Fouquier-Tinville. — Carnot et Duquesnoy, Lequinio et Billaud les accentuent par leur récit.

I

L'homme politique connu, ses mobiles dévoilés, il est permis de rechercher quelle fut son action aux armées ; puis, nous rechercherons s'il l'exerça directement ou par des séides et quels furent les actes de ces agents, les uns avoués, les autres reconnus.

Fouquier-Tinville a prononcé sur Robespierre, son maître et son inspirateur, un jugement inattendu mais exact le jour où il le donna comme ayant constitué à lui seul *la force impulsive de la Terreur.* Nulle part, cet aveu n'est plus vrai qu'aux armées.

Ce n'est pas au 29 juillet 93 qu'il faut voir son action première. Il importe de suivre sa carrière pas à pas en remontant à son entrée dans la vie politique, afin de connaître l'organisation de ses trames. C'est à la Constituante qu'il fit ses premières propositions militaires ; modestes en apparence, isolées des grandes discussions sur la refonte des lois, elles y gagnèrent en relief, moyen de popularité.

Le 28 avril 90, le Comité de jurisprudence criminelle présenta à l'Assemblée nationale un projet de décret sur les *Conseils de guerre.* Ses dispositions, modification de l'ancien état de choses, consistaient à rendre la procédure publique et à donner un conseil à l'accusé.

Il est difficile de se déterminer après une seule lecture ; cependant on devrait toucher à la composition des conseils de guerre. Vainement vous auriez donné un conseil à l'accusé, si les soldats ne tenaient de vous le droit d'être jugés par leurs pairs. Je ne prétends rien dire de désobligeant à l'armée. Il est impossible de décréter, dans les circonstances actuelles, que les soldats n'auront pas d'autres juges que les officiers... Ne craindrez-vous pas que, sous prétexte de discipline, on ne punisse le patriotisme et l'attachement à la Révolution? Mes observations sont conformes aux principes. — Je demande que le conseil de guerre soit composé d'un nombre égal d'officiers et de soldats.

La question, peu éclairée par Robespierre, fut renvoyée aux Comités militaire et de constitution.

Les auteurs de la conspiration dont on nous menace, ajoutait-il le 28 juillet, ce sont les ministres. Et par une contradiction préméditée, il combattait, dans la même séance, la motion tendant à déclarer *Condé* traître à la patrie. Son but est facile à saisir aujourd'hui. Il fallait l'anarchie sans limites pour arriver au pouvoir qu'il convoitait par le renversement du trône. Or, quel ferment plus puissant que celui de l'hostilité des princes qui composaient la famille du souverain régnant? Ce sont ces desseins secrets qui devaient dicter l'envoi en Vendée d'agents tarés et de généraux patriotes incapables, tous ses familiers, et sur lesquels Lequinio nous a édifiés en les déclarant tous des *coquins* de bas étage prompts au vol.

Mirabeau, objet de ses véhémentes interpellations, lui répondit un jour personnellement : « J'ai présenté une motion moins emphatique que les longues ou courtes observations dont M. Robespierre a bien voulu l'honorer. » Peut-être aussi y a-t-il autant de gloire réelle à l'avoir attaquée qu'à présenter sur les ministres des motions tant de fois répétées. Le prince de Condé était redoutable par son talent, surtout par sa renommée militaire en Europe. Mais le futur dictateur savait les mobiles de son opinion et il la servait.

L'*affaire de Nancy* le porta à défendre la garnison révoltée avec autant de persistance qu'il en avait mis à faire décréter un *service funèbre* en l'honneur des citoyens morts en défendant la Patrie. Cette dernière proposition indique bien l'intention de parler à l'imagination des masses, quoique l'acte en lui-même fût glorieux. Mais avec Robespierre il ne suffit pas de s'incliner devant les propositions honnêtes qu'il a dû émettre, il faut en chercher le mobile. Même préoccupa-

tion de bruit dans la demande qu'il présenta d'infliger aux officiers de marine des peines. identiques à celles des simples matelots,
le 19 août.

Un de ses collègues l'apostropha sur cette impossibilité hiérarchique
en ces termes : « On ne doit pas souffrir de factieux dans la tribune.
Je demande que ce *tribun du peuple* soit rappelé à l'ordre ! » Ainsi
jugé par des collègues prévoyants, Robespierre se vengeait aux Jacobins ; là, du moins, il ne trouvait que des admirateurs ou des com-
parses.

Si quelque municipalité refusait de proclamer la Loi martiale, objet
de ses colères, il entendait que l'impunité fût assurée à ses officiers
et à ses membres. Ainsi agit-il pour la *Municipalité de Douai*, en
mars 1791. Précédemment, il n'avait pas admis la suspension de
tout corps administratif qui fomenterait la résistance aux autorités
supérieures. Ces deux actes eussent arrêté la Terreur dans l'œuf,
comme cet autre la *Gendarmerie* aux mains des ministres. On com-
primait son patriotisme, s'écriait-il le 13 avril, le Comité militaire
entendait donner tout le pouvoir aux ministres ! qu'allait devenir la
France ?

Le 28 août, Alexandre Lameth n'admit plus sans protester les lamen-
tations sur tant de douleurs. Il signala comme source de l'insubordination des troupes, les opinions prononcées dans diverses sociétés et
particulièrement dans l'Assemblée par Pétion et Robespierre. C'étaient
eux qui avaient fait le plus grand mal, les dénégations de leurs partisans sont impuissantes à prouver le contraire. Un seul récit les réfute.
Lameth avait entendu applaudir un soldat qui se proposait de dénoncer
le Ministre de la guerre au tribunal du sixième arrondissement de
Paris sur ce fait : la manière dont étaient construites les palissades à
Givet. Et encore, un bataillon de Beauce, le second, menaçait d'incendier la ville où il tenait garnison. L'indiscipline désolant Rochambeau,
il annonçait ne plus répondre de la sûreté des frontières si cet état
continuait.

Il est possible, répondit Robespierre, que les soldats de Beauce qui
sont dans la citadelle d'Arras aient manqué au respect dû à leur chef ;
mais quel ordre leur donnait-on ? celui de quitter le ruban patriotique.
Les ennemis de la constitution ont aussitôt profité de ce mouvement;
mais ils ont été dénoncés par les soldats eux-mêmes aux tribunaux.
Je ne vois rien là-dedans qui nécessite les mesures extraordinaires proposées, c'est un moyen d'exciter la sédition et la révolte que d'agir

comme s'il devait y avoir une sédition. Il est dangereux de montrer aux troupes les gardes nationales comme prêtes à marcher contre elles. Vos lois pénales seront toujours incomplètes lorsque vous ne verrez que les soldats, et jamais les chefs.

Un de ses adversaires lui objecta ses intrigues secrètes dans les camps et les garnisons par cette apostrophe : *N'est-il pas vrai que vous entretenez une correspondance avec l'Armée?* Calomnie atroce, répliqua l'inculpé ; voilà les preuves qu'il fournira de son intégrité durant toute sa carrière. Des mots retentissants : *des preuves*, jamais. Le Comité auquel fut envoyée la motion qui demandait le retrait du décret autorisant les soldats à se rendre dans les séances des amis de la Constitution, ne put obtenir gain de cause. Robespierre voulait garder la haute main et son opposition à cette mesure atteste combien les affaires militaires le préoccupaient ; elle prouve surtout que l'imputation d'une Correspondance secrète était vraie.

La dictature de *Jourdan-Coupe-têtes* à Avignon avait trouvé en lui un protecteur, le 28 avril ; puis, fidèle à son système de contradiction, il avait paru s'apitoyer sur les victimes de la glacière en priant que l'on vînt au secours de tous. Voici son premier désir :

On veut que vous envoyiez des troupes pour faire la loi à ce pays, tandis que vous devriez reconnaître sa souveraineté. La première fois que cette question a été discutée, que disaient ceux qui s'opposaient à la réunion ? que vous ne pouviez vous emparer d'Avignon sans porter atteinte aux droits d'une puissance étrangère, sans violer l'engagement pris de ne plus faire de conquêtes. Et ce sont les mêmes personnes qui proposent d'envoyer des troupes ; pourquoi? parce que les Avignonnais ont su résister à nos ennemis. On veut réprimer ces citoyens qui, par leur courage, ont fait triompher la justice et la liberté.

La question du licenciement des officiers fut soulevée par lui, le 10 juin, en termes précis, quoique déclamatoires. Qui s'en souvient ?

Au milieu des ruines de toutes les aristocraties, quelle est cette puissance qui seule élève un front menaçant ? Vous conservez un corps de fonctionnaires armés, dont la constitution est fondée sur les maximes les plus extravagantes de l'aristocratie.

Les officiers ne vous montrent-ils pas, d'un côté, le monarque dont ils prétendent défendre la cause contre le peuple ; de l'autre, les armées étrangères, dont ils vous menacent, en même temps qu'ils s'efforcent de séduire la vôtre? Vous avez paru prendre des mesures pour prévenir

des attaques prochaines : n'est-il pas absurde de laisser votre armée
entre les mains des ennemis de notre constitution ?

Je rougirais de prouver que le licenciement des officiers est commandé par la nécessité la plus impérieuse. Quel motif peut vous dispenser de le prononcer ? Ne souffrez pas que l'intrigue triomphe en
calomniant les soldats, le peuple, l'humanité.

Plus habile dans la question qui a passionné toutes les convictions et
tous les partis devant la Révolution, le service de la garde nationale, il
faut retenir ses doctrines. Hostile au projet du Comité militaire, il entendait soustraire cette institution à l'*influence du Pouvoir exécutif*...
Et c'est par elle, l'année suivante, qu'il l'obtint pour lui-même. Ignorant des affaires diplomatiques, il niait la possibilité d'une invasion
subite aux frontières ; la campagne de 92 lui donna un démenti
absolu. Le 23 avril 91 il exposait ses vues sur le despotisme royal en
ces termes :

Le comité a méconnu l'objet unique de l'institution des gardes nationales. Il place la garde nationale dans les circonstances où elle doit
faire la guerre sous les ordres du roi ; mais n'est-elle pas faite aussi
pour défendre la liberté? Ce mot *liberté* n'a pas été proféré une seule
fois dans le projet ; livrer à la justice les séditieux, voilà les seules idées
qu'il émet. Il semble qu'elle ne sera instituée dans les campagnes que
pour soutenir la gendarmerie et les troupes. Pourrons-nous soutenir
l'idée de voir les habitants des campagnes présentés comme la partie
de la nation qui a le plus besoin d'être contenue? Cette distinction est
insultante. Il interdit jusqu'au port d'armes aux citoyens non actifs.
N'est-ce pas créer un corps armé pour asservir le reste de la nation?
On veut remettre le pouvoir politique et la force dans les mains d'une
seule classe, et cette force armée à la disposition du pouvoir exécutif.
Tous les citoyens ne sont-ils pas également enfants de la patrie ? Je
conclus à ce que l'Assemblée décrète que tout citoyen domicilié a droit
d'être inscrit sur le registre des gardes nationales.

Par un calcul odieux, il refusait de voter le 13 juillet la mise en accusation du général de Bouillé, mais s'inquiétait de la défense de Thionville où l'on envoyait cependant les troupes voulues par Rochambeau.
La garde constitutionnelle du roi le préoccupait moins que l'insurrection des régiments en août et la police des clubs en septembre. S'emparant du principe de droit public sur les réunions populaires, il en
tirait les conséquences nécessaires à ses desseins :

Je demande comment la Correspondance d'une réunion d'hommes

paisibles et sans armes peut être proscrite par les principes de la constitution. Si les assemblées d'hommes sans armes sont légitimes, comment osera-t-on soutenir qu'il soit défendu à ces sociétés de correspondre entre elles? N'est-il pas évident que c'est celui qui a attaqué
ces principes qui les viole ? Qu'y a-t-il d'inconstitutionnel dans une
affiliation ? L'affiliation n'est que la relation d'une société légitime avec
une autre société légitime, par laquelle elles conviennent de correspondre sur les objets de l'intérêt public.

L'année 1792 lui permit d'exprimer son opinion contraire à la
guerre.

Robespierre rédigea une adresse aux Fédérés au nom des Jacobins,
quelques jours avant le dix août ; elle annonçait les dernières extrémités. Or, il l'adressait aux quatre-vingt-trois départements.

Salut aux Français, aux Marseillais, à la patrie ! y était-il dit. *Vous
accourez au cri de la Nation qui vous appelle.* Nous sommes menacés
hors des frontières, trahis au dedans, on mène nos armées dans des
pièges de complicité avec les généraux. Ils respectent le territoire du
tyran autrichien, mais ils brûlent les villes de nos frères belges.
Avilie comme elle l'est, l'Assemblée nationale existe-t-elle encore ?
L'heure fatale va sonner. *Ne prêtons serment qu'à la Patrie entre les
mains du Roi immortel de la nature.*

Peu de parlementaires ont distillé la haine avec plus de fiel.

Le 29 octobre on demandait sa comparution à la barre. Louvet le
confondait avec Marat qu'il accusait ouvertement, et sa propre défense
était renvoyée au 5 novembre. Il y appela *diffamation* une conduite
que son triumvirat ne justifia que trop et trouva en faveur des massacreurs de septembre un récit militaire de nos premiers échecs curieux :
Loin de provoquer les événements du 2 septembre, *le conseil général
de la Commune a fait tout ce qui était en son pouvoir pour les empêcher.* Plus loin, il refusait de prendre des conclusions personnelles,
offrant sa vie et sa réputation au bonheur de la patrie commune. Dès
novembre 92, l'organisateur du système terroriste s'offrait en victime
pour bien affirmer qu'il était un chef de parti. En fait, il allait prendre
les vies de ses adversaires et souiller leur réputation s'ils lui en donnaient le moyen ! Son discours lui valut une ovation aux Jacobins ;
la démagogie ayant son chef, bientôt son idole, proclama son succès
un des plus beaux jours qu'eût vus éclore la liberté.

Maître à l'Hôtel-de-Ville, Robespierre entendait l'être avant peu de la
Convention. Par Marat, il avilit l'Assemblée et poussa à la révolte

contre elle, à la défiance contre le Conseil Exécutif, entre les individus à la dénonciation.. Séjeans des nouveaux Tibères, certains hommes, s'écriait Vergniaud, ne se montrent que dans les calamités publiques. *Ils sont avides de sang*, ils aristocratisent la vertu pour la frapper, ils démocratisent le crime pour assurer son impunité. Au camp est le salut. Citoyens, au camp.

Valmy et Jemmapes, les voyages de Dumouriez et la reprise des hostilités au nord signalèrent l'hiver de 92 et le début de l'année 93.

Le 8 mars, Robespierre se ralliait aux propositions de Lacroix, pour le recrutement de l'armée, en ces termes :

La nation osait à peine, au 10 août, porter ses regards soit sur les chefs militaires, soit sur les autorités civiles, elle ne savait où reposer sa confiance. Nous étions entourés de trahisons. Qu'a fait la liberté dans son explosion ? Elle s'est dégagée de toute entrave : nous ne sommes sortis de cet état que pour répandre l'épouvante dans l'Europe entière. Le plus célèbre des généraux du despotisme a fui devant un général à peine connu. Le moment où le territoire a été évacué a suivi de près la reddition de Verdun. Plusieurs départements étaient envahis par des armées nombreuses. Pourquoi n'avez-vous gardé qu'un instant l'espoir de les voir, avec leur prince et la monarchie prussienne, ensevelies dans les plaines de la Lorraine et de la Champagne ? Le peuple qui les a repoussées, existe ; le génie qui a précipité leur fuite, est impérissable, et nous garantit leur ruine.

Les premiers revers qui allaient décider en quelques jours la trahison de Dumouriez, il les appréciait le 10 mars avec un zèle apparent. Son discours comprend en effet deux parties ; la première est militaire, la seconde est politique. Or, il ne prononça la première que pour exposer ses *théories dictatoriales* en matière de gouvernement. La défaite allait lui permettre de les appliquer.

Je suis loin de me décourager de la marche rétrograde de notre armée. Il n'est pas pour des hommes de revers réels. Nous irons à l'ennemi; mais il faut que l'ardeur des défenseurs de la patrie soit secondée par le courage des représentants de la nation.

On croit avoir tout fait en ordonnant un recrutement dans toutes les parties de la république ; et moi, je pense qu'il faut encore un régulateur de tous les mouvements de la révolution. Je ne doute pas du courage de tous les soldats, mais comment veut-on que cette ardeur se soutienne si les soldats voient à leur tête des chefs coupables et impunis ?

On a oublié tel officier, dont la trahison n'a été justifiée par personne. Vous avez entendu vos commissaires dire que la plupart des officiers avaient abandonné leur poste, dénoncer celui qui a dit à Dumouriez : : « Je n'aime pas la République, mais je combattrai pour vous ». Stengel est convaincu de trahison et le décret d'accusation n'est pas encore porté.

Quels succès pouvons-nous attendre de pareils attentats ? Quant à Dumouriez, j'ai confiance en lui.

Sa conclusion est facile à tirer : Changeons ce qui existe pour obtenir un gouvernement actif. Oui, j'adjure au nom de la patrie en ce sens, mais il faut que l'exécution des lois soit confiée à une *Commission fidèle* et d'un patriotisme épuré, si sûre que le nom des traîtres et la trame des trahisons ne puissent plus être cachés. Il importe de nous défier, après ce qu'a fait La Fayette, de ce qui ne porte pas un *caractère de patriotisme marqué*. Le Comité de Salut public sortit de cette doctrine et aussi la prééminence du dictateur. Les louanges accordées par Brissot le 3 avril à Dumouriez, achevèrent de tout perdre ; on célébrait ce général au moment où il trahissait à l'insu de ses amis.

Le 27 mars, il rappelait les espérances évanouies. Au moment où on entendait révolutionner l'Europe par la Hollande, la liberté était trahie à Aix-la-Chapelle... Et nous ne nous occupons que de mesures purement militaires ! Le siège de Maëstricht est levé par trahison parce que nos canons n'étaient pas du calibre voulu pour ces opérations. Nos alliés retombent sous le joug de leurs anciens maîtres, nos armées rétrogradent. Robespierre oubliait qu'une seule défaite peut produire de tels désastres ou plutôt il ne l'ignorait pas, mais pour imposer sa dictature, il proclamait tout perdu sans son intervention. Les apostrophes boursouflées ne manquent pas à ce héros de tribune, il accusa la fausse prudence du comité pour incriminer *l'aristocratie*, qu'il déclara *plus instruite de nos revers* que ne l'était la Convention. Les généraux cependant n'étaient à redouter que pour une nation intérieure ; cette nation ne pouvait être la France, car elle allait proscrire tous les Bourbons. Quant à leur descendant, *le fils de Capet restera détenu au Temple*, s'écriait-il. La Terreur, même contre un enfant, la voilà.

Le 12 avril, il demandait la peine de mort contre tout citoyen qui proposerait de transiger avec l'ennemi ; le lendemain, c'était la mise à prix de la tête de Beurnonville, prisonnier des Autrichiens.

Le 15 juin, il sortait des généralitées politiques pour attaquer la presse qui se permettait de lui faire opposition; les calomnies des *libel-*

listes perdaient la République en dévorant les *patriotes*. Aussi, refusait-il, le 18, de fixer un terme à la durée de la Convention, les ennemis de la liberté devant rendre cette *échéance funeste*, moyen sûr de perpétuer sa domination personnelle avec l'assemblée pour complice !

Le 22 juillet, Duhem et Lesage-Senault avaient suspendu le général Lavalette. Robespierre demanda, le 24, sa réintégration pour satisfaire la Société populaire, et dénonça la culpabilité de La Morlière en y adjoignant Custine ! Le 26, il obtenait (1) que l'on rapportât le décret qui avait destitué Bouchotte et entrait au Comité le 29, précédé par ces actes.

II

La seconde bataille de Wattignies, livrée en 93, eut pour conséquence le déblocus de Maubeuge seul par suite des fautes du Comité. En prenant à la Convention l'engagement de délivrer le pays de ses envahisseurs, il n'avait pas adopté les mesures qui étaient obligatoires pour aboutir au résultat voulu. Il avait étendu le commandement de Jourdan jusqu'aux Ardennes pour avoir l'unité d'action, et il faut l'en louer, mais il n'avait pas proportionné les forces soumises à ce général. Les nouvelles levées qui arrivaient tous les jours n'étaient armées que de piques. En outre, il ne pouvait même réunir en une seule masse toute son armée qui gardait beaucoup de places fortes et de camps, parce qu'on lui avait imposé d'être partout à couvert. Le prince de Cobourg n'en fut pas moins coupé et placé entre deux feux. Maubeuge redevint libre.

Les Représentants et Jourdan mirent leurs soins à se faire rendre compte des motifs qui avaient empêché le général Ferrand de seconder les attaques, et lors de la retraite des Autrichiens de les inquiéter sur la Sambre. La *faute* retomba sur le général Chancel qui, à titre de commandant de la place, s'y était opposé ; il l'expia sur l'échafaud. Ferrand, qui avait le commandement supérieur et seul *responsable*, ne fut que blâmé, abrité par la décision d'un conseil de guerre (2).

1. Une proposition ayant été faite de *confier le gouvernement provisoire au Comité* où il remplaçait Gasparin, il la réfuta dans l'intérêt de sa domination future. Ce qu'il cherchait, c'était une influence occulte et non un pouvoir établi, susceptible d'être discuté, encore moins d'être responsable.

2. Récit du maréchal Soult contre le général Ferrand, coupable militairement et cause de la mort de son subordonné. (*Mém.* t. 1, ch. 3, p. 54.)

Toutes les autres entreprises échouèrent.

Victorieux à moitié, le Comité entendit cerner l'ennemi et l'envelopper dans la partie qu'il avait envahie. Namur devait être réduit, le Quesnoy enlevé, Mons gagné sur les Impériaux, et sur un autre point il fallait s'emparer de Tournay ! L'instruction ajoutait : « soit en passant entre ces villes et la frontière. » Soult considérait ces ordres comme impossibles à réaliser vingt-cinq ans plus tard. Sur le moment même Jourdan recula et pourtant Robespierre, dont on ne peut nier la part dans cette opération, avait signé avec une intention visible d'intimidation. L'intervention d'un conventionnel qui vit les difficultés sur place et sut les comprendre, fit suspendre les mouvements. L'armée eût été perdue sans lui. On ne put immoler le général, on dut se contenter d'une destitution contre le vainqueur.

Le représentant Duquesnoy fut alarmé des rapports qui parvinrent au quartier général, a écrit le maréchal Soult à titre de témoin ; il partit pour faire révoquer l'arrêté du Comité. Il l'obtint et on permit aux troupes de prendre des quartiers d'hiver. Déjà les ennemis prenaient eux-mêmes des cantonnements. En cédant à l'évidence, le Comité n'en voulut pas moins faire porter sur quelqu'un la responsabilité des fautes de ses membres ; le général Jourdan fut destitué. *Il eût été perdu s'il n'avait mis en compte Hondschoote et Wattignies.*

L'influence désastreuse des clubs où la lie de la populace prenait les résolutions les plus effrontées pour les lire à la barre de la Convention qu'elle déshonorait par son intervention (1), se joignit en juin 93 à nos désastres pour inspirer une mesure indéfendable. La noblesse avait certes émigré en nombre, mais ceux de ses membres qui étaient restés avaient prouvé leur patriotisme ; à plus forte raison, les mili-

1. D'abord matelot, puis boucher, conventionnel pour la ville de Paris, intimement lié avec Danton, Legendre avait débuté en se mêlant à tous les mouvements publics, dès 1789. Les royalistes avaient vu en lui un agitateur de la populace docile à leurs ordres et à leur or. Les événements prouvèrent qu'il n'en était rien. Il n'y eut pas une grande journée révolutionnaire que Legendre ne s'y distinguât et à titre de chef important. Tour à tour cordelier et jacobin, dévoué à Robespierre dont il s'était constitué un des séides, ultra démagogue jusqu'en thermidor, il se fit le persécuteur acharné de ses anciens amis après cette victoire. Ce fut lui qui ferma le terrible Club des jacobins (au marché Saint-Honoré) et qui en apporta les clefs à la Convention. Ce foyer de tous les crimes fut désormais détruit par un de ceux qui les avaient provoqués avec le plus de fureur. Aux Anciens, il parla surtout contre les Emigrés et mourut en 97, laissant à sa fille unique fort peu de chose. On n'en peut dire autant des chefs de son parti, qui voulurent la fortune à n'importe quel prix, de Danton à Fouché, de Robespierre à Saint-Just.

taires. Il suffit de nos échecs et de quelques trahisons personnelles pour inspirer un décret fatal. Barère le lut à la tribune et des généraux comme Desaix, Kellermann, Dillon, durent se retirer. Ceux-là mêmes, débris glorieux de l'ancienne armée, faisaient oublier presque les défections de leurs collègues d'avant 89 et par leurs services continuaient pour la République les traditions de l'honneur que leur avait inspirées la Monarchie. Mais Robespierre et son entourage, ses aides, vivaient de méfiance et de soupçons. Les *sections armées* de la capitale et le *club des Jacobins* voulaient du sang ; celui de la place de la Révolution ne suffisant plus à apaiser leur soif, d'Avignon à Nantes, Robespierre leur livra des généraux sauf à les remplacer par des Pichegru : la trahison d'un côté avec ses fautes militaires, la dictature pour la canaille révolutionnaire de l'autre (1).

La perte des lignes de Weissembourg aida à ce beau décret ; la conduite des princes français guidant l'étranger sur le sol français parut donner raison en 93 à l'acte d'exclusion. L'histoire doit être plus juste et, en le flétrissant, a pour mission d'en indiquer les causes. A l'invasion, en effet, se joignait alors un autre malheur : les intelligences du parti de l'émigration et du quartier général des Impériaux avec les mécontents de l'Alsace. Un homme de guerre illustre, qui a été témoin de ces faits, les constate en des termes que le lecteur doit connaître quant à l'Alsace :

Cette province, dit-il, *que l'Autriche voulait garder* était travaillée par les *influences allemandes* que Wurmser entretenait et par la présence de l'*armée de Condé*. Quoique la population restât fidèle à l'indépendance nationale, cette agitation favorisait Wurmser. Maître de Weissembourg, il crut l'être de toute la province et de sa capitale. Mais au moment décisif, il voulut des ordres de sa Cour, souffrit que des

I. Parmi ses chefs renommés, il faut citer : Granet François, l'un des députés de Marseille à la Législative et à la Convention ; démagogue ultra, admirateur et défenseur des 48 sections de Paris, dénonciateur de généraux et spécialement de Lapoype comme de Jourdan, régicide féroce, il avait demandé l'exécution avant même que la question de sursis eût été mise aux voix. Son incapacité avait valu à son système d'apostrophes brutales le mépris de Robespierre. De là son entrain contre le tyran au 9 thermidor. Lié avec Maignet, il avait désigné à ce proconsul prêt à tous les crimes les négociants les plus riches de Marseille comme dignes de mort. Poultier connut ces forfaits et la complicité de Granet dans le Midi ; il les dénonça tous deux à la Convention dans une lettre et y déclara que le député de Marseille était en *horreur* dans sa propre ville. C'était vrai. L'amnistie que la Convention porta, avant de se séparer, sur les actes les plus révolutionnaires de ce temps le sauva.

violences fussent exercées contre les habitants et laissa annoncer qu'il prendrait possession du pays au nom de l'Empire. Il en fallait moins pour exciter nos troupes, la population et la rivalité des Prussiens (1).

Nous savons, par une étude spéciale sur Strasbourg et par la mission de Saint-Just à l'armée du Rhin, l'œuvre du confident de Robespierre. Le jugement du maréchal Soult a formulé sur le dictateur ce qu'il importait d'apprendre ; poursuivons notre examen, malgré les éloges prodigués par lui à Saint-Just le 21 novembre.

L'Armée des Alpes avait, par le siège de Lyon, mérité son attention. Aussi, dès le 8 septembre, avait-il désigné Kellermann aux vengeances populaires : *C'est lui*, avait-il dit, *qui a dirigé toutes les conspirations qui ont éclaté dans cette campagne*, opprobre dans l'outrage, mensonge dans la calomnie ! Le vainqueur de Valmy suspendu, appelé à Paris, devait échapper à son bourreau par Carnot encore.

L'éloge des agents robespierristes ne saurait nous arrêter : leur importance et leurs attentats méritent une révision spéciale, soit aux armées de l'Ouest, soit dans les persécutions par eux commises à l'égard de Biron ou de ses collègues.

Accabler les généraux était de bonne politique au club des jacobins, Robespierre ne pouvait manquer de rejeter sur eux seuls les malheurs d'une campagne compromise cependant par Dumouriez et que Carnot rendit si glorieuse par Wattignies et Maubeuge au nord, par Reichshoffen et Landau sur le Rhin. Pour remercier l'armée, on emprisonnait les généraux Beysser et Hédouville, Du600ny et Demars, Barthélemy et Kersaint. Quel était le langage du dictateur, le 8 octobre, quelques jours à peine avant Wattignies ?

Ce sont là les malheurs que vous préparent votre confiance, votre crédulité ; c'est à elles que vous devez l'état dans lequel ils ont plongé la république. Mais avez-vous remarqué que cette lettre se plaît à vous jeter dans le découragement ? Oui, elle appelle la vengeance du peuple ; mais ce n'est pas Houchard qu'elle vous indique, cet homme atroce qui a versé avec délices le sang des Français, dans le temps qu'il abandonnait les conquêtes qui en étaient le prix. C'est sur la Convention qu'elle appelle votre haine. Vous connaissez les détails sur Dunkerque, dont on n'empêcha la prise qu'en destituant le commandant de la place, l'état-major et les autorités. Tout changea. Les Anglais furent défaits. C'est à l'état-major des armées qu'on doit attribuer nos mal-

---

1. *Mémoires* de Soult, t. 1, ch. 3, p. 68.

heurs. L'armée est républicaine ; avec des chefs patriotes elle demeurera victorieuse. Le prétendu républicain, auteur de la lettre, vous annonce des malheurs ; eh bien ! je vais vous en annoncer aussi. Les frontières de la Moselle et du Rhin sont en plus mauvais état que celles du Nord qui, il y a quinze jours, étaient inexpugnables ; on les a rendues aussi faibles qu'on a pu ; et si elles ne sont pas sans ressource, ce n'est pas la faute de vos généraux. Il a fallu pour celles-ci un concours de scélératesse inouï pour les mettre dans l'état où elles sont. Qui l'a fait ? Des hommes dont je rougis de prononcer le nom, connus dans les fastes de la trahison ; des Schombourg, des Landremont vous ont livrés à Kalkreuth. Ils ont livré et les villes et les deux camps reconnus inexpugnables, Si avec de tels chefs vous n'avez pas éprouvé les derniers malheurs, c'est à votre gouvernement que vous le devez.

Après la calomnie, vinrent les explications sur le siège de Toulon, sur le général Lapoype et sa famille, sur la nomination de Dugommier promu chef de brigade « à la recommandation de Marat. » Ces confidences sonores eurent lieu le 23 novembre aux Jacobins et vinrent à nouveau affirmer leur puissance. Bientôt après, leur chef s'occupait de l'Est. Le 29, *la justice nationale* exigeait que Dietrich fût puni de mort, qu'on le jugeât surtout à Paris comme les Girondins et, qu'à leur exemple, il fût exécuté dans la capitale. Besançon l'avait arraché au supplice, la persécution des patriotes d'Alsace demandait vengeance loin des contrées qui en avaient été les témoins. Cette diatribe contradictoire était le contre-coup des violences de Saint-Just à Strasbourg. Dietrich un persécuteur !

Le 12 janvier 94, il fit connaître au nom du Comité de Salut Public la situation de l'armée des Pyrénées Orientales ; la raison est facile à comprendre. Un représentant du peuple avait été tué les armes à la main, il n'entendait pas laisser aux exaltations patriotiques de Barère l'honneur d'une telle nouvelle et du panégyrique. C'est par lui que la France apprit la mort de Fabre à la tête des troupes, retracée avec art mais accompagnée de vitupérations pour les généraux, de calomnies pour les armées. Le dictateur restait en cela fidèle à lui-même.

Des nouvelles positives nous confirment la destinée de notre collègue Fabre, s'écria-t-il. La Convention a perdu un de ses plus dignes membres et le peuple un de ses plus zélés défenseurs. Son courage balança l'influence, la trahison, qui aux Pyrénées Orientales semblait combattre pour la cause des tyrans ; il rallia plusieurs fois les soldats, il les conduisit à la victoire : mais un enchaînement des perfidies les plus lâches rendit inutile ce dévouement. Fabre, abandonné des indignes chefs de l'armée, soutint seul, avec quelques braves, tout l'effort de l'ennemi ; accablé par le nombre, il tomba percé de mille coups. On a trouvé, près d'une batterie qu'il défendit le dernier, son corps déchiré. Plusieurs représentants ont combattu vaillamment à la tête des légions républicaines ; mais Fabre est le premier qui a eu l'honneur de mourir les armes à la màin (1).

Le 15 mars, séance considérable ; des projets de contre-révolution révélés par notre agent en Suisse dévoilèrent les espérances des monarchistes. Ce n'étaient que des chimères, mais le ton sur lequel parlaient les auteurs des lettres interceptées, était fait pour alarmer les triumvirs. Leur fin prochaine et la dissolution de la Convention y étaient annoncées comme résultat nécessaire de la lutte entre les jacobins et hébertistes. Les partisans de ces derniers étaient inavoués à raison de la moralité des chefs : ces deux hommes, y lisait-on, ne sont que des prête-noms. Nous reviendrons sur cette dernière qualification.

Le 15 avril, Robespierre défendait comme patriote opprimé, Dufresne, un général de l'armée révolutionnaire, un de ses agents, dénoncé partout pour ses crimes.... Le 9 thermidor mit fin à ces saturnales et à ces apologies.

Quelques documents inédits vont nous permettre de juger, après l'action publique par la tribune, l'œuvre du dictateur au comité. Le 1er frimaire an II, une pièce rédigée de sa main entièrement ordonne, toujours au nom du Comité de Salut Public :

Que le ci-devant général Carla sera mis sur-le-champ en état d'arrestation et amené à Paris dans les prisons de l'Abbaye (2).

Que le nommé d'*Hédouville*, chef de l'état-major de l'armée de la Moselle déjà suspendu de ses fonctions, sera mis sur-le-champ en état d'arrestation et amené à Paris (3).

Que le général anglais Ohara et le colonel espagnol aide-camp (sic) du général Gravina, seront amenés à Paris, sans aucun délai, ainsi que les autres officiers de marque faits prisonniers devant Toulon (4).

Il existe deux ordres de mise en liberté dont Robespierre fut l'auteur

1. On connaît si peu les circonstances de cette mort, qu'on a pu avancer qu'il avait été tué dans la retraite par des soldats exaspérés de sa fuite !

2. Archiv. Nat. du 1er brumaire, an II, au Cart. 304.

3. *Ibid.* du 7 frimaire, Cart. 304.

4. *Ibid.* du 15 frimaire, Cart. 295.

unique. L'un d'entre eux offre cette particularité que la liberté du prévenu fut décidée parce qu'il avait été arrêté d'après un simple on-dit du secrétaire du Comité. Cette rivalité inattendue sauva la vie au général Maillé, inspecteur de l'artillerie (1).

Trois sortes de pièces dans une arrestation. La volonté du dictateur les prédomine et les dicte dans toutes leurs conséquences. Ces pièces si rares nous les citons en leur entier sur l'original des Archives nationales.

« Le Comité de Salut public, arrête :

» Que les ci-devant généraux, O'Moran, Richardot, Chancel, d'Avesnes et les autres généraux en état d'arrestation à Arras, seront transférés sur-le-champ à Paris (2). »

On lit en marge de la pièce : remis l'expédition au ministre de la guerre lui-même, ce qui nous prouve l'intérêt qu'y attachait l'auteur. L'interprétation de ce mandat eut lieu à Paris, en ces termes :

« Le Comité de Salut public, arrête :

» Que les Ex-Généraux O'Moran, Richardot, Chancel et d'Avesnes, amenés à Paris, en vertu d'un arrêté du 9 de ce mois, par le citoyen Fournier, capitaine-commandant de la gendarmerie nationale, seront conduits sur-le-champ, par lui, dans une maison d'arrêt, et qu'il *rap-portera au Comité la décharge* qui lui sera donnée par le *concierge*. »

On trouve une mention en marge ainsi conçue : remis l'expédition au citoyen Fournier. Le nom de Carnot ne figure sur aucun de ces ordres, le premier, rédigé politiquement dans un but politique, le second, analogue à un jugement. Enfin, *Décharge des prisonniers*, l'épilogue du drame militaire (3).

Carnot prouva à Saint-Just que le dénonciateur d'O'Moran était un *concussionnaire* qui entendait par cet acte donner le change sur ses dilapidations. St-Just répondit avec fureur que les patriotes ne pouvaient être concussionnaires... pourquoi ? parce que tout leur appartenait. O'Moran fut guillotiné pour affirmer la puissance du triumvir et la sottise de ce rêveur, à la fois socialiste et utopiste.

1. Archives Nat. du 2 frimaire, Cart. 304.

2. Arch. Nat., Cart. 304, du 9 nivôse, an II.

3. « Le 17 nivôse, l'an 2 de la République française ont été amenés ès Prisons de l'Hôtel de la Force par le citoyen Fournier, capitaine de gendarmerie nationale de résidence à Arras, les citoyens O'Moran, Richardot, Chancelle et Davesnes, en vertu d'un ordre du Comité de Salut public de la Convention nationale, sans explication. »

Un mot sur ce qui advint à quelques régiments de cavalerie de *l'Armée royale*. Les officiers de Royal Berri furent guillotinés à Paris, ceux de Royal Pologne furent égorgés à Lyon, ceux de Royal Bourgogne destitués en masse, Royal Champagne eut le même sort, les officiers de Royal Navarre furent expulsés de Besançon et périrent ultérieurement. Ceux de Royal Normandie échappèrent à un même sort grâce à la déclaration de guerre qui fit diversion, mais ils furent obligés peu à peu de quitter le service. Dans Dauphin-Cavalerie, le colonel fut dénoncé sans raison et fusillé sur l'heure, en pleine revue, par ordre d'un représentant. Royal Etranger et Condé-Dragons connurent la proscription et la mort par les délateurs anonymes et par les représentants. Ces faits se produisirent en 93.

Le *Complot contre Robespierre* fut l'objet de protestations tapageuses. Voici un document inédit qui retrace l'impression qu'éprouvèrent ses coréligionnaires politiques en mission (1), sur la comédie d'une conspiration fausse. Les Représentants du Peuple près l'*Armée des Alpes* en écrivirent le texte à leurs collègues du Comité de Salut Public, afin de donner du retentissement à l'affaire. On remarquera l'imputation portée par le rédacteur de la pièce contre les royalistes, et contre la série de fonctionnaires qui restaient fidèles à leur opinion malgré les lois républicaines et la mort.

Un sentiment universel et d'indignation s'est manifesté dans ce pays à la nouvelle des assassinats médités *contre plusieurs membres du Comité;* c'est encore un des mille et mille forfaits combinés par les Rois ; mais le génie de la liberté n'a pas permis que la République fût en deuil, et ses intrépides défenseurs nous restent.

C'est *à nous* de vous venger comme les républicains se vengent, c'est-à-dire en sapant les fondements de la tyrannie *piémontaise* par la force des principes et par le courage de nos bataillons.

Veuillés bien faire agréer de ma part à nos collègues Robespierre et Collot-Dherbois l'expression de la joye que tous les amis de la patrie ont éprouvée en aprenant que le crime des scélérats n'a pas produit son effet.

Je vous envois cy-joint copie d'une lettre du Président de la République à Genève par laquelle vous pourrés voir que la trame de cette nouvelle conjuration tient à l'étranger par plus d'un fil ; je viens de recevoir une dénonciation par écrit contre un individu qu'on dit être employé dans une des administrations de l'armée et qui paraît avoir été instruit des projets d'assassinat contre les membres du Comité de Salut public *avant* même que personne ici ait pu être informé de ce qui s'est passé à Paris.

1. Arch. Nat., liasse *Marine*, Intérieur, Carton 295, du 7 juin 1794. Signé, La Porte.

Je vais tàcher de découvrir cet homme. Je le ferai arrêter, interroger, ensuite, je vous instruirai du résultat. »

La France était lasse de ces exécutions sanglantes, dont les lois sur le Tribunal révolutionnaire lui avaient donné le spectacle. Avant de devenir un fait acquis, le 9 thermidor était une revanche désirée contre la démogagie en délire. La chute de Danton permit enfin au triumvirat de se montrer à nu dans ses folies. Saint-Just eût dominé Robespierre sans la rapidité du coup, et on doit se féliciter du résultat ; les crimes de ces deux hommes n'avaient été possibles qu'en parlant de raison d'Etat, d'indépendance et de droits du peuple. Ce qu'ils ne prévirent pas, fut ceci : Abandonnés de leurs amis après leur chute, ils perdirent dans le pays ce qui leur restait de crédit par les divulgations qui ont amoindri et souillé leur mémoire.

Aux accusations *d'agiotage* formulées par Cambon contre Robespierre aîné, par Dumont contre son frère, aux révélations de leur agent Carrier à Nantes, aux dépêches inédites, aux mémoires des contemporains illustres comme Soult et Masséna, Gouvion-Saint-Cyr et Jourdan, contre Saint-Just, aux témoignages unánimes sur Carnot, il faut joindre les *aveux*.

Fouquier-Tinville lui-mème avait joué la comédie dans le drame de sang qu'il dirigeait au gré du dictateur (1) et des triumvirs. Ecoutons les preuves, afin de les opposer aux amis de ce système :

Ce fut au Comité, dit-il durant son *Procès* (2), que Robespierre voulut connaître les noms des députés qui avaient déposé à la décharge de Kellermann. Il insista et répliqua : « N'est-ce pas Dubois-Crancé, Gauthier ? » Je m'excusais sur ma mémoire. Il fit la mème chose à l'égard de Hoche. Ceci n'est-il pas formel ? Le système, le voici : Jusqu'à l'époque du gouvernement révolutionnaire, le tribunal et l'accusateur n'avaient de rapports avec le Comité qu'autant qu'ils y étaient mandés. Après l'établissement je fus appelé ; Robespierre me fit une scène parce que je ne rendais pas compte de ce qui se passait. Je n'étais pas dans l'usage de le faire. Il me répondit que le Comité le voulait ainsi. D'après cela je fus, tous les soirs, au Comité, et pendant

1. Le 15 juillet 94 furent condamnés *quoique n'ayant pas émigré* : deux ·généraux et deux colonels de l'armée royale ; le fils de Buffon, major ; quatre capitaines de cavalerie, deux capitaines et un lieutenant de vaisseau, et le colonel du 1.° bataillon de Paris.

2. Déclaration faite à la Convention en sa séance du 8 août 94.

plusieurs jours je ne vis que lui seul. Il me faisait des reproches sur ce que je ne faisais pas juger tels généraux. Robespierre avait des espions, des agents dans le tribunal, et le président Dumas était son complice (1) ! Ces attestations, quelle que fût la culpabilité personnelle de l'accusateur public, révèlent les inquiétudes du dictateur sur l'armée.

Carnot a constaté dans un acte de défense personnel l'origine de la haine qu'il portait à Hoche, auquel il ne cessa de préférer le traître Pichegru, par les conseils du dévastateur de l'Alsace. Au commencement de la guerre, dit-il, Hoche, peu connu, envoya au Comité un Mémoire sur la Belgique. Quand j'eus lu ce Mémoire, je dis au Comité : « Voilà un sergent d'infanterie qui fera du chemin. » Robespierre le prit ; quand il l'eut achevé, il dit : *Voilà un homme excessivement dangereux* (2). Carnot croit que c'est de ce moment qu'il résolut de le faire périr. Hoche avait acquis par ses études la connaissance de la politique autrichienne, c'est ce que ne lui pardonnait pas le dominateur (3).

En revanche, il protégeait l'un des massacreurs de septembre, Henriot, assassin vulgaire ; Boulanger, chef de ses gardes du corps à bonnets rouges ; Lavalette, qui fit graver sur les cartes civiques de l'armée révolutionnaire lilloise une carte où figurait une guillotine ambulante ; Turreau, qui violait les femmes avant de les tuer ; Rossignol, qui demandait la tête de Marceau par une dépêche du 14 décembre, après celle de Kléber, et concluait à la nécessité de décimer *la ligue des généraux de l'Armée de Mayence ;* Ronsin, son émule en cruautés ; Vincent, l'utile adjoint de Bouchotte, qui assistait sans remords aux hécatombes ; partout et toujours, le crime.

L'action du dictateur en Vendée fut absolument prédominante ; nous en devons une attestation irréfutable à Carnot et aux aveux inattendus de ses collègues, produits tous les trois à la Convention. Il y eut un jour, en effet, où l'on rougit des massacres, et où l'on recherche les responsabilités pour les frapper. Le général Huchet fut dénoncé au Comité pour les cruautés qu'il avait exercées le 29 septembre 94, et mis en

---

1. Procès de Fouquier-Tinville sur lequel nous aurons à revenir.

2. Hoche avait acquis par ses études du régiment une connaissance exacte de la politique autrichienne et la diplomatie ne lui était pas restée étrangère. Or Robespierre n'avait aucune donnée sur la situation des cabinets et il ne pardonna pas au jeune officier de lui avoir donné une leçon involontaire.

3. *Réponse* de Carnot au *Rapport fait au Conseil des Cinq-Cents sur la conjuration du 18 fructidor.*

état d'arrestation. Robespierre le défendit, et il fut renvoyé à l'armée
avec un grade supérieur. Duquesnoy ajouta sur un autre : Non seulement ce général était soutenu au Comité, mais Turreau l'était aussi ;
lorsque nous le dénonçâmes, Robespierre le défendit (1). Il est la seule
cause de la retraite de bons généraux qui ne voulaient pas combattre
avec un coquin (2).

Lequinio va prouver, par son intervention, les ordres secrets à
Carrier. Robespierre a empêché qu'on fît le rapport de ce qui se passait
dans la Vendée... Il y a quatre mois, je faisais connaître ce qui avait
amené cette guerre et les moyens d'en finir. Carnot fut frappé des
vérités que contenait le mémoire. Robespierre les étouffa et empêcha
l'exécution des mesures que je proposais (3). Il n'y eut pas jusqu'à
Billaud-Varennes qui ne protestât à son tour. Quand le Comité a été
instruit que, contre son vœu, Turreau commettait des infamies, sa
destitution fut demandée ; on l'obtint quand Robespierre eut cessé de
venir au Comité (4). La sincérité de ces témoignages ressort à la fois
de leur précision, des hommes qui les émirent et de leur modération.
Le principal coupable de l'éternelle guerre de l'Ouest, le voilà, et jugé
par ses collègues des comités.

Partout s'étendit le bras de cet homme hideux dont le despotisme
n'eut d'égal peut-être dans aucun pays ni dans aucun temps et qui
ignorait lui-même, en dehors du pouvoir suprême, le but qu'il poursuivait. Son inflexibilité, objet d'admiration pour ses clients, était une
marque de stupidité ou de cruauté sans limites. Les aveux sur la
Vendée imposent la seconde des deux opinions. A ces témoignages
accablants, il est inutile d'en ajouter de nouveaux qui appartiennent à
une autre étude.

Carnot a pu avancer qu'il n'était, lui, ni l'ami ni l'ennemi personnel
d'aucun des généraux en chef de la République ; estimant les habiles,
les recherchant, il les avait désignés ou nommés, accordant aux malheureux en faits de guerre le silence et la sécurité (5).

Vainement Robespierre nia-t-il, en thermidor, qu'il voulût abattre
les indulgents et que la loi de prairial n'eût été édictée que dans le but
d'égorger ceux de ses collègues qui déplaisaient à son ambition. La

1. Séance du 29 septembre 94.
2. Protestation de Duquesnoy.
3. Protestation de Lequinio.
4. Protestation de Billaud-Varennes.
5. *Réponse* sur la conjuration du 18 fructidor

discussion finale comme les préparatifs du drame par l'hostilité des deux Comités prouvent qu'il entendait perdre ceux qu'il tenait pour ses ennemis, qu'ils le fussent ou non aux armées (1) et à l'intérieur (2) à titre personnel. La lâcheté de son caractère consomma sa perte. Il ne sut ni se défendre ni courir aux armes. L'exercice de la dictature avait émoussé toute initiative en lui. A l'heure du péril, il ne sut ni recourir aux jacobins des clubs, ni utiliser les fureurs de la Commune, hurlante et dégoûtante de sang.

Robespierre mourut comme il avait vécu, en fournissant toutes les preuves de la lâcheté. Il a mérité que l'histoire s'écrie avec Thiers : ce ne fut qu'un *misérable ;* ou avec la Convention un *tyran ;* ou avec Tallien, capable de le juger : un rhéteur lâche, orgueilleux et sanguinaire !

1. Le 29 avril 95, Bellegarde put dire à la Convention :

« Le citoyen César Faucher, que vous venez d'entendre, est une des victimes de l'infâme despotisme de Robespierre. Ce brave homme, à l'affaire de Châtillon, le 11 octobre 1793 (vieux style), chargea à la tête de la cavalerie les brigands plus nombreux, dont il amena la défaite, après avoir reçu onze coups de sabre, un coup de feu dans la poitrine, et eut son cheval tué sous lui. Il était, ainsi que son frère jumeau, adjudant général du général Chalbos à l'armée de l'Ouest. Ses plaies n'étaient pas encore fermées quand ils furent suspendus et mis en état d'arrestation.

» La Convention n'apprendra pas sans intérêt que ces deux braves frères viennent d'être employés dans le grade de généraux de brigade par le nouveau travail du comité de salut public. »

2. V. le chapitre suivant.

CHAPITRE L

LES AGENTS DE ROBESPIERRE

I. Créatures et Agents. — Défense de Rossignol par Robespierre. — Adresse inédite du citoyen Pierres à Vincent. — Accusation de Fabre d'Eglantine. — Ronsin, homme de lettres, son œuvre. — Dergaix sur le Rhin, espion au quartier du général en chef. — II. Accusations de Marat, Laveaux et Hébert. — Protestation du général de Tourville. — III. Agents de la police. — L'armée de Mayence, Kléber et Marceau dénoncés. — Protestation de Gillet et de Philippeaux. — Proscription de Bonaparte. — Œuvres de plusieurs Représentants.

Malgré les lois, Carnot avait interdit de massacrer les prisonniers de guerre à Nieuport... fureurs de Robespierre qui n'admettait pas un tel outrage à l'âme sentimentale des patriotes, à la sainteté des principes. Las d'une dictature aussi atroce, Carnot protesta, et l'affaire aurait eu des suites sans le 9 thermidor.

Le 29 septembre 1794, au nom du vrai patriotisme et de l'honneur, il flagella l'auteur de tant de maux en ces termes :

Qu'était cet homme à principes? Celui qui n'en connaissait aucun (1).

La victoire? Elle lui importait peu. La prise d'une ville réduite, il la considérait *comme un grand malheur* si elle contrariait *un principe*, un principe révolutionnaire s'entend.

Que penser d'un homme d'État *pour qui la prospérité de nos armes était une torture continuelle, chaque succès un coup de poignard !*

De telles appréciations émanant de Carnot n'ont besoin ni de preuves ni de commentaires. Le moment est donc venu de rechercher quelle fut la conduite de la clientèle politique de Robespierre, de ses agents, de ses espions et de ses confidents dans l'armée.

Nous ne parlerons que de l'armée, le champ est assez vaste et le

---

1. Rapport sur la reprise de Landrecies, Valenciennes, Le Quesnoy et Condé fait à la Convention, — Les Panégyristes du dictateur ont oublié de le lire.

sujet au-dessus de toutes nos admirations, du Rhin aux Alpes, du Nord au Sud de nos frontières (1).

PREMIÈRE SECTION

I

Les moyens de domination du petit avocat d'Arras devenu maître de la France par le système terroriste qu'il avait imposé à la Convention, comment les avait-il organisés, inspirés ?

Par la *presse* d'abord, par Marat, par Camille Desmoulins, Barère et Hébert devenus ses aides. Charlotte Corday l'avait délivré du premier, il envoya deux des autres à l'échafaud et réservait Barère à une fin analogue s'il eût conservé sa puissance. Près les *armées*, Saint-Just et Soubrany, Duquesnoy et Duhem, Gaston et Lebas, Ruhl et Massieu, Mallarmé et Lebon, secondaient ses vues secrètes. A *l'intérieur*, Carrier, Maignet, Collot, Couthon, Billaud, et une foule d'obscurs proconsuls appliquaient ses théories sur les suspects. Avec l'*Armée révolutionnaire*, la lie des agitateurs parcourut la France pour y promener des assassins et des bourreaux.

A la Convention, Barère devint l'orateur de la victoire, l'orateur du triumvirat et entraîna, de concert avec Couthon, la plaine. Au *Comité de Salut public*, le triumvirat triompha dans les délibérations par les votes, puis par l'illégalité. Au *Comité de sûreté générale*, par Saint-Just. Le *Tribunal révolutionnaire*, il l'eut par Fouquier-Tinville et Dumas, le *Temple* par Simon, le gouvernement et l'administration par le *Club des Jacobins*... la *Commune*, par Henriot, par Chaumette, la France, enfin, par la *terreur révolutionnaire* partout (2).

1. Nous laissons aux historiens politiques le soin des Missions à l'intérieur. Les infamies de Carrier et de Javogues, de Maignet et de Laplanche, de Lebon et de Billaud, de Fouché et de Collot, tous familiers et courtisans de Robespierre attendent un exposé d'ensemble qui montre la direction suprême imprimée par le dictateur. Le *Fonds de la Secrétairerie d'Etat* peut seul dévoiler son action localisée par l'étude des documents inédits. Et encore faudrait-il y joindre ceux des Archives départementales.

2. Sur la *Commission temporaire d'Orange*, Goupilleau écrivit le 9 nov, 94, une ettre relative à l'incendie de Bédouin (Vaucluse), qui fut lue à la Convention. Le 27 mai 95, Rovère demanda que ses membres fussent envoyés à Avignon pour y être jugés par son tribunal criminel et qu'ils fussent exécutés là où ils avaient commis leurs forfaits. Les deux propositions furent votées en séance.

Lorsqu'en mars 93 les désastres avaient succédé aux désastres, la Convention n'avait pas tu le péril public ; au contraire. Elle avait cherché le salut dans l'excès de ce péril, Robespierre l'avait placé dans la chute des Girondins, plus tard dans la mort des Hébertistes, puis par peur de son influence et de son génie dans le supplice de Danton auquel il avait inspiré, croyons-nous, les massacres de septembre.

Par quels hommes tarés ou flétris, le dictateur avait-il agi sûrement quoique dans l'ombre, les uns sincères, les autres soldés par l'étranger ?

Leurs noms, les voici :

Rossignol, Ronsin, Dufresse, Henriot, Boulanger, généraux grotesques mais féroces, surnommés aussi les *épauletiers de Vincent*. Dans les délibérations de la Commune et des Jacobins, Chaumette, Hébert, Momoro et Panis, Dubuisson, premier proscripteur de la Gironde (1) et Desfieux le cynique, l'espagnol Gusman et le faux américain Fournier, le prussien Clootz, l'anglais Arthur, Proly et Mamin l'autrichien, Dergaix sur le Rhin, Péreyra et Dopsent, Hassenfratz et l'italien Dufourny (2), Dumas, Coffinhal et Hermann, violateurs de toutes les lois au tribunal révolutionnaire, Héron et Harmand. Parmi ses hommes d'exécution, on retrouvait encore Maillard, le sinistre président de l'Abbaye, Cérat l'organisateur des massacres des Carmes, Gonchon son co-orateur au faubourg Saint-Antoine, défenseur de Marat, Claude Payan, qui déclarait *suspects* les défenseurs officieux des accusés ! Varlet, autre célébrité du crime, le teinturier Malard, le coiffeur Siret, le tanneur Gibbon, le cordonnier Chalandon, un ancien grand vicaire de Chartres, Lareynie, cruel jusque dans ses parjures, Alexandre autre traîneur de sabre vivant de ses conquêtes patriotiques sur la place de la Révolution, état-major du vice fait pour l'humiliation de la plus grande des causes : la liberté dans la justice et l'honneur !

Les ennemis de la liberté, avait écrit Marat, ne cessent de me représenter comme un fou, comme un anthropophage, comme un tigre altéré de sang.

Marat jouait du cynisme, — l'or étranger l'avait inspiré et le paya —

1. Lamartine a fait un récit dramatique de la révélation du complot par Mauger, président de la section de l'île Saint-Louis, à Kervélégen, son ami, député du Finistère (t. IV des *Girondins*, p. 294 des Œuv. compl.)

2. L'audace de ces hommes se continua après le 9 thermidor. On n'a qu'à lire les séances des Jacobins du 26 et du 27 août 94 pour comprendre la possibilité des journées de Germinal et Prairial.

jusqu'au moment ou une jeune fille sublime de courage, Charlotte Corday, le poignarda, interprète de la conscience publique de la France (1).

Ce jugement, la postérité l'a appliqué à Robespierre lui-même et les attestations que nous allons produire ne pourront que le confirmer.

II

Ouvrier orfèvre, Rossignol s'était démontré à la prise de la Bastille et avait obtenu, sans études ni préparation aucune, le grade de colonel de gendarmerie. Emprisonné par ordre de Westermann, général en chef de l'armée des Côtes de La Rochelle, cette nomination avait excité un étonnement général. Nul et violent, il avait des demêlés avec ses nouveaux collègues, avait fait suspendre Tuncq, l'avait été à son tour, mais Bouchotte l'avait rendu à la Vendée. Il y avait conçu un plan d'opérations désastreux ; puis, mis un instant sous les ordres de Léchelle, avait reparu à la tête de l'Armée de l'Ouest pour organiser la mort et le pillage jusqu'au jour où un décret d'accusation l'avait atteint et brisé (2).

Le 26 août 93, Tallien présentait sa défense en ces termes :

Lorsque j'ai vu Rossignol général en chef, j'ai été le premier à dire qu'il n'était pas capable de commander une armée de cette importance. C'est un des vainqueurs de la Bastille. Je n'examine point si Rossignol boit, s'il a pillé, mais si les commissaires ont eu le droit de le destituer. Il y a eu toujours de la division entre lui et Biron. Rossignol s'est montré en héros.

---

1. L'esprit de parti des révolutionnaires, des *sans-patrie* s'affirma en 1840 contre la France et en faveur de la Sainte-Alliance par la plume d'un de ses chefs à l'occasion de Marat. Jugeant dans sa colère ce chef des grands espions prussiens durant la Révolution française à propos de l'héroïne Charlotte Corday, Esquiros a osé écrire :

« Si révoltant que soit au premier coup d'œil le système de Marat, au fond il ne diffère pas beaucoup de celui de Napoléon : établir le bien éternel du monde par le sacrifice momentané de quelques ennemis intraitables. Seulement, l'un se servit pour cela du couteau et l'autre du canon ; les hommes préfèrent de beaucoup cette manière. »

2. Il fut arrêté sur les plaintes des députés extraordinaires du club des jacobins de Tours, formulées dans une séance de la Convention, du 21 octobre 93.

Je maintiens. (ajoutait plus tard Robespierre), que Rossignol a été victime d'une cabale. C'est à cela que j'attribue le peu de succès dans ce pays. Deux espèces d'hommes voulaient que les événements fussent tels : ceux qui avaient des biens et qui voulaient ménager leurs propriétés, et ceux qui ne voulaient pas voir, à la tête des armées, de vrais républicains qui eussent terminé cette guerre.

Goupilleau de Fontenay, commissaire dans l'ouest, ayant destitué Rossignol, Barère lui tint un langage qui appartient à l'histoire, parce qu'il peint des desseins cachés et une situation : « Si c'était un général comme Turenne que tu eusses destitué, on te le pardonnerait aisément ; mais quand il est question d'un patriote comme Rossignol, c'est un crime. »

Robespierre n'avait donc qu'un but : favoriser la continuation de la guerre dans la Vendée.

On ne saurait trop insister sur le Carrier des armées républicaines en Vendée. Son rôle y explique celui de son ami et même la conduite de Tallien à Quiberon. Ce dernier en effet soutint Rossignol avec acharnement ; la preuve, la voici donnée par lui, dans cette séance mémorable que présidait Robespierre ; ce fait doit être retenu :

On demande ce qu'a fait Rossignol. Je répondrai : Rossignol s'est battu plus de cinquante fois à la tête de la 35e division qu'il commandait, il s'est trouvé à toutes les attaques ; à l'affaire de Chemillé, il était auprès du général Duhoux, lorsqu'il fut blessé.

Il a trouvé une armée débandée, il l'a réorganisée ; il a combattu les mauvais principes, et y a ramené l'esprit républicain ; il a puni les désorganisateurs, et l'armée a marché à la victoire. Il a réparé les injustices de Biron ; il a récompensé le mérite dédaigné, et Salomon commande l'avant-garde.

Quoi ! dans cette assemblée, on a répondu de Beysser et de Westermann, et Rossignol ne trouverait point de défenseur ! Serait-ce parce que c'est un véritable sans-culotte ? parce qu'il souffrit avec la minorité opprimée ? Non, l'Assemblée lèvera la suspension, et il sera beau de voir Rossignol, sorti de cette classe tant dédaignée par la noblesse, succéder à monseigneur le duc de Biron.

La discussion fut fermée après ce scandale, mais le résultat poursuivi fut obtenu : le rappel des représentants.

Rossignol, auquel on avait appris son rôle, attendait le moment de se présenter à la barre, honneur qu'il avait sollicité pour braver

en face le parti des modérés. Salué par l'unanimité des applaudissements de la Montagne, il s'y présenta en ces termes :

Législateurs, vous venez de rendre justice au patriotisme persécuté.
J'ai juré d'exterminer les brigands et de détruire leur asile, je le ferai.
Les créatures de Biron, de Westermann ne tiendront pas auprès de
moi. Je ne capitulerai jamais avec les ennemis du peuple : c'est lui que
je dois sauver, et je me voue tout entier à sa défense.

Le nouveau Turenne obtint les honneurs de la séance. Cent mille
livres en numéraire lui auraient paru plus agréables.

La preuve des crimes de Robespierre et de Tallien en Vendée, la
voilà. Merlin de Thionville, Carnot et Cambon qui ne cessaient de protester devenaient *suspects ;* sans le 9 thermidor, on a établi qu'ils
eussent payé de leur tête leur indépendance.

III

L'année 1793 est fertile en découvertes ; jamais les démagogues
n'eurent plus de succès. Les inconnus y jouèrent un rôle. En novembre, par exemple, on a une lettre écrite au secrétaire général du ministère de la guerre Vincent, sous ce titre : Armée du Siège de Lyon. Son
auteur était un Agent du Conseil Exécutif près l'Armée des Alpes, dont
l'œuvre préjuge une ignorance sans limite (1).

« Républicain tu conoist mes principes. Partout ou je croist aitre utile à ma
patrie je la sert ; y cy je suis admis à la commission temporaires. Demain arive
l'armée révolutionaire. Tens mieux. Cette foutu ville nest bonne comme je te lait
deja ecrit a aitre effacée de dé su la carte républicaine. Tout ces bougre la sont
indigne de la Liberté. Mais les Jacobin les meteron au pas et *ca y ra*. Je tenvois
deux listes mais je l'observe qu'il en manque. Sitot que je loroist je te les feray
passer. Les bottes de H on foutu le camp parterre. Les gibet de Jesu sont disparu.
Les vieilles femmes bougonne tout bas. Les jeunes fille ri. Les Jacobins sont à
demi contans et voicy pourquoi ce la vat bien. Il nose pas bouger, ils font bien.
Hyer matin jay ut le plaisire de voire cinq de ces foutu H. tomber a mes pié,
point de miracle. Les ;bougres se sont casét bras, jambes, tettes. Ils sont dans les
tas d'ordures, victoire, la raison. l'emporte. Je tenvoie ausy un exemplaire de
l'instruction du Comité. Jatans Chevrillion. Il travaillait y cy et je le priray de
faire notre raport. Il est paraiseux pour écrire. Je suis désollé que les nottes que
jay adressée au Ministre ne soient pas parvenus. Je les feray passer mais cest trop
tard. Qu'importe jay fait tout ce qui dependerat de moi pour aitre utille à ma
patrie. Je te salue. J'embrase ta femme. Je vous soite santé. »

1. Cette pièce est signée : Le républicain Prieres, adresse: « poste restante a
Ville Affranchy. Du 25 novembre (5 frimaire, an II). »

Que peut-on ajouter à cette dépêche d'un misérable qui se montre en tout altéré de sang ?

Dans cette malheureuse cité, Robespierre avait eu pour chef de ses séides, un étranger, un *espion*, le nommé Chalier. Ce Piémontais parvint à se faire déclarer chef du parti montagnard par les sans-culottes lyonnais. Tour à tour, Chalier avait été institué maire, puis destitué ; nommé à nouveau, cet audacieux osa accepter la présidence du tribunal de district. Cela ne suffit pas à ses appétits sanguinaires ; il créa de sa seule autorité un tribunal révolutionnaire, jeta en prison le maire élu par les sections, en imposa un de son choix et tyrannisa la ville. Le 29 mai 93, la garde nationale marcha sur la municipalité ; accueillie à coups de fusil, elle enleva les canons de l'Hôtel-de-Ville, les tourna contre lui et le contraignit à se rendre. Arrêté le lendemain, Chalier qui avait vainement tenté de s'enfuir fut mis en jugement, et après une longue procédure condamné à mort. Exécuté le 18 juillet, comme devait l'être sa victime Ampère, on peut avancer que cet acte de justice fut la cause initiale du siège de Lyon. Là encore devait se déshonorer un autre revolutionnaire, Parvin, le président du tribunal d'exception. Ces hommes de sang ne paraissaient pouvoir vivre que dans des charniers !

Après les confidents, le maître. Qu'était Vincent ?

Fils d'un concierge de prison, né en 1767, il était passé de la geôle au club, de préférence à celui des Cordeliers. Familier des chefs, Pache l'avait remarqué, aussi lui avait-il offert en octobre 92 un poste de chef de bureau dans son ministère. Il est fâcheux qu'on ignore lequel pour spécifier ses aptitudes, car on ne les connait que dans la sphère jacobine. Chassé en février 93 par Beurnonville, il n'était tombé que pour monter encore. Bouchotte créa pour lui la place de secrétaire général. Arrêté le 17 décembre de la même année par ordre du Comité de Salut Public, Vincent fut relâché. Il avait demandé la mort d'un tiers des habitants *pour mettre les autres plus à leur aise*, et devait finir en conspirateur après avoir eu les fureurs du tigre. Enveloppé dans le procès d'Hébert, il fut exécuté le 24 mars 94 ; le dictateur pourvoyait l'échafaud de ses propres séides le jour où ils embarrassaient sa marche ou ses calculs (1).

Le procès de Custine a montré, par sa déposition, la plus instructive

---

1. Camille Desmoulins l'avait appelé « le *Pitt* de *Georges* Bouchotte », dans le 3ᵉ numéro « du Vieux Cordelier. »

peut-être de ce drame, son rôle au ministère et son action dominante parmi les chefs groupés autour de Robespierre (1).

Le 17 décembre, Fabre d'Eglantine l'avait attaqué (2) en termes qui intéressent :

Un de ces hommes avait une mission secrète pour Bordeaux. A leur tête, vous verrez encore ce Maillard (3), que le bureau de la guerre a eu les moyens de faire sortir des prisons où le comité de Sûreté générale l'avait fait mettre, et qui est investi de pouvoirs terribles.

Avez-vous lu une affiche de Toulon, dont Vincent a tapissé Paris ? C'est ce Vincent que je vous dénonce. Quiconque n'a pas lu cet horrible placard, ne peut en imaginer les expressions. C'est ce Vincent qui inonde les Armées de papiers faits exprès pour lui ; c'est lui qui paie des agents pour entraver vos opérations ; c'est à lui qu'il faudrait demander compte des permissions qui autorisent des hommes en réquisition à rester à Paris malgré les lois ; c'est lui qui a voulu exciter des divisions entre la Société des Jacobins et celle des Cordeliers.

Chaque jour, quand un officier ou un subalterne gêne le bureau, on le mande : il arrive ; on ne sait que lui narrer, on se contente de l'avoir déplacé.

Je demande, sur les dénonciations qui vous sont faites, que Vincent soit arrêté.

Couthon allait inconsciemment plus loin, mais il fit un aveu utile à

1. Le jacobin Sijas attaqué au club sur sa tiédeur en matière de dénonciations, le 22 janvier 94, répondit en attestant ceux qui les lui adressaient qu'il y apportait toute la sollicitude exigée par les circonstances.

2. FABRE D'EGLANTINE : Je demande que le décret d'arrestation que vous venez de porter soit inséré au Bulletin en ces termes :

« La Convention nationale, considérant que c'est par des motifs contre-révolutionnaires que des agents du conseil exécutif ont osé semer le bruit que le résultat des excès et malversations de ces mêmes agents est à imputer à la Convention nationale, décrète que le décret d'arrestation qu'elle vient de prononcer contre Vincent, secrétaire-général de la guerre ; Ronsin, général de l'armée révolutionnaire, et Maillard, soi-disant agent de police militaire, sera inséré dans le Bulletin. »

La Convention adopta cette rédaction.

3. On avait perdu la trace de l'exécuteur des Massacres de septembre 92 ; la voilà retrouvée. Il continuait comme agent du Comité la série de ses forfaits en province !

II. — Représentants.   22

retenir : l'intrusion d'anti-révolutionnaires, d'étrangers dans les fonctions publiques. Il accusait les *ultra-révolutionnaires* d'organiser la
contre-révolution ou tout autre mouvement particulier à la faveur duquel ils comptaient s'emparer du pouvoir. Puis il attestait les trahisons
possibles jusque dans la direction suprême de la République. Qui
dirigeait ? Vincent aux bureaux de la guerre, Hébert dans la presse
démagogique. « Nous forcerons bien la Convention d'organiser le gouvernement aux termes de la constitution ; aussi bien sommes-nous las
d'être les valets du comité de salut public (1). » Ce langage factieux
avait démontré comme vraies les affirmations de Couthon ; aussi avait-
on résolu de dresser la *liste* de tous les agents qui composaient les
comités, de prendre des renseignements précis sur leur passé afin de
les lire à la tribune. *Censure et épuration* étaient les deux moyens chers
dès lors aux Jacobins.

IV

Les hommes de lettres comptèrent parmi les plus fougueux démagogues des collègues à éclat. Nul n'égala Ronsin, poète à ses heures.
On a de lui une tragédie intitulée *la Ligue des fanatiques et des tyrans*,
image de sa carrière aux armées (2). Envoyé en Belgique pour contrarier Dumouriez dans ses projets à titre de Commissaire Ordonnateur, les jacobins le récompensèrent à son retour en l'appelant au
ministère de la guerre comme *adjoint*, c'est-à-dire comme directeur
là où il n'y en avait que cinq ; leur petit nombre dit leur importance (3).
Général de l'armée révolutionnaire, objet de discussions retentissantes
aux clubs, il avait présenté ses troupes à la Convention le 20 octobre et
prononcé une allocution.

Depuis que vous avez déclaré le gouvernement en état de révolution,
le peuple s'est élevé à la hauteur de la révolution.

La liberté est partout triomphante...

Si la République est encore troublée par les malveillants, si les
accapareurs cherchent à affamer le peuple, qu'ils tremblent !

1. Témoignage textuel de Lebon à la Convention, même séance.
2. V. aux *Pièces justificatives* le compte-rendu d'une de ses tragédies.
3. Turrean, créé général par lui, ne cessait de dénoncer Marceau et Kléber.

Les hommes du 14 juillet et du 10 août veillent ; ils sont debout, prêts à marcher pour l'exécution des lois révolutionnaires ; ils viennent jurer, entre vos mains, de périr pour l'unité et l'indivisibilité de la république.

Comme président, Charlier avait répondu : Guerre aux aristocrates et aux modérés, vos vertus et votre civisme garantissent que ce but de votre institution sera atteint par vous ! Capitaine le 20 juin, colonel le 3 juillet et général le lendemain, Ronsin était parti pour l'Ouest et s'y était lié avec Rossignol pour perdre l'élégant Biron. On connaît les résultats de cette entente où Bouchotte joua son rôle et se teignit les mains de sang avec ceux dont il se fit le complice. Custine poursuivi et destitué, ces deux noms de l'aristocratie militaire même dévouée à la République ne suffisaient pas à leur ardeur. *Achève*, écrivait-il à Vincent, *achève sur Beauharnais et ses semblables une proscription si nécessaire.*

Ennemi des Mayençais, il suspendit leurs envois de vivres, ne donna que des preuves d'impéritie, fut arrêté, puis, après discussion aux Jacobins et aux Cordeliers qui le réclamèrent, remis en liberté. Proclamé chef de l'armée révolutionnaire, il avait conduit cette bande d'assassins à Lyon et avait révolté les cœurs les plus endurcis par les excès qu'il autorisa ou qu'il dirigea. Dénoncé à nouveau, défendu par Robespierre, par Carrier, reconnu conspirateur, décrété avec Vincent, accablé d'outrages à son tour par les sociétés populaires, il fut condamné à mort. Mais il connut sur ses derniers jours tous les revers de la popularité ; son ancienne armée rédigea une *Adresse* contre lui, malgré les éloges de Collot d'Herbois sur ses vertus ! Robespierre l'avait vivement appuyé.

C'est parmi les sans-culottes, au faubourg Saint-Antoine, que les ennemis de la liberté cherchent à se glisser pour égarer le patriotisme.

Je suis plus en état que qui que ce soit de juger et de prononcer sur les personnes. Une dénonciation avait été faite contre Ronsin. Pourquoi, le lendemain de ce décret, vient-on présenter une pétition pour demander ce qu'elle avait décrété ? Pitt, l'infâme Pitt, dont nous avons fait justice, a l'insolence de se jouer de notre patriotisme ! La pétition faite pour Ronsin, ou qui paraît avoir été faite pour lui, l'a été au contraire pour le perdre. Le but de nos ennemis est de le rendre suspect, en faisant croire que le faubourg Saint-Antoine est disposé à s'armer pour lui.

Son arrestation avait amené Carrier à traiter, au Club des Jacobins, les affaires de la Vendée, le 21 février 94. Il avait résumé d'un trait son appréciation et la profonde perversité des habitants de ce pays. Il avait déclaré pleins de bravoure Ronsin et ses collègues, puis spécifié leur rôle ainsi : les brigands n'eurent jamais d'ennemis plus terribles. La question des *noyades de Nantes* nous appartient par son côté militaire, car elles furent exécutées par un général et nous aurons à produire sur ces faits des documents inédits.

V

Nous n'avons pour juger les séides militaires de Robespierre qu'à rappeler la série d'apostrophes de Bourdon de l'Oise contre Bouchotte et les hommes dont nous venons de parler. *Ce sont eux qui se liguent avec la Commune de Paris pour calomnier et diffamer la Représentation nationale.* Enfin, l'étranger ou l'émigration avait la main dans la leur, Ronsin était aux ordres de Batz. Le rapport d'Elie Lacoste lu le 14 juin 94 à la Convention, restera une des preuves contre les agioteurs en patriotisme et en écus. C'est assez sur ce sujet et les obscurs valets du dictateur.

A l'armée du Rhin, un secrétaire du général en chef trahissant son général écrivait à Robespierre. Le futur dictateur oubliait volontiers qu'il avait protesté à la tribune contre la déclaration de guerre de 1792, mais il n'en accueillait pas moins, par une contradiction singulière, les délations qu'il provoquait aux armées. La lettre du nommé Dergaix est un acte rédigé avec perfidie. Accumulant la prise de Jockgrimm, l'abandon de Landau à ses propres forces, l'avenir qui menaçait Bitche, les risques de Strasbourg, son auteur observait la coïncidence qui régnait entre ces faits, la maladie du général Beauharnais et les attaques de l'ennemi. Il en appelait au Comité de Salut public, il l'adjurait de rassurer les républicains et, se déjugeant tout à coup, demandait que l'on ne changeât pas aussi souvent les généraux en chef !...

DEUXIÈME SECTION

Trois hommes importants ont secondé la dictature de Robespierre par la voie de la presse : Marat, Laveaux, Hébert.

Né en 1743 à Boudry, près de Neufchâtel, *Prussien d'origine*, les débuts de Marat avaient été ceux d'un prétendu savant (1). Devenu médecin à l'âge voulu, il s'était livré à des études psychologiques et physiologiques, dont le résultat avait paru en 1755 sous ce titre : *De l'homme ou de l'influence de l'âme sur les corps.*

En 1773, il publia à Londres, un traité de philosophie où il attaquait Descartes, Malebranche, Helvétius et Voltaire. En 79, l'Académie des Sciences le louait, à Paris et à Berlin, pour ses recherches sur les causes de la chaleur solaire. Mais son orgueil lui fit bientôt appeler *charlatans*, qui ? Newton, Laplace et Lavoisier. D'Alembert et Voltaire le furent aussi.

Médecin du personnel des écuries et de la maison du comte d'Artois cette même année, il publia en 80, à Neufchâtel, un Plan de Législation criminelle. Dès 89, des brochures : « Une Offrande à la Patrie, un Projet de Constitution française, les Vices de la Constitution anglaise, l'Ami du Peuple. »

Dès son arrivée à Paris il s'était fait attacher à la maison du comte d'Artois et avait contracté d'étroites liaisons avec la plupart des personnages de la Cour. Le duc de Choiseul-Praslin, notamment, l'avait patronné auprès de Voltaire. Ce dernier l'avait deviné en l'accusant « de prodiguer le mépris pour les autres » et avait terminé son article par cette conclusion : « On voit partout Arlequin qui fait la cabriole pour égayer le parterre. » Marat n'avait pas accepté ce coup sans riposter et avait traité son juge d'adroit plagiaire.

1. Pour connaître ce que pensent les vrais savants des découvertes de cet espion, il faut lire l'*Histoire des mathématiques* par Montucla, t. III, p. 594. Or, c'est l'illustre Lalande qui a dit ce qu'il fallait en croire.

Mis en goût par cette virulence, il s'en prit aussitôt à Newton dont la gloire offusquait ses premiers pas dans l'expérimentation des sciences physiques. Il ne put plus appeler le glorieux savant un écrivain scandaleux comme Voltaire, mais se dédommagea par une série de Mémoires sur l'optique. Son protecteur auprès de l'Académie des Sciences les lui transmit, M. de Maillebois. Quel fut le langage de l'Institut ? Ces prétendues expériences (dit son rapporteur), destinées à renverser celles de Newton, n'avaient absolument *aucune valeur scientifique* ! Marat devait se souvenir de cette appréciation, elle dicta la sentence qui envoya Bailly, son auteur, à l'échafaud.

Repoussé à Lyon, malgré l'intervention du duc de Villeroy, malgré le prix qu'il avait fourni lui-même sous un nom supposé, il refusa de se soumettre et a mérité qu'un prince de la science écrivit sur lui cette condamnation scientifique :

« A partir de ce moment, dit Arago, Marat devint l'ennemi acharné des corps scientifiques de l'univers entier, de quiconque portait le titre d'académicien. Mettant de côté toute honte, il ne se fit plus connaître que par des expériences imaginaires, que par des jongleries : témoin ces aiguilles métalliques que Marat avait adroitement cachées dans un gâteau de résine, afin de contredire l'opinion commune sur la non-conductibilité électrique de cette substance... Chez les hommes du tempérament de Marat, les plaies d'amour-propre ne se cicatrisent jamais. Au milieu de ses luttes politiques, il trouvait le temps d'écrire des lettres très étendues contre les anciens adversaires officiels de ses mauvaises expériences, de ses absurdes théories, de ses élucubrations sans érudition et sans talent ; des lettres où les Monge, les Laplace, les Lavoisier, sont traités avec un tel oubli de la justice et de la vérité, avec un tel cynisme, que mon respect pour l'Académie m'interdit d'y puiser aucune citation. »

Vaincu sur ce terrain, il s'était réfugié sur celui qui lui parut devoir être plus facile : la presse ; il publia dès 1789 l'*Ami du Peuple*. Ses doctrines causèrent dès le mois de juillet la mort du major de Belsunce qui commandait le régiment de Bourbon. Ce début parut lui indiquer ses préférences, et l'armée lui devint chère pour en niveler les têtes. Il pensait avec Robespierre que *si le général vainc, c'est le soldat qui triomphe !* Nous savons, par son Manifeste de 1791, ce qu'il pensait de la situation, voyons par un simple article ce qu'il avait voulu en 90 :

« Citoyens de tout âge et de tout rang, les mesures prises par l'Assemblée ne sauraient vous empêcher de périr : c'en est fait de vous pour toujours, si vous ne courez aux armes, si vous ne retrouvez cette valeur héroïque qui, le 14 juillet et le 5 octobre, sauva deux fois la France. Volez à Saint-Cloud, s'il en est temps encore, ramenez le roi et le dauphin dans vos murs, tenez-les sous bonne garde, et qu'ils vous répondent des événements ; renfermez l'Autrichienne et son beau-frère, qu'ils ne puissent plus conspirer ; saisissez-vous de tous les ministres et de leurs commis, mettez-les aux fers ; assurez-vous du chef de la municipalité et des lieutenants de maire ; gardez à vue le général, arrêtez l'état-major ; enlevez le poste d'artillerie de la rue Verte, emparez-vous de tous les magasins et moulins à poudre ; que les canons soient répartis entre tous les districts, et que tous les districts se rétablissent et restent à jamais permanents, qu'ils fassent révoquer ces funestes décrets. Courez, courez, s'il en est encore temps, ou bientôt de nombreuses légions ennemies fondront sur vous, bientôt vous verrez les ordres privilégiés se relever ; le despotisme, l'affreux despotisme paraîtra plus formidable que jamais. Cinq à six cents têtes abattues vous auraient assuré repos, liberté et bonheur ; une fausse humanité a retenu vos bras et suspendu vos coups, elle va coûter la vie à des millions de vos frères ; que vos ennemis triomphent un instant, et le sang coulera à flots : ils vous égorgeront sans pitié, ils éventreront vos femmes, et pour éteindre à jamais parmi vous l'amour de la liberté, leurs mains sanguinaires chercheront le cœur dans les entrailles de vos enfants (1). »

Huit mois avant la *fuite de Varennes*, il écrivait que Louis XVI et la famille royale s'enfuiraient à Metz pour tenter de là avec Bouillé une contre-révolution.

A la fin de septembre 91, il partit pour Londres, rentra presque aussitôt à Paris sans avoir franchi le détroit et l'atteignit à la fin de décembre. Il y séjourna jusqu'au début d'avril 92, attendant le mot d'ordre des *Loges maçonniques* d'Écosse.

Le 10 août, il entra définitivement en scène par un placard qu'il fit afficher dans toute la capitale. Il y donnait au peuple le conseil de décimer les ministres, les députés, les généraux.

Effrayé un instant de son œuvre, lors des *massacres de septembre*, il déclara dans son journal, le 12, que c'était un « événement désastreux, » moyen de s'innocenter un jour et de poser en rival de Danton

---

1. *Moniteur* du mois d'avril, article lu à l'Assemblée nationale par Malouet et dénoncé par lui.

comme de Robespierre. Lorsque la Convention l'eut décrété d'arrestation par appel nominal et motivé, comme pour Louis XVI, le 14 avril 93,
malgré Danton, la Commune de Paris envoya son maire demander la
tête des Girondins au nom des Sections (1).

Marat était trop fin, trop avisé pour ne pas avoir prévu l'accusation
d'obéir à un *système* comme à un *programme* concerté d'avance, tant
son œuvre l'effrayait lui-même par l'étrangeté de ses infamies ! Aussi
a-t-il traité la question. Mais, payant d'audace, il n'a visé que la Politique intérieure, c'est-à-dire les partis. Naturellement il sort triomphant
de son habile exposé, car il a tu avec soin ses *voyages* réitérés à Londres, qu'on doit appeler voyages énigmatiques d'abord, voyages
d'espionnage de leur nom vrai et qui rappellent, sans analogie aucune
par l'immensité du talent, ceux de Voltaire à Berlin et à Londres.

Et à qui, de grâce, serais-je vendu ? s'écrie-t-il en janvier 90. DÉJA !
pourrait-on répliquer. La Révolution de 89 n'a pas une année d'existence, et Marat déclare qu'il n'est pas un vendu ! Mais nul ne s'est
défendu alors ni plus tard, parmi ses adversaires et parmi ses amis,
d'un pareil soupçon ! Ce soupçon, seul il l'a. Pourquoi ? Parce que sa
conscience, parce que les périls qu'il court, parce que son intérêt lui
crient qu'il n'est qu'un misérable. Hélas ! parmi ses adversaires, nul
ne songea jamais à lui reprocher son titre d'Etranger, de Prussien ! (2)

Se posant à lui-même des objections trop faciles, il ajoute avec
emphase une litanie de questions peu embarrassantes en vérité. Sa
victoire n'est que d'apparence; la preuve, on va la fournir.

Est-ce à l'*Assemblée nationale* ? Il n'a jamais cessé d'être injuste pour
elle. Est-ce à la *couronne* ? Mais il excite tous les jours les émeutes
populaires, sauf à se cacher dans les caves de ses amis. Est-ce au
ministère ? Il le déclare sottement l'ennemi né du peuple. Est-ce aux
princes ? Il veut leur rentrée pour les perdre. Est-ce au *clergé* ? Il prêche,
en huguenot féroce (3), sa spoliation territoriale en attendant de le
punir dans les personnes. Est-ce à la *noblesse* ? Il a pour elle les

---

1. Danton protesta en ces termes : « N'entamez pas la Convention ». Marat fut
acquitté le 24 avril par le tribunal révolutionnaire à l'unanimité. Un mois plus
tard, les Girondins montaient sur l'échafaud, victimes d'une éloquence inerte, de
compromissions navrantes, et de leur conduite dans le Procès du roi.

2. La *franc-maçonnerie* dans ses loges, à l'étranger, a exercé sur certaines
périodes de la Révolution et certains de ses chefs *une influence prépondérante et
déterminante*.

3. La question des *Protestants* ne le concernait à aucun titre, puisqu'il était
étranger.

mêmes vues. Est-ce aux *Parlements ?* La haine contre la justice l'anime. Est-ce aux *financiers ?* Il ne voit en eux que des escrocs sans distinction aucune. Est-ce aux *capitalistes ?* Il leur reproche sa pauvreté jouée de bouffon sinistre. Est-ce à la *municipalité ?* Non certes, il lui prédit la Commune et son règne. Est-ce à la *milice nationale ?* Il entend qu'on la réorganise au profit de ses amis à lui.

Reste donc le *peuple.*

Mais le peuple n'achète personne, dit-il avec une sincérité qui ne saurait abuser! « Et puis, pourquoi m'acheter ? Je lui suis tout acquis: me fera-t-on un crime de m'être donné ? » Le tableau de ce Tartufe prussien est complet, hors de la seule question qui nous intéresse : *l'espionnage.*

Il accusait les Girondins avec toutes les fureurs de la haine, comme Hébert l'Autrichien, d'avoir corrompu le pays à prix d'or. Dans quel but ? De couvrir la France de leurs espions.

« Frères et amis! mes collègues de la Montagne dorment : que font les Jacobins ? Attendent-ils que les six millions qui viennent d'être remis par les hommes d'Etat au Conseil exécutif pour soudoyer des espions et pervertir l'esprit public, aient produit leur effet, avant de demander à grands cris l'acte d'accusation contre l'Ami du Peuple ? »

Insouciant de l'avenir, Marat rappelle les types d'Aristophane et de Molière, ont dit ses admirateurs ; c'est une erreur absolue.

On m'appelle, écrit-il, un original inconcevable. Et à la faveur de ce mot, plein de ruse plus qu'il n'a d'esprit, il ajoute : Je n'ai ni place ni pension ; jamais je n'en solliciterai et n'en accepterai jamais,

Oui, la cause est entendue, et elle l'est contre Marat comme elle l'a été contre Robespierre, à sa honte, à son déshonneur (1).

Ses aventures avaient été diverses. Décrété de prise de corps, il avait

---

1. Trois semaines après la mort du misérable, on joua sur le théâtre des Variétés amusantes l'Ami du Peuple (ou la Mort de Marat), fait historique en un acte, suivi de sa pompe funèbre.

Charlotte Corday y prononçait l'anathème suivant :

« Voilà donc le jour de ma vengeance arrivé ! Aujourd'hui, je délivrerai ma patrie du monstre qui la gouverne. En poignardant Marat, je porte l'épouvante dans le cœur de ses complices, je satisfais ma vengeance et j'assure la félicité des Français. »

L'audace de cette apostrophe atteignait jusqu'à être une provocation. L'imiterait-on de notre temps ? J'en doute.

Vatel (dans *Charlotte de Corday et les Girondins*) a compté 29 pièces sur cette héroïne dont 18 en français, 8 en allemand, 2 en anglais et 1 en danois.

Lagrange-Chancel est resté connu dans la tragédie par *Sophonisbe.* Il a placé

obtenu que le *district des Cordeliers* le prit sous sa protection ; la succession de ses écrits, réputés *incendiaires*, l'ayant à nouveau fait arrêter, il s'était enfui. Dénonciateur des pouvoirs établis, de Dumouriez surtout, dont il redoutait le génie et l'épée, il avait pu parvenir à la députation par ses excès mêmes. Danton et Cambon l'avaient attaqué à leur tour ; il couvrit Robespierre sur le projet de *dictature* en s'en déclarant l'auteur ; l'histoire n'accepte pas cette fausse culpabilité que dément la continuité de leur carrière réciproque. Violent au-delà de toute expression contre les Girondins et leurs généraux, plus tard contre ceux qui n'avaient pas imploré son appui aux Armées, dénonciateur sans loyauté, ivre de carnage au dedans et au dehors, au point de demander, le 6 avril 93, cent mille otages parmi les parents des émigrés, plus tard deux cent mille têtes , la lecture de ses diatribes ferait rougir, si Barère ne l'avait accusé de *comédie !*

Marat, agent de Pitt et du comte de Provence pour ensanglanter la Révolution en la déshonorant, pourrait paraître invraisemblable (1) si on n'avait, par l'histoire générale, des preuves autrement cruelles pour l'honneur des cabinets et de la diplomatie du XVIIIᵉ siècle.

Qui ignore parmi les écrivains sérieux que le baron de Thugut, vice-chancelier du Saint-Empire et conseiller intime du comte de Kaunitz, *recevait du cabinet de Versailles une somme* (2) *de vingt mille livres de pension annuelle* sur la cassette de Louis XV !

Qui l'eût cru ? Marat, malgré son traitement secret d'espion, toujours en quête d'argent pour solder ses agents, *Marat a été un voleur* vulgaire. On le prouve dès le 10 août 92. Qui l'a constaté ? Henri Martin, en ces termes : « Marat n'avait pas attendu cette décision pour mettre la

---

dans la bouche d'Asdrubal, père de cette princesse, les vers suivants qui sont la morale politique de la mort de Marat, succombant sous le poignard :

> Songez qu'il est des temps où tout est légitime ;
> Et que si la Patrie avait besoin d'un *crime*
> Qui pût seul relever son espoir abattu,
> Il ne serait plus crime et deviendrait *vertu*.

Ne croirait-on pas, si cette pièce n'avait été jouée en 1716, qu'elle était écrite en 1794 pour venger la noble Charlotte Corday de son supplice ?

1. V. aux pièces justificatives l'extrait des *Mémoires* de Barère.

2. Cette révélation a été imprimée en 1793 et le nom illustre de l'écrivain comme les preuves qu'il en donne n'autorisent aucune protestation, M. de Ségur. Il ne s'en est produit aucune à Vienne.

main sur une partie des caractères de l'Imprimerie royale (1) », après la confiscation des presses du parti royaliste.

Le bras d'une femme, presque une jeune fille, délivra la France de l'auteur de tant de crimes.

Il y avait eu un moment où Danton avait voulu se séparer de Marat et l'écraser. Ce fut Camille Desmoulins, superbe pamphlétaire mais pauvre esprit politique, qui l'en empêcha. Toujours dévoué à Robespierre, qui l'immola avec joie, il trouva la funeste explication que voici : « Tant que nous aurons Marat avec nous, le peuple aura confiance dans nos opinions, et ne nous abandonnera pas ; car au-delà des opinions de Marat, il n'y a rien. » Oui, certes, il n'y a que le néant dans le crime ! Pour Camille, il dépassait tout le monde et nul ne pouvait le dépasser. Le libelliste se trompait ; Robespierre réalisa ce qu'avait voulu l'espion prussien, un martyrologe insensé. Fouquier-Tinville à Paris, Carrier à Nantes, Lebon à Arras, Fréron à Marseille, Fouché à Nevers, Collot à Lyon, Saint-Just à Strasbourg, Maignet à Avignon, leurs complices partout surent l'accomplir.

Avec Camille Desmoulins, nous n'avons pas à craindre, malgré l'emportement et la fougue de son talent à la fois généreux et ironique, versatile et éloquent, les malheurs causés par Marat. Uni à Maximilien depuis l'enfance, Camille ne resta que trop sous son joug, mais dans l'ordre politique seul. Il respecta l'armée, et ce fut pour avoir voulu la servir qu'il fut décrété. Le prétexte ? Son article en faveur du général Arthur Dillon.

Dans la prétendue conspiration des prisons, Arnette de l'Epinois, sous-lieutenant des dragons de la reine, fut condamné à mort pour avoir confié à un ami de Dillon, M. de Castellane, qu'un complot avait été formé pour délivrer Louis XVII. Or, celui qui devait accomplir cette libération, c'était Marat. On eût remplacé la Convention par une autre assemblée. Le 10 avril 94, on punit la parole de 93 (2).

II

Laveaux, de Troyes, avait rédigé le *Courrier de Strasbourg* avant de se rendre à Paris. En avril 93, il avait fondé une nouvelle publication, le *Journal d'instruction civique et politique*, et l'avait dédié « aux

---

1. Hist. de Fr. depuis 1789, t. I, ch. 12, p. 328.
2. *Hist. du Trib. révolut.*, par Wallon, t. III, ch. 30, p. 204.

citoyens de bonne foi. » Contre les déchirements des factions, y lisait-on, l'instruction est le seul remède; c'est le but de l'auteur. En attendant que les législateurs aient répandu sur la France le bienfait d'une éducation nationale, il discutera sur l'homme isolé, sur la formation des premières sociétés, sur les causes qui ont détruit ou vicié les premiers gouvernements et la partie littéraire de son œuvre instruira sans excéder la portée des intelligences (1).

Si Laveaux fût resté fidèle à ce programme, il n'aurait suscité aucune colère; mais cette feuille ne lui avait pas suffi. Sa périodicité par quinzaine lui laissant des loisirs, il les avait utilisés en écrivant dans le *Journal de la Montagne* qui rivalisait avec les plus avancés. Custine s'en était plaint formellement le 30 juin 93. Robespierre l'excita à poursuivre ses perfidies quand même. Aussi, le *Bulletin de l'Armée du Nord* distribué aux troupes, renferma-t-il la protestation suivante :

« Sur la demande expresse du général d'armée, les Représentants ont consenti à faire lire à tous les soldats les calomnies insérées dans différents journaux, notamment dans celui rédigé par Laveaux, *Journal de la Montagne*.

» Les soldats liront avec indignation l'article qui regarde leur général en chef. La fausseté des faits doit fixer leur jugement sur cette pièce atroce, qui inculpe avec le général le représentant Haussmann (2).»

Repoussé de sa collaboration à la fin de septembre, Laveaux exposa ses persécutions au Club des Jacobins, les colères de Vincent, son adversaire spécial, démêlé à la suite duquel il avait perdu sa place de chef de bureau au ministère de la guerre. Bouchotte l'avait donnée, Bouchotte l'avait retirée. L'imprudent littérateur avait appris à Vincent qu'il le savait avoir volé autrefois des couverts d'argent chez un nommé Perrin ci-devant avocat au conseil. Vincent avait protesté en arrêtant l'avocat qui, pour obtenir sa liberté, avait déclaré qu'il ignorait ce dont on parlait. Mais Bouchotte avait écrit une lettre d'expulsion à Laveaux (3).

1. Professeur de langue française à Bâle, à Stuttgard et à Berlin. Voilà le passé. Le libraire Treuttel, de Strasbourg, lui confia en 91 et 92 son journal, mais il fallut la guillotine.

2. Ce document était signé par le chef de l'état-major général et explique les poursuites exercées ultérieurement contre son signataire, le général Desbrulys. (Du 3 juillet.)

3. Son texte appartient à l'histoire, parce qu'elle atteste les divisions officielles entre les triumvirs et les ultra-révolutionnaires par un acte officiel :

« Citoyen, je vous préviens que les tentatives que vous avez faites pour incul-

Laveaux ainsi frappé ne garda plus de réserves à l'égard de son ancien chef et oubliant le secret professionnel, lui reprocha de violer les lois du recrutement en accordant des *congés irréguliers*. Bouchotte était trop nécessaire à Robespierre pour qu'on pût le sacrifier à ce moment (1). Laveaux tenta de regagner sa popularité en demandant les honneurs du Panthéon pour Chalier de Lyon. Poursuivi par Hébert qui jalousait son talent de rédacteur, il eut à se défendre de ses articles sur la Suisse qu'il jugeait favorables à la République (2). Il avait à peine terminé que Robespierre s'élança à la tribune pour le couvrir en généralisant la question.

« La plus grande vérité qu'on puisse vous dire à cette tribune, c'est que l'on cherche à vous perdre par vous-mêmes. C'était le but et le moyen des fédéralistes, des aristocrates, des puissances étrangères... Divisez les Jacobins, disaient-ils, en suscitant au milieu d'eux des hommes qui les égarent, et répandent le soupçon sur le plus ferme appui de la révolution. »

Laveaux termina le débat en annonçant qu'il renonçait à rédiger le *Journal de la Montagne*. Il attaquait plus tard Hébert directement afin de venger ses insuccès et Vincent, dénoncé par les amis de celui-ci, il échappait par Robespierre au fanatisme de ses ennemis, et après le 9 thermidor se fit oublier en cultivant les lettres anciennes. Le sang de Custine déshonore sa mémoire (3).

III

Nul n'abusa des mots *factions criminelles* ou *les plus purs patriotes*, qu'Hébert.

Nous savons par l'apostrophe de Camille Desmoulins et par les preuves

per le patriote Vincent, secrétaire-général de la guerre, qui reste pur, malgré les efforts des malveillants, parcequ'il l'a toujours été, ne me permettent plus d'avoir la même confiance dans vos travaux à l'administration de la guerre. Vous voudrez bien cesser vos fonctions à compter de ce moment, et vous regarder comme ne faisant plus partie de l'administration. »

1. Séance du 4 octobre.

2. Séance du 9 novembre.

3. Voici sa déposition sanguinaire :

« J'ai toujours remarqué dans la conduite de l'accusé la même marche que dans celle du traître Dumouriez. Pendant que celui-ci s'avançait dans la Belgique,

qui l'appuyèrent, la nature des services de cet écrivain faussement épileptique. Il avait osé accuser Robespierre en personne au club des Jacobins, et l'avait signalé à la vindicte du parti de la Commune de Paris pour son modérantisme. Celui-ci n'usait pas moins de son influence dans l'armée pour y accomplir son œuvre désorganisatrice, tout en se promettant de l'abattre au jour marqué, par son habileté ou ses intérêts (1).

Orateur préféré du conseil général de l'Hôtel-de-Ville, Hébert insultait la représentation nationale sous forme d'adresse à la Convention selon les circonstauces politiques. Le 4 juin 93, il lui déclara que la guerre n'était qu'un champ d'intrigues parce qu'on en avait dénaturé le caractère, et poussa l'audace jusqu'à l'insolence. Un extrait dira ce que fut cette littérature qui infectait les camps par ordre de Bouchotte ouvertement, et par la volonté du dictateur secrètement :

« Nos journaux vendus à nos ennemis, le secret de nos opérations ministérielles divulgué aux cabinets de Vienne et de Londres, les administrations corrompues, un système de modérantisme établi dans tous les départements, l'opinion publique pervertie, les patriotes calomniés, persécutés, victimes de mouvements contre-révolutionnaires réitérés, le crime impuni, le fanatisme encouragé, la guerre civile alimentée dans plusieurs parties de la république, la Convention nationale, seule et dernière espérance de la patrie, livrée aux fureurs des

---

Custine s'avançait dans l'Allemagne ; quand l'on évacuait la Belgique, l'autre faisait ce qu'il appelait une retraite. Dumouriez a fait massacrer nos frères à Jemmapes, Maéstricht et Nerwinde ; Custine les a fait périr à Francfort et les a lâchement abandonnés dans la ville de Mayence. Dumouriez a livré aux Autrichiens les représentants du peuple à l'armée du nord ; il n'a pas tenu à Custine par l'ordre qu'il a donné le 30 mars que les Prussiens ne s'emparassent de ceux envoyés près l'armée du Rhin (24 août 93).

1. Citons une curiosité sur ce misérable, relative à son journal et aux partisans de la guillotine dans les camps.

« Lit-il le Père Duchêne ? dans la rue du Temple, au coin de la rue Notre-Dame de Nazareth, voilà un café qui a écrit sur son enseigne en belles lettres jaunes : Café de Jean-Bart et du Père Duchêne. Est-il maratiste ? il sera le bienvenu au café de l'Echelle du Temple ; au café de Choiseul, place de la Comédie italienne, dont le limonadier, le sieur Chrétien, est connu pour ses discours au Champ de Mars ; et à l'ardent café du Pont Saint-Michel dont le maître, Cuisinier, mènera Charlotte Corday à l'Abbaye. ...Ami de Robespierre ? le café Beauquesne est là, le rival en patriotisme du café Procope. Est-il dantoniste ? il sera en pays de sympathie à la porte Saint-Antoine, au café Gibet ; ou en bas du Pont-Neuf, au café de Charpentier, beau-père de Danton.. » (Hist. de la société franç. pendant la Révol. ch. VIII, p. 209).

partis : tel est, mandataires du peuple, l'affligeant tableau de la. France.
Tels sont les maux qui nous accablent, et auxquels vous devez apporter
un prompt remède, si vous ne voulez périr vous-mêmes sous les ruines
du temple que vous deviez réparer.

» Cette grande cité, le berceau de la république, forte de sa grande
population, plus forte encore par ses lumières et par le civisme de ses
habitants, est un objet de terreur pour les ennemis de la république.
Tant qu'elle subsistera, les efforts des brigands contre nous seront
nuls. Ils le savent ; aussi se vantent-ils de n'y pas laisser pierre sur
pierre, de réduire ses habitants à manger le plâtre de leurs maisons ;
leur premier vœu, disent-ils, est que l'on cherche un jour, sur les rives
de la Seine, le lieu où exista Paris. »

Les protestations contre l'œuvre de ce démagogue parvinrent dès le
début de sa publication au ministre de la guerre, mais Bouchotte n'en
tint aucun compte. La lecture d'une seule des dépêches reçues par lui
des armées, nous apprendra l'accueil que son journal reçut dans les
états-majors, plus pressés de combattre et de s'illustrer en sauvant les
frontières que de discuter.

Le général de division Tourville (1) écrivit le 26 juillet de Maubeuge
en des termes que nous ne pouvons suppléer :

Citoyen ministre, je vous envoie le n° 262 de cet Hébert masqué sous le nom du
père Duchesne, visiblement payé par les ennemis pour tout désorganiser. Vous en
jugerez vous-même si vous avez la patience de lire un aussi sale écrit ; vous jugerez s'il n'est pas infiniment dangereux qu'il circule dans l'armée. Cet homme a
réussi, les instructions de Cobourg portaient sans doute de faire éloigner Custine,
le seul général que nous eussions, et qui, en moins de deux mois, était parvenu à
discipliner et à instruire l'armée, qui, avant lui, était dans l'indiscipline et l'ignorance.

Cet Hébert a sans doute aussi dans ses instructions de conjurer la perte et la
proscription de tous les citoyens restés fidèles à leur poste, parce qu'en les pros-
crivant, les ennemis se trouveront débarrassés des généraux, des têtes de corps,
des ingénieurs, des artilleurs, des marins, etc., remplacés par des gens non instruits. Dès ce moment la nation est livrée pieds et poings liés. Les ennemis
entrent en France, la constitution est anéantie et la nation retombe sous le joug
du despotisme et sous le poids des vengeances. N'est-il pas à craindre que les
généraux étant proscrits, ne trouvant aucun asile, n'aillent porter chez les ennemis leurs connaissances et leurs ressentiments ? C'est l'espoir de Cobourg et le but
des insinuations d'Hébert. Veuillez peser ces conséquences et empêcher les maux
irréparables qui peuvent en dériver.

1. Tourville était marquis et fit la guerre de la Révolution avec talent. Sa lettre
montre combien il sut rester digne de son grand nom.

Tout permet de supposer que Bouchotte ne lisait aucune de ces plaintes. Les séances de la Convention attestent les appels réitérés de certains membres à une modération que tout conseillait, la diplomatie et la discipline militaire. La chute d'Hébert et sa mort délivrèrent l'armée d'un agent de dissolution, et Robespierre d'un client devenu un rival par l'appui de la Commune (1). Le 12 mars 94, Saint-Just avait obtenu son arrestation ; le 21 mars, commençait un procès retentissant. Trois jours plus tard, Vincent mourait en convulsionnaire, Hébert défaillait.

TROISIÉME SECTION

Malgré la proclamation de l'unité, la République offrit le spectacle des dissensions et des divisions partout. Les partis, les factions y eurent une part prépondérante, mais le fait n'en est pas moins patent. L'anarchie de la Commune s'étendit avec les Clubs et les Sections à toute la capitale, à certains moments aux pouvoirs publics. Le Triumvirat fut la période de son apogée.

La police ne pouvait échapper à son action, bien au contraire. Par le dictateur, elle tenta d'être l'organe infaillible des volontés gouvernementales, puis se dédoubla au profit d'un seul : Robespierre.

Une série d'agents, les uns connus, les autres ignorés, furent les instruments de ses haines, de ses combinaisons, de son but secret. Tous sont également méprisables, l'œuvre du maître raconte celle de ses séides. Les moyens employés par eux valent-ils qu'on s'y arrête ?

Nous retracerions la conduite de quelques-uns d'entre eux, les chefs comme Héron, Payan aîné, Vadier, si leurs intrigues n'avaient été dévoilées dans les écrits publiés récemment sur le 9 thermidor d'après les papiers des Archives Nationales. Henriot, Collot le belge, l'ita-

1. Il y eut entente, a écrit Mignet. Robespierre livra les Dantonistes, le Comité livra les Hébertistes ...mais tout profita au dictateur, car les premiers seuls étaient des compétiteurs. La Commune n'avait pour elle que l'ignorance, la lie de la populace. Va-t-on contester Mignet ?

lien Dufourny et l'espagnol Gusman agissaient publiquement soit dans les faubourgs, soit dans les sociétés populaires. Leur rôle, quant aux étrangers, était défini le 7 thermidor ainsi : *agents du parti de l'étranger*, et appartient à l'histoire politique. Nuls documents n'ont détruit ces assertions, aussi ne voyons-nous aucun intérêt à spécifier les moyens par eux employés.

Sénart, agent du Comité de Sûreté générale, a écrit ce qu'il fallait penser des hommes qu'il avait vus de près et qui n'avaient pu par leur confraternité que lui céler peu de chose comme services rendus. Sans avoir vécu dans la confidence de chaque acte Sénart a jugé sur preuves et il en a fourni de terribles. Ce qu'on a pu découvrir depuis n'a guère augmenté l'attrait de ce qu'il avait indiqué ou déclaré.

Nul n'a mieux connu Héron qui jouit de son vivant d'une réputation exacte. Il fut l'assassin en effet des prisonniers d'État transférés à Versailles. Sa finesse et sa ruse lui avaient valu de devenir le chef et l'agent principal du Comité dans tout ce qui était relatif aux arrestations et à l'espionnage. Intrigant, il savait arracher à ses victimes leur nom, leur situation et leurs relations. Il avait environ vingt sous-chefs à ses ordres et ceux-ci commandaient à des bandes organisées en compagnies dont les membres avaient pour emploi de dénoncer et d'arrêter. Voilà l'élément le plus pur de la police dictatoriale. Sénart l'a définie en ces termes :

« Chaque homme de cette troupe était un mouchard aux ordre des Comités de Sûreté générale, sous la direction du chef Héron. *Robespierre* l'employait pour surveiller le Comité de Sûreté générale, et, de son côté, le Comité de Sûreté générale s'en servait pour surveiller le Comité de Salut public. Héron faisait suivre tous ceux qu'on lui avait désignés, tellement qu'aucune victime ne lui échappait, et si par raisons ou par circonstances il laissait quelqu'un libre, celui-là n'avait que l'ombre de la liberté. »

« Vadier, de son côté, employait pour espionner Robespierre un intrigant connu qui, par une double perfidie, espionnait aussi pour le Comité de Sûreté générale, affectant de l'exactitude vis-à-vis de l'un comme vis-à-vis de l'autre. Mais cet agent, plus attaché à Robespierre qu'à Vadier, trompait facilement celui-ci et savait plus directement les secrets du Comité. »

Des agents nombreux étaient envoyés dans les départements. Il ne manquait plus qu'un crime, empoisonner l'instruction publique; Payan a passé

plusieurs jours à faire des circulaires de contre-révolution et à inonder
les départements des opérations de Robespierre. Nous avons la preuve
acquise cette nuit, que les circulaires sont parties, que plusieurs départements seront égarés par ces suggestions, et que Payan a disparu en
disant qu'il se rendait au Comité de Salut public.

Au 9 thermidor, Payan dénoncé à la tribune paya de sa vie ses atro-
cités.

Parmi les séides, il faut citer en province Lacombe de Toulouse,
devenu, de maître d'école, président du *Tribunal révolutionnaire* de
Bordeaux. Appelé à ce poste par Tallien, Baudot, Ysabeau, Lacombe
fit guillotiner jusqu'à trente personnes par jour. Il imposait ses jugements par ce mot : *Le tribunal est fixé sur ton compte.* Après la chute
du tyran il fut exécuté ; le peuple arracha son cadavre aux bourreaux
pour le traîner à travers les rues et le déchirer tout sanglant !...

Dépositaire de secrets compromettants, familier avec les montagnards
célèbres, affilié à leurs conciliabules, Héron plus heureux que d'autres
avait bravé deux décrets d'arrestation (1). Envoyé devant le tribunal
criminel d'Eure-et-Loire, l'amnistie de brumaire arrêta son procès
quoiqu'il eût été commencé. Ce criminel de faubourg connaissait les
hommes qui l'accusaient jusque dans leurs replis les plus cachés ; sa
vie paya son silence. Elle prive l'histoire de révélations utiles, peut-être
de scandales sur certains noms et les mobiles réels quoique secrets de
certains crimes ! (2)

Robespierre avait envoyé des agents dévoués en province pour y
perdre Carnot, Legendre, Tallien et Bourdon de l'Oise ; persécuteur
dans les départements par ses calomnies, provocateur à Paris par ses
gémissements et ses feintes, il préparait de longue main ses victimes (3).
Confiant à chacun de ses affidés un mot d'ordre différent (4), il s'efforçait

1. Le 23 mars 95, Clauzel disait à la Convention

« Trois fois Héron fut décrété d'arrestation, et deux fois le comité de Sûreté
générale vint dire que ces décrets étaient une calamité publique, et ils furent
rapportés. La troisième fois il tint, parce que Couthon le proposa au nom de
Robespierre. Le 9 thermidor, celui-ci défia les membres des comités de prouver
qu'il eût jamais voulu faire décréter d'accusation les soixante-treize ; personne
n'osa se lever. »

2. Voir aux *Pièces justificatives* les témoignages confirmatifs de Sénart pour lui ;
pour Payan, Louvet, Legrand et Lerebours.

3. On peut consulter sur ces faits la *Révolution de Thermidor* de M. d'Héricault,
aux chapitres 3 et 5.

4. On écrivait de Nimes, le 7 août 94, que les Catilinas de Paris avaient des

de gagner ou de former tour à tour l'opinion. Il établissait des courants
et des contre-courants pour en attester l'expression aux Jacobins ou à
la Convention (I).

II

Le Comité de Salut public ne se borna pas à frapper les généraux
malheureux ou timides, malhabiles ou imprudents. Il exposa le salut
du pays et les destinées tout au moins militaires par le rôle de certains
généraux patriotes. La responsabilité entière en revient à Robespierre
et n'appartient qu'à lui. Il imposa des généraux patriotes ainsi nommés
à raison de la virulence de leurs opinions; tous incapables; aux
Pyrénées, au Nord, en Vendée, à Toulon, partout ils donnèrent le
double spectacle de leur ignorance dans l'art de la guerre et de leur
insolence. Si les premiers devenaient par le décret du 17 septembre
des *suspects* et augmentaient à ce titre le nombre des prisonniers, les
seconds trouvaient des grades, des honneurs, la fortune dans leurs
fonctions, prix de leur vérosité. Parmi ceux-là Robespierre triait ses
victimes, cherchant toujours, malgré la victoire, le *dictateur militaire
de l'armée* qui pourrait arrêter sa *dictature civile* sans jamais le trouver.
Par les derniers, il rabaissait le généralat et les armées, mise en
œuvre de ce reproche fait à Barère de trop mousser les victoires. De
là Ronsin et Rossignol, Dufresse et Boulanger, Doppet et Carteaux,
Santerre et.... Pichegru, observateur légal du civisme de l'immortel
Desaix !

Les dénonciations étaient devenues un *système ;* elles n'avaient épar-

---

Délégués en province. « L'on ne peut s'imaginer jusqu'à quel point ces cannibales
étaient insatiables de crimes, de meurtres et d'horreurs. » On les accusait d'avoir
« épuisé le code de la scélératesse ancienne et moderne ». Leur disparition faisait
renaître à l'existence et à la liberté. Eh bien ! ces témoignages du temps n'existent pas pour le publiciste M. Hamel.

1. L'un des émissaires et délateurs à l'Armée d'Italie a laissé sur l'ensemble de
ses collègues un acte qui permet de les juger tous par celui qu'on va lire. Lafont
était juge dans un tribunal militaire de cette armée. Il écrivit au dictateur que les
officiers étaient tous nobles et qu'ils conspiraient pour faire succomber les soldats !
A ce langage de scélérat, Lafont ajoutait cette affirmation odieuse : « Le soldat,
vainqueur toujours par ses propres directions, a prévu tout, paré à tout et rendu
vaines les spéculations perfides des officiers supérieurs. » Avec de telles théories, on
comprend la facilité avec laquelle on remplissait les prisons.

gné aucune des illustrations, dès le début des opérations militaires. Si Masséna fut assez heureux pour y échapper ainsi que Gouvion-Saint-Cyr, il n'en fut pas de même de Kléber et de Marceau.

Rossignol dénonça les deux héros le 14 décembre 1793.... où? au Comité de Salut public. Le dictateur y dominait en maître et se promettait de faire tomber la tête de Kléber. Celui-ci était dénoncé de tous côtés par ses soins pour sa dignité hautaine; son génie était apparu à Carrier comme le bras vengeur d'une politique humaine et tolérante. Ce Marat en mission lança alors un de ses intimes et crut que la prison du Bouffé s'augmenterait de Kléber et de Marceau unis dans la persécution, comme ils l'étaient dans les camps.

La dépêche accusatrice de Rossignol, concertée, la voici dans sa teneur; le lecteur en observera la partie qui s'étendait à tous leurs collègues de l'*Armée devant Mayence* :

« Lorsque je pris le commandement des armées réunies, j'y remarquai une *ligue* formée par une grande partie des généraux de l'Armée de Mayence, nom qu'elle a beaucoup de peine à quitter. Cette ligue avait pour but de faire perdre la confiance des généraux sans-culottes et de mettre à leur place des intrigants...

Tu m'as *demandé* ma façon de penser sur le compte de Marceau ; en bon républicain, la voici :

C'est un petit intrigant enfoncé dans la clique, que l'ambition et l'amour-propre, perdront.

Je l'ai suivi d'assez près et je l'ai étudié avec mon gros bon sens pour l'apprécier à sa juste valeur. D'après les renseignements que j'ai pris, il était l'ami et le voisin du scélérat Pétion. Il dit hautement que la Révolution lui coûte vingt-cinq mille livres... En un mot, je suis forcé de te dire qu'il inquiète les patriotes avec lesquels d'ailleurs il ne communique pas.

Quant à Kléber, depuis huit jours il est concentré ; il ne dit plus rien au Conseil ; il parle souvent de Dubayet avec cependant assez de prudence pour ne rien laisser apercevoir de leur ancienne amitié. C'est un bon militaire qui sait le métier de la guerre, mais qui sert la République comme il servirait un despote.

Un certain Damas, nommé général de brigade par les Représentants du Peuple, et ne jurant que par l'Armée de Mayence ; un nommé Savary, adjudant général attaché au génie, sont fort liés avec Marceau et Kleber. On ménage la chèvre et les choux, on se bat quand on veut, on fait de même et enfin il est temps de renverser ces projets.

Les soldats sont bons, mais les chefs ne valent rien, et c'est *au nom de la Patrie* que je t'invite à remédier à ce désordre. »

Quel récit ! et quel drame ! Or, celui qui écrivait ces lignes, où le goût de l'échafaud le dispute à l'absence de sens moral, avait suscité deux mois auparavant les plaintes des Représentants.

III

Le parti de Saumur et Merlin de Thionville n'avaient pu taire le cri de leur conscience sur son incapacité. Le 7 octobre, ils avaient protesté en termes qu'il faut retenir, et malgré l'appui occulte de Robespierre on avait dû lire à la Convention leurs dépêches. Elles exposent les moyens employés pour continuer la guerre de Vendée, l'intérêt qu'y trouvait le triumvirat et le but intime du dictateur. Nous avons une accumulation de preuves qui sont la démonstration absolue de la volonté suprême : *continuer à tout prix la rébellion de l'Ouest, fût-ce au prix de la défaite.*

Qui l'a dit ? Merlin de Thionville.

A quelle date ? En 1793.

Gillet et Philippeaux, qui paya de sa vie sa perspicacité et la vigueur de sa conduite, avaient écrit :

Deux armées devaient soumettre la Vendée : l'armée des Côtes du Nord et celle des Côtes de la Rochelle. Le Comité avait dressé un *plan de campagne...* Le 10 septembre nous nous sommes mis en marche. Le 14, *nous étions possesseurs d'une moitié de la Vendée après dix victoires...* Mais un ordre de Saumur faisait battre en retraite et facilitait *la réunion de toutes les forces ennemies.* La garnison de Mayence était vouée à la ruine. On faisait battre quatre-vingt mille hommes par trois mille brigands (1) avec injonction de rentrer à Nantes.

Un courrier apporte aux généraux Canclaux et Dubayet l'ordre du ministre de cesser leurs fonctions et de quitter l'armée ; leur devoir était d'obéir, ils l'exécutent. Rossignol n'est point arrivé ; Léchelle, pour l'armée de l'Ouest, ne peut être rendu, d'ici à plusieurs jours. Il en résulte que les opérations sont paralysées. Quel triomphe pour Pitt ! Nous sommes cernés !

Nous ne parlons point du dénûment des troupes. Il est démontré que nous avons exécuté le plan de campagne, et que les généraux de l'armée des Côtes de La Rochelle ont agi en sens contraire. Quel a été le but de cette manœuvre ? Assurer le triomphe des rebelles.

---

1. Le général duc d'Aumale a qualifié de *hordes* les troupes envoyées après les Mayençais, et attribue à leurs *excès* la prolongation de la *guerre civile* qu'il appelle dès cette date la *chouannerie.* — (*Institut. milit. de la France,* II, p. 78.)

Il importe que vous sachiez que si la guerre de la Vendée n'est pas finie dans cette campagne, la faute n'en peut être attribuée aux braves soldats de l'armée de Mayence : les faits parlent, les preuves existent au comité. Jugez et punissez les coupables (1).

Merlin, de son côté, lançait cette apostrophe dans une dépêche spéciale : *Si Rossignol n'avait pas dérangé nos projets, c'en était fait de la Vendée.*

Ronsin et Santerre, quoique passés sous silence, eurent leur part de responsabilité dans le désastre militaire (2) comme ils avaient leurs Instructions secrètes, orales sans doute, du dictateur avant de prendre leurs commandements respectifs.

Canclaux et Aubert-Dubayet, éloignés à titre de *nobles* mais en réalité pour atteindre une prolongation d'anarchie dans l'Ouest, s'étaient vengés par une victoire. Kléber avait pris le commandement en chef des mains des Représentants, et Léchelle, dompté, s'était contenté de recevoir sa solde sans paraître jamais sur le champ de bataille. Quant à Rossignol, il demandait les têtes des Mayençais !

IV

Le beau-frère de Fréron, le général Lapoype, n'était pas épargné malgré sa parenté et ses services. Bonaparte et lui avaient été envoyés à Marseille après la reddition de Toulon par le Comité de Salut Public. Le but était de mettre notre premier port commercial à l'abri des croisières anglaises qui entretenaient dans cette ville soumise mais non domptée des intelligences. On s'entendit pour relever le fort Saint-Nicolas qu'avaient démoli les patriotes, Granet protesta en son nom et de la part de Maignet, en mission dans le Midi.

Ce dernier avait écrit qu'on lui proposait de rétablir les bastilles élevées par Louis XIV pour tyranniser le Midi. Le coupable était *le chef de l'artillerie* parlant par son ordre. Ce chef de l'artillerie était... *Bonaparte !* On attaquait Lapoype seul, sans doute à raison de l'intimité du second avec Robespierre par Augustin. Ce débat porté à

---

1. Séance du 10 octobre 93.

2. La colonne de Saumur comptait 40.000 hommes placés sous les ordres de Santerre comme général en chef. Larochejaquelein et Piron le battirent avec 12,000.

la Convention le 25 février 1794, fut vif ; plusieurs membres ayant
demandé l'envoi des deux généraux devant le Tribunal Révolutionnaire, Carnot intervint. Il dépêcha un courrier extraordinaire
à Marseille pour informer les inculpés, et, dans son désir de
les sauver, envoya Bonaparte à Cette pour y établir des batteries.
Seul, Lapoype fut mandé à Paris. Cette division et cette mission
étaient le salut. Bonaparte, cependant, oublia plus tard l'étendue du
service rendu !

Maignet interpellé directement, sollicité sans doute par Fréron, ou
bien impuissant à fournir des preuves qui fussent réelles pour un
homme comme Carnot, s'expliqua. Il rusa, équivoquant sur les mots
fortifications et bastilles. Barère lut les disculpations à la tribune et
obtint par un coup de théâtre l'absolution du prévenu. Celui-ci n'aborda
la barre qu'à un signal convenu, fut accueilli par les applaudissements
de l'Assemblée et invité aux honneurs de la séance (1).

Pour Bonaparte, il fut sur le point d'être perdu par son absence, le
soupçon régnait alors en maître. Certains montagnards réclamèrent
la lecture complète des communications de Maignet. L'habileté de
Barère déjoua les colères de Granet et de ses amis. L'orateur fit
observer qu'il n'avait agi que d'après ses délibérations en se bornant à
des extraits. Donner connaissance du texte intégral leur était interdit
si la Convention ne discutait à nouveau et n'enjoignait par son vote
une lecture dans le sens des préopinants. L'Assemblée ne saisissant
pas la portée d'une investigation aussi mince, renvoya à son Comité
la fin de l'affaire. Carnot la termina en déférant aux désirs des
patriotes marseillais ; interdiction fut faite de réparer le fort Saint-
Nicolas et le port livré aux tentatives des Anglais ou tout au moins à
leurs insultes. Maignet et ses collaborateurs triomphaient ; qu'importait
la fortune publique ? Ils avaient confié l'honneur du drapeau au
Bataillon du 10 août.

L'avancement scandaleux des Jacobins aux armées ne fut pas unanimement accepté. Des voix sincères ont protesté dans la Convention.
Nous ne citerons qu'un de ces actes, il préjuge les autres. Barbaroux
les a flétris éloquemment à la tribune, appellation inattendue à
l'histoire (2).

1. Lapoype n'était pas sympathique à Vincent et à Hébert qui s'étaient opposés
d'abord à son choix puis à sa nomination. Maignet n'ignorait pas ces faits.

2. « Lacroix était, comme moi, un homme de loi ; il se trouve aujourd'hui maré-
chal-de-camp. Je voudrais savoir en vertu de quel titre Audouin, qui n'avait été

Le *Courrier de l'Europe* qui s'imprimait à Londres affectait de nommer les troupes françaises « les soldats de Robespierre » ; le dictateur en avait conçu une haine spéciale contre Pitt, car ce journal arrivait à Paris, dans les ports, et divulguait aux moins clairvoyants ce que l'étranger pensait de son pouvoir occulte ou de sa domination. Une seule ambition le guidait, la gloire politique. Offusqué de la renommée de Pitt qu'il égalait en puissance, il eût voulu être reconnu plus grand que lui. Le mépris, quand il parlait du terrible ennemi de la France, débordait en périodes violentes, peu correctes. Mais ses contemporains ne s'y sont pas trompés, et l'un d'eux, Des Essarts a pu avancer de lui qu'il ne voyait rien au-dessus de ce ministre *si ce n'est lui-même !*

Legendre avait tenté avant sa chute d'abattre cette tyrannie insupportable le 7 thermidor, sans entente (1). Carnot lui ayant imposé une temporisation prudente, les premiers coups avaient été portés le 8, et le 9 avait été le jour de la victoire pour l'Assemblée.

Le 29 juillet, Barère célébrait le triomphe des mandataires de la France. Il achevait de peindre Robespierre en formulant l'œuvre des triumvirs et de leurs agents à l'intérieur, aux frontières et aux armées. A leur tête, il signalait le président du Tribunal révolutionnaire armé de la loi de prairial, puis exposait la part de chacun :

Dumas les encourageait à ce meurtre de la représentation nationale, et celui qui se disait le grand ennemi des conspirateurs était le plus atroce de ces traîtres.

Tout devait concourir à rétablir la tyrannie sur un trône ensanglanté ; soutenir une municipalité ambitieuse, des chefs cruels et des conseillers artificieux. L'un devait dominer à Paris ; l'autre avait les montagnes et les Pyrénées, les Alpes et la Méditerranée étaient le présent fait à la fraternité ; celui qui avait le plus d'astuce allait veiller au commandement des armées du Nord et du Rhin. Saint-Just était le plénipotentiaire du Nord ; Couthon et Robespierre jeune, le congrès pacificateur du Midi ; Robespierre l'aîné régnait à Paris : la mort des

qu'un vicaire de paroisse, a été fait adjoint du ministre de la guerre, et a mérité la main de la fille de Pache ! Je voudrais que ceux qui ne parlent que d'intrigants, nous disent quelles sont les places que nous avons obtenues pour nous et nos parents. Je suis embarrassé sur le grand nombre de faits que je pourrais citer. Il y a un Bentabole qui occupe une des premières places dans l'administration militaire. » — Du 14 mai 93.

1. Séance du 28 mai 93, discours de Legendre.

républicains, l'avilissement de la Convention et l'usurpation de la Commune assuraient sa domination tyrannique.

Les conspirateurs avaient vengé leurs propres crimes en versant le sang les uns des autres, comme pour attester l'iniquité de leur cause.

La mort des agents de Robespierre, leur fuite ou leur silence futur avaient rendu à la France sa liberté d'action dans la politique générale, aux armées la sécurité des chefs et le respect des opérations militaires. Les révoltes ultérieures ne furent que des tentatives criminelles sans écho dans le pays et surtout dans la capitale (I).

I. Voir aux *Pièces justificatives* un autre discours de Legendre qui accusa Billaud, Collot, Barère, d'avoir été les agents les plus actifs du dictateur, séance du 5 octobre 94. On obtint ultérieurement leur arrestation.

LIVRE ONZIÈME

BARÈRE ET SON ŒUVRE MILITAIRE

CHAPITRE LI

BARÈRE RAPPORTEUR DU GRAND COMITÉ

I. Biographie de Barère. — Sa conduite modérée à la Constituante. — II. Il
devient régicide. — Ses appréciations sur Lepelletier, Pache, Dubois-Crancé.
— Guerre avec l'Espagne. — Dumouriez. — Affaires diverses. — Les Volontaires,
— Délégation des Représentants. — Affaire de Sedan. — Dépêche privée inédite,
émanant d'un Amiral. — III. Son œuvre générale.

Quelle fut l'œuvre spéciale du trop célèbre rapporteur du grand
Comité sur lequel on a composé des mémoires qui démentent les actes
officiels ? Quelle fut sa carrière avant et après la Révolution ?

Barère naquit à Tarbes en 1755, d'un homme de loi. Il crut devoir
ajouter le titre de Vieuzac, pays de la vallée d'Argelès, à son nom afin
de se distinguer de sa famille. Nous y verrions plutôt une preuve de
satisfaction personnelle, qui, si elle ne fut pas l'orgueil, était déjà une
protestation des hommes de la classe moyenne contre la noblesse. Ambitieux avec habileté, fils d'un père qui avait défendu les droits municipaux de sa ville natale comme consul-échevin, avocat au Parlement
de Toulouse, qui servait la monarchie en conservant des allures fron-
deuses, Barère n'avait pas attendu l'édiction des décrets rendus le
4 août pour renoncer aux droits féodaux. Il les avait abolis avec enthousiasme, en avocat pratique, car il en avait appris par sa profession les
mauvais côtés. Littérateur, il avait su se faire recevoir membre de
l'Académie des Jeux Floraux de Toulouse, ce *Collège du gay savoir* du
XIIIe siècle, après le couronnement de l'Éloge de Louis XII et des
études qu'il avait écrites sur le cardinal d'Amboise, Séguier, Montesquieu, Rousseau. Sa plume facile, sa parole animée et déjà vive, ses

plaidoiries, redoutées par les côtés rationalistes de sa philosophie juridique, lui avaient fait une place à part dans un barreau considéré.

Reçu aux *Jeux Floraux* en mars 1788, Barère y remplaça le lecteur
et bibliothécaire du Comte de Provence, constatation singulière !
L'effet produit par son discours de réception fut tel qu'il inspira à
l'expérience du vieux premier Président au Parlement cette observation:
Ce jeune avocat ira loin. Quel dommage qu'il ait déjà sucé le lait impur
de la philosophie moderne ! Croyez-le bien, *cet avocat est un homme
dangereux !* Le temps devait, à des degrés divers, justifier la prédiction
du chef de cette Compagnie judiciaire, non moins célèbre par la mort
de ses membres que par leurs services séculaires.

Appelé à Paris par un procès de famille, il y assista à la fin de cette
même année 88 à l'Assemblée des notables, à la rentrée du Parlement
de Paris, au rappel de Necker et à la convocation des États-Généraux.
La mort de son père hâta son retour. Il fut successivement choisi
comme électeur, élu commissaire rédacteur du cahier aux États, et enfin
député auprès de la première Assemblée de la Révolution. Il se rendit
dans la capitale en mai 89.

Mme de Genlis a écrit de lui en 96, qu'il jouissait dès son arrivée
d'une très bonne réputation, et qu'il joignait à beaucoup d'esprit un
caractère insinuant, un extérieur agréable. Il possédait ce qu'on appelait
alors le ton aristocratique et son ensemble le rendait original. Son
extérieur le servit autant que son intelligence et son esprit; on le croira
vite si on a vu comme nous le beau portrait qu'a peint David (1).

Il se mit, au début, en relations avec Bailly et Mirabeau, reçut d'eux
un accueil flatteur et seconda les vastes ambitions du second par le
journalisme. Il comprit des premiers la puissance qu'allait avoir la
presse sur les événements ; il se jeta dans la mêlée avec l'agilité et la
fougue de son tempérament de déclamateur. Il créa le *Point du jour*, et
y rendit compte des travaux de l'Assemblée avec impartialité, mais
avec sécheresse ; c'était un essai de littérature politique où il chercha,

---

1. Ce magnifique portrait a fait partie de la collection de M. Rothau, ministre de
notre Corps diplomatique, connu par ses travaux sur l'Empire d'Allemagne, étudié
dans ses origines. David, si sculptural dans les toiles d'histoire, devient dans son
Barère, dans son *Marat*, le rival de Rembrandt, par le pittoresque même de ces
toiles. Le 28 septembre 91, Barère avait fait décréter l'achèvement du Serment du
Jeu de Paume par l'Etat, considérant cette date comme la plus grande de la Révolution, cet acte ayant *assuré à la France une Constitution libre.* Il était donc artiste
à certaines heures. Le maréchal de Castellane a raconté (T. I, p. 89 de son *Journal*)
que le conventionnel avait sauvé l'illustre auteur de la statue de Voltaire : Houdon.

on peut le dire, sa voie comme publiciste. Ce journal forma vingt et un volumes utiles à consulter, à raison de l'auteur et des idées qu'il y exprime.

Barère siégeait au côté gauche de l'Assemblée.

Le 21 décembre 89, il sollicita et obtint que le pays de Bigorre ne fût absorbé ni par le Comminges ni par le Béarn, ses rivaux, et formât un département dans l'intégrité de ses *quatre vallées*. Cette victoire administrative de 90 lui attira pour la vie la reconnaissance de ses compatriotes. Fovorable aux libertés municipales et aux franchises provinciales, il sut être l'ami des Girondins et crut à la vertu d'un fédéralisme pondérateur. Il ne se détacha pas en cela des idées conçues par les libéraux de la Constituante favorables à l'ancienne monarchie pour cette opinion. Il avait même rédigé une brochure intitulée : *La France plus libre sous le despotisme que sous la monarchie*, mais il ne la publia pas. Les Girondins, et il comprit leurs tendances vraies, s'allièrent imprudemment aux contre-révolutionnaires pour combattre la prépondérance de Paris. C'était préparer des déchirements sur des ruines. Vergniaud et Gensonné, Lasource et Isnard ne relevèrent jamais leur mémoire de ces compromissions déplorables. Leur mort a pu poétiser leur talent et leur cause ; elle ne suffira peut-être pas devant l'histoire pour les innocenter.

Barère se montra modéré à la Constituante et partisan convaincu des réformes que l'opinion réclamait comme son minimum. Il parla en faveur de la liberté de la presse, demanda l'émancipation des hommes de couleur, enleva les forêts de l'Etat à la liste des biens nationaux, fit décréter une *statue à Rousseau* et une pension à sa veuve, des honneurs rares à la mémoire de Mirabeau, et s'acquit une distinction telle qu'il appartint en 92 au tribunal de Cassation. Les élections à la Convention lui rendirent son mandat législatif pour les Hautes-Pyrénées.

Juriste et praticien, il vit le fonds des événements et se promit, dès le procès du roi, de se conduire d'accord avec son tempérament. Il tendit, au début des grandes crises révolutionnaires, à la neutralité, en satisfaisant tous les partis jusqu'à la limite de son intérêt personnel. Montagnard par ses convictions, il parla en Girondin contre les anarchistes et entraîna avec lui des membres de la Plaine que son esprit politique subjuguait (I). A la fin de 92 il se peignait tout entier, lui

---

1. Il improuva la proposition de Danton qui tendait à déclarer que la patrie n'était plus en danger. Plus tard, il s'éleva contre l'exclusion des *Députés* de toutes les fonctions publiques.

et ses clients parlementaires, dans cette phrase : « La République a confié à ses représentants le droit de préparer ses lois, de la délivrer du *royalisme* comme de l'*anarchie*, des traîtres couronnés comme des *factieux mercenaires.* » Il vota pour la mort, et son intervention répétée dans ces violents débats entraîna la majorité à se prononcer *contre l'appel au peuple*, acte qui eût livré le pays aux fureurs des représailles locales, disait-il, et *contre le sursis* à l'exécution de la sentence. La clarté de sa raison l'abandonna dans cette colère de la Convention contre l'émigration et la coalition. Il subissait l'influence des futurs triumvirs et se fit remarquer en demandant l'ordre du jour sur les débats hostiles à Robespierre ; il acheta peut-être sa part dans la direction des affaires publiques par une opinion qui, au fond, n'était pas la sienne.

Il avait été élu trentième par l'Assemblée pour protéger, en juillet 1791, la rentrée de la famille royale aux Tuileries ; il s'était chargé du Dauphin avec son ami l'abbé Grégoire et l'avait préservé dans ses bras de toute exaspération de la part de la foule...

La République, fait beaucoup trop ignoré, *est née de la fuite de Varennes.*

Une masse de sociétés d'hommes politiques convaincus de la nécessité de créer une organisation nouvelle, plusieurs départements réclamèrent, fin 91 et dans le courant de 92, la proclamation de la République. Son journal imprima le 12 juillet 91 une *adresse* de son département qui la demandait comme revanche de l'éloignement du trône. Le 10 août la réalisa. Cette journée, réponse à Brunswick, fut, d'après Barère, celle des masques arrachés. Louis XVI n'ayant pas adopté franchement la Monarchie constitutionnelle, il en appela au *secours armé* des rois absolus et démasqué par lui-même fut *vaincu par le peuple.* Avec lui, ajoute-t-il, devait succomber cette forme de gouvernement. Il oubliait cependant la faiblesse intellectuelle de ce prince et la désastreuse influence du parti de la Cour.

Barère recula au vote décisif ; il eût voulu que la République ne fût pas décrétée par acclamation, ainsi que le fit la Convention, dès le 22 septembre. Un débat régulier était seul propre à faire sanctionner un tel changement par l'opinion nationale. Le temps lui a donné raison... On eût par une discussion, même passionnée, modifié le cours des événements (1), car on y eût appris au pays les menées soit occultes,

---

1. Nous sommes en opposition formelle sur ce point avec l'estimable M. Carnot, l'auteur de la *Notice* sur la vie de Barère, placée par lui en tête de ses *Mémoires.*

soit patentes des adversaires de la Révolution à l'intérieur comme à l'extérieur. Tous y auraient gagné. La clarté des débats eût, par *l'exposé des causes*, enchaîné les volontés naïves ou ignorantes des campagnes. On eût rejeté sur les auteurs des troubles, soit aux frontières, soit dans le Midi et l'Ouest, une responsabilité qui n'autoriserait pas certains historiens à plaider les circonstances atténuantes !

De son opinion sur Marat et sur Robespierre, nous donnerons deux phrases, elles feront comprendre le politicien. Il attaqua Marat en octobre 92 dans son discours contre l'Appel au peuple en ces termes : Si quelque chose avait pu me faire changer, c'est de voir le même avis partagé par un homme connu pour ses opinions sanguinaires. Robespierre, considérable certes, n'avait pas l'autorité prépondérante de juillet 93 ; aussi put-il le molester avec quelque ironie.

J'exposerai mon opinion conforme à celle d'un autre homme qui a émis des principes républicains sous la monarchie et qui ne présente que des principes monarchiques sous la République ! Le 5 novembre, plus audacieux encore, il protestait contre le reproche de *dictature* adressé par le clairvoyant Louvet.

Il le faisait par des appréciations sanglantes pour Robespierre. Il lui déniait en face ce qui constitue les dictateurs : le génie, l'audace et les succès politiques ou militaires. Aussi, concluait-il que le député dénoncé était *un petit entrepreneur de révolutions*, que l'opinion générale saura remettre à sa place. Or, sait-on la place assignée par Barère au futur traître du triumvirat et la couronne à lui offerte ? *une couronne formée des cyprès du 2 septembre !* C'est à cette violence d'attaques, peu épargnées au complice Hanriot dont il demanda la *tête* en pleine Convention, qu'il faut attribuer l'élection de Barère au Comité de Salut Public après la chute du Conseil Exécutif provisoire.

Ce neutre qui détestait le *Club des Jacobins* et l'œuvre de la *Commune de Paris*, qui reportait son activité sur les armées, qui secondait Carnot largement, il faut le reconnaître, était l'homme par excellence du Marais. C'est pour cela qu'il discutait dans les délibérations du Comité, et y appartenait d'ordinaire à la minorité afin de se ménager les votes de cette partie ; mais là où il fut condamnable et où il faut le juger avec toute la sévérité de lord Macaulay, ce fut dans les grandes crises politiques... Même au 9 thermidor, il devait hésiter entre les deux partis et n'éclater contre Robespierre que lorsqu'il le verrait perdu, condamné avec une unanimité qui était la revendication de la justice. Personnellement peu propre à affronter les crises où ses amis et ses

rivaux jouèrent leur existence, terrible pour les *décrétés*, prompt à
saluer le pouvoir naissant, bas envers les triumvirs, Barère restera flétri dans l'histoire, pour ses complaisances envers les chefs du parti
révolutionnaire, comme il le fut dans l'exil, par ses anciens compagnons : Cambacérès, Cambon, Levasseur et Thibaudeau (1), indemnes
de ses iniquités.

II

Barère intervint le 3 octobre 92 dans le débat imprudemment soulevé par Danton contre le maintien du décret qui avait proclamé la
Patrie en danger. Cette déclaration, d'après Danton, avait pour principe
la royauté que vous avez abolie, les Prussiens sont repoussés, la guerre
en Empire... quel est donc le danger de la patrie ? Je demande la question préalable, s'écria Barère, sur une proposition dangereuse et impolitique. Les campagnes de Lille sont dévastées par les envahisseurs,
les Autrichiens en Lorraine, les Prussiens en France. A entendre le
préopinant, on croirait que les *administrations* sont bonnes et que
les *factieux* ne dominent plus. Danton s'était trompé, l'ironie de son
adversaire lui enleva tout appui, et sa proposition ne put être mise
aux voix.

Trois jours plus tard il était aussi heureux en faveur du général
de Montesquiou dont on avait provoqué la destitution. Les faits incriminés sur sa conduite en Savoie avaient été réfutés victorieusement
par des preuves, et pour récompense de sa conquête, il demandait
« avec instance » lui-même son remplacement. Très digne, il faut,
écrivait-il à la Convention, que le citoyen qui commande une armée
française soit exempt de tout soupçon. Barère demanda l'ajournement
jusqu'après le retour des Commissaires. Il n'admettait pas qu'on laissât
un général entaché en le laissant à la discrétion de l'opinion. L'examen
de la conduite de ce général au sujet du traité passé avec Genève le
trouva moins juste.

Le 1er novembre, la victoire des Défenseurs de Lille lui fournit
l'occasion d'émettre des principes nouveaux sur l'organisation des

1. Nous avons personnellement connu le membre de la famille Thibaudeau qui
remettait à Barère une pension mensuelle, au nom de ses anciens collègues proscrits avec lui à Bruxelles; on le laissa dans un isolement absolu pendant les
quinze années de l'exil, de 1815 à 1830. La pension était de 100 francs.

Commissaires près des Armées ; il faut citer ce texte, le premier que l'on trouve sur ce sujet dans les délibérations de la Convention.

« Voici le moment où nos armées vont chasser de la Belgique les brigands d'Autriche. Vos Commissaires à Lille pourraient bien aller accompagner la victoire dans le Brabant ; ils en ont manifesté l'intention. J'ai cru que cette démarche pourrait compromettre et les Commissaires, et la Convention, et la République. Qu'on ne croie pas qu'il entre rien de personnel dans ma motion. Je m'empresse de rendre justice à vos commissaires. Ils ont bien rempli leur mission. Ils ont consolé Lille. Mais leur mission se borne aux frontières du Nord. Vous avez montré un grand respect pour la souveraineté des peuples. Que font des Commissaires en suivant l'armée ? une invasion politique. Savez-vous jusqu'à quel point la chance peut varier dans les combats ? Savez-vous quelle espèce d'influence des Commissaires pourraient exercer dans l'organisation des pouvoirs ? Voilà de grands dangers, vous les avez sentis pour la Savoie, vous les sentirez pour la Belgique. Je demande donc que vos commissaires soient tenus de revenir à leur poste aussitôt que leur présence ne sera plus nécessaire dans le département du Nord. »

Le décret fut voté avec applaudissements.

Le 5 novembre, il fut du nombre des conventionnels qui trouvèrent impolitique et impuissante la création d'une force armée destinée à défendre l'Assemblée contre les hardiesses de la Commune et l'insolence des sections armées. « Notre garde d'honneur, dit-il, doit être l'opinion publique. » Mais il est un *monstre* qu'il faut abattre, la Commune de Paris qui tyrannise la Cité et désobéit aux lois quand les autres parties de la République les observent. Ce n'est point par de telles pétitions qu'on prononcera demain, ajoutait-il, sur le sort de Robespierre, poursuivi pour délit intentionnel de *dictature*. Barère ne comprit pas, selon ses apologistes, l'union qui existait entre la politique jacobine et les actes de la Commune ; l'histoire le déclarera plus clairvoyant et refusera cette explication pour constater là sa duplicité. L'ordre du jour qu'il demanda dans les débats relatifs à Robespierre comparé avec habileté au génie de César et à l'audace de Cromwell, son adjuration de cesser toutes querelles, « combats singuliers de la vanité et de la haine, » l'appel aux travaux concernant *la sûreté générale*, prouvent sa faute et ses complicités secrètes avec le dictateur.

La bataille de Jemmapes où Beurnonville, d'après son aveu, avait eu *plus à admirer qu'à faire*, fameuse par les *dispositions* du général en

chef et non moins par l'*intrépidité des troupes*, fut l'objet d'une proposition spéciale de la part de Jean Debry. Il demanda que, pour célébrer
la première victoire gagnée en bataille rangée par les armées de la
République française, il soit institué une fête nationale. Barère, n'ayant
d'autre sentiment que celui d'une jalousie personnelle, protesta, car les
victoires n'étaient selon lui que des « massacres d'hommes » dont il
fallait laisser aux rois la célébration « quand ils ont inondé la terre
de sang. » Ce langage singulier ne devait plus être le même le jour où
le député du Bigorre parlerait au nom du Comité de Salut public.

Le 20 novembre il défendit le général Dillon, frère du général mas-
sacré par ses troupes dans une panique au début de la campagne du
Nord. Les premières inculpations ayant abouti le 12 octobre à un ajournement, Dillon demandait la justice qui lui était due et sa réintégration
dans l'armée. Son renvoi « au comité de la guerre » ne devait pas
aboutir. Son talent et sa bravoure, exaltés par tous à la Convention,
dans le journal de Camille Desmoulins, causèrent sa perte. Il fut
compris par ordre de Robespierre dans la prétendue *conspiration des
prisons ;* il mourut avec Danton et Camille.

Le 26 novembre, Barère fit porter un décret qui rappela tous les
Commissaires envoyés par le Conseil Exécutif dans les départements ;
furent seuls exceptés ceux qui avaient été envoyés pour le service militaire et ceux que retinrent les autorités constituées. Le Conseil dut rendre
compte des travaux de ses mandataires, mais la trahison de Dumouriez
modifia l'institution, les hommes et les actes. Aussi, cette partie de
l'œuvre fut-elle secondaire (1).

L'inculpation dans l'affaire de *l'armoire de fer* laissa indemne de tout
soupçon celui dont nous étudions l'œuvre (2).

Il fut de ceux qui voulurent le remplacement de Pache. Mais il se
montra moins clairvoyant sur l'œuvre de Dubois-Crancé quant à
l'organisation des armées qu'il jugea impolitique, et s'inspira de l'unanimité de la coalition pour lui reprocher, le 7 février, de détruire les
éléments de cette armée victorieuse qui avait étonné l'Europe. L'année
précédente, elle avait conquis le Palatinat et la Belgique, menacé la
Hollande et chassé l'étranger.

Dubois-Crancé, lorsqu'il vous fit décréter une force de cinq cent

1. Ceci sera l'objet d'une publication spéciale.

2. Rapport de *Ruhl*, séance du 3 décembre 92. — Dufresne Saint-Léon, Sainte-
Foix et Talon furent décrétés d'accusation.

deux mille hommes, vous, assura qu'il, n'y avait qu'à remplir les cadres existants ; pourquoi aujourd'hui propose-t-il le contraire ? On a témoigné des craintes sur le recrutement de l'armée de la ligne ; mais Dubois-Crancé, en proposant l'égalité de solde, les a fait disparaître. Tout engage à la conserver ; elle sera un sujet d'émulation pour les gardes nationaux. N'y avait-il pas un véritable combat de gloire entre les volontaires et les troupes de ligne ? Conservez-les donc.

Nous sommes à la veille d'une bataille. Si nous avions quatre mois à nous, *j'adopterais* le projet.

Ce discours abonde en contradictions ; elles n'échappèrent pas à la Convention, les protestations de l'extrême-gauche obligèrent l'orateur à descendre de la tribune avec « les feuilles de chêne » dont il demandait l'adoption à titre de « récompenses civiques ». Il reste de cette discussion son opposition au système de l'amalgame entre les troupes de ligne et les volontaires.

Les malheurs de l'*armée de Belgique* ne devaient pas être tenus secrets, disait-il le 8 mars. Ils sont connus de l'ennemi et des départements voisins de la guerre, le secret entretiendrait les désordres. Il faut donc tout publier pour arrêter la panique aux · armées et les troubles à l'intérieur. Dans la capitale même des alarmistes, la plupart gagés par l'étranger et par les factienx du régime déchu, déclarent tout perdu ; le moment de tout avouer « sur la place publique » est venu. Les plans de campagne resteront les seuls secrets du Conseil Exécutif.

Le rapport sur la situation politique de la République française avec l'Espagne fait dans la séance du 7 mars est remarquable. On voit que l'orateur connaissait par son origine même le pays dont il peignait le fanatisme. Il déclarait que l'Espagne avait dû à la France la conservation de ses colonies, il lui opposait la perfidie du cabinet anglais auquel elle s'alliait en haine de la liberté politique, oubliant son ennemi naturel pour son allié de deux siècles !

Si le roi d'Espagne ne vous a pas déclaré plus tôt la guerre, ajoutait-il, c'est qu'il a cherché à éviter l'apparence d'une agression préparée ; il voudrait pouvoir vous accuser auprès du peuple espàgnol, pour nationaliser la guerre. Le gouvernement espagnol a associé à ses projets de vengeance tous les corps ecclésiastiques. Les inquisiteurs vont se transformer en militaires, et faire marcher des milliers de moines pour cette croisade, tout se prépare pour la révolùtion monastique qui doit être le premier pas vers l'affranchissement. L'Aragon se souvient de son antique liberté ; le peuple a conservé son caractère primitif ; il a toujours ce même penchant pour ce qui tient au courage. Il faut à la nation espagnole de grandes entreprises et une immense perspective de gloire. L'habitude qu'elle a de ne plus relever du trône, sera remplacée par la conquête de la liberté.

Que la guerre soit donc déclarée à l'Espagne. Si l'agent de la république n'a pas été outrageusement chassé de son territoire, n'oublions pas qu'on a refusé de l'entendre et de répondre aux notes officielles.

Et cependant, Barère fut le type des hommes prompts à tous les plaisirs. Pendant qu'il lançait ses apostrophes pompeuses, il menait une vie de débauche et de volupté, entre un rapport d'orgueil et un décret de proscription. Ses amis s'aventurèrent aux supplices et les qualifièrent *un spectacle*. Des mots cyniques, inhumains en signalèrent quelques-uns à Paris, on sait ce qui advint dans les départements où des conventionnels prirent jusqu'à leurs repas avec l'exécuteur national. Le patriotisme fut pour beaucoup de ces hommes un masque ; on n'a vu que trop les effets de cette hypocrisie par le sang qu'ils ont répandu dans les états-majors à chacune des armées (1).

Le 26 avril, les effets de la trahison de Dumouriez furent conjurés en partie par une *adresse aux armées*. Son éloquence est réelle, le péril inspira son auteur.

« Soldats de la liberté, vous n'avez pas été vaincus dans la Belgique, vous n'avez été que trahis.

... Rassurez-vous : la France a les plus grands moyens de faire la guerre pendant plusieurs campagnes.

... Nos ennemis font une guerre d'armée, vous faites une guerre de peuple.

... C'est avec des paroles de paix qu'ils tendent à énerver votre courage, à éteindre votre ardeur et à flétrir vos lauriers ; c'est avec des propositions astucieuses que vos ennemis, ruinés par leurs dépenses, fatigués par leur marche et divisés par leur ambition, veulent détruire l'esprit public de l'armée, diviser les citoyens, et nous ramener au royalisme ; c'est la paix des tombeaux qu'ils vous offrent, c'est la vie de la liberté qu'il vous faut.

1. Nous renvoyons au chapitre qui concerne le Comité de Salut public l'examen des discours que prononça et des mesures que fit adopter Barère. L'organisation nouvelle des Commissaires lui appartient, c'est au récit d'ensemble que nous en avons donné que devra se reporter le lecteur.

... Les Représentants du peuple sauront bien saisir le moment d'une paix honorable et digne de la république ; mais c'est votre constance, c'est votre indignation contre les traitres, ce sont vos triomphes qui vous donneront la paix. Pour y parvenir, il faut combattre les perfides ! Ils vous parlaient aussi de la paix, lorsque le 3 avril, dans la forêt de Saint-Amand, leurs soldats vous embrassaient pour massacrer ensuite votre avant-garde !

» Leur cri est *la paix* ou *la royauté ;* le vôtre doit être *la république* ou *la mort.* »

Pour affirmer à l'Europe son inébranlable volonté de guerre, la Convention demanda à son Comité de Salut public une proclamation de ses principes. Barère fut le rapporteur désigné par lui pour être l'*interprète* de la République française.

Dans la séance du 3 mai il exposa *l'état militaire diplomatique.*

Ce rapport entraînant fut le début d'une année fertile en travaux de tous genres sur les armées. Nous ne saurions l'exposer en son entier quant aux détails. Aux divers orateurs qui avaient jusqu'à lui été les transmissionnaires des ordres des assemblées pour les faits militaires, Barère superposa son talent littéraire, sa verve et son abondance ; sa souplesse, son intimité avec Robespierre qu'il redouta toujours et avec Carnot dont il eût volontiers suivi les conseils s'il avait eu du caractère ; ses relations firent sa force, sa popularité. Nous allons résumer son œuvre en la suivant pas à pas ; mais nous ne nous arrêterons qu'aux grandes victoires ou aux mesures prépondérantes soit aux armées soit dans la marche politique du Comité.

Le 13 mai, Barère fit adopter la nomination de Custine au commandant en chef de l'Armée du Nord. Ce choix résulta d'une double présentation, car les Représentants près cette armée ne désignèrent Custine que sur la présentation « des officiers, dirent-ils, qui sont ici. » Ce vœu est plus prononcé que jamais. Ils insistaient eux-mêmes en signalant son amour de la discipline et sa propagande pour les assignats dans les armées. Houchard passa au même titre, provisoirement, à l'armée du Rhin.

Le 26, Kellermann, en faveur duquel un décret avait été rendu, destructif de toute imputation, avait été désigné pour commander en chef l'Armée des Alpes, distincte de l'Armée d'Italie. Son collègue, le général Brunet, avait obtenu la direction de la guerre contre le roi de Sardaigne.

Barère fut moins heureux le jour où il accepta de Robespierre le mandat de faire convertir en décret les motions insurrectionnelles des députations du département et de la Commune de Paris contre les Girondins. Il tenta l'impartialité et ne fut qu'avili lorsqu'il crut se placer au milieu des passions et des intérêts. Arbitre, il exigea une suspension volontaire chez ses collègues pour des divergences d'opinion et fut obligé de protester contre les comités révolutionnaires à la tribune. Il était trop tard, son honorabilité parlementaire ne devait pas survivre au 31 mai (1).

Une Proclamation apprit ces événements au pays. Quel langage y tint-on à cette armée malheureuse mais héroïque aux frontières ? Un extrait suffit pour la connaître en son esprit.

« Soldats de la république, ne craignez plus qu'au moment où vous combattrez les tyrans et les rebelles, les divisions intestines compromettent la cause de la liberté, pour laquelle vous versez votre sang avec tant de gloire. Ne vous disputez plus que de courage, comme nous avons juré de ne plus nous disputer que de zèle et de sacrifices pour la patrie. »

Beauharnais et Houchard furent continués dans leur situation sur ses rapports et Wimpfen, oublieux de ses devoirs, décrété. Le nombre des représentants près l'armée des Côtes de La Rochelle fut réduit à dix et les agitations préliminaires de Marseille démasquées, malgré les avis rassurants des conventionnels en mission à l'intérieur. La Vendée fit l'objet de communications fâcheuses. Barère porta sur les Volontaires des appréciations graves et accusa les adversaires du pouvoir d'agissements honteux à leur égard :

Les relations nous apprennent que non seulement plusieurs volontaires jetaient leurs armes, leurs habits, leurs sacs et leurs gibernes, mais encore qu'ils vendaient tous ces objets.

Cette guerre extraordinaire, dont l'état-major paraît être parmi les aristocrates de Paris, s'est composée jusqu'ici de petits succès et de très grands revers.

Cette guerre est celle de la république contre la royauté. C'est le royalisme qui, dans Paris, a fait lever ces *héros de 500 livres*, qui font la honte de l'armée qu'ils déshonorent par leur inconduite et leur lâcheté. Il y a des lâches, des fuyards, de l'indiscipline, du pillage. Les administrateurs des vivres ne font pas leur devoir ; les soldats y manquent.

---

1. Des publicistes gagés imprimèrent alors *Les crimes des Papes*, puis *Les crimes des Rois de France*. *Les crimes des Reines de France* suivirent, et enfin *Les crimes des Empereurs d'Allemagne*. Ce fut une orgie absolue.

Les caissons sont incendiés, et répandent une terreur panique au moment de l'attaque. De faux bruits courent dans l'armée ; on dit qu'à Paris on se bat pour avoir un roi. C'est ainsi qu'on calomnie la ville qui a fait la révolution. Il existe dans l'armée des hommes qui veulent un roi, et il en est d'autres qui veulent la république.

'Custine fut décrété le 26, Doyré qui avait commandé à Mayence subit la peine de sa capitulation et des courriers extraordinaires apprirent aux armées ces mesures (1) concomitantes de la mise hors la loi de 25 conventionnels dits fédéralistes. Barère fit suspendre les lois sur l'avancement à l'ancienneté pour suspicion d'opinion ; l'arrestation des patriotes de Toulon au 14 juillet amena la cassation des actes émanés des prétendues autorités qui la gouvernaient et le mot de *rebelles* leur fut appliqué, la guerre civile éclatait du sud à l'ouest. La prise de Valenciennes, des victoires sur les Espagnols, des imprécations énergiques contre les menées de Pitt, des lois spéciales contre les étrangers, l'arrivée de ses flottes devant nos ports, alors que certains arsenaux étaient livrés aux incendiaires, Cambrai cerné, le Comité de Salut public érigé en gouvernement, Prieur et Carnot participant à la direction des affaires militaires, tels furent les préludes de la *levée en masse*.

Le 20 août, Barère indiqua officiellement comme point central de réunion les villes de Saint-Quentin, Soissons, Chalons-sur-Saône, Nancy, Colmar, Besançon, Mâcon, Grenoble, Avignon, Narbonne, Toulouse, Tarbes, Angoulème, Tours, Saint-Malo, Coutances et Orléans.

Ceux qui n'admettaient pas le nouveau gouvernement, afin de trouver dans la politique des excuses à leur lâcheté, ceux qui, plus sincères, désiraient sa chute, enfin, ceux qui pactisaient de cœur ou par correspondance avec l'étranger, jetèrent le ridicule sur le mouvement. Ils en altérèrent le principe en déclarant qu'on ne pouvait faire marcher vingt-cinq millions d'hommes, mais ils eurent soin d'envoyer aux armées des émissaires chargés d'y porter le désordre par des bruits malveillants. La jeunesse marchande n'était pas belliqueuse, ils exploitèrent ses instincts de tranquillité et de lucre. Ils provoquèrent des recrutements, cherchant à créer, par des agents payés, des émeutes contre-révolutionnaires. Des départements entiers s'étaient levés dans le nord contre l'envahisseur, ceux de l'Aisne et de la Somme, sans

1. Barère appelait déjà les états-majors *le bagage brillant du despotisme.*

décret et sur une simple réquisition. Aussi, le rapporteur prétendait-il que dans les départements de l'intérieur, tout devait être à la réquisition de la Convention (1).

Les fauteurs de troubles pensaient autrement. La question des subsistances alarmait la population de Toulouse ; on eût dit que les opposants voulaient la punir par la famine d'avoir fait échouer les complots de Bordeaux et de Marseille, comme de n'avoir pas répondu aux soulèvements de la Bretagne et de la Vendée. Le comte de Foix s'alliait en partie aux Espagnols, et une armée contre-révolutionnaire s'y formait avec quatre mille combattants. La rébellion devint générale dans le Midi, et de l'Océan à la Méditerranée livrait ces contrées à des répressions, contre lesquelles s'élèvent ceux qui en ignorent les débuts. Les événements firent insister sur une mesure de prudence précédemment votée, de ne pas envoyer dans leurs départements de nomination les députés en mission.

Ce fut à l'initiative de Barère que la Convention accepta les demandes de délégation pour les *Représentants*, soit à l'intérieur, soit aux armées. Discutées dans les délibérations privées, présentées par lui avec des motifs circonstanciés ou sommaires, selon la gravité des circonstances, elles étaient acceptées avec empressement. Pour les adjonctions au *Comité de Salut public*, il en usa de même ; il servit d'intermédiaire obligé au *Conseil exécutif*, auprès de l'assemblée, pour ses communications ou l'envoi si contestable de ses agents dans l'intérieur et aux frontières. Ce fut lui encore qui lut les adresses des armées, des sociétés de tout genre que votaient les pays occupés ou définitivement conquis. Les dépêches de ses collègues, les rapports des généraux en chef ou des chefs d'état-major passaient dans son portefeuille, et n'étaient lus que par lui. Orateur facile, ingénieux et disert, il restera comme une preuve rare des facultés d'assimilation propres aux races méridionales et de leur diversité d'aptitudes (2).

Les tristesses de la campagne de 93, les efforts criminels tentés sur tous les points de la France par les adeptes d'une contre-révolution, leurs échecs et l'apaisement des révoltes de Marseille, de Lyon, d'Avignon et de Toulon, les malheurs de la Vendée et du nord-ouest, ceux

1. On trouvera ce rapport dans le chapitre spécial aux réquisitions.

2. A l'apostrophe de la Commune *Plaçons la Terreur à l'ordre du jour*, il ajouta celle-ci : « Les royalistes veulent du sang, eh bien ! ils auront celui des conspirateurs, des Brissot, des Marie-Antoinette. »

du Jura, les adresses aux armées et les succès de la fin de l'année militaire 93 remplirent les derniers mois (1).

Les duretés exercées jusqu'à l'excès par les Représentants dans les départements frontières et aux armées provoquèrent des plaintes.

Le 1er octobre de cette année elles avaient retenti jusqu'à la barre de la Convention. Thuriot y avait même vu un *système* et l'année 95 devait seule faire justice, au moins par les divulgations, des fautes et des cruautés prouvées à tant de titres. Le Comité accorda une satisfaction relative en réduisant partout le nombre de ses mandataires à 4 par armée. Barère fut encore le rapporteur de ses volontés. Ses aveux doivent trouver ici leur place.

Il y a, osait-il avouer, *trop de Représentants ;* il faut leur en substituer un petit nombre. Il importe surtout d'exécuter un décret très politique et salutaire, celui qui défend d'envoyer des Représentants dans *leur propre pays* ou dans leur *département.* On renouvellera ainsi *l'esprit de la représentation nationale,* on l'empêchera de s'altérer et de perdre cette énergie, cette dignité républicaine qui fait sa force, en rompant des habitudes toujours funestes. — On doit supprimer par

1. Il facilita de son omnipotence les changements des noms des villes et des bourgs, soit en provoquant cette mesure, soit en l'imposant. Un exemple pris en Seine-et-Oise va apprendre comment se choisissaient les noms ou les sobriquets révolutionnaires.

10 brumaire an II.

« Les citoyens habitants de la commune de Ris se présentent en très grand » nombre à la barre ; les uns portent des bannières, les autres des croix, des encen- » soirs, des calices et divers objets servant au culte des catholiques romains ; ils » déclarent au nom de tous leurs compatriotes dont ils apportent les signatures au » bas de leur pétition, qu'ils ont beaucoup réfléchi à l'inutilité d'une cure dans » l'arrondissement de leur commune, que cette institution leur paraît même fort » nuisible aux progrès de la raison, et demandent :
» 1° Que le bourg de Ris, dans le district de Corbeil, au département de Seine-et- » Oise, porte désormais le nom de Brutus ;
» 2° Qu'il n'y ait plus de curé dans la commune de Brutus, à dater de ce » jour... »

Même date.

« Sur la demande de la commune de Saint-Germain-en-Laye, département de » Seine-et-Oise, tendant à obtenir que le nom de cette commune, jadis le séjour » des tyrans et des valets de Cour, soit changé en celui de la Montagne du Bon- » Air :
» Cette demande convertie en motion par un de ses membres,
» La Convention nationale décrète que la commune de Saint-Germain-en Laye » portera désormais le nom de la Montagne du Bon-Air. »

là les ménagements personnels presque inséparables des affections locales.

La réduction des Représentants n'a rien d'injurieux ou de douteux pour les titulaires actuels. Ils ne sont l'objet d'aucune marque d'*ingratitude*, tous méritent des marques de *satisfaction*. Barère cachait aux disgraciés le poids de leur chute ou leur degré de suspicion dans l'état mental du dictateur. Le nombre des généraux en chef, du reste, était diminué, en Vendée particulièrement. La lâcheté féline de l'un et l'art perfide de l'autre, en voilà les témoignages.

Soyez fiers de vos succès, généraux de la République, continuait-il ; *mais ne soyez ni jaloux ni ambitieux personnellement.* Il oubliait de prier les membres du gouvernement de donner ces deux exemples. Puis, se retournant par ordre contre les chefs de ces armées qui sauvaient la patrie, il terminait sa digression par cette déclaration atroce : *La jalousie des généraux a fait plus de mal encore à la France que les trahisons !* Ceci promettait à quelques-uns l'échafaud et ils ne l'évitèrent pas. Malheur à ceux qui trompent le législateur ! Celui qui trompe sciemment la Convention sera désormais puni ! Rarement les généraux terminent les campagnes.

Serait-ce donc les proconsuls, Barère à leur tête ?

Pour contenir les Représentants épurés, on insulta l'armée !

Quoique placé si haut dans la faveur publique, chéri des Jacobins, accepté par les modérés comme une espérance, respecté des sceptiques, notre homme ne pouvait échapper aux dénonciations des ultra-révolutionnaires. Il eut comme tant d'autres son heure d'angoisses (1). Saintexte, un sans-culotte modèle, le vitupéra en termes qui méritent d'être retenus. On ne pourrait faire un portrait plus exact de la personnalité du rapporteur que celui qu'en a laissé son accusateur. Les faiblesses et les complicités, les incertitudes et les lâchetés sont gravées en traits inoubliables.

Les Sociétés de Sedan vouent à l'exécration ceux qui parleraient contre le Comité de Salut Public : je déclare qu'il y a des distinctions à faire. Robespierre, Billaud-Varennes, Collot d'Herbois méritent les éloges des patriotes ; mais je ne peux avoir une opinion aussi favorable d'un homme qui, avant la révolution, acheta un très petit fief qui allongeait son nom de quatre voyelles ; qui fut président du club des Feuillants ; qui fit accorder douze palais à Capet ; qui fut l'ennemi de Marat

1. Séance du Club des Jacobins du 13 octobre, au *Moniteur* du 20.

et des Jacobins, l'ami des Girondins tant qu'il les a crus les plus puissants ; celui qui suivait Dumouriez au spectacle ; qui s'est fait un parti pour établir ses parents et ses amis dans les places avantageuses ; cet homme est Barère.

Robespierre, qui avait encore besoin de son rapporteur, monta à la tribune pour le défendre. Il a des torts, avoua-t-il ; mais ils tiennent à son caractère. Il est admirable au Comité. *Il connaît tout, sait tout et est propre à tout*. L'inculpé était absous.

Là part prépondérante prise par lui dans les affaires, à raison du choix des triumvirs, lui valut des communications importantes parmi les généraux. Nous en citerons une, celle de l'amiral Truguet, à raison de sa notoriété. On y lit :

Quelle est l'armée navale qui pourrait tenir dans sa rade de Toulon si l'on jetait des bombes des pointes avancées ? Depuis six semaines, nous attaquons ; depuis plus d'un mois, on annonce un incendie, et nous n'avons ni mortiers, ni fourneaux.

Cette guerre paraît débuter comme celle de Lyon et de la Vendée. Nos ennemis s'y fortifient, et nous avons négligé d'employer les armes qu'il eût fallu préparer en même temps que la résolution de marcher contre la ville. Les généraux nous prennent-ils pour des princes qui ont besoin d'être trompés ?

Il faut des ingénieurs habiles, et puisqu'on a laissé échapper le moment d'un assaut général, il faut, dans les chefs, l'expérience, la science et la bravoure qu'exige un grand siège ; nous devons maîtriser la rade en attendant de maîtriser la ville.

L'immixtion des Anglais dans les affaires intérieures avait rendu le rapporteur de plus en plus hostile à leur prétention de dominer les mers. L'*acte de navigation* qu'il avait proposé et qu'on adopta porta dans ses considérants la preuve des colères françaises. Il ne resta pas une protestation isolée contre l'œuvre de William Pitt et de Burke ; la vente des marchandises anglaises fut prohibée par décret du 8 octobre, dans un but de représailles envers son commerce. La perte de ses manufactures devait lui être plus sensible, pensait-on, que la perte d'un empire. Les haines nationales ont parfois leurs clairvoyances.

Instruit par les fautes commises depuis une année, le Comité de Salut public fit proposer par son rapporteur ordinaire qu'une commission de trois membres aurait la direction de l'approvisionnement des armées et ferait parvenir aux départements les subsistances. Cette décision, du

22 octobre, fut complète le 27 par la désignation d'administrateurs des départements, les subsistances étant sous leur surveillance naturelle. Robert Lindet rentra de mission pour être l'âme de cette partie. Le décret relatif à la réquisition pour la fabrication des armes fut rédigé encore par Barère. On accorda des *pouvoirs illimités* à divers commissaires aux frontières et à l'intérieur sur sa demande ; il reprocha à certains de ses collègues l'usage qu'ils en avaient fait par leurs *délégués*.

La campagne de 1794, le pays l'apprit le 11 novembre, avec réserve cependant. On rejeta les modifications sur les rigueurs de la saison qui avaient imposé un nouveau plan. Jourdan, « général patriote », avait été appelé pour en être instruit. Les opérations militaires devaient embrasser le Nord et le Rhin.

Les officiers qui présentaient les drapeaux enlevés aux ennemis s'oubliaient parfois en les déposant et les nommaient de *vils drapeaux*. Pourquoi ? parce qu'ils avaient servi de ralliement aux satellites des tyrans. La violence et l'emphase de Barère avaient gagné jusqu'aux militaires ! Afin de ne pas être en reste, les présidents de la Convention affectaient de répondre sur le même ton. On lit des réponses comme celle-ci : « C'est par les exploits des Républicains que la Victoire expie les triomphes qu'elle accorda quelquefois aux armes des Tyrans. » Puis, un rapporteur ou un orateur ajoutait qu'on ne comptait plus les crimes des monarchies, la France allait les chasser devant elle comme une vile poussière ; que les soldats jurent d'être libres, et ils séront libres, *vainqueurs !* Ces apostrophes bouffonnes, la tribune des conventionnels les entendit jusqu'en 9 thermidor.

Le respect de l'inviolabilité des cantons suisses, celle de la personne des agents étrangers, l'héroïsme des enfants Bara et Viala, l'extension de la langue française dans les départements de la Meurthe et des Pyrénées-Orientales par des nominations d'instructeurs nationaux, l'assimilation des canonniers volontaires aux régiments d'artillerie, la création d'une commission des travaux publics, qui proposerait une nouvelle canalisation entre l'Océan et la Méditerranée, la Mer du Nord et le Rhin, la Conspiration des Étrangers dévoilée (1), l'habillement des troupes,

---

1. Il y a encore à écrire sur ce point un ouvrage spécial dont les Archives nationales fourniraient les éléments ; avec ce qui a été publié déjà, les aveux des Mémoires relatifs à cette époque, les écrits des émigrés et les papiers de la Police, on verrait quelle fut leur influence sur des événements restés inexplicables ou suspects.

le licenciement de l'armée révolutionnaire, voilà des matières qui firent l'objet de rapports divers.

Barère proposa et fit adopter une loi, le 24 mars, qui interdisait à toute femme française de famille où se trouvait un émigré d'épouser un étranger ; elle lui interdit de quitter le territoire de la République, dans les pays nouvellement conquis ou soumis à nos armes, enfin de vendre ses biens sous peine d'être traitée comme émigrée. On observera que la loi ne distinguait pas la cause de l'émigration, pas même le cas où on n'aurait pas porté les armes contre la France. C'est pourquoi le Premier Consul devait s'écrier en 1800 que les pouvoirs politiques avaient à la faveur des événements édicté des lois qu'ils n'avaient pas le droit d'émettre quant à leurs dispositions pénales : *des peines perpétuelles*. Ce sont précisément celles-là qu'avaient voulues et obtenues les Triumvirs !

Un décret relatif aux soldats qui abandonnaient leur poste, des décrets sans nombre sur les armées victorieuses et dont on trouvera plus loin un modèle, des secours accordés à ceux qui avaient souffert de la guerre, le complément des commissions exécutives, les mentions d'honneur aux communes qui servaient des forteresses ou veillaient à la garde des frontières, le transfert à Metz de l'école d'application de Mézières, l'interdiction inqualifiable de ne plus faire de prisonniers hanovriens ou anglais, l'affirmation sauvage que la guerre durerait jusqu'à la destruction de la monarchie anglaise (1), des lettres de satisfaction aux bataillons vainqueurs, des bulletins de victoires sur les hauts faits des troupes de la Belgique au Rhin, de Bruxelles à Newstadt, les faux assignats dénoncés, le tiers des emplois militaires affecté à ceux qui auraient accompli des actions d'éclat, telle fut l'œuvre personnelle à Barère, de janvier à juillet 94.

Les *Colonies* et la *Marine* ne restèrent pas (2) en dehors de son activité. Il fut en tout le porte-parole des Triumvirs.

---

1. On observera que Napoléon emprunta comme héritier des colères anti-anglaises de la Révolution les théories du *Blocus Continental* de la Convention aux rapports de Barère, 1793. Il eut absolument raison.

2. Dans son *Histoire des émigrés*, M. Forneron a écrit de notre marine : « Elle n'était pas capable de trouver la route des Indes. » Cette affirmation est involontairement outrageante pour notre armée de mer. Ils étaient des ignorants nos amiraux : Latouche-Tréville, le futur vainqueur de Nelson à Boulogne ? Bompard, le vaillant de New-York ? Bruix et Brueys, Dupetit-Thouars, Lallemand et Bouvet ? Demandez aux amiraux anglais. Enfin, avec Villaret-Joyeuse qui avait proposé de donner la main à Tippoo-Sahib, que dire du glorieux marquis de Sercey que nos ennemis ont

Mais il n'oublia pas de défendre Robespierre, Saint-Just, Couthon avec acharnement. Il demanda que tout fût rapporté au *Gouvernement révolutionnaire* comme gloire et comme initiative ; les actes du Conseil Exécutif furent ridiculisés ; la mémoire de ses collègues fut moins courte, leur caractère plus énergique et le 9 thermidor répondit à sa servilité (1).

III

Le 9 thermidor mit fin à la personnalité active et à l'influence du célèbre rapporteur du Comité.

Les propositions soutenues par lui de maintenir Fouquier-Tinville à la présidence du Tribunal révolutionnaire et de maintenir les Comités existants en suppléant les suppliciés par de nouveaux élus, furent rejetées avec colère. *Les poltrons sont cruels*, a dit Barras. L'indignation posthume de Barère contre Robespierre ne put le sauver. Vacillant, d'abord, il avait fait des changements à son discours selon les mouvements qu'il apercevait dans l'assemblée. Tout Barère est dans cette apostrophe de Legendre ; elle déterminera sa perte.

Le 11 thermidor, Barère avait inutilement tenté de se placer dans le parti thermidorien. Il avait annoncé dans ce but qu'une déclaration produite au tribunal révolutionnaire établissait la preuve d'un crime prémédité par Simon devenu président de la Commune. Voici quel était son complot. Il avait arrêté avec ses complices de fusiller la gendarmerie, le tribunal révolutionnaire reconstitué, et un certain nombre de députés. « Ainsi, ajoutait-il, tout devait concourir à rétablir la tyrannie sur un trône ensanglanté, tout devait soutenir une muni-

---

appelé *la terreur de la mer des Indes?* Cet auteur a prouvé son ignorance de cette question. Et c'est parce que l'amiral de Sercey avait été cela que l'Angleterre se fit donner en 1815 l'*Ile de France*. La vérité historique, la voilà. La ville d'Autun doit une statue à ce Duquesne de la marine républicaine.

1. Le rapporteur du Comité des 21 accusa Barère de ses votes et de ses attaques contre Danton, Desmoulins, Hérault; puis, établit que les personnes qui demandaient à voir les triumvirs étaient dénoncées par lui comme assassins, et à ce titre vouées à la mort. (Séance du 2 mars 1795.) M. Hamel a-t-il lu ces accusations sur lesquelles l'inculpé resta muet? Il n'y paraît guère. Eh bien ! la lecture des séances de la Convention est pleine des divulgations les plus terribles et les plus exactes. Malheureusement, l'école révolutionnaire les dédaigne, afin d'outrager à tous les titres, dans tous les camps !

cipalité ambitieuse, des chefs cruels et des conseillers artificieux. »
L'un eût dominé à Paris ; l'autre, de l'Auvergne aux Pyrénées ; le
frère du tyran, dans les Alpes et sur la Méditerranée ; le plus astucieux
eût commandé du Nord au Rhin. La Commune assurait cette domination
par son usurpation.

Décrété à son tour, attaqué par Lecointre le 12 fructidor, puis par
plusieurs de ses collègues avec plus de succès que précédemment, le
27 décembre, sur le rapport de Merlin de Douai, plus tard par Saladin (1),
il disparut du Comité de Salut Public et partit pour la Guyane,
qui devait lui être commune avec Billaud-Varennes le proscripteur de Marie-Antoinette et Collot-d'Herbois,le proconsul de Lyon.
Leur embarquement pour l'exil fit ajourner la procédure et il fut
enfermé dans les prisons de Saintes, d'où il s'évada grâce à de hauts
complices qui lui payaient son silence. Réfugié à Bordeaux, il y
demeura 5 années.

Aux élections de 1797, Barère fut nommé dans les Hautes-Pyrénées où la simplicité de ses manières, la facilité de son accueil et
des services personnels habilement rendus l'avaient rendu populaire.
Ce choix prouva que des populations rurales, ignorantes des responsabilités réelles de la vie politique, peuvent méconnaître à leur insu
l'horreur qu'inspirent les crimes de certaines personnalités. Lorsque cette nomination fut connue, l'indignation publique éclata aux
Cinq-Cents.

« Barère est nommé, s'écria Dumolard. — Barère, vous frémissez
à ce nom ; dans toute la France, qui n'a pas à lui demander un
père, un fils, un frère, un ami ? Et il siégerait au milieu de nous !
Et qui voudrait s'asseoir à côté de lui ? Personne, répondait-on,
personne. Non, les crimes de la Terreur (ajoutait le député Bornes)
n'appartiennent pas à la Révolution. Ces crimes sont à ceux qui,
comme Barère, méditaient, préparaient, commandaient les forfaits
dont la France était épouvantée ! Le nom de Barère ne devrait pas être
proféré ici. »

On conclut à son inéligibilité comme condamné à la déportation

---

1. Saladin put reprocher à Barère d'avoir toujours déclaré qu'il fallait *déblayer les
prisons*, et cela au Comité ; au Club des Jacobins, il y avait affirmé que les crimes
de Lebon avaient contribué *aux triomphes des armées*. L'arrêté du 25 prairial qui
envoya 311 victimes à l'échafaud, avait été exécuté sur un simple acte de la Commission de police, Barère déclarant qu'il fallait *épurer la population !* Non, le cri de
lord Macaulay n'est pas à rétracter en histoire.

depuis 93. Son élection fut appelée un scandale et le titulaire un bourreau.

Vint le 18 brumaire.

Alors commença pour son âge mûr une existence de labeur ingrat. Il exposa les théories de *Montesquieu* en 97, puis celles du *Gouvernement républicain;* l'année suivante, il publia sur la *Liberté des Mers* un ouvrage instructif et décidé contre l'Angleterre. A la solde du Premier Consul, il répliqua au libelle de sir Françis d'Yvernois contre le général dictateur et en 1804 peignit *les Anglais au XIX siècle* avec ses sentiments de 93 ; enfin, *la conduite des princes pendant l'Emigration* fut pour lui un prétexte à des déclamations que la Restauration lui fit payer de l'exil. Ces travaux littéraires faciles comme forme manquent de fonds et ne justifieraient pas sa renommée s'il n'avait pas écrit ses *Rapports*.

Barère a été défendu avec passion par l'éditeur de ses prétendus *Mémoires* qui a vu en lui un calomnié et qui l'a placé sur la même ligne que Cambon et Carnot. Le sentimentalisme faux de ce politicien a séduit des esprits honnêtes parce qu'ils l'ont fait participer à la gloire militaire des armées dont il annonçait la victoire (1). Or, ils ont oublié son œuvre même au Comité. On a tenté de l'innocenter et de lui enlever sa responsabilité propre. Voilà pour ceux de ses apologistes qui n'ont pas vu l'unique préoccupation du rédacteur des Mémoires : écrire sa défense sur le ton d'une idylle et encombrer son plaidoyer de détails secondaires, peu dignes de son rôle, et de ce qu'il appelle avec emphase son *martyre!*

Complice des Triumvirs, il a mérité qu'on l'assimilât à eux (2), c'est-à-dire au *plus insolent despotisme siégeant au milieu de la représentation nationale*.

Ses adversaires l'ont combattu de leur côté avec indignation. L'un d'eux, Lord Macaulay, lui a consacré une notice avec le dessein prémédité de se venger des imprécations formulées en 1793, en 1801 et en 1804 contre l'Angleterre maîtresse des mers. Mais il l'a stigmatisé d'un mot juste : *cette charogne jacobine*.

1. On a raconté dans ses Mémoires que les troupes de l'Armée des Alpes auraient crié dans un combat: *Barère à la tribune,* marquant ainsi leur courage et sa popularité dans l'armée. Ce témoignage l'accable encore.

2. Martainville écrivit de lui après sa chute : « On dit que notre ancien bon ami Barère est arrivé ces jours derniers à Paris avec le fils de l'honnête Vadier, et qu'ils sont logés au faubourg Saint-Antoine. » Puis il ajoutait le mois suivant: *La guillotine aura encore son Anacréon !* (Mars 96.)

Quant à son rôle sur Danton, une apostrophe d'un grand esprit va dicter ce qu'il faut en penser.

De la violence féroce des triumvirs après la mort de Danton, on peut répéter avec Lamartine : *On voulait jeter le sang à grands flots sur la cendre du tribun pour l'éteindre* (1).

Barère a tenu à définir son action à la tribune sur la tâche que lui confia durant une année complète le grand Comité quant aux armées. C'est par son cri d'orgueil qu'on va terminer cette étude.

« C'est la première fois, soit en France, soit en Europe, soit chez les peuples anciens et les nations modernes, que la tribune nationale, consacrée aux discussions législatives et aux affaires politiques, a exercé une grande influence militaire en s'élevant à un nouveau genre d'éloquence. C'est la première fois que les représentants d'une nation ont parlé au nom de la liberté et de l'égalité à d'innombrables bataillons, célébré les exploits et les grands faits d'armes des forces nationales et décerné des récompenses aux armées victorieuses de tant de rois. »

Ce qu'il n'ajoute pas, il faut le constater. Orateur verbeux et mou, il a manqué d'inspiration. Ses rapports n'ont aucune flamme. Il recevait de Carnot un portefeuille de documents techniques où se trouvaient des lettres de généraux et de chefs d'état-major ; son œuvre est faible en réalité. Rien de grand n'en ressort. Il fut comme écrasé par tant de victoires et de hauts faits. Jusqu'à son récit, tout y est superficiel, rien ne s'en détache. Préoccupé de l'effet à produire, il rechercha moins la gloire des armées que des applaudissements pour lui-même. Voilà ce qui a gâté ses premiers rapports, dont le décousu dans l'ordonnancement et l'emphase dans le débit, la vulgarité dans la forme, constatent l'infériorité.

Oui, il a eu raison d'écrire que les triomphes continus de nos troupes formaient comme *un nuage de gloire* sur la France de la République malgré nos dissensions. Mais Chateaubriand a été autrement vrai lorsqu'il a formulé ce jugement que la gloire des armées avait servi aux triumvirs et à leurs complices à voiler les crimes commis à l'intérieur ! Ce que pense l'histoire, c'est cela.

Ce que l'histoire constate sur Barère, c'est qu'il flatta l'*Ancien régime* pour acquérir des titres à l'exercice des affaires publiques, qu'il flatta les *Girondins* au pouvoir, qu'il flatta encore les *Jacobins* à leur

1. *Hist. des Girond.*, t. V, l. 56, p. 410.

avènement, qu'il se fit le serviteur passionné des *triumvirs* et obéit à
leurs voloutés, qu'il prêta sa plume à l'auteur du 18 brumaire, que
Bonaparte devenu Empereur l'ayant compris dans son passé le chassa
dédaigneusement, que l'auréole de popularité dont il jouit après son
exil n'était pas méritée par le protecteur de Fouquier-Tinville ; enfin,
qu'il ne l'eût jamais obtenue si la Terreur eût été invoquée contre lui
et la Révolution mieux connue !

CHAPITRE LII

MISSIONS DE GASTON A L'INTÉRIEUR ET AUX ARMÉES

Gaston et les prêtres insermentés. — Il dénonce les Généraux, les Représentants, les Municipalités et Beauharnais. — Demande que tous les biens des étrangers soient confisqués. — Mission aux Pyrénées, aux Alpes. — Défend les Jacobins, Carrier et la Constitution de 1793. — Appelle *Prairial* une victoire des sansculottes, et peut passer pour le type des proconsuls à l'Intérieur.

Gaston, juge de paix à Foix, député de l'Ariège à la Législative et à la Convention, est un prototype des dévoués aux triumvirs à l'intérieur et aux frontières ; sa carrière le prouvera plus haut que nous.

La question de l'émigration et les troubles d'Arles furent ses débuts à la Législative : théoricien passionné et excessif, jusqu'au moment où il devint féroce dans l'affaire des prêtres insermentés. Avec Ichon (1), il s'éleva contre le fanatisme des prêtres insermentés auxquels il imputait la cause première de l'émigration, des troubles religieux fomentés à l'ombre des autels, et portés ensuite dans les familles. Le sacerdoce devait courber sa tête devant la majesté de la loi et, les émigrés désarmés par l'union intérieure, les puissances étrangères deviendraient simples spectatrices des débats de la France constitutionnelle. Les prêtres insermentés étant la première cause de tous les mouvements, il fallait déployer contre eux la plus inflexible sévérité. Lecointre ayant proposé de mettre *hors de la loi* tout prêtre qui refuserait de prêter le *serment civique*, Gaston appuya la proposition et put en attribuer l'inspiration à l'initiative spéciale de Vergniaud, qui avait conseillé la déportation en cas de troubles religieux !

Le 15 août 92, il protesta contre l'audace du conseil général de la commune de Paris qui demandait à la barre de l'Assemblée le décret

1. Comme Roux, Massieu et Chabot, Lindet et Laplanche, Ichon était un prêtre; devenu membre de la Convention, il se maria.

sur la Cour martiale : il reprocha à ses Commissaires de donner une
espèce d'ordre indirect et de manquer de respect à la représentation
nationale. Le 18 août, il suppliait ses collègues de mettre en état
d'arrestation Daverhoult, député des Ardennes, et Jaucourt. Le premier
se déroba par la fuite aux calomnies dont il était l'objet, après avoir
donné sa démission, et se brûla la cervelle plutôt que de subir l'arrestation. Le second, député de Seine-et-Marne, fut arrêté, excipa de sa
qualité pour imposer son inviolabilité et réussit à passer à l'étranger.
Gaston les avait taxés tous deux de conspirateurs, ne leur laissant
d'autre alternative que la mort ou l'émigration.

Des commissaires étaient délégués sur ses instances auprès du maréchal Luckner, parmi lesquels le célèbre Choderlos de Laclos. Ces faits
sont l'objet d'une étude relative aux *Commissaires du 10 août*, et com-
prennent un ouvrage entier par leur importance, nous n'insisterons
pas. Mais on voit déjà poindre l'esprit de violence qui le distinguera à
la Convention, et qui lui dictera ses dénonciations contre les généraux.

Dès le 29 octobre, il se signalait parmi les amis de celui que les
clairvoyants avaient apostrophé du titre de *Dictateur*. Il s'opposait à
l'envoi aux départements d'une lettre de Roland, membre de la faction
selon les injures de Marat. Son envoi donnerait, disait-il, une nouvelle
force à l'esprit de parti, et même une apparence d'approbation indi-
recte. L'Assemblée prononça l'ajournement sur cette double crainte, et
ne vit pas que les prétendus hommes d'État avaient une prévoyance
que les événements allaient justifier.

Au procès de Louis XVI, il vota la mort en ces termes : La raison, la
justice, l'humanité, les lois, le ciel et la terre condamnent Louis à
mort. Le 10 mars, il exigeait un décret d'accusation contre le général
Stengel qui avait dû battre en retraite ; il le donna comme ayant fait
périr nos soldats, et nous ayant exposés à une déroute. C'était l'inaugu-
ration de ces haines sauvages dont nous avons tant à parler, et qui ont
perdu tant de serviteurs loyaux ; Stengel survécut à l'affaire d'Aix-la-
Chapelle. C'est lui qui commandait en chef la cavalerie de l'*Armée
d'Italie* en 96, poste auquel l'avait appelé Bonaparte ; tué dans une
charge, il eut pour successeur Murat !

Le 26 juin, même colère contre Wimpfen, Gaston ne décolérait pas.

Après les généraux, les Girondins ; c'est dans l'ordre ; l'épuration
partout. Le 28 juillet, l'organe du Comité obtenait la mise en accusation
de ceux qu'avait déclarés traîtres à la patrie le 31 mai ! Il voulait, en

outre, d'autres têtes, Barbaroux, Lanjuinais, et celle de quatorze de leurs amis. On les accusait tous d'empêcher l'établissement de la république, et de rétablir la royauté. Gaston demanda le décret contre plusieurs traîtres qui siégeaient encore, contre ceux qui ne rougissaient pas de se donner comme amis de Vergniaud ; il nomma Fonfrède, Ducos et Carra. Leur perte devint certaine.

Pour ternir l'honneur de ces hommes, Barère eut soin de parler des trahisons aux armées. En présentant comme nécessaire la subversion des principes sur l'avancement pour les officiers supérieurs de l'armée royale, il parut comprendre dans une même réprobation généraux et Girondins (1). Le 29, Duhem s'écriait :

Je suis arrivé hier de la frontière du Nord. Les nouveaux commissaires sont effrayés de la complication des affaires. Ils sont obligés de faire les fonctions du général, des commissaires des guerres, des caporaux, des approvisionneurs, des magasiniers. Il est instant d'adjoindre à Carnot deux autres commissaires. L'esprit public est excellent sur toute la frontière du Nord. Cependant il y a des malveillants qui, avec les cheveux en jacobin, cherchent à jeter le soldat et le citoyen dans les plus funestes écarts.

C'est par ces funestes écarts que se fonda le *système terroriste*. Au débat contre Carra, Gaston exigea péremptoirement le renvoi devant le tribunal révolutionnaire, en arguant que l'Assemblée n'était pas un tribunal. Son insistance lui valut une vive interpellation à laquelle il répliqua :

Le Gaston dont on a parlé n'est point mon frère, il n'y a jamais eu de marquis dans ma famille ; qu'ont de commun les sentiments d'un traître avec ceux d'un patriote ? Je marche sur les traces de Brutus ; et si mon frère déchirait le sein de ma patrie, je déclare que je briguerais l'honneur de le poignarder. Ma famille, c'est la patrie.

Il avait dénoncé son propre frère, au témoignage de Lacroix, et se montrait impitoyable sur la question de l'émigration. Le 11 août 93, il parlait des municipalités peu républicaines et du mariage des prêtres en termes ultra-violents qui nous importent peu.

Il n'admit pas dans la discussion sur l'instruction publique le principe de l'instruction forcée que voulait Robespierre ; il répugnerait aux

1. Ce fut à cette occasion que, sur la proposition de Lacroix, le Comité de Salut public reçut le droit de lancer directement des *mandats d'amener* sans avoir à consulter le Comité de Sûreté générale.

pères de famille d'abandonner leurs fils pendant douze ans pour les faire élever dans les sciences et les arts. Gaston avait enfin un éclair de bon sens. La question des subsistances préoccupait la Convention ; le comité spécial demandait le 17 août, qu'un décret obligeât tous les cultivateurs ou propriétaires à fournir leur contingent en grains proportionnellement. Gaston objecta qu'un recensement général de tous les grains serait plus profitable et il avait raison, mais il ne sut pas développer son idée. Danton s'en empara et la fit voter avec une restriction pour les réquisitions générales et particulières que pouvaient établir les Représentants près les armées. Les lettres de nos agents ou de nos correspondants politiques à Londres, annonçaient pour l'hiver une hausse factice dès le mois de septembre, par les intrigues de Pitt. En cas d'insuccès, les banquiers de Londres et d'Amsterdam, de Hambourg et de Vienne promettaient de suspendre leurs paiements. Ce dernier point était faux, on ne commence pas par se ruiner sûrement soi-même pour ruiner hypothétiquement les autres ; mais les *hausses factices* étaient bien dans les manœuvres anglaises, comme celles des faux assignats (1).

Le 21 août, Gaston signalait l'incivisme de Saladin. député protestataire sur l'arrestation des Girondins et n'admettait pas qu'on laissât Beauharnais à la tête de l'Armée de Rhin et Moselle. Il reprochait à ce dernier d'être l'ami de Custine, son confident, et appelait *traître* celui qui démissionnant devant les difficultés politiques voulait, s'écriait-il, abandonner l'armée en ce moment. Dans cette apostrophe, on trouve l'homme qui va louer en Vendée le célèbre Rossignol et proclamer avec Tallien la nécessité de son maintien dans sa position de général en chef. Drouet, de Varennes, osait louer ce séide terroriste : « Son nom n'est connu que par des victoires ou des actions d'éclat. » On accusait de trahison les généraux et leurs états-majors quelques jours plus tard, on les traitait de Sardanapales. Gaston choisit ce moment pour réclamer l'exécution du décret qui ordonnait l'arrestation des *suspects ;* les communes et les sections auraient à se rassembler et chaque citoyen y désignerait ceux qui lui sembleraient tels.

Le 2 septembre, Baudin était dénoncé par Voulland comme ayant appartenu au comité contre-révolutionnaire de Lyon. Gaston sollicita

1. Le 15 septembre 94, Lozeau le constatait dans un rapport officiel à la Convention.

son arrestation par le comité de Sûreté Générale. Il en profita pour signaler beaucoup d'étrangers parmi les députés de la Montagne et n'entendait pas *que ce rocher sacré soit infecté par des espions*. Baudin paya cette littérature de sa vie. Le 4, jour où Billaud entraînait la Convention à créer l'*Armée Révolutionnaire* dont on sait les exploits, Gaston se distingua dans cette journée de sang :

Paris, comme le mont Etna, doit vomir l'aristocratie calcinée de son sein. Il faut décréter que tous les citoyens se réuniront dans les sections, qui seront déclarées permanentes, que les barrières seront fermées, que tous les mauvais citoyens soient incarcérés. Les contre-révolutionnaires du dedans, ceux de toutes les villes rebelles sont réfugiés à Paris. Voilà nos ennemis. Ils assiègent vos tribunes. Ils vous investissent de toutes parts. Ce sont ces hommes qu'il faut saisir, qu'il faut frapper. Dès ce soir, il faut qu'ils cessent d'insulter à la majesté nationale.

Les sectaires redoutaient une *contre-révolution sectionnaire* et parlaient de l'égorgement du peuple par ses ennemis. Le Comité des triumvirs garantissait par ses séides qu'il avait des renseignements précieux sur leurs forces et sur leurs plans : on ne paraissait créer la susdite armée que pour se défendre dans son patriotisme! Gaston appelait aussitôt la répression par l'échafaud à Lyon, à Marseille et à Toulon. Pour le calmer, Barère lui promet, le 6 septembre, que Lyon serait *rasé*. Le lendemain, il présentait une motion pour étendre à *tous les étrangers*, aux Anglais notamment, le décret qui confisquait les biens des Espagnols. Il attaquait les commissaires des départements dans la même séance; il jugeait urgent que l'Assemblée jugeât leur conduite et rappelât ceux qui seraient incriminés. Plusieurs d'entre eux n'avaient pas obéi aux décrets qui les rappelaient. Voudraient-ils grossir, ajoutait-il, la liste de nos ennemis? Dans ce cas, il faudrait les frapper. Le 10 septembre, Gaston obtint ce qui était dans ses visées, jouer un rôle actif dans les départements et aux armées. Sur le choix de Barère, il fut délégué dans l'Aude et les Pyrénées-Orientales pour y requérir les citoyens des deux premières classes. On se levait en masse dans ces deux départements afin d'empêcher le siège de Perpignan et d'expulser l'ennemi.

Son zèle se sentait capable d'autres missions; il voulait aller dans son propre département pour y exciter la foi révolutionnaire. Il partit dès sa nomination. Son début dans la correspondance ne fut pas heureux, il dut annoncer un échec; mais il se consola en y annonçant la mort du général commandant la cavalerie espagnole et en attestant que notre retraite s'était opérée dans le meilleur ordre, grâce au courage et au sang-froid de Fabre. Le 28, nos troupes remportaient une victoire pour laquelle se joignant à ses collègues il écrivait :

Nous envoyons six étendards et un drapeau pris sur les Espagnols. Nous avons cru devoir confier les étendards au citoyen Bernard d'Aoust, aide de camp et frère du général de division, qui montra pendant toute l'action un courage intrépide. Nous avons cru devoir remettre le drapeau au citoyen Vènes, sous-officier du premier bataillon du Tarn, qui l'arracha lui-même à l'ennemi en faisant prisonnier celui qui le portait. Nous remplissons un devoir en vous faisant offrir, avec les drapeaux, le fils de l'adjudant-général Jouis, âgé de huit ans, et dont le père a reçu la mort dans le camp des Espagnols. Nous espérons que la République se chargera de l'éducation et de l'entretien de ce jeune orphelin.

Les troupes reprirent hier la ville de Thuir et Sainte-Colombe ; la fuite de l'ennemi fut si précipitée, qu'il abandonna huit prisonniers, un drapeau et quelques munitions.

Le 22 décembre il était envoyé à l'Armée des Alpes et ne pouvait s'y rendre, enfermé dans les Pyrénées par un mouvement offensif de Ricardos. Délivré par nos succès ultérieurs, œuvre du général Pérignon, il rejoignit la frontière d'Italie et y assista à la prise des redoutes du Mont Saint-Bernard, le 24 avril 94. Il en informa la Convention le jour même, et seul.

A cinq heures du matin, toutes les redoutes du Mont Saint-Bernard ont été enlevées de vive force. Depuis que le monde existe on n'a pas vu d'action qui fasse plus d'honneur aux Français. Nos braves, ayant à leur tête l'intrépide Bagdelonne, ont franchi une des plus hautes montagnes des Alpes ; ils ont gravi des rochers presque inaccessibles, à travers des neiges, des ravins, des précipices ; après dix à douze heures de marche, le combat a commencé ; tous les forts de l'ennemi ont été attaqués presque en même temps ; la victoire s'est entièrement décidée en notre faveur, après une heure et demie de combat. L'étendard de la liberté flotte sur les montagnes du Saint-Bernard. Le général Dumas, son adjudant-général Espagne, son secrétaire Lafont et moi ont été témoins de cette fête. J'ai nommé Bagdelonne général de divison sur le champ de bataille ; j'espère que la Convention s'empressera de le sanctionner. Il est des actions d'éclat à récompenser, des traits d'héroïsme à buriner dans l'histoire ; le général vous en fera passer les

détails. Nous avons pris à l'ennemi vingt pièces de canons avec leurs
affûts, des obusiers, treize à quatorze espingoles et plus de deux cents
fusils ; nous avons fait plus de deux cents prisonniers.

La Cour de Turin perdit au printemps de 94 le succès de la campagne précédente, les principaux passages des versants de la Savoie, le
Mont-Cenis et le Saint-Bernard. L'Armée des Alpes commandée par le
général Dumas, puis par Dumerbion, avait alors quatre-vingt mille
hommes *malgré la désertion des réquisitionnaires* observée par Jomini.
Le succès de Bagdelonne en Tarentaise lui valut la confirmation du
grade de divisionnaire que Gaston lui avait conféré. Le rôle de ce dernier à cette armée fut minime et il faut s'en féliciter. Rappelé à raison
des événements politiques, il rentra à la Convention pour y soutenir les
débris du parti jacobin.

A diverses reprises, il demanda que les *sans-culottes* obtinssent une
portion des *biens nationaux* et s'efforça de fausser les règles de l'économie rurale pour l'obtenir. Il alla jusqu'à prétendre que ses adversaires,
le rapporteur spécialement, faisaient rétrograder la révolution par leurs
principes et cherchaient l'anéantissement de la liberté ; toujours la
phraséologie terroriste. Doit-on s'étonner qu'il se soit élevé contre
l'arrestation de Carrier et qu'il ait inculpé la conduite du Comité
de Sûreté générale à cette occasion? Il était en cela d'accord avec
Romme et les proconsuls du parti déchu. Acharné contre les prêtres,
il les appelait en novembre 94 « des hommes de sang, des barbares
qui ont voulu étouffer la liberté », en un mot, une caste impure
qui avait soulevé la Vendée. Il faisait en revanche ce qu'en avaient
divulgué Merlin de Thionville et Philippeaux par les crimes de ses
amis.

Hostile à Legendre en haine du 9 thermidor, il leva un jour un bâton
sur lui, plus tard l'appela un *vil boucher*, oubliant ce qu'il était lui-même, se montra favorable aux sociétés populaires, accepta la mise en
accusation de Carrier pour ne pas rompre trop ouvertement avec l'indignation publique. Le 13 février 95, il reconnut que le club des Jacobins ne rendait plus de services, applaudissant à sa fermeture, afin de
prouver à l'Europe qu'aucune puissance ne pouvait audacieusement
s'élever au niveau de la représentation nationale. Les pensées justes
durant peu en lui, il s'opposait à la levée du séquestre mis sur les biens
des étrangers en guerre avec la France.

Il resta un des fidèles de la Constitution de 1793 et prit la parole pour
qu'il n'y fût apporté aucune modification. S'il repoussa les sections

demandant du pain à la barre de la Convention et s'il s'efforça de calmer le peuple au 12 germinal, il applaudit à l'émeute de prairial et encouragea la multitude par le cri de : *Victoire* ! qu'il cria effrontément à la chute de Soubrany et de Romme. Complice de ces homme, il échappa à leur châtiment et devint député de Saint-Domingue au Corps Législatif de l'an III. Voilà un des disciples et collaborateur de Barère à titre d'instrument !

Ne suffit-il pas à lui seul pour juger utilement tous les autres, surnommés *nos missionnaires* de 93 ?

APPENDICES

APPENDICE PREMIER

DÉCRET ORGANIQUE DU 30 AVRIL 93 SUR LES REPRÉSENTANTS EN MISSION AUX ARMÉES

La Convention nationale, après avoir entendu le Rapport de son Comité de Salut public sur le renvoi qui lui a été fait pour présenter la liste des Représentants du peuple qui sont en mission, et dont la mission n'est pas d'une utilité indispensable, décrète :

« ARTICLE PREMIER. Tous les pouvoirs délégués par la Convention aux Commissaires qu'elle a nommés pour se rendre dans les départements pour le recrutement, près les armées, sur les frontières, côtes et dans les ports, sont révoqués. Tous les députés qui sont en mission, excepté ceux ci-après nommés, reviendront de suite dans le sein de l'Assemblée.

» II. Les forces de la République seront réparties en *onze armées* qui seront disposées, sauf les mouvements qui pourront avoir lieu, ainsi qu'il suit :

» L'armée du Nord, sur la frontière et dans les places ou forts, depuis Dunkerque jusqu'à Maubeuge inclusivement.

» L'armée des Ardennes, sur la frontière et dans les places ou forts, depuis Maubeuge exclusivement jusqu'à Longwy exclusivement.

» L'armée de la Moselle, sur la frontière et dans les places ou forts, depuis Longwy inclusivement jusqu'à Bitche inclusivement.

» L'armée du Rhin, sur la frontière et dans les places ou forts, depuis Bitche exclusivement jusqu'à Porentrui inclusivement.

» L'armée des Alpes, sur la frontière et dans les places ou forts, dans le département de l'Ain inclusivement jusqu'au département du Var exclusivement.

» L'armée d'Italie, sur la frontière et dans les places, forts ou ports, depuis le département des Alpes-Maritimes inclusivement jusqu'à l'embouchure du Rhône.

» L'Armée des Pyrénées-Orientales, sur la frontière et dans les places, forts ou ports, depuis l'embouchure du Rhône jusqu'à la rive droite de la Garonne.

» L'armée des Pyrénées-Occidentales, sur la frontière et dans les places, forts ou ports, dans toute la partie du territoire de la république sur la rive gauche de la Garonne.

» L'armée des côtes de la Rochelle, sur les côtes et dans les places, ports ou forts, depuis l'embouchure de la Gironde jusqu'à l'embouchure de la Loire.

» L'armée des côtes de Brest, sur les côtes et dans les places, ports ou forts, depuis l'embouchure de la Loire jusqu'à Saint-Malo inclusivement.

» L'armée des côtes de Cherbourg, sur les côtes et dans les places, forts ou ports, depuis Saint-Malo exclusivement jusqu'à Lauthie.

» III. Le Conseil exécutif provisoire présentera, sous deux jours, la liste des officiers-généraux qu'il aura choisis ou conservés pour former les états-majors généraux desdites armées.

» IV. Le Comité de Salut public présentera incessamment le projet de loi pour la formation de deux armées de réserve de l'intérieur.

» V. Il y aura douze commissaires de la Convention auprès de l'armée du Nord ; huit d'entre eux seront toujours auprès des divisions et cantonnements de l'armée ; quatre s'occuperont des fortifications et approvisionnements des places ou forts.

» Quatre commissaires auprès de l'armée des Ardennes ; deux pour les camps et cantonnements de l'armée, deux pour les fortifications et approvisionnements des places ou forts.

» Quatre commissaires auprès de l'armée de la Moselle, dont deux pour les camps ou cantonnements de l'armée et deux pour les fortifications et approvisionnements des places ou forts.

» Dix commissaires auprès de l'armée du Rhin, dont quatre pour les camps et cantonnements de l'armée, et six pour les fortifications et approvisionnements des places ou forts.

» Quatre commissaires auprès de l'armée des Alpes, dont deux pour les camps et cantonnements de l'armée, et deux pour les fortifications et approvisionnements des places ou forts.

» Quatre commissaires auprès de l'armée d'Italie, dont deux pour les camps et cantonnements de l'armée, et deux pour les fortifications et approvisionnements des places, forts, côtes, ports et flottes.

» Quatre commissaires auprès de l'armée des Pyrénées-Orientales, dont deux pour les camps et cantonnements de l'armée, et deux pour les fortifications et approvisionnements des places, forts, côtes, ports et flottes.

» Quatre commissaires auprès de l'armée des Pyrénées-Occidentales, dont deux pour les camps et cantonnements de l'armée, et deux pour les fortifications et approvisionnements des places, forts, côtes, ports et flottes.

» Six commissaires auprès de l'armée des côtes de la Rochelle, dont quatre pour les camps et cantonnements de l'armée, et deux pour les fortifications et approvisionnements des places, forts, côtes, ports et flottes.

» Quatre commissaires auprès de l'armée des côtes de Brest, dont deux pour les camps et cantonnements de l'armée, et deux pour les fortifications et approvisionnements des places, forts, côtes, ports et flottes.

» Quatre commissaires auprès de l'armée des côtes de Cherbourg, dont deux pour les camps et cantonnements de l'armée, et deux pour les fortifications et approvisionnements des places, forts, côtes, ports et flottes.

» Trois commissaires dans l'île de Corse.

» VI. Les commissaires auprès de chaque armée se concerteront pour la division et l'exécution de leurs opérations.

» VII. Le Conseil exécutif distribuera les cadres des régiments et bataillons dans les divers corps d'armée ; il prendra les mesures les plus promptes pour y faire arriver les recrues, et compléter les divers corps ; il présentera, sous deux jours, son travail au Comité de Salut public.

» VIII. Le Conseil exécutif fera passer aux généraux l'état des forces qui seront mises sous leur commandement, et le Comité de Salut public en fera passer un double aux commissaires auprès des armées.

» IX. Les commissaires de la Convention auprès des armées porteront le titre de Représentants du peuple envoyés près telle armée; ils porteront le costume décrété le 3 avril courant.

» X. Les Représentants du peuple envoyés près les armées, et les généraux se concerteront pour faire nommer sur-le-champ à tous les emplois vacants, ou qui viendront à vaquer, soit par mort, démission

ou destitution, en se conformant au mode d'avancement décrété ; et en
cas d'urgence et de manque des personnes qui aient les qualités
requises par la loi, ils pourront en commettre provisoirement, et pour
quinze jours seulement.

» XI. Les Représentants du peuple envoyés près les armées exerceront la surveillance la plus active sur les opérations des agents du
Conseil exécutif, de tous fournisseurs et entrepreneurs des armées, et
sur la conduite des généraux, officiers et soldats ; ils pourront suspendre tous les agents civils, et en commettre provisoirement.

» XII. Ils pourront aussi suspendre les agents militaires, mais ils ne
pourront les remplacer que provisoirement jusqu'après l'approbation,
pour la suspension, de la Convention, ou jusqu'à ce que les personnes
appelées ou élues en vertu de la loi soient arrivées à leur poste.

» XIII. Ils surveilleront l'état de défense et d'approvisionnement de
toutes les places, forts, ports, côtes, armées et flottes de leur division ;
ils feront dresser des états de situation de tous les magasins de la
République, et ils se feront rendre compte journellement de l'état de
toutes les espèces de fournitures, armes, vivres et munitions.

» XIV. Ils feront faire des revues de toutes les armées et flottes de
la République ; ils se feront remettre chaque quinzaine les états de
l'effectif de chaque corps, signés des agents civils et militaires ; ils
prendront toutes les mesures qu'ils jugeront convenables pour accélérer
l'armement, l'équipement et l'incorporation des volontaires et recrues
dans les cadres existants, l'armement et l'équipement des flottes de la
République ; ils se concerteront pour ces opérations avec les amiraux,
généraux et commandants des divisions et autres agents du Conseil
exécutif.

» XV. En cas d'insuffisance des forces décrétées, ils pourront
requérir les gardes nationaux des départements, qu'ils feront organiser
en bataillons, d'après le mode qui sera décrété ; ils pourront aussi
requérir des gardes nationaux à cheval, pour compléter les cadres
existants ; et lorsque les cadres seront complets, ils pourront en former
de nouveaux escadrons, en y employant les chevaux de luxe et des
émigrés, ou ceux qu'ils pourront se procurer.

» XVI. Ils prendront toutes les mesures pour découvrir, faire arrêter
les généraux, et faire arrêter, traduire au tribunal révolutionnaire tout

militaire, agent civil et autres citoyens qui auraient aidé, favorisé ou conseillé un complot contre la liberté et la sûreté de la République, ou qui auraient machiné la désorganisation des armées et flottes, et dilapidé les fonds publics.

» XVII. Ils feront distribuer aux troupes les bulletins, adresses, proclamations et instructions de la Convention, qui seront adressés aux armées par le Comité de correspondance ; ils emploieront tous les moyens d'instruction qui sont en leur pouvoir, pour y maintenir l'esprit républicain.

» XVIII. Les Représentants du peuple envoyés près les armées sont investis de pouvoirs illimités pour l'exercice des fonctions qui leur sont déléguées ; ils pourront requérir les corps administratifs et tous les agents civils et militaires ; ils pourront agir au nombre de deux, et employer tel nombre d'agents qui leur seront nécessaires. Leurs arrêtés seront exécutés provisoirement.

» XIX. Les dépenses extraordinaires résultant des opérations déléguées aux Représentants du peuple envoyés près les armées seront acquittées par les payeurs des armées, les payeurs des départements, les receveurs de district, ou par la Trésorerie nationale, sur des états d'ordonnance, par les commissaires ordonnateurs, et visés par les commissaires nationaux, lesquels seront reçus comme comptant par la trésorerie nationale, et portés dans les dépenses extraordinaires de la guerre et de la marine.

» XX. Les Représentants du peuple envoyés près les armées rendront compte, au moins chaque semaine, de leurs opérations à la Convention ; ils seront tenus d'adresser, chaque jour, au Comité de Salut public, le journal de leurs opérations, copies de leurs arrêtés et proclamations, et de tous les états de revue et approvisionnements qu'ils auront fait dresser ; ils adresseront aussi chaque jour au Comité des finances et à la Trésorerie nationale un compte détaillé des états de dépenses qu'ils auront visés.

» XXI. Le Comité de Salut public présentera chaque semaine à la Convention un rapport sommaire des opérations des divers commissaires ; le Comité des finances fera aussi chaque semaine un rapport des dépenses visées par eux : ces rapports seront imprimés et distribués.

» XXII. Les Représentants du peuple envoyés près les armées seront renouvelés par moitié chaque mois ; ils ne pourront revenir à la Convention qu'après une autorisation donnée par elle, si ce n'est pour des cas urgents, et en vertu d'un arrêté motivé de la commission.

» XXIII. Le Comité de Salut public fournira des Instructions aux, Représentants du peuple envoyés près les armées, afin de mettre de l'uniformité dans leurs opérations.

» XXIV. Les commissaires de la Trésorerie nationale nommeront les payeurs et contrôleurs près les onze armées.

» XXV. La Convention nationale nomme pour Représentants près l'armée du Nord les citoyens Gasparin, Duhem, Delbrel, Carnot, Lesage-Senault, Courtois, Cochon, Lequinio, Salengros, Bellegarde, Duquesnoy et Cavaignac.

» Près l'armée des Ardennes, les citoyens Delaporte, Hentz, Deville et Milhaud.

» Près l'armée de la Moselle, les citoyens Soubrany, Maribault-Montaut, Margret et Levasseur (de la Meurthe).

» Près l'armée du Rhin, les citoyens Rewbel, Merlin (de Thionville), Haussmann, Ruamps, Pflieger, Duroy, Louis, Laurent, Riter et Ferry.

» Près l'armée des Alpes, les citoyens Albitte, Gauthier, Nioche et Dubois-Crancé.

» Près l'armée d'Italie, les citoyens Barras, Beauvais (de Paris), Despinassy et Pierre Bayle.

» Près l'armée des Pyrénées-Orientales, les citoyens Fabre (du département de l'Hérault), Layris, Bonnet (du département de l'Hérault) et Projean.

» Près l'armée des Pyrénées-Occidentales, les citoyens Feraud, Isabeau, Garreau et Chaudron-Rousseau.

» Près l'armée des côtes de la Rochelle, les citoyens Carra, Choudieu, Garnier (de Saintes), Goupilleau, Mazade et Treilhard.

» Près l'armée des côtes de Brest, les citoyens Alquier, Merlin, Gillet et Sevestre.

» Près l'armée des côtes de Cherbourg, les citoyens Prieur (de la Marne), Prieur (de la Côte-d'Or), Romme et Lecointre (de Versailles).

» Dans l'île de Corse, les citoyens Salicetti, Delcher et Lacombe-Saint-Michel.

» XXVI. Les Représentants du peuple envoyés près les armées, qui sont nommés par le présent décret, continueront, chacun dans leur division, la surveillance du recrutement et l'organisation en départements et districts des pays nouvellement réunis à la République. Les commissaires envoyés dans le département de l'Orne continueront leurs opérations, et le Conseil exécutif nommera des commissaires pour continuer celles qui ont été commencées par les commissaires de la Convention à Chantilly.

» XXVII. Le Comité de Salut public enverra le présent décret aux commissaires de la Convention actuellement en commission. Ceux qui sont nommés par le présent décret se rendront de suite à leur nouveau poster et ceux qui sont actuellement auprès des armées y resteront jusqu'à ce qu'ils soient remplacés. »

APPENDICE II

PROCÈS DE CUSTINE

DÉCLARATION DE VINCENT (1).

Le 1er août 1793.

L'an mil sept cent quatre-vingt-treize, l'an 2 de la République française, le jeudi 1er août ; Nous Jean Hardouin, juge du Tribunal extraordinaire et révolutionnaire établi par la loi du 10 mars 1793, et en vertu des pouvoirs délégués au Tribunal par la loi du 5 avril de la même année ;

Vu la cédule délivrée par le président qui ordonne assignation à la requête de l'accusateur public en date du Jour d'hier aux *témoins indiqués par ledit accusateur public*, à l'effet de faire leurs déclarations sur les faits contenus en la procédure contre le ci-devant général CUSTINE, prévenu ;

Et l'assignation donnée en conséquence le jour d'hier à comparaître à ce jour, lieu et heure en présence de l'accusateur public et assisté de Anne Ducray, commis greffier dudit Tribunal, avons reçu les déclarations des dits témoins ainsi qu'il suit :

1° Est comparu le citoyen François-Nicolas Vincent, âgé de 26 ans, électeur du département de Paris, *secrétaire général de l'administration de la guerre*, natif de Paris, y demeurant rue de Vaugirard, section du Luxembourg, obéissant à l'assignation qui lui a été donnée relativement à l'affaire du ci-devant général Custine.

Déclare que les premières notions qu'il a eues sur les trahisons du

1. Pièce imprimée à « l'Imprimerie du Département de la Guerre, rue de la Michodière, 3. »

ci-devant général Custine, lui sont parvenues en sa qualité de secrétaire général de la guerre, par la *correspondance* des citoyens Gateau
et Garnerin *commissaires du Conseil Exécutif, provisoire* à l'armée du
Rhin, où commandait alors Custine ; qu'une partie de cette correspondance, communiquée à divers Représentants du peuple, a été
particulièrement connue du citoyen Marat et qu'elle a dû se trouver
lors de la levée de ses scellés (ces pièces ont été portées au Comité de
Sûreté générale); que les dénonciations du général Ferrières et celles
faites à la barre de la Convention nationale par un officier de l'armée
du Rhin ont appuyé et confirmé les faits graves dénoncés dans la
correspondance des commissaires ci-dessus nommés ; qu'à l'appui de
ces faits, il dépose pour indication les numéros 213 et 242 de l'Ami du
Peuple, dont le premier contient des observations signées du citoyen
Gateau, l'un des commissaires, et le second le récit exact des événements de la journée du 17 mai dernier, par les citoyens Misobasille et
Ferel, *journée dans laquelle,* est-il dit au titre du numéro, *Custine et
son état-major ont fait preuves d'ineptie, gaucherie et perfidie atroces et
de platitudes, communiquées au Comité de Salut Public.*

Qu'il est encore à la connaissance du déclarant que parmi les papiers
trouvés sous les scellés de Marat et déposés au Comité de Sûreté générale, il s'y trouve un exemplaire imprimé des lettres de Custine à la
Convention nationale et à Brunswick et que, dans celles de Brunswick,
Custine s'exprimait en ces termes : *Le résultat de mes principes réfléchis
depuis longtemps,* y dit-il, *n'ont point produit en moi cette exagération
qui fait mépriser tous les rois parce qu'ils ont eu le malheur de naître sur
le trône.* Pour ne pas faire douter que ce soit un de leurs satellites que
Custine entend désigner, le déclarant observe que, dans cette même
lettre, Brunswick est appelé par Custine *le pacificateur du monde et le
soutien de l'opprimé.*

Relativement à la conduite de Custine à l'Assemblée Constituante, au
Palatinat, à Francfort et à l'armée du Rhin, ainsi qu'à sa lâcheté lors
de sa retraite, *à l'époque de la trahison de Dumouriez,* le déclarant s'en
réfère tant aux journaux du temps et à la correspondance des commissaires qu'aux dénonciations faites par Ferrières et aux autres officiers
de l'armée du Rhin.

Quant à la conduite de Custine, pendant qu'il a commandé les armées
du Nord et des Ardennes, outre que les faits et les pièces sont nombreux et multipliés, le déclarant observe que d'après le décret de la
Convention qui a mis en état d'accusation le ci-devant général Custine,

toutes les pièces ou la plus grande partie d'entre elles, communiquées par le ministre de la guerre au Comité de Salut Public, ont dû être, par ce dernier chargé de l'acte d'accusation, renvoyées au Tribunal ; · qu'aussi le déclarant s'en réfère à ces pièces.

Cependant, pour faciliter les recherches du tribunal, le déclarant dépose plusieurs chemises qui enveloppaient ces pièces et qui servaient d'indication au déclarant, lesquelles ont été cotées, paraphées et signées par le déclarant et nous, *ne varientur*. ·

La première chemise contenant deux feuilles est intitulée : *Extrait des pièces qui prouvent que Custine et son complice Lamarlière ont voulu livrer la ville de Lille.*

La seconde intitulée : *Mots d'ordre contre-révolutionnaires* et plus bas : *Ordre du général de fusiller,* contenant deux feuilles dont la première est seulement écrite recto.

La troisième, numérotée quatrième cote commençant par le mot *Tourville* et finissant par le même mot *Tourville,* contenant une feuille écrite seulement sur le premier feuillet recto.

La quatrième intitulée deuxième cote, commençant par ce mot : *Custine,* et finissant par ceux-ci : *Dans toute la Belgique,* contenant une feuille.

La cinquième intitulée première cote, commençant par ces mots : *Lettres de Custine* et finissant à la première colonne par ceux-ci : *Je soutiendrai l'ordre que j'ai exécuté ;* et dans la seconde colonne, *Dumouriez tout pur,* contenant une feuille.

La sixième, intitulée première cote, commençant par ces mots : *Devigny,* six pièces, etc.., et finissant par ceux-ci : *De ce digne ami à l'armée du Nord,* contenant une feuille.

La septième, intitulée : *Lettre de Kilmaine* et finissant par ces mots : *qui vend ainsi sa patrie,* contenant une feuille.

La huitième, intitulée : *Entourage contre-révolutionnaire du traître Custine,* la dite chemise contenant vingt-neuf pièces indicatives de plusieurs lettres de correspondances des généraux Lamarlière, Lapalière, Leveneur, Debrulis, Cherin adjudant-général, Champmorin général de division, Vernon capitaine du génie, Dardenne, Levasseur, Sta procureur syndic du District de Lille, Dangest général d'artillerie, Sabrevoye général de brigade, Dufrenoy adjoint à l'état-major, Leblanc idem, Desponchesse général de brigade, Saint-Martin adjudant-général, Pierre Monbonne général de brigade, Gobert idem, Jaury et Brancas adjudants-généraux, Dedouville, Stéfan général de brigade, Van Mirthe idem, Bozancourt idem.

La dernière intitulée : *Municipalité de Maubeuge.*

La neuvième est une copie certifiée du déclarant, datée de Cambrai du 30 mai dernier, rapportée signée Custine, et annonçant A CETTE ÉPOQUE la prise de Condé.

Une épreuve d'un mémoire du citoyen Marat dont le déclarant a le manuscrit ; de toutes les dites pièces le déclarant a requis acte pour sa décharge.

Le déclarant observe que, dans le nombre de pièces déposées au Comité de Salut Public, il en est deux relatives à l'*arrestation* arbitraire des Commissaires du Conseil Exécutif ordonnée par le ci-devant général Custine : (toutes les preuves de conviction contre ce traître se multiplient tous les jours) ; que l'adjudant-général Chérin, chargé par lui de la partie délicate de l'espionnage, parait, d'après la lettre écrite aujourd'hui au Ministre de la Guerre par les Commissaires du Conseil à cette armée, être un des auteurs des revers que la République éprouve en ce moment (1).

Que ce Chérin, dont les principes inciviques sont bien connus, vient, sans doute d'après la conduite du ci-devant général Custine, de déclarer hautement que si l'on pouvait arrêter une seconde fois les *Commissaires du Conseil*, il ne faudrait pas les conduire à la citadelle, mais les pendre sur-le-champ ; qui est tout ce que le déclarant a dit se rappeler pour le moment.

II

PROTESTATION DES OFFICIERS DU 48ᵉ DE LIGNE CONTRE CUSTINE (2)

A Kostheim sous Mayence, le 29 janvier 1793.
L'An II de la République française.

Citoyen Ministre,

Le citoyen, général en chef Custine, par ses dépêches du 6 janvier rapportées dans le n° 149 du *Courrier de l'Égalité*, rend compte des

---

1. Chérin devint général et fut l'un des intimes de Desaix et de Gouvion-Saint-Cyr. Donc, Vincent n'était qu'un misérable.

2. Dossier du 29 janvier. — Armée des Vosges.

événements de ce jour relatifs à l'attaque du village d'Ockeim ; il
blâme la conduite de la brigade cantonnée à Kostheim et particulièrement celle du citoyen Laferrière, colonel du 48ᵉ régiment, qui en faisait
partie. Ce régiment dont nous sommes membres était loin de penser
que dans cette journée aucun des individus qui le composent eût mérité
le moindre reproche ; nous admirions notre colonel ; nous applaudis-
sions au courage des soldats ; ceux-ci louaient la conduite de leurs
officiers. Chacun content de lui-même ne demandait pas d'éloges pour
avoir fait son devoir ; mais il ne devait pas s'attendre non plus à se
voir imputer les désavantages de cette journée dont voici l'historique
pour ce qui nous concerne :

« Vers les six heures du matin le canon de l'ennemi se fit entendre ;
le colonel Laferrière se rendit sur-le-champ chez le général Houchard pour lui en rendre compte : ils sortirent ensemble et s'étant
assurés que l'attaque était dirigée sur Ockeim, le général Houchard
ordonna au colonel Laferrière de faire battre la générale, ce qui fut
exécuté.

» Le 48ᵉ régiment conduit par son colonel prit une position en avant
de la droite de la Chapelle ; cette position fut changée par le général
Houchard qui ordonna au colonel Laferrière de porter son régiment
en angle droit ; la gauche près le chemin de Francfort, ce qui fut
exécuté par peloton à gauche. Ce mouvement se fit au pas ordinaire
quoique l'artillerie ennemie fût dirigée sur nous. Nous gardâmes cette
position ainsi que le général Houchard l'avait prescrit jusqu'à ce qu'il
fît passer par un aide de camp l'ordre de nous retirer. Cet ordre fut
entendu par tout le bataillon sur l'explication qu'en demanda le colonel
Laferrière à l'aide de camp. Notre retraite se fit à travers des vignes
et en aussi bon ordre qu'un terrain raboteux et gelé pouvait le permettre. Dans ce mouvement, nous perdîmes une file entière de la
garde du drapeau et un caporal.

» Le colonel Laferrière fit mettre le régiment en bataille environ
200 toises en avant des lignes ; cette position était toujours à portée
de l'artillerie ennemie puisque les obus nous y atteignaient et qu'un
homme fut tué par l'éclat d'un qui était tombé en arrière de nous ;
nous gardâmes malgré cela cette position jusqu'à ce que, le général
Houchard passant à portée de nous, le colonel Laferrière lui demanda
s'il avait des ordres à lui doner. Il lui ordonna alors d'entrer dans les
lignes ; cet ordre qui a été entendu par tout le bataillon fut exécuté ;
nous trouvâmes dans les lignes les trois autres bataillons de la brigade,

et en arrière des batailtons de grenadiers qui étaient à Ockeim lors de l'attaque. »

Voilà la vérité, citoyen ministre ; elle est attestée de tout le corps et peut l'être encore *par le premier régiment de chasseurs à cheval qui était à portée de nous.*

Une telle retraite peut-elle être regardée comme trop précipitée ?

Toutes nos positions ont été prises et nos mouvements ordonnés par le général Houchard ; aussi, nous avons cru devoir, pour l'honneur du corps et de notre chef, demander au général Custine que la vérité fût rétablie : nous joignons copie de la demande que nous lui avons faite. Les deux officiers qui en étaient porteurs ont été mal accueillis et ont essuyé la mortification de s'entendre dire par le général « *que ne devant compte de ses actions qu'à la nation, si l'on avait des plaintes à former contre lui, nous pouvions les porter, et sortez,* » leur dit-il.

Quelques heures après le général Custine s'est rendu à Kostkeim, a fait assembler le 48ᵉ régiment à la tête duquel *il a de nouveau blâmé la conduite du colonel Laferrière et celle des officiers du corps*, en leur reprochant de s'être érigés en corps délibérant ; *il a applaudi à la conduite des soldats d'une manière propre à les éloigner de leurs officiers*, mais heureusement ils connaissent leurs principes et la confiance est mutuelle entre eux. Il a même refusé d'entendre le lieutenant-colonel qui demandait à répondre à son discours ; au reste, il n'y a point eu d'assemblée de corps, chacun a signé individuellement la lettre adressée au général Custine qui, vraisemblablement, eût applaudi à notre démarche si elle eût été dirigée contre notre chef, ce que nous aurions fait s'il s'était mis dans ce cas.

La démarche du général Custine en a exigé une autre de notre part ; *nous nous sommes adressés aux Commissaires députés par la Convention nationale près de l'armée ;* nous joignons copie de la lettre que nous leur avons fait remettre ; leur réponse a été que cette affaire *ne les regardant pas*, nous devions faire notre demande au général Custine, mais que si nous n'en obtenions pas ce que nous désirions, ils en rendraient compte à la Convention nationale.

Nous avons jugé inutiles toutes démarches ultérieures de notre part auprès du général Custine qui, dans une réponse au citoyen Laferrière notre colonel, lui impute de nouveaux griefs dont il n'est pas parlé dans le compte-rendu le 6 janvier, époque à laquelle il le cite comme coupable, tandis que dans son ordre du 7 il ordonne des informations pour connaître les personnes qui ont mérité le blâme dans cette journée.

Le général Custine peut avoir été trompé dans les comptes qui lui ont été rendus, mais lorsque la vérité parle, il doit s'empresser de la rétablir dans toute sa clarté.

L'honneur du corps, citoyen Ministre, se trouve compromis : 1° dans la retraite précipitée qu'on attribue au 48ᵐᵉ régiment ; 2° dans l'imputation faite au citoyen Laferrière notre colonel, à laquelle nous sommes assurés qu'il répondra d'une manière victorieuse; et *comme il importe à chaque individu composant le régiment* que la vérité soit constatée d'une manière éclatante, et qu'il n'ait pour chef *qu'un homme dont l'honneur et la réputation soient exempts de tout reproche*, nous demandons que suite soit donnée aux informations faites sur les événements du 6, et qu'une *Cour martiale* prononce sur les coupables.

Nous adressons, citoyen Ministre, *au citoyen président de la Convention nationale* la même demande.

Les officiers du 48ᵐᵉ régiment d'infanterie,

Signé : Duc, Cassagne, Furion capitaine, Penasse, Aubert, Fontbonne, d'Hastrel, Favard, Sermizelle, Baurlier, Skopetz fils, Joseph Fririon, d'Arcante, Loga, Delerre, Derat, Fˢ Fririon, Bermèr, Colombet, Rabbe, Defontaine, J. Chélot, Dufrène.

APPENDICE III

RÉCIT SUR LA TRAHISON DE DUMOURIEZ (1)

Devant nous, François-Désiré Rusestin fils, juge de paix,

Est comparu le citoyen Chopplet, lieutenant-colonel en chef du 5ᵐᵉ bataillon de Paris, natif de Berrieux en Picardie, département de Laon, lequel nous a déclaré qu'il servoit dans son dit bataillon depuis le 5 septembre dernier, qu'étant à Louvain le treize du mois de mars après un ordre du général Leveneur pour aller chercher des effets pour les premiers besoins de son dit bataillon tels que bas, souliers et autres ; s'étant présenté au magasin au moment où on alloit délivrer les dits effets un ordre du général Valence vint arrêter la dite distribution, qu'alors il (Le déposant) s'aperçut d'une trahison ; que de Louvain ils partirent la nuit du 15 au 16 pour se rendre à Tirlemont pour repousser l'ennemi, ce qu'ils firent la nuit du 16 en repoussant vivement l'ennemi ; qu'ils marchèrent le 17 pour prendre une position plus avantageuse et le 18 ils se rendirent au lieu où il y eut une grande affaire sur la division de droite où ils repoussèrent également l'ennemi et s'emparèrent des terrains qu'occupoit alors l'ennemi où ils passèrent la nuit avec quatre bataillons ; que sur les quatre heures du matin du 19 il reçut l'ordre de battre en retraite et d'aller remplacer à l'endroit où ils étoient le 17 précédent ; que cette retraite a été forcée par la trahison du général Dumouriez qui s'entendoit avec Miranda.

Que le 20 ils firent un mouvement pour se retirer à Louvain où ils bivouaquèrent ; qu'aussitôt l'ennemi les suivit de très près ce qui fit qu'on envoya sur-le-champ 2 bataillons, 1 de volontaires et 1 de ligne pour occuper le village qui était entre les Français et les ennemis, pour détruire les ponts ; on donna aussitôt l'ordre de se mettre en marche pour aller prendre une position avantageuse et empêcher par là l'ennemi d'intercepter les passages sur Louvain.

---

1. Du samedi six avril mil sept cent quatre-vingt-treize, le second de la République française.

Qu'arrivés à cette position, ils passèrent la nuit du 19 au 20 et qu vers les six heures du matin le feu commença où ils eurent de grands avantages.

Que sur le midi est arrivé un officier autrichien accompagné d'un trompette, pour remercier les généraux de ce que l'on avait laissé une sauvegarde dans le château du général Beaulieu et renvoyèrent cette sauvegarde avec une escorte à qui l'on donna tout ce qui était nécessaire.

Que ledit officier autrichien demanda au général Leveneur s'ils allaient quitter la position qu'ils occupaient.

Qu'alors le général Leveneur lui répondit : (toujours en lui laissant les yeux bandés) que n'étant point général en chef, il ne pouvait rien lui répondre, que s'il voulait des renseignements à cet effet, il n'avait qu'à s'adresser à Dumouriez :

Que deux heures environ après ils reçurent l'ordre de se retirer ; qu'ils prirent en conséquence la position près le chemin de Namur à Louvain.

Et le 22, à deux heures du matin, les Tyroliens ennemis vinrent inquiéter l'avant-garde ou poste avancé sur la chaussée de Namur à Louvain, qui était composée de 200 hommes du 5me bataillon de Paris et le 4me des Vosges ; qu'aussitôt les dits bataillons prirent les armes et firent repousser par leurs avant-postes les dits Tyroliens ;

Que sur les cinq heures du matin, le combat s'engagea et dura même jusqu'à 3 heures de relevée où l'ennemi fut repoussé de la droite et fila sur leur gauche où le dit combat fut continué jusqu'à cinq heures, où ils prirent un village par trois fois différentes ;

A la seconde, ils prirent deux pièces de canon gardées par deux compagnies bourgeoises ; qu'il y eut un officier et six grenadiers prisonniers et les autres sacrifiés ;

Qu'au même moment où on ordonna la charge pour la troisième fois, ils furent repoussés vigoureusement et le désordre se mit dans l'armée ; qu'ils furent obligés de battre en retraite le mieux qu'ils le purent ; qu'ils se retirèrent alors sur la montagne de Fer, derrière Louvain et la retraite se fit de suite sans aucune affaire jusqu'au camp de Maulde où la grande trahison se dévoila ;

Où Dumouriez, deux ou trois jours après écrivit une Lettre circulaire adressée à l'État-major général chargé de la distribuer à toute l'armée, dans laquelle ledit Dumouriez se déchaînoit contre les représentants du peuple pour leurs crimes, tels que d'avoir fait mourir le Roy et d'exciter le meurtre dans toute l'étendue de la République ;

Que le jour suivant, le dit Dumouriez leur fit passer un imprimé annonçant que quatre députés de la Convention Nationale étaient venus l'arrêter et le conduire à la Barre ; que le ministre de la guerre les accompagnait, qu'il les avait fait arrêter sur-le-champ pour les mettre en lieu de sûreté et pour servir d'otages (sans désigner le lieu de la détention).

Que le citoyen déposant était, lors de la réception de cet imprimé, chez le général Leveneur pour prendre ses ordres comme (étant) le lieutenant-colonel de la division de droite, où le général Diettemann, le colonel Dumas, l'adjudant-général Des Bruly, l'adjudant-général Dauvet et leurs aides de camp étaient présents. Lorsqu'il leur dit que Dumouriez était un traître, et que s'il était général tel qu'eux, il le ferait arrêter et conduire sous bonne et seure garde à la Convention nationale ;

Qu'un instant après le général Valence y est arrivé où il venait d'haranguer les bataillons pour se joindre au parti de Dumouriez et de n'abandonner leurs généraux qu'à la mort ; que Valence s'adressa au déposant qui ignorait ce qu'avait prononcé Valence à l'armée chez le général, et lui demanda ce qu'il pensait des affaires du temps ;

Que ledit déposant lui répondit en lui montrant un imprimé, que Dumouriez trahissait la République et que s'il était lieutenant-général Valence, il ferait arrêter de suite Dumouriez pour le faire conduire à la Convention, et qu'il ne dépendait que de lui de sauver sa patrie ;

Qu'alors Valence répondit que la conduite de la Convention était infâme, puisqu'elle faisait arrêter tous ses généraux et qu'elle les faisait assassiner à Paris sans les entendre ;

Que le jour suivant, les généraux Dumouriez, Valence, Egalité et toute leur suite, avec un détachement de troupe légère, allèrent haranguer tous les bataillons et notamment le 5ᵉ bataillon de Paris ; que Dumouriez, prenant la parole, dit :

« Mes enfants, je veux vous donner la paix et sauver ma patrie. Je
» l'ai déjà sauvée plusieurs fois, vous en êtes témoins. Il nous faut la
» Constitution que nous avons jurée pendant trois années de suite, en
» 1789, 1790 et 1791 et purger la France de ses assassins ; qu'il fallait
» de bonnes lois, et que s'ils voulaient le suivre, il avait les moyens
» dans ses mains. »

Qu'alors le général Valence prit aussi la parole en s'adressant au commandant du dit bataillon, disant au général Dumouriez :

« Voilà notre brave commandant du 5ᵉ bataillon de Paris. Il ne nous

» àbandonnera pas », en lui prenant la main et disant au bataillon :
Ce brave commandant a aujourd'hui quarante livres de moins sur le
cœur qu'hier, en parlant de l'imprimé qui avait été distribué la
veille.

A quoi le dit commandant et déposant dit à Dumouriez que sa lettre
avait fait la plus grande peine au bataillon en apprenant l'arrestation
de nos représentants et du ministre de la guerre, et de ce qu'ils étaient
dans les mains des ennemis, qu'alors Dumouriez prit la main dudit
déposant et lui dit qu'il répondait d'eux et qu'il ne leur serait fait
aucun mal ;

Que, quant au ministre de la guerre, il n'était pas fâché de son arrestation, ce qui prouve leurs intelligences avec l'ennemi, et passa de là
dans les autres bataillons ;

Que le 5 du courant, étant toujours au camp de Maulde et devant les
bataillons de la division de droite et notamment devant le 5⁹ de Paris,
faisant former le cercle audit bataillon, parce que ledit Dumouriez était
fort enroué, il leur dit :

« Mes camarades, je fis mettre dans l'ordre d'hier (Dumouriez fait le
récit des incidents de sa fuite) que j'allais prendre connaissance à
Condé de la place, et qu'en y allant trois bataillons de volontaires
étaient en marche sans ordre pour se rendre à Valenciennes et ils prenaient le chemin de Condé, qu'un bataillon de la *Sarthe* particulière-
met avait cherché à l'entourer ; qu'ayant fait feu sur lui on avait tué
plusieurs de ses chevaux ; qu'un de ses palfreniers avait une balle qui
lui perçait la cuisse, et un de ses aides de camp blessé ; qu'il avait été
obligé de faire ce qu'il n'avait jamais fait de sa vie, de *se sauver* ; qu'il
se présenta devant un fossé que son cheval ne put sauter, et qu'il
n'avait jamais vu ses jours aussi en danger ; que heureusement une
personne de sa suite lui prêta un cheval qui le franchit, que les braves
dragons de La Tour étaient venus à son secours et que sans eux il ne
sait pas ce qu'il serait devenu ; qu'il était alors accompagné d'un officier
et trois dragons dudit régiment de La Tour.

Il ajouta que c'étaient les plus braves gens du monde, qu'ils ne voulaient que la paix et la tranquillité et qu'ils étaient las ainsi que nous
de faire la guerre, qu'ils ne désiraient que de rétablir la tranquillité et
nous laisser faire de bonne lois ;

Qu'il fallait qu'ils reprennent la Constitution de 1789, 1790 et 1791 ;
d'après cela, il répondait de la paix ; qu'ils retourneraient chacun dans
leurs foyers ;

Et qu'il avait juré et jurait encore de n'occuper dans aucun temps aucune place, et qu'il se retirerait paisible dans son domicile ;

Il ajouta encore que tous les braves soldats qui penseraient comme lui ne le quitteraient pas ; qu'il était homme libre, qu'il laissait la liberté à tous ceux qui n'étaient pas de son sentiment de le lui manifester dans le jour. »

Les bataillons s'envoyaient des députations les uns aux autres pour savoir quels étaient les moyens à employer pour ne pas se compromettre, sauver la patrie et se débarrasser d'un traitre ;

Qu'alors Dumouriez dit en quittant les bataillons : « Que dans la Convention nationale il y avait de bons sujet, qu'il n'y avait que 200 scélérats qui tenaient le glaive sur la tête de 500 hommes, et qu'il fallait qu'ils prennent cette Contitution parce que toutes les couronnes étaient contre la France et qu'elles ne feraient d'elle qu'un cimetière ; qu'il réitéra de nouveau : « Mes camarades, je vous donne la journée pour vous décider et je regarde ceux qui ne se rangeront pas de mon côté comme les ennemis de leur patrie. »

Alors il continua de se rendre aux bataillons voisins où les deux bataillons qui le suivaient pour son escorte firent front. Et fit recevoir par un adjudant-général, un lieutenant-colonel dans le premier régiment qui le suivait, par ces mots :

Officiers, sous-officiers, grenadiers, soldats, Vous reconnaîtrez Monsieur....... pour votre lieutenant-colonel en tout ce qu'il vous conviendra pour le bien de la nation et du service.

Que le résultat des députations fut de partir, mais toujours inquiet de trouver en route des gens de son parti pour l'intercepter, ce qui n'arriva point heureusement.

Le trésor de l'armée était accompagné de plusieurs gens d'armes et de quelques hommes de la troupe légère à cheval qui le conduisaient à Maulde, lieu de son nouveau quartier-général (soi-disant).

Un détachement de grenadiers du 47e régiment, ci-devant Lorraine, arrêtèrent la tête de ce cortège et lui firent faire contremarche pour se rendre à Valenciennes.

Aussitôt trois escadrons de cavalerie dont un de troupe légère, un de hussards et l'autre du 3e régiment de dragons qui allaient à la poursuite du dit trésor l'arrêtèrent aux environs de Vicoigne.

Les grenadiers de Lorraine, par les sollicitations des généraux patriotes, avaient gagné les deux premiers escadrons de cavalerie pour les ramener à Valenciennes.

II. — Représentants. 27

L'escadron du 3ᵉ régiment de dragons étant arrivé n'a voulu écouter aucune réclamation et tous les autres, le sabre nu à la main, le reconduisirent sans savoir où ils l'ont conduit ; qu'ils arrivèrent ledit jour, 5 courant, à six heures du soir en cette ville (1). »

1. Qui est tout ce qu'a dit savoir.

Lecture à lui faite de sa déclaration, a dit contenir vérité et l'a signée.

Le tout fait et dressé procès-verbal à Valenciennes,

Le 6 mars 1793,

Sur la réquisition des citoyens commissaires aux places des frontières du Nord, que ledit déposant a conservée.

CHOPPLET (nom du déposant.)

APPENDICE IV

COMMISSAIRE CIVIL DE L'AUTRICHE

ARMÉE DU CENTRE

1792

Copie des *sommations* faites par les généraux de l'Armée autrichienne à tous les villages des environs de *Metz*, qui sont situés du côté de Thionville (V. Comte d'Artois).

Nous, Joseph de Vauthier, chevalier de Rochefort, Grand Bailli de Sa Majesté l'Empereur et Roi, en son Comté d'Agimont, Commissaire Civil de Sadite Majesté Impériale et Royale,

Ordonnons aux communautés de *Saulny*, de fournir 50,000 livres de foin ; *Voyppy*, 50,000 livres ; *Fèvre*, 25,000 ; *Smécourt*, 25,000 ; *La Mairie de Nauroy*, 100,000 de foin botelé à 24 livres la botte.

Et sera le dit foin livré au magasin de Sadite Majesté ici au plus tard le 8 du courant dans la matinée, à quoi il ne sera fait faute à peine d'exécution militaire.

Fait au Quartier-Général de Son Altesse le Prince de Hohenlohe

A Richemont, le 6 septembre 1792.

Signé : DE VAUTHIER DE ROCHEFORT.

Ici est apposé un cachet noir aux armes de l'Empire autour duquel sont gravés ces mots : BUREAU DU COMMISSARIAT CIVIL.

Certifié *conforme à l'original*, à Metz, ce 8 septembre 1792. L'an 4.

FRÉRON.

Voici la copie d'une des réquisitions faites aux gens de Sébourg :

« Il est ordonné, de la part de S. M. l'empereur et roi, aux mayeurs et gens de loi de Sébourg, de faire conduire ici, demain pour le midi, mille bottes de paille, du poids de 12 livres. Il en sera donné quittance et décharge. Il est au surplus ordonné auxdits gens de loi de fournir, pour demain à 5 heures du matin, 25 bûcherons munis de haches, scies, réceprelles et coins de fers ; ces 25 bûcherons devront se trouver au bois d'Ambise à l'heure indiquée, où on leur désignera le travail qu'ils devront faire ; le tout, au cas de défaut, à peine d'exécution militaire.

» A Quiévrain, le 14 septembre 1792.

» *Signé :* A. J. STURBOIS, *commissaire de S. M. I.* »

COMMISSAIRE CIVIL DE L'AUTRICHE

(Intérieur)   4 mai 1794
ARMÉE DU NORD

Le commissariat civil du Gouvernement pour toutes les opérations qui concernent les armées de Sa Majesté l'Empereur et Roi,

Charge et requiert et néanmoins ordonne pour et au nom de Sadite Majesté aux gens de loi de Bohain de faire parvenir au plus court délai possible au Commissaire Civil et Impérial délégué au corps d'armée combinée sous les ordres de S. A. S. le Prince héréditaire d'Orange et S. E. le lieutenant-général comte de Latour, une spécification revêtue des formes légales, laquelle devra indiquer le nombre de chariots, charrettes, chevaux qui se trouvent dans leur communauté et sous leur juridiction avec les noms des propriétaires des chevaux et charrettes.

Cette même spécification devra également indiquer le nombre d'hommes depuis 16 jusqu'à 60 ans capables de travailler au besoin comme pionniers avec la liste nominale de ces mêmes hommes ; le tout afin que le dit commissaire civil puisse au besoin demander ces pionniers, chariots, charrettes et chevaux par une juste répartition, sans que le fardeau pèse plus sur une communauté que sur l'autre, et puisse faire relever ceux de ce service au moins tous les quatre jours une fois.

Il est ordonné aux mayeurs et gens de loi de donner cette spécification et liste avec la plus grande exactitude, les prévenant que toute négligence et surtout la plus petite partialité prouvée sera punie avec la dernière rigueur.

En revanche, comme il vient d'être réglé par M. le Commissaire général civil que la communauté de Bohain fera partie de l'arrondissement désigné au dit commissaire délégué à la prédite armée combinée, les mayeurs et gens de loi pourront se dispenser de satisfaire aux réquisitions qui pourraient leur être faites abusivement par d'autres officiers ou commissaires civils excepté dans un jour de bataille ou dans des circonstances trouvées absolument urgentes.

Et comme le service de S. M. L'Empereur et Roi nécessite absolument des chariots attelés et pionniers, la Communauté de Bohain fournira et fera être une   ici sur la place de Landrecies   de ce qu'elle possède en chariots attelés de quatre chevaux et charrettes attelées de deux chevaux, ainsi que le tiers de ce qu'elle possède en pionniers : le tout muni de vivres pour quatre jours après quel temps ils seront relevés par le second tiers. Ces attelages et pionniers devront être accompagnés à Landrecies par un homme de Loi avec la liste nominale des propriétaires des attelages et pionniers, qu'il remettra audit Commissaire qui lui en délivrera un récépissé pour compter d'avoir satisfait à l'ordre et valoir en temps et lieu.

Les Mayeurs et Gens de Loi indiqueront en même temps les attelages et pionniers que la Communauté pourrait déjà avoir en service, en spécifiant par quel ordre et où ces attelages et pionniers pourraient se trouver.

Les Mayeurs et Gens de Loi concevront facilement que le but est de revenir à l'ordre et de pouvoir compter avec sûreté sur l'effectuation des demandes que le service exigera de faire, et en même temps de pouvoir faire punir sévèrement tous ceux qui s'y refuseront à l'avenir. D'un autre côté, on travaille de faire du bien aux pionniers autant qu'il est possible.

Fait au Bureau du Commissaire Civil, le 4 mai 1794.

Signé : DE BLUMENTAL,
Commissaire Civil de S. M. I.

Pour copie conforme :

Ici le cachet du
district de Saint-Quentin.

BAUDOUIN — BILLIET, agent national :
Maurice NEUKOM.

. . . .

II

COMMISSAIRE CIVIL DU COMTE PALATIN

Bavière, 1796.

ARMÉE DE RHIN ET MOSELLE

Mémoire (1ᵉʳ)

Le comte d'Arco me fait avertir que sous la faveur d'une forte reconnaissance ordonnée par Monsieur le général Abaducci, il espérait d'arriver aujourd'hui avec ses dépêches à Münic et se trouverait dans la
position de revenir avec les ordres relatifs à la conclusion entière du
traité d'armistice.

De justes allarmes sur des désordres et excès que l'arrivée des
trouppes dans la ville de Münic pourroient occasioner m'inquiéteroient
si je ne plaçois pas une entière confiance dans les assurances décidées
que Monsieur le général commandant en chef a bien voulu me donner,
que les Etats de S. A. S. E. et principalement la Résidence de Münic,
seroient traité avec tous les ménagemens possibles.

En réitérant avec la plus vive instance mes sollicitations à cet
égard, je supplie Monsieur le général commandant en chef, de vouloir
bien faire la défense aux trouppes, de ne pas entrer dans la ville de
Münic occupée par les trouppes de S. A. S. E., avant que le traité
d'armistice ne soit définitivement conclu.

J'ai l'honneur, en outre, d'observer que l'entrée des trouppes autri-
chiennes dans cette ville a été jusqu'icy constament refusé et soutenu,
et j'espère avec confiance que Monsieur le général commandant
l'armée en chef, daignera adopter provisoirement cette mesure de
neutralité pour prévenir la ruine immanquable de cette ville.

Augsbourg, 30 août 1796.

Baron DE REIBELEZ,

Colonel et Commissaire général des Pays

de S. A. S. E. Palatine.

Mémoire (2me)

La disposition des armées défend au courrier envoyé vers le Ministère dirigeant à Münic, au sujet de la conclusion de l'armistice, d'y pénétrer ; il attend en conséquence le moment favorable au quartier général de Monsieur le général Abaducci, à Seswabhauzen et ne tardera pas à s'y rendre dès que la possibilité se présentera.

En faisant part à Monsieur le général commandant en chef l'armée française de ce retard imprévu, j'espère en la justice et généreuse humanité qu'il voudra bien prolonger l'effet suspensif de toute hostilité dévastatoire et ruineuse dans les Etats de S. A. S. Electorale et continuer les défenses sévères de pillages, excès, ainsi que les suites de l'arbitraire.

Augsbourg, 30 août 1796.

Baron DE REIBELEZ,

Colonel et Commissaire général des Pays de S. A. S. E. Palatine.

ARMÉE DE RHIN-ET-MOSELLE (1)

Le 16 fructidor, an IV, 2 septembre 1796.

Monsieur le Général,

J'ai l'honneur de vous envoyer ici-joint un exemplaire des Passeports qu'on donnera de la part du Gouvernement à ceux qu'on enverra dans le pays chercher des vivres et autres choses nécessaires pour la subsistance de la ville de Munich et j'ai à vous prier, Monsieur le Général, de vouloir bien donner des ordres pour que tous ceux qui seront munis de passeports pareils soient protégés et amicalement assistés par les troupes sous vos ordres.

Je saisis cette occasion de vous faire mes très sincères remerciements pour la bonté que vous avez eue de me faire dire par Mestral que vous

1. Dossier du 2 septembre.

aviez déjà donné des ordres pour donner des sauvegardes partout où j'en aurai besoin.

C'est avec la plus haute considération que j'ai l'honneur d'être, Monsieur le Général,

 Votre très humble et très obéissant serviteur.

RUMFERD, Lieutenant-Général.

Munich, 2 septembre 1796.

III

COMMISSAIRES DÉSIGNÉS PAR LA PROVINCE DE HOLLANDE POUR TRAITER

ARMÉE DU NORD ET DE SAMBRE-ET-MEUSE

Le 20 janvier 1795.

Note diplomatique

« Les Commissaires de la Province d'Hollande nommés par eux pour offrir une Capitulation aux Représentants de la Convention Nationale sont Bætselær, Kyshoeck et Bokalden d'Amsterdam tendant à ne pas recevoir à La Haye, la résidence du Souverain et du Corps diplomatique, des troupes françaises, ce qui, au contraire, paraîtrait de la dernière nécessité pour soutenir d'abord le bon parti et ôter ensuite aux ennemis de la France tels qu'un Van der Spiegel et autres tout espoir de s'arranger avec les Français ; qui serait plus tôt tenu de rendre compte des sommes énormes dilapidées pour commencer et soutenir la guerre contre les Français et de la fabrique des faux assignats qu'on prétend avoir eu lieu dans la direction de Hope d'Amsterdam et par laquelle il y a un an il a manqué de faillir. »

Extrait de la note
dont la teneur est relative à des emplacements
de troupes.

COMMISSAIRES EN HOLLANDE

« Extrait du Registre des *Résolutions* de Leurs Hautes Puissances les Seigneurs Etats Généraux des Provinces Unies des Pays-Bas. »

ARMÉE DU NORD

Du mardi le 20 janvier 1795.

Sur la proposition de Messieurs de Heckeren d'Enghuyzen et autres députés de Leurs Hautes Puissances pour les *Affaires Militaires*, ayant au préalable conféré avec quelques députés au Conseil d'État ;

Et sur ce délibéré et vu les circonstances actuelles a été résolu et trouvé bon qu'il sera mandé aux gouverneurs, commandants ou officiers commandants à Bréda, Bergen op Zoom, Steenbergen et Willemstad qu'en cas que leurs places respectives et postes qui y appartiennent soyent déjà attaqués ou sommés de se rendre ou qu'ils le fussent ci-après comme aussi au cas que pour la disette ou autres circonstances ils se trouveront obligés de s'entendre avec l'officier commandant les troupes françaises ils sont autorisés par les présentes à s'arranger à cette fin du mieux qu'il leur sera possible sans qu'il soit requis de leur part de faire la moindre défense ou d'attendre une attaque quelconque.

Et sera la présente *Résolution* envoyée aux dits gouverneurs, commandants ou officiers commandants par un officier qui, pour pouvoir se rendre à sa destination devra s'adresser au général ou commandant des troupes françaises qui se trouveront sur sa route ; avec autorisation pour le dit officier de montrer, s'il en est requis, copie de la présente *Résolution* au général ou officier commandant français, de pouvoir, s'il en était besoin, ouvrir les Dépêches ou Résolutions susdites destinées pour les gouverneurs et commandants sus mentionnés et les montrer à découvert.

Et de plus, il a été trouvé bon et *arrettè* qu'il sera donné connaissance de ces Dispositions par un officier à expédier pour cet effet aux Représentants de la Nation française et au *Général Pichegru* en y ajoutant que Leurs Hautes Puissances ayant été informées par les députés de la *Province d'Hollande* des intentions pacifiques que les dits Représentants et général ont manifestées à la suite des démarches que la province d'Hollande a faites auprès d'eux, Elles ont cru devoir y répondre

par ces sentiments réciproques en émanent (émettant) les ordres sus
mentionnés, lesquels Elles n'ont pas voulu manquer de porter à la connaissance des dits Représentants et Général.

IV

COMMISSAIRES ÉTRANGERS (1)

SARDAIGNE

Milan, 3 vendém. an V.
(24 septembre 96)

A Monsieur Bourguese
Commissaire du roi en Sardaigne,

J'ai eu l'honneur, Monsieur, d'écrire hier au Roi et au Ministre des
Affaires étrangères pour l'engager à prendre des mesures afin qu'en
exécution du Traité de paix, nos convois soient assurés sur les Etats de
Sa Majesté. Chaque jour, à chaque instant, je reçois de nouvelles
plaintes et j'ai de nouvelles raisons de penser que loin de vouloir
détruire les *Barbets* on les protège.

M. de Lafachard a refusé d'accorder aucun secours au général
Garnier qui commande la colonne mobile de Tende. Un convoi de
80 chevaux a été pillé sur le territoire de Limon, comme plusieurs
Français dépouillés sur celui de Viné. Limon étant du territoire de
Sa Majesté, je vous prie de vouloir bien faire part à votre cour de la
demande d'indemnité que je crois être légitimement due.

Je vous prie également de vouloir bien faire instruire ces communes
que le premier brigandage qui sera commis sur leur territoire, je
ferai brûler leurs propriétés et leurs moissons.

Un courrier français a été assassiné à Bogera.

Des Milanais à la solde de la République ont été blessés par les
troupes de Sa Majesté.

Les ministres du Roi sont informés de tous ces faits. Ils les voyent
avec indifférence et ne prennent aucunes mesures.

Je vous prie de vouloir bien me faire connaître ce que je dois penser
d'une conduite aussi étrange (2).

BONAPARTE.

1. Papiers du *Maréchal Davout*. — Carton blanc I.
2. Cette même pièce figure à la corresp. de Napoléon comme provenant des
papiers du général Belliard.

APPENDICE V

Le 4 juin 94, Dubois-Crancé, « chargé de l'embrigadement des armées de Brest et de l'Ouest, ainsi que du départ et de l'encadrement de la première Réquisition », écrivit au Comité de Salut public une dépêche suivie d'un Projet de Décret sur la constitution des corps et sur l'immoralité financière. Cet avertissement d'honnête homme et ce cri de réprobation de la part d'un militaire aussi compétent, il faut les entendre :

« Les différents états, au vrai que je me suis procuré dans les armées que je dois embrigader, m'ont mis à portée de sonder la profondeur du cancer qui ronge la fortune publique, détruit le moral des troupes, exagère les prétentions, anéantit l'égalité, qui est enfin la première, la seule cause peut-être pour laquelle on se plaint et avec raison, du mauvais choix des officiers. D'après les lois des 21 janvier, 12 août, 2 frimaire, 19 nivôse et 5 floréal, l'organisation de l'armée doit être maintenant simple, uniforme, susceptible de tous les mouvements militaires et d'une bonne administration. Chaque corps réuni en demi-brigade est censé composé d'un État-major général de trois bataillons et d'une compagnie de canonniers.

Cela forme un total de 3319 hommes.

>   Dont :   6 officiers d'État-major,
>   81 officiers de peloton,
>   6 sous-officiers d'État-major,
>   378 sous-officiers de peloton,
>   5 officiers de canonniers,
>   12 sous-officiers de canonniers.

Total : 92 officiers, 396 sous-officiers et 2831 soldats.

C'est à raison d'un officier sur 36 hommes et d'un sous-officier sur 8 hommes environ ; c'est enfin un homme en grade sur 6 à 7 individus.

Tel est l'esprit et la lettre de la loi, et en cela, elle est conforme aux principes de la tactique reconnus dans les meilleures armées de l'Europe.

Maintenant, d'après le relevé que j'ai fait de la situation des deux armées de Brest et de l'Ouest, je dois vous dire que j'ai trouvé des nuances infinies. Il y a des bataillons au complet, mais c'est le plus petit nombre ; la plupart sont de trois à quatre cents hommes, dont au plus moitié en activité. Le reste aux hôpitaux ou absent par congé ou sans congé, et ne participe ni aux travaux du corps, ni aux nominations. Enfin, il y a des bataillons, et en grand nombre, qui ne sont pas composés de 200 hommes, y compris les canonniers, et qui ont dans ce nombre 35 officiers et 114 sous-officiers. Il y en a même qui ont eu l'impudeur de nommer d'avance les sous-officiers d'augmentation fixés par la loi du 2 frimaire.

Il ne faut donc pas être étonnés si, lorsque mes collègues à Nantes voulurent former, il y a deux mois, trois divisions pour cerner les brigands, ils ont eu la plus grande peine à trouver dix mille hommes à mettre en activité, quoiqu'il y eût en effectif dans cette armée de l'Ouest plus de vingt-sept mille officiers et sous-officiers, car en vain les généraux commandent-ils des détachements pour la guerre dans une armée semblable, un homme en grade ne marche pas sans troupes.

D'après cet exposé aussi simple que vrai, vous apercevez, au premier coup d'œil : 1° l'énorme dilapidation des fonds publics ; 2° l'égalité violée, car dans tel bataillon les nominations se font à raison d'un homme sur 8, et dans tel autre, elles se font à raison d'une homme sur deux, souvent moins ; 3° la loi sur l'avancement se trouve dégradée, l'émulation anéantie. Car, là où il ne peut y avoir de choix, les places deviennent un métier plus ou moins lucratif, mais où la plupart des individus sont nécessairement incapables de les remplir. De là l'inactivité forcée, l'immobilité des troupes, le défaut de discipline, le mépris de l'état de soldat, la fureur de parvenir, tous les sentiments, tous les vices qui dégradent l'homme et minent le caractère dévoué et désintéressé du républicain. Je n'ajouterai rien à ce tableau ; je fais une lettre et non un mémoire. Je viens au remède.

Il faut bien passer condamnation sur les abus que le silence de la loi a autorisés. Toute mesure rétroactive est sujette à d'énormes inconvénients, mais on peut exiger d'un officier et d'un sous-officier, quel que

soit son grade, les connaissances relatives à ses fonctions ; par exemple
le Comité de Salut public a ordonné que le Conseil exécutif (alors)
envoyât des examinateurs pour les officiers de canonniers. J'en ai vu
les résultats à Nantes et à Rennes. Sur plus de cent officiers qui ont
été examinés, à peine trente ont été jugés assez instruits pour la
manœuvre la plus simple, celle du canon de 4. (Car on ne les a pas
examinés sur le service des pièces de siège ou de position, et cependant la loi affecte à ce service les canonniers volontaires lorsqu'ils en
seront requis.) Pourquoi donc ne pas appliquer ce principe à tous les
officiers d'infanterie ? La République ferait une grande moisson
d'hommes stupides qui entravent tout, désorganisent tout, et ont été
souvent la cause des pertes que nous avons essuyées. On peut confier
ce soin à des hommes prudents et fermes, à qui le Comité de Salut
public donnerait des instructions suffisantes pour extirper à la fois les
loupes aristocratiques et immorales qui détruisent le bon esprit des
armées, soit par mauvaise volonté, soit par inconduite, soit par ignorance.

Voilà pour notre état présent. Quant à l'avenir, il suffira de s'attacher rigoureusement au principe pour aplanir toute difficulté.

La loi a fixé à trois le nombre des officiers et à quatre le nombre des
sous-officiers qui doivent composer une compagnie de 123 hommes.
La règle de proportion pour tous les corps serait donc de laisser ces
différentes places vacantes toutes les fois qu'il y aurait dans un bataillon 123 hommes au dessous du complet.

Mais ce mode d'exécution du principe pourrait paraître trop rigou-
reux, car un bataillon ne peut jamais être à son véritable complet, et
cette loi exposerait à trop de variations. — 2° Lorsqu'après une affaire,
une demi-brigade ayant fait son devoir a perdu beaucoup de monde,
elle mérite des égards particuliers. Je voudrais donc que l'on distinguât
entre les bataillons consommés par le feu de l'ennemi, et ceux qui, par
désertion, les hôpitaux vénériens, ou d'autres causes indépendantes
de la guerre, se trouvent *excessivement réduits*.

Voici à peu près le décret que je proposerais :

ARTICLE PREMIER

Les États-majors des demi-brigades seront toujours au complet quelque soit le nombre d'hommes qui les composeront.

ARTICLE 2

Tous les officiers et sous-officiers attachés aux différents bataillons, conformément aux lois précédentes, et qui sont en activité de
service, seront examinés par des commissions que nommera le Comité
de Salut Public dans chaque armée. Ces commissions vérifieront la
capacité et la moralité de tous ces officiers et sous-officiers et en rendront compte au Comité, qui statuera sur ce qui concernera chacun
d'eux ce qu'il appartiendra.

ARTICLE 3

Il ne sera nommé à l'avenir en remplacement aux emplois d'officiers
et sous-officiers qui viendront à vaquer dans chaque compagnie, qu'autant que les compagnies seront au moins de 63 hommes pour les grenadiers et de 103 pour les fusiliers (1).

Au dessus de ce nombre, il y aura au moins en officiers et sous-
officiers, savoir : Par escouade, un caporal ; par subdivision, un sergent et deux caporaux ; par section, un sous-lieutenant, 2 sergents et
4 caporaux ; enfin, par peloton, 1 capitaine, 1 lieutenant, 1 sous-
lieutenant, 5 sergents et 9 caporaux et ainsi de suite, à proportion
de la réduction des hommes composant le bataillon ; de manière que,
si le bataillon n'était composé que de 784 hommes, non compris l'État-
major, il serait réduit à une compagnie de grenadiers de 63 hommes
et 7 de fusiliers, chacune de 103 hommes. S'il n'était composé que de
681 hommes, il serait réduit à une compagnie de grenadiers et 6 de
fusiliers, en sorte que les officiers et sous-officiers soient toujours en
raison du nombre de soldats fixé par le présent décret et ce, jusqu'à ce
que le bataillon soit complété à 1067 hommes ; mais ces réductions
d'officiers et de sous-officiers n'auront jamais lieu qu'en cas de vacan-
ces de ces emplois.

ARTICLE 4

Seront exceptés de cette réduction les bataillons qui, ayant essuyé un

1. Ce total de 887 hommes, ou bien du complet réel de 1067, laisse aux variations
que le corps peut éprouver, une marge de 180 hommes, ce qui doit paraître bien
suffisant.

échec devant l'ennemi, seront jugés par le Comité de Salut Public, sur les rapports des représentants du peuple aux armées, avoir bien mé- rité de la patrie, et alors on s'occupera de les compléter en recrues dans le plus court délai.

Si le Comité de Salut Public ne trouve point d'inconvénient à ce décret ou aux motifs qu'il contient, et que l'on peut modifier, je pense que la République, sans rien perdre en principes de tactique néces- saires aux mouvements des armées, y gagnera immensément en mora- lité et en finances.

Salut et Fraternité

DUBOIS-CRANCÉ.

APPENDICE VI

RÉCEPTION DE LEVASSEUR PAR SON ARMÉE (1)

« Quand j'arrivai à Cambrai, tout l'état-major me rendit la visite d'usage ; je reçus les compliments des chefs avec assurance, comme un homme qui a le sentiment de sa dignité. Rien ne décela le trouble intérieur dont je me sentis agité d'abord en présence de ces officiers supérieurs dont l'air martial avait quelque chose d'imposant et qui, connaissant le sujet de ma mission, m'accueillaient avec un sourire sardonique sur les lèvres.

— D'où vient le mécontentement de l'armée ? demandai-je.

— Vous le savez bien, Représentant.

— Répondez, je veux le savoir de vous... *On se regarde.*

— Le soldat redemande Custine, me répond le général temporaire.

— Je le sais, mais pour quelle raison ?

— Le général Custine savait maintenir la discipline.

— Un autre saura la maintenir comme lui et punir l'oubli des devoirs du soldat et » du citoyen ! De quel droit une armée oserait-elle prétendre imposer des lois à la » Convention nationale ? Une armée qui délibère est séditieuse ; votre devoir est » d'obéir au chef que le gouvernement vous donne, vous n'en avez point d'autre, le » soldat le sait, mais ses chefs tendent à le pervertir. C'est vous qui me répondez » de l'insubordination de vos troupes. »

On se regarde de nouveau sans dire une parole, mais le sourire sardonique a disparu.

« Vous me répondez de l'obéissance des troupes sur votre tête. Vous le savez » comme moi ! au gouvernement seul appartient le droit de choisir ses généraux, » lui seul peut juger jusqu'à quel point ils méritent sa confiance. »

Ce langage n'eut pas le don d'inspirer confiance à la masse d'officiers réunis autour de leurs généraux, et ils le manifestèrent par des signes extérieurs. Levasseur rédigea alors l'ordre suivant :

Le représentant du peuple arrête que demain à 8 heures précises du matin, il passera l'armée en revue.

« Je remis aussitôt mon arrêté au général temporaire en lui disant : « Demain à 8 heures précises, général Kilmaine, je ne fais pas grâce d'une minute. » M'adressant ensuite aux officiers : « Allez, et demain vous me connaîtrez. » Tous passent devant moi, la contenance un peu embarrassée ; je conserve un regard fier et un maintien assuré.

Cependant, tandis qu'ils sortaient, j'entendis quelques paroles ironiques : « Mais

1. *Mémoires*, t. II, chap. II, p. 25 et S.

Voyez, disait l'un, comme ce petit homme a joué le rôle d'un grand personnage ! — Comment s'en tirera-t-il demain ? » dit un autre, et la porte se ferma.

Le lendemain, à l'heure indiquée, je me rendis au camp. Quarante mille hommes étaient sous les armes.

« Vous allez me faire passer devant les lignes, » dis-je au général ; il obéit. J'avais déjà fait quelques pas ; point d'honneurs militaires, point de fanfares guerrières.

« Général, pourquoi ne bat-on pas au champ ? »

Les tambours battent et les trompettes sonnent.

Je passe devant un enseigne. Point de salut.

« Nouvel oubli, général. »

Le drapeau s'incline et tous les drapeaux de la ligne me saluent.

Je continue ma route et je trouve partout sur mon passage un silence dédaigneux. Pas un seul cri de : « vive la République ! vive la Convention ! » Le mécontentement est peint sur tous les visages ; je m'y attendais et je comptais sur ma présence d'esprit pour changer ces dispositions hostiles.

Enfin, j'arrive et j'ordonne au général de faire former le bataillon carré.

Le carré se forme et je me place au centre, la contenance ferme et le regard assuré ; cependant plusieurs officiers de cavalerie voltigeaient autour du carré ; un grand nombre de fantassins avaient quitté leurs rangs et venaient se grouper autour de moi.

« Soldats de la République, dis-je d'une voix forte, le Comité de Salut public a fait arrêter le général Custine. »

Ma voix est aussitôt couverte par un cri longtemps prolongé : *Qu'on nous rende Custine !*

« Soldats ! » repris-je avec calme, et ma voix fut encore étouffée par des clameurs plus sinistres.

Je fais le signal d'un roulement, les tambours battent et les cris ont cessé : « Général, faites ouvrir les rangs, » et les rangs s'ouvrent.

Je parcours la ligne la pointe du sabre basse, l'œil en face et prêt à percer l'audacieux qui prononcerait de nouveau le nom de Custine ou qui donnerait le moindre signe de mécontentement et prêt à vendre chèrement ma vie à qui oserait m'attaquer. Tous comprirent mon intention non équivoque, tous restèrent immobiles. Les lignes ainsi parcourues, je fis serrer les rangs. Songeant alors à donner à l'armée quelque espoir de revoir son général, je repris :

« Soldats, le gouvernement a cru devoir faire arrêter le général Custine.

— Qu'on nous rende notre général ! s'écrie un sergent.

— Avance, toi qui demandes Custine, dis-je à cet homme ; voudrais-tu répondre sur ta tête de son patriotisme ? »

Et m'adressant à la masse :

« Ingrats, voilà donc le prix de notre zèle pour votre salut ; vous demandez la
» liberté de Custine sans être assurés de son innocence ; si Dumouriez eût été arrêté
» la veille de sa trahison, vous auriez sans doute fait de même ; cependant une
» telle mesure vous aurait ôté la douleur de pleurer la mort de tant de braves, vos
» frères d'armes massacrés par suite de sa coupable défection ! Si Custine est
» innocent, il vous sera rendu ; s'il est coupable, que son sang expie son crime :
» point de grâce pour les traîtres ! Je suis délégué par la Convention nationale pour
» vous rappeler à vos devoirs et pour vous annoncer que justice sera faite ! Je suis
» votre chef ; vous me devez obéissance complète, aveugle. Montrez-vous par votre
» soumission, comme par votre courage, les dignes enfants de la Patrie qui veille

» sur vous. Pardon et oubli à qui sera docile à la voix du représentant du peuple
» français ! Malheur à celui qui la méconnaîtra ! »

Ces paroles prononcées avec l'accent de la fermeté produisirent leur effet ; l'effervescence fit place à un calme profond ; un silence prolongé m'apprit bientôt que les
têtes étaient calmées et que le repentir entrait dans les cœurs.

La formation d'un second carré poussa les Volontaires de la Sarthe à
faire une manifestation en faveur de leur compatriote ; ils rompirent
les rangs et se précipitèrent autour de lui en l'acclamant. Le langage de
Levasseur et cette démonstration produisirent l'effet que la spontanéité
et les actes de résolution entraînent après eux. Soldats et représentants
se comprirent. La République et la Convention furent successivement
invoquées. L'infanterie répéta l'enthousiasme du bataillon de la Sarthe,
l'élan était donné. La cavalerie cependant se montra froide malgré les
paroles de bienveillance et d'encouragement. Custine appartenait à cette
arme.

TOME DEUXIÈME

———

PIÈCES JUSTIFICATIVES CLASSÉES

CHAPITRE XXIV

CONCENTRATION DES ARMÉES SOUS UN MÊME GÉNÉRAL EN CHEF

Le Comité de Salut public a profondément examiné la question de savoir s'il est plus salutaire que dangereux de réunir deux armées sous le commandement du même général : après avoir entendu les observations des militaires les plus expérimentés, il s'est décidé pour l'affirmative.

Barère lit un projet de décret qui est adopté en ces termes :

« La Convention nationale, après avoir entendu le rapport du Comité de Salut public, décrète :

» ARTICLE PREMIER. Les armées du Nord et des Ardennes seront subordonnées au même général en chef. Il en sera de même des armées de la Moselle et du Rhin, ainsi que de celles des Alpes et d'Italie, et de celles des Pyrénées-Orientales et Occidentales.

» II. L'armée des côtes de Cherbourg, qui, par le décret du 30 avril, s'étendait jusqu'à l'Anthie, sera réduite depuis Saint-Malo exclusivement jusqu'au département de la Seine-Inférieure inclusivement, et le département de la Somme, qui est l'entrepôt des magasins de l'armée du Nord, fera partie de ladite armée.

» III. La Convention nationale approuve la nomination faite par le Conseil Exécutif provisoire, le 20 de ce mois, du général Kellermann pour commander en chef les deux armées des Alpes et d'Italie, et du général Brunet pour commander celle d'Italie ; lequel général Brunet sera autorisé par le général en chef à prendre de lui-même toutes les mesures que la sûreté des places maritimes ainsi que celle de ses derrières pourraient exiger. »

(26 mai 93.)

INFLUENCE DE L'ÉMIGRATION DANS LE NORD

REMARQUES

SUR L'ESPRIT PUBLIC ET LES CORPS ADMINISTRATIFS DE BOUCHAIN

1794.

La *loi du 23 août* n'i a aucune exécution. Les jeunes gens de 18 à 25 ans restent les bras croisés, et le conseil général de la commune s'excuse en disant qu'il ne connoit point cette loi.

L'*inscription* de l'Unité et de l'Indivisibilité de la République ne se voit pas sur la moitié des maisons.

Les *noms*, âges et professions de ceux qui les habitent, ne sont affichés en aucun endroit. Le conseil général apporte encore pour excuse qu'il ne connoit aucune loi qui l'ordonne.

La loi du *Maximum* est nulle et les marchandises sont enlevées de plusieurs boutiques.

Les *Décades* ne sont pas observées.

Les *cloches* pendent encore dans les clochers et étourdissent les patriotes.

La *Garde Nationale* n'y fait aucun service, parce que le commandant de la place a reçu des plaintes si graves sur la manière dont elle s'en acquittait, qu'il a cru dangereux de continuer à l'employer.

Les *rues* ne sont point éclairées pendant la nuit quoiqu'il y ait des réverbères, ce qui nuit à la sûreté de la place.

La seule *pompe à incendie* qu'il y ait dans la ville, est hors de service par la négligence de la Municipalité à la faire réparer.

L'argenterie des *Églises* n'est point envoyée à la monnoye.

Il n'i a point de *consignes* aux portes. La municipalité donne pour excuse qu'elle n'a point de fonds pour les payer.

Le citoyen Gourdin, demeurant à Douay, *adjudicataire* des bois et lumières des corps de gardes et bivouacs, n'a pas fait le tiers de son service depuis le 11 brumaire ; le commissaire des guerres est obligé d'y suppléer.

Les *corps administratifs* ne s'occupent pas d'approvisionner la ville qui est sur le point de manquer de subsistances.

Ils ont accordé une protection ouverte à l'*émigré* Danpré dont ils n'ont pas encore séquestré les biens suivant la loi.

C'est par une suite de cette protection qu'ils ont refusé sa maison pour loger le *104ᵐᵉ régiment* qu'ils ont mis dans une église humide et malsaine où il est mort trente hommes en 2 mois.

Le *vin des Émigrés* se soustrait de leurs caves, et notamment celui du nommé Goblet. Le commandant de la place a été requis par le comité de surveillance d'en laisser sortir de la ville pour être porté à des parents d'émigrés qui habitent des campagnes fréquentées par l'ennemi, ce que le commandant a refusé.

Les habitants de cette ville, qui ne sont pas des aristocrates décidés, sont au moins pour la plupart des égoïstes. On en peut juger par la marche publique des corps administratifs. 2 heures après l'arrivée du général Chapuy dans cette ville, il s'est transporté à la permanence de la municipalité dont il a trouvé la porte fermée à clef, et il a appris qu'ils n'ont jamais plus d'assiduité.

Ils se disent cependant Républicains, mais rien ne le prouve. J'ai invité le citoyen Laurent à venir bien vite *purger cette ville* de la bille aristocratique qu'elle renferme ; il est dangereux de l'y laisser.

Signé : CHAPUY (1).

Du 19 janvier 1794.

1. Mais cette pièce est : « Pour copie conforme » et n'est pas signée. (Armée du Nord.)

CHAPITRE XXV

DE LA RÉUNION DES PEUPLES EN ASSEMBLÉES PRIMAIRES POUR STATUER SUR LA FORME DU GOUVERNEMENT (1)

La Convention nationale, informée que dans quelques-uns des pays actuellement occupés par les armées de la République, l'exécution des décrets des 15, 17 et 22 décembre dernier a été arrêtée en tout ou partie par les ennemis du peuple, coalisés contre sa souveraineté, décrète :

ARTICLE PREMIER

Les décrets des 15, 17 et 22 décembre seront exécutés dans tous les lieux où les armées de la République sont entrées ou entreront à l'avenir.

ARTICLE 2

Les généraux des armées de la République prendront toutes les mesures nécessaires pour la tenue des Assemblées primaires ou communales, aux termes des dits décrets. Les commissaires envoyés par la Convention nationale pour fraterniser avec ces peuples, pourront décider provisoirement toutes les questions qui s'élèveront relativement à la forme et aux opérations des assemblées, même en cas de réclamation sur la validité des élections. Ils veilleront particulièrement sur tout ce qui pourra assurer la liberté des assemblées et des suffrages.

ARTICLE 3

Les peuples réunis en assemblées primaires ou communales sont

1. Décret du 31 janvier 1793.

invités à émettre leurs vœux sur la forme de gouvernement qu'ils voudront adopter.

ARTICLE 4

Les peuples des villes et territoires qui ne se seraient pas assemblés dans la quinzaine, au plus tard, après la promulgation, tant des décrets des 15, 17 et 22 décembre dernier, si elle n'a pas été faite, que du présent décret, seront déclarés ne vouloir être amis du peuple français. La République les traitera comme les peuples qui refusent d'adopter ou de former un gouvernement fondé sur la Liberté et l'Égalité.

ARTICLE 5

Les trois commissaires de la Convention nationale dans la Belgique, le Hainaut, le pays de Liège et les pays voisins, qui sont venus rendre compte de leurs opérations à la Convention, se réuniront à leurs collègues et partiront, savoir : Danton et Lacroix, immédiatement après le présent décret ; Camus, dans la huitaine au plus tard ; ils pourront agir conjointement ou séparément, pourvu, néanmoins, qu'ils soient réunis au nombre de deux, et à la charge de donner connaissance dans les vingt-quatre heures de toutes leurs opérations à la Convention.

Au nom de la République, le Conseil exécutif provisoire mande et ordonne à tous les corps administratifs et tribunaux que la présente *Loi* ils fassent consigner dans leurs registres, lire, publier et afficher, et exécuter dans leurs départements et ressorts respectifs.

En foi de quoi, Nous y avons apposé notre signature et sceau de la République.

A Paris, le 1er jour du mois de février 1793, l'an IIme de la République française.

Signé : PACHE.   *Contresigné :* GARAT.

Et scellé du sceau de la République.

Pour copie conforme :

Le Ministre de la guerre,

PACHE.

CHAPITRE XXVII

LE DUC D'YORK A L'OPÉRA-COMIQUE NATIONAL

La candidature de ce prince étranger fit l'objet d'un opéra comique, représenté au théâtre de ce nom, intitulé : *Les Épreuves du républicain.*
En voici l'analyse d'après un journal de l'époque :

Une ville, que l'auteur ne nomme pas, et c'est un tort, est assiégée par la coalition, ennemie de la liberté. L'Anglais York a un parti dans la ville, sourdement conduit par un ex-noble, nommé Dufaux, qui intrigue beaucoup pour égarer les citoyens. Il y parvient au premier acte en les ameutant contre Franciale, leur maire, homme aussi vertueux que pauvre, en un mot le modèle des bons républicains. Son ennemi parvient à l'envelopper de soupçons en faisant remarquer que ce brave homme, qui vivait auparavant du produit de son travail journalier, a cessé tout travail depuis qu'il est maire, et cependant paraît vivre avec plus d'aisance que jamais. Il est au moment de tomber victime de la fureur d'un peuple égaré par des suggestions perfides, lorsque sa femme le justifie. Il a vendu tous ses meubles, tous ses effets : il ne lui reste pas un grabat. La colère du peuple se change en admiration. Cependant le siège continue, et l'infâme Dufaux ne cesse d'exaspérer le peuple par le spectacle des malheurs de la guerre ; il veut le porter à capituler. D'un autre côté, un autre ex-noble, nommé Tréville, à qui on confie un poste important, fait le plus horrible abus de cette confiance, et se prépare à le livrer à l'ennemi, qui vient pour donner un assaut, mais qui est repoussé par le brave commandant, et par l'intrépide Franciale, à la tête de la garde nationale.
Au troisième acte, Tréville a émigré ; Dufaux est venu à bout de ses horribles desseins ; il s'est emparé de l'esprit d'une grande partie de la

ville, èt a'fait prononcer ce mot infâme : *Capitulons !* York est introduit. Ne pouvant séduire Franciale, il le fait jeter dans un cachot ; mais un autre brave sans-culottes sort par un souterrain avec ce qui reste de bons citoyens, et avec du secours il parvient à rentrer triomphant dans la ville qu'York vient d'évacuer, et il remarque fort plaisamment qu'il est impossible de vaincre ce d'York... *à la course.*

Tel est le précis de cet ouvrage, qui prête au développement d'une infinité de maximes républicaines, de traits de courage, de patriotisme et de vertu. Il y a aussi du comique, du mérite dramatique dans plusieurs détails.

L'auteur a eu l'adresse d'y faire entrer quelques allusions sur nos derniers événements ; ils ont été applaudis avec transport, et ont beaucoup contribué au succès de la pièce.

On lui trouve quelques ressemblances avec d'autres ouvrages déjà donnés ; mais il est bien difficile, en traitant les mêmes sujets, de ne pas se rencontrer dans quelques points.

Elle est du citoyen Laugier. La musique est du citoyen Champein, compositeur qui avait fait sa réputation dans son premier ouvrage : *La Mélomanie :* on l'a donnée, le même jour, et le public a été porté, en les comparant, de juger de ses progrès. Plusieurs morceaux ont été extrêmement applaudis.

(*Moniteur* du 26 août 1794.)

II

Dans un rapport à la Convention, rapport rédigé par ordre du Comité de Salut public, Couthon déclara que le gouvernement britannique payait *la plupart* des journaux de la capitale et infestait l'opinion du poison de Pitt. Un de leurs chefs était Carra.

« Quel était son parti ? Le parti des rois. Songez que Carra ne cesse, depuis les premiers moments de la Révolution, d'entretenir le public des grandes qualités du duc d'York, et du fameux Brunswick son oncle. Carra n'a jamais pensé à l'abolition de la royauté en France, il voulait seulement un changement dans la dynastie. L'année dernière, il a osé indiquer le duc d'York aux Jacobins ; les Jacobins indignés le forcèrent à descendre de leur tribune républicaine qu'il profanait, ils le censurèrent dans leur procès-verbal. Ecoutez ce que Carra écrivait le 26

juillet 1792 ; il était bon prophète. Il prévoyait déjà que bientôt
Brunswick s'approcherait du territoire de la république, et qu'il aurait
même la possibilité de venir à Paris. D'avance il préparait l'opinion en
sa faveur, et le scélérat prenait de bons moyens en affirmant que
Brunswick, avec une couronne serait le véritable restaurateur de la
liberté.

Voici un passage du journal de Carra.

« Rien de plus bête que l'opinion de ceux qui croient que les Prussiens veulent détruire les jacobins. Ces mêmes jacobins, qu'on dit
ennemis de la Prusse, n'ont cessé de demander à grands cris la rupture
du traité de 1756. Ils sollicitaient cette rupture du traité de 1756, tandis
que les gazetiers universels, dirigés par le comité autrichien, ne cessaient d'en faire l'éloge. Croyez-vous qu'on veuille dissoudre des hommes qui ont des idées si heureuses pour le changement de dynastie ?
Ce duc de Brunswick est le plus grand guerrier et le plus grand
politique de son siècle ; il est fort instruit, très aimable, et il ne lui
manquerait peut-être qu'une couronne pour être, je ne dis pas le plus
grand des rois, mais le restaurateur de la liberté de l'Europe. S'il
arrive à Paris, je gage que sa première démarche sera de venir aux
Jacobins, et de mettre le bonnet rouge. MM. de Brunswick et d'Hanovre
ont plus d'esprit que MM. de Bourbon et d'Autriche. »

Au mois de septembre, Brunswick était en Champagne : Carra se fit
nommer pour aller, de concert avec le scélérat Dumouriez, favoriser
les projets du roi de Prusse et de Brunswick.

Heureusement le génie de la liberté nous a sauvés ; mais Carra en
était-il moins coupable ? »

Le décret d'accusation délibéré, Robespierre intervint en ces
termes :

« Il faut vous dire que Carra a constamment suivi le projet de placer
sur le trône français un prince d'Angleterre. Voici un article inséré
dans le numéro du 25 août 1791, qui prouve ses intentions :

« Le duc d'York vient d'épouser une princesse de Prusse, nièce de
la princesse d'Orange. Ce mariage unit plus que jamais les trois cours
alliées ; et pourquoi ces trois cours alliées ne se prêteraient-elles pas
aux vues des Belges, si les Belges demandaient le duc d'York pour
grand-duc de la Belgique, avec tous les pouvoirs du roi des Français ?»

Ainsi, dès le mois d'août 1791, Carra désignait le duc d'York pour
duc de Brabant, avec les pouvoirs de roi des Français. L'intention de

Carra était de le rapprocher de nous ; et c'est pour exécuter son plan et favoriser le duc d'York, que son ami Dumouriez était entré dans la Belgique. Portons nos regards sur une époque antérieure à la journée du 10 août, et nous verrons Carra suivre avec chaleur le projet qu'il avait formé.

A l'époque où le tyran fut renversé de son trône par un peuple généreux, Carra appelait Brunswick en France....

Carra voulait donner au tyran hanovrien le titre de restaurateur de la liberté, titre étrange, que portait notre dernier tyran ; il voulait transformer une société républicaine en une faction dévouée à l'intérêt des rois ; il voulait qu'on fît, en faveur de Brunswick, une guerre si périlleuse à notre tyran.

Lâche, tu vois tes complots découverts ; le système de tous nos maux est tracé dans cet indigne écrit, et tu n'as pas rougi encore ! Tu te réjouis des progrès que viennent de faire les satellites de ton cher Brunswick ; ton âme atroce espère encore qu'il viendra t'arracher au supplice dû à tes longs forfaits ; mais ton attente sera trompée, les Français feront encore une fois repentir les esclaves du despotisme d'avoir souillé le sol de la liberté.

Citoyens, la présence de ce traître a excité l'indignation que je viens de faire éclater aux yeux du peuple qui m'écoute. »

LETTRE DE M. GRAVE, MINISTRE DE LA GUERRE, AU ROI.

Paris, ce 8 mai 1792.

Sire,

« Dans les circonstances difficiles où se trouve la France, rien ne peut me porter à quitter une place que je tiens de la confiance de Votre Majesté, que l'épuisement de mes forces, et la certitude où je suis de ne pouvoir plus être utile dans le ministère. J'espère que Votre Majesté rend justice aux motifs qui ont déterminé ma conduite jusqu'à ce jour, comme à ceux qui me décident dans ce moment. Pour moi, Sire, j'emporte un souvenir profond de vos vertus ; et je regrette que tous les citoyens n'aient pas été, comme moi, témoins de la tendre sollicitude et de l'attachement de Votre Majesté pour la gloire, le bonheur et la liberté de la nation.

J'ai l'honneur d'être, avec un très profond respect, Sire, de Votre Majesté, le très humble et très obéissant serviteur,

» *Signé* : GRAVE. »

II

LETTRE DE DUMOURIEZ, ANCIEN MINISTRE, A L'ASSEMBLÉE.

Paris, le 19 juin, l'an 4 de la liberté.

« Le roi ayant accepté ma démission du ministère de la guerre, je supplie l'Assemblée de vouloir bien me permettre de retourner à mon

poste, en qualité de lieutenant-général à l'armée du Nord. J'ai fait
passer au comité diplomatique les pièces de ma, comptabilité comme
ministre des affaires étrangères. Il rendra, j'espère, justice à ma probité
et à mon,économie. Dans le peu de temps que je suis resté au ministère
de la guerre, je n'ai passé aucun marché ni donné aucune, signature :
ainsi, je ne puis être soumis à la responsabilité. Quant à ma conduite
publique, j'ai veillé au maintien de la constitution, et j'ai toujours
regardé comme un crime tout ce qui pourrait tendre à l'affaiblir.
L'Assemblée a nommé une commission pour examiner le mémoire que
j'ai eu le courage de lui lire. Si elle l'avait entendu dans un moment
plus calme, elle aurait vu qu'il ne contenait aucune personnalité ; qu'à
côté du mal j'indiquais le remède, et que j'étais bien loin de désespérer
de la chose publique. J'ai trente-six ans de services, tant militaires que
diplomatiques, et vingt-deux blessures ; j'envie le sort du vertueux
Gouvion, et je m'estimerais très heureux si un coup de canon pouvait
réunir toutes les opinions sur mon compte. »

Signé : Dumouriez..

III

Refus du ministère de la guerre par le général Beauharnais.

Du quartier-général de Weissembourg, 16 juin.

« Citoyens représentants, plus je suis touché de la marque,honorable
de confiance que je reçois de l'Assemblée des Représentants du Peuple,
plus je dois m'en montrer digne par l'expression sincère de mes sentiments et de mes opinions ; je ne mériterais pas le titre glorieux de
citoyen français, s'il existait une seule considération qui pût m'empêcher de parler le langage de la vérité, avec la franchise d'un républicain.
Je ne m'aveugle sur aucun des dangers qui environnent le poste que
vous m'assignez, je ne me dissimule aucun des nombreux obstacles
qui s'élèvent au milieu du pénible exercice de ces importantes fonctions ;
et cependant je ne redoute aucun de ces dangers ni de ces obstacles :
ce n'est donc point une faiblesse coupable qui me fait prier avec
respect la Convention nationale de faire un autre choix ; c'est le sentiment que je dois à la république d'exposer que je me crois plus propre
à servir ma patrie contre la coalition des tyrans au milieu de mes frères

d'armes, que je ne le suis à être ministre au milieu des orages d'une
révolution. Trop chaud révolutionnaire pour composer avec les partis,
éloigné de tout esprit d'intrigue pour posséder l'art nécessaire de me
concilier par ma conduite des suffrages opposés, je déclare que je ne
me crois pas propre à être ministre en ce moment, et que, n'ayant
pas la confiance d'y pouvoir faire le bien, je respecte trop les intérêts du peuple pour me charger de fonctions qui ont des rapports
si multipliés avec son bonheur et une influence si directe sur sa
liberté.

Je sais que le même décret qui m'appelle au ministère donne à un
autre général le commandement de l'armée du Rhin ; mais cette
circonstance est nulle à mes yeux : je servirais sous un autre avec
satisfaction ; car, avec mes principes, le commandement n'est rien,
l'honneur de défendre la patrie est tout ; et si mon zèle et mon civisme
vous avaient précédemment déterminés à m'appeler si jeune au commandement des armées de la république, il ne peut qu'être avantageux
à ses succès qu'une circonstance quelconque me mette à même d'acquérir sous de plus vieux soldats l'expérience qui me manque. Trouvez
donc bon qu'en quelque qualité que ce soit, je reste à l'armée, et que
je préfère à l'exercice éphémère de fonctions au-dessus de mes forces
l'avantage plus certain d'exposer ma vie pour l'indépendance de mon
pays, et de me compter avec orgueil au nombre de tant de braves
républicains qui n'ont pas une goutte de sang qu'ils ne destinent à
cimenter la liberté publique et le bonheur de leurs concitoyens.
Heureux si, pour prix de mon dévouement, je peux à la paix retourner,
par le suffrage du peuple, dans le sein des assemblées nationales, et,
en zélé montagnard, y continuer à défendre ses droits, qui seront
plus longtemps exposés dans l'intérieur aux menées de l'intrigue
et aux entreprises de l'ambition, que menacés au dehors par les
soldats des rois, que ne peuvent manquer de vaincre les soldats de
la liberté.

Ma résolution trouve sa place dans l'expression de ce sentiment
général. J'y joins l'hommage d'un dévouement sans bornes pour la
prospérité de ma patrie libre, et celui de mon respect pour ces hommes
courageux qui, en travaillant à constituer la République française sur
les bases que la philosophie a tracées dans la déclaration des droits,
préparent au monde le bonheur de l'humanité. »

La Convention ordonne l'insertion de cette lettre au Bulletin.

BARÈRE, *au nom du comité de salut public :* Votre comité s'est occupé du choix des candidats pour les trois ministères actuellement vacants. Il vous propose de prendre Beauharnais pour le ministère de la guerre. Ce général pourra être remplacé dans le commandement de l'armée du Rhin, par le général Houchard. Le civisme et les talents de Beauharnais sont connus. Votre comité vous propose pour le ministère des contributions publiques Destournelles, homme connu par son patriotisme, ses lumières et son amour pour la chose publique. Il ne s'est pas encore décidé sur le choix d'un ministre pour les affaires étrangères. Ce qui a donné lieu à des débats dans le comité, c'est l'organisation à donner à ce département pour inspirer de la confiance aux puissances étrangères, et leur procurer, ainsi qu'à la France, une garantie du *secret* des négociations et de la stabilité dans les systèmes de politique.

CHABOT : Je demande l'ajournement des propositions de Barère jusqu'à ce que vous ayez définitivement et constitutionnellement décrété l'organisation des moyens d'exécution du Gouvernement ; car, sans doute, vous ne conserverez pas l'organisation actuelle du Conseil exécutif ; vous ne voudrez ni un *pouvoir* exécutif, ni un conseil exécutif délibérant. En rapprochant ainsi du Corps législatif une machine indépendante et distincte, une autorité puissante et rivale, vous perpétueriez une espèce de royalisme. Je m'engage à prouver que le ministère non seulement est inutile, mais qu'il est dangereux pour la liberté.

Ajournez donc après la constitution.

Je sais bien que Bouchotte, qui occupe actuellement le département de la guerre, ne plaît pas à tout le monde : qu'on lui a peut-être forcé la main pour lui faire donner sa démission ; qu'on voudrait lui supplanter Beauharnais, dont je ne conteste pas le civisme, mais qui est plus nécessaire à l'armée. On peut reprocher à Bouchotte quelques fautes, mais il peut provisoirement gouverner la machine, et ce n'est pas au moment où un ministre commence à être au fait du travail qu'il faut le remplacer.

Quant à Destournelles, je ne m'oppose pas à sa nomination au ministère des contributions, parce qu'il importe d'en éloigner Clavière, l'ennemi le plus dangereux de la chose publique.

BARÈRE : Il n'est pas en notre pouvoir de forcer un ministre à rester en place. Il n'y a que deux jours que Bouchotte a écrit au comité pour insister sur sa démission, et demander à être promptement remplacé. Le général que nous vous proposons de lui donner pour successeur est un officier recommandable par ses talents militaires autant que par son patriotisme, Beauharnais a été longtemps adjudant-général de l'armée du Rhin, genre de noviciat le plus utile pour l'administration du département de la guerre. On dit qu'il conduit une armée ; eh bien! il en conduira onze. La direction centrale et suprême des forces de la république n'est pas moins importante que la direction immédiate d'une armée. Certes, si la république peut périr, c'est par le ministère de la guerre. C'est là qu'est le mal.

CAMBON : Il faut un ministre, non seulement intelligent, mais actif. Le comité de salut public a plus d'une fois gémi de l'inertie du ministère, de la stagnation des affaires. Quand il demande au ministre combien il a de fusils à sa disposition pour telle armée, quels sont les moyens qu'il prend pour les faire réparer, transporter, il est quinze jours sans avoir de réponse, et tout languit. Il est donc important qu'il y ait au ministère de la guerre un homme instruit dans la partie des approvisionnements.

BARÈRE : Quant à Destournelles, membre du conseil-général de la commune de Paris, il est connu par son patriotisme et sa haine pour les scélérats. (On applaudit.)

Le projet de décret présenté par Barère est adopté en ces termes :

« La Convention nationale, après avoir entendu le rapport de son comité de salut public, nomme au ministère de la guerre le citoyen Alexandre Beauharnais, général en chef de l'armée du Rhin.

» Au ministère des contributions publiques, le citoyen Destournelles.

» Approuve la nomination faite par le Conseil exécutif du général Houchard, pour remplacer le citoyen Beauharnais à l'armée du Rhin. »

(Séance du 13 juin 1793.)

CHAPITRE XXIX

DÉCRETS RÉORGANISANT LE MINISTÈRE DE LA GUERRE

« ARTICLE Ier. Le ministre actuel de la guerre sera changé ; en conséquence il sera fait demain, par scrutin, une liste de candidats, sur laquelle il sera procédé lundi, par Appel nominal, à l'élection d'un nouveau ministre.

» II. Il y aura un seul ministre de la guerre.

» III. Le ministre de la guerre aura six adjoints qui travailleront directement avec lui dans les divisions déterminées ci-après, et qui lui rendront compte de toutes leurs opérations.

» IV. Le premier adjoint sera chargé des appointements et solde de l'armée de ligne, des volontaires nationaux, de la gendarmerie nationale, des compagnies de vétérans et des invalides.

» Du traitement des officiers-généraux, aides de camp, adjudants-généraux, commissaires des guerres, adjudants de place et employés de toute espèce, à la réserve de ce qui concerne l'artillerie et le génie.

» Le second adjoint sera chargé des masses et fournitures de vivres, fourrages, habillements, campements, remontes, casernements, chauffages, hôpitaux, et autres de toute espèce, ainsi que les marchés qui leur sont relatifs, les étapes et les convois militaires.

» Le troisième adjoint sera chargé de l'artillerie, des fortifications et de tout ce qui a rapport au matériel, au personnel, aux traitements et appointements concernant cette partie.

» Le quatrième adjoint s'occupera de tous les détails relatifs à l'inspection, police, discipline, contrôle et manœuvres des troupes ; des cours martiales, des crimes et délits militaires, des commissaires des guerres, de la gendarmerie nationale, de la collection et de l'envoi des lois militaires.

» Le cinquième adjoint s'occupera de l'expédition des ordres de services aux officiers-généraux, ainsi que de la correspondance avec les officiers-généraux, les commandants temporaires et les corps administratifs ; du mouvement et du logement des troupes, des projets de rassemblement et d'embarquement, des garnisons, des vaisseaux, des rassemblements et détails relatifs aux volontaires nationaux.

» Le sixième adjoint s'occupera des promotions et brevets des vétérans, de la nomination aux emplois, de l'avancement et du remplacement des officiers de tout grade, des congés des reliefs et retraites, de l'expédition des brevets de pension, de l'admission aux invalides et des écoles militaires, ainsi que des autres objets qui n'auraient pas été prévus dans la distribution précédente.

» V. Le comité de la guerre sera divisé en six sections. Chaque section sera composée de cinq membres qui correspondront à chaque section du département de la guerre ; en conséquence il sera adjoint au comité de la guerre six nouveaux membres.

» VI. Les six adjoints seront nommés par le ministre et agréés par le conseil exécutif. Le ministre fera connaître à la Convention nationale son choix et l'approbation du conseil exécutif, dans le délai de trois jours, à compter de celui de la nomination qu'il aura faite.

» VII. Les adjoints seront responsables chacun en leur partie. Ils ne pourront être destitués qu'en vertu d'un arrêté du conseil exécutif.

» VIII. Les adjoints sont autorisés à expédier des copies certifiées véritables des ordres et missives du ministre, signées de lui et déposées dans les archives du département de la guerre. Ils auront aussi la signature des ordres nécessaires à l'exécution des ordres donnés par le ministre.

» IX. Tout ce qui concerne les marchés, fournitures et approvisionnements des armées, est renvoyé au comité des marchés, pour présenter incessamment son projet de décret. (Plusieurs articles, concernant les formalités pour les marchés, sont renvoyés à ce comité.)

» X. Il sera présenté dans trois jours un projet d'organisation provisoire du ministère de la marine, analogue à celui qui vient d'être décrété pour celui de la guerre,

» XI. Les comités de défense générale et de constitution présenteront incessamment un projet de réorganisation provisoire du ministère appelé de l'intérieur. »   (Du 2 février 1793, sous Pache.)

ADJOINTS DU MINISTRE.

« La Convention nationale, ouï le rapport de son comité de salut public, décrète :

» ARTICLE Ier. Les adjoints se réuniront tous les jours avec le ministre de la guerre, à une heure fixe, pour recevoir ses ordres, en combiner avec lui l'exécution. Le secrétaire-général de la guerre tiendra un registre des ordres donnés par le ministre, et de l'exécution desquels les adjoints auront été chargés.

» II. La seconde division sera partagée avec quatre chefs de bureaux.

» III. Les adjoints donneront, sous leur responsabilité, dans la partie dont ils sont chargés, tous les ordres et toutes les signatures nécessaires.

» IV. La signature des ordonnances sur la trésorerie nationale appartient exclusivement au ministre.

» V. Le ministre pourra se réserve la décision ou la révision d'une affaire ; dans ce cas, il sera seul responsable. »

(Du 27 juillet 1793, sous Bouchotte.)

MODE DE FONCTIONNEMENT DES BUREAUX DU MINISTRE DE LA GUERRE (1)

Du 2 floréal, an 2 (21 avril 1794)

Ordres de la Commission de l'organisation et du mouvement des armées de terre.

Aux cinq Détails

Il ne sera fait aucune *circulaire* sans être précédée d'un rapport et sans avoir été approuvée. Toute *minute* ou *projet* sera visé du chef, toute *expédition* collationnée.

---

1. Registre du C. de S. P. A, p. 124.

Les *lettres* seront faites au nom de la Commission, etc. Le Comité de Salut public exige la plus grande assiduité de tous les employés, le chef de bureau sera responsable des négligences ou absences qu'il n'aura pas dénoncées.

Dans les seuls bureaux au courant on ne reviendra pas le soir, on rentrera les soirées dans ceux qui ne le seront pas.

Tout employé qui aura connaissance d'abus ou malversations qu'il n'aura pas dénoncés sera regardé comme coupable.

Rappelons-nous que la vertu et la probité sont à l'ordre du jour et que fonctionnaires publics nous devons de plus l'emploi de tout notre temps et de tous nos moyens.

Signé : L. A PILLE.

VIII

ORDRES DE LA COMMISSION

Chaque sous-chef de bureau des anciennes divisions est invité à fournir un état *exact* des bureaux avec les *détails* qui y sont traités. Ces états seront remis à l'Adjoint de la Commission.

Chaque sous-chef aura attention lorsqu'il apportera à la signature ou à l'approuvé de la Commission des lettres ou rapports, d'en faire faire l'*extrait* exact sur une feuille imprimée à cet effet en observant de faire une feuille séparée pour les rapports. Il sera en conséquence remis dans chaque bureau de ces imprimés en nombre suffisant.

Pour ne point retarder l'expédition de passeports, étapes, visa de signatures, feuilles de route, ordres des subsistances, etc., la Commission signera tous ces objets sans en exiger au moment même la feuille contenant l'extrait ; mais tous les jours il sera dressé un bulletin exact de toutes ces signatures courantes qui contiendra le nombre cumulé de chaque objet ainsi qu'il suit :

Exemple

38 ordres de route délivrés aux citoyens (avec le nom de chacun) et en désignant le corps dont ils sont.

18 étapes, etc., comme à l'article précédent.

38 certificats de service, etc., etc.

Chaque bureau mettra son timbre en marge d'une expédition proposée à la signature. Aucune lettre ne sera signée sans cette formalité. La minute sera jointe à l'expédition et le nom du rédacteur sera également à la marge de cette même minute.

Il sera délivré dans tous les bureaux un papier d'expédition uniforme pour l'intitulé, mais en attendant cette distribution chaque sous-chef aura attention qu'on intitule ainsi qu'il suit toutes les expéditions :

> La Commission de l'organisation et du mouvement des armées de terre, etc.
>
> au citoyen, etc.

De cette manière, que ce soit le *Commissaire* ou l'Adjoint qui signe, il ne sera question que de mettre sa qualité au bout de son nom.

L'expédition des affaires a dû nécessairement éprouver des lenteurs dans les moments de nouvelle organisation. La Commission ne peut pas avoir besoin de rappeler que les heures de travail sont depuis 8 heures du matin jusqu'à 4 heures du soir.

L'amour du travail est inné dans le cœur des Républicains et si quelques-uns des citoyens qui composent présentement les *bureaux de la guerre* pouvaient par négligence, insouciance ou tout autre motif, perdre de vue les devoirs que la patrie leur impose, ce serait une preuve non équivoque qu'ils seraient indignes de sa confiance.

Cette pièce est signée : L. A. PILLE et PROSPER SIJAS, à la date du 23 avril aux registres du Comité.

CHAPITRE XXXI

DÉCLARATION DU COMTE DE PROVENCE

« Notre très cher et très honoré frère et souverain seigneur, le roi Louis XVIe du nom, étant mort le 21 du présent mois de janvier sous le fer parricide que les féroces usurpateurs de l'autorité souveraine en France ont porté sur son auguste personne,

Nous déclarons que le dauphin Louis-Charles, né le 27e jour du mois de mars 1785, est roi de France et de Navarre, sous le nom de Louis XVII, et que, par le droit de naissance, ainsi que par les dispositions des lois fondamentales du royaume, nous sommes et serons régent de France durant la minorité du roi notre neveu et seigneur.

Investi, en cette qualité, de l'exercice des droits et pouvoirs de la souveraineté et du ministère supérieur de la justice royale, nous en prenons la charge, ainsi que nous en sommes tenu pour l'acquit de nos obligations et devoirs, à l'effet de nous employer, avec l'aide de Dieu et l'assistance des bons et loyaux Français de tous les ordres du royaume, et des puissances reconnues des souverains alliés de la couronne de France,

1° A la libération du roi Louis XVII, notre neveu ; 2° de la reine, son auguste mère et tutrice ; de la princesse Élisabeth, sa tante, notre très chère sœur, tous détenus dans la plus dure captivité par les chefs des factieux ; et simultanément au rétablissement de la monarchie sur les bases inaltérables de sa constitution.... »

Signé : LOUIS-STANISLAS-XAVIER.

Par le RÉGENT DE FRANCE, le Maréchal DUC DE BROGLIE

et Maréchal DE CASTRIES.

II

.

APPEL DE LA PRESSE OFFICIEUSE

« Anglais ! augmenterez-vous la Dette et les taxes ? serez-vous appauvris, serez-vous immolés ? Un amiral osera-t-il même vous déshonorer par son infamie, pour asservir une nation voisine qui voulait être amie, pour la soumettre à Louis XVII ? Mais ce Louis, proclamé par Georges, en sera le plus puissant défenseur. Cette réforme parlementaire, si hautement demandée par les comtés d'Angleterre, n'aura donc pas lieu !.... Ecossais, Irlandais, vos droits ne cesseront pas d'être méconnus ; la prérogative de la couronne britannique pèsera sur vous, autant que le diadème ottoman sur les adorateurs de Mahomet.

Américains, Louis XVII ne s'unirait-il pas avec son restaurateur Georges III, pour vous remettre sous le régime colonial anglais ?

Suisses, Danois, Suédois, Louis XVII ne se concerterait-il pas avec ses défenseurs, pour vous punir de votre prudente neutralité ?

Hommes de toutes les nations, citoyens ou sujets, arrêtez vos regards et vos plus sérieuses méditations sur le manifeste de Brunswisck, le testament de Louis Capet, le partage de la Pologne, la proclamation de Hood à Toulon ; ce rapprochement vous fait frémir ! Entendez-vous le vœu des tyrans qui font la guerre aux Français ? Ce qu'ils appellent l'intérêt de l'Europe est celui de leur despotisme. L'intérêt vrai de l'Europe est la liberté des peuples qu'elle contient. Si l'enfant de la femme de Louis Capet, ou tout autre, règne jamais en France, vous cesserez d'être citoyens, ou vous continuerez d'être sujets. Il n'y aura plus ni jouissance, ni espoir de liberté !... »

(*Moniteur*, 18 octobre, 93.)

III

SUR UN MANIFESTE DU ROI EN VENDÉE

« Les rebelles de la Vendée viennent de faire connaitre eux-mêmes
» leurs folles espérances et l'infâme esprit qui les anime et le nom de
» ceux qui les commandent dans un Manifeste publié par ces derniers,
» au nom du prétendu roi Louis XVII.

» Cette pièce ne séduira personne et ne peut être regardée que
» comme un monument de fanatisme. Ce serait outrager le peuple que
» de penser qu'il y ait quelque danger pour lui dans ces hypocrites
» productions de royalisme. Celle que nous avons sous les yeux et dont
» nous ne voulons point souiller ceux de nos lecteurs est signée des
» noms suivants : Bernard de Marigny, Desessart, Delaroche-Jacquelin,
» Lescure, Dehoux, d'Hauterive, Donnissant, Chatelineau. »

(*Moniteur* du 30 juin, 93).

CHAPITRE XXXIII

LETTRES INTIMES DU GÉNÉRAL DE DONMARTIN SUR LYON,
AVIGNON ET MARSEILLE (1)

« Valence, 1er juin, 1793

» Vous avez sans doute connaissance par le bruit public de la nouvelle
insurrection de Lyon. Comme nous ne savons pas au juste la cause de
ces troubles, je me bornerai à vous dire qu'on s'est battu et qu'on porte
à 800 le nombre des tués. On m'assure que la ville est aujourd'hui
tranquille et je vous donne à la hâte de mes nouvelles. J'en espère des
vôtres. Le département de la Drôme envoie au Camp de Jalès des
canons et bon nombre de gardes nationaux. Si cet exemple est suivi
par les départements voisins, il est à présumer que le *mouvement insurrectionnel* n'aura pas de suites. Moi, je compte rejoindre bientôt
l'armée. »

« Avignon, 27 juillet, 1793

» Depuis le moment où j'ai quitté Valence pour commander l'artillerie
contre *les rebelles de Marseille*, je ne me suis presque pas deshabillé.
Moi, mes chevaux, mon domestique, nous sommes tous sur la litière.
Seul, je me soutiens encore un peu. Le Pauvre Auguste....

Nous avons pris en passant le Pont Saint-Esprit sans tirer un coup
de canon.

Après un repos de quelques jours, nous sommes arrivés devant
Avignon. Les Marseillais y tenaient garnison au nombre de 3000
hommes et un parti très considérable dans la ville était pour eux. Ils

1. Extrait de ses Lettres publiées en 1876 sous ce titre : « Un officier royaliste au
service de la République. » Ce qu'on vient de lire ne justifie en rien le titre fantai-
siste de l'éditeur, et la carrière du général moins encore.

avaient beaucoup plus de canons que nous et dans le nombre plusieurs
pièces de 24 et 18, tandis que notre plus fort calibre était 8 de campagne. Nous n'en avons pas moins attaqué le 25 à 2 heures du matin. Je
leur ai envoyé quelques bombes avec une pièce de canon démontée et
qui ne devait servir qu'à cela. Enfin, après un feu continu de six heures,
nous avons dû cesser l'assaut et faire retraite dans un assez bon ordre
grâce à quelques pièces de canon que l'on fit avancer pour protéger
l'armée. Mais la garnison marseillaise affaiblie et craignant un second
assaut évacua la ville, qui nous ouvrit ses portes à 9 heures du soir.
Notre cavalerie a poursuivi alors les Marseillais et leur a pris alors
deux pièces de canon, beaucoup de munitions et bon nombre d'hommes.
Voilà les faits véritables. J'espère que nous nous reposerons quelque
temps ici, mais j'ignore de quel côté nous dirigerons ensuite notre
marche. »

« Marseille, 28 août, 1793

» Nous voici à Marseille depuis le 25. *Nous nous en sommes frayé le
chemin* par trois petites affaires où notre armée a fait parfaitement son
devoir. Les sectionnaires et *leur armée*, tout a disparu comme des
ombres chinoises. Je connaissais Marseille, c'est une superbe ville ;
mais j'espère que nous n'y resterons pas longtemps et qu'après *avoir
terminé avec les ennemis du dedans*, nous nous hâterons d'aller voir ceux
du dehors, d'autant que j'ai sous mes ordres le plus joli équipage de
guerre que l'on puisse voir. »

PRÉCIS DES ÉVÉNEMENTS QUI ONT EU LIEU A MARSEILLÉ
LES 23 ET 24 AOUT

Les citoyens composant la section n° 11 avaient déjà manifestë, le
21 août, aux autres trente-et-une sections de la ville de Marseille leur
vœu pour l'acceptation de la constitution et l'entrée dans leurs murs
de l'armée commandée par le général Cartaux. Le 23, les sections n° 9,
12, 13 et 14 adhérèrent au vœu fortement prononcé par la section
n° 11. Ce qu'il y avait de bons républicains dans les autres sections,
enhardis par cette démarche, vinrent s'y réunir et faire cause commune. Le point de rassemblement fut à la place des Prêcheurs ; leur
nombre s'éleva à cinq ou six mille, et ils furent soutenus par les canons

des cinq sections n°s 9, 11, 12, 13 et 14. Alors le comité général et les corps administratifs, effrayés de cette réunion, et craignant que le commandant de l'escadre ennemie, qu'ils avaient appelé pour s'emparer de Toulon et Marseille, ne vînt pas assez tôt, demandèrent à Toulon, par un courrier extraordinaire, deux frégates, afin de s'y embarquer, et éviter par la fuite la punition due à leurs forfaits. Le même jour l'amiral anglais envoya trois parlementaires ; ils débarquèrent cinquante-trois prisonniers français, et étaient porteurs de lettres pour les trente-deux sections. Une députation toulonnaise, composée de membres de différents corps, se rendit avec des rafraîchissements à bord du vaisseau monté par l'amiral anglais. Des lettres particulières annoncèrent l'offre de la députation de livrer la ville et le port, et le refus de l'amiral qui répondit : Qu'il n'entrerait dans le port qu'avec les honneurs de la guerre, et qu'il accueillerait avec empressement les citoyens qui viendraient sur son bord pour se soustraire aux persécutions et sauver leur vie.

Des proclamations, des avis, des adresses furent affichés pour disposer le peuple en faveur des Anglais. Cartaux et son armée étaient une horde de brigands, le pillage et le meurtre étaient leurs vertus familières, et le peuple était invité à se lever en masse pour les détruire. La violence fut aussi employée, et les citoyens qui refusèrent de prendre les armes furent emprisonnés. En attendant on annonçait comme victoires les défaites des Marseillais, pour mieux tromper et égarer le peuple.

La section n° 4 présenta une pétition tendant à se défaire de tous les clubistes et patriotes. Ce moyen fut indiqué comme le seul et indispensable pour le salut de la république. Plusieurs sections adhéraient à cette exécrable pétition, pendant que les cinq sections fidèles à la Convention demandaient à grands cris la proclamation de la constitution, l'entrée de l'armée commandée par Cartaux, la punition des administrateurs infidèles et parjures, et la suppression du tribunal sanguinaire.

Les corps administratifs mirent tout en œuvre, firent tous leurs efforts, tentèrent tous les moyens pour renouveler une Saint-Barthélemy sur les patriotes ; ils exhortèrent tous les citoyens à prendre les armes ; des canons furent braqués dans toutes les rues ; les chemins et avenues furent gardés ; en signe de reconnaissance, les sectionnaires rebelles portaient la cocarde de leurs sections, et la cocarde tricolore à droite de leurs chapeaux. Les passeports et les permis de sortir de la ville n'étaient accordés qu'aux royalistes et aux gens en place.

A peu près dans le même instant, les volontaires soudoyés et aux ordres des corps administratifs se rendirent d'un côté au lieu qui leur fut désigné ; de l'autre côté, les sections 9, 11, 12, 13 et 14 se réunirent sur la place des Prêcheurs, où elles furent sommées, par une députation des corps administratifs, de se rendre et de mettre bas les armes. Leur réponse fut : « Nous ne poserons les armes que lorsque la constitution aura été acceptée, et que les portes seront ouvertes à l'armée de la république commandée par le général Cartaux. »

Plusieurs députations de ce genre se succédèrent, et toujours inutilement. Alors la ruse, la trahison furent employées : les corps administratifs promirent de faire la publication de la constitution ; mais ils annoncèrent, à son de trompe, au peuple que la section n° 11 et ses partisans avaient mis bas les armes. Les sans-culottes indignés se portèrent au comité central, s'emparèrent d'un des canons qui y étaient placés, et en enclouèrent un autre ; de là, ils parcoururent la ville en criant : *Vive la constitution ! vive le général Cartaux !* Ils retournèrent enfin au comité général pour s'emparer d'un troisième canon confié à la garde des officiers de la marine marchande, par qui ils avaient été menacés. Là, un canonnier marin tua, d'un coup de pistolet, un volontaire ; la pièce de canon tira sur les patriotes, et les canonniers de la section 11 se retranchèrent dans la rue de la Liberté, où ils avaient laissé leurs canons.

Le signal d'attaque fut donné le 24, à quatre heures du soir ; les pièces d'artillerie, placées sur les avenues de la place des Prêcheurs, tirent feu sur les patriotes, qui ripostèrent avec activité et courage. Le feu fut très vif de part et d'autre, et ne finit que le lendemain, à onze heures.

La municipalité demanda une suspension d'armes. Les sections réunies aux Prêcheurs l'accordèrent, sous la condition expresse néanmoins que les assiégeants se retireraient, et que la constitution serait proclamée ; ce qui fut promis. Mais nouvelle perfidie de la part de la municipalité : au lieu de proclamer la constitution, elle fit publier, à son de trompe, que l'armée de Cartaux avait été complètement battue à Septèmes, il ne restait plus que les sections récalcitrantes à vaincre. En même temps une pièce de canon de 18 fut placée dans la rue, en face de celle des Consuls, pour battre la place des Prêcheurs, avec plusieurs autres pièces d'artillerie.

Vers les onze heures du matin, on y jeta des bombes. Alors les patriotes, voulant éviter la démolition et l'incendie des maisons, abandonnèrent ce poste. Néanmoins vingt-sept bombes avaient été jetées, et elles n'avaient causé aucun dommage.

Vingt personnes de part et d'autre furent tuées dans ces combats ; et, tandis que les sans-culottes furent se joindre à l'armée de la république, les bataillons rebelles parcouraient la ville, saisissaient tous les patriotes isolés et infirmes, et les jetaient dans des cachots.

Vers les cinq heures du soir, deux généraux de l'armée marseillaise (Villeneuve et Lanonge), accompagnés de plusieurs officiers, se rendirent à la Maison commune, annoncèrent la perte de la bataille et déclarèrent qu'il ne restait d'autre moyen pour se sauver que de se retrancher dans la ville et forcer tous les habitants à prendre les armes. Ce projet fut interdit et déjoué par les patriotes et, peu d'instants après, les Représentants du peuple et le général Cartaux à la tête de l'armée, firent leur entrée dans la ville aux acclamations du peuple, qui venait d'être délivré de ses administrateurs aristocrates et perfides qui avaient pris la fuite.

Pour copie conforme :

Le secrétaire-général des Représentants du peuple
près les départements méridionaux,

BOUCHET.

REPRÉSAILLES DE LA CONVENTION CONTRE LA REMISE DE SES COMMISSAIRES AUX AUTRICHIENS PAR DUMOURIEZ

La Convention rendit le 4 avril le décret suivant.

« François-Xavier, comte Auersperg, et Auguste, comte de Linange, tous les deux de la famille du prince de Cobourg et ayant voix et séance à la Diète de Ratisbonne, actuellement prisonniers de guerre et détenus dans la ville de Reims ; les deux Labarre frères, neveux du général Clairfayt, actuellement détenus à Valenciennes ; Charles Voldemer, comte régnant de Linange-Visterbourg, Ferdinand-Charles, son fils, comte héréditaire et Frédéric, comte de Linange, ayant tous les trois voix et séance à la Diète de Ratisbonne et actuellement détenus à Landau ; seront amenés à Paris pour y servir d'otages à la nation francaise jusqu'à ce que la liberté ait été rendue aux quatre Commissaires de la Convention nationale et au ministre Beurnonville. Il en sera usé de même à l'égard de tous les princes allemands ayant voix délibérative à la Diète. »

II

LETTRE DES COMMISSAIRES DE LA CONVENTION PRÈS LES DÉPARTEMENTS DE LA DROME ET DES BOUCHES-DU-RHONE

Montélimart, 4 mai.

« Marseille jouissait de la tranquillité ; le recrutement s'opérait avec facilité ; les fausses manœuvres du ministre de la marine et celles du ministre Lebrun, relativement à l'ambassade à Constantinople, étaient publiques ; en un mot, tout prenait une tournure heureuse, lorsque la scène a totalement changé à l'arrivée des Bourbons dans cette ville. Les sections ont commencé à exercer une dictature effrayante ; elles ont créé un tribunal populaire qui juge en dernier ressort les hommes qui lui sont dénoncés. La section X, guidée par une fureur difficile à concevoir, a chargé des commissaires de visiter notre correspondance, et au milieu de la nuit ils nous ont forcés à briser un secrétaire dont alors nous n'avions pas la clé. Cette section a arrêté qu'il nous serait signifié de sortir sous vingt-quatre heures de la ville, et qu'en cas de refus nous serions mis en état d'arrestation. On a intercepté les dépêches qui nous étaient adressées par les commandants des places. Persécutés, menacés, poursuivis, nous avons été forcés de nous retirer à Montélimart.

» Nous pensons que, pour assurer la révolution dans ce pays, il faut y établir une commission centrale qui ramène le règne des lois, et que les six mille hommes qui s'y trouvent y restent cantonnés pour inspirer de la crainte aux séditieux.

» *Signé :* BOISSET, MOISE BAYLE. »

CHAPITRE XXXIV

RÉCIT D'UN COMMISSAIRE DU POUVOIR EXÉCUTIF

BILLAUD-VARENNES : Je demande qu'enfin l'on entende Soulès, afin que l'on sache sur quels faits cet homme, se disant commissaire du Pouvoir Exécutif, fonde la nouvelle qu'il débite de la prise de Toulon par les Anglais.

Soulès, admis à la barre : « Citoyens, voici comment j'ai appris cette nouvelle. Le 15 du mois d'août, je fus chargé d'une mission par le Conseil Exécutif pour aller dans les départements méridionaux, notamment dans celui du Var. Je partis pour me rendre à ma destination ; en route, j'appris par divers citoyens, notamment à Avignon, par les Représentants du peuple Rovère et Poultier, que les habitants de Toulon avaient fait brûler la constitution par le bourreau. Je restai trois ou quatre jours près de ces Représentants, ne pouvant aller plus loin. Dès que les Représentants du peuple près de l'armée des Alpes furent à Aix, je m'y rendis. Dans la nuit du 24 au 25, à minuit, les citoyens Albitte, Gasparin, etc., partirent pour Marseille ; ils y rentrèrent le 25, sur les six à sept heures du matin.

Dans le courant de la journée du 25, les Représentants du peuple Nioche, Robespierre jeune et Ricord, qui étaient restés à Aix, furent informés que les Toulonnais avaient livré leur port aux Anglais, et Nioche en reçut particulièrement la nouvelle ; cependant ils me dirent que cela n'était pas bien certain. Le bruit s'en répandait dans toute la ville : le lendemain il fut confirmé, comme vous allez le voir. Les Représentants eux-mêmes me dirent que rien n'était plus certain. Le 26, vers les trois heures après-midi, arrivèrent deux canonniers de Toulon ; ils dirent aux Représentants du peuple : « Citoyens, nous venons de Toulon ; nous vous demandons ou des congés pour nous retirer chez nous, ou du service dans la République, parce que nous ne voulons pas servir un roi. Les Anglais sont entrés dans le port et dans la ville de Toulon, sans que, de part et d'autre, il y ait eu un seul coup de fusil de tiré. »

Les Représentants du peuple furent fort stupéfaits ; ils se regardèrent, firent asseoir les deux canonniers et se mirent à les interroger. Ils leur demandèrent comment les Anglais étaient entrés sans qu'on les en ait empêchés. Ils répondirent qu'il était entré dans le port, au commencement de la nuit du 24 au 25, deux vaisseaux, et que, pendant la nuit, tous les autres y entrèrent, au nombre de vingt-cinq à vingt-six. Mais comment, dirent les Représentants du peuple, la garnison n'a-t-elle pu les empêcher ? Ils répondirent à cela : Nous n'en savions rien qu'au moment où les Anglais sont venus nous relever de nos postes. Les commissaires ajoutèrent : Mais, comment êtes-vous sortis ? Oh ! comment ! dirent-ils, toutes les portes étaient ouvertes ; tous ceux qui voulaient en sortir, sortaient. Ils dirent qu'une compagnie de canonniers, dont ils faisaient partie, était sortie avec ses canons, et qu'elle se rencontra en route avec les Marseillais ; qu'un d'eux a été assailli par les Marseillais, et s'est sauvé dans les montagnes ; qu'un instant après il avait entendu tirer des coups de canon ; qu'ils ne savaient l'issue du combat. Les Représentants du peuple leur dirent : Nous allons vous faire enregistrer et vous servirez la République.

Les Représentants Robespierre et Nioche dirent : Allons, il n'y a pas un instant à perdre, il faut sur-le-champ envoyer à Dubois-Crancé, afin qu'il ne s'amuse pas à la moutarde ; qu'il rase la ville, ou qu'il réduise Lyon d'une manière ou d'autre, et qu'il se rende ici avec les troupes. Je leur dis : Je puis me charger de vos dépêches ; ils ne répondirent rien. Nous allâmes dîner. Après le dîner, j'envoyai chercher deux chevaux, je montai dans ma voiture ; au moment où j'allais partir, on m'envoya chercher, de la part des commissaires ; on me demandait pour aller à Lyon. Ils me donnèrent une lettre pour Dubois-Crancé. Je leur dis : Vous ne feriez pas mal d'en instruire Rovère et Poultier ; ils me dirent : Oui. Ils écrivirent sur-le-champ, et me chargèrent de cette lettre. Arrivé à Avignon, Rovère et Poultier n'y étaient point ; ils étaient à Lisle, où se tenait l'assemblée électorale. Je remis ma lettre au commandant de la gendarmerie, que je connais depuis longtemps, et qui est un excellent patriote, et qui la fit parvenir par un gendarme. Je continuai mon chemin ; j'arrivai le 28, vers midi, près Dubois-Crancé.

J'aurais pu arriver douze heures plus tôt, mais une roue de ma voi-

ture s'était cassée en route. Dubois-Crancé n'y était pas ; Gauthier prit
la lettre, la décacheta, et en fit part à ceux qui étaient là. Il y avait
Laporte, le Représentant du peuple que je ne connaissais pas. Ils me
questionnèrent. Je leur fis le récit que j'ai l'honneur de vous faire. Je
dis que j'allais partir pour Paris. Dès qu'ils virent cela ils me chargèrent d'une lettre. Ils l'avaient déjà mise à la poste ; ils me dirent : Vous
êtes un homme sûr, et en vous la donnant elle parviendra plus vite.
Ils la firent retirer de la poste, car la boîte n'était pas éloignée. Je partis sur les deux heures, et je suis venu ici nuit et jour, comme j'étais allé
nuit et jour vers Dubois. Sur la route j'ai appris qu'un courrier avait
répandu cette nouvelle. Bien des personnes me questionnèrent : je
leur répondis que je n'en savais rien.

Je suis arrivé ici ce matin vers les sept heures ; je suis allé chez moi
pour changer de linge, car j'en avais grand besoin. J'ai été chez le
ministre de l'intérieur, parce que je savais que le Comité de Salut
public n'était pas assemblé. On me dit que le ministre était occupé. Je
me suis adressé à Franckville ; après lui avoir fait le récit que j'ai
déjà eu l'honneur de vous faire, il m'a prié de l'écrire et de le signer ;
ce que j'ai fait.

Sortant de là, je suis venu au Comité de Salut public. J'ai rencontré
à la porte un Représentant des Pyrénées-Orientales, et je lui ai raconté
la nouvelle ; il m'a dit que cela n'était pas sûr. J'ai aperçu Desmoulins
et Laignelot, je leur ai raconté l'affaire, je m'en suis allé chez moi. Je
suis revenu vers la Convention pour aller au Comité de Salut public ;
j'ai rencontré Robespierre à qui j'ai fait le même récit. Il me dit : C'est
donc vous qui vous appelez Soulès ? Oui. — Eh bien ! suivez-moi. —
Il me conduisit au Comité de Salut public. J'ai fait encore le même
récit. »

Du commentaire de Barère, en séance, il n'y a qu'à retenir deux
dépêches, la première sur Marseille et la seconde sur Lyon :

Aix, 30 août 1793.

« Nous avons la certitude que les rebelles de Marseille veulent se
livrer aux Anglais et aux Espagnols. La flotte ennemie est devant le
port, et déjà ils lui ont envoyé un parlementaire. Cependant les rebelles
sont vaincus partout par nos troupes ; et d'après le succès de la jour-

née du 21, où ils ont été complètement battus et dispersés, nous allons entrer dans Marseille. Toutes les sections, à l'exception de celle n° 11, dont le consentement a été forcé, ont implicitement adhéré à ce recours aux Anglais, en demandant à l'escadre ennemie le passage pour un convoi attendu de Gênes, et même en lui demandant des subsistances. »

« *Signé* ROBESPIERRE, RICORD. »

Ce 28 juillet 1893.

« Nous vous envoyons un extrait de l'arrêté que nous avons pris pour faire séquestrer les biens que les rebelles de Lyon possèdent aux environs de cette ville. Nous avons pris des mesures tant pour intercepter les subsistances qui pourraient arriver, que pour leur ôter toute communication avec nos troupes. Nous avons appris qu'ils envoyaient des émissaires pour corrompre nos volontaires à prix d'or. Nous avons grand nombre de prisonniers pour ce genre de délits. Nous avons pris sur nous d'établir des tribunaux militaires pour les juger. Nous avons fait des nominations provisoires que nous vous prions de confirmer. »

« *Signé* DUBOIS-CRANCÉ, GAUTHIER. »

II

La dépêche suivante de Dumont, datée du 9 octobre 93 et lue dans la séance du 13, prouve que son auteur était un vrai montagnard et n'avait rien de commun avec les modérés de la Plaine. Son attestation en reçoit une valeur spéciale pour son accusation.

« J'avais gardé la ville de Péronne pour la bonne bouche, écrivait-il, croyant que mon collègue Delbrel l'avait électrisée, et que tous les citoyens étaient à la hauteur de la révolution. Mais, hélas ! quelle fut ma surprise de trouver un second Coblentz ! M. Hausi de Robecourt, de l'Assemblée législative, était maire. Deux à trois personnages de cette trempe secondaient les efforts de ce patriote par excellence ; deux de ses partisans étaient dans le district ; la ville enfin était menée par ce ci-devant marquis. Mon premier soin fut d'assembler le peuple en la présence de mon collègue Laurent, que j'y trouvai ; après avoir en vain cherché à dégeler la glace que je voyais partout, j'annonçai que, s'il le fallait, j'aurais recours à des moyens violents. Les sans-culottes n'osaient desserrer les dents ; les muscadins seuls voulaient faire contenance : je leur dis alors que, la torche dans une main, le poignard dans l'autre, je forcerais bientôt les ennemis de la révolution à abandonner leurs projets.

Je suspendis de ses fonctions monsieur le marquis ; je le fis arrêter, ainsi que ses adhérents, et je les remplaçai par de braves sans-culottes. Le lendemain matin, après avoir fait arrêter une centaine de mauvais sujets, je fis de nouveau rassembler le peuple, et lui annonçai les arrestations et suspensions qui avaient eu lieu ; pour cette fois je n'avais autour de moi que des sans-culottes, mais en petit nombre. Votre ville, leur dis-je, va être déclarée en état de rébellion si, à l'instant même, on ne me dénonce tous les traîtres, et si on ne les arrête. Alors on s'avance, on me suit à la municipalité : et à peine j'avais installé les nouveaux officiers municipaux, que le peuple, dans l'esprit duquel avait fermenté mon levain patriotique, vint m'annoncer qu'il abjurait son erreur, qu'il jurait union aux montagnards et qu'il allait parcourir les rues et faire assembler tous les citoyens pour procéder à un scrutin épuratoire. Cette opération, qui n'était que commencée quand je partis, m'a donné un grand espoir. J'avais parlé, et les plus vifs applaudissements, les cris de *vive la Montagne ! périssent les modérés et les feuillants !* m'avaient prouvé que les esprits étaient changés.

Des employés des charrois furent arrêtés ; un aide de camp de Bellair fut incarcéré. Ce jeune homme âgé de dix-huit ans, et sans service, écrivait à sa mère en faveur d'un émigré retiré chez elle, et avait signé quatre lettres de trois noms différents. C'est, dit-il, ma chère maman qui me l'a conseillé. Comme ces lettres étaient très mauvaises, la chère maman et le cher fils furent encagés. J'en ai informé le général. »

DÉNONCIATION CONTRE ROBESPIERRE JEUNE

« FRÉRON : Je demande à faire une motion d'ordre. Je demande que le congé qui a été accordé à Escudier pour se rendre dans le Midi soit rapporté. Il y a peu de temps qu'il est arrivé de ce pays, et il a d'ailleurs accusé formellement Ricord, dont la justification va paraître.

ESCUDIER : J'ai accusé Ricord à cause de la conduite qu'il a tenue, pendant quinze mois, avec Robespierre jeune, à l'armée d'Italie ; Ricord n'a pas répondu. Je suis malade, et je crois que la Convention ne peut pas me refuser un congé pour rétablir ma santé. Puisque Ricord a bien attendu trois mois sans répondre, il peut bien attendre encore deux pour que je sois rétabli.

RICORD : Escudier m'a accusé d'être non seulement le complice de Robespierre, mais un dilapidateur, un voleur. Il m'a dénoncé comme ayant exercé la dictature dans le Midi et comme ayant vexé les patriotes. J'ai pressé le comité de Salut public de me donner la dénonciation, afin que je puisse y répondre ; on ne la trouvait pas, et deux fois le comité a écrit à Escudier de la remettre ; Escudier a dit qu'il n'avait pas reçu de lettre. Qu'il aille, s'il veut, dans le Midi, chercher des dénonciations et des pièces contre moi ; je ne le crains pas.

BARRAS : Qu'Escudier aille dans le Var, qu'il charge le comité de Toulon de chercher des pièces contre Barras et Fréron. C'est lui qui eut la bassesse d'aller, avec des hommes de boue, chercher la pièce d'après laquelle il nous a accusés relativement à la voiture dont vous avez entendu parler ; cette pièce a tourné contre lui. Qu'il aille en mendier de nouvelles ; il se couvrira encore de honte et d'infamie.

LAIGNELOT : Il y a trop longtemps qu'on veut déchirer la république, que des hommes conspirateurs attaquent, par des petites intrigues, par des diffamations, la réputation des hommes probes. Il faut dire la vérité tout entière ; il faut que le peuple juge la Convention ; il faut lui faire connaître des hommes qui, n'ayant pas fait leur devoir, sont déjà jugés par l'opinion publique, mais qui craignent encore un tribunal plus redoutable ; car la guerre est à mort entre les hommes de sang et les bons citoyens (Applaudissements). Je demande que la Convention se prononce d'une manière digne d'elle, digne du peuple français qu'on a voulu égarer. Ces hommes atroces savaient bien qu'ils avaient affaire à un peuple généreux et sensible ; aussi ont-ils dit : Il faut le démoraliser, dénaturer son cœur, égarer son esprit, le rendre fripon, voleur ; nous nous entendrons avec Pitt et Cobourg, et nos projets réussiront. — Je demande que la Convention nomme, à l'appel nominal, une commission de douze membres qui seront chargés de recueillir tous les faits à la charge des hommes dont je viens de parler. Il ne faut plus que la Convention s'amuse à entendre des dénonciations

particulières, qui ne servent qu'à l'avilir. J'aurai moi-même beaucoup
de choses à dire ; et, si je n'étais pas l'homme du peuple, j'aurais pu
me faire ici une grande réputation en disant ce que je sais ; mais j'aime
mieux prendre d'autres voies, afin que la Convention conserve tout le
respect qui lui est dû.

Isoré : Je ne puis résister à de pareils discours. L'état de la république est on ne peut pas plus satisfaisant ; pourquoi nous jeter dans
des discussions qui alarment le peuple et jettent tout le monde dans la
terreur? (Murmures.) Il faut parler franchement, et ne pas envelopper
les innocents avec les coupables en ne particularisant pas les choses.
Je demande que, si Laignelot a des faits à dénoncer, il nous en fasse
l'exposé.

Thuriot : La question la plus simple en a amené une qui ne la suivait
point du tout. Escudier arrive depuis peu de son pays ; la loi ne permet point qu'il y retourne. Il ne s'agit pas d'examiner d'ailleurs s'il y
a des divisions ou s'il n'y en a pas. Je ne suis pas de l'avis de ceux
qui pensent que la Convention n'est pas à une hauteur désirable, et
qu'il faut qu'elle s'élève davantage ; je crois que cela n'est pas pos-
ible ; elle professe de grands principes ; elle veut le salut de la France,
il n'est pas possible d'en douter. Ne répandons pas des inquiétudes qui
empêchent le peuple de jouir de la félicité. Lorsque nous avons organisé le gouvernement, nous avons chargé des comités de recevoir les
dénonciations qui pourraient être faites par des représentants du
peuple contre des représentants du peuple. Nous avons eu pour but,
en prenant cette mesure, de prévenir les haines et d'arrêter les dénonciations qu'un moment d'humeur pourrait faire naître. La loi existe,
qu'on s'y conforme ; il est inutile de créer une commission pour recevoir ces dénonciations, quand deux comités en sont chargés. Il n'y a
pas d'instant où la république soit plus en deuil que celui où les représentants du pays se dénoncent entre eux (Applaudissements). C'est le
vœu de nos ennemis ; et si nous étions bien instruits, nous verrions
que l'homme qui dénonce n'est pas celui qui a le plus d'envie que
la dénonciation soit faite, mais bien ceux qui l'entourent et qui le
pressent.

Escudier a fait une dénonciation ; il faudra qu'il la rapporte. »

On devait cependant l'examiner dans les Comités comme cela avait
été fait pour Barras et Fréron, accusés précédemment. L'ordre du jour

fut demandé ainsi que le rapport du congé d'Escudier. Celui-ci y con-
sentit et adhéra à l'ordre du jour de Thuriot. La Convention conclut en
ce sens et jamais plus il ne fut question de rien. On a, le droit de se
demander, à raison des attaques portées contre Barras et reconnues
justes aujourd'hui, si ce dernier n'arrêta pas l'affaire Robespierre afin
d'arrêter les accusations auxquelles il était exposé et qu'on aurait pu
renouveler avec fruit contre lui-même.

CHAPITRE XXXV

Le maréchal Marmont a écrit pour les avoir vues de près une page originale sur les relations qui ont existé entre Bonaparte et les Représentants (1). Cette influence, d'après lui, fut sans limites; voici ce témoignage dont la valeur s'accroît de la haine que portait son auteur à celui qui le combla durant vingt ans de ses bienfaits :

« Excepté les massacres de Toulon, dit-il, aucun acte arbitraire, aucune destitution n'eut lieu à ma connaissance pendant les 6 mois qui s'écoulèrent jusqu'au 9 thermidor : espèce de phénomène que la vérité oblige de reconnaître pour *l'ouvrage du général Bonaparte* qui employa utilement et avec un grand succès son influence sur l'esprit des représentants.

» Éloigné par caractère de tous les excès, il avait pris les couleurs de la Révolution sans aucun goût, mais uniquement par calcul et par ambition. Son instinct supérieur lui faisait dès ce moment entrevoir les combinaisons qui pourraient lui ouvrir le chemin de la fortune et du pouvoir ; son esprit naturellement profond avait déjà acquis une grande maturité. Plus que son âge ne semblait le comporter, il avait fait une grande étude du cœur humain.

» Il faut dire aussi que Bonaparte, en employant son crédit à garantir les généraux et les officiers de l'*Armée d'Italie* des horreurs dont ailleurs ils étaient les victimes, trouva à exercer son empire *sur des représentants qui n'étaient pas sanguinaires et même de mœurs assez douces :* le nom de l'un d'eux, Robespierre le jeune, effrayait, mais il effrayait à tort : car dans le temps des massacres (2), on lui dut beaucoup : il était simple et même raisonnable d'opinion, au moins par comparaison avec les folies de l'époque, et blâmait hautement tous les actes atroces dont les récits nous étaient faits. Il ne voyait et ne jugeait que par Bonaparte : sans doute celui-ci avait vu d'abord en lui l'élément de sa grandeur future...

» Bonaparte, en raison de ses liaisons avec lui, fut considéré comme criminel par les vainqueurs, et les nouveaux représentants, parmi lesquels Albitte, arrivés à l'Armée d'Italie, le suspendirent de ses fonctions, ordonnèrent son arrestation et son envoi à Paris... mais le départ c'était la mort et nous étions bien décidés à l'empêcher (3). »

1. *Mémoires*, t. I, liv. 1, p. 52 et s.

2. Le maréchal parle évidemment des exécutions qui marquèrent la rentrée des troupes républicaines à Toulon.

3. Junot et Marmont devaient délivrer Bonaparte et s'enfuir à Gênes ; ils s'étaient promis de tuer les gendarmes s'ils avaient fait résistance.

CHAPITRE XXXVI

Le 11 pluviôse an II.

Toutes les armées de la République devront agir *offensivement*, mais non partout avec la même étendue de moyens. Les coups décisifs doivent être portés sur deux ou trois points seulement ; autrement il faudrait disséminer les forces à peu près uniformément sur toutes les frontières et la campagne se terminerait sur chacune d'elles par quelques avantages qui ne suffiraient pas pour mettre les ennemis hors d'état de recommencer l'année prochaine, tandis que les *ressources de la République* se trouveraient totalement *épuisées*.

Le point où tout le monde a senti que nous devions porter les grands coups, est le nord, parce que c'est là que l'ennemi déjà maitre d'une portion de notre territoire dirige lui-même la majeure partie de ses forces ; c'est de là qu'il est le plus en mesure de *menacer Paris* et de lui enlever ses subsistances ; c'est là enfin qu'il est le plus facilement attaquable, puisque c'est un pays ouvert, éloigné de la métropole, où l'ennemi n'a point de places fortes, où nos armées peuvent vivre à ses dépens, et où il existe des germes d'insurrection que des succès peuvent développer.

L'armée du Nord est donc celle qui doit principalement fixer notre attention ; celle des Ardennes est censée en faire partie et leurs mouvements doivent être combinés ; c'est-à-dire que dans les mouvements d'exécution, on doit, comme on l'a déjà fait, remettre le commandement à *un seul*.

Il en est de même de l'*Armée de la Moselle* et de celle *du Rhin* entr'elles ; c'est par la réunion et la concordance de leurs mouvements qu'elles ont fait lever le siège de Landau et qu'elles rendent cette partie de la frontière presque inexpugnable : mais leurs opérations doivent avoir des relations plus étendues. Elles doivent s'accorder avec celles des armées du Nord et des Ardennes. En observant l'ennemi, elles le tiennent en échec et l'empêchent de porter toutes ses forces dans le Nord; de plus, l'armée de la Moselle peut toujours prendre une position très inquiétante pour lui, parce qu'étant placée entre le pays de Liège et le Palatinat, elle peut tomber sur celui de ces deux pays qui se trouverait dégarni. Mais pour cela, il faut que cette armée soit toujours campée et prête à partir. Voilà pourquoi il est essentiel de donner l'ordre au général en chef de s'établir avec vingt mille hommes à Arlon, d'où l'on menace les pays de Trèves et de Luxembourg, d'une part, et, de l'autre, les pays de Liège et le Brabant.

La *barrière du Rhin* qui vient ensuite, invite à une sorte de repos sur toute son étendue, depuis Germersheim jusqu'à Basle, parce que les désavantages de l'agresseur dans une semblable position sont si grands que pour agir offensivement avec succès, nous serions obligés d'y porter des forces immenses auxquelles l'ennemi résisterait facilement avec des corps de troupes si peu considérables qu'il ferait déboucher à l'improviste des Montagnes-Noires.

Les *Vosges* nous procureraient les mêmes avantages ; si l'ennemi tentait de passer le Rhin, il affaiblirait les autres armées sans nous forcer nous-mêmes à amener de très grandes forces sur le point d'attaque.

La chaîne des *Alpes* qui vient après le cours du Rhin, présente les mêmes difficultés à l'agresseur, et les mêmes avantages à celui qu'on attaque. C'est donc encore une portion de la frontière sur laquelle on ne doit agir offensivement que dans les gorges qui offrent quelques passages praticables à l'ennemi, comme le Petit Saint-Bernard et les deux monts Cenis, dont il est essentiel de s'emparer. ·

L'entrée en *Piémont* par cette chaine de montagnes qui le sépare du Mont-Blanc, serait d'abord très difficile par le défaut de chemins, et de plus quand on les aurait franchies, il faudrait entreprendre le siège de Suze avant d'arriver à Turin ; or, cette ville est très forte et pour peu qu'elle fît résistance, les neiges nous couperaient nos communications, et nous ne pourrions plus ramener notre artillerie qui deviendrait la proie de l'ennemi. Si donc on veut attaquer le Piémont, c'est par le département des Alpes Maritimes, en prenant d'abord Oneille qui empêche tout secours de la part de l'ennemi, toute communication avec la Sardaigne, et qui nous facilite l'arrivage des subsistances pour nos armées par la rivière de Gênes. Ces motifs devront déterminer le

Comité de Salut public à ordonner l'attaque d'Oneille, d'où il nous sera facile ensuite d'entrer en Piémont en prenant à revers le poste de Saorgio, et mettant le siège devant Coni. La prise d'Oneille nous donnera encore l'avantage de décider probablement en notre faveur la république de Gênes, et de chasser l'ennemi de la Corse en lui ôtant une communication qui lui sert de point d'appui et alimente ses forces.

L'*Armée d'Italie* a un très grand développement de côtes à garantir, et une grande masse tendant au fédéralisme à contenir. Il serait donc à souhaiter qu'on pût l'augmenter, ce qui pourrait se faire aux dépens de celle des Alpes, si l'expédition du Mont Saint-Bernard et du Mont Cenis était faite.

Quant aux *Pyrénées Orientales*, je ne pense pas qu'on doive y avoir d'autre vues que celle de chasser l'ennemi de notre territoire, et de conserver la Cerdagne et la vallée d'Aran qui doivent naturellement rester à la France, puisqu'elles sont en deçà des monts ; mais l'idée de pénétrer dans la Catalogne pour s'y établir, ne présente que des difficultés très grandes sans avantages bien réels, même en cas de succès. Les ordres à donner aux généraux de cette armée, auront donc pour objet seulement de forcer l'ennemi à quitter notre territoire, de ravager la frontière, d'y lever des contributions et de favoriser par une diversion très forte les opérations agressives de l'armée des *Pyrénées Occidentales*.

Cette dernière armée était destinée à agir offensivement, non pour pénétrer dans l'intérieur de l'Espagne, mais pour nous emparer du fameux port du Passage et des villes de Saint-Sébastien et Fontarabie, qui sont les points d'appui ; c'était dans cette vue que le Comité de Salut public avait ordonné que la majeure partie de la grosse artillerie qui avait été destinée au siège de Toulon filerait sur Bayonne ; mais cette importante mesure a été contrariée par un arrêté des représentants du peuple qui ont fait rétrograder cette artillerie jusqu'à Strasbourg. Les fusils qui lui étaient destinés ont, par un autre arrêté des représentants du peuple, été amenés à *Commune-Affranchie ;* les subsistances, en un mot presque tout ce qui était dirigé vers cette partie des frontières, a été intercepté, et l'une des opérations dont on avait lieu d'attendre le plus de succès, se trouve maintenant au moins très incertaine. Une chose remarquable pourtant, c'est que l'Armée des Pyrénées Occidentales, quoique la plus dénuée, quoique presque oubliée, quoique conduite par un très mauvais Etat-Major, est cependant peut-être celle qui a fait le plus en raison de ses moyens, et celle dont l'organisation est restée la plus solide. C'est principalement à la vigilance et au zèle des représentants envoyés près cette armée que ces avantages doivent être attribués.

Il reste à parler des opérations que doivent faire les *armées de l'Ouest*, des *côtes de Brest* et de celles *de Cherbourg*, qu'on peut regarder comme ne faisant qu'*une*. Ces armées ont trois objets à remplir : 1° Finir la guerre de la Vendée ; 2° garder les côtes ; 3° opérer la descente projetée sur les côtes d'Angleterre. Il faut, pour le premier, de la cavalerie légère, quelques corps d'infanterie bien en masse et très peu d'artillerie.

Pour le deuxième, de bonnes garnisons dans les ports et de bon corps de garde sur les côtes. Pour le troisième, les mêmes dispositions que pour le second, avec une flotte nombreuse et toujours prête.

Il est à remarquer, au sujet de cette descente, que lors même qu'elle ne pourrait pas s'exécuter cette année, les seuls préparatifs tiendraient en échec toutes les forces navales anglaises pendant la campagne, et les empêcheraient de rien tenter de considérable ailleurs. Ils forceraient les Anglais à tenir une armée de terre considérable sur pied, ce qui met leur constitution dans un grand danger, ensuite leurs finances, et les empêche de porter des secours dans les Pays-Bas. Il est donc essentiel de pousser les préparatifs avec toute la vigueur possible, et de se tenir en mesure de profiter de la première occasion pour l'exécuter.

Au Système qui vient d'être exposé, il faut joindre quelques règles générales qui ont été prises pour base dans tous les arrêtés du Comité sur les opérations militaires.

Ces règles générales sont d'agir toujours en masse et offensivement, d'entretenir une discipline sévère et non minutieuse dans les armées, de tenir toujours les troupes en haleine sans les excéder, de ne laisser dans les places que ce qui est absolument indispensable pour leur garde, de faire de fréquentes mutations dans les garnisons et les résidences des états-majors et commandants temporaires, pour rompre les trames qui ne manquent pas de se nouer par un trop long séjour dans le même lieu, et d'où procèdent les trahisons qui livrent les défenseurs à l'ennemi, d'apporter la plus grande vigilance à la garde des postes, d'obliger les officiers généraux à les visiter eux-mêmes très fréquemment, *à engager en toute occasion le combat à la baïonnette*, et de poursuivre constamment l'ennemi jusqu'à sa destruction complète.

Il est évident que nous ne pouvons terminer la guerre dans cette campagne sans de grandes batailles, car, quand par des opérations partielles nous serions venus à bout de détruire la moitié de l'armée ennemie, il lui resterait encore les moyens de nous attaquer de nouveau l'année prochaine, et de prolonger ainsi l'état violent où nous sommes. *Il faut donc une campagne des plus offensives*, des plus vigoureuses, et c'est ce qui a été recommandé à tous les généraux, et surtout à celui de l'armée du Nord, qui doit porter les coups les plus décisifs.

CHAPITRE XXXVII

« ARTICLE Iᵉʳ. Toute l'infanterie de la République, y compris les bataillons de chasseurs sera organisée en demi-brigades, chacune de trois bataillons et une compagnie de canonniers, conformément à la loi du 21 février et à celle du 12 août dernier.

» II. Il sera présenté incessamment à la Convention nationale, par le Comité de Salut public, autant de membres de la Convention qu'il en faut pour chaque armée, pour y faire l'embrigadement des troupes, régler les comptes d'administration des différents corps, s'assurer en détail de leurs besoins respectifs en armement et équipement, et établir un nouveau mode d'administration par demi-brigades, uniforme pour toutes les troupes de la République, et d'après les principes qui seront incessamment présentés à la Convention nationale par son Comité militaire.

» III. Le Représentant du peuple commissaire à l'embrigadement des troupes sera exclusivement chargé de ce travail dans l'armée à laquelle il sera envoyé ; mais il ne pourra s'occuper que des objets compris dans l'article II, et en se conformant aux instructions qui suivent le présent décret, tous les autres détails des armées étant du ressort des Représentants du peuple qui y sont ou seront envoyés.

» IV. Le Représentant du peuple commissaire à l'embrigadement des armées rendra compte, toutes les décades, de ses opérations au Comité de Salut public, et il ne quittera pas une armée, après ses opérations faites, sans en envoyer l'état général et détaillé, signé du général, du chef de l'état major et du commissaire-général de cette armée.

» V. Le comité militaire se concertera avec les agents de la trésorerie nationale, pour présenter incessamment à la Convention un nouveau mode d'administration par demi-brigades, afin que ce nouveau mode,

garantissant la République de toutes les erreurs ou dilapidations qui
ont eu lieu jusqu'à présent, puisse être en vigueur dans toutes les
armées pour le 1ᵉʳ germinal prochain ; jusqu'à cette époque les
bataillons conserveront leur administration, quoique embrigadés. »

II

Le Comité de Salut public s'inquiéta de l'embrigadement des troupes
dès les derniers jours de la campagne de 1793 d'accord avec le Comité
de la guerre. Une pièce inédite et des plus importantes prouve que
Carnot avait accepté les plaintes des généraux et des représentants dès
son entrée au Comité. Elle est en effet datée du 25 décembre (5 nivôse,
2ᵐᵉ année républicaine) ; la voici dans son intégrité :

DE L'EMBRIGADEMENT (1)

« Les Représentants du peuple composant le Comité de Salut public,
» A leurs collègues composant le Comité de la guerre.

» La loi relative à l'embrigadement, chers collègues, était peut-être
nécessaire lorsqu'elle a été faite pour effacer toute distinction entre
les volontaires et les troupes de ligne. Mais aujourd'hui que cette distinction n'existe plus ni dans le fait ni dans l'opinion, le Comité de
Salut public croit apercevoir que des inconvénients considérables
résultent de la loi de l'embrigadement.

» En conséquence, chers collègues, nous vous invitons à examiner
s'il ne serait pas à propos de proposer le rapport de cette loi ou des
modifications qui, sans nuire à l'amalgame intime qui doit exister entre
les troupes de ligne et les volontaires, préviendraient les inconvénients
qu'entraîne l'embrigadement.

» Nous vous prions, chers collègues, de nous faire part le plus
promptement possible des réflexions que vous aurez faites à ce sujet,
afin que, de concert, nous puissions présenter à la Convention nationale les bases les plus justes et les plus propres à prévenir les abus. »

1. Archives nationales. — Fonds de la Secrétairerie d'État. C'est un autographe
de Carnot qui observait les formalités légales, et comme membre du Comité, et
comme chef des opérations, en l'écrivant.

III

COMPOSITION D'UNE DEMI-BRIGADE

(Décret du 21 février 1793)

ETAT-MAJOR

1 chef de brigade
3 chefs de bataillons
2 quartiers-maitres trésoriers
3 adjudants-majors
3 chirurgiens-majors
3 adjudants sous-officiers
1 tambour-major
1 caporal-tambour
8 musiciens dont un chef
3 maîtres tailleurs
3 maitres cordonniers

Total : 31

Une demi-brigade sera composée de trois bataillons.

Chaque bataillon sera composé de 9 compagnies dont une de grenadiers et 8 de fusiliers.

Chaque compagnie de grenadiers sera composée ainsi qu'il suit :

1 capitaine
1 Lieutenant
1 Sous-lieutenant

3

1 Sergent-major
4 Sergents
1 Caporal fourrier
8 Caporaux
64 Grenadiers
2 tambours

80

Total 83

Chaque compagnie de fusiliers sera composée ainsi qu'il suit :

1 capitaine
1 Lieutenant
1 Sous-lieutenant
———
3

1 Sergent-major
4 Sergents
1 Caporal fourrier
8 Caporaux
104 Fusiliers
2 tambours
———
120

Total : 123

La force d'un bataillon sera par conséquent, non compris l'état-major, de

Capitaines	9	
Lieutenants	9	27
Sous-lieutenants	9	
Sergents-majors	9	
Sergents	36	
Caporaux fusiliers	9	
Caporaux	72	1040
Grenadiers	64	
Fusiliers	832	
Tambours	18	

Force d'un bataillon	1067
	× 3
Force d'une demi-brigade, officiers d'état-major non compris	3201
État-major	31
Total d'une demi-brigade (1), état-major compris	3232

1. Dépôt de la Guerre.

IV

INSTRUCTIONS
SUR L'ORGANISATION DES DÉPOTS DES DEMI-BRIGADES (1).

1794

Le fond du dépôt d'une demi-brigade ne pourra excéder soixante hommes pris dans les trois bataillons. Il sera composé des ouvriers employés à la confection et aux grosses réparations de l'habillement sous la surveillance d'un officier de la demi-brigade que ses infirmités mettraient hors d'état de servir activement.

Il pourra y être reçu aussi les individus arrivant de l'hôpital qui auraient besoin de quelques jours de convalescence, mais le séjour qu'ils seront admis à y faire ne devra pas excéder une décade, et pendant ce temps on s'occupera de pourvoir à leurs besoins en habillement.

Chaque dépôt particulier à son départ, pour se réunir au point indiqué pour l'emplacement du dépôt de la Demi-brigade, dressera un inventaire de ses effets d'armement, habillement et équipement, afin d'en constater l'état et le fond ; cette formalité sera renouvelée à la réunion des dépôts particuliers au dépôt commun.

Ces inventaires seront visés par un *Commissaire des guerres*.

LE COMMISSAIRE ORDONNATEUR
AGENT SUPÉRIEUR POUR L'ENCADREMENT DE L'ARMÉE DES ALPES.

Arrêté du citoyen PETIT-JEAN, Représentant du Peuple près l'Armée des Alpes, du 10 Nivôse, seconde année républicaine.

AU NOM DU PEUPLE FRANÇAIS

Le Représentant du peuple près l'Armée des Alpes ;

Vu la loi du 2 frimaire dernier, qui ordonne que la nouvelle levée

---

1. Dossier du 10 septembre. Armée du Rhin.

prescrite par la loi du 23 août dernier (vieux style), sera incorporée dans les vieux cadres ;

Considérant que le citoyen Lyautey nommé par le ministre de la guerre Agent supérieur pour effectuer l'encadrement de l'Armée des Alpes, en vertu de ladite loi du 2 frimaire, ne pourra remplir efficacement la mission importante dont il est chargé sous notre surveillance, s'il n'a pas la connaissance juste et précise :

1º De tous les bataillons, compagnies et des corps, sous quelque dénomination que ce puisse être, qui ont été formés dans les dix départements désignés dans l'instruction du 1ᵉʳ septembre (vieux style), pour nantir l'Armée des Alpes ;

2º De tous les citoyens de 18 à 25 ans qui sont encore disséminés dans lesdits départements, et qui n'ont pas encore marché à la défense de la République, quoique requis par la loi ;

Considérant qu'il est de la plus haute importance que la Convention nationale connaisse très promptement ses ressources et ses moyens, qu'elle mesure toujours sur la masse des défenseurs qu'elle a à opposer aux efforts des tyrans et des esclaves ;

Considérant en outre que tous les anciens bataillons doivent être, dans le plus court délai, complétés au moyen de la nouvelle levée :

Arrête: 1º Que les administrateurs des dix départements qui doivent recruter l'armée des Alpes, et qui sont l'Isère, les Hautes-Alpes, la Drôme, l'Ardèche, Haute-Loire, Puy-de-Dôme, Creuse, Cantal, Lozère et Mont-Blanc, enverront sous huit jours au citoyen Lyautey, agent supérieur pour l'encadrement de l'armée des Alpes à Grenoble, l'état de tous les bataillons, compagnies et corps levés en exécution de la loi du 23 août dernier (vieux style), dans leur arrondissement respectif, en y désignant les noms qu'ils portent. leur force au moment de l'organisation, la date de leur formation et organisation, l'armée dans laquelle ils servent ;

2º Que les administrateurs desdits dix départements, formeront le tableau général et nominatif par district et par canton, de tous les citoyens de la réquisition de 18 à 25 ans qui sont encore dans leurs ressorts respectifs, en faisant mention sur ledit état général, par des colonnes particulières, de la profession, de la taille et de la constitution de chaque citoyen.

La loi du 2 frimaire prescrivant toute la célérité possible pour l'encadrement des bataillons, et cet encadrement ne pouvant bien s'effectuer que lorsque la masse des citoyens destinés à compléter les cadres sera bien connue :

Il est ordonné aux administrateurs desdits départements de fournir ledit état général dans quinzaine, date du présent, à l'agent supérieur qui demeure chargé de nous présenter le résultat.

Provisoirement les citoyens de nouvelle levée resteront dans leur municipalité jusqu'à ce qu'ils soient appelés à la défense de la cause de la liberté.

Fait au quartier général à Grenoble, le 10 Nivôse, an second de la République Française une et indivisible.

Signé PETIT JEAN.

Pour le Représentant,
Signé DEBAUNE, Secrétaire

Pour copie conforme à l'original.

Le Commissaire ordonnateur, Agent supérieur pour l'encadrement de l'Armée des Alpes,

Signé LYAUTEY.

CHAPITRE XXXVIII

L'EMBRIGADEMENT DE L'INFANTERIE A L'ARMÉE DU NORD

ARMÉE DU NORD

4 mars 1794.

Le représentant du peuple chargé de l'embrigadement de l'infanterie de l'Armée du Nord ;

Considérant qu'il s'est élevé plusieurs réclamations sur les dispositions de la loi du 28 pluviôse, qui porte que nul ne sera admis aux emplois militaires depuis le grade de caporal jusqu'à celui de général en chef s'il ne sait lire et écrire ;

Que dans plusieurs corps on a donné une fausse interprétation à cette loi en élevant aux grades des citoyens qui savaient lire et écrire en langue étrangère mais qui ne le savaient pas en français ;

Qu'on élève également aux différents grades des citoyens qui ne savent que signer leurs noms :

ARRÊTE

Que nul ne pourra être admis aux grades et emplois militaires s'il ne sait lire et écrire en français, et que pour y être admis, il ne suffit pas de savoir signer son nom, mais encore qu'il faut savoir lire et écrire ;

Déclare nulles toute nomination et promotion contraires aux dispositions de ladite loi et du présent arrêté faites depuis l'époque du 28 pluviôse ;

ARRÊTE

Que le général en chef de l'Armée du Nord fera mettre à l'ordre le présent arrêté afin qu'il soit connu de tous les corps qui composent ladite armée et qu'ils aient à s'y conformer.

Fait au cantonnement de Peng, le 14 ventôse de l'an II de la République française une et indivisible.

GOUPILLEAU DE FONTENAI.

CHAPITRE XXXIX

EMBRIGADEMENT DE LA CAVALERIE

Chevaux nécessaires à l'Armée de Sambre-et-Meuse, supposée de cent mille hommes.

Général en chef	10
Aides de camp du général	10
Généraux de division	66
Aides de camp des généraux de division	33
Chefs d'état-major et généraux de brigade	92
Aides de camp des généraux de brigade	46
Adjudants généraux	60
Adjoints	40
Vaguemestres	6
Commissaires des guerres	34
Guides	53
Gendarmerie de police	103
Officiers du génie	30
Officieurs de mineurs	3
Officiers de sapeurs	15
Officiers d'ouvriers	3
Artillerie légère, troupes et officiers	400
Officiers d'artillerie	30
Hussards	2,880
Chasseurs à cheval	2,880
Dragons	2,880
Cavalerie	6,500
Infanterie légère	0,000
	16,174

CHAPITRE XL

BLINDAGE DES FORTS

1er mai 1794.

Les Représentants ont parfois annoté de leur main les originaux des généraux auprès desquels ils étaient placés.

Nous en trouvons une marque, entre autres, à l'*Armée des Ardennes:*

Le général de division Wisch, qui commandait à Sedan, faisait part de ses vues aux Représentants sur les opérations militaires des coalisés et demandait d'approvisionner les places de Givet et de Philippeville de manière à ce qu'elles pussent résister à un blocus ou à un bombardement. Il demandait qu'on construisît « *des blindages* » à Philippeville pour le fortifier encore (1).

On lit en marge, de la main du Représentant Massieu :

« J'ai écrit au citoyen Augier hier 12 floréal pour le presser d'appro-
» visionner complètement et comme pour le cas de siège, les places
» de Vedette Républicaine (Philippeville), Givet et Roc libre (Rocroy).
» Je vais m'en assurer avant mon départ. Je vais écrire pour les blin-
» dages à Vedette Républicaine. Il y en a déjà plusieurs de faits, et je
» vais faire accélérer les autres.

» Le Représentant du Peuple :

MASSIEU.

Le 15 août 95, Réal protesta contre son collègue Massieu, quant au rôle joué par ce dernier dans sa mission aux Ardennes, par une lettre publique. Insérée dans la *Gazette nationale*, on y lit le réquisitoire précis qui entache l'honneur de Massieu.

Je dois aux mânes de trente-neuf respectables citoyens des Ardennes, que je n'ai pu arracher à l'échafaud en m'y exposant moi-même, de déclarer à la Convention nationale que Massieu a eu la faiblesse d'accueillir, de soutenir en toutes les occasions la horde d'assassins et de voleurs (du nombre desquels était son beau-père) qu'il avait chargés de *révolutionner* le département des Ardennes ; on sent la force de ce mot.

Je dois dire qu'en vain j'ai eu le courage d'avertir les comités du gouvernement anti-thermidorien de ce qui se passait aux Ardennes, je n'en ai jamais reçu de réponse ; ils correspondaient cependant exactement avec Massieu... Lorsque déployant le caractère de l'homme probe et énergique, j'eus le courage au temps du plus affreux despotisme de Robespierre, de faire arrêter les plus grands coupables, et que j'informai les comités de gouvernement des faits atroces qui les ont enfin conduits à l'échafaud le 27 messidor dernier, Massieu envoya Delecole, son beau-père, aux Jacobins, avec un officier de gendarmerie qui lui était entièrement dévoué, pour solliciter mon prompt rappel, et la mise en liberté de ces hommes affreux, dont l'un a depuis arrêté son propre père pour l'envoyer à l'échafaud (Varroquier).

Le Comité de Salut public d'alors récompensa ce faux dénonciateur en le nommant général de brigade, et ce monstre, toujours ami de Massieu, dont le père fait même maison commune avec lui, a rédigé depuis, dans une chambre du Comité de Sûreté générale, l'acte d'accusation de ces braves Sedanois que Massieu détenait depuis dix mois dans les prisons de Reims et du Mont-Dieu, sous prétexte de fédéralisme, mais bien pour alimenter le charnier de Robespierre.

En vain bravant les dangers, j'avais osé prouver à Elie Lacoste qu'une loi du mois d'août 1792, vieux style, avait déclaré leur innocence, et l'avais-je fait convenir qu'on ne pouvait les mettre en jugement, l'émissaire envoyé par Massieu (le scélérat Wirion) ne continua pas moins à les accuser, et mes instances devenues nulles auprès du comité assassin, ne servirent qu'à faire méditer ma perte.

J'en fus averti par mon collègue Gay-Vernon, devant qui cet aveu fut fait par un membre du Comité de Sûreté générale.

Je ne fus pas plus heureux auprès du Comité de Salut public, où je ne parvins à m'introduire qu'en simulant la révélation d'un objet très urgent.

Pour toute réponse, on m'y intima despotiquement l'ordre de déposer mes pièces entre les mains du secrétaire général de la police de Robespierre ; ce que je fus obligé de faire en présence de mon collègue Baudin, qui m'y accompagna ; et le farouche Collot se chargea d'examiner ma conduite, lorsque le vil exécuteur de leurs volontés sanguinaires, Levasseur (de la Sarthe), l'ami intime de Massieu, en aurait instruit cet infâme comité.

Je ne dirai rien des vols, des dilapidations de tout genre què des déserteurs d'armées, des officiers de santé, munis d'arrêtés de Hentz et de Massieu, ont exercés dans le département des Ardennes, en dépouillant les églises et les citoyens de leur agenterie et effets précieux, sous prétexte de révolutionner, mais dont le trésor public n'a reçu que la plus faible partie.

Tous ces faits sont connus de la députation des Ardennes, de mes estimables collègues Perrin (des Vosges), Calès et Charles Delacroix.

Je rappelle même plusieurs de mes lettres qui en ont informé la Convention et qu'elle a fait insérer dans son Bulletin.

Je conclus à l'arrestation de Massieu.

CHAPITRE XLII

CATHÉDRALE NOTRE-DAME DE PARIS.

Le 11 novembre 93, la section des Sans-Culottes venait acclamer à la Convention la *Montagne sainte* comme étant la patronne des sociétés populaires et la protectrice des assemblées fraternelles. Chaumette obtenait dans la même séance que la cathédrale de Paris fût consacrée à la Raison et à la Liberté. Après avoir entendu la voix de l'erreur, les voûtes gothiques avaient retenti du cri de la vérité : *Vive la Montagne !* Au lieu d'idoles inanimées, un chef-d'œuvre de la nature l'avait représentée. Le peuple avait dit : *Plus de prêtres, plus d'autres dieux que ceux que la nature nous offre.* Les temples devaient appartenir à la nature seule.

Chabot convertit en motion le vœu que l'église métropolitaine devînt désormais le temple de la Raison et Romme obtint que la femme qui la personnifiait prît place à côté du président. Puis, la pétition de Chaumette fut décrétée. A quatre heures, l'assemblée levant sa séance se mêla avec le peuple des faubourgs savamment conduit aux Tuileries et se rendit à Notre-Dame au milieu des transports d'une allégresse populacière, payée par la Commune et par le Comité de Sûreté générale.

Le lendemain, une foule de prêtres abjuraient avec éclat le catholicisme invoquant le patriotisme, choisissaient « une compagne riche en vertus » après quoi ils venaient à la barre solliciter le *baptême civique*.

Dans la même séance, le bourg de la basilique élevée par Suger à nos rois, Saint-Denis, perdait les statues, les monuments et les trésors d'art que leur piété y avait accumulés depuis des siècles. Sa municipalité s'attribuant un droit de propriété qu'elle n'avait pas, avait tout enlevé et l'avait offert à la nation (!) pour attester la fin de l'antique royauté et des préjugés.

On peut penser la poursuite à laquelle se livra le procureur de la

Commune de Paris contre les châsses des saints dans les églises célèbres de la capitale. On voulut bien les déposer aux archives, en attendant le jour où le contenu en serait brûlé comme broutilles de dévotes.

Cambon obtint, le 16, un décret spécial portant que les Communes qui offriraient à l'État des objets d'or et d'argent provenant du culte, en dresseraient un inventaire préalable. Ce décret permit de sauver des œuvres admirables en invoquant la probité des municipalités.

CHAPITRE XLV

MISE A LA RETRAITE DU GÉNÉRAL JOURDAN.

« Mais il fallait de l'audace pour une entreprise aussi importante ; il fallait s'élever au-dessus des règles ordinaires ; il fallait aussi braver les éléments et l'intempérie de la saison. Ce caractère audacieux et entreprenant paraît avoir manqué au général qui devait consommer cette expédition ; car l'expérience de Landau et du Fort-Vauban prouve que le soldat français ne connaît pas d'obstacle, et la saison la plus rigoureuse n'a pas arrêté l'armée du Rhin, celle de la Moselle, celle de l'Ouest et celle de Toulon.

» Depuis le projet échoué le général Jourdan a paru oublier ce mot de César, qui doit être la règle constante de tous les hommes de guerre, « que rien n'est fait tant qu'il reste quelque chose à faire. »

» Mais le comité a rendu justice à ses bonnes intentions, à son patriotisme, et il saura toujours distinguer les fautes ou le défaut d'audace qui peuvent appartenir à un général sans-culotte, fautes dont le patriotisme doit absoudre, avec les trahisons ou l'inertie coupable de certains généraux qui ont reçu la peine de leur défection liberticide.

» Ce que le comité a pensé, c'est qu'il ne devait pas laisser ce même général à la tête d'une armée qui est destinée à faire des opérations décisives pour le salut de la République ; c'est que le général qui s'est refroidi sur des succès éclatants n'a pas cette intensité nécessaire pour remettre en mouvement une grande armée, et cette chaleur constante qui doit électriser une masse énorme.

» En conséquence, nous avons jeté les yeux sur le vainqueur du Rhin pour venger le Nord.

» Le devoir du Comité de Salut public est de vous proposer de remplacer le général Jourdan par le général Pichegru.

» Jourdan rentrera quelque temps dans ses foyers, non pas à la manière de ces officiers suspects ou de ces généraux douteux que la loi suspend ou destitue, et qu'elle rejette, comme dangereux et suspects, à une certaine distance de Paris, des armées et des frontières. Mais il peut rendre encore des services à la patrie dans les divers postes qu'elle offre à ses défenseurs. Il obtient une retraite honorable, digne de sa probité et de son patriotisme : il est pauvre, c'est son éloge et son titre à la reconnaissance nationale. Le vainqueur de Wattignies, le libérateur de Maubeuge, ne doit pas exister sans un témoignage de la patrie reconnaissante. Nous vous proposons donc de lui accorder sa retraite, conformément aux lois établies. »

Rapport à la Convention par Barère.
(Du 5 février 1794.)

CHAPITRE XLVIII

PROTESTATION CONTRE LA DICTATURE (1)

« Représentants, nous voulons la république une et indivisible ; nous voulons la liberté et l'égalité, et le bonheur du peuple... Nous voulons l'ordre et la paix : nous voulons une représentation nationale permanente ; mais nous la voulons pure, nous la voulons libre, puissante, respectée, grande comme la nation dont elle est l'interprète, capable surtout de s'élever au-dessus de tous les despotismes, et de faire taire les clameurs insolentes et séditieuses de ce ramas de factieux stipendiés par un parti secret, et peut-être par les *despotes étrangers*, pour troubler l'ordre de vos séances.

» Ce n'est pas assez, représentants, de contenir, de réprimer ces vils mercenaires ; nos plus grands ennemis sont dans votre sein. Les Marat, les Robespierre, les Danton, les Chabot, les Bazire, les Merlin et leurs complices, voilà les anarchistes, voilà les vrais contre-révolutionnaires. Ils ont le titre de vos collègues ; mais ils sont indignes de l'être, puisqu'ils sont même indignes du nom français : chassez-les donc, éloignez-les au plus tôt ; repoussez-les du sanctuaire de vos délibérations. Vous n'avez rien de commun avec eux, et vous ne pouvez respirer le même air que des scélérats. Si vous croyez manquer de pouvoir pour prononcer leur exclusion, consultez le souverain ; interrogez les assemblées primaires, elles parleront hautement : et bientôt la dignité nationale sera vengée, et bientôt le danger de la patrie disparaîtra.

» Nous vous exprimons, représentants, l'opinion d'un grand département ; elle est sans doute subordonnée à la volonté des autres sec-

1. *Adresse* du Conseil général du département du Finistère, du 6 janvier 1793. Celui du Pas-de-Calais le dénonça le même jour à la Convention.

tions de la république ; mais nous sommes assurés, et jugez-le vous-
mêmes, que toutes ont un vœu conforme, et qu'en même temps que
nous servons la cause de tous, nous prévenons même les espérances
de la majeure partie de ces Parisiens, dont le couteau d'une poignée de
tyrans subalternes étouffe en ce moment la voix. »

II

INVIOLABILITÉ DE LA REPRÉSENTATION NATIONALE (1)

« Je viens invoquer en faveur de M. Lautrec, ou plutôt des représentants de la nation, les premiers principes du droit public, sur lesquels reposent la liberté et l'intérêt national. Je n'examinerai pas les
indices qui ont pu déterminer à lancer un décret contre M. Lautrec. Il
est impossible, sans renoncer à toutes les règles d'une bonne constitution, sans renverser l'édifice de la liberté publique, de supposer qu'un
tribunal quelconque puisse, sans avis préalable des représentants de
la nation, décréter et juger un député. Qu'est-ce que l'inviolabilité ?
Ce n'est point un privilège, et cependant c'est quelque chose de plus
que le droit commun des autres citoyens. Il est de principe qu'aucune
puissance ne doit s'élever au-dessus du corps représentatif de la nation :
qu'aucun corps ne peut décider des destinées des représentants... Mais,
dira-t-on, s'ils sont coupables, ils doivent être punis. Oui, sans doute ;
il faut réduire la question à ce point. Peut-il exister un tribunal qui
puisse déclarer coupables les représentants de la nation ? Si l'on répond
affirmativement, il est évident que ce tribunal sera l'arbitre de leur
destinée. S'il ne peut décider de leur sort sans forme de procès, il le
pourra avec des formes et par des jugements iniques ; et l'inviolabilité
détruite, l'indépendance des représentants de la nation n'existe plus...
(Il s'élève des murmures.)

» M. FRÉTEAU : Il n'y a pas d'Assemblée nationale, si ces principes sont
faux.

» M. ROBESPIERRE : Pour que les représentants de la nation jouissent
de l'inviolabililité, il faut qu'ils ne puissent être attaqués par aucun
pouvoir particulier ; aucune décision ne peut les frapper si elle ne vient
d'un pouvoir égal à eux, et il n'y a point de pouvoir de cette nature. Il

---

1. Discours du 27 juin 1790, Robespierre.

existe un pouvoir supérieur aux représentants de la nation, c'est la nation elle-même. Si elle pouvait se rassembler en corps, elle serait leur véritable juge... Si vous ne consacrez ces principes, vous rendez le corps législatif dépendant d'un pouvoir inférieur, qui, pour le dissoudre, n'aurait qu'à décréter chacun de ses membres. Il peut le réduire à la nullité, et toutes ces idées si vraies, si grandes, d'indépendance et de liberté ne sont plus que des chimères. Je conclus à ce qu'il soit déclaré qu'aucun représentant de la nation ne peut être poursuivi dans un tribunal, à moins qu'il ne soit intervenu un acte du corps législatif qui déclare qu'il y a lieu à accusation. »

III

A LA CONVENTION NATIONALE

LA PATRIE RECONNAISSANTE

Ode sur la révolution du 9 thermidor, offerte à la Convention par C.-J. Trouvé, *l'un des rédacteurs du* Moniteur.

> O des vertus et du courage
> Asile saint, temple éternel,
> Qui retentiras d'âge en âge
> De leur souvenir solennel :
> Toi, qui de mes braves cohortes
> Aux siècles transmets les exploits,
> O Panthéon ! ouvre tes portes,
> Que ta voûte réponde aux accents de ma voix !

> Entends la voix de la Patrie ;
> Oui, c'est moi qui viens, en ce jour,
> A la plus sublime énergie
> Payer le plus juste retour :
> C'est moi, c'est ma reconnaissance
> Qui vient honorer mes enfants :
> O jour de bonheur pour la France,
> Jour d'immortalité pour ses représentants !

> Sur la colonne de la Gloire
> Je graverai leurs noms chéris :
> L'avenir lisant leur victoire
> Reconnaîtra mes vrais amis :

Et, de leur accord unanime
Admirant l'auguste fierté,
Il verra l'audace du crime
Pâlir d'un souffle seul devant la Liberté.

Réponds, dictateur parricide,
Quels sont tes sinistres projets ?
Tu disais, dans ton cœur avide :
Bientôt ils seront mes sujets.
La terreur sera ma couronne,
Mon sceptre la faux de la Mort,
Des cadavres seront mon trône,
Et le sang, dans mon âme, éteindra le remord...

Mais le volcan de la Montagne
Bouillonne et gronde sous tes pas :
La menace en vain t'accompagne,
Elle est l'arrêt de ton trépas.
Va, traître, avec tes vils complices,
Va expier tous tes forfaits.
Est-il d'assez cruels supplices
Pour venger tous les maux que les monstres m'ont faits ?

Ils se flattaient, les misérables !
Que le masque de la Vertu
Couvrirait leurs traits effroyables :
Leurs traits et leurs cœurs sont à nu :
Qu'ils sont hideux ! quel assemblage
De bassesse et d'atrocité !
La Vertu seule a du courage :
Mais le Crime, pour sœur, n'a que la Lâcheté !

C'est trop longtemps peindre le crime ;
Prenons de plus douces couleurs.
Toi qu'ils désignaient pour victime,
Faible opprimé, sèche tes pleurs.
Sortez de votre léthargie,
Talents, vertus, humanité ;
Désormais, avec énergie,
Sachez garder vos droits et votre dignité.

Et vous, représentants fidèles,
O vous, mes chers libérateurs,
Soyez toujours les vrais modèles
Du patriotisme et des mœurs.
La république est affermie ;
La liberté bénit vos coups ;
Vous avez sauvé la patrie,
Et du neuf thermidor l'honneur est tout à vous.

Tandis que fixant la victoire,
Mes héros dispersent les rois,
Associez-vous à leur gloire
Par la sagesse de vos lois.
Si la valeur sur les frontières
Aux tyrans porte la terreur,
Que la constance et les lumières
Sur mon sol triomphant ramènent le bonheur.

Le système de gouvernement exercé par Robespierre, a été jugé par Courtois (1), au nom du Comité de Sûreté générale, dans la séance du 22 juin 1795 ; on y traitait du retrait des décrets édictés contre les troubles de Beaucaire par Robespierre.

« Le massacre, dit-il, fut, vous le savez, organisé sur tous les points de la France ; ce massacre général offrit longtemps un problème que résolurent enfin l'infâme Carrier, par ses réponses à ses interrogatoires, et le scélérat Robespierre, par ses notes manuscrites qu'il laissa dans ses papiers ; c'était un plan de dévastation combiné et arrêté par nos tyrans.

» Tous ceux qui possédaient quelques lumières, ceux qui en recherchaient, les écrivains qui pouvaient les répandre ; tous les amis des arts, ceux qui les cultivaient, les riches qui pouvaient, en en payant les chefs-d'œuvre, les encourager ; toute cette classe, même autrefois connue sous le nom de *bourgeoisie*, et qui joignait à quelque propriété des vertus héréditaires, tous devaient périr.

» L'exécution de ce plan dévastateur était confiée, dans chaque partie de la République, à des agents intelligents et sûrs ; l'exécrable société des Jacobins envoyait les instructions à ses affiliés ; sous l'étendard du sans-culottisme, se rangeaient aussitôt des milliers de prétendus patriotes encrassés d'ignorance, souillés de la fange de tous les vices ; instruments aveugles et passifs de nos assassins, bientôt ils promenaient avec eux l'effroi, le fer et la mort. L'espoir du partage promis des terres de leurs victimes animait et soutenait leur rage parricide, et, sans le parti généreux que vous prites, au 9 thermidor, de frapper nos tyrans, leur succès eût été complet (2). »

1. Au *Moniteur* du 25 juin.

2. Courtois aurait été convaincu après le 9 thermidor de malversations.

RAPPORT DE COURTOIS

Courtois (Edme-Bonaventure), né à Arcis-sur-Aube, 1750, mort en 1816. Chargé d'une mission en Belgique, il fut accusé de dilapidations et mandé devant le Comité de Salut public. Les faits ne s'étant pas trouvés suffisamment établis, il ne fut pas donné suite à la plainte.

Au 9 thermidor, il rédigea 2 Rapports : 1. Papiers trouvés chez Robespierre ; 2. Evénements du 9 thermidor (1).

I. On lui reproche d'avoir soustrait ou de s'être approprié une partie des lettres ou pièces de tout ordre qu'il trouva chez Robespierre, ainsi, des lettres de Girondins, de Hoche, d'Augustin Robespierre.

Rovère se plaignit, quoique thermidorien, qu'on en eût *escamoté* dans la séance de la Convention du 20 frimaire An III (au 22).

II. En 1816, le ministre de la police Decazes fit exécuter une visite domiciliaire et saisir les papiers de Courtois. Il en existait, paraît-il, sur la famille royale, Louis XVIII et les intrigues de ses partisans.

III. En 1824, M. Alexandre Martin a rassemblé ce qu'il a pu des papiers retrouvés, et a publié en trois volumes in-8° le tout.

SA VIE

Courtois entra au Comité de Sûreté générale au 9 thermidor.

Membre en l'An III du Conseil des Anciens.

Adopta le 18 brumaire et dénonça Aréna comme ayant voulu tuer Bonaparte.

Membre du Tribunat en récompense.

« Il y fut accusé de concussions à propos de spéculations sur les grains, se défendit assez mal, et fut éliminé de l'Assemblée. »

Il se retira aussitôt en Lorraine, y acheta une magnifique propriété, et y vécut dans l'obscurité jusqu'à son bannissement.

Meurt à Bruxelles en 1816.

---

1. Choudieu après sa lecture s'écria : « Les hommes qu'on accuse d'être les complices de Robespierre demandent aujourd'hui l'impression de sa correspondance. » Malheureusement, ce ne fut pas fait.

DÉSARMEMENT DE LA NOBLESSE ET DU CLERCÉ

Le 25 mars 1793.

ARTICLE 1er La Convention Nationale décrète que les ci-devant nobles, les ci-devant seigneurs autres que ceux qui sont employés dans les armées de la République, ou comme fonctionnaires publics civils ou militaires, les prêtres autres que les évêques, curés, vicaires ou autres que ceux qui servent dans les armées, seront désarmés, ainsi que les domestiques, agents desdits ci-devant nobles, ci-devant seigneurs et prêtres.

ARTICLE 2 Les conseils généraux des communes pourront faire désarmer les autres personnes reconnues *suspectes ;* à défaut des conseils généraux des communes, les directoires de district ou de département pourront ordonner ce désarmement.

ARTICLE 3 Les conseils généraux des communes, ou à leur défaut les autres corps administratifs, prendront, selon les localités, toutes les mesures pour que ce désarmement ait lieu sans troubler la tranquillité publique, et pour que les personnes et les propriétés soient respectées. Le désarmement ne pourra avoir lieu de nuit.

ARTICLE 4 Il sera fait des *états des armes;* elles seront provisoirement déposées, dans chaque commune, dans des lieux sûrs indiqués par le corps administratif qui aura fait procéder au désarmement, et il en sera disposé suivant les besoins de la République.

ARTICLE 5 Les personnes désignées par la présente loi et reconnues comme suspectes, qui, après avoir été désarmées, seront trouvées saisies de nouvelles armes, seront de nouveau désarmées et punies de 6 mois de détention.

ARTICLE 6 Ceux qui seront convaincus d'avoir recélé des armes appartenant aux personnes dont le désarmement a été décrété par l'art. 1er, seront punis de 3 mois de détention.

Séance du 25 mars.

PAMPHLETS DE LA RÉVOLUTION (1)

Les Alleluia de la Révolution.
A bas, les Jacobins !
Amende honorable d'un gros marquis devenu tambour.
Apothicaire patriote, ou Découverte importante d'une
    seringue nationale.
L'Ave et le Credo du Tiers-Etat.
Credo de la Noblesse.
Déclaration de Mme Noblesse sur le projet d'alliance
    matrimoniale entre elle et le Tiers-Etat.
Diogène à l'hôtel-dé-ville.
La France existe-t-elle ?
Histoire de la Princesse Liberté.
Les Jacobins aristocrates.
Laissez-vous écorcher et ne criez pas.
Lettre des deux Brutus au Peuple français.
Motion de l'Ane bâté.
Nouvelle boutique de patriotisme.
Le parchemin en culottes.
Le Père Eternel démocrate.
Peuple, tu ne sais qu'adorer ou pendre.
Polichinelle, orateur à l'Assemblée.
La Raison finit toujours par avoir raison.
Les Sept péchés capitaux.
La Sonnette du Président.
Le Testament de la République.
Tout se découvre à la fin.
Un mot à l'oreille des honnêtes gens.
La Vérité aux prises avec les Démagogues.
Voilà vos Etrennes.
Voyez-vous ces bougres-là?

BULLETINS

1. Le 6 septembre 1792 parut un *Bulletin de l'Assemblée nationale
législative*, en placard in-folio. A partir du 22 septembre, il s'appela
Bulletin de la Convention, et finit avec elle le 3 brumaire an IV ; il fut
publié in-folio en placard, et en format in-octavo, par cahiers de 8, 12,
16, 24 pages, et au-delà. Il contient des lettres et des Adresses que le
Moniteur n'a pas données.

1. Sur le Procès de Louis XVI, on consultera le *Logotachigraphe ;* ce journal est
estimé pour avoir recueilli toutes les paroles qui échappèrent à la sincérité ou
à la passion des Conventionnels pendant les appels nominaux.

2. Il existait aussi un *Bulletin du Tribunal révolutionnaire* spécial à la capitale, et indépendant de ceux que le fanatisme local publia dans divers départements, par ordre des autorités jacobines.

3. Les troupes eurent un *Bulletin général des armées* et de la Convention nationale, journal du soir.

4. On a encore un *Bulletin officiel des armées coalisées*, dont il faut retenir la cruelle épigraphe à l'adresse des puissances qui combattaient la Révolution française : « Nous disons tout ce que nos gouvernements ne disent pas. »

5. Très curieux, le *Bulletin des Marseillais* qui parut en 1793, in-octavo, œuvre de leurs partisans.

6. En réponse : *Le véritable Contre-Révolutionnaire marseillais*.

7. Les espions de la coalition organisèrent et imprimèrent la *Correspondance des Nations*, par une société des *Amis du genre humain*. Ils avaient choisi une habile devise : « La Cocarde de là Liberté fera le tour du monde ».

8. Enfin, on vit paraître en 1795 la *Correspondance des Vivants et des Morts*, protestation royaliste des victimes.

CHAPITRE XLIX

EXPULSION ET DÉFENSE DE GÉNÉRAUX

Extrait d'une dépêche « de l'Agent national près le district de Sedan » au Comité de Salut public.

» . . . . Citoyens Représentants, je viens de vous dire des faits vrais et assez consolants, mais je dois vous ouvrir mon cœur, parce qu'un républicain ne connait que la vérité. Nous sommes on ne peut plus mal servis en généraux, et je ne conçois rien à cette attaque de l'ennemi, dont on n'a eu aucune nouvelle avant son arrivée sous les murs de *Bouillon*. Le camp des Montagnards était commandé par le général Marchand.

» Cet homme écrit avant-hier au commandant de la place de Sedan que l'ennemi va le cerner dans le camp des Montagnards, et sa lettre est datée du camp. Une heure après il écrit une seconde lettre, datée de Bouillon, distant d'une lieue et demie du camp. Il demande des secours pour ce camp, qu'il avait nécessairement abandonné comme un lâche. Bientôt on apprend que l'ennemi nous a pris trois, quatre, cinq pièces de canon. On ne sait ce qu'est devenu le camp, ses débris se retirent dans le château de Bouillon. Une autre position sur Sedan et 600 hommes se trouvent perdus, on ne sait comment.

» Des soldats débandés s'enivrent et insultent des femmes dans la commune de Givonne. Le maire, en écharpe, est obligé de mettre le sabre à la main pour faire cesser le désordre. Marchand arrive, il a l'air d'un imbécile, d'un homme qui a perdu la tête ; il ne parle et ne répond que par oui et par non. Il était si peu à son devoir qu'il n'avait même pas averti Debrun, qui était à Ivoy, de sa position. *Il a fallu que nous fissions tout. Il a fallu que nous, qui ne sommes point militaires, fissions nous-mêmes le plan de défense tel que je viens de vous le tracer plus haut.* J'ai tout lieu d'espérer les plus heureux succès de nos mesures, mais je vous réponds que le patriotisme seul et le besoin de nous sauver nous ont servi de tactique, surtout dans la journée d'hier.

» Marchand parait avoir perdu la confiance de l'armée. Des plaintes multipliées contre lui se sont faites, tant au Comité de surveillance qu'au Conseil défensif. *Nous avons cru qu'il fallait dans ce moment ne point faire d'esclandre, afin de sauver la chose publique.* Debrun est arrivé et Marchand est sous ses ordres. Il a sa besogne tracée comme un jeune écolier, et il doit la faire sous sa responsabilité capitale. Debrun dirigeant le mouvement, la confiance est rétablie, et Marchand reste là en attendant que vous vous prononciez sur son compte. Je ne le crois pas un traître, mais c'est une bête.

» Je dois ici rendre justice à l'ex-général Wish, officier retiré et demeurant à Sedan. Il a travaillé de tous ses moyens à sauver Sedan, et ses conseils ont été très utiles aux deux généraux Debrun et Marchand. Wish, malgré son âge et ses infirmités, a passé la nuit. Il a une tète froide, infiniment précieuse, dans les circonstances présentes.

» Citoyens Représentants, je crois que vous feriez bien d'envoyer ici pour surveiller, diriger et frapper les coups, un bon Montagnard de la Convention. Le Vasseur ne peut être ici ; il est à la tête de la première division de l'armée des Ardennes, et il m'écrit que dans ce moment il mène les soldats à la victoire (1).

» P.S. — Je vous envoie ci-jointe copie des deux lettres du maire de Givonne. Vous verrez quelle est la conduite du général Marchand.

FLASSANT. »

II

EXPLICATION ENTRE LE COMITÉ DE SALUT PUBLIC ET REPRÉSENTANTS

AFFAIRE LEVASSEUR DE LA SARTHE

Il fut rendu par le Comité, 23 nivôse an II, un arrêté qui, s'emparant des explications fournies par le représentant du peuple Levasseur, rétablit dans leur première situation deux officiers destitués par lui.

1. (Armée des Ardennes, 20 mai 1794.)

Carnot les déclara « susceptibles d'être employés dans tout autre corps militaire que le 4e bataillon du Var » où ils avaient préalablement servi.

Leur destitution, écrivit Levasseur, avait été nécessitée par les circonstances, puisqu'elle avait été provoquée « par un grand nombre d'individus du bataillon du Var. » Ce fut sur des contre-attestations que Levasseur les releva. Mais ce qui est instructif, c'est la Pétition adressée « aux Jacobins de Paris», par les intéressés et par leurs amis. Parmi ces derniers, on trouve le mandataire du Comité de Salut public; il visa la lettre émanant du conseil du bataillon et y joignit l'attestation suivante. Sa lecture en indiquera la portée :

« Nous soussigné, commissaire du Comité de Salut public,   que les citoyens Vidal et Peillon, patriotes distingués, ont contribué par leur énergie à sauver, l'année dernière, la ville de Toulon, menacée par ses administrateurs et consorts ; je me joints en conséquence à la société ambulante du Beausset pour inviter nos frères les Jacobins pour qu'ils soient remis dans leurs fonctions et qu'ils soient employés dans l'*Armée révolutionnaire du Midy*, persuadés qu'ils sont utiles à la chose publique (1). »

1. Jean Terrin, signé Commissaire du Salut public (*sic*). Pièces des Archives nationales).

CHAPITRE L

ATTENTAT DE LEREBOURS CONTRE LA CONVENTION

« Ce n'est pas le seul des Commissaires exécutifs nationaux qui fait servir l'autorité nationale à la perte de la République. Un autre, dont l'honorable destination est de répandre, au nom de la république, la bienfaisance dans les campagnes, les secours dans les hospices, les soins et l'abondance dans les hôpitaux militaires, Lerebours, commissaire des secours publics, a abandonné le soin des défenseurs de la liberté, des indigents, des vieillards, pour s'occuper de la perte de son pays. Il a mieux aimé servir les conspirateurs hypocrites que de répandre les bienfaits nationaux ; il a préféré une faction à la patrie.

Ce ne sont pas de simples relations qu'il a eues avec les chefs de la trame ; c'est une participation directe, c'est une calomnie atroce, c'est une mesure parricide dont nous l'accusons.

Lerebours sort de la maison nationale, de la commission, le matin du 9 ; il dit qu'il court au comité de salut public ; il visite les conspirateurs, et attend le moment décisif. Le signal était donné de se rendre à la Commune ; il y court. Comment pénétrer ? La contre-révolution n'avait pas eu le temps de faire ses cartes d'entrée ; il présente son portefeuille de travail au comité de salut public ; il se désigne comme apportant dans le portefeuille les preuves du complot tramé par les deux comités pour faire périr tous les patriotes qui ont fait le 10 août, si célèbre dans les annales de la liberté et de la révolution républicaine. A ces mots, l'indignation générale l'introduit au conseil général. Il y prend place, il y délibère ; il est membre du comité d'exécution, et il écrit plusieurs lettres aux sections. Celle-ci est arrêtée ;

elle était adressée à la section sur laquelle logeait Robespierre. Voici la
lettre, sur laquelle sont écrites les deux lettres R. B., premières lettres
du nom de ce conspirateur cruel et artificieux. La voici, cette infâme
lettre, qui ne voit dans les dangers de la république que les fonctionnaires d'une commune, et dans les orages révolutionnaires d'autre
point de réunion que la maison commune. La nation n'est rien pour ce
commissaire traître; l'autorité que la France lui donne, il la tourne
contre elle; et les Représentants du peuple réunis dans cette enceinte
ne sont par lui désignés que par le nom de traîtres.

COMMUNE DE PARIS

Le comité d'exécution au comité révolutionnaire de la section des Piques.

Le 9 thermidor.

« Courage, patriotes de la section des Piques, la liberté triomphe.
Déjà ceux que leur fermeté a rendus formidables aux traîtres sont en
liberté. Partout le peuple se montre digne de son caractère.

» Le point de réunion est à la commune, dont le brave Hanriot exécutera les ordres du comité d'exécution, qui est créé pour sauver la
patrie.

» *Signé* LEGRAND, LOUVET, PAYAN, LEREBOURS. »

II

RAPPORT DE L'ESPION HÉRON CONTRE LEGENDRE

« Le 4 messidor, an II de la République.

» . . . . . Le citoyen Legendre était hier matin 3 du courant, sous
l'arcade du théâtre de la République, rue de la Loi, à environ dix
heures du matin ; il était avec le général Parein, en grande conversation qui a duré plus d'une demi-heure. Ils se sont quittés à environ
onze heures. Le citoyen Legendre a traversé le jardin Égalité et est allé
à la trésorerie nationale, où il s'est arrêté une demi-heure. De là, il est
revenu aux Tuileries, où il est resté jusqu'à une heure, et est entré
ensuite à la Convention, où il est demeuré jusqu'à la fin de la séance.

Pendant le temps qu'il a été aux Tuileries, on a remarqué qu'il avait de ·
l'ennui ; il a fait divers tours ; il a fait rencontre d'un citoyen avec
lequel il a beaucoup parlé avant d'entrer à la Convention. La séance
levée, il est revenu dans les Tuileries, où il a resté trois quarts d'heure
avec le même particulier avec lequel il s'entretenait mystérieusement,
et paraissait éviter le monde. Ils ont été ensemble jusqu'à l'aile du pont
ci-devant Royal. Le citoyen Legendre l'a traversé, et l'autre citoyen est
rentré dans les Tuileries ; de là est allé dans la maison du commission-
naire au Mont-de-Piété, proche le ci-devant hôtel d'Angleterre, au coin
de la place Égalité ; après une demi-heure d'attente, il n'en était pas
encore redescendu. »

*Rapport fait au nom de la Commission chargée de l'examen des
papiers trouvés chez Robespierre et ses complices*, présenté par E.-B.
Courtois à la Convention naionale (séance du 16 nivôse, an II).

III

DÉNONCIATION CONTRE BILLAUD, COLLOT ET BARÈRE

« La France entière entendra avec joie le récit du châtiment des complices et des partisans de Robespierre ; mais la France entière attend
de la justice de la Convention qu'elle saura distinguer les dupes d'avec
les conspirateurs. Ne pensez pas que Robespierre n'eût de complices
que parmi les autorités constituées et dans les états-majors ; il en avait
encore parmi ses collègues qui travaillaient avec lui.

Il faut que la vérité soit connue sans ménagement, il faut que chacun
de nous dise : Si j'ai failli, si j'ai été coupable, voilà ma tête. (On
applaudit.) *Oui, il existe des complices de Robespierre, jusque dans la
Convention.* Ce sont ceux qui, la veille de son supplice, lui jetaient
encore un encens sacrilège ; ce sont ceux qui sont venus, le lendemain,
dire insolemment : Il y a six mois que nous savons que Robespierre
conspirait ; nous ne l'avons pas voulu dire, dans la crainte de causer
des déchirements.

Quoi, vous saviez, vous voyiez que l'on conspirait, et vous ne l'avez
pas dénoncé ! et vous craigniez les déchirements ! Je sais que je vais
ouvrir une discussion terrible, mais je brave les murmures et les récri-
minations. Il est dans l'ordre des choses que la vertu fasse pâlir le
crime. J'ai juré au peuple que je suppléerais au défaut de talent par

l'énergie que la nature m'a donnée. J'ai promis au peuple que je por-
terai toujours ma ceinture de probité.

On a envoyé en mission Saint-André et Prieur (de la Marne), c'est-
à-dire qu'on s'est débarrassé des hommes dont on craignait la vertu.
Robespierre est venu faire un rapport ; il a attaqué parce qu'il craignait de l'être ; on a décrété que son discours ne serait pas imprimé :
il est allé le prononcer aux Jacobins. Alors on a dit : Il veut le pouvoir
à lui tout seul, quand nous devons le partager avec lui. Robespierre,
Couthon, Saint-Just ont été dénoncés, parce que Billaud, Collot, Barère
en sont devenus jaloux. Je le déclare à la Convention, je les regarde
comme des conspirateurs.

La France entière ne se laissera point intimider par des députations
que l'on envoie à la barre. Et de qui sont-elles composées ? de fripons,
d'intrigants, qui restent dans les sections jusqu'à onze heures, quand
les pères de famille en sortent à dix.... Si le peuple a bien voulu jeter
les yeux sur moi, ce n'est point pour mes talents ; il savait bien que je
n'appartenais ni à la caste des hommes de lettres, ni à celle des gens
riches, mais à la caste des hommes probes.

Représentants, j'ai fait mon devoir, c'est à vous à faire le vôtre. Je
vous en somme au nom du peuple. »

RONSIN, AUTEUR DRAMATIQUE

(Théâtre de la République)

La première représentation d'*Arétaphile* ou *la Révolution de Cyrène*,
donnée le 26 brumaire, a eu beaucoup de succès. Les sentiments chers
à des républicains, l'amour de la patrie et celui de la liberté, se retrou-
vent presque à chaque vers dans cette tragédie.

Eglator, chef des Cyrénéens, homme vertueux et aimant son pays,
en a été banni sous prétexte d'impiété, par le scélérat Norate, qui s'est
fait nommer roi. Ce tyran a retenu prisonnières la femme et la fille
d'Eglator. Celui-ci, après quinze ans d'exil, revient en secret dans
Cyrène. Il veut se venger et rendre la liberté à son pays. Cependant il
n'a point pris des mesures, il n'a point de parti formé ; heureusement
il retrouve un de ses anciens amis chez lequel il se cache. OEnarus,
jeune esclave, gardien de la tour dans laquelle Arétaphile, femme
d'Eglator, et Oxiane, sa fille, sont détenues, déteste le tyran qu'il paraît

servir ; enthousiaste des vertus d'Eglator, et d'ailleurs amoureux de sa fille, il veut les venger et délivrer Cyrène en assassinant Norate. Une démarche imprudente pense de le découvrir ; l'ami chez lequel Eglator s'était réfugié est sacrifié aux soupçons du tyran ; Eglator lui-même est traduit devant une ombre de Sénat qui n'est que l'instrument de la haine de Norate, et qui le condamne. Pour combler ses forfaits, Norate veut épouser Oxiane. Le malheureux père envoie par OEnarus du poison à sa femme et à sa fille, comme le dernier remède à leurs maux.

Arétaphile, ne prenant plus conseil que de son désespoir, feint de consentir à l'hymen de sa fille avec le tyran ; mais elle empoisonne la coupe nuptiale. Au moment de la cérémonie, elle boit la première ; le tyran boit après elle, et tous deux meurent empoisonnés. Les Cyrénéens se soulèvent au même instant ; ils reconnaissent avec joie leur ancien chef Eglator, et l'honorent comme leur libérateur.

Le dénouement est celui de *Camma*, de Thomas Corneille, qu'Hoffmann a aussi employé dans son opéra de *Nephté*. Mais, dans ces deux drames, ce dénouement très tragique est nécessaire, préparé pendant toute la pièce, au lieu que, dans la tragédie nouvelle, il est, pour ainsi dire, ajouté aux incidents qui le précèdent ; le tyran paraît également périr par la main d'OEnarus. On pourrait aussi remarquer que le héros semble autant animé par le désir d'une vengeance particulière que par l'amour de sa patrie ; mais ces défauts sont rachetés par un style mâle et énergique, par une foule de beaux vers qui partent d'une tête tragique et d'un cœur républicain.

On a surtout applaudi avec transport celui-ci, par lequel le père d'Arétaphile répond au tyran de Cyrène, qui parle avec mépris du peuple qu'il opprime :

Sans toi le peuple est tout, et tu n'es rien sans lui.

Il est difficile de rendre mieux deux idées plus justes, et de les représenter avec plus de précision.

La pièce, composée en 1786, et jouée au théâtre de la rue de Louvois en 1792, est du citoyen Ronsin, général de l'armée révolutionnaire. Il a été demandé avec tant d'instance, qu'il s'est montré dans une première loge, où il a répondu à des applaudissements réitérés par le cri de : *Vive la république!* qui a été aussitôt répété avec transport par tous les spectateurs.

(*Moniteur* du 30 novembre 1793)

CHAPITRE LI

Quant au *rôle de Paris dans la Révolution*, il ne peut échapper à notre exposé. Ce rôle fut ce qu'il devait être : prépondérant. Nous le trouvons indiqué dans un discours de Barère, qui fut lu et commenté dans les sociétés populaires. Il ne pouvait manquer d'exciter les esprits, les Volontaires s'en inspirèrent aux armées et se crurent supérieurs à tous parce qu'ils étaient de la capitale !

« La Ville de Paris même a été entre les différents députés de la république un objet de débats et de discussions ; suivant les uns, on voulait faire de Paris *tout* et suivant les autres *rien*. En faire le chef de la République c'eût été une erreur politique. Il faut faire de Paris ce qu'il doit être ; il prendra naturellement sa place dans la République et le bon esprit qui depuis quelques jours anime cette cité m'en donne l'espoir. Son patriotisme a rendu les plus grands services à la France (1).

» Sans l'insurrection d'une ville aussi immense la révolution n'eût pas été faite ; le despotisme était un géant, il n'a fallu rien moins que cette masse colossale pour l'abattre. Mais les torrents qui fertilisent les campagnes laissent souvent après eux des traces stagnantes et pestilentielles, et c'est dans ce sens que des malveillants ont cherché à se servir de l'énorme population de Paris.

» Vers la fin de l'Assemblée Constituante et sous l'Assemblée Législative, on s'est occupé à remuer jusqu'à la fange de ces mêmes eaux stagnantes et pestilentielles, qui ont produit le méphitisme politique dont nous sommes dévorés depuis quatre mois.

» Vous êtes *corps révolutionnaire* et vous n'avez encore été que *trois jours en révolution* depuis le commencement de votre session.

» Le *premier*, lorsque vous fondâtes la République; le *second*, lorsque vous la décrétâtes une et indivisible ; le *troisième*, lorsque vous condamnâtes à mort le tyran.

1. *Monit. Univ.* 20 mars ; séance du 17.

» Le reste est couvert de passions, d'intrigues, de divisions qui font le malheur de la République ; oublions ces sujets de querelles et de discordes. En Révolution il faut ne voir jamais que le lendemain et jeter un voile sur ce qui s'est passé la veille. Songeons donc qu'il ne faut pas perdre Paris. Déclarons que la Convention saura fonder la liberté là où elle a été conquise. »

Barère, qui était aux pieds de Robespierre à cette date, a regretté plus tard la violence de ce discours. Il y supprimait en effet l'action des députés de départements ; il leur déclarait révolutionnairement qu'ils n'étaient rien, en dehors du concours qu'on les autorisait à donner aux maîtres réels ; et comminatoirement qu'on leur imposerait ce concours s'ils osaient le refuser. En ne comprenant pas ce langage, le parti girondin montra son peu de clairvoyance pratique à se soumettre à la direction de Vergniaud. Les hommes comme Doulcet de Pontécoulant, Louvet et Lanjuinais, énergiques et décidés, étaient plus dignes que les chefs effectifs de diriger ce parti. Ils refusaient à la Ville de Paris et à ses Clubs une prépondérance monstrueuse ; ils surent se soustraire au Triumvirat et à l'échafaud.

FIN DU TOME DEUXIÈME

TABLE DES MATIÈRES

LIVRE HUITIÈME

MISSIONS DES ÉVÊQUES DE LA RÉPUBLIQUE

CHAPITRE XLI

MISSIONS DE L'ÉVÊQUE GIRONDIN FAUCHET

Prédicateur de Louis XVI, Fauchet fut élu évêque du Calvados en mai 1791. — Ses accusations contre le ministre de Lessart deux fois renouvelées et contre La Fayette. — Protestations contre les prêtres insermentés, il veut la tolérance. — Mission de l'Yonne. — Il prononce la réunion du

LIVRE NEUVIÈME

MISSIONS DE SAINT-JUST, LEVASSEUR, CHOUDIEU

CHAPITRE XLV

MISSION DE SAINT-JUST A L'ARMÉE DU NORD

Situation de cette armée au début de 1794. — Dépêche de Saint-Just. — Appréciation du maréchal Soult sur ses listes de proscription contre les offi-

CHAPITRE XLVI

MISSIONS DE LEVASSEUR DE LA SARTHE A L'ARMÉE DU NORD

CHAPITRE XLVII

MISSION DU MONTAGNARD CHOUDIEU

LIVRE · DIXIÈME

POLITIQUE MILITAIRE DU DICTATEUR

CHAPITRE XLVIII

ROBESPIERRE DICTATEUR

APPENDICES

TOME DEUXIÈME

PIÈCES JUSTIFICATIVES CLASSÉES

FIN DE LA TABLE DES MATIÈRES DU TOME DEUXIÈME

CPSIA information can be obtained
at www.ICGtesting.com
Printed in the USA
BVHW07*1113180918
527831BV00011B/322/P